北京高等教育精品教材　　北京高等教育经典教材
BEIJING GAODENG JIAOYU JINGPIN JIAOCAI　　BEIJING GAODENG JIAOYU JINGDIAN JIAOCAI

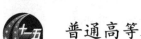 普通高等教育"十一五"国家级规划教材

 面向21世纪课程教材

刑事诉讼法

Criminal Procedure Law

（第六版）

主　编　陈光中

撰稿人（按姓氏笔画排列）

左卫民　刘　玫　刘根菊　汪建成　汪海燕
张建伟　陈光中　陈瑞华　甄　贞　谭世贵

北京大学出版社

高等教育出版社

图书在版编目(CIP)数据

刑事诉讼法/陈光中主编. —6 版. —北京:北京大学出版社,2016.1
(面向 21 世纪课程教材)
ISBN 978-7-301-26878-0

Ⅰ.①刑… Ⅱ.①陈… Ⅲ.①刑事诉讼法—中国—高等学校—教材 Ⅳ.①D925.2

中国版本图书馆 CIP 数据核字(2016)第 016903 号

书 名	刑事诉讼法(第六版)
	XINGSHI SUSONGFA
著作责任者	陈光中 主编
责任编辑	孙战营
标准书号	ISBN 978-7-301-26878-0
出版发行	北京大学出版社
地 址	北京市海淀区成府路 205 号 100871
网 址	http://www.pup.cn
电子信箱	law@pup.pku.edu.cn
新浪微博	@北京大学出版社 @北大出版社法律图书
电 话	邮购部 62752015 发行部 62750672 编辑部 62752027
印 刷 者	三河市北燕印装有限公司
经 销 者	新华书店
	730 毫米×980 毫米 16 开本 35.5 印张 690 千字
	2002 年 1 月第 1 版 2005 年 9 月第 2 版 2009 年 7 月第 3 版
	2012 年 6 月第 4 版 2013 年 6 月第 5 版
	2016 年 1 月第 6 版 2020 年 12 月第 16 次印刷
定 价	56.00 元

未经许可,不得以任何方式复制或抄袭本书之部分或全部内容。
版权所有,侵权必究
举报电话:010-62752024 电子信箱:fd@pup.pku.edu.cn
图书如有印装质量问题,请与出版部联系,电话:010-62756370

内 容 提 要

本书是教育部"高等教育面向 21 世纪教学内容和课程体系改革计划"的一项成果，是面向 21 世纪课程教材和教育部法学学科"九五"规划教材，同时也是高等学校法学专业核心课程教材。后又申报批准为普通高等教育"十一五"国家级规划教材。本教材的基本内容有：刑事诉讼法的概念、历史发展、任务、基本理念、基本原则、专门机关、诉讼参与人、证据制度、强制措施、立案、侦查、起诉、审判、执行、特别程序以及司法协助制度、刑事赔偿制度和国际公约与我国刑事诉讼等内容。本教材主要有如下特点：(1) 以我国现行《刑事诉讼法》及有关司法解释为根据，系统地叙述了我国的刑事诉讼制度；(2) 坚持理论与实践相结合，既阐述了刑事诉讼的基本理论，又密切联系司法实践；(3) 立足中国刑事诉讼法制，借鉴外国立法、司法实践经验，并注意与联合国公约中的刑事司法准则相协调；(4) 篇幅适度，文字深入浅出。

本书可以作为高等学校法学专业的教科书，也可供其他专业选用和社会读者阅读。

作者简介

陈光中 中国政法大学终身教授,博士生导师,中国政法大学原校长。兼任中国法学会学术委员会副主任、中国刑事诉讼法学研究会名誉会长,教育部社会科学委员会委员、法学部召集人之一,国家哲学社会科学基金法学评议组副组长,《中国大百科全书》(第三版)法学学科主编。代表作有:《中国古代司法制度》(主著)、《中华人民共和国刑事诉讼法修改建议稿与论证》(主编)、《中国司法制度的基础理论问题研究》(陈光中等著)、《陈光中法学文选》(三卷)等。

(以下按姓氏笔画排列)

左卫民 四川大学法学院教授,博士生导师,四川大学研究生院常务副院长,四川大学中国司法改革研究中心主任,兼任中国法学会理事,中国刑事诉讼法学研究会副会长,中国法学会第四届全国十大杰出青年法学家,教育部长江学者特聘教授。代表作有:《价值与结构——刑事程序的双重分析》《在权利话语与权力技术之间:中国司法的新思考》《刑事程序问题研究》《刑事诉讼的中国图景》《中国刑事诉讼运行机制实证研究》(一)(二)(左卫民等著)等。

刘 玫 中国政法大学教授,博士生导师,中国政法大学刑事诉讼法学研究所所长。兼任中国刑事诉讼法学研究会常务理事。代表作有:《香港与内地刑事诉讼制度比较研究》《传闻证据规则及其在中国刑事诉讼中的运用》《刑事诉讼法》(主编)、《外国刑事诉讼法》(合著)等。

刘根菊 中国政法大学教授,博士生导师。代表作有:《刑事立案论》《刑事诉讼法与律师制度热点问题研究》《刑事司法创新论》(刘根菊等著)、《刑事诉讼程序改革之多维视角》(刘根菊等著)等。

汪建成 北京大学法学院教授,博士生导师,法学院副院长。兼任中国刑事诉讼法学研究会副会长,最高人民检察院专家咨询委员会委员,最高人民法院特邀咨询员。代表作有:《新刑事诉讼法论》《冲突与平衡——刑事程序理论的新视角》《理想与现实——刑事证据理论的新探索》等。

汪海燕 中国政法大学教授,博士生导师,刑事司法学院副院长。现挂职最高人民法院司法改革办公室副主任。代表作有:《刑事诉讼模式的演进》《刑事证据基本问题研究》(合著)、《我国刑事诉讼模式的选择》《刑事诉讼法》(主编)等。

张建伟 清华大学法学院教授,博士生导师,法学院副院长。兼任中国刑事诉讼法学研究会常务理事,曾挂职最高人民检察院渎职侵权检察厅副厅长。代表作有:《证据的容颜·司法的场域》《刑事司法体制原理》《刑事司法:多元价值与制度配置》《司法竞技主义》《证据法要义》等。

陈瑞华 北京大学法学院教授,博士生导师。教育部长江学者奖励计划特聘教授,中国法学会第四届全国十大杰出青年法学家。代表作有:《刑事审判原理论》《程序性制裁理论》《刑事诉讼的前沿问题》《刑事诉讼的中国模式》《量刑程序中的理论问题》等。

甄　贞 中国人民大学法学院兼职教授,博士生导师,北京市人民检察院副检察长,中国刑事诉讼法研究会常务理事。代表作有:《检察制度比较研究》(甄贞等著)、《法律监督原论》(甄贞等著)、《现代刑事诉讼法学》《香港刑事诉讼法》《刑事诉讼法学研究综述》(主编)等。

谭世贵 浙江工商大学法学院教授,博士生导师,浙江工商大学诉讼法学研究中心主任。兼任中国刑事诉讼法学研究会副会长,中国法学会第四届全国十大杰出青年法学家。代表作有:《刑事诉讼法学》(主编)、《刑事诉讼原理与改革》(主编)、《中国司法原理》(主编)、《中国司法改革研究》(主编)等。

本书法律文件全称简称对照表

中国法律文件

全称	简称
1.《中华人民共和国宪法》	《宪法》
2.《中华人民共和国刑事诉讼法》(1979年)	1979年《刑事诉讼法》
3.《中华人民共和国刑事诉讼法》(1996年)	1996年《刑事诉讼法》
4.《中华人民共和国刑事诉讼法》(2012年)	《刑事诉讼法》
5.《中华人民共和国刑法》	《刑法》
6.《中华人民共和国律师法》	《律师法》
7.《中华人民共和国人民警察法》	《人民警察法》
8.《中华人民共和国国家安全法》	《国家安全法》
9.《中华人民共和国人民法院组织法》	《人民法院组织法》
10.《中华人民共和国人民检察院组织法》	《人民检察院组织法》
11.《中华人民共和国国家赔偿法》	《国家赔偿法》
12. 全国人大常委会《关于司法鉴定管理问题的决定》	人大常委会《司法鉴定管理决定》
13. 最高人民法院、最高人民检察院、公安部、国家安全部、司法部、全国人大常委会法制工作委员会《关于实施刑事诉讼法若干问题的规定》	六部门《规定》
14. 最高人民法院、最高人民检察院、公安部、国家安全部、司法部《关于办理死刑案件审查判断证据若干问题的规定》	两院三部《办理死刑案件证据规定》
15. 最高人民法院、最高人民检察院、公安部、国家安全部、司法部《关于办理刑事案件排除非法证据若干问题的规定》	两院三部《非法证据排除规定》
16. 最高人民法院、最高人民检察院、公安部、国家安全部、司法部《关于进一步严格依法办案确保办理死刑案件质量的意见》	两院三部《办理死刑案件意见》
17. 最高人民法院、最高人民检察院、公安部、国家安全部、司法部《关于依法保障律师执业权利的规定》	两院三部《保障律师权利规定》
18. 最高人民法院、最高人民检察院、公安部、司法部、国家卫生计生委《暂予监外执行规定》	两院三部委《暂予监外执行规定》
19. 最高人民法院、最高人民检察院、公安部、司法部《关于刑事诉讼法律援助工作的规定》	两院二部《法律援助规定》
20. 最高人民法院、司法部《人民陪审员制度改革试点方案》	最高法、司法部《人民陪审员改革方案》

(续表)

全称	简称
21. 最高人民法院《关于适用〈中华人民共和国刑事诉讼法〉的解释》	最高法《解释》
22. 最高人民法院《关于建立健全防范刑事冤假错案工作机制的意见》	最高法《防范冤假错案意见》
23. 最高人民法院《关于减刑、假释案件审理程序的规定》	最高法《减刑、假释程序规定》
24. 最高人民法院《关于刑事裁判涉财产部分执行的若干规定》	最高法《刑事财产执行规定》
25. 最高人民法院《关于巡回法庭审理案件若干问题的规定》	最高法《巡回法庭审理规定》
26. 最高人民法院《关于办理死刑复核案件听取辩护律师意见的办法》	最高法《死刑案件听取律师意见办法》
27. 最高人民法院《关于完善人民法院司法责任制的若干意见》	最高法《人民法院司法责任制意见》
28. 最高人民检察院《人民检察院刑事诉讼规则(试行)》	最高检《规则》
29. 最高人民检察院《人民检察院办理未成年人刑事案件的规定》	最高检《办理未成年人刑事案件规定》
30. 最高人民检察院《人民检察院讯问职务犯罪嫌疑人实行全程同步录音录像的规定》	最高检《讯问录音录像规定》
31. 最高人民检察院《人民检察院刑事诉讼涉案财物管理规定》	最高检《涉案财物管理规定》
32. 最高人民检察院《关于完善人民检察院司法责任制的若干意见》	最高检《检察院司法责任制意见》
33. 公安部《公安机关办理刑事案件程序规定》	公安部《规定》
34. 公安部《公安机关讯问犯罪嫌疑人录音录像工作规定》	公安部《讯问录音录像规定》
35. 司法部《司法鉴定程序通则》	司法部《司法鉴定通则》
36. 十八届三中全会《中共中央关于全面深化改革若干重大问题的决定》	十八届三中全会《决定》
37. 十八届四中全会《中共中央关于全面推进依法治国若干重大问题的决定》	十八届四中全会《决定》
38. 中共中央办公厅、国务院办公厅《领导干部干预司法活动、插手具体案件处理的记录、通报和责任追究规定》	两办《领导干部干预司法责任追究规定》
39. 中共中央办公厅、国务院办公厅《关于完善法律援助制度的意见》	两办《完善法律援助制度意见》

(续表)

全称	简称
40. 中央政法委员会《司法机关内部人员过问案件的记录和责任追究规定》	中政委《司法机关内部人员过问案件责任规定》
41. 中共中央政法委员会、财政部、最高人民法院、最高人民检察院、公安部、司法部《关于建立完善国家司法救助制度的意见(试行)》	中政委等部门《完善司法救助意见(试行)》

联合国法律文件

全称	简称
1. 联合国《公民权利和政治权利国际公约》	联合国《两权公约》
2. 联合国《关于保护死刑犯的权利的保障措施》	联合国《死刑犯权利保障措施》
3. 联合国《禁止酷刑和其他残忍、不人道或有辱人格的待遇或处罚公约》	联合国《禁止酷刑公约》
4. 联合国《囚犯待遇最低限度标准规则》	联合国《囚犯待遇规则》
5. 联合国《关于司法机关独立的基本原则》	联合国《司法独立原则》
6. 联合国《关于检察官作用的准则》	联合国《检察官作用准则》
7. 联合国《关于律师作用的基本原则》	联合国《律师作用基本原则》
8. 联合国《打击跨国有组织犯罪公约》	联合国《打击跨国犯罪公约》

第六版说明

2013年11月召开的党的十八届三中全会作出了《中共中央关于全面深化改革若干重大问题的决定》，2014年10月召开的党的十八届四中全会作出了《中共中央关于全面推进依法治国若干重大问题的决定》。这两个具有重大历史意义的《决定》对国家治理现代化和依法治国作了全面部署和精心设计，并且对全面推进司法改革提出了一系列重大新要求、新举措。其中相当多的内容直接涉及刑事诉讼制度的改革与完善。为落实党的十八届三中全会、四中全会《决定》精神，中央全面深化改革领导小组，中共中央办公厅、国务院办公厅，中央政法委员会，以及最高人民法院、最高人民检察院、公安部、司法部等中央政法机关，先后发布了一系列重要文件或者法律解释。

本教科书第五版出版于2013年6月。为使广大读者及时获得党的十八届三中全会、四中全会《决定》及有关文件和法律解释中关于改革、完善我国刑事诉讼制度的精神和具体措施内容，我们及时启动了本书的新修改。本版教科书在编章结构体例上及作者写作分工上没有改变。在《本书法律文件全称简称对照表》中增加了较多重要文件和法律解释。

本教材面世以来，得到全国高校法律院系师生越来越广泛的欢迎，发行量稳居全国刑事诉讼法诸多教材之首。并且多次获奖，其中2014年获北京市高等教育经典教材奖，2015年获全国高等教育出版社教材一等奖。我们衷心感谢社会各界对本教材之支持并期望不吝指正。

本书编写组
2015年11月30日

第五版说明

本书第四版主要是根据 2012 年 3 月 14 日第十一届全国人民代表大会第五次会议通过的《关于修改〈中华人民共和国刑事诉讼法〉的决定》进行修改的，出版一年来反应良好。

为保证修改后《刑事诉讼法》的正确有效实施，最高人民法院、最高人民检察院、公安部、司法部以及全国人大常委会法制工作委员会等单位从 2012 年 11 月开始相继分别或联合制定了 5 个解释文件。本书为及时增补这些解释文件的新内容，遂启动再次修改，出版第五版。本版教科书与第四版在编章结构和体例上没有改变，字数上略有增加。

本版的修订，我们做了很大的努力，但疏误之处在所难免，望读者不吝指正！

本书编写组

2013 年 4 月 20 日

第四版说明

本书于2002年1月出版以来,已经过两次修订。2012年3月14日,第十一届全国人民代表大会第五次会议通过了《关于修改〈中华人民共和国刑事诉讼法〉的决定》,对《刑事诉讼法》进行了大幅度的修改,自2013年1月1日起施行。为了适应《刑事诉讼法》的修改,及时更新教材内容,主编陈光中教授组织作者对本教材进行了全面修订。新修订的教材在体例上进行了调整,在原有章节的基础上增加了三章:"当事人和解的公诉案件诉讼程序""犯罪嫌疑人、被告人逃匿、死亡案件违法所得的没收程序"和"依法不负刑事责任的精神病人的强制医疗程序"。另外,2010年4月29日,第十一届全国人民代表大会常务委员会第十四次会议通过了《关于修改〈中华人民共和国国家赔偿法〉的决定》,自2010年12月1日起施行。本教材第二十九章"刑事赔偿制度"及相关章节根据修订的《国家赔偿法》进行了修改。

书中不足之处,希望各位读者不吝指出。

本书编写组
2012年4月25日

第三版说明

　　本书原版为教育部面向 21 世纪普通高等教育"九五"国家级重点教材,并于 2005 年进行了修订。以修订版为基础,教材主编陈光中教授申报了普通高等教育"十一五"国家级规划教材项目并获批准,本书第三版即为该项目成果。第三版对编写人员和写作分工作了一定的调整,其中"回避""证据制度的一般理论""证据规则""证据的种类和分类""期间与送达"和"刑事赔偿制度"为重写章节,其他章节内容也作了一些修改,重点补充了新修改的法律和司法解释,如《人民法院组织法》《律师法》、最高人民法院《关于进一步严格依法办案确保办理死刑案件质量的意见》、最高人民法院《关于适用停止执行死刑程序有关问题的规定》等。另外,第三版对修订版中的一些技术性错误也作了更正。

　　书中不足之处,望大家不吝指正。

本书编写组
2009 年 5 月 16 日

修订版说明

本书自 2002 年 1 月出版发行以来，使用范围广泛，销售量大，迄今为止已重印多次。为了适应立法、司法实践以及理论研究发展的需要，本书编写组对该书进行了修订。该修订版在保持原版基本框架和基本内容不变的基础上，适当补充了国外和国际刑事司法准则的相关内容，并增加了"证据规则""国际公约与我国刑事诉讼"两章。另外，修订版在一些章节补充了本书出版后新增加的相关的法律法规和解释，如《法律援助条例》、全国人民代表大会常务委员会《关于完善人民陪审员制度的规定》、最高人民法院、最高人民检察院、司法部《关于适用简易程序审理公诉案件的若干意见》等；同时还补充了近几年司法改革和刑事诉讼法再修改讨论过程中，改革趋势比较明显的制度。修订版对原版中的技术性错误也作了更正。

书中的不妥之处仍在所难免，诚请各位读者对该书提出宝贵的批评意见。

本书编写组
2005 年 6 月 15 日

前　　言

　　在诸多法律中,刑事诉讼法是历史悠久的重要部门法之一。在历史上,当程序法与实体法分离时,独立的诉讼法就随之产生了。追溯这一历史,我们不难发现,远至上古时期人们确立的某些刑事诉讼原则、规则至今仍然在刑事诉讼中保持着生命力。以刑事诉讼法为研究对象的刑事诉讼法学,同样是一门古老的法学学科,一代又一代学者将自己的智慧倾注于它,使这门学科跻身于科学的行列。如今,纵观世界各国刑事诉讼法学研究的现状,可以看到,无论在深度上还是在广度上,刑事诉讼法学都得到了不断开拓和挖掘。

　　在我国清朝末年,作为西风东渐的成果之一,政府开始仿效西方国家制定了独立于实体法之外的诉讼法典。到了中华民国时期,制定和实施了体系较为完备、内容较为翔实的刑事诉讼法典。伴随这一过程,刑事诉讼法学作为一门独立学科也正式发展起来,各个大学纷纷设置了这一课程。

　　新中国成立以来,经过了长时期的曲折历程,我国不但有了一部刑事诉讼法典,而且刑事诉讼法学也已成为一门比较成熟和发达的学科。这一学科的发展,为进一步完善刑事诉讼立法和指导刑事司法实践活动打下了基础。

　　刑事诉讼法是一部程序法。在现代社会,人们逐渐认识到完善的程序对于实现法治和保障人权所具有的重要性,有的论者甚至将程序视为法治与恣意的人治相区别的关键所在。现代法治的基本特征,是国家权力受法律的约束,这种约束使之不至对公民个人自由造成威胁和损害。人民可以运用完善的程序实现对国家权力的制约,从而为这一权力的正当运作提供切实有力的保障。当法治、民主的观念深入人心的时候,程序的观念也必然深入人心,像刑事诉讼法这样的程序法在国家法律体系中的重要性也必然得以凸显出来。

　　刑事诉讼是行使国家刑罚权的活动,其目的之一,在于通过发现和证实犯罪、惩罚犯罪人来维护公共秩序、保障公民个人的安全使之不受犯罪行为的侵害。侦查权、检察权和审判权是刑事诉讼中的主要国家权力,这些权力行使得当,有利于顺利完成刑事诉讼法的上述目的;但如果行使不当,往往损害公民的各项自由、权利,甚至造成大量冤假错案。为防止国家权力被滥用,刑事诉讼法对国家权力的运作施加了种种程序限制,如对立案、采取逮捕等强制措施、起诉和判决有罪等条件加以明确规定,对搜查、扣押等规定了严格的程序要求,这些规定对于保障公民基本人权发挥着十分重要的作用。国际社会重视刑事诉讼法这一作用,为了促进世界各国强化对刑事司法活动中的人权保障,联合国通过《公民权利和政治权利国际公约》等一系列国际规范性文件,发布了在刑事司法中的人权保障的基本准则，其中含有大量有关刑事诉讼程序的内容。由此可见，刑事诉讼法是一部与人权保障密切相关的法律。

20世纪中期，世界上许多国家从民主、法治的废墟上重建了对自由、民主、人权和法治的信心，并强化了对于这些价值和制度的尊崇和加以捍卫的决心。继此强劲的发展趋势，21世纪将是进一步加强人权、民主、法治的世纪。在这新的世纪里，经济全球化已经呈现在人们面前，法律方面的进一步协调，也成为发展的趋势。在刑事诉讼法领域，国际社会为世界各国确立的刑事司法准则为各个法系、各个国家缩小彼此间的差距，建立起彼此均衡、协调的刑事诉讼法律制度创造了条件。

在我国，刑事诉讼法律制度发展至今，立法方面处在进一步完善的过程中，司法方面也处在不断进行改革尝试的过程中，其改革、完善的方向，是在保障维护公共秩序基本功能得以发挥的同时，加强对刑事诉讼中人权的保障，并注意提高诉讼效率。在这个过程中，将我国刑事诉讼与国际司法准则相比较，找出差距，通过完善我国的法律制度和司法环境，与国际司法准则接轨，显然是我国刑事诉讼法律制度发展的重要内容。

近年来，我国刑事诉讼法学界的学术研究呈现繁荣局面，热点频出，争鸣热烈，从而推动人们对于一些理论问题和司法实务问题的认识不断深化，如对于司法公正、证据制度的研究；对于诉讼效率如何进一步提高，简易程序怎样落实等等。对于这些理论与实务问题的研究正在活跃地进行着。

本教材的编撰，是在教育部制定、颁布的法学14门主干课之一——刑事诉讼法学教学大纲的基础上完成的。本教材有如下特点：

其一，以《中华人民共和国刑事诉讼法》为依据。这部法律1979年制定，经过了1996年、2012年两次修改，吸收了我国刑事诉讼法学多年来的研究成果，试图解决刑事诉讼活动中亟须解决的问题，适应新形势下我国刑事司法的实际需要，体现了刑事诉讼观念的诸多变化。

其二，理论与实际紧密结合，对有关法律原则、制度、规则、程序进行了言简意赅的叙述，从而既承担起作为大学法律本科教材的任务，又能够为司法实践活动提供参考。刑事诉讼法是用于规范刑事诉讼活动的法，讲求可操作性。同样，刑事诉讼法学是一门实践性很强的学科，要学好这门课，不但要掌握诉讼法学的基本理论，还应该将刑事诉讼法的基本理论与刑事诉讼实践紧密结合，学以致用，使刑事诉讼的基本理念、各项原则、制度和规则能够在刑事司法实践中得到落实，使我国的刑事司法取得进步。

其三，对于我国立法、司法和学术研究的动态和取得的成果，本教材也适当地加以反映。当然，作为教材，它毕竟不能将所有动态和成果尽情纳入，只能将其中比较成熟的吸收进来。

21世纪是我国"依法治国"方略全面贯彻实施的崭新世纪。在实现法治国家的进程中,法学教育肩负着传播法律知识、培养法律人才的重大使命。这套面向21世纪全国高等学校法学专业核心课程教材的出版,对于我国的法学教育将有所裨益,提供一定的助力。本教材的编撰者能够参与其中,感到十分欣慰。我们衷心希望这本教材能够发挥其一课之本的作用,并在促进我国的刑事诉讼法学教育的健康发展、学术繁荣和司法公正的实现方面发挥一定的作用。

陈光中

2012年5月于中国政法大学

目 录

第一编 总 论

第一章 概论 (1)
- 第一节 刑事诉讼 (1)
- 第二节 刑事诉讼法 (4)
- 第三节 刑事诉讼法学 (8)
- 第四节 刑事诉讼法的基本理念 (11)
- 第五节 刑事诉讼法的制定目的、根据和任务 (17)

第二章 刑事诉讼法的历史发展 (23)
- 第一节 外国刑事诉讼法的历史发展 (23)
- 第二节 中国刑事诉讼法的历史发展 (41)

第三章 刑事诉讼中的专门机关 (61)
- 第一节 概述 (61)
- 第二节 人民法院 (61)
- 第三节 人民检察院 (67)
- 第四节 公安机关 (69)
- 第五节 其他专门机关 (70)

第四章 诉讼参与人 (72)
- 第一节 概述 (72)
- 第二节 犯罪嫌疑人、被告人 (74)
- 第三节 被害人 (78)
- 第四节 其他当事人和诉讼参与人 (80)
- 第五节 单位参与人 (84)

第五章 刑事诉讼的基本原则 (90)
- 第一节 概述 (90)
- 第二节 侦查权、检察权、审判权由专门机关依法行使 (97)
- 第三节 人民法院、人民检察院依法独立行使职权 (98)
- 第四节 依靠群众 (101)
- 第五节 以事实为根据,以法律为准绳 (102)
- 第六节 对一切公民在适用法律上一律平等 (103)
- 第七节 分工负责、互相配合、互相制约 (103)
- 第八节 人民检察院依法对刑事诉讼进行法律监督 (105)

第九节　各民族公民有权使用本民族语言文字进行诉讼 …… (107)
　　第十节　审判公开 …………………………………………… (107)
　　第十一节　犯罪嫌疑人、被告人有权获得辩护 …………… (109)
　　第十二节　未经人民法院依法判决,不得确定有罪 ……… (110)
　　第十三节　保障诉讼参与人的诉讼权利 …………………… (111)
　　第十四节　依照法定情形不予追究刑事责任 ……………… (112)
　　第十五节　追究外国人刑事责任适用我国刑事诉讼法 …… (113)

第六章　管辖 ……………………………………………………… (115)
　　第一节　概述 ………………………………………………… (115)
　　第二节　立案管辖 …………………………………………… (117)
　　第三节　审判管辖 …………………………………………… (122)

第七章　回避 ……………………………………………………… (130)
　　第一节　概述 ………………………………………………… (130)
　　第二节　回避的人员范围、理由和种类 …………………… (132)
　　第三节　回避的程序 ………………………………………… (137)

第八章　辩护与代理 ……………………………………………… (142)
　　第一节　辩护 ………………………………………………… (142)
　　第二节　代理 ………………………………………………… (156)
　　第三节　刑事法律援助制度 ………………………………… (159)

第九章　证据制度的一般理论 …………………………………… (164)
　　第一节　证据与证据法 ……………………………………… (164)
　　第二节　证据制度的基础理论 ……………………………… (169)
　　第三节　证明 ………………………………………………… (175)

第十章　证据规则 ………………………………………………… (189)
　　第一节　概述 ………………………………………………… (189)
　　第二节　关联性规则 ………………………………………… (190)
　　第三节　非法证据排除规则 ………………………………… (191)
　　第四节　传闻证据规则 ……………………………………… (196)
　　第五节　最佳证据规则 ……………………………………… (200)
　　第六节　意见证据规则 ……………………………………… (203)
　　第七节　补强证据规则 ……………………………………… (204)

第十一章　证据的种类和分类 …………………………………… (207)
　　第一节　证据的种类 ………………………………………… (207)
　　第二节　证据的分类 ………………………………………… (220)

第十二章　强制措施 ……………………………………………… (224)
　　第一节　概述 ………………………………………………… (224)

第二节　拘传 …………………………………… (228)
　　第三节　取保候审 ……………………………… (231)
　　第四节　监视居住 ……………………………… (235)
　　第五节　拘留 …………………………………… (239)
　　第六节　逮捕 …………………………………… (242)
第十三章　附带民事诉讼 ………………………………… (250)
　　第一节　附带民事诉讼的概念和意义 ………… (250)
　　第二节　附带民事诉讼的成立条件 …………… (251)
　　第三节　附带民事诉讼的程序 ………………… (254)
第十四章　期间与送达 …………………………………… (260)
　　第一节　期间 …………………………………… (260)
　　第二节　送达 …………………………………… (266)
第十五章　刑事诉讼的中止和终止 ……………………… (269)
　　第一节　刑事诉讼的中止 ……………………… (269)
　　第二节　刑事诉讼的终止 ……………………… (271)

第二编　分　论

第十六章　立案 …………………………………………… (273)
　　第一节　概述 …………………………………… (273)
　　第二节　立案的材料来源和条件 ……………… (276)
　　第三节　立案的程序 …………………………… (279)
第十七章　侦查 …………………………………………… (286)
　　第一节　概述 …………………………………… (286)
　　第二节　侦查行为 ……………………………… (290)
　　第三节　侦查终结 ……………………………… (313)
　　第四节　人民检察院对直接受理的案件的侦查 … (315)
　　第五节　补充侦查 ……………………………… (317)
　　第六节　侦查监督与救济 ……………………… (319)
第十八章　起诉 …………………………………………… (322)
　　第一节　概述 …………………………………… (322)
　　第二节　审查起诉 ……………………………… (323)
　　第三节　提起公诉 ……………………………… (329)
　　第四节　不起诉 ………………………………… (331)
　　第五节　提起自诉 ……………………………… (337)
第十九章　第一审程序 …………………………………… (340)
　　第一节　概述 …………………………………… (340)

第二节　公诉案件的第一审程序 …………………………………… (342)
　　第三节　自诉案件的第一审程序 …………………………………… (357)
　　第四节　简易程序 …………………………………………………… (360)
　　第五节　判决、裁定和决定 ………………………………………… (363)
第二十章　第二审程序 ……………………………………………………… (367)
　　第一节　概述 ………………………………………………………… (367)
　　第二节　第二审程序的提起 ………………………………………… (370)
　　第三节　第二审程序的审理与裁判 ………………………………… (373)
　　第四节　上诉不加刑原则 …………………………………………… (378)
　　第五节　对涉案财物的处理 ………………………………………… (380)
第二十一章　死刑复核程序 ………………………………………………… (383)
　　第一节　死刑复核程序的概念和意义 ……………………………… (383)
　　第二节　死刑核准的权限 …………………………………………… (385)
　　第三节　死刑案件的复核程序 ……………………………………… (388)
第二十二章　审判监督程序 ………………………………………………… (394)
　　第一节　审判监督程序的概念、特点和意义 ……………………… (394)
　　第二节　提起审判监督程序的材料来源及其审查处理 …………… (398)
　　第三节　审判监督程序的提起 ……………………………………… (402)
　　第四节　按照审判监督程序对案件进行重新审判 ………………… (405)
第二十三章　执行 …………………………………………………………… (409)
　　第一节　概述 ………………………………………………………… (409)
　　第二节　各种判决、裁定的执行 …………………………………… (412)
　　第三节　执行的变更与其他处理 …………………………………… (422)
　　第四节　人民检察院对执行的监督 ………………………………… (432)
第二十四章　未成年人刑事案件诉讼程序 ………………………………… (435)
　　第一节　概述 ………………………………………………………… (435)
　　第二节　未成年人刑事案件诉讼程序的方针、原则和重要制度 … (437)
　　第三节　未成年人刑事案件诉讼程序的特点 ……………………… (440)
第二十五章　当事人和解的公诉案件诉讼程序 …………………………… (450)
　　第一节　概述 ………………………………………………………… (450)
　　第二节　公诉案件当事人和解的适用范围与诉讼程序 …………… (454)
第二十六章　犯罪嫌疑人、被告人逃匿、死亡案件违法所得的
　　　　　　　没收程序 …………………………………………………… (459)
　　第一节　概述 ………………………………………………………… (459)
　　第二节　违法所得案件的没收程序适用条件 ……………………… (460)
　　第三节　违法所得案件的审理 ……………………………………… (464)

第二十七章　依法不负刑事责任的精神病人的强制医疗程序 (471)
　　第一节　概述 (471)
　　第二节　强制医疗的适用对象 (472)
　　第三节　强制医疗程序 (473)
　　第四节　强制医疗的复查和监督 (479)

第二十八章　涉外刑事诉讼程序与司法协助制度 (481)
　　第一节　概述 (481)
　　第二节　涉外刑事诉讼程序的特有原则 (482)
　　第三节　涉外刑事诉讼程序的特别规定 (486)
　　第四节　刑事司法协助制度 (490)

第二十九章　刑事赔偿制度 (499)
　　第一节　概述 (499)
　　第二节　刑事赔偿的条件和范围 (505)
　　第三节　刑事赔偿的程序 (511)

第三编　附　论

第三十章　国际公约与我国刑事诉讼 (518)
　　第一节　概述 (518)
　　第二节　《公民权利和政治权利国际公约》与我国刑事诉讼 (523)
　　第三节　《打击跨国有组织犯罪公约》《反腐败公约》与我国刑事诉讼 (531)

第六版后记 (536)

第一编 总 论

第一章 概 论

第一节 刑事诉讼

一、刑事诉讼的概念

诉讼,从词义上说,"诉,告也","讼,争也"①,诉讼就是原告对被告提出告诉,由裁判机关解决双方的争议。在中国古代,刑事案件称"狱",办理刑事案件称"断狱",《唐律》中就有《断狱》篇。元代刑律《大元通制》开始以"诉讼"作为篇名,但其内容规定的是控告犯罪的有关问题,与现代意义上的诉讼不完全相同。中国近代用"诉讼""刑事诉讼"是清末从日本那里直接引进的。

"诉讼"英语为 Procedure、德语为 Prozess、法语为 Proces,都由拉丁语 Procedere 转变而来,意思是向前推进、过程、程序的意思。诉讼法(Procedure Law),按外语可直译为程序法。因此,"诉讼",可以从两个层面上去理解,一是由原告、被告和裁判者构成基本诉讼主体的活动;二是一系列不断向前推进的程序化活动。

现代的诉讼,可分为刑事诉讼、民事诉讼和行政诉讼三种。

我国的刑事诉讼是指国家专门机关在当事人及其他诉讼参与人的参加下,依照法律规定的程序,追诉犯罪,解决被追诉人刑事责任的活动。

我国的刑事诉讼有如下特征:

1. 刑事诉讼由国家专门机关主持进行,是属于国家的司法活动

国家专门机关主要指人民法院、人民检察院和公安机关(包括安全机关,下同),它们在刑事诉讼中分别行使一定的专门职权,其中人民法院行使审判权,人民检察院行使公诉权、审查批准逮捕权、部分案件侦查权以及法律监督权,公

---

① (东汉)许慎:《说文解字》。

安机关主要行使侦查权。根据《中华人民共和国宪法》①和有关法律、文件的规定,公安机关是国家的行政机关②,人民检察院、人民法院是司法机关,公安机关、人民检察院、人民法院在本书中有时简称为公安司法机关。

2. 刑事诉讼是专门机关行使国家刑罚权的活动

国家刑罚权就是国家对实施了犯罪行为的人加以刑事处罚的权力。刑事诉讼的具体内容就是依法查明犯罪事实是否已经发生,谁实施了犯罪及其有关情节并正确适用法律加以惩罚,也就是如何追诉犯罪,解决犯罪嫌疑人、被告人的刑事责任问题。

3. 刑事诉讼是严格依照法律规定的程序进行的活动

刑事诉讼不但其结果直接关系到公民的生命、人身自由和财产权利的予夺,而且诉讼过程也与公民的人身自由和财产权利密切相关。因此公安司法机关追诉犯罪的活动,应当由法律规定的程序和规则严格加以规范和制约,以防止其滥用权力,侵犯人权。当事人和其他诉讼参与人也只有严格遵循程序的要求进行诉讼活动,才能有效地维护自己的诉讼权利,更好地发挥自己在诉讼中的作用,确保刑事诉讼的顺利进行。刑事诉讼的严格程序化,体现正当程序的要求,这是诉讼民主、法治的基本要求。

4. 刑事诉讼是在当事人和其他诉讼参与人的参加下进行的活动

由于刑事诉讼的中心内容是解决犯罪嫌疑人、被告人的刑事责任问题,因此,任何刑事诉讼都必须有犯罪嫌疑人、被告人参加。为了在诉讼中证明案件事实或者维护犯罪嫌疑人、被告人和被害人的合法权益,也需要有被害人,附带民事诉讼原告人、被告人,辩护人,诉讼代理人和证人,鉴定人等参加诉讼。是否有当事人和其他诉讼参与人参加,以及他们参加的深度、广度和透明度,是衡量诉讼民主、公正的重要标志。

二、刑事诉讼阶段

刑事诉讼从开始到结束,是一个向前运动、逐步发展的过程。在刑事诉讼过程中,按照一定顺序进行的相互连接的一系列行为,可以划分为若干相对独立的单元,称为刑事诉讼阶段。刑事诉讼阶段的特点是每一个诉讼阶段都是一个完整的独立程序,有其自身的直接任务和形式。某一诉讼过程是否构成一个独立的诉讼阶段,主要看它是否具有自己的直接任务、参加诉讼的机关和个人的独特构成、进行诉讼行为的特殊方式、诉讼法律关系的特性以及与其他诉讼过程不同的总结性文件,这是此诉讼阶段与彼诉讼阶段的主要区别。具体地说,划分刑事

---

① 本书中涉及的我国法律、法规、司法解释、规章等法律文件以及联合国国际公约文件在首次使用时以及本书第二章介绍刑事诉讼法的历史发展时采用全称,其余情况下均使用简称,具体参见本书《法律文件全称简称对照表》。

② 我国《刑事诉讼法》若干条文将公安机关规定为司法机关。

诉讼阶段的标准是:(1) 一定诉讼过程的直接任务。例如,侦查程序的直接任务主要是收集证据,查明犯罪事实,抓获或控制犯罪嫌疑人。而起诉程序的直接任务,就公诉案件来说,是对侦查机关侦查终结后移送起诉的案件,从认定事实到适用法律进行全面审查并依法作出提起公诉和不起诉的决定。(2) 参加诉讼的机关和个人的构成。例如侦查活动中参加诉讼的机关主要是侦查机关或部门,这与审判阶段主要是由法院主持有着明显的区别。(3) 进行诉讼行为的方式。例如侦查活动的诉讼方式是在不公开的形式下依法进行专门调查工作和采取有关的强制性措施;而审判活动的诉讼方式主要是在法官的主持下、在公诉人(在公诉案件中)、当事人及其他参与人的参加下进行公开开庭审理和宣判。(4) 诉讼法律关系的特性。刑事诉讼法律关系是指进行或参加刑事诉讼的机关或个人基于刑事诉讼法的规定而产生的相互间的权利义务关系。不同诉讼阶段因该阶段的直接任务、主体和活动方式不同而体现在法律关系上也是不同的,例如审查起诉阶段,犯罪嫌疑人和检察官的关系,在权利义务关系上显然是不平衡的;而在审判阶段,控辩双方的主体在诉讼地位上,基本上是平等的。(5) 诉讼的总结性文件。例如,审查起诉活动的总结性文件为起诉书、不起诉决定书,而审判活动的总结性文件为判决书、裁定书等,两者存在明显不同。

按照上述标准,可以将我国的刑事诉讼基本上划分为立案、侦查、起诉、第一审、第二审和执行等阶段,此外还有死刑复核程序和审判监督程序两个特殊阶段。特殊阶段是指特定案件才适用的程序,如死刑复核程序只适用于判处死刑的案件,审判监督程序只适用于已生效的裁判。《中华人民共和国刑事诉讼法》第五编所规定的4个特别程序——未成年人刑事案件诉讼程序,当事人和解的公诉案件诉讼程序,犯罪嫌疑人、被告人逃匿、死亡案件违法所得的没收程序,依法不负刑事责任的精神病人的强制医疗程序,基本上适用上述诉讼阶段,但不完全适用。例如,在依法不负刑事责任的精神病人的强制医疗程序中,人民法院作出强制医疗的决定后,有关诉讼参与人对决定不服的,可以向上一级人民法院申请复议,而不是提出上诉。

刑事诉讼阶段与各个具体的诉讼程序既有联系,又有区别。诉讼阶段指刑事诉讼全过程中具有相对独立性的单元。各具体的诉讼程序是在各个诉讼阶段实行一定的诉讼行为所应遵循的方式和手续。

诉讼程序受诉讼阶段制约。在什么诉讼阶段便相应采用什么样的诉讼程序。例如在第一审阶段,设立开庭前准备、法庭调查、法庭辩论、被告人最后陈述、评议和宣判等具体审判程序。

第二节 刑事诉讼法

一、刑事诉讼法的概念、性质

刑事诉讼法是规范刑事诉讼的法律。我国的刑事诉讼法是国家制定的规范人民法院、人民检察院和公安机关进行刑事诉讼,当事人和其他诉讼参与人参加刑事诉讼的法律。刑事诉讼法的具体内容主要包括:(1) 刑事诉讼中的专门机关及其权力和义务;(2) 刑事诉讼中的当事人、其他诉讼参与人及其权利和义务;(3) 刑事诉讼的原则、规则和制度;(4) 刑事诉讼中收集和运用证据的规则和制度;(5) 刑事诉讼的程序。

刑事诉讼法有狭义和广义之分。狭义的刑事诉讼法仅指刑事诉讼法典。广义的刑事诉讼法指一切有关刑事诉讼的法律规范。刑事诉讼法的概念通常从广义上加以理解。

刑事诉讼法和其他法一样,按其赖以存在的社会经济基础和国家性质的不同,其历史发展曾先后出现了奴隶制、封建制、资本主义和社会主义四种不同性质的类型。我国的刑事诉讼法,与我国其他法一样,属于社会主义类型的法。

刑事诉讼法,按照法从不同角度的分类,它属于:

(1) 程序法。法按其内容、作用可分为实体法与程序法。实体法是规定实质内容(如权利、义务、罪与刑等)的法律;程序法是规定诉讼程序和行政执法程序的法律。刑事诉讼法规定了国家行使刑罚权的程序,是与刑事实体法——刑法相对应的程序法。现代法治国家越来越重视程序法的价值,认为程序法与实体法应当并重。

(2) 公法。法按其涉及国家和个人的关系,可分为公法和私法,这是罗马法的传统分类。公法是调整国家与个人之间关系的法律,私法是调整个人与个人之间关系的法律。刑事诉讼法调整的是刑事诉讼中的国家专门机关与当事人及其他诉讼参与人的关系,特别是与犯罪嫌疑人、被告人和被害人的关系,因而它属于公法。制定和实施刑事诉讼法,应当充分注意到它属于公法的特点,处理好刑事诉讼中国家权力与公民权利的冲突和平衡问题。

(3) 基本法。我国的法律按其层次分为根本法、基本法和一般法律。根本法指国家的根本大法——宪法;基本法是必须由全国人民代表大会通过的重要法律;一般法律则由全国人民代表大会常务委员会通过。我国刑事诉讼法的制定必须经全国人民代表大会通过,是在我国法律体系中占重要地位的基本法。

二、刑事诉讼法的渊源

刑事诉讼法的渊源是指刑事诉讼法律规范的存在形式。我国刑事诉讼法的渊源如下：

1. 宪法

宪法规定了我国的社会制度、经济制度、政治制度、国家机构及其活动原则、公民的基本权利和义务等重要内容，是国家的根本大法，具有最高的法律效力，也是制定一切法律的根据。刑事诉讼法是根据宪法制定的，宪法还规定了一些与刑事诉讼直接有关的原则和制度，如依法独立行使审判权、检察权，适用法律一律平等，分工负责、互相配合、互相制约，使用本民族语言文字进行诉讼，审判公开，辩护权等。这些规定成为刑事诉讼法的基本原则和重要内容。

2. 刑事诉讼法典

我国现行的刑事诉讼法典是《刑事诉讼法》，它于1979年7月1日由第五届全国人民代表大会第二次会议通过、1980年1月1日施行，经1996年3月17日第八届全国人民代表大会第四次会议第一次修正、1997年1月1日施行，经2012年3月14日第十一届全国人民代表大会第五次会议第二次修正、2013年1月1日实施。它是基本法，是我国刑事诉讼法的主要法律渊源。

3. 有关法律规定

指全国人民代表大会及其常务委员会制定的有关刑事诉讼的法律规定。分两类：一类是全国人民代表大会及其常务委员会制定的法律中涉及刑事诉讼的规定。如《中华人民共和国刑法》《中华人民共和国人民法院组织法》《中华人民共和国人民检察院组织法》《中华人民共和国人民警察法》《中华人民共和国国家安全法》《中华人民共和国监狱法》《中华人民共和国法官法》《中华人民共和国检察官法》《中华人民共和国律师法》《中华人民共和国保护未成年人法》《中华人民共和国未成年人犯罪预防法》《关于司法鉴定管理问题的决定》等。另一类是全国人民代表大会及其常务委员会就刑事诉讼有关问题所作的专门规定，如1983年9月2日第六届全国人民代表大会常务委员会通过的《关于国家安全机关行使公安机关的侦查、拘留、预审和执行逮捕的职权的决定》等。

4. 司法解释

指被授权作司法解释的最高人民法院、最高人民检察院就审判工作和检察工作中如何具体运用刑事诉讼法所作的解释、通知、批复等。其中近期作出的比较重要的有：最高人民法院、最高人民检察院、公安部、国家安全部、司法部、全国人大常委会法制工作委员会《关于实施刑事诉讼法若干问题的规定》，最高人民法院《关于适用〈中华人民共和国刑事诉讼法〉的解释》，最高人民检察院《人民检察院刑事诉讼规则(试行)》，最高人民法院、最高人民检察院、公安部、司法部《关于刑事诉讼法律援助工作的规定》，最高人民法院、最高人民检察院、公安部、国家安全部、司法部《关于进一步严格依法办案确保办理死刑案件质量的意见》，最高人民法院、最高人民检察院、公安部、国家安全部、司法部《关于办理刑事案件排除非法证据若干问题的规定》，2014年4月23日最高人民法院《关于减刑、假释案件审理程序的规定》等。

5. 行政法规和规章

行政法规指国务院颁布的行政法规中有关刑事诉讼程序的规定,如国务院于2012年2月23日通过的《拘留所条例》等。规章指国务院下属各部门和其他部门就本部门业务工作中与刑事诉讼有关的问题所作的规定,如公安部《公安机关办理刑事案件程序规定》等。

6. 地方性法规

指地方人民代表大会及其常务委员会颁布的地方性法规中关于刑事诉讼程序的规定。

7. 国际条约

条约是国际法的最主要渊源,缔约国忠实履行条约所确定的义务,是国际社会法律秩序得以维护的基本条件。对于缔结的条约,当事国应当善意履行,我国加入国际公约后,当然也不例外。在我国,国际条约被承认是我国法律的渊源之一。正如有的学者指出的:"国际条约是国际法的主要渊源,不属于我国国内法范畴。但就其通过法定程序具有与国内法同样拘束力这一意义而论,也属于我国国内法渊源之一。"[①]中国已陆续加入了25项国际人权公约。[②] 1998年10月5日,我国政府签署了联合国《公民权利和政治权利国际公约》,现正在等待全国人民代表大会常务委员会批准之中。该公约中有不少刑事诉讼标准的规定,包括权利平等,司法救济,生命权的程序保障,禁止酷刑或施以其他残忍的、不人道的或侮辱性的待遇或刑罚,人身自由和安全的程序保障,独立、公正审判,无罪推定,不得强迫任何人自证其罪,一事不重审,辩护权的保障和对未成年人的特别保障等。另外,2003年8月27日,我国全国人大常委会批准了联合国《打击跨国有组织犯罪公约》,2003年12月10日,中国签署了联合国《反腐败公约》并已生效,这两个文件多处涉及刑事程序问题。总之,国际条约中的一些规定,共同构成了刑事诉讼的国际标准,其基本精神是在国家追究犯罪者刑事责任的过程中,防止国家滥用权力,保障人权,实现司法公正。由此,凡我国签署、批准加入了的国际公约中有关刑事诉讼的规定,都是我国刑事诉讼法的渊源,都应当加以遵守和施行。

以上法律规范的适用,要注意法律的层次即位阶问题。宪法是国家根本大法,为最高层次法律,其他任何法律不得与宪法相抵触,否则就失去法律效力。宪法以下的法律,根据《中华人民共和国立法法》有关规定的精神,也必须遵循上位法优先遵守的原则。例如,司法解释或行政法规与全国人大及其常委会制

[①] 沈宗灵主编:《法理学》,北京大学出版社2009年版,第269页。
[②] 见2009年4月13日国务院新闻办公室发布的《国家人权行动计划(2009—2010年)》以及2010年9月发布的《2009年中国人权事业的发展》白皮书。

定的法律相矛盾,应当执行法律;地方法规与中央行政法规相矛盾,应当执行行政法规等等。但在实践中,往往在适用法律上发生上下错位现象,例如,有的司法解释和部门规章与刑事诉讼法典的规定相矛盾时,公安司法机关往往置刑事诉讼法典于不顾,而去执行本系统中央机关制定的司法解释和规定,这是违背我国《立法法》的精神和法治原则的。

三、刑事诉讼法与民事诉讼法、行政诉讼法的异同

刑事诉讼法与民事诉讼法、行政诉讼法既有共性也有各自的特殊性。其共性表现为三者都是程序法,都是为正确实施实体法而制定的,它们有着许多共同的原则、制度和程序,如司法机关依法独立行使职权,以事实为根据、以法律为准绳,审判公开,以本民族语言文字进行诉讼,合议制,在程序上实行两审终审制,有第一审程序、第二审程序以及对已生效裁判的审判监督程序等。

但是由于这三种诉讼法所要解决的实体问题不同,因而它们在诉讼主体、原则、制度、举证责任、证明标准和具体程序上均各自具有特点。刑事诉讼法保证刑法的正确实施,所要解决的实体问题是追诉犯罪和犯罪嫌疑人、被告人的刑事责任问题;民事诉讼法保证民商法、经济法的正确实施,所要解决的问题是双方当事人之间的权利、义务的争议纠纷问题;行政诉讼法保证行政法的正确实施,所要解决的问题是公民、法人和其他组织与行政机关之间因具体行政行为发生的争议纠纷问题。由于刑事诉讼法、民事诉讼法和行政诉讼法所解决的实体内容不同,决定了它们的诉讼原则、制度、程序上有以下几点主要的区别:

1. 诉讼主体

刑事诉讼法规定的国家专门机关为人民法院、人民检察院和公安机关,而民事诉讼法、行政诉讼法主要为人民法院。当事人在刑事诉讼中为被害人、自诉人和犯罪嫌疑人、被告人以及附带民事诉讼的原告人、被告人;在民事诉讼和行政诉讼中为原告、被告以及第三人。

2. 诉讼原则

刑事诉讼法特有的原则为:未经人民法院依法判决对任何人都不得确定有罪,犯罪嫌疑人、被告人有权获得辩护;民事诉讼法特有原则为:当事人平等,调解原则,处分原则;行政诉讼法特有原则为:对具体行政行为进行合法性审查原则,不适用调解原则。

3. 证据制度

在举证责任上刑事诉讼法实行控诉方负举证责任,被告方不负举证责任;民事诉讼法实行谁主张谁举证,原告、被告都负有举证责任;行政诉讼法实行被告负举证责任。在证明标准上,刑事诉讼法为:犯罪事实清楚,证据确实、充分;民

事诉讼法为:事实清楚或明显证据优势①;行政诉讼法为:事实清楚,证据确凿。

4. 强制措施

刑事诉讼法规定对犯罪嫌疑人、被告人采取的强制措施有:拘传、取保候审、监视居住、拘留和逮捕;民事诉讼法和行政诉讼法规定,对诉讼参与人和其他人可采取训诫、罚款、拘留;行政诉讼法还规定有责令具结悔过。

5. 诉讼程序

民事诉讼、行政诉讼的程序分为第一审、第二审、审判监督程序和执行程序;而刑事诉讼则复杂得多,审判前有立案、侦查和起诉程序,审判程序中另有死刑复核程序。

第三节 刑事诉讼法学

一、刑事诉讼法学的研究对象

刑事诉讼法学作为一门法学分支科学,有着自己的研究对象和理论体系,其研究对象包括刑事诉讼法律规范、刑事诉讼实践和刑事诉讼理论。需要明确的是,以上三个方面的内容不限于当代中国的刑事诉讼法律、实践和理论,而是包容古今中外,即中外历史和当今的刑事诉讼法律、实务和理论都是刑事诉讼法学的研究对象。当然本书以当今中国的刑事诉讼法律、实务和理论为主要内容。

(一) 刑事诉讼法律规范

刑事诉讼法学将广义的刑事诉讼法作为自己的研究对象,其中我国《刑事诉讼法》是刑事诉讼法学的首要研究对象。除了刑事诉讼法典以外的其他法律、法规、规章中有关刑事诉讼的制度、程序的规定,以及最高人民法院、最高人民检察院就审判、检察业务中具体应用法律所作的司法解释,都属于刑事诉讼法学的研究对象。

研究刑事诉讼法,要准确解读刑事诉讼法的条文的字义、词义及其内容含义,同时还要研究刑事诉讼法律规范的结构,把握刑事诉讼法典各个部分之间的关系、条文之间的关系以及法典与其他有关刑事诉讼法律规范之间的关系,这是对刑事诉讼法本身进行研究的基础。另外,要准确了解和适用刑事诉讼法法律规范,不能只知其形而不知其神,即不能仅仅局限于对法律规范的外在形式进行研究,还必须对其内在的精神进行研究,主要包括立法背景、立法的指导思想及其所反映的法律价值选择等。

西方发达国家刑事诉讼法比较完备,大陆法系国家的刑事诉讼法典的条文

---

① 我国《民事诉讼法》第170条第1款规定:"第二审人民法院对上诉案件,经过审理,按照下列情形,分别处理:(一)原判决、裁定认定事实清楚,适用法律正确的,以判决、裁定方式驳回上诉,维持原判决、裁定……""明显证据优势"是学者的主张和一些法院的做法。

数量,通常在450条以上,多者达七八百条,其中重要的内容我们应当有所研究以便加以比较和借鉴吸取。

另外,随着我国签署加入的联合国人权公约逐渐增多,特别是《两权公约》的签署,使联合国文件中有关刑事司法准则的规定对我国刑事诉讼的影响逐渐增加,因而必须对之加强研究。

(二) 刑事诉讼实践

刑事诉讼法学是一门实践性很强的应用型学科,因此,必然将刑事诉讼实践作为自己的研究对象,即研究刑事诉讼法律规范在司法实践中的适用和实施情况,从中总结经验,发现和解决具体贯彻实施刑事诉讼法过程中存在的问题。司法实践是检验法律是否科学、是否完善的标准,研究司法实践,可以提出改进立法的意见。同时,司法实践会不断提出新的研究课题,促使刑事诉讼法学针对司法实践的需要,探索进一步健全刑事诉讼法律制度的措施和途径。实践是知识的源泉,刑事诉讼法学离开了实践,便成为无本之木,无源之水。刑事诉讼法学只有植根于司法实践之中,不断总结实践、服务实践、促进实践,才能使自己获得新的繁荣和发展。

(三) 刑事诉讼法理论

刑事诉讼法学是随着法学整体水平的提高,以及对本学科研究对象的认识的逐步深化而不断获得发展的,是与整体法制和刑事司法制度在互动中同步前进的。在古代,只有一些关于刑事诉讼法学的零散观点,随着近代西方资本主义社会和法制的建立,才形成系统的刑事诉讼法学和刑事证据法学。近代西方的刑事诉讼法学,德、法、日等大陆法系国家的刑事诉讼法学体系比较严谨,英国的证据法学也独树一帜。① 第二次世界大战以后,美国的正当程序理念影响到各国的刑事诉讼法学。新中国的刑事诉讼法学创建于20世纪50年代初期,几经曲折,至今不仅形成比较完整的体系,而且在一些基本理论范畴上进行了深层次的探讨,如诉讼目的、价值、结构、主体和客体等;在证据理论上就证据制度与认识论、证明责任、证明标准及证据规则等一系列理论问题正在进行着深入的研究。这些理论问题取得的研究成果,对立法和司法实践具有重要的参考意义,它能够为刑事诉讼立法的进一步发展提供科学的根据,推进司法的文明化和科学化进程,而且在司法实践中,刑事诉讼理论能够在一定程度上弥补法律的不足。诉讼历史经验表明,没有深厚的理论积累就没有高水平的刑事诉讼法学,没有科学的理论指导也就没有文明、科学的立法和司法实践。因此,必须不断地加强刑事诉讼理论研究,特别是党的十八大以来提出的有关刑事司法改革的理论问题,使刑事诉讼法学保持活力并日趋繁荣。

---

① 英国古典证据法学的代表作是:边沁所著的《诉讼证据学》(1825年出版)和斯蒂芬所著的《证据法概要》(1876年出版)。

二、刑事诉讼法学的研究方法

在阐述具体研究方法之前，首先应当明确研究刑事诉讼法学必须坚持以马克思主义为指导，坚持以辩证唯物主义和历史唯物主义为理论基础。当然，学习、运用马克思主义，不能搞教条主义，拘泥于某些具体的论断，而应当着重于其原理和精神实质的运用，并结合国际和中国的实际加以发展。

关于刑事诉讼法学的具体研究方法，我们着重指出以下几点：

（一）辩证思维的方法

任何事物本身是按照对立统一的规律辩证地运动着、存在着的，这就决定了人们必须以辩证思维的方法去研究它、认识它，掌握它的内在规律。刑事诉讼可以说是一项充满着矛盾的复杂的社会系统工程，存在着惩罚犯罪与保障人权、实体与程序、公正与效率、控诉与辩护、合作与制约、证据排除规则与查明案件事实真相等一系列对立统一的范畴。辩证地研究刑事诉讼，就是要全面地看到上述矛盾着的两个方面，防止只看到这一面而忽视另一面，在解决矛盾时要注意平衡性、协调性、防止顾此而失彼。当然解决矛盾要作具体分析，一定问题在一定情况下要有所侧重。我们讲平衡指的是动态的平衡，而不是静态的平衡。例如，控诉与辩护这两种对立的诉讼职能在诉讼中应当同等重视，但由于控诉大多由国家专门机关行使，辩护职能由被追诉者及其委托的辩护人行使，后者明显处于弱势，因而立法上、司法上应当给辩护权以特殊的保障，这样才可能保证控辩双方在诉讼中的平衡。但有时，为了重点打击某些犯罪活动，可以授予国家追诉机关更大的权力，如使用技术侦查措施等。

辩证思维的方法还意味着应当把归纳和演绎、分析和综合、抽象和具体、现象和本质等观察问题的思维方法辩证地统一起来，特别是要把法律思维与普通思维相结合，只有这样，才能对一些复杂的问题有正确的分析判断。例如研究刑事证明标准问题，不仅要明确案件的客观真相在诉讼中有可能查清，也要认识到由于案件情况的复杂性和办案能力的局限性，有的案情难以查清。因而在刑事证据中要实行客观真实与法律真实相结合的理念以及实行疑罪从无的原则，只有这样，才能正确理解和适用我国"犯罪事实清楚、证据确实、充分"的证明标准。

（二）理论联系实际的方法

这是研究社会科学必须运用的共同方法，刑事诉讼法学作为一门实践性很强的学科，更应当如此。联系实际必须认真调查研究实际，即应当深入调查刑事诉讼立法和司法的现状，研究有哪些成就和经验需要加以肯定和总结，有哪些错误和不足需要加以纠正和弥补，存在哪些问题需要加以解决。不断联系实际、服务实际，才能把理论学活，也才能促进学科的发展。应当指出：调查研究案例是本学科联系实际的重要方法。英美法系国家是以判例法为其法制特色的，对部门法的研究和教学,离不开判例。我国虽然是成文法国家,但案例生动直观地反映立法、司法实际,通过案例分析可有效地达到理论联系实际的目的。西方法学、社会学提倡的实证方法,与我们所讲的实行试点、研究案例,从方法论上说基本上是一致的。

(三) 比较与借鉴的方法

一切事物,只有互相比较才能见差别,只有互相借鉴才能促进发展进步。刑事诉讼法学的研究也同样是如此。比较无非是纵和横的比较,纵的比较就是古今比较,以古为镜,继承其精华,摒弃其糟粕,做到古为今用。横的比较可以是三种诉讼法之间的比较,即刑事诉讼法与民事诉讼法和行政诉讼法进行异同比较,从中得到启迪和受益。横的比较最重要的是进行中外刑事诉讼法之间的比较研究。要知道,近现代的刑事诉讼法制与法学是从18世纪西方国家资产阶级革命后建立并进一步发展起来的,中国则是19世纪后期开始通过学习西方逐步建立起近现代刑事诉讼法制和法学的。时至今日,西方的刑事诉讼法,从理念到制度,仍有不少东西值得我国借鉴和吸收。当然,借鉴应当坚持从中国国情出发,形成具有中国特色的刑事诉讼法制和法学,而不能一概照抄照搬外国的法制和法学。

第四节 刑事诉讼法的基本理念

一、惩罚犯罪与保障人权相结合

社会存在着犯罪,就必须对之进行追究和惩罚,否则,就不能保障公民的生命、财产和其他合法权利不受侵犯,不能保障国家的安全和维护社会秩序的稳定,这就需要国家通过刑事诉讼行使刑罚权对犯罪加以惩罚。因此,追究犯罪、惩罚犯罪是刑事诉讼的直接目的的一个方面。

为了保证及时有效地追究犯罪、惩罚犯罪,我国《刑事诉讼法》规定,公安机关或者人民检察院发现犯罪或者犯罪嫌疑人,应当立案侦查(第107条)。人民检察院对公安机关应当立案侦查而不立案侦查的案件,应当通过法律监督促使公安机关对犯罪的追究。对于犯罪事实清楚、证据确实充分、依照法律需要追究刑事责任的案件,公安机关应当移送检察机关审查起诉,检察院应当提起公诉,人民法院应当作出有罪判决(《刑事诉讼法》第160条、第172条、第195条)。

但是,惩罚犯罪只是刑事诉讼目的的一个方面,刑事诉讼目的的另一个方面则是保障人权。《牛津法律大辞典》对人权的定义是:"人权,就是人要求维护或者有时要求阐明的那些应在法律上受到承认和保护的权利,以使每一个人在个性、精神、道德和其他方面的独立获得最充分与最自由的发展。"人权被认为是当代国际社会获得普遍承认的价值和政治道德观念,尊重和保障人权已经成为评价一个国家民主法治文明程度的标杆。

我国《宪法》第33条第3款规定:"国家尊重和保障人权。"根据《宪法》的规定,《刑事诉讼法》第2条把"尊重和保障人权"列为刑事诉讼法的一项重要任务。刑事诉讼领域内的保障人权,可以从三个层面去理解:第一个层面是保障犯罪嫌疑人、被告人和罪犯的权利,防止无罪的人受到刑事法律追究,防止有罪的人受到不公正的处罚;第二个层面是保障所有诉讼参与人、特别是被害人的权利;第三个层面是通过对犯罪的惩罚保护广大人民群众的权利不受犯罪侵害。其中第一层面保障被追诉人的权利是保障人权的重心所在。

刑事诉讼中的人权保障之所以非常重要,是因为国家专门机关在追究、惩罚犯罪的过程中,往往自觉不自觉地超越权力、甚至滥用权力,从而侵犯了诉讼参与人的权利,特别是犯罪嫌疑人、被告人的权利,导致错追错判,严重损害了司法公正。正因为如此,世界上任何民主法治的刑事诉讼法,都着重规定了旨在保障人权的各种原则、制度和程序,以把惩治犯罪的权力的使用关在制度的笼子里。我国的《刑事诉讼法》也是如此,它规定了"保障无罪的人不受刑事追究"的任务,规定了平等权、辩护权原则,规定了不得强迫自证其罪原则和非法证据排除规则等一系列保障人权的原则、制度和程序。三中全会《决定》指出:"完善人权司法保障制度",随着我国社会主义民主法治建设的不断发展,我国刑事诉讼中的人权理念和制度保障将进一步加强和完善。

综上,惩罚犯罪和人权保障,构成了刑事诉讼法目的两个方面的对立统一体,两者结合,不可片面强调一面而忽视另一面。刑事诉讼法应当把惩罚犯罪和保障人权两者妥善地加以协调,有机地结合在一起。此理念在中央政法机关文件中多次得到体现,例如,两院三部《办理死刑案件意见》明确指出,办理死刑案件应当"坚持惩罚犯罪与保障人权相结合"。

二、程序公正与实体公正动态并重

公正(正义)①是人类社会所追求的首要价值目标。在各种社会公正中,社会体制即社会基本结构的公正无疑是起决定性作用的公正。② 司法公正则在社会公正中占有十分重要的地位,它是维护社会正义的最后一道屏障,是体现社会正义的窗口,是司法机关的灵魂和生命线。

司法公正,又称诉讼公正,分程序公正和实体公正两个方面。程序公正,即过程公正,指诉讼程序方面体现的公正。刑事案件的程序公正,其具体要求主要是:(1) 严格遵守刑事诉讼法的规定。当然,这是以刑事诉讼法的内容公正为前

---

① 公正,英语为 Justice,或译为正义。
② 美国伦理学家罗尔斯认为:"正义的主要问题是社会的基本结构,或更准确地说,是社会主要制度分配基本权利和义务,决定由社会合作产生的权益之划分的方式。"见〔美〕罗尔斯:《正义论》,何怀宏、何包纲、廖申白译,中国社会科学出版社1988年版,第7页。

提的。如果立法不公,执法越严越不公正,这是不言而喻的。(2) 认真保障当事人和其他诉讼参与人,特别是犯罪嫌疑人、被告人和被害人的诉讼权利。(3) 严禁刑讯逼供和以其他非法手段取证。(4) 真正实现司法机关依法独立行使职权。(5) 审前程序尽量透明,审判程序公开。(6) 在审判程序中,控辩双方平等对抗,法庭居中裁判。(7) 按法定期限办案、结案。以上七点,第一点可以说是形式上的程序公正,后六点可以说是实质上的程序公正。实体公正,即结果公正,指案件实体的结局处理所体现的公正。刑事案件的实体公正,其具体要求主要是:(1) 据以定罪量刑的犯罪事实必须根据证据准确地加以认定,做到证据确实充分。(2) 正确适用刑法,准确认定犯罪嫌疑人、被告人是否有罪及其罪名。(3) 认定犯罪嫌疑人、被告人有罪或罪重在事实上法律上发生疑问的,应当从有利于被追诉人方面作出处理。(4) 按照罪刑相适应原则,依法适度判定刑罚。(5) 已生效的裁判得到合理有效的执行,使实体公正最后得以真正实现。(6) 对于错误处理的案件,特别是无罪错作有罪处理的案件,依法采取救济方法及时纠正、及时补偿。由此可见,程序公正和实体公正各自有其独立的公正内涵和标准,不能互相代替。而且我们必须要注意:当事人启动诉权、参与诉讼,其目的主要不是追求过程的公正,而是为了在结果上有一个有利于自己的公正裁决。司法实践中,当事人不服一审判决提起上诉的,或者对已生效裁判提出再审申诉的,其理由绝大多数是实体不公。

  程序的价值首先在于保证实体价值的实现。如果程序的设计和实施是公正的,那么大多数情况下得出的实体结论会是公正的。我国的《刑事诉讼法》为了准确及时地查明犯罪事实,正确地定罪量刑、惩罚犯罪、保护无辜,从诉讼原则、规则、制度和程序方面作了较系统的规定,并在两次修改中不断加以完善。但是,不论程序设计得多么完善,执行程序多么严格,实体公正也未必能完全实现,美国学者罗尔斯说:"关键的是有一个决定什么结果是正义的独立标准,和一种保证达到这一结果的程序。""审判程序是为探求和确定这方面的真实情况而设计的,但看来不可能把法规设计得使它们总是达到正确的结果。"[①]因此,司法工作人员在诉讼过程中不能只满足于追求程序公正,而是要进一步认真实现实体公正的目标。

  程序价值的第二个方面在于它的独立价值,即程序公正本身直接体现出来的民主、法治、人权和文明的精神,它不依附于实现实体公正而存在,本身就是社会正义的一种重要内容。犹如球赛的规则不仅为了保证较有实力的球队获胜——实体价值,而且要使球赛本身进行得更文明更精彩,观赏性更大——程序价值。公正的刑事诉讼程序,例如文明取证、公开审理、保障辩护权等,一方面直接体现司法活动的民主和人权精神,体现看得见的正义,同时保证案件的处理客

---

① 〔美〕罗尔斯:《正义论》,何怀宏、何包纲、廖申白译,中国社会科学出版社1988年版,第86页。

观公正。因此,程序公正既是手段,又是目的。

程序独立价值也体现在它的终局性上。诉讼虽然必须努力追求实体公正,但不能没完没了,否则既影响效率,更导致司法权威的丧失。因此,在一定情况下,宁可以牺牲实体公正为代价去维持已生效裁判的稳定性,维护司法的权威性。例如冤假错案必须纠正;但量刑偏轻偏重的已生效刑事裁判就不必提起审判监督程序加以纠正。

另外,程序独立价值还体现在增加当事人对案件处理的实体结果的可接受程度上。如果程序不公,即使结果公正,有时当事人仍不理解、不接受而导致上诉、申诉;相反,如果程序公正,实体处理略有缺憾,也可能使当事人采取理解、容忍的态度而息讼。但是如果实体处理发生严重不公,如定罪发生根本性错误或量刑明显不当,这种情形下,即使程序公正,也无法或难以平息当事人心灵上的不平而必然继续寻求种种纠错的方法。

关于实体公正和程序公正的关系,马克思曾指出:"诉讼和法二者之间的联系如此密切,就像植物外形和植物本身的联系,动物外形和动物血肉的联系一样。"①在马克思看来,实体与程序的关系是内容与形式的关系,两者是统一的。这对我们正确理解和处理实体与程序的关系具有重要指导意义。当今外国学者对此则见仁见智,莫衷一是。在美国,程序优先比较盛行。如美国一位著名大法官曾这样说:"只要程序适用公平,不偏不倚,严厉的实体法也可以忍受。"②但也有学者认为程序的手段作用更重要。他们说:"尽管程序也促进了一些独立于实体法目标的价值,但是庞德归纳出了一切程序性体系以实现实体法为存在的理由这一特征,在这一点上他无疑是正确的。"③大陆法系国家的学者则较多持实体和程序并重论。如德国的一本权威教科书指出:"在法治国家的刑事诉讼程序中,对司法程序之合法与否,被视为与对有罪之被告、有罪之判决及法和平之恢复,具有同等之重要性。"④

我们认为,程序公正和实体公正,总体上说是统一的,但有时不可避免地发生矛盾。在二者发生矛盾时,在一定的情况下,应当采取程序优先的原则,例如非法证据排除规则、程序的终局性等,但在某种情况下,又应当采取实体优先的原则,例如非法证据的自由裁量规则,又如由于错误地认定事实或适用法律,造成错判错杀,冤枉无辜,这种情况下,一旦发现,就必须纠错平反,并且给予国家赔偿,而不受终局程序和任何诉讼时限的限制。总之,程序公正和实体公正如车

---

① 《马克思、恩格斯全集》(第1卷),人民出版社1995年版,第287页。
② 宋冰主编:《程序、正义与现代化——外国法学家在华演讲录(C)》,中国政法大学出版社1998年版,第375页。
③ 〔美〕伟恩·R.拉费弗、杰罗德·H.伊斯雷尔、南西·J.金:《刑事诉讼法》(上册),卞建林、沙丽金等译,中国政法大学出版社2003年版,第28页。
④ 〔德〕克劳思·罗科信:《刑事诉讼法》,吴丽琪译,法律出版社2003年版,第5页。

之两轮,鸟之两翼,互相依存,互相联系,不能有先后轻重之分。这在我国中央政法机关发布的相关文件中也得到确认。如2003年11月12日最高人民法院、最高人民检察院、公安部联合下发的《关于严格执行刑事诉讼法,切实纠防超期羁押的通知》第1条明确指出:"进一步端正思想,牢固树立实体法和程序法并重、打击犯罪和保障人权并重的刑事诉讼观念……"十八届四中全会《决定》进一步明确提出了"办案结果符合实体公正,办案过程符合程序公正"的要求。当然,实体和程序的并重不是静态的机械的并重,而是动态的辩证的并重,即应当从实际情况出发对两者的价值取向有所侧重和调整。我国长期存在着"重实体、轻程序"的理念和做法,当前应当着重予以纠正。并应当在立法上和司法上建立程序制裁制度,以保证程序公正。所谓程序制裁,是指专门机关办理刑事案件违反法定程序,其行为结果视为无效,如非法证据排除等。

三、控审分离、控辩平等对抗和审判中立

刑事诉讼的基本职能分为控诉、辩护和审判三种。在现代民主法治国家的刑事诉讼中,这三种基本职能的互相关系可概括为:控审分离、控辩平等对抗和审判中立的理念。

控诉是指向法院控告被告人的罪行并要求法院通过审判确定被告人有罪并加以处罚。控诉职能主要由国家的公诉机关——检察机关承担,被害人或其他单位、个人也可以行使。在我国,公诉案件由人民检察院向人民法院提起公诉,自诉案件由被害人及其代理人向人民法院起诉。控审分离就是指控诉职能和审判职能必须分别由专门行使控诉权的机关或个人以及专门行使审判权的机关来承担,而不能把两种职能集中由一个机关或一个人来承担,如果没有法定控诉机关或个人的起诉,法院就不能主动审判任何刑事案件,被动性是审判的一个重要特点。这也就是所谓不告不理原则。

在古代纠问式的诉讼模式中,没有专门的公诉机关,控诉职能和审判职能是由一个司法机关行使的。近代的司法改革,确立了控审分离原则,这是刑事司法制度史上的一个重大进步。控审分离的意义不仅在于使国家司法机关内部有明确具体的分工,有利于强化国家追诉犯罪的能力,提高公诉的质量;更主要的在于使审判机关中立化,从而保证审判机关客观公正地审理和裁判案件。

在刑事诉讼中,行使辩护职能是为了针对控诉在实体上和程序上提出有利于犯罪嫌疑人、被告人的事实和理由以维护其合法权利。辩护职能由犯罪嫌疑人、被告人及其所委托的辩护人来行使。在现代刑事诉讼中,不仅要设置辩护职能与控诉职能相对抗,而且双方应当诉讼地位平等地相对抗,这是辩护职能能否充分发挥作用的关键。因为行使控诉权的国家专门机关不论在权力、手段和物质条件上都明显超过被追诉人,从实际力量对比来说,双方是难以对抗的。正因为如此,国家制定刑事诉讼法时必须刻意构建控辩双方诉讼地位平等的程序,以保证辩护权的有效行使。当然,控辩平等对抗集中体现于审判程序,而在侦查、审查起诉程序中,则应根据程序运作的特点适用这一理念。

审判中立是对审判的基本要求,也是审判职能的基本特征。刑事审判中立是指审判者不仅不能由控辩双方的主体或与案件有直接、间接利害关系的人来担任,而且审判者应当对控辩双方不偏不倚,保持等距离的地位,即控辩审三者之间的关系应当保持等腰三角形的结构。审判只有中立才能公正,无中立就无公正可言。为了保证审判中立,控审必须分离,而且控辩双方主体在审判中的诉讼地位必须平等。

综上可见,控审分离、控辩平等对抗和审判中立,互相联系,它构成控辩审三者之间最科学最合理的关系,它是现代刑事诉讼的基本理念和要求,是实现司法公正的基本保证。

四、追求诉讼效率

诉讼效率是指诉讼中所投入的司法资源(包括人力、财力、设备等)与所取得的成果的比例。讲求诉讼效率要求投入的司法资源取得尽可能多的诉讼成果,即降低诉讼成本,提高工作效率,加速诉讼运作,减少案件拖延和积压的现象。在市场经济中,任何企业只有不断提高效率,才能在竞争中立于不败之地并得到发展,司法工作尽管不同于企业,但也必须注意提高效率,因为国家投入于司法中的资源毕竟是有限的,远不能满足司法的需要。现代的发达国家,如美、英、德、日等国,均普遍感到司法经费的紧张,像中国这样的发展中国家,更是如此。提高诉讼效率不仅为了节约司法成本、缓和办案经费的紧张,更重要的是为了使犯罪分子及时得到惩罚,无罪的人早日免受刑事追究,被害人也可及时得到精神上和物质上的补偿,从而更有效地实现刑事诉讼法的任务。如果办案拖拉、超期羁押,即便案件最后得到正确处理,司法公正也必然受到严重影响。贝卡利亚在谈到刑罚的及时性时指出:"惩罚犯罪的刑罚越是迅速和及时,就越是公正和有益。""我说刑罚的及时性是有益的,是因为:犯罪与刑罚之间的时间间隔得越短,在人们的心中,犯罪与刑罚这两个概念的联系就越突出、越持续,因而,人们就很自然地把犯罪看做起因,把刑罚看做不可缺少的必然结果。"①

现代诉讼都把效率视为诉讼中的基本理念和价值要求,并在一些诉讼立法中加以规定。例如,《日本刑事诉讼法》第 1 条规定"本法的目的"包含有"正当而迅速地适用刑罚法令"的内容。《美国联邦刑事诉讼规则》第 2 条规定:"本规则旨在为正确处理每一起刑事诉讼提供规则,以保证简化诉讼,公正司法,避免不必要的费用和延缓。"多年来,西方国家在效率理念的指导下,对诉讼程序进行了许多改革,如美国大力推行辩诉交易、德国扩大有罪不起诉的案件范围等。

---

① 〔意〕贝卡利亚:《论犯罪与刑罚》,黄风译,中国大百科全书出版社 1993 年版,第 70—71 页。

我国的《刑事诉讼法》第2条也规定了"准确、及时地查明犯罪事实"的内容,而且我国《刑事诉讼法》还从诉讼期限、轻罪不起诉和简易程序等多方面体现诉讼效率的理念。但在效率问题上我国刑事诉讼明显不适应现实需要而有待从观念上、制度上进一步加以解决。

在刑事诉讼中,公正与效率的关系,应当是公正第一、效率第二。罗尔斯说:"某些法律和制度,不管它们如何有效率和有条理,只要它们不正义,就必须加以改造和废除。"①此话有点绝对,但有一定合理性。在刑事司法中,应当在保证司法公正的前提下追求效率,而不能因为图快求多,草率办案而损害程序公正和实体公正,甚至发生错案现象。如果发生错案,事后加以纠正和赔偿,反而损害了效率。当然,公正的优先地位不是绝对的,在一定情况下,为了效率,不得不对公正的价值作出适当的牺牲,例如简易程序等。但是这种牺牲不能过分,否则,就违反司法的基本要求了。

第五节 刑事诉讼法的制定目的、根据和任务

一、刑事诉讼法的制定目的

国家制定任何一项法律,都为了达到一定的预期目标,取得某种预期的结果,这种目标或结果被称为制定该项法律的目的或宗旨。有的国家在刑事诉讼法中明确宣示了制定该法的目的,如《日本刑事诉讼法》第1条规定:"为就刑事案件维护公共福利和基本人权,同时明确案件的事实真相,准确而迅速地适用刑罚法令,特制定本法。"

我国《刑事诉讼法》在第1条中开宗明义地规定了立法的目的,这就是:"为了保证刑法的正确实施,惩罚犯罪,保护人民,保障国家安全和社会公共安全,维护社会主义社会秩序,根据宪法,制定本法。"这一由法律明确表明的目的,可以从以下三个方面进行理解:

(一) 保证刑法的正确实施

刑法规定的是犯罪和刑罚的问题,刑事诉讼法规定的是如何追究和惩罚犯罪。如果只制定刑法而不制定刑事诉讼法,则刑法如何实施就没有规范可以遵循,刑法的正确实施就难以得到保障。美国的一本教科书也如是说:"实体刑法典规定了社会意欲威慑和惩罚的行为,诉讼程序法则发挥着手段的作用,而社会通过它贯彻实体法目标。"②

刑事诉讼法对刑法正确实施的保障作用主要表现在以下几个方面:第一,确

---

① 〔美〕罗尔斯:《正义论》,何怀宏、何包纲、廖申白译,中国社会科学出版社1988年版,第3页。
② 〔美〕约书亚·德雷斯勒、艾伦·C.迈克尔斯:《美国刑事诉讼法精解》(第二卷·刑事审判),魏晓娜译,北京大学出版社2009年版,第1页。

定了实施刑法的专门机关及其分工,从而为刑法的有效实施提供了组织保障;第二,规定了一系列基本原则、制度和规则,保障专门机关权力行使与权力制约的统一,以保证司法公正的实现;第三,规定了运用证据的一系列科学规则,保障准确认定案件事实,为应用法律、正确处理案件提供了前提条件;第四,规定了刑事诉讼由一系列前后衔接的阶段和具体程序构成,使案件的错误、缺陷能够及时纠正、弥补;第五,规定了一定的制度、程序,如期限制度、简易程序、调解制度以保障实体法的高效率实施。

刑事诉讼法保证刑法正确地实施,使刑法能够在社会发生具体犯罪行为时得到应用,为发挥刑法调整社会关系的功能和确立刑法的权威起到保障作用;而且使该法得以正确无误地应用于解决具体刑事案件,使刑法的民主、法治原则——罪刑法定原则、罪刑相适应原则得以贯彻实施,使各项刑法理念在法律的实施中得以实现,使惩治犯罪与保障人权得到有机的结合。

(二) 惩罚犯罪,保护人民

犯罪是对国家和社会危害最大的违法行为,它侵犯公民的人身权利、财产权利和其他权利,危害国家安全,破坏社会秩序,严重损害了人民的根本利益和眼前利益。为了有效地追究犯罪、惩罚犯罪,国家不仅要制定刑事实体法,对罪与罚作出明确规定;还要制定刑事程序法,以保证公正有效地惩治犯罪。

惩罚犯罪的直接目的是保护人民。这里的"人民"泛指广大人民群众。在我国,"人民"的概念在传统上具有政治色彩,是与"敌人""反动派"相对而言的。"人民"与"公民"或"国民"是有区别的。《宪法》第33条规定:"凡具有中华人民共和国国籍的人都是中华人民共和国公民。""公民"与"国民"含义相同。因此,这里的"保护人民"是指通过惩罚犯罪保护广大人民的直接和间接权益不受犯罪的侵害。

(三) 保障国家安全和社会公共安全,维护社会主义社会秩序

各种犯罪行为都会对国家社会构成一定的危害。有的直接危害国家安全,如背叛国家、分裂国家、颠覆国家政权、从事间谍活动、窃取情报等;有的直接危害公共安全,如放火、爆炸、投毒、劫持航空器、盗窃、抢夺枪支、弹药、爆炸物等;有的则直接侵犯公民人身权利、民主权利和财产权利,如杀人、强奸、绑架、破坏选举、抢劫、盗窃等;还有的破坏社会主义社会秩序,如生产、销售伪劣商品、走私、伪造货币、金融诈骗等直接破坏了社会主义社会经济秩序,招摇撞骗、聚众斗殴、组织黑社会组织等直接妨害了社会管理秩序,等等。因此,刑事诉讼法保障刑法的正确实施,有效地惩罚犯罪和遏制犯罪,从而保障国家安全和社会公共安全,维护社会主义社会秩序,保持社会稳定,并为国家的经济建设提供良好的外部环境。

综合《刑事诉讼法》第1条所规定的上述三个方面的内容,我们可以看出,我国《刑事诉讼法》的立法目的,就文字表达而言,是以惩罚犯罪为主旨的,缺乏

保障人权的精神。正因为如此,《刑事诉讼法》第 2 条规定了"尊重和保障人权"加以弥补。

二、刑事诉讼法的根据

我国《刑事诉讼法》第 1 条规定:根据宪法,制定本法。这清楚地表明我国《刑事诉讼法》的根据是我国《宪法》。

在一个国家的法律体系里,宪法具有最高的法律地位和效力,被称为国家的根本大法、母法。宪法就国家的经济制度、政治制度、公民权利等方面作出的规定,是国家法律中最基本、最重要的内容。各种的法律的制定必须以宪法为依据,不能违背宪法的基本精神,更不能与宪法规定的内容相抵触,否则就不能发生法律效力。刑事诉讼法当然也不例外。

我国《宪法》关于"依法治国,建设社会主义法治国家"的治国方略的规定,是制定、修改和实施《刑事诉讼法》时必须遵循的指导原则和出发点。《宪法》中关于国家性质和指导思想、社会制度、政治制度、国家机关的组织和活动原则以及惩罚犯罪和保障人权等内容的规定,是我国《刑事诉讼法》的性质、目的、任务和基本原则的依据。《宪法》中关于公民基本权利的规定,是《刑事诉讼法》规定诉讼参与人诉讼权利的直接根据,主要包括:

(1) 公民的合法的私有财产不受侵犯(第 13 条)。

(2) 国家尊重和保障人权(第 33 条)。

(3) 公民在法律面前一律平等(第 33 条)。

(4) 公民的人身自由不受侵犯;任何公民,非经人民检察院批准或者决定或者人民法院决定,并由公安机关执行,不受逮捕;禁止非法拘禁和以其他方法非法剥夺或者限制公民的人身自由,禁止非法搜查公民的身体(第 37 条)。

(5) 公民的人格尊严不受侵犯。禁止用任何方法对公民进行侮辱、诽谤和诬告陷害(第 38 条)。

(6) 公民的住宅不受侵犯。禁止非法搜查或者非法侵入公民的住宅(第 39 条)。

(7) 公民的通信自由和通信秘密受法律的保护。除因国家安全或者追查刑事犯罪的需要,由公安机关或者检察机关依照法律规定的程序对通信进行检查外,任何组织或者个人不得以任何理由侵犯公民的通信自由和通信秘密(第 40 条)。

(8) 中华人民共和国公民对于任何国家机关和国家工作人员,有提出批评和建议的权利;对于任何国家机关和国家工作人员的违法失职行为,有向有关国家机关提出申诉、控告或者检举的权利;由于国家机关和国家工作人员侵犯公民权利而受到损失的人,有依照法律规定取得赔偿的权利(第 41 条)。

我国《宪法》还就人民法院、人民检察院的根本职能、机构建制、组织体制作

出了规定,并对诉讼中应当遵循的一些原则作出了明确规定,成为刑事诉讼法相关规定的直接依据,主要包括:

(1) 人民法院审理案件,除法律规定的特别情况外,一律公开进行(第125条)。

(2) 被告人有权获得辩护(第125条)。

(3) 人民法院依照法律规定独立行使审判权,不受行政机关、社会团体和个人的干涉(第126条);人民检察院依照法律规定独立行使检察权,不受行政机关、社会团体和个人的干涉(第131条)。

(4) 各民族都有用本民族语言文字进行诉讼的权利,人民法院和人民检察院对于不通晓当地通用的语言文字的诉讼参与人,应当为他们翻译。在少数民族聚居或者多民族共同居住的地区,应当用当地通用的语言进行审理;起诉书、判决书、布告和其他文书应当根据实际需要使用当地通用的一种或者几种文字(第134条)。

(5) 人民法院、人民检察院和公安机关办理刑事案件,应当分工负责,互相配合,互相制约,以保证准确有效地执行法律(第135条)。

由于宪法在国家法律体系中具有最高的法律效力,对于宪法所确立的司法制度和诉讼原则,即使刑事诉讼法典没有重申,也是刑事诉讼法的重要原则和制度,在刑事诉讼活动中必须加以贯彻。这里还需要指出,刑事诉讼法应当随着宪法的修改而作出相应的修改,宪法已经作出修改的内容,刑事诉讼法如来不及进行修改而与之存在冲突的,应当执行宪法修改的有关规定。

三、刑事诉讼法的任务

刑事诉讼法的任务即刑事诉讼法所要承担的实际职责、所要达到的具体要求。我国《刑事诉讼法》第2条规定:"中华人民共和国刑事诉讼法的任务,是保证准确、及时地查明犯罪事实,正确应用法律,惩罚犯罪分子,保障无罪的人不受刑事追究,教育公民自觉遵守法律,积极同犯罪行为作斗争,维护社会主义法制,尊重和保障人权,保护公民的人身权利、财产权利、民主权利和其他权利,保障社会主义建设事业的顺利进行。"对于本条规定的刑事诉讼法任务,可以从以下三个方面加以理解。

(一) 保证准确、及时地查明犯罪事实,正确应用法律,惩罚犯罪分子,保障无罪的人不受刑事追究

这是刑事诉讼法的直接任务。

办理刑事案件,查明案件事实是关键。可以说,整个刑事诉讼过程是围绕着这一具体中心任务而展开的。查明案件事实,是指要查明:犯罪事实发生了没有,谁实施了犯罪,实施犯罪的过程以及其他与定罪量刑有关的情况。准确地查明犯罪事实就是要求司法工作人员对犯罪事实的主观认识与实际发生的案件客

观事实最大限度地相一致。在刑事诉讼中,司法工作人员认定案件事实的手段是证据,为此,司法工作人员必须依法客观全面地收集证据,科学地审查判断证据,从而准确地认定案情。查明犯罪事实并非指查明案件事实的一切情节,而是指查明与定罪量刑有关的情节,特别是主要犯罪事实。查明犯罪事实不仅要准确,而且要及时,即尽量在较短的时间内查明犯罪实施者及有关情况。只有及时查明犯罪事实,才能及时落实国家刑罚权,这对于有效打击犯罪、预防犯罪具有重要的意义。及时查明案情,还能够使无罪的犯罪嫌疑人尽快解脱,从而切实维护公民的人身自由权和其他合法权益。

在准确、及时地查明案件事实的基础上,还必须正确应用法律,如果不能正确应用法律,即使查明了犯罪事实也往往无法正确裁决案件,实现司法公正。正确应用法律,要求公安司法机关在将法律应用到已经查明的具体案件事实时,分清罪与非罪、此罪与彼罪的界限,做到定罪准确,并根据罪刑相适应原则,做到量刑适当。刑事诉讼中所应用的"法律"包括刑事实体法和刑事程序法,此外还包括办理案件中需要适用的其他法律,如附带民事诉讼中的民法、民事诉讼法等。

公安司法机关在准确认定案件事实的基础上正确应用法律,做到以事实为根据,以法律为准绳,其结果必然是:一方面惩罚了犯罪分子,另一方面避免发生使无罪者受到刑事追究的错误。应当指出,有罪不罚、放纵犯罪固然会给国家、社会和人民带来严重危害,但错罚无罪,冤枉无辜,不仅侵犯了人权,破坏了法制,还会使受罚的无罪者及社会公众把公安司法机关及其人员看成是自己的对立面,甚至进而对国家、对社会产生失望、不满和对立情绪,感到世上无公理、司法不公正,由此造成的后果比放纵一个罪犯要严重得多。正如弗兰西斯·培根所说的:"一次错判比多次犯案为害更大,因为后者只不过污了流,而前者却是秽了源,所以所罗门有言:'义人在恶人面前退缩,好像趟浑之泉,弄浊之井。'"[①]我国《刑事诉讼法》在惩罚犯罪的同时应当着力保证无罪的人不受刑事追究。

(二)教育公民自觉遵守法律,积极同犯罪行为作斗争

这是刑事诉讼法的重要任务。

我国公安司法机关及其人员在刑事诉讼活动中均承担法制教育的职能,体现在:上述机关和人员通过依法追究、惩罚犯罪的诉讼活动以及主动参与法制宣传活动,自觉地对公民进行法制教育,使其了解法律的内容,培养守法的意识,从而起到预防犯罪的作用;同时,培养人们与犯罪作斗争的责任感和勇气,提高他们识别犯罪的能力,使他们敢于和善于与犯罪进行斗争;对社会上潜在的违法犯罪人员起到警戒作用,使他们震慑于刑罚的威力,不敢铤而走险,以身试法。公安司法机关及其人员这种法制教育行为,有助于实现社会治安综合治理,维护社会秩序安定,并为法治社会的形成打下坚实的群众基础。

---

① 〔英〕弗兰西斯·培根:《培根随笔全集》,蒲隆译,上海译文出版社2012年版,第207页。

但需要注意的是，发挥刑事诉讼法的教育作用不能离开刑事诉讼的具体活动，如果脱离刑事诉讼法的具体任务，不但可能无法达到教育公民的实际目的，还可能招致不良的社会效果。法律的教育功能固然可以通过有意识的法制宣传而得以发挥，但更重要的是通过法律的实际运作过程加以实现。在法律的实际运作中，公安司法机关及其人员的职务活动，对于树立法律的威信和培养人们的守法意识有着潜移默化的影响：公安司法机关及其人员在诉讼活动中严格依法办事，可以发挥遵守法律的示范作用，这种示范行为所具有的塑造社会风气的功能，往往比专门的宣教更具实效。反之，如果执法者都不能严格依法办事、实践法律对公众的允诺，公众就会得到反面的教习，养成轻视法律、蔑视国家司法权威的社会习惯。所以，对法制权威的损害，莫过于执法者自身徇情枉法；发挥法律教育功能的最佳方式之一，是公安司法机关及其人员在严格遵守法律方面发挥示范作用。

还需要指出，对公民的法制教育不限于教育其自觉遵守法律、积极同犯罪行为作斗争这一个方面，还应当包括教育其充分了解公民的各种权利，培养其自觉地运用法律维护自身和他人的合法权益不受侵犯的意识，只有这样才能强化刑事诉讼中的内部制约机制和外部监督作用，保障刑事诉讼合法、公正地进行。

（三）维护社会主义法制，尊重和保障人权，保护公民的人身权利、财产权利、民主权利和其他权利，保障社会主义建设事业的顺利进行

这是刑事诉讼法的总任务。

关于维护社会主义法制。我国《刑事诉讼法》是社会主义法制的重要组成部分，它同时肩负着发挥自身的功能以维护社会主义法制的任务。维护社会主义法制就是维护其尊严，做到"有法必依，执法必严，违法必究"。刑事诉讼法正是通过保证刑罚权的正确行使、公平公正地惩罚犯罪，保障无罪人不受刑事追究，以使社会主义法制的尊严得到维护。

关于尊重和保障人权。对此本章第四节已作专门论述，并指出在刑事诉讼中，尊重和保障人权之重心在于保障犯罪嫌疑人、被告人和犯罪分子的权利。

关于保护公民的人身权利、财产权利、民主权利和其他权利。对此可以从两个层面加以理解。首先，刑事诉讼法保障国家刑罚权的有效行使，惩罚侵犯公民各种权利的犯罪行为，这就是对公民的人身权利、财产权利、民主权利和其他权利的直接保护。其次，刑事诉讼法还应承担规范国家权力、约束司法工作人员的行为使之不致滥用和失控，从而保护公民人身权利、财产权利、民主权利和其他权利，使之不受来自国家公权力的非法侵犯。但此处保护的重心则在于第一个层面。因此把尊重和保障人权与保护公民权利结合起来，实际上与惩罚犯罪和保障人权相结合的精神是一致的。

关于保障社会主义建设事业的顺利进行。刑事诉讼法通过各种具体任务的实现，归根结底是为了构建社会主义和谐社会，保障社会主义建设事业的顺利进行。社会主义建设事业包括政治、经济、文化等多方面的建设内容，刑事诉讼法的有效实施为社会主义建设创造良好的环境，起着保驾护航的重要作用。

第二章 刑事诉讼法的历史发展

第一节 外国刑事诉讼法的历史发展

一、外国刑事诉讼立法的沿革

(一)上古、中世纪①的刑事诉讼立法

在原始社会,不存在现代意义的法,调整氏族成员行为的规范是风俗习惯。当时的风俗习惯既有实体性的也有程序性的。部落成员自觉遵守这些习惯并以公众舆论、与神明惩罚相联系的恐惧心理、集体情感维系着习惯的权威性。部落社会没有严格意义的司法。法律是随着人类文明进程的推进并随着国家的产生而产生出来的,在法律产生过程中,基于惩罚、遏制犯罪和解决纠纷的需要而产生了实体法和程序法,实体法与程序法从总体上说是同步产生的。②

公元前 2100 年,古巴比伦的审判制度已经确立,专门的法官、书记官、公证人以及各种诉讼上的专门诉讼文件和程序比较完备,一切法律被视为神授,最高审判权由国王掌握,汉穆拉比国王将审判权从僧侣那里转移至法官(包括巴比伦城市中的行政长官和村镇的首长等),但当时司法权与行政权尚无严格区分,审判活动均在宫殿大门和市区中公开进行,书记官将一切笔录记于泥土版碑之上。汉穆拉比在任时期制定的法典,后人称《汉穆拉比法典》。在巴比伦王国,刑事诉讼和民事诉讼没有明确的划分,《汉穆拉比法典》是诸法合体的,它对控告、传唤证人、举证责任、法官责任、神明裁判等作出了规定,其确定的审判制度历 2000 年未发生显著变化。

古代罗马人在法律划分、法律的一般理论和实施方法等方面作出了杰出贡献。罗马法的全面发展持续了一千年。现今可考的最初的罗马成文法典为《十二铜表法》,共有 105 条,其第一牌共 9 条,是关于法庭对诉讼当事人进行传唤的规定;第二牌共 4 条,是关于诉讼中审问的规定。除《十二铜表法》外,罗马人还为人类文明的发展奉献了宝贵的《查士丁尼法典》。罗马法法庭具有程序完备的特点,罗马法昌盛时期也正是辩护律师大显身手的时期。帕皮尼安、保罗和乌尔比安主持的法庭发现并确立了一系列法律原则、制度和规则,诸如:"已决事

---

① 又称"中古"。欧洲从西罗马灭亡到哥伦布发现新大陆的时期,大约公元 500 年到 1500 年,为中古。中国从汉唐到宋明时期,为中古。

② 参见陈光中、王万华:《论程序法与实体法的关系》,载《诉讼法论丛》第 1 卷,法律出版社 1998 年版,第 3—16 页。

件被视为真理"(res judicate pro veritate habetur)的既判力原则、"举证责任在于确认之人而不在否认之人"(ei qui affirmat non ei qui negat incumbit probation)的举证原则、"兼听"(audi altera partem)的调查原则、"任何人不得在自己的案件中担任法官"(nemo judex in cause sua)的法官中立原则、"任何人都没有使自己牵连进刑事案件的义务"(nemo tenetur speipsum accusare)的反对自证其罪原则、"任何人不应受两次磨难"(nemo dat quod non habet)的禁止重复追究原则、"一切行为都被推定是正确地和严肃地作出的"(omnia praesumuntur rite et solemniter esse acta)的理智推定原则等,罗马法为现代法律制度构造了框架,其确立的诉讼原则、制度、规则成为现代诉讼原则、制度和规则的主要来源之一,为意大利、法国、西班牙和德国提供了可供借鉴的样板,英国法在其实质以及推理方法上也受益于罗马法。古罗马丰富的法律思想和理论已成为现代法学的宝库。

继罗马法之后,公元5世纪至9世纪的欧洲又形成了日耳曼法。日耳曼法是在日耳曼国家中适用于日耳曼人的一系列法典的总称。尽管日耳曼法是在日耳曼部族原有习惯的基础上发展而成的,却在西欧法律发展史上占有重要地位。日耳曼法确立了神明裁判的制度和公开审判的原则,对后世影响久远,至今审判公开原则已成为现代诉讼的一项重要原则。此外,属于日耳曼法的《萨克森法典》规定,法院从黎明到日落进行审判,日落后法院不能再行使权力,如今一些国家将此类限制扩展到了逮捕、搜查和讯问等侦查程序。据分析,现代英美国家的陪审制度也与实行日耳曼法的法兰克王国的类似制度有关。

公元4世纪至15世纪,罗马天主教的法规从罗马法和日耳曼法借鉴了许多法律原则和制度,成为欧洲中世纪的重要法律。教会法与罗马法、日耳曼法并称为欧洲三大法律传统。教会法以《圣经》、宗教会议的决议、法令与法律集、教皇教令集等为法律渊源。教会法采用书面审理程序和代理制度,证据必须经过宣誓提出,法官依据"理性和良心原则"进行审判活动,必须发自内心地确信他所作出的判决。教会法在诉讼中确立了纠问式诉讼程序,例如英诺森三世的教会法规定,根据公众告发或私人控告,法院可以对案件进行调查,从调查证据到刑罚执行都由官方负责。纠问式诉讼程序对大陆法系各国刑事诉讼法的影响很大。

在封建制度下,法国的法律经历了由习惯法到罗马法再到王室立法的发展过程(从9世纪至18世纪),1670年制定的刑事诉讼法是这一发展历程的重要成果之一。法国的司法审判先采用"神明裁判"与"司法决斗",后采用法定证据制度,并实行纠问式诉讼和检察制度。

日耳曼习惯法和罗马法对德国法的产生和发展产生了重要影响。德国早期沿袭日耳曼人的习惯,采取弹劾式诉讼。1220年德国编成了《萨克森法典》,其中对刑事诉讼规则作出了规定。1532年颁布了《加洛林纳法典》,该《法典》共179条,包含刑法和刑事诉讼法两方面的内容,确立了纠问式诉讼制度,刑事诉讼分为侦查和审判两个阶段,实行"有罪推定"和刑讯制度,审理不公开,判决分为有罪判决、无罪判决和存疑判决。

俄国的法律直接从部落习惯法转化为早期封建制法,11世纪出现的《罗斯法典》是在习惯法和立法的基础上汇编而成的,1497年颁布和1550年颁布的两部《律书》(前者称"大公律书",后者称"沙皇律书"或"第二律书")对法院的权限、诉讼费用、诉讼程序作出了规定。1649年制定的《会典》采用了纠问式诉讼制度。1833年俄国编纂了《俄罗斯帝国法律全书》,原为15卷,四万两千余条,规模十分庞大。该全书在修订和补充时增补了《1664年审判条例》作为第16卷,对法定证据制度作出了详细的规定。

日本仿效中国隋唐法律制度进行本国法律的编纂,其第一部成文法《大宝律令》以唐朝《永徽律》为蓝本,同唐律一样,它也是诸法合体、以刑为主的法典,此后制定的法律也有这一特点。日本古代的法律成为中华法系的重要组成部分。

英国法制独立发展,形成了不同于欧洲大陆的显著特色。[①] 1066年,诺曼人在威廉公爵的率领下侵入不列颠全岛,在英国建立起王权统治。国王向各地派出巡回法官并以巡回法官的判决为判例,在遵循先例的原则下通过这些判例使各地存在的习惯法逐渐统一,形成适用于全国的普通法,其后又陆续制定了一些成文法,但大多由习惯法或判例汇集而成。12世纪至13世纪英国统治内部权力斗争加剧,诸侯为摆脱王权的控制而开始了反对国王的战争,迫使国王约翰在1215年6月15日签署了旨在限制国王权力的《自由大宪章》,其第(38)项规定:"任何自由人,如未经其同级贵族之依法裁判,或经国法判决,皆不得被逮捕、监禁,没收财产、剥夺法律保护权、流放,或加以任何其他损害。"[②]由此确立了"正当程序"(due process)的原则,这给英美法系各国的刑事诉讼法带来了深远的影响。在英国,实行对抗制诉讼程序和陪审团制度。这种司法制度延续至今。

(二) 近现代的刑事诉讼立法

在17、18世纪,卢梭、孟德斯鸠等启蒙思想家提出了"天赋人权""人民主权""三权分立"等理论,奠定了西方政治法律制度的理论基础。与此同时,意大利的贝卡利亚在1764年7月16日出版了《论犯罪与刑罚》一书,系统地提出了现代刑事法律的基本原则,即:罪刑法定原则、罪刑相适应原则、刑罚人道化原则、无罪推定原则,并主张废除刑讯。新兴的政治力量倡导的"自由""理性"和"良心"等思想,直接影响到政治和法律制度的各个方面。启蒙思想家和政治人

[①] 英国是英美法系的领衔国家,英美法系又称海洋法系、盎格鲁—美利坚法系、英吉利法系,产生于英国。当今世界,有大约1/3的人生活在法律制度受到过普通法影响的地区。属于英美法系的国家包括英国、美国以及加拿大、澳大利亚、新西兰等前英国的殖民地和英联邦国家。

[②] 《世界人权约法总览》,四川人民出版社1990年版,第231页。

物宣扬人道主义,尊重个人人格和保护个人人身权利,并宣布按照这些原则来改革政治、法律制度。在反对特权和等级制度的斗争中,革命者提出法律面前人人平等的口号,平等原则成为现代国家机关活动的一项重要原则。各国民主革命胜利后所颁布的法律,确认了这些刑事法律的原则。这些法律有宪章性的,如英国的《人身保护律》(1676 年)、《权利法案》(1689 年),美国的《美利坚合众国宪法》(1787),法国的《人权和公民权宣言》(即《人权宣言》,1789 年)及各国宪法;有法典性及其他单行法律的,如各国的刑法典、刑事诉讼法典等。以法国《人权宣言》为例,它规定了以下刑事诉讼原则:(1) 不得任意捕人。"除非在法律所规定的情况下并按照法律所指示的手续,不得控告、逮捕、拘留任何人。"(第 7 条)(2) 罪刑法定原则。"法律只应规定确实需要和显然不可少的刑罚,而且除非根据在犯法前已经制定和公布的且系依法施行的法律以外,不得处罚任何人。"(第 8 条)(3) 无罪推定原则。"任何人在其未被宣告为犯罪以前应被推定为无罪。"(第 9 条)(4) 反对酷刑。"即使认为必须予以逮捕,但为扣留其人身所不需要的各种残酷行为都应受到法律的严厉制裁。"(第 9 条)

近现代刑事诉讼的代表性法典是法国的《治罪法》(即刑事诉讼法)。法国大革命以后,拿破仑亲自主持法典的编纂。1808 年 12 月 17 日决议通过、26 日公布的《治罪法》,采职权主义的诉讼程序,建立了起诉、预审、审判职权分立的原则和依重罪、轻罪、违警罪分设法院的司法体系,并确立了内心确信的证据制度①和其他一系列具有现代精神的诉讼原则、制度和规则。法国《治罪法》对欧洲大陆诸国产生深远的影响,而且影响远及亚洲、非洲和美洲的许多国家,成为大陆法系国家刑事诉讼制度的奠基之作。

追随法国之后,大陆法系其他国家也纷纷制定本国的刑事诉讼法典。1865 年,意大利以法国《治罪法》为蓝本制定了《刑事诉讼法典》,确立了无罪推定、自由心证和陪审制度(由职业法官和非职业法官组成合议庭)。1913 年这部法典得到修改,提高了被告人的诉讼地位,扩大了被告人的诉讼权利。19 世纪中叶德国一些地方出现了"改革的刑事程序",1877 年德国颁布了《刑事诉讼法典》并于 1879 年正式施行,摈弃了德意志帝国成立前地方邦国数百年来实行的建立在警察国家专制主义政治基础之上的宗教法庭程序,限制了法官权力,实行公诉与审判分立,建立了检察机关,被告人在程序中拥有辩护权并通过"保护形式"得到保护。在亚洲,日本率先进行了法制近代化的进程,1873 年日本聘请了法国巴黎大学教授布瓦索纳特(G. Boissonade),根据法国法典为日本起草了《治罪法》(1880 年),后日本又于 1890 年和 1922 年分别重新制定了《刑事诉讼法》,后

---

① "内心确信"(l'intime conviction)一词来源于法国,"自由心证"的汉译来源于日本,日本明治二十三年(1890 年)制定的《民法·证据篇》中最早使用"心证"一词,后在民事诉讼和刑事诉讼中广泛使用起来。

者明显受到德国的影响,但日本根据本国国情舍弃了德国式的"起诉法定主义",代之以"起诉便宜主义"。日本在1923年制定了陪审法,该法于1943年被废止。

俄国本属大陆法系国家,1917年十月社会主义革命诞生了苏维埃政权,新政权宣布废除沙皇时代的司法制度和基本立法,但由于来不及在短时期内制定出完备的新法律,仍允许沿用一部分旧法律。1918年11月30日苏维埃政权宣布完全禁止在诉讼文件中引用旧法令,确立了苏维埃刑事诉讼制度。苏联分别于1923年和1960年颁布了《苏俄刑事诉讼法典》、于1924年和1958年颁布了《苏联和各加盟共和国诉讼程序立法纲要》,确立了社会主义类型的刑事诉讼制度,对其他社会主义国家起到了典范作用。

第二次世界大战是法西斯主义者在一些国家掌握了政权的恶果,他们对外发动疯狂的侵略战争,对内实行恐怖的极权统治,恣意地践踏本国和占领国人民的人权,法西斯主义国家和一些受法西斯主义影响的国家的刑事诉讼法纷纷法西斯化,刑事诉讼制度的发展出现严重倒退。1942年纳粹德国废除了司法独立;对叛国案,在柏林专门设置了"人民法庭",合议庭中纳粹党员、党卫军和武装部队成员占绝对多数,审判秘密进行;法院组织和诉讼的许多保障措施都在"简化"的理由下被废止了。意大利于1930年颁布第三部《刑事诉讼法典》。这些法典都强化了检控机关的权力,对被告人的权利则加以严格限制。

第二次世界大战以后,一些国家改革了本国的刑事诉讼制度,转而强化了对人权的保障。20世纪后半期,强化刑事诉讼中的人权保障成为刑事诉讼制度改革的主要趋向;另外,两大法系诸国相互借鉴吸收,使许多具体原则、程序和规则进一步趋同。

1948年日本以新宪法为依据并参照美国模式制定了新的刑事诉讼法,采行起诉状一本主义和令状主义、废除预审制、强化公审中心主义和控辩双方的对抗作用、限制口供的证据能力、限制传闻证据、赋予被告人以保释的权利、对上诉审从原来的复审制改为事后审查制,使日本刑事诉讼制度得到进一步完善。近年来,日本进一步加强对人权的保障,对国选辩护人制度进行了改革,在3年以上惩役或禁锢、无期以及死刑案件中,允许嫌疑人在侦查阶段请求指派国选辩护人为其辩护。2000年,日本制定了《关于以保护犯罪被害人等为目的的刑事程序附属措施的法律》,赋予被害人旁听公开审判的权利,以及阅览、复印审判记录的权利等。日本近年来进行的刑事诉讼制度改革中还建立起"裁判员制度"(即陪审员制度),在刑事审判中由从选民(市民)中选出的裁判员与法官共同审理的司法制度,该制度是新型的国民参与刑事审判的制度,介乎英美法系陪审制度和大陆法系参审制度之间。日本实行这一制度有其历史渊源,在1923年日本曾经仿效英国制定过《陪审法》,该法从1928年起实行,规定刑事案件实行陪审制,但在1943年予以废除。2004年,小泉纯一郎内阁的司法制度改革推进总部向国会提出了《关于裁判员参与刑事审判的法律》(即"裁判员法")并在5月21日获得通过。2009年5月21日,日本正式宣布实施裁判员制度。

在法国,20世纪50年代中期对刑事诉讼法典进行修改,1962年3月1日正式实施开始生效的新刑事诉讼法典。近年来对预审法官的权力加以限制,对先行羁押措施实行双重监督,2000年6月15日的法律设立了"自由与羁押法官",限制预审法官在决定羁押的权力。2007年3月5日通过第2007—291法律(即《加强刑事程序衡平法》)设立预审合议庭,到2014年开始实施。预审合议制对预审制度进行改革,一些由预审法官行使的职权改由预审合议庭行使。法国还通过修改法律,加强了对被害人权利的保护,预审法官自侦查伊始即承担告知被害人诉讼活动已经开始的义务。特别值得一提的是,虽然1789年8月法国《人权和公民权宣言》第9条早已规定了无罪推定原则,但该原则一直作为宪法规定的原则存在,没有规定在刑事诉讼法中,2000年6月15日,法国终于将这一原则规定在其《刑事诉讼法典》的序言中,规定:"每个犯罪嫌疑人或被追诉人在其被确认有罪之前均推定为无罪。侵害其无罪推定的行为,根据法律规定的条件防止、补救和惩处。"①

德国于2004年6月24日通过了《被害人权利改革法》,对被害人权利的保障也作出了专门规定。为了提高诉讼效率,德国确立了"彼此同意"的诉讼解决方式。1997年德国联邦法院在判决中还肯定了控辩双方协商的实践行为。

美国联邦法院自1945年起便酝酿、制定了一个《联邦刑事诉讼规则》,以后又进行了多次修改,自1975年8月15日修改后,这一规则一直是60条,多为原则性的规定,调整的范围也只限于从控告到判决的过程。1965年由联邦最高法院起草、1975年1月2日国会批准颁布了《联邦证据规则》,后经多次修订;该规则对有关证据的原则和制度作出了详细的规定。特别值得一提的是,五、六十年代美国联邦最高法院在首席大法官厄尔·沃伦的主持下扩展了人权法案保障的权利的实体内容并使这些权利对各州产生约束力,在马普诉俄亥俄州案件(1961年)、吉迪温诉温赖特案件(1963年)、米兰达诉亚利桑那州案件(1966年)等著名判例中,美国联邦最高法院强化了对被告人获得律师辩护、沉默权的保护和对非法获取证据的排除,掀起了美国司法史上的"正当程序革命"。美国20世纪70年代以来,通过若干判例进行调整,试图在惩罚犯罪与保障人权之间寻求平衡。2000年到2004年,美国联邦最高法院对四个重要的米兰达问题进行审理、裁决,维持了米兰达规则,2000年6月26日伦奎斯特为首席法官的联

---

① 陈光中主编:《21世纪域外刑事诉讼立法最新发展》,中国政法大学出版社2004年版,第6页。

邦最高法院以7票对2票就迪克森案件①作出裁决,宣布米兰达规则"已经成为我们国家文化的一部分,而且已经深深铭记在警察的日常生活中",因此米兰达规则将予以维持,继续有效。不过,美国联邦最高法院在美国诉帕坦案件中以5票对4票确认:违反米兰达规则的自白而获得的实物证据不适用"毒树之果"规定,间接违反米兰达规则而获得的实物证据将不被排除。②

英国以判例法为主,但也制定了若干成文法,特别是近年来,制定了一系列用来规范刑事诉讼活动的单行法律。包括1984年《警察与刑事证据法》、1985年《犯罪起诉法》、1997年《治安法官法》、1994年《刑事审判与公共秩序法》等。其中1985年5月英国议会通过的《犯罪起诉法》,对英国的起诉制度进行了重大改革,改变警察包揽大部分案件的起诉的做法,规定自1986年1月1日起,警察在侦查终结后应当将案件移交给新设立的刑事检察机关,由后者决定是否向法院起诉。1994年的《刑事审判与公共秩序法》对起源于英国并得到广泛应用的沉默权规则作出较大改革。2002年,英国政府公布题为《人人享有正义》(Justice for All)的白皮书,强调增进对被害人权利的保护,主张刑事司法制度应当向有利于被害人和证人的方向寻求新的平衡,被害人应当处于刑事司法制度保护的核心地位。2003年,英国通过《刑事司法法》(Criminal Justice Act),具体规定了加强对被害人权利保护的条款,如对限制被害人性生活史的证据或者问题加以肯定,设定禁止双重危险的例外以保护被害人权利。《刑事司法法》还有许多重大改革颇引人注目,如改革了关于刑事诉讼中传闻证据可采性的规定以及品格证据规则;在严重、复杂的欺诈案件中,某些其他的复杂、时间很长的案件,以及陪审团可能遭受恐吓的案件中,可以不实行陪审团审判而由法官审理。2004年2月24日,英国上议院审议的《宪法改革法草案》第一次在法律上规定了政府的部长们负有尊重司法独立的义务。2009年10月1日,英国根据2005年《宪制改革法案》第三章成立了联合王国最高法院(Supreme Court of the United Kingdom),取代了上议院作为最高司法机关的地位,对英格兰、威尔士和北爱尔兰行使司法管辖权。最高法院设12名法官,首任院长是菲利普斯勋爵(Lord Phillips)。

1988年意大利对本国的刑事诉讼制度进行了大幅度改革,制定了新的刑事诉讼法,这部法典对意大利传统的职权主义诉讼结构进行了根本的改革,强化了对嫌疑人、被告人诉讼权利的保障,移植了对抗制的诉讼制度,在庭审活动中实

---

① 1997年查尔斯·迪克森因涉嫌抢劫银行被警方调查,他拒绝警方对其住处进行搜查的要求,但同意随同警方到FBI办公室接受讯问。警察以"聊天"方式对他进行讯问,并向他表明已经取得法官签发的搜查令要对他的住处进行搜查。在警方没有告知米兰达权利的情况下,迪克森自愿作出了供述,根据它的供述,警方在其住处找到作案使用的手枪、面罩、手套以及赃物。联邦第四巡回区上诉法院根据1968年《综合犯罪控制与街道安全法》(第3501节法律)认定口供是自愿的,可以采纳。2000年4月19日美国联邦最高法院就这一问题举行听证会,米兰达规则经受了一次重新检验。

② 陈光中主编:《21世纪域外刑事诉讼立法最新发展》,中国政法大学出版社2004年版,第7页。

行交叉询问制度,同时保留了法官依职权进行调查的权利。另外,为了提高诉讼效率,还增设了多种简易、速决程序。

俄罗斯对本国的司法体制和诉讼制度也进行了西方化改革,引人注目地重新设立了陪审制度。1991 年以后,俄罗斯对《苏俄刑事诉讼法典》进行增删修订并加以沿用,1993 年将陪审庭审理案件的程序作为单独一编,共 47 条,列在原法典的后面,该编对于陪审团审理程序的适用范围、提起程序、陪审团的组成、陪审员的权利与义务、陪审团审理案件的庭审程序等都作出了规定。2001 年俄罗斯联邦国家杜马通过新的《俄罗斯刑事诉讼法典》,该法规定在侦查阶段被确定为被告人者、被拘捕或受羁押的犯罪嫌疑人有权请辩护人。《俄罗斯刑事诉讼法典》还借鉴了美国的辩诉交易制度和其他国家的简易程序。目前该法典时有修订,处于不断修改完善当中。

鉴于第二次世界大战法西斯主义肆虐时代对人权的极大侵犯,1948 年 12 月 10 日,联合国大会通过了人权委员会起草的《世界人权宣言》,1966 年 12 月 16 日第 21 届联大通过了《两权公约》以及《公民权利和政治权利国际公约任意议定书》等国际人权公约,确认了一系列刑事诉讼的基本的国际准则,主要包括:(1) 权利平等原则。(2) 司法补救。保证权利或自由被侵犯的人,能得到有效的补救。(3) 生命权的程序保障。规定:未经合格法庭最后判决,不得执行死刑刑罚;任何被判处死刑的人应有权要求赦免或减刑,对一切判处死刑的案件均得给予大赦、特赦或减刑。(4) 禁止酷刑或施以残忍的、不人道的或侮辱性的待遇或刑罚。(5) 人身自由和安全的程序保障。任何人不得加以任意逮捕或拘禁,除非依照法律所规定的根据和程序,任何人不得被剥夺自由。(6) 对所有被剥夺自由的人应给予人道或尊重人格尊严的待遇。(7) 独立、公正审判。所有的人在法庭和裁判所前一律平等。受刑事指控的人有资格由一个依法设立的合格的、独立的和无偏倚的法庭进行公正的和公开的审讯。并且,均完全有资格享受刑事审判的最低限度保障,其中包括:迅速被告知指控的性质和原因;受审时间不被无故拖延;在法庭上有权在同等条件下讯问对他不利和有利的证人;免费获得翻译员的援助;凡被判定有罪者,应有权由一个较高级法庭对其定罪及刑罚依法进行复审。(8) 受刑事指控的人有辩护的权利。(9) 对未成年人给予特别保障。(10) 无罪推定。凡受刑事控告者,在未依法证实有罪之前,应有权被视为无罪。(11) 反对强迫自证其罪。任何人不被强迫作不利于他自己的证言或被强迫承认犯罪。(12) 刑事赔偿。根据新的或新发现的事实确实表明发生误判,已有的定罪被推翻或被赦免的情况下,因这种定罪而受刑罚的人应依法得到赔偿。这些刑事司法国际准则,总的精神是在国家追究犯罪者刑事责任的过程中,防止国家滥用权力,切实落实和保障人权,实现司法公正。

联合国大会及其所属组织还通过了一系列有关刑事司法的单项法律文书,规定了某一方面的准则,将《两权公约》确立的刑事司法国际准则具体化。在

《世界人权宣言》通过之后,世界各地区根据《宣言》相继签订了人权公约,如《欧洲人权公约》(1950年11月4日)、《美洲人权公约》(1969年11月22日)、《非洲人权和民族权宪章》(1981年通过)。这些公约涉及刑事诉讼准则的内容与《世界人权公约》大体相同。这些国际公约为世界各国刑事诉讼法确立了共同的人权保障标准。

联合国为加强打击犯罪的国际合作,于2000年11月15日通过了联合国《打击跨国犯罪公约》,2003年10月31日又通过了《反腐败公约》,均涉及大量刑事诉讼法的内容,要求更有效地打击犯罪,强化对犯罪进行打击的力度和能力。

"9·11"恐怖袭击发生后,为加强打击恐怖犯罪,一些西方国家纷纷修订法律。美国以几乎没有争论和异乎寻常的速度通过了《爱国者法》(Patriot Act),英国、加拿大、澳大利亚等国也纷纷进行反恐立法,对有关司法程序进行修订,放宽羁押、监听、扣押、秘密侦查等方面的适用条件,强化打击恶性犯罪的能力。[①]

二、外国刑事诉讼模式的沿革

刑事诉讼模式是指追诉方、被追诉方和裁判者在刑事诉讼中的地位、相互关系及其体现形式的总体系。按刑事诉讼历史发展,刑事诉讼经历了弹劾式、纠问式到现代的职权主义、对抗制和混合式诉讼模式。

(一) 早期的弹劾式诉讼

早期的弹劾式诉讼主要在奴隶制和封建制早期的国家实行。

弹劾式诉讼(accusatorial procedure)的特征是:(1) 控诉与审判职能分离,遵行"没有告诉人就没有法官"的不告不理原则。控告由私人提起,传唤证人到庭由私人执行,当事人有完全的举证责任。(2) 审判以言词辩论的方式进行,诉讼中注重发挥争讼双方的作用,他们在法庭上地位平等、权利对等,可以相互对质和辩论。在古罗马,当时法律顾问阶层已经出现,诉讼中律师有充分地发挥作用的空间。罗马的辩护者一般属于有地位、有财产的人,他们起初在法律诉讼中无偿地为朋友或者被保护人贡献才智,后来在案件审理结束时允许给予辩护者一定的酬金。(3) 法官处于消极仲裁者的地位,只负责听取双方当事人提供的情况,审查他们提供的证据,认定案件事实和作出裁决。在日耳曼各王国,早期没有审判官,审判职能由民众大会行使,但有一些熟悉法律的"智者"(又称"宣法者""判决发现者")参加,运用其掌握的习惯法知识对争议的解决提出意见。随着民众大会制度的衰落,769年查理大帝颁布法令,改革了审判制度,取消了民众大会的审判职能,而从每郡选任12人终身"承审官"。在日耳曼法中,普通刑事诉讼实行自诉原则,实行宣誓和辅助宣誓,法庭在整个诉讼过程中处于消极地

[①] 陈光中主编:《21世纪域外刑事诉讼立法最新发展》,中国政法大学出版社2004年版,第3页。

位。(4) 在弹劾式诉讼中,利害相对的诉讼双方各执一词,互不相让,是非曲直难以判断,法官遂求助于神,期冀神灵给予一定的启示来甄别某些争议事实的真伪和双方主张的曲直。因此,神示证据制度是早期弹劾式诉讼的特征之一。

(二) 传统的纠问式诉讼

纠问式诉讼(inquisitorial procedure)是继弹劾式诉讼之后出现并盛行于欧洲中世纪中后期的诉讼制度。

纠问式诉讼的本质特征是法官主动依职权追究犯罪。在纠问式诉讼中,控诉职能与审判职能不分,集于法官一身。不实行不告不理原则,刑事诉讼的开始和推进,不取决于被害人的告诉,即使没有被害人的告诉,国家官吏也可以主动发现和追究犯罪。在诉讼中,原告人和被告人都没有诉讼主体地位,被告人更是只承担诉讼义务的被追究的客体。审判一般秘密进行,不但庭审前的调查活动是秘密的,法庭审判一般也不公开。纠问式诉讼与野蛮的刑讯紧密地结合在一起,被告人成为被拷讯的对象。刑讯有两类:一类是在判决之前施行的,在掌握证据的情况下,对拒绝供述和保持沉默者施行,如在法国,根据1670年的敕令,在刑事案件中如果对被控犯有死罪的犯人已取得相当的证据而仍然不足以作出有罪判决时,可以予以刑讯;另一类是对已判死刑的犯人施行的,以使他们供出同伙。在不同的国家里,刑讯的手法也有不同,在法国巴黎,进行一般刑讯时使用六锅开水和一具小型刑架;进行特别刑讯时除使用同样多的开水外,要使用一具大型刑架;在英国的苏格兰,刑讯时使用一只铁靴和一些楔子;在其他有些国家,存在使用火来烧犯人脚的酷刑。

(三) 近现代刑事诉讼模式的形成和特征

近现代刑事诉讼中存在三大诉讼模式:职权主义诉讼、对抗制诉讼和混合式诉讼。

1. 职权主义诉讼模式

职权主义诉讼(litigation system)模式①继承了纠问式诉讼的某些特征,主要为德国、法国等大陆法系国家所实行。纯粹职权主义诉讼模式的特征是:(1) 法官推进诉讼进程;(2) 法官主动依职权调查证据,可以主动询问被告人、证人、鉴定人并采取一切必要的证明方法;(3) 采行不变更原则,案件一旦起诉到法院,控诉方不能撤回起诉,诉讼的终止以法院的判决作为标志。现在,在大陆法系国家,纯粹职权主义的诉讼模式已经被打破,诉讼中一般均采行变更原则,允许控诉方撤回起诉。德国还吸收了当事人主义诉讼中的交叉询问制度,将两种调查制度同时规定在本国的刑事诉讼法中,《德国刑事诉讼法》第239条第1款规定:"依他们的一致申请,审判长应当让检察官、辩护人询问由检察院、被告人提名的证人、鉴定人。对由检察院提名的证人、鉴定人,检察官有权首先询问,对由

---

① 国外也有学者称之为"纠问式诉讼"(inquisitorial procedure)。

被告人提名的证人、鉴定人,辩护人有权首先询问。"

职权主义诉讼是欧陆国家以及受其影响的其他国家将公正、理性、人权等观念融入纠问式制度,同时摈弃其野蛮、落后的诉讼因素并在此基础上加以改造的结果。职权主义诉讼中,控诉、辩护、审判职能分立,互相制约,以保障实现诉讼过程的公正性和诉讼结果的公正性。

与传统纠问式有所不同的是,在职权主义诉讼中,国家的刑事追诉权分由两个各自独立的机关行使。在司法制度长期演变的过程中,早在 12 世纪,法国就出现了代表国王参加诉讼的"代理人",这种代理人是现代检察官的雏形。1302 年法国国王腓力四世为加强王权,颁布敕令要求代理人必须和总管、地方官同样宣誓,并以国王名义参加诉讼活动,这一敕令标志检察官正式出现在刑事诉讼活动中。一般认为,检察制度形成于 17 世纪,法国国王路易十四颁布法令要求各级法院设置检察官,检察官对刑事案件行使侦查起诉权,检察制度由此得以确立。① 职权主义体现了国家在处理刑事诉讼案件方面的主动干预原则。这一原则一方面体现为法官有权主动调查证据,另一方面便是检察制度的形成和与之同时出现的公诉职能的分立。

2. 对抗制诉讼模式

对抗制诉讼(adversary system),又称"当事人主义"诉讼、"辩论主义"诉讼、"竞争主义"诉讼。

英美法系采对抗制诉讼,其主要特征是:(1) 法官不主动依职权调查证据,自我克制是法官在案件调查活动中的惯例,不过,美国也吸收了大陆法系国家法官主动依职权进行调查的内容,如美国《联邦证据规则》第 614 条规定:"无论是谁传唤的证人,法院都可以询问。"②(2) 案件事实的发现委诸控诉方和辩护方的举证和辩论,在法庭调查中实行交叉询问制度;(3) 实行变更原则,允许控诉方变更、追加、撤回诉讼,允许控诉方与辩护方进行辩诉交易;(4) 实行起诉认否程序,在刑事诉讼中如果被告人自愿而不是被强迫作出有罪的供述,则对案件事实无须进行举证和辩论,法官可以径行作出有罪的判决,被告人这种供述的效果与民事诉讼中的承认并无不同;(5) 实行陪审团制度,由一定数量的非专业人士(通常为 12 人)组成陪审团,在没有法官出席的情况下负责对事实的有无进行裁决。陪审制度的准确起源已难考据,至少在中世纪早期的加洛林时,在欧洲大陆的法兰克社会已有所闻。英格兰的盎格鲁—撒克逊时代也出现了类似现象。据推断,陪审制度是由日耳曼人带到海峡对面的。最初只用于就有关君主利益问题召集一些知情人士作证等特定的行政事务,后来英国国王亨利二世

---

① 至于警察制度,则可以在古罗马发现其端倪,罗马帝国时期就出现了身兼警察和军人两种职务的骑士。近代警察是以法国在 14 世纪初成立的警察队为开端的,随后英国首创了专职警察队伍,伦敦警察是现代专职警察的开端。相传"警察"一词起源于希腊,14 世纪末为法语所吸收。

② 王进喜:《美国〈联邦证据规则〉(2011 年重塑版)条解》,中国法制出版社 2012 年版,第 200 页。

(1154—1189年)在进行司法改革时在民事司法活动中建立了陪审制。陪审团制度对对抗制诉讼程序的设置和诉讼规则的形成具有决定性作用。

对抗制诉讼模式和职权主义诉讼模式的关键区别在于控诉、辩护、审判三大诉讼主体发挥各自功能的方式不同,当事人主义诉讼模式的机理是通过控辩双方作用与反作用,达到制约政府权力、揭示案件事实真相的目的。当事人诉讼模式体现了证据调查活动中的竞争机制,这种带有强烈对抗色彩的制度建立在这样的认识之上,即控辩双方的对抗被认为是发现案件真实的理想方式。职权主义的拥护者认为,发挥法官的主观能动性,有利于防止诉讼受控辩双方法庭技巧甚至伎俩的影响而难以发现案件的客观真实,法官主动依职权调查才是发现案件真实情况的法宝。这种见解偶尔也会受到英美国家法官的赞赏,如美国最高法院一位法官曾在判决书中表达不同意见说:"联邦法官不是拳击比赛的裁判员,而是审判官。"显然,这里所表达的观念与大陆法系国家对法官的功能的认识相当接近。①

从实际功效上看,当事人主义诉讼模式和职权主义诉讼模式都是发现案件事实的有效方式,二者各有所长,也各有所短,总的看来,在程序的公正性方面,当事人主义诉讼模式优于职权主义诉讼模式;在诉讼效率方面,职权主义诉讼模式优于当事人主义诉讼模式,因此它们各有优点,又各有不足,很难断定孰优孰劣。

3. 混合式诉讼模式

混合式诉讼,又称"折衷主义"诉讼。这一诉讼模式兼采当事人主义诉讼模式和职权主义诉讼模式的因素而形成,主要代表国家是日本和意大利。

混合式诉讼的特征是:(1) 保留了法官主动依职权进行调查证据的权力,注重发挥法官在调查案件事实方面的能动性;(2) 大力借鉴对抗制诉讼的因素,在诉讼中注重发挥控辩双方的积极性,注重控诉辩护双方平等对抗。在法庭调查中,实行英美式的交叉询问等制度,如《日本刑事诉讼法》第304条规定:"审判长或者陪席法官,应当首先询问证人、鉴定人、口译人或者笔译人。"(第1款)"检察官、被告人或者辩护人,在前款的询问完毕后,经告知审判长,可以询问该证人、鉴定人、口译人或者笔译人。在此场合,如果对该证人、鉴定人、口译人或者笔译人的调查,是依据检察官、被告人或辩护人的请求而进行时,由提出请求的人首先询问。"(第2款)"法院认为适当时,可以听取检察官和被告人或者辩护人的意见,变更前二款的询问顺序。"(第3款)以期取两大诉讼模式之长而摈弃其短。

混合式诉讼是在原有的职权主义诉讼模式的基础上大力吸收对抗制诉讼的积极因素的结果,它以折衷模式试图结合职权主义诉讼和对抗制诉讼之长而避

---

① 〔美〕H. W. 埃尔曼:《比较法律文化》,高鸿钧、贺卫方译,三联书店1990年版,第174页。

免其短,既强化对人权的保障,又注重发现案件真实和提高效率,这种结合为许多国家刑事诉讼的发展提供了新的可供借鉴的典范。

三、外国刑事诉讼证据制度的沿革

外国的刑事证据制度发展,特别是欧洲大陆的证据制度发展,大体分为三个阶段:神示证据裁判制度、法定证据制度和自由心证证据制度。

(一)神示证据裁判制度

根据神的启示来判断诉讼中的是非曲直,这种审判制度被称为"神示证据裁判制度"。以获取神的启示作为断案的方法,是神示裁判制度下的证据制度的本质性特征,故该证据制度称为"神示证据制度"。

神示证据制度是在生产力低下的发展状况的制约下产生的,主要发端和盛行于亚欧各国的奴隶社会和欧洲的封建社会前期。

在实行神示证据制度的社会里,由于人们对于自然界的各种现象和人世间的悲欢离合,缺乏科学的认识方法和手段,而将这些现象和事件归结为神意。神被奉为万物的创造者,是宇宙的主宰,神无所不在,无所不知,神意代表着公正、正义,违背神的意志、欺骗神灵必遭天谴,在这一认识前提下,人们相信可以凭借神的启示发现是非善恶并进而惩恶扬善,实现神的意志。

获得神的启示是通过某些确定的仪式来完成的,这些仪式主要有:

(1)诅誓。诅誓是向神发誓的证明方法。诅誓的证明方法在公元前17世纪巴比伦王国《汉穆拉比法典》中有明文规定,例如该法典第126条规定:"设若某人并没有失落什么而声称'我失落了某物',并诬陷自己的邻居,则他的邻居应在神前发誓来揭穿他并没有失落什么,而他则应加倍偿还他的邻居自己所贪图的物品"。古代日耳曼法和西欧中世纪初期的《萨利克法典》也有类似规定。

(2)水审。水审是用水来检验当事人的陈述是否真实或者被控告的人是否有罪的神示证明方法,又分为冷水审和热水审两种方法。冷水审是将被控告的人投入河水中来检验其是否有罪的方法,例如《汉穆拉比法典》第2条规定:"设若某人控他人行妖术,而又不能证实这事,则被控行妖术的人应走近河边,投入河中。如果他被河水制服,则揭发者可以取得他的房屋;反之,如果河水为这人剖白,使之安然无恙,则控他行妖术的人应处死,而投河者取得揭发者的房屋。"热水审是以在沸水中放置物件令被控告的人用手取出来验证其是否有罪的方法。检验标准通常是,烫伤后并经向神祷告或发咒语,在一定时间内如果烫伤痊愈或者有即将痊愈的迹象,则认定无罪;脓肿溃烂,则认定有罪。

(3)火审。火审是用火或者烧热的铁器检验被控告的人是否有罪的方法。欧洲9世纪法兰克人《麦玛威法》规定:"凡犯盗窃罪,必须交付审判。如在神判中为火所灼伤,即被认为不能经受火审的考验,处以死刑。反之,如不为火所灼伤,则可允许其主人代付罚金,免处死刑。"

(4)决斗。决斗是由当事人双方使用武器对打以决胜负的神示证明方式。凡在决斗中获胜的一方便被认为是无罪的,失败的一方则被认为是有罪的。

(5)卜筮。卜筮是就当事人双方争议的事实向神祷告,然后进行占卜,法官根据卦象式签牌的内容判断何者胜诉的神示证明方式。

(6)十字形证明。十字形证明是当事人双方对面站立,手臂左右伸直,使身体呈十字形,保持这一姿势时间最久者胜诉的神示证明方法,为信仰基督教的民族所采用。

神示证据制度在生产力发展水平仍然很低的社会里为利用神的无形力量解决难以裁决的纠纷进而维护社会秩序提供了便利。作为一种调查案件事实的方法,它显然是反理性的,以神示的方法如果发现了案件的客观真实也事属偶然,在通常情况下既不能发现案件的客观真实,也不可能保障当事人的合法权益。

神明裁判尽管受到激烈的反对,但是,法国迟至路易九世(1226—1270年)、英国迟至亨利二世时才予以废除。

(二)法定证据制度

法定证据制度,又称"形式证据制度",其主要内容是,一切证据的证明力的大小,以及对它们的取舍和运用,都由法律预先明文加以规定,法官在审理案件过程中不得自由评断和取舍,法官在审理案件中运用证据查证案件情况,只需符合法律形式规定的各项规则,并不要求符合案件的客观真实情况。中世纪后期的欧洲国家大多实行法定证据制度,16世纪至18世纪这种制度最为发达。

法定证据制度的内容突出体现在法律对各种证据的证明力所作的预先规定上,主要表现在以下几个方面:

1. 关于证据分类

根据欧洲中世纪后期各国法典的有关规定,证据可以分为完善的和不完善的,或完全的和不完全的。不完全的证据又区分为不太完全的、多一半完全的和少一半完全的。例如在1857年《俄罗斯帝国法规全书》里,受审人的自白、书面证据、亲自的勘验、具有专门知识的人的证明、与案件无关的人的证明(即证人证言)等证据被列为完善的证据。受审人相互间的攀供、询问四邻所得知的关于犯罪嫌疑人的个人情况和行为、实施犯罪行为的要件、表白自己的宣誓被列为不完善或不完全的证据。按照证据规则,几个不完全的证据可以合成为一个完全的证据。例如一个证人的陈述被视为半个证据,两个证人完全相同的陈述构成一个完全的证据。

2. 关于收集和判断某些具体证据

在所有证据中,被告人的自白被认为是最有价值和最完善的证据,即"证据之王"(regina probationum),它对案件的判决和被告人的命运起决定性的作用。刑讯是各国刑事诉讼中普遍采用的方法。在日耳曼和法兰西的刑事诉讼中,刑讯成为"整个大厦的中心"。一些国家的诉讼法典对于刑讯规则作了详细规定。

对于证人证言,法律规定也很详细。两个典型的证人的证言,应当被认作是完全的和完善的证据。一个可靠证人的证言,算作半个证据,只能提供高度的盖然性。当几个可靠证人的证言相互矛盾的时候,按多数证人的证言判断案情。如果提供不同情况的证人彼此人数相等,按以下规则评定:男子的证言优于女子的证言;学者的证言优于非学者的证言;显要者的证言优于普通人的证言;僧侣、牧师的证言优于世俗人的证言。

3. 关于运用证据认定某些特定案件

有些国家对于运用证据认定某些特定案件作出了具体规定,例如《俄罗斯帝国法规全书》第312条规定:审理强奸案件必须具备下列情况才能定罪量刑:(1)切实证明确有强暴行为;(2)证人证明被害人曾呼喊救助;(3)她的身上或被告人身上,或者两个人身上,显露血迹、青斑或衣服被撕破,能够证明有过抗拒;(4)立即或在当日报告。

4. 关于运用证据的总的定案标准

按照法律规定,在办理刑事案件过程中,一经收集到完善的证据,法官必须形成确信,认定被告人罪行属实;而收集到不完善的证据,这些证据虽有几分可信但不足以证实被告人有罪的,可以认定被告人有犯罪嫌疑而对他进行刑讯。如果经过刑讯仍然收集不到完善的证据,德、法等国法律规定,法院可以据此作出"存疑判决"。

法定证据制度及其理论是随着封建集权制国家的建立而逐步发展起来的。用法律的形式,具体规定各种诉讼制度的证明力和运用的规则,有利于消除各地在诉讼中运用证据的混乱状态,使各地在封建割据、闭关自守的格局下各自为政的混乱状况得以消除,这种混乱是由各地都有自己的司法机关和诉讼制度造成的。

在证据制度的发展史上,法定证据制度较之神示证据制度是一大进步。法定证据制度的一个重要的诉讼功能是在一定程度上限制法官个人的专横武断,按照这一制度,法官在审理案件过程中运用证据遵守法律统一规定的各项规则,使法官的任意判断受到了一定限制。不过,尽管法定证据制度的各项规则相当详尽、具体,但法官在审理案件时仍有回旋余地,可以利用对法定规则的解释,使审判的结果有所偏颇。而且,法定证据制度将被告人的自白视为最佳证据,甚至将刑讯作为合法的取证手段,必然导致诉讼中刑讯现象盛行,诉讼中很难保持客观公正。

法定证据制度的有些规则,如关于书证的原本、副本证明力的规则,在一定程度上反映了书证的某些特征和运用书证的经验。但法定证据制度将审理某些案件中运用证据的局部经验,当做一切案件收集、判断证据的普遍规律;把某些证据形式上的特征,作为评价所有这些证据证明力的标准;并把这些内容规定在法律中,要求法官在审理案件中加以机械地遵守,因此遏制了法官在审理案件中的主观能动性,束缚了他们的手脚,依这种刻板的断案方式往往难以发现案件的实质真实。

(三) 自由心证证据制度

自由心证证据制度,又称"内心确信证据制度",是指法律对证据的证明力不作预先规定而由法官在审理案件中加以自由判断的证据制度。

最早提出在立法中废除法定证据制度的是法国的杜波耳。1790年12月26日,杜波耳向法国宪法会议提出革新草案,建议废除书面程序及其形式证据,用自由心证制度取代法定证据制度。会议经过辩论,于1791年1月18日通过了杜波耳提出的草案。1791年9月29日发布训令明确宣布:法官必须以自己的自由心证作为裁判的唯一根据。1808年法国《治罪法》率先较详细地规定了自由心证制度。《治罪法》第342条规定:"法律对于陪审员通过何种方法而认定事实,并不计较;法律也不为陪审员规定任何规则,使他们判断已否齐备及是否充分;法律仅要求陪审员深思细察,并本诸良心,诚实推求已经提出的对于被告不利和有利的证据在他们的理智上产生了何种印象。法律未曾对陪审员说:'经若干名证人证明的事实即为真实的事实';法律也未说:'未经某种记录、某种证件、若干证人、若干凭证证明的事实,即不得视为已有充分证明';法律仅对陪审员提出这样的问题:'你们已经形成内心的确信否?'此即陪审员职责之所在。"现行《法国刑事诉讼法典》第353条对自由心证的文字表述作了简化,但其基本内容是一致的。

继法国之后,欧洲各国立法也相继规定了自由心证制度,例如:

1877年《德国刑事诉讼法典》第260条规定:"法院应根据从全部法庭审理中所得出的自由心证来确定调查证据的结果。"

19世纪末叶俄罗斯废止了法定证据制度。1892年俄国《刑事诉讼条例》第119条规定:"治安法官应根据建立在综合考虑法庭审理时所揭露的情况基础上的内心确信,来裁判受审人有无罪过的问题。"俄国十月社会主义革命诞生了苏维埃政权,苏维埃政权从建立之时起便确立了内心确信证据制度。1922年颁布的《苏俄刑事诉讼法典》规定:法院不受任何形式证据的约束,对于案内一切证据所作的判断,一律由审判员根据建立在综合考虑案件一切情况的基础上形成的内心确信来进行。1923年颁布的《苏俄民事诉讼法典》也规定,证据由法官根据自由的内心确信进行判断。1961年1月1日公布实施的《苏俄刑事诉讼法典》第71条进一步规定了内心确信制度的核心内容,即"法院、检察长、侦查员和调查人员评定证据,应遵循法律和社会主义意识,依靠以全面、完整和客观审核案件全部情况为根据的自己的内心确信。任何证据对于法院、检察长、侦查员和调查人员,都没有预定的效力。"苏联的证据制度十分强调发现案件的客观真实,而在发现客观真实的过程中并不回避审判员的主观活动的作用,苏联的内心确信制度对审判员通过对证据的审查判断形成内心确信的心理活动过程持实事求是的肯定态度,并以"社会主义的法律意识"置换了西方自由心证证据制度所要求的"良心""良知"。苏联解体后,俄罗斯在刑事诉讼制度改革中恢复了内心确信的原有内涵。

日本于明治九年(1876年)采行自由心证制度。日本现行《刑事诉讼法》第318条规定:"证据的证明力由审判官自由判断。"

诉讼的过程既是一个发现、收集、运用证据的客观活动过程,也是一个判断证据、认识与案件有关的事实的主观活动过程,在这一主观活动过程中,对于法官如何判断证据的证明力以及在作出判决时应处于何种认识状态,都是不应回避的问题。自由心证证据制度把法官从法定证据制度的束缚下解放出来,使他们能够根据自己的理智和信念来判断证据和认定事实,从而为发现案件的客观真实创造了条件。

需要指出,对于自由心证的理解和运用不当,势必造成司法专横和主观擅断。因此,许多国家在赋予法官自由判断证据证明力的权力的同时,为防止法官利用这一权力主观擅断,对自由心证的形成规定了若干条件的限制,包括:(1)内心确信必须是从本案情况中得出的结论;(2)必须是基于一切情况的酌量和判断;(3)所考察的情况必须不是彼此孤立的,而是他们的全部总和;(4)必须是对每一证据"依据证据的固有性质和它与案件的关联"加以判断的结果。法官必须在证据调查和辩论的基础上,按照经验法则和逻辑要求合理地进行判断,否则,可以被列为上诉(上告)的理由被提起上诉(上告)。

(四)英美法系国家的证据制度

英国在长期的诉讼发展中,没有形成类似于欧洲大陆盛行的纠问式诉讼,虽然证据制度在一定程度上存在形式主义特征,但没有形成严格的法定证据制度,刑讯也不盛行。英国的证据法并不预先具体规定各种证据的证明力,而是确立一整套证据规则用以规范采用证据和判断证据的活动。证据规则复杂而精密是英美法系证据制度的突出特点。

英美法系国家的某些证据规则可以追溯到中世纪,绝大多数的证据规则则是以17至18世纪的判例为基础的。19世纪和20世纪,英美国家进行了一系列法律改革,证据制度得到进一步发展。

在英美法系国家,证据规则颇具特色,它主要是由排除规则构成的。排除规则通常适用于两种情况,一是排除那些与争议事实无关的材料;二是排除那些虽然具有相关性,但与案件事实只有微弱的联系、不值得花费时间去核实的证据,或者与案件事实相关、甚至也很重要,但由于其自身的特点,往往会使一般人误以为其对事实的证明力比其实际具有的更大的证据以及违反正当程序、损害公民受法律保障的权利而取得的证据。

在英美法系国家,证据规则主要有:诱导性询问规则、意见证据规则、证据的相关性规则、最佳证据规则、传闻证据规则、自白和沉默权规则、非法证据排除规则等。

其中,传闻证据规则的内容是传闻证据不得作为证据使用。传闻证据(hearsay evidence)是指证人并非自己亲自感知而是转述他人所描述的有关案件的事实或者在法庭外所陈述的有关案件事实的证言。英国在1202年就认识到了传闻证据的不可信性,但直到17世纪后半期传闻证据规则才得以确立起来。禁止传闻证据的理由在于它的不可靠性,因为陈述在传播的过程中可能会被歪曲,这些陈述来自不在场的证人,该证人既不能对该证言发誓,也不受交叉询问,其证言的确实性得不到检验,而且采纳传闻证据也容易拖延诉讼进程。英国《2003年刑事司法法》放宽了刑事诉讼中传闻证据可采性的规定,允许使用符合特定条件的传闻证据,包括提供原始证据的人有正当理由不能出庭或者法官认为其不出庭是适当的情况下使用传闻证据。①

被告人拥有反对强迫自证其罪的权利,以暴力或者公开的威胁所得到的任何供认都不能作为证据使用。反对强迫自证其罪的权利的来源存在三种不同说法:一是古罗马任何人没有义务控告自己的原则,二是中世纪教会法的审判实践,三是英国的李尔本案件,李尔本受到星座法院的审判,法官强迫其宣誓和作证,李尔本在法庭上主张不被迫宣誓和作证的权利,法官对他施以鞭挞和枷刑,1640年李尔本在英国议会发表演说,要求确立不被强迫自证其罪的特权,得到英国议会的确认。美国宪法第五修正案也确认公民享有该项权利。沉默权告知规定可以追溯到1906年10月26日英国首席法官奥尔沃斯墩为回答伯明翰警察局局长的询问而写的一封信。1964年英国王座法庭的全体法官会议制定了一套新的规则,规定:一旦警察有了足够的证据怀疑一个人实施了犯罪,他应该立刻对这个人进行警告,告知其享有沉默权,然后才能对他进行询问。1966年美国最高法院在对米兰达案件的裁决中规定警察在对犯罪嫌疑人加以逮捕时必须告知其拥有沉默权,违反这一规则所取得的自白将被排除。不过,米兰达规则自产生之日起就存在很大争议,至今人们仍对这一规则有不少质疑,批评者通常认为,米兰达规则帮助了罪犯,从而妨碍了对犯罪的打击。但2000年6月26日,美国联邦最高法院在迪克森一案中以7票对2票裁决维持米兰达规则而不是予以废止。1994年英国的《刑事审判法》对沉默权加以四项限制,允许法官和陪审团在特定情形下对嫌疑人、被告人的沉默或者拒绝陈述作出不利于他的推断。这一法律的修改颇为引人注目。

总之,英美法系国家的证据制度由大量的证据规则构成,这些证据规则通常由相应的判例所确立,这些证据规则内容繁琐、复杂,而且至今仍在不断地丰富和发展,如美国刑事诉讼中通过判例对排除规则附加了诸如"必然发现"(inevi-

---

① 陈光中主编:《21世纪域外刑事诉讼立法最新发展》,中国政法大学出版社2004年版,第7—8页。

table discovery)的例外、"善意"(good faith)的例外、"稀释"(attenuation)的例外、"独立来源"(independent source)的例外等,它们在诉讼中都发挥着举足轻重的作用。英美法系国家通过一系列判例确立的证据规则,极大地丰富了诉讼证据法和诉讼证据法学,并对英美法系以外的国家的立法和司法实践产生了积极的影响。

英美法系国家的一整套证据规则,通常是在解决具体问题中确立起来的,其宗旨是保障发现案件的真实,防止冤枉无辜,并体现程序的正当性。英美法系国家的证据规则具有严格性,而且常常有利于确保刑事被追诉者的权益,这被认为具有极大的法制价值。一些证据规则,如米兰达规则,体现了当实质真实与正当程序存在矛盾时将正当程序置于实质真实之上的价值取向,反映出英美国家对诉讼中人权保障的重视。另外,证据规则与诉讼机制的设置存在密切关系,在英美国家,由于陪审团成员的非专业化,使法庭不得不建立起许多规则,以排除某些看来容易使他们受到错误引导的证据。

第二节 中国刑事诉讼法的历史发展

一、中国古代刑事诉讼法

中国古代法制历史悠久,影响深远,不但在时间上绵延了两三千年,而且在空间上也有广泛影响,形成世界五大法系之一的中华法系。

(一)中国古代刑事诉讼法的沿革

中国的古代法典诸法合体,没有区分实体法和程序法。也没有鲜明区分刑事法和民事法。

在我国禹舜时代,《尚书》记载有"皋陶"作为刑官,可见当时已有刑事诉讼。关于诉讼规则,周代实行两造审判、五听制度等诉讼制度并采用人证、书证等证据种类,在先秦的典籍中,特别是儒家《周礼》等典籍中有许多记述,影响深远。

至于编纂成法典,则始于公元前536年郑国的子产将刑法铸在铁鼎上,史称"铸刑书"。战国时魏国的李悝编纂了《法经》,这是我国古代第一部比较系统的刑事法典,该法分为6篇,其中的囚法、捕法两篇属于刑事诉讼法的规定。商鞅对李悝的《法经》加以完善形成《秦律》。

汉承秦制,在保留囚法、捕法等6篇的同时增设3篇,共9篇,改"法"为"律",称《九章律》,但仍只有囚律、捕律为与诉讼法有关的内容。魏时定魏法,共计18篇,晋更增为20篇,均含捕律、告劾律、系讯律、断狱律。南北朝删定律书,《梁律》改"捕"为"讨捕";《齐律》设斗讼、捕亡两篇,北周改"告劾"为"告言"。隋《大业律》分告劾、捕亡、断狱诸篇,将"斗讼"改为"斗"。

唐朝制定的《唐律》为中华法系的代表作,唐朝以隋代法律为蓝本,先后形成《武德律》《贞观律》《永徽律》和《开元律》，现仅有《永徽律》完整保存下来，《永徽律》是我国最早最完整的封建刑律，产生在我国封建社会的鼎盛时期，总结了封建法律制定和司法实践的经验，分12篇，共502条，其斗讼律规定如何控告犯罪，捕亡律规定追捕罪人之事，断狱律集中规定审讯和决断案件。唐朝除"律"以外，还包括"令""格""式"三种，其中捕亡令等也含有刑事诉讼法的内容。唐代律令为后代法律树立了典范，影响远及日本、越南等东亚、东南亚诸国。

五代、宋、金都在唐律的基础上进行增减，与唐律大同小异。元代纂定新律，与唐宋有了一定的差异，称《至元新格》，共20篇，其第13篇为诉讼（与前代告劾律相同）、第18篇为捕亡，第20篇为平反（与前代断狱律相同），并改"斗讼"为"斗殴"，后又修订为《大元通制》。诉讼篇着重规定如何控诉犯罪，但其篇名"诉讼"后来成为我国以及日韩等国近现代的诉讼法典的名称。

明律、清律集中国古代法律之大成，也设诉讼、捕亡、断狱诸篇，都是由唐律发展而来的。

综观历代法律，刑事诉讼法的规定包含在早期法律的囚法、捕法当中，隋唐以下至于明清，主要在"斗讼""捕亡""断狱"等篇中规定有刑事诉讼的制度和程序，在"名例""职制""职官"中也规定有刑事诉讼的内容。

(二) 中国古代的司法机构

中国古代司法与行政不分，司法机构一般同时为行政机构。汉代到唐代，审级大体上可以分为三级。[①] 宋代以后直到清末，审级大体上分为四级。秦朝以后，中央集权制度确立起来，司法权最终皆由皇帝执掌，成为维护皇权至上的基本保证。

从中央司法机构看，先秦时期的司法官吏，在古代典籍中较普遍地称为"士"或者"司寇"。周代由专职官吏掌管司法权：大司寇之下有小司寇、士师。汉代以廷尉执掌司法权。北齐改廷尉卿为大理寺。隋唐由刑部执掌司法事务，大理寺管理囚禁，御史台掌握纠察狱讼的事务。宋代中央审判机关具有多样化的特征，除刑部、大理寺外，又设审刑院，上奏案件须先送审刑院，办理完毕还要交其详议，宋神宗时将审刑院并入刑部；宋代的中央行政机构如中书、门下、枢密院、三司（盐铁、度支、户部）都有权干预司法。元代撤销大理寺，将其职权并入刑部，又将管理贵族事务的宗正府作为重要的审判机构，此外还出现了宗教的与世俗的审判机构并立的现象。明代刑部、都察院和大理寺，号称"三法司"，其中刑部主持审判，大理寺成为复核机关，刑部的组织机构也相应扩大；明代宦官干预政事和司法，东厂、西厂、锦衣卫等特务机构的设立表明专制制度得到了强化。清朝司法机构设置与明代相似，但刑部权力扩大，在京刑狱由刑部审理，外省刑

[①] 汉代刑事诉讼案件由乡到县令到郡守再到廷尉，乡以调解为主；魏晋南北朝时期，从县到郡到州再到廷尉，但州刺史大多兼任持节都督，有权不告而杀。因此虽然名义上分四级，实质上可视为三级。

案也归刑部复核;为保障清朝贵族的法律地位,三法司外又设宗人府,与刑部会审清朝贵族犯罪的案件;中央还设有理藩院负责对少数民族犯罪案件的审判。

从地方司法机构看,周代有乡士、遂士、县士、方士、讶士,分管各自辖区内的司法事务。秦汉地方政权为郡、县两级,以郡守(汉景帝时改为太守)、县令(长)为长官,郡设决曹吏、县设县丞作为司法佐吏,基层还有啬夫负责听讼和征收赋税,游徼负责类似司法警察的事务。三国两晋南北朝时期,地方设州、郡、县三级,州郡长官为刺史或州牧、郡守或太守,不仅管理行政和司法,还兼领兵权。隋朝将州、郡、县三级改为州、县两级,唐代加以沿袭,州的长吏为刺史,有法曹及司法参军辅佐司法;县的长吏为县令,有司法佐辅佐司法。宋代州一级的长官为知州,并增设通判,重要的行政与司法事务,必须由知州和通判联合签署才能生效。元代地方政权分为行省、路、府(州)、县,府(州)、县的长官称为府尹(州尹)和县尹。明朝的地方政权为省、府(州)、县三级,清为省、道、府、县四级,一般均由各级行政长官行使司法权,由幕僚加以辅佐。

(三) 中国古代的起诉制度

中国古代的司法没有设立专门的控诉机关,在起诉方式上也不像现代诉讼那样只有公诉和自诉两种,古代的起诉实际上是指司法机关开始审理案件的缘由或依据。

古代的起诉方式以被害人告诉为主,还包括被害人或其亲属以外的一般人告诉、官吏举发、审判机关纠问等。

古代对控告一般采取鼓励甚至奖励的政策,对于知情不举要给予相应的惩罚,但为了维护家族关系和等级制度,除对于谋叛等特别严重的犯罪、亲属互相侵害的犯罪案件以外,又允许如亲属等特定身份者相为容隐,同时规定如囚犯等特殊身份的人不得告发,包括:(1) 因亲属关系而相互容隐,称"亲亲相隐",在亲亲相隐的制度下,允许亲属之间互相隐瞒犯罪事实而不进行告发和作证,而且卑亲属控告尊亲属受到限制,违反者要受到惩罚;(2) 限制奴婢控告其主;(3) 80岁以上老人、10岁以下幼童和罹患恶疾、癫狂、两肢废、两目盲等笃疾者,除谋反、逆、叛、子孙不孝以及同居之内为人侵犯案件外,不得告诉;(4) 除对于监狱官员酷虐囚犯、明知别人有谋叛以上犯罪以及坦白自己的罪行牵连他人的情况外,禁止囚犯告发他人,该制度始于北齐;(5) 犯罪已受赦免的,一般不得告诉;(6) 犯罪人死亡的,一般不得告诉。此外,对控告不实和诬告予以惩处。为堵塞诬告之源,还严禁以匿名文书告发他人。

中国古代的司法机构存在一定的审级,告诉必须依审级逐级进行,跨越审级直接向上级司法机构起诉称为"越诉"。越诉受到禁止,原因是:自下而上进行告诉,可以使下级官员尽其职,可以使上级官员审查下级已经作出的裁决,如果越诉,则被认为有轻视下级官员之意,也违背了设官分职的意义。

为使民间的冤情能够为君主及时获知,古代还建立了直诉制度,允许直接向国王或者皇帝诉冤。直诉制度起源于《周礼》所载的路鼓(宫殿最里层门外设立路鼓,由专人掌管,鸣冤者击鼓)、肺石(肺石即赤色的石头,鸣冤者立石上)制度,唐朝有邀车驾(皇帝出行,于路边迎其车驾申诉)、击登闻鼓(申冤者击朝廷专门设置的鼓以求皇帝得知此事)、上表、立肺石等方法,后世也采行邀车驾、击登闻鼓等直诉方式。击登闻鼓等直诉方式,不失为古代诉讼中一项好的制度。

(四) 中国古代的审判制度

古代断案一般采独任制,由承审官一人坐堂问案;对少数重大或者特殊案件实行会审制度。会审制度始于唐朝的三司推事,在唐朝,遇有重大疑难案件,皇帝诏令大理寺、刑部、御史台派大理卿、刑部侍郎、御史中丞会同审理。到明、清时期,发展成正式的会审制度,遇特别重大案件,明代厂卫和其他官员也参加;清代由九卿(六部加都察院、大理寺、通政使司的官员)共同审理,称"九卿会审"。

古代法官有着严格的审判责任。《周礼·吕刑》称审判官员有五种过错(即所谓"五过之疵"):"惟官、惟反、惟内、惟货、惟来,其罪惟均。"意思是因依仗官势、私报恩怨、受女人影响、接受贿赂、故旧往来而影响案件正确处理,处以所断罪同样的刑罚。后世对于司法错误,明列情况分别惩罚。法官的司法错误主要包括出入人罪(又分故意、过失)、淹禁不决、应当受理而不受理、不依法刑讯、状外求罪、判决不引律令、应上言不上言、应上奏不上奏等,法律规定颇为详密。

古代诉讼实行两造审理原则,两造审理是指审判在原告、被告都到场时进行的制度。《周礼·吕刑》有云:"明清于两辞。"又云"两造具备,师听五辞"。这是关于两造审理原则的表述。

在案件调查活动中还实行五听制度。五听是古代调查审核证据过程中,审判官吏观察当事人心理活动的五种方法,《周礼·吕刑》有云:"简孚有众,唯貌有稽。"《周礼·秋官·小司寇》云:"以五声听讼求民情,一曰辞听(观其出言,不直则烦),二曰色听(观其颜色,不直则赧),三曰气听(观其气息,不直则喘),四曰耳听(观其听聆,不直则惑),五曰目听(观其眸子视,不直则眊然)。"①这是关于五听制度的较早记载。

古代诉讼中还存在八议制度。八议制度是对于八种具有特殊身份的人,犯罪后须经特别审议并享受减免刑罚的特权的制度。这一制度源于周代,原称"八辟",后改称"八议"。具体内容包括:(1)议亲,"亲"指王室的宗族;(2)议故,"故"指王室的故旧;(3)议贤,"贤"指贤能有德;(4)议能,"能"指有大才业;(5)议功,"功"指有大功勋;(6)议贵,"贵"指有爵位者;(7)议勤,"勤"指勤于国事;(8)议宾,"宾"指承先代之后为贵宾者。唐律规定,除犯十恶罪者以外,凡属八议的人犯死罪,必须将所犯罪状以及应议的情况,先奏请议,议定后奏请皇帝裁可,该管审判官不得擅自处断;犯流罪以下,该管审判官可以径行减等

---

① 括号内文字为郑玄所作的注释。

处断。这一制度与法律的平等适用的精神相违背,它所维护的是封建的特权等级。

古代诉讼中的等级制度的另一表现是代理制度。《周礼·秋官》记载:"凡命夫命妇,不躬坐狱讼。""命夫"系担任大夫官职的男子,其妻为"命妇"。命夫命妇可以不出席审判而由其属下或者子弟代为诉讼,以防止治狱官吏的威严与命夫命妇的尊严相冲突而冒犯了命夫命妇的尊严。这一制度元朝、明朝仍然沿用,但一般限于民事诉讼。

古代诉讼中为平反冤错案件和解决久押不决的案件而实行录囚制度。录囚制度始于东汉,录囚的"录"是指"省录之,知情状,有冤抑与否",含有宽宥之意,与"虑"相通,故唐朝称此制度为"虑囚"。录囚由皇帝亲自进行或者由官员进行,录囚的结果多所原宥。史册中光武帝、汉明帝、晋武帝、隋文帝录囚皆在立国之初,属于偶一行之;唐高祖之后成为惯常的制度,皇帝录囚的事迹史不绝书。官员录囚始于西汉,在平反冤滞方面发挥了重要作用。①

除录囚制度外,明清时期还进行热审与寒审。热审是中国古代在暑天为疏通监狱而设的审判制度,始于明成祖,但未普遍推行;清代才定为制度,每年小满后十日开始至立秋前一日,非真犯死罪及军流,都可酌情予以减等、宽免或者立秋后执行(监外戴枷)。寒审为明代在寒冬为疏通监狱而设的审判制度,天寒时审释轻罪囚犯,以免死于饥寒,这一做法在明代只是偶尔实行而没有形成惯例。

在中国古代,对于死刑案件设立了特别程序加以复核。对于死刑案件,实行由中央司法机关和皇帝核准的制度,隋唐时期还实行死刑执行前向皇帝报奏,皇帝作最后定夺的死刑复奏制度。古代的死刑分为立决与监候两种,监候又分情实与缓决。由于监候者死刑多于秋后进行,明、清时期在秋天定期录囚。明清时期,对于判处死刑、加以监禁以待秋天处决的案件实行复核的特别程序称为"秋审"和"朝审"。秋审和朝审是朝廷派员会审死刑案件的制度。朝审始于明英宗,每年霜降后进行。对于京师地方案件由刑部审核,因这种审核由临时派出的王公大臣在天安门外金水桥朝房审理,故称"朝审"。对外省案件的审核称"秋审"。

(五) 中国古代的证据制度

中国古代的神判制度,在有历史记载的周代已经衰落,从现有的史料看,中国古代的神判制度并不发达。在中国古代的诉讼活动中,对于证据,一般交由法官自由判断,虽然存在根据"众证定罪"(即有三人以上明证其事才能定罪)和"罪从供定"等机械的规定,但还构不成法定证据制度。

在中国古代,证据种类主要有被告人口供、证人证言、物证、书证和检验结果等。

---

① 陈顾远:《中国法制史》,中国书店1988年版,第313—314页。

在诉讼中,刑讯是法定的调查取证的方法。刑讯始于何时,已难考定。根据《礼记》的有关记载可以看出,在周朝的诉讼活动中已经存在刑讯。到了秦代以后,刑讯进一步制度化和合法化了,法律中不但明确确认了这种方法,而且明确规定了刑讯的对象、条件、工具、规则等。拷问的对象通常为被告人,但对原告人、证人也允许拷问。刑讯的条件一般是,存在一定的证据而被告人不供或者所犯罪行比较严重。根据《唐律》规定,审判官认为需要进行刑讯时,需要经过"立案",由所有长官共同审讯。刑讯的工具通常是杖,其规格有固定的要求。拷打的部位一般限于腿、臀和背。南北朝和隋朝以后,刑讯形成了一些特定规则,如《唐律》规定:拷讯不得超过3次,每次相隔20天;总数不得超过200。如果属于依法拷讯而造成意外死亡的,审判官不承担责任。拷讯已达法定数限仍不承认的,取保释放。同时反过来拷打原告人,但被杀被盗案件以及被水决火烧案件中的家人及亲属例外。另外,《唐律》规定:"诸应议、请、减,若年七十以上,十五以下,及废疾者,并不合拷讯,借据众证定罪。"对于上述这些人也不能进行刑讯。刑讯是一种野蛮、落后的审判方式,无论合法还是非法的刑讯,都会造成严重的后果,古代刑讯是大量冤错案件的来源,再加上法外用刑,造成了无数人间惨剧。

总之,中国古代的刑事诉讼制度,从夏商至于明清,内容丰富,精华与糟粕并存,反映了以儒家为主导的古代思想的影响,也体现了古代司法活动长期积累的经验,并反映了在司法活动中的专制集权制度的本质和特征。由上文的介绍不难看出,中国古代刑事诉讼法有着鲜明的特点,这些特点是:

第一,以儒家思想为刑事诉讼法制的思想基础。中国古代的法制建立在伦理原则的基础上,礼教构成了国家的总的精神,儒家学说的主导地位促成了这一局面的形成。孔子重德治、礼教、人治而不重法治,主张德主刑辅,但孔子及后世儒家针对诉讼提出了一系列主张,对刑事诉讼产生了重大影响,诉讼法的一些内容和司法的一些实际事例直接反映了这种影响。如孔子抱有"和为贵"的非讼观念,称"听讼吾犹人也,必也使无讼乎?"[①]这种非讼观念影响所及,造成讼师辅助诉讼的做法一直受到严厉的抑制而难以发展成为类似现代的律师辩护和代理制度。又如孔子主张"亲亲相隐",《论语·子路》云:"叶公语孔子曰:'吾党有直躬者,其父攘羊,而子证之。'孔子曰:'吾党之直者异于是:父为子隐,子为父隐。——直在其中矣。'"这是古代法律中亲属相为容隐制度的直接理论来源。西汉董仲舒甚至抛开法律规定而以《春秋》一书表达的儒家经义为依据断案决狱,前后处理疑难案件232起。除儒家外,先秦其他诸家也提出了一定的诉讼主张,特别是法家思想,在中国古代的诉讼实践中都有一定的影响,但影响力都不及儒家思想。

第二,君主掌握最高司法权。在古代中国,普天之下,莫非王土;率土之滨,

---

① 孔子:《论语·颜渊》。

莫非王臣。国家被视为君主一家之天下,百官均为君主一人之臣属。君主拥有无限权力,这些权力被宣扬为神授和至高无上,司法权也是由君主掌握成为其独裁专制权力的重要组成部分。皇帝(先秦时期为"王")掌握着生杀予夺的大权,可以权宜行事。君主言出法随,可以运用自己掌握的生杀大权,将罪不该死的人逮捕治罪甚至处死,体现了专制制度的专横性、残酷性,也可以任意宽免罪犯、平反冤狱。

第三,司法与行政不分,行政官兼理司法。中国古代没有形成司法权独立于行政权的局面。中央司法机关主要职责是办理狱讼案件,但需要绝对服从于君主的命令,并一般受制于冢宰、丞相、三省等中央行政中枢。地方司法机关则与行政机关往往为同一机关,司法官同为行政官。司法只不过被看做行政事务的一部分,这种君主专制制度下权力一体化的权力结构,有利于君主对司法权的控制,发挥着为封建统治服务的功能。

第四,维护封建特权和伦理纲常。在中国古代的刑事诉讼中,统治阶层拥有种种特权,法律面前实行公开的不平等,八议制度和诉讼代理制度等诉讼制度是这种不平等在诉讼中的典型表现。为了维护封建伦理纲常,维护宗法制度和家族统治,封建刑律实行"亲亲相隐"制度,并且,对于卑亲属控告尊亲属(如子孙告祖父母、父母,妻妾告夫,等等),一般要施以严厉刑罚;而对于尊亲属控告卑亲属,则一般不予刑罚惩罚或者处以轻刑。

第五,实体法与程序法不分,刑事诉讼法与民事诉讼法基本不分。中国古代法典,诸法合一,实体法与程序法没有分开,即使户婚纠纷也以刑罚为解决手段,因此严格地说,诸法合为刑法。刑事诉讼法是在刑律中加以规定的,体现为对违反诉讼断狱的程序的刑罚处罚。人们大多是通过认识历代法律对哪些诉讼行为确认非法并加以处罚来推知刑事诉讼的原则、制度和规则的。按照《周礼》的记述,周代的刑事诉讼称为"狱",民事诉讼称为"讼"。在古代汉语中"狱""诉"与"讼"在字义上有着一定的区别。但从秦汉以后的立法和司法看,刑事诉讼与民事诉讼并没有严格区分,基本上适用同一诉讼程序和诉讼原则。

第六,实行纠问式诉讼,刑讯具有法定性。中国古代没有设立专门的控诉机关,也不实行不告不理原则,审判机关主动依职权追究犯罪,没有专门的侦查机关,承审官常常集侦查、控诉、审判于一身,原告、被告以及其他诉讼参与人没有诉讼主体地位,诉讼权利不足,被告人基本上没有诉讼权利,属于被追查、拷讯的对象。中国古代诉讼重视口供,以口供作为定案的主要依据。在通常情况下,没有认罪的口供,则不能定案。为获取口供,立法者、司法者都视刑讯为必要的诉讼手段,在法律中加以明确、详密的规定,在司法实践中也广泛适用,甚至成为诉讼活动的中心环节。

第七,具有慎刑狱的司法精神。《舜典》中说:"钦哉钦哉,刑之恤哉"。据说,舜制定了刑罚之后,要求天下百官慎重行使。据载,夏禹时,就已经制定了一条重要的刑事政策——"与其杀不辜,宁失不经",意思是宁肯不依常规办案也不要错杀无罪的人。① 《礼记·王制》记载:在殷代,重大案件从立案到庭讯要由下至上经过多次审理,如果属于"疑狱,泛与众共之,众疑赦之,必察大小之比以成之。"② 即如果案情疑似,难以处断,就广泛征求意见,众人都认为确属疑似,就予以宽大处理,但仍须作出恰当的判决。后世各个朝代,为了保证案件得到公平、正确处理,防止误判错杀,并平反冤案,通常都确立了一系列的制度,主要包括法官责任、会审制度、直诉制度、死刑复核复奏制度、录囚制度等,这些制度不仅在当时历史条件下发挥了有益的作用,至今仍然有着借鉴的意义。

二、清末的刑事诉讼法

1840 年鸦片战争以后,中国古代法律近乎封闭式发展的局面才被彻底打破。外国资本主义的侵入使中国的经济结构和阶级结构发生了显著变化,侵略者们确立的领事裁判权分割了清帝国的一部分司法主权。在这种情势下,清朝在进入 20 世纪以后为顺应新的形势和收回治外法权,模仿西方资本主义国家的法制开始了中国法制的改革和发展。1902 年清政府下诏宣布立法的宗旨云:"参酌各国法例","务期中外通行","与各国无大悬绝",并派沈家本、伍廷芳为修律大臣负责修订现行法律。次年设立了修订法律馆,修订法律馆负责拟订奉旨交议的各项法律与各项专门法典,增订旧有的法例与各项章程。制订诉讼法是清末立法的项目之一。

沈家本十分重视诉讼法的编纂,沈氏认为,刑法与诉讼法为体与用的关系,"体不全,无以标立法之宗旨;用不备,无以受行法之实效。二者相因,不容偏废。"③ 他还指出:"查中国诉讼断狱,附见刑律,沿用唐明旧制,用意重在简括,揆诸今日情形,亟应扩充,以期详备。泰西各国诉讼之法,均系另辑专书,复析为刑事、民事二项。"④ 因此奏请分别编定刑事、民事诉讼法。为贯彻立法宗旨,沈家本主持的修订法律馆,积极翻译西方国家的法典、法规,译成日、德、美等国诉讼法,还延请了西方法学家参与法律的草拟工作并担任法律学堂的主讲。1906 年在沈家本的主持下编成《大清刑事、民事诉讼法草案》及相辅而行的《法院编制法草案》。《大清刑事、民事诉讼法草案》分 5 章共 260 条,采行公开审判制度、陪审制度和律师制度,是中国第一部具有近代精神的诉讼法典草案。1906 年清廷将该法草案下发到各省要求各省体察情形、悉心研究、提出意见,由于当时各省保守力量占有优势,各省先后覆奏请求暂缓施行,这部法律草案遂被搁置而未予颁行。

---

① 《尚书·大禹谟》。
② 《礼记·王制》。
③ 沈家本:《修订法律大臣沈家本等奏进呈诉讼法拟请现行试办摺》。
④ 同上。

为适应各级审判厅开办的需要,1906年清政府颁布了《大理院审判编制法》。1907年颁行《各级审判厅试办章程》,该法参照《法院编制法草案》等拟订,分总纲、审判通则、诉讼、各级检察厅通则、附则等5章,共120条,概括规定了《法院编制法草案》和《大清刑事、民事诉讼法草案》的主要内容,包括:采四级三审制,确立预审制度、回避制度,设立检察厅,并对起诉、上诉、管收、保释等作出了规定。1908年,清廷将刑部改为法部;大理寺改为大理院,专司审判。大理院旋即改组成立,并规定了大理院审判责任。1909年清政府将沈家本主持草拟的《法院编制法》交宪政编查馆逐条考核,后经修改与宪政编查馆拟订的《初级暨地方审判厅管辖案件暂行章程》《司法区域分划暂行章程》同时施行。《法院编制法》确立了司法独立原则,强调各审判衙门"独立执行"司法权,并于各级审判厅内设立了检察厅。

1909年,沈家本在修订法律馆开始主持重新编纂《刑事诉讼律》草案(分6编,共515条),1910年完成,未及颁行,清朝灭亡。

清政府业经颁布的新型法律,民国成立之初均予以暂行援用。《刑事诉讼律》中关于事务管辖、土地管辖、管辖指定与移转等规定得以在民国各审判衙门暂行实施。

三、中华民国的刑事诉讼法

中华民国分为三个时期:南京临时政府时期(1912年1月至1912年3月)[①]、北洋政府时期(1912年至1928年)、国民党政府时期(1927年至1949年)。

(一)南京临时政府时期的刑事诉讼法

1911年10月10日,辛亥革命爆发,推翻了清朝政府,结束了长达两千年的君主专制统治,成立了孙中山领导的南京临时政府。

1911年12月各省都督的代表制定了《临时政府组织大纲》,以美国国家制度为蓝本,确立了三权分立原则,规定临时中央审判所行使司法权。1912年2月7日孙中山在南京公布《中华民国临时约法》确认了三权分立的制度,规定法院是行使司法权的机关,实行司法独立和审判公开的原则并规定了人民的诉讼权利。南京临时政府提倡人权,指出"天赋人权,胥属平等",实行法律面前人人平等的原则。南京临时政府还颁布大总统令废除了刑讯制度,规定:"不论行政司法官署,及何种案件,一概不准刑讯,鞫狱当视证据之充实与否,不当偏废口供。"[②]同时命令各级官府,焚毁不法刑具。

此外,南京临时政府还草拟了《中央裁判所官职令草案》《律师法草案》,规

---

① 南京临时政府时期仍属"近代"的范畴。
② 《辛亥革命资料》,中华书局1961年版,第215页。

定慎选法官,建立律师制度、陪审制度和辩护制度,要求诉讼采取文明办法、尊重法律并公开进行。

南京临时政府虽然只存续了3个月,却在司法领域进行了多项重大改革。这些改革,借鉴了欧美资产阶级国家的法律制度,否定了封建的苛政酷刑,将近代的法律思想和人道主义精神融入刑事诉讼制度中,尽管存在着一定的局限性并且未能完全付诸实施,但其历史功绩是不能抹杀的。

(二) 北洋政府时期的刑事诉讼法

北洋政府时期,军阀专权,局势动荡。1912年,袁世凯就任民国大总统之职,因民国法律还没有制定颁布,于是下令准许暂时援用清朝施行的法律。1921年北洋政府将前清的《刑事诉讼律》修改为《刑事诉讼条例》,颁布后于1922年1月全面施行。

北洋政府时期,近现代的司法体系逐步建立:法院系统设大理院、高等审判厅、地方审判厅和初级审判厅,除普通法院外,还设有军事法院;检察机构设置在各级审判衙门内,分为总检察厅、高等检察厅、初级检察厅,负责侦查、公诉并监督判决的执行。1923年的《中华民国宪法》确立了审判公开原则和司法独立原则,规定:"法官独立审判,无论何人,不得干涉之",并规定了法官职务保障。

1914年4月袁世凯撤销约占全国2/3的地方审检厅和全部初级审检厅,恢复县知事兼理民事、刑事案件的制度,《县知事审理诉讼暂行章程》规定:"审判方法由县知事或承审员相机为之,但不得非法凌辱。"这里"相机为之"的说法实际上为任意逮捕、拘押、刑讯等司法专横行为开了绿灯。

北洋政府就诉讼活动作出规定,规定了管辖、诉状的程式和讼费等;确立了对于符合起诉条件的犯罪行为检察官必须起诉的法定起诉原则;规定了简易程序;同时确立了辩护制度,规定法政学校毕业并经考试合格者才能充任律师;保留了旧法曾经有过的"职官为原告时"可以不到庭,"得委诸他人代诉"。司法实践中,法官大量使用判例和解释例,作为处理案件的根据。1912年到1927年大理院汇编的判例多达两千多件。

(三) 国民党政府时期的刑事诉讼法

国民党政府执政期间,立法院于1931年10月28日颁布了《法院组织法》,该法分15章共91条。1928年7月,立法院颁布了《中华民国刑事诉讼法》和《中华民国刑事诉讼法施行法》,1934年这两部法律得到修正并于次年颁布施行,分9编共计516条。此外还制定了一系列单行法规,如《惩治盗匪暂行条例》(1927年11月18日颁布施行)、《危害民国紧急治罪法》(1931年1月31日颁布)、《特种刑事法庭审判条例》(1948年4月2日颁布)等。

国民党政府的《刑事诉讼法》是在继承北洋政府《刑事诉讼条例》基础上并进一步取法德国、日本等大陆法系的刑事诉讼制度基础上制定的,该法采行职权主义的诉讼模式,确立了如下原则:(1) 弹劾原则,即承认当事人为诉讼主体,实行"不告不理",控诉与审判职能分立,先有控诉方才能启动审判程序,控诉方与被告方地位平等;(2) 公诉与自诉相结合、以公诉为主的原则,国民党政府沿用将检察厅配置于法院的制度,检察官属于司法行政官,拥有搜查、提起公诉和实行公诉等独立职权;(3) 职权进行原则,法院对于诉讼的进行或者终结,依据职权而进行必要的诉讼行为,不受当事人意思的约束,也不必等待当事人的声请,务求发现实质的真实;(4) 不变更原则,对于刑罚权及其适用,当事人无权请求撤销或者变更,即当事人无处分权;(5) 起诉便宜原则,检察官对于符合起诉条件的犯罪行为一般应当起诉,但在一定条件下可以不起诉;(6) 直接审理原则,法官应当亲自接触当事人和收集证据,但有例外,也允许委托受命推事进行若干诉讼行为;(7) 言词审理原则,举证、辩论等行为以言词为之,例外是第三审案件不经过言词辩论,等等;(8) 实质真实原则,关于事实和证据,不受当事人意思所拘束;(9) 自由心证原则,对于证据的证明力,法律不预先作出规定而由法官自由判断;(10) 审判公开原则。在辩护制度中,确认被告人或其法定代理人、保佐人、配偶均有权为被告人选任辩护人,《刑事诉讼法》规定最轻本刑为 5 年以上有期徒刑的案件及高等法院管辖的第一审案件,如果被告人或其法定代理人、保佐人、配偶于起诉后没有选任辩护人的,审判长应当依职权为其指定,否则审判违反法定程序。刑事诉讼中实行四级三审制的审级制度,第三审为法律审,审理以违背法令为理由的上诉。被告人,被告人的法定代理人、保佐人或配偶为了被告人的利益,辩护人和代理人在不和被告人明示的意思相反的情况下为了被告人的利益,检察官为了被告人的利益与不利益,自诉人,均可上诉,等等。

  1949 年以后,国民党政府的《刑事诉讼法》只在台湾地区得以继续实施。该法 1967 年和 1968 年得到修正,1982 年以后修改变得频繁。2003 年台湾地区建立改良式当事人主义诉讼新制,法律修改的步幅加大,随后仍频繁修正,一直沿用至今。台湾地区"刑事诉讼法"明确规定无罪推定原则,该法第 154 条第 1 款规定:"被告未经审判证明有罪确定前,推定其为无罪。"嫌疑人、被告人在诉讼中享有缄默权(即沉默权),"刑事诉讼法"第 95 条规定讯问被告应先告知其得保持缄默,无须违背自己之意思而为陈述。第 156 条规定:被告未经自白,又无证据,不得仅因其拒绝陈述或保持缄默,而推断其罪行。辩护人有讯问在场权,"刑事诉讼法"第 245 条第 2 款规定:"被告或犯罪嫌疑人之辩护人,得于检察官、检察事务官、司法员警官或司法警察讯问该被告或犯罪嫌疑人时在场,并得陈述意见。但有事实足认其在场有妨害国家机密或有湮灭、伪造、变造证据或勾串共犯或证人或妨害他人名誉之虞,或其行为不当足以影响侦查秩序者,得限制或禁止之。"第 4 款:"侦查中讯问被告或犯罪嫌疑人时,应将讯问之日、时及处所通知辩护人。但情形急迫者,不在此限。"早在 20 世纪 80 年代,台湾地区便因王迎先案件在"刑事诉讼法"中规定了律师在侦查阶段介入诉讼,后来又实行讯问的录音录像制度。此外,为保障嫌疑人、被告人的权利,台湾"刑事诉讼法"规定非特殊情形不得夜间讯问。台湾"刑事诉讼法"第 100-3 条规定:"司法员警官或司法警察询问犯罪嫌疑人,不得于夜间行之。但有左列情形之一者,不在此限:一、经受询问人明示同意者。二、于夜间经拘提或逮捕到场而查验其人有无错误者。三、经检察官或法官许可者。四、有急迫之情形者。犯罪嫌疑人请求立即询问者,应实时为之。称夜间者,为日出前,日没后。"在台湾司法界人士和一般民众的推动下,台湾地区在 2011 年通过"法官法",就法官制度和检察官制度一并作出规定。

四、中华人民共和国的刑事诉讼法

在新民主主义革命时期,人民民主政权所从事的立法和司法活动为中华人民共和国刑事诉讼的立法和实践提供了一定经验。早在 1931 年以前,工农民主政权便在各根据地建立起革命法庭或裁判部,在中央实行审判权与司法行政权分开的"分立制",在地方采取"合一制",审判机关的组织体系分为四级,实行两审终审制。检察机关附设在审判机关内,实行"审检合一制"。工农民主政权通过颁布《裁判条例》和有关司法程序的训令确立了一系列诉讼原则和审判制度,其中较为重要的包括:审判权统一由司法机关行使原则、公开审判原则、禁止肉刑逼供的原则、合议和陪审制度、死刑复核制度。抗日战争时期,冀鲁豫边区、陕甘宁边区等地的抗日民主政权颁布了保障人权的单行条例,如陕甘宁边区政府颁布了《陕甘宁边区保障人权财权条例》,规定了在司法活动中保障公民人身自由的程序要求。解放战争时期,人民民主政权确立了合法的传讯、拘捕和搜查程序,以及审判权统一由司法机关行使、禁止使用肉刑和乱打乱杀、案件复核、平反已决案件、便利群众等原则、制度。

中华人民共和国成立前夕,中共中央发布了《关于废除国民党伪六法全书与确定解放区司法原则的指示》(1949 年 2 月),随之华北人民政府也颁布了《废除国民党的六法全书及一切发布的法律的训令》(1949 年 4 月 1 日),宣布废除国民党的《六法全书》及其一切反动法律,各级人民政府的司法审判不得再援引其条文,并确定解放区的人民司法工作必须以人民政府新的法律为依据以及教育和改造司法干部的指导原则。

1949 年 10 月 1 日中华人民共和国成立,标志着我国的法制建设和刑事诉讼立法进入了一个新的历史发展时期。刑事诉讼法的发展经历了以下阶段:

(一) 新中国成立初期颁布的有关单行法规

新中国成立初期到 1979 年的 30 年间,我国没有制定刑事诉讼法典,只是在《宪法》和《人民法院组织法》《人民检察院组织法》《逮捕拘留条例》等若干法律、法规中规定了司法机关体系及若干刑事诉讼原则和程序。

1951 年中央人民政府委员会颁布了《中华人民共和国人民法院暂行组织条例》《中央人民政府最高人民检察署组织通则》和《各级地方人民检察署组织通则》。这些法规规定了人民法院、人民检察署的组织原则和组织形式,规定人民法院分为县级人民法院、省级人民法院和最高人民法院三级,并设立专门人民法院;人民检察署是国家法律监督机关。这些法律还确立了审判公开、以民族语言文字进行诉讼等诉讼原则以及就地调查、就地审判、巡回审判、人民陪审等诉讼制度。

1954年9月,第一届全国人民代表大会第一次会议在制定颁布宪法的同时制定颁布了《中华人民共和国人民法院组织法》和《中华人民共和国人民检察院组织法》。同年12月颁布了《中华人民共和国逮捕拘留条例》。这些法律明确规定:人民法院、人民检察院和公安机关分别行使审判权、检察权、侦查权;人民法院独立进行审判,只服从法律;对于一切公民在适用法律上一律平等;公开审判;被告人有权获得辩护;各民族公民都有权使用本民族的语言文字进行诉讼。这些法律还就回避、陪审、合议、两审终审和死刑复核等诉讼制度和拘留、逮捕程序作出了规定,成为指导当时的司法改革和建设以及刑事诉讼活动的重要依据。

与此同时,刑事诉讼法的起草工作也在进行,1954年中央人民政府法制委员会草拟了《中华人民共和国刑事诉讼条例(草案)》。1956年10月最高人民法院下发了《各级人民法院刑、民事案件审判程序总结》。最高人民法院受全国人大委托于1957年在进一步调查研究、总结司法实践经验和借鉴外国立法例(主要是苏联)的基础上拟出《中华人民共和国刑事诉讼法草案(草稿)》,分7篇共325条。1957年6月,拟出《中华人民共和国刑事诉讼法草案(初稿)》。1962年6月,中央政法小组主持并恢复刑事诉讼法草案修订工作,在1957年草稿的基础上,广泛征求意见,反复修改,又于1963年4月形成《中华人民共和国刑事诉讼法草案(初稿)》,共7编18章,条文由325条减为200条。不过,这一法律起草活动随着极"左"思潮的日益加剧而又被迫停止,及至"文化大革命"十年动乱期间,社会主义法制被破坏殆尽,现有的法律尚且受到恣意践踏,制定刑事诉讼法更是无从谈起。

(二)《刑事诉讼法》的制定

1976年10月"四人帮"垮台以后,中国由十年动乱走向改革开放,《刑事诉讼法》的制定重获契机,1979年2月成立的全国人大常委会法制委员会在1963年初稿的基础上起草了新的《刑事诉讼法草案》(修正一稿、修正二稿),该草案继承了此前法律起草已经取得的成果,又在进一步总结了正反两方面经验的基础上加以完善。1979年6月,《刑事诉讼法草案》(修正二稿)提请第五届全国人民代表大会第二次会议审议,于1979年7月1日正式通过,同年7月7日公布,1980年1月1日起施行。

《刑事诉讼法》分4编,共164条,是我国第一部社会主义类型的刑事诉讼法典。《刑事诉讼法》的制定,是健全社会主义法制的重要一步,结束了新中国成立以后长期没有刑事诉讼法典作为刑事诉讼活动的依据的局面。该法实施以来,对于保障准确及时地查明犯罪事实,正确适用法律,惩治犯罪行为,保障无罪的人不受刑事追究,维护社会治安,保障改革开放和社会主义现代化建设的顺利进行,发挥了重要作用。

《刑事诉讼法》制定后,全国人民代表大会常务委员会对《刑事诉讼法》进行了若干修改、补充,形成的主要法律法规有:《全国人民代表大会常务委员会关于迅速审判严重危害社会治安的犯罪分子的程序的决定》《全国人民代表大会常务委员会关于国家安全机关行使公安机关的侦查、拘留、预审和执行逮捕职权的决定》《全国人民代表大会常务委员会关于刑事案件办案期限的补充规定》《全国人民代表大会常务委员会关于修改〈中华人民共和国人民法院组织法〉的决定》和《全国人民代表大会常务委员会关于修改〈中华人民共和国人民检察院组织法〉的决定》等,其中一些法律在 1996 年修正《刑事诉讼法》的决定中被废止。

(三)《刑事诉讼法》的修正

改革开放以来,随着我国社会主义市场经济的建立、社会主义民主和法制建设的不断发展,以及社会情况特别是犯罪和与犯罪作斗争的形势发生的变化,需要对《刑事诉讼法》进行补充修改。

根据第八届全国人民代表大会常务委员会的立法规划,全国人民代表大会常务委员会法制工作委员会从 1993 年起,开始对《刑事诉讼法》的实施情况和存在的问题展开调查研究,广泛征求意见,并委托专家提出《刑事诉讼法修改建议稿》供立法部门参考。1995 年 12 月全国人民代表大会常务委员会法制工作委员会拟订了《中华人民共和国刑事诉讼法修正案(草案)》,提交第八届全国人民代表大会常务委员会第十七次会议进行了初步审议。1996 年 2 月,全国人民代表大会法律委员会召开会议对再度修改的修正案草案进行了审议,并提交第八届全国人民代表大会常务委员会第八次会议进行了第二次审议。1996 年 3 月 5 日召开的第八届全国人民代表大会第四次会议审议了《中华人民共和国刑事诉讼法修正案(草案)》,1996 年 3 月 17 日修正案以《全国人民代表大会关于修改〈中华人民共和国刑事诉讼法〉的决定》的名称获得通过。修正后的条文共 225 条,比修正前增加了 61 条。

这次修正涉及刑事诉讼的各个环节,主要内容包括:对职能管辖进行了修改,特别是调整了检察机关自侦案件的范围;完善强制措施,取消收容审查;强化对犯罪嫌疑人、被告人以及被害人权利的保障,确立了未经人民法院依法判决不得定罪的原则,将律师参加诉讼活动的时间提前到侦查阶段;扩大了不起诉的范围,决定不再使用免予起诉;对庭审方式作出重大改革,强化控辩双方的作用,发挥合议庭在审判中的决定性作用;增设简易程序;增设人民检察院依法对刑事诉讼实行法律监督的原则,加强对刑事诉讼各个环节的监督;等等。

《刑事诉讼法》的修改,是我国刑事诉讼制度和司法制度的重大改革,反映了我国改革开放以来立法、司法领域发生的观念变化,它不仅为实现司法公正提供了重要的立法保障,同时也促进了程序公正的意识和保障人权的观念在司法工作人员中的普及和提高。当然,此次修改也存在某些不足。

为了较好地贯彻修改后的《刑事诉讼法》,1998年最高人民法院、最高人民检察院、公安部、国家安全部、司法部、全国人民代表大会常务委员会法制工作委员会联合制定、下发了《关于〈中华人民共和国刑事诉讼法〉实施中若干问题的规定》,最高人民法院、最高人民检察院、公安部也分别制定、下发了关于执行《刑事诉讼法》的解释、规则、规定等,这些规范性文件对于协调公安、司法机关的执法活动起到了积极作用,但也有个别不妥之处。

第十届全国人民代表大会常务委员会第十一次会议于2004年8月28日通过《中华人民共和国电子签名法》,该法律对电子签名正式表明承认其法律效力,并规定了电子签名具有法律效力的条件,对电子证据的诉讼应用具有重要意义。

2004年8月28日第十届全国人民代表大会常务委员会第十一次会议通过《关于完善人民陪审员制度的决定》。该法规定了人民陪审员的任免条件、产生方式、权利和义务,以及实行陪审制度的案件范围等,对于完善人民陪审员制度,保障公民依法参加审判活动,促进司法公正,具有重要意义。该法于2005年5月1日起实施。

为了解决司法鉴定在诉讼活动中存在的涉及司法鉴定体制的问题,2005年2月28日,第十届全国人民代表大会常务委员会第十四次会议通过了《关于司法鉴定管理问题的决定》,国家对从事法医类鉴定、物证类鉴定、声像资料鉴定等司法鉴定业务的鉴定人和鉴定机构实行登记管理制度。具体规定了从事司法鉴定业务的个人、法人或者其他组织的登记条件和鉴定责任,并对司法鉴定体制进行了重大改革,有利于加强对鉴定人和鉴定机构的管理,规范对鉴定结论的采信,保障诉讼活动的顺利进行。

死刑复核权归属,是多年来法学界关注的一个热点问题。1980年至1996年,最高人民法院将部分案件的死刑立即执行的核准权分批下放给高级人民法院,1996年《刑事诉讼法》修改中保留了死刑由最高人民法院核准的规定,但1997年最高人民法院再次将部分死刑案件复核权下放。2007年1月1日,死刑案件核准权终于又收归最高人民法院。

死刑复核权收归最高人民法院前后,为提高死刑案件办案质量,贯彻"慎杀"思想和"宽严相济"刑事政策,最高人民法院、最高人民检察院相继出台了若干司法解释,如2006年9月21日联合制定、公布了《关于死刑第二审案件开庭审理若干程序问题的规定(试行)》,对死刑第二审案件开庭审理作出详细规定,目的在于"依法准确惩罚犯罪,加强刑事司法领域的人权保障,确保死刑案件的办案质量"。2008年12月15日,为了防止错杀,确保死刑案件停止执行死刑程序依法规范进行,最高人民法院制定并公布了《关于适用停止执行死刑程序有关问题的规定》。该司法解释对死刑停止执行程序作出规范,于2008年12月26日起施行。这些司法解释都是为了适应死刑复核权上收最高人民法院而制定的,对于确保死刑案件办案质量具有积极作用。

2007年10月28日,第十届全国人民代表大会常务委员会第三十次会议修订了《律师法》。修订的《律师法》于2008年6月1日实施。该法通过扩大律师权利、便利律师诉讼,实质修改了《刑事诉讼法》若干条款,主要有以下几项:将律师会见犯罪嫌疑人、被告人的时间提前到第一次讯问时,规定律师会见犯罪嫌疑人、被告人的手续简化并不受监听;对律师查阅、摘抄和复制案卷材料的范围加以扩大,并在实质上采用了简化的证据开示方案;解除对律师自行调查取证的限制,使这种调查更为便利;规定律师享有言论豁免权,除非发表危害国家安全、恶意诽谤他人、严重扰乱法庭秩序的言论,律师在法庭上发表的代理、辩护意见不受法律追究。显然,《律师法》的修改有利于强化律师辩护权利,是刑事辩护制度的进步。

自1996年《刑事诉讼法》修正以来,随着社会的发展,《刑事诉讼法》逐渐难以适应司法实践的需要,迫切需要再次修改以适应我国民主法制发展的需要,解决司法实践中突出问题的需要,适应犯罪活动新变化和加强惩罚犯罪能力的需要。

2003年,《刑事诉讼法》再修改被纳入第十届全国人大常委会立法规划。2004年底,中共中央转发《中央司法体制改革领导小组关于司法体制和工作机制改革的初步意见》,提出了改革和完善诉讼制度等10个方面的35项改革任务,许多内容涉及《刑事诉讼法》的修改。2008年,中共中央转发《中央政法委员会关于深化司法体制和工作机制改革若干问题的意见》。为贯彻实施该文件,中央司改小组又提出了60项改革任务,不少内容涉及《刑事诉讼法》的修改。2009年,第十一届全国人大常委会再次将《刑事诉讼法》修订列入立法规划。与此同时,中央政法机关开始单独或者联合出台司法解释或者规范性文件以推进刑事司法改革。比较重要的有:《关于办理死刑案件审查判断证据若干问题的规定》和《关于办理刑事案件排除非法证据若干问题的规定》《关于规范量刑程序若干问题的意见(试行)》《关于进一步建立和完善办理未成年人刑事案件配套工作体系的若干意见》《关于充分发挥刑事审判职能作用深入推进社会矛盾化解的若干意见》;《关于办理当事人达成和解的轻微刑事案件的若干意见》,等等。这些司法解释为《刑事诉讼法》修改创造了良好的条件。一些学者也积极献计献策,主持出版了若干部《刑事诉讼法》再修改专家建议稿,为《刑事诉讼法》再修改提供了参考。

2011年8月24日,《中华人民共和国刑事诉讼法修正案(草案)》(以下简称《修正案(草案)》)正式提请第十一届全国人大常委会第二十二次会议进行初次审议。2011年8月30日,全国人大的官方网站——中国人大网全文公布了

《修正案(草案)》,并向社会公开征集意见。草案公布后,全社会对此予以了高度关注,截至2011年9月30日,共收到80953条意见。2011年12月26日,第十一届全国人大常委会第二十四次会议再次对《修正案(草案)》进行了审议,并决定将草案提请第十一届全国人大第五次会议审议。2012年3月8日,第十一届全国人大第五次会议举行第二次全体会议,听取全国人大常委会副委员长王兆国《关于中华人民共和国刑事诉讼法修正案(草案)的说明》。3月14日上午,第十一届全国人民代表大会第五次会议以91.88%的赞成票通过了《全国人民代表大会关于修改〈中华人民共和国刑事诉讼法〉的决定》。该法自2013年1月1日起施行。

此次修正《刑事诉讼法》增、删、改共计149条,其中增加66条,修改82条,删除1条。主要内容如下:增加"尊重和保障人权"的规定;改革完善辩护制度,赋予侦查阶段聘请的律师以辩护人地位。强调实体辩护与程序辩护并重,扩大法律援助适用的阶段和案件范围;完善证据制度,增加规定"不得强迫任何人证实自己有罪",确立非法证据排除规则;完善强制措施制度,限制不通知家属的情形;改革完善侦查阶段讯问犯罪嫌疑人程序,加强对公权力制约,要求对讯问过程进行录音或者录像;强化侦查措施,增加技术侦查等特殊侦查手段;完善第一审程序中证人、鉴定人出庭制度,扩大简易程序的适用范围,改进第二审程序,改革死刑复核程序;完善执行程序,对暂予监外执行进行了完善,创立社区矫正制度;增设特别程序,包括:未成年人刑事案件诉讼程序,当事人和解的公诉案件诉讼程序,犯罪嫌疑人、被告人逃匿、死亡案件违法所得的没收程序,依法不负刑事责任的暴力型精神病人的强制医疗程序。

此次《刑事诉讼法》再修改坚持稳健推进的指导思想,体现惩罚犯罪与保障人权并重、实体公正与程序公正并重的理念,进一步调整国家权力与公民权利的关系,调整公安司法机关的权力配置,着力解决司法实践中,尤其是冤错案件中暴露的诉讼程序方面的突出问题,使刑事诉讼制度进一步民主化、法治化和科学化,在刑事诉讼法制发展进程中取得了重大进步。当然,修正后的《刑事诉讼法》也存在个别缺陷和问题,有待弥补和解决。

为保证修改后《刑事诉讼法》的正确、有效实施,有关实务部门和立法部门相继制定了若干司法解释和其他法律文件。最高人民法院、最高人民检察院、公安部、司法部、国家安全部和全国人民代表大会常务委员会法制工作委员会于2012年12月26日联合制定并发布了《关于实施刑事诉讼法若干问题的规定》,包括管辖、辩护与代理、证据、强制措施、立案、侦查、提起公诉、审判、执行、涉案财产的处理等十一个方面,共计40项内容,将六部门就《刑事诉讼法》中需要形成统一认识和协商一致的内容作出规定。最高人民检察院于2012年11月22日率先颁布了《人民检察院刑事诉讼规则(试行)》,该《规则》共计708条,是在原《规则》基础上结合新修正的《刑事诉讼法》加以修改、补充形成的。该《规则》对于《刑事诉讼法》中有关检察业务有关的内容进行了解释并对检察机关内部工作流程和各部门分工、配合与制约关系作出规定。随后公安部于2012年12月13日发布了《公安机关办理刑事案件程序规定》，就公安机关贯彻新修正的《刑事诉讼法》提供了实施细则。最高人民法院于2012年12月20日发布了《关于适用〈中华人民共和国刑事诉讼法〉的解释》，对于《刑事诉讼法》有关审判工作的规定作出相应的司法解释，明确了许多法律规定的内涵，为正确适用这些规定创造了条件。上述机关制定的规范各自系统内的机关和部门司法解释和程序规定，可以使公安司法机关业务部门职责明确，诉讼实践中有所遵循，避免因法律规定得不明确而无法进行司法操作。此外，司法部、安全部也制定了贯彻执行修改后《刑事诉讼法》的相关文件。

2013年11月9日至12日召开的中国共产党十八届中央委员会第三次全体会议作出《中共中央关于全面深化改革若干重大问题的决定》，提出若干重要司法改革措施，涉及刑事诉讼的措施主要包括：(1)确保依法独立公正行使审判权和检察权，推动省以下地方法院、检察院人、财、物统一管理，建立与行政区划适当分离的司法管辖制度。(2)健全司法权力分工负责、互相配合、互相制约机制，加强和规范对司法活动的法律监督和社会监督。(3)改革审判委员会制度，完善主审法官、合议庭办案责任制，让审理者裁判、由裁判者负责。(4)明确各级法院职能定位，规范上下级法院审级监督关系。(5)推进审判公开、检务公开，录制并保留全程庭审资料。(6)增强法律文书说理性，推动公开法院生效裁判文书。(7)严格规范减刑、假释、保外就医程序，强化监督制度。(8)广泛实行人民陪审员、人民监督员制度，拓宽人民群众有序参与司法渠道。(9)完善人权司法保障制度。国家尊重和保障人权。(10)进一步规范查封、扣押、冻结、处理涉案财物的司法程序。(11)健全错案防止、纠正、责任追究机制，严禁刑讯逼供、体罚虐待，严格实行非法证据排除规则。(12)废止劳动教养制度，健全社区矫正制度。

2014年10月20日至23日召开了中国共产党十八届中央委员会第四次全体会议，作出《中共中央关于全面推进依法治国若干重大问题的决定》，提出"公正是法治的生命线。司法公正对社会公正具有重要引领作用，司法不公对社会公正具有致命破坏作用。必须完善司法管理体制和司法权力运行机制，规范司法行为，加强对司法活动的监督，努力让人民群众在每一个司法案件中感受到公平正义"。保障司法公正和提升司法公信力的具体措施中涉及刑事诉讼的主要包括：(1)健全公安机关、检察机关、审判机关、司法行政机关各司其职，侦查权、检察权、审判权、执行权相互配合、相互制约的体制机制。(2)推进严格执法。坚持以事实为根据、以法律为准绳，健全事实认定符合客观真相、办案结果符合实体公正、办案结果符合程序公正的法律制度。(3)维护司法机关依法独立行使职权原则的贯彻落实，一是建立领导干部干预司法活动、插手具体案件处理的记录、通报和责任追究制度,完善确保依法独立公正行使审判权和检察权的制度;二是司法机关内部人员不得违反规定干预其他人员正在办理的案件,建立司法机关内部人员过问案件的记录制度和责任追究制度。(4)推进以审判为中心的诉讼制度改革,确保侦查、审查起诉的案件事实证据经得起法律的检验。全面贯彻证据裁判规则,严格依法收集、固定、保存、审查、运用证据,完善证人、鉴定人出庭制度,保证庭审在查明事实、认定证据、保护诉权、公正裁判中发挥决定性作用。(5)完善审级制度,一审重在解决事实认定和法律适用,二审重在解决事实法律争议、实现二审终审,再审重在解决依法纠错、维护裁判权威。(6)完善刑罚执行制度,统一刑罚执行体制。(7)健全司法责任制度,包括完善主审法官、合议庭、主任检察官、主办侦查员办案责任制,落实谁办案谁负责。明确各类司法人员工作职责、工作流程、工作标准,实行办案质量终身负责制和错案责任倒查问责制。(8)完善人民陪审员制度,保障公民陪审权利,扩大参审范围,完善随机抽选方式,提高人民陪审制度公信度。逐步实行人民陪审员不再审理法律适用问题,只参与审理事实认定问题。(9)加强人权司法保障。强化诉讼过程中当事人和其他诉讼参与人的知情权、陈述权、辩护辩论权、申请权、申诉权的制度保障。健全落实罪刑法定、疑罪从无、非法证据排除等法律原则的法律制度。完善对限制人身自由司法措施和侦查手段的司法监督,加强对刑讯逼供和非法取证的源头预防,健全冤假错案有效防范、及时纠正机制。(10)落实终审和诉讼终结制度,实行诉、访分离,保障当事人依法行使申诉权利。对不服司法机关生效裁判、决定的申诉,逐步实行由律师代理制度。对聘不起律师的申诉人,纳入法律援助范围。(11)加强职务犯罪线索管理,健全受理、分流、查办、信息反馈制度,明确纪检监察和刑事司法办案标准和程序衔接,依法严格查办职务犯罪案件。(12)依法规范司法人员与当事人、律师、特殊关系人、中介组织的接触、交往行为。严禁司法人员私下接触当事人及律师、泄露或者为其打探案情、接受吃请或者收受其财物、为律师介绍代理和辩护业务等违法违纪行为,坚决惩治司法掮客行为,防止利益输送。(13)完善法律援助制度,扩大法律援助范围,健全司法救助体系。

上述决定,为我国当前刑事诉讼领域的司法改革作出了重大部署,对我国刑事司法加强人权保障、增强司法公正、提升司法公信力指明了方向。

为了落实两个《决定》确定的改革内容,有关部门正在认真研议具体措施,逐步推动相关规定的落实。中央政法委员会、最高人民法院、最高人民检察院、公安部、司法部等政法机构,出台了一系列规定,如中共中央办公厅和国务院办公厅发布的《关于完善法律援助制度的意见》,中央政法委制定的《司法机关内部人员过问案件的记录和责任追究规定》《关于建立律师参与化解和代理涉法涉诉信访案件制度的意见(试行)》,最高人民法院制定发布的《关于完善人民法院司法责任制的若干意见》,最高人民检察院《关于完善人民检察院司法责任制的若干意见》《最高人民检察院关于实行以案释法制度的规定(试行)》等。不少改革的具体化措施正在逐步落实当中,相关试点工作也在稳步推进,例如经全国人民代表大会常务委员会授权,2014年6月底开始在全国18个城市开始为期两年的刑事案件速裁程序试点工作。这些规定和改革举措丰富了刑事诉讼制度,推进了刑事司法制度进一步改革和完善,使刑事诉讼制度获得了一次难得的快速发展的机遇。

第三章 刑事诉讼中的专门机关

第一节 概 述

刑事诉讼中的专门机关,是指依照法定职权进行刑事诉讼活动的国家机关,包括人民法院、人民检察院和公安机关。我国《刑事诉讼法》第4条规定,国家安全机关依照法律规定,办理危害国家安全的刑事案件,行使与公安机关相同的职权。该法第290条规定,军队保卫部门对军队内部发生的刑事案件行使侦查权。对罪犯在监狱内犯罪的案件由监狱进行侦查。军队保卫部门、监狱办理刑事案件,适用《刑事诉讼法》的有关规定。因此,国家安全部门、军队保卫部门和监狱在办理特定的刑事案件时,是刑事诉讼的专门机关。另外,从1998年开始,国家在各级海关均设有走私犯罪侦查部门,专门负责对走私案件的侦查工作。作为享有国家侦查权的部门,海关所属的走私犯罪侦查机构也属于刑事诉讼中的专门机关。

刑事诉讼中的专门机关是国家机构的重要组成部分,在刑事诉讼中居于主导的地位。在刑事诉讼中,这些机关分别行使侦查、检察、审判和执行职能,实行分工负责、互相配合、互相制约的原则,共同完成打击犯罪,保障人权的任务,共同保障国家安全和社会公共安全,维护社会主义社会秩序。

为了保证这些专门机关在刑事诉讼中能顺利履行自己的职责,法律规定了其组织和活动的一系列原则,在全国范围内建立了完整的刑事诉讼专门机关体系。另外,法律还赋予这些专门机关相应的职权。刑事诉讼中的专门机关有权采取强制性措施;有权依法收集调取证据,查明案件事实;有权依其职责适用法律,作出具有国家强制力的决定或裁判。

第二节 人民法院

一、人民法院的性质、任务和职责

根据我国《宪法》第123条、第126条和《人民法院组织法》第1条、第3条的规定,人民法院是国家的审判机关,代表国家独立行使审判权。人民法院的任务是审判刑事案件、民事案件和行政案件,并且通过审判活动,惩办一切犯罪分子,解决民事、行政纠纷,以保卫人民民主专政制度,维护社会主义法制和社会秩序,保护社会主义的全民所有的财产、劳动群众集体所有的财产,保护公民私人所有的财产,保护公民的人身权利、民主权利和其他权利,保障社会主义建设事业的顺利进行,并教育公民忠于社会主义祖国,自觉地遵守宪法和法律。

我国《刑事诉讼法》第3条规定:审判由人民法院负责。第12条规定:"未经人民法院依法判决,对任何人都不得确定有罪。"可见,人民法院是唯一有权审理并定罪量刑的专门机关,而审判是刑事诉讼的核心和最重要的阶段,只有经过人民法院审判,才能确定被告人是否有罪,应否判处刑罚及判处何种刑罚。

为保证刑事审判的顺利进行,《刑事诉讼法》和《人民法院组织法》赋予人民法院以下职权:(1)对犯罪嫌疑人、被告人决定逮捕、拘传、取保候审和监视居住;(2)在必要的时候,可以进行勘验、检查、查封、扣押、鉴定和查询、冻结,以调查核实证据,查明案件的事实真相,保证判决的顺利执行;(3)收缴和处理赃款、赃物及其孳息;(4)行使某些判决和裁定的执行权;(5)向有关单位提出司法建议等。

二、人民法院的组织体系及监督体制

中华人民共和国人民法院是一个完整的组织体系。根据《人民法院组织法》的规定,我国人民法院组织体系由最高人民法院、地方各级人民法院和专门人民法院构成。

最高人民法院是国家的最高审判机关,设在首都北京。最高人民法院由院长1人,副院长、庭长、副庭长和审判员若干人组成,设刑事审判庭、民事审判庭、行政审判庭和其他根据需要设立的审判庭。最高人民法院监督地方各级人民法院和专门人民法院的审判工作,审判法律规定由它管辖的和它认为应由自己审判的第一审案件。对高级人民法院、专门人民法院判决和裁定的上诉案件和抗诉案件、最高人民检察院按照审判监督程序提起再审的案件进行审判,对于在审判过程中如何具体适用法律的问题,进行解释。

十八届四中全会《决定》中提出:"最高人民法院设立巡回法庭,审理跨行政区域重大行政和民商事案件。"最高人民法院出台了《巡回法庭审理规定》,在广东省深圳市设立了第一巡回法庭,在辽宁省沈阳市设立了第二巡回法庭。目前,巡回法庭审理或者办理巡回区内应当由最高人民法院受理的刑事案件,主要包括:刑事申诉案件,依法定职权提起再审的案件,不服高级人民法院作出的罚款、拘留决定申请复议的案件,高级人民法院因管辖权问题报请最高人民法院裁定或者决定的案件,高级人民法院报请批准延长审限的案件,涉港澳台司法协助案件,以及最高人民法院认为应当由巡回法庭审理或者办理的其他案件。

地方各级人民法院包括高级人民法院、中级人民法院和基层人民法院。

此外,根据十八届四中全会的《决定》,探索设立跨行政区划的人民法院,办理跨地区案件。目前,该项改革已经在北京、上海等地进行试点。

高级人民法院包括省、自治区和直辖市高级人民法院。高级人民法院审判下列案件:(1)法律规定由它管辖的第一审案件;(2)下级人民法院移送审判的第一审案件;(3)对下级人民法院判决和裁定的上诉案件和抗诉案件;(4)人民检察院按照审判监督程序提出的抗诉案件。

中级人民法院包括在省、自治区内按地区设立的中级人民法院,在直辖市内设立的中级人民法院,省、自治区辖市的中级人民法院,以及自治州中级人民法院。中级人民法院审判法律规定由它管辖的第一审案件、基层人民法院移送审判的第一审案件、对基层人民法院判决和裁定的上诉案件和抗诉案件、人民检察院按照审判监督程序提出的抗诉案件,以及适用违法所得没收程序的案件。中级人民法院对它所受理的刑事和民事案件,认为案情重大应当由上级人民法院审判的时候,可以请求移送上级人民法院审判。

基层人民法院包括县人民法院和市人民法院、自治县人民法院、市辖区人民法院。基层人民法院根据地区、人口和案件情况可以设立若干人民法庭,行使部分审判权。人民法庭是基层人民法院的组成部分,它的判决和裁定就是基层人民法院的判决和裁定。基层人民法院审判第一审案件,但是法律另有规定的除外。基层人民法院对它所受理的案件,认为案情重大应当由上级人民法院审判的时候,可以请求移送上级人民法院审判。除审判案件外,基层人民法院还处理不需要开庭审判的民事纠纷和轻微的刑事案件,指导人民调解委员会的工作。

专门人民法院是在上述普通法院之外设立的专门性人民法院。我国目前建立的专门法院有军事法院和海事法院。其中海事法院不具有对刑事案件的审判权。过去曾经设有铁路运输法院,目前,铁路运输法院已经与铁路系统剥离,全部划归地方法院。

人民法院上下级之间是监督关系。上级人民法院监督下级人民法院的审判工作,最高人民法院监督地方各级人民法院和专门人民法院的审判工作。人民法院的监督不是通过对具体案件的指导实现的,各级人民法院依照职权独立地进行审判,上级人民法院不应对下级人民法院正在审理的案件作出处理,指令下级人民法院执行。下级人民法院也不应将案件在判决之前报送上级人民法院,请求审查批示。上级人民法院应当通过二审程序、审判监督程序、死刑复核程序维持下级人民法院正确的判决和裁定,纠正错误的判决和裁定来实现监督。

根据我国《宪法》和《人民法院组织法》的规定,最高人民法院由全国人民代表大会产生,对全国人民代表大会及其常务委员会负责并报告工作,全国人民代表大会常务委员会监督最高人民法院的工作;地方各级人民法院由本级人民代表大会产生,对本级人民代表大会及其常务委员会负责并报告工作,地方各级人民代表大会常务委员会监督本级人民法院的工作。

三、审判组织

审判组织是指人民法院审判案件的具体组织形式。根据我国《刑事诉讼法》《人民法院组织法》和最高法《解释》的规定,我国的刑事审判组织有独任庭、合议庭、审判委员会三种。

(一) 独任庭

独任庭是由审判员一人独任审判案件的审判组织。根据我国《刑事诉讼法》第178条、第210条和最高法《解释》第296条的规定,基层人民法院适用简易程序的案件可以由审判员一人独任审判,但并非所有的简易程序均适用独任庭进行审理。其中,适用简易程序审理案件,对可能判处3年有期徒刑以下刑罚的,可以组成合议庭进行审判,也可以由审判员一人独任审判;对可能判处的有期徒刑超过3年的,应当组成合议庭进行审判;适用简易程序独任审判过程中,发现对被告人可能判处的有期徒刑超过3年的,应当转由合议庭审理。案件是否独任审判,以及独任法官的指定问题,都由院长或庭长决定。

(二) 合议庭

合议庭是由审判人员数人根据合议原则建立的审判组织。合议庭是人民法院审判案件的基本组织形式。根据我国《人民法院组织法》第9条的规定,人民法院审判案件实行合议制。除法律规定可以独任审判的案件外,其他案件均应由合议庭审判。

合议庭的人员组成,因审判程序和法院级别的不同而不同。根据《刑事诉讼法》的规定,合议庭的组成有以下几种情况:

基层人民法院和中级人民法院审判第一审案件,应当由审判员3人或者由审判员和人民陪审员共3人组成合议庭进行;

高级人民法院、最高人民法院审判第一审案件,应当由审判员3人至7人或者由审判员和人民陪审员3人至7人组成合议庭进行;

人民法院审理上诉和抗诉案件,由审判员3人至5人组成合议庭进行。

最高人民法院复核死刑案件,高级人民法院复核死刑缓期执行的案件,应当由审判员3人组成合议庭进行。按照审判监督程序重新审判的案件的审判组织,应当分别依照第一审程序或第二审程序的有关规定另行组成相应的合议庭,原来参加审判的审判人员不能成为该合议庭的成员。

合议庭的成员人数应当是单数,评议表决时按少数服从多数的民主集中制原则作出决定,作为案件判决的依据。合议庭评议的情况应当制作笔录,少数人的意见也应当记入笔录。全体合议庭成员应在合议庭笔录上签名并在判决书上署名。

审判长主持和组织合议庭的活动并指挥法庭审判的进行。审判长由院长或者庭长指定一人担任,院长或庭长参加合议庭时,由院长或庭长担任审判长。人民陪审员不能担任案件的审判长。

(三) 审判委员会

审判委员会是人民法院内部对审判实行集体领导的组织形式。根据我国

《人民法院组织法》第 10 条的规定,各级人民法院设立审判委员会,实行民主集中制。审判委员会的任务是总结审判经验,讨论重大的或者疑难的案件和其他有关审判工作的问题。从审判委员会讨论决定重大、疑难案件这一点来说,审判委员会也是人民法院的一种审判组织。

地方各级人民法院审判委员会的委员由院长提请本级人民代表大会常务委员会任免,最高人民法院审判委员会委员,由最高人民法院院长提请全国人民代表大会常务委员会任免。

根据我国《刑事诉讼法》第 180 条第 2 款、第 3 款的规定,对于疑难、复杂、重大的案件,合议庭认为难以作出决定的,由合议庭提请院长决定提交审判委员会讨论决定。审判委员会的决定,合议庭应当执行。最高法《解释》第 178 条规定,拟判处死刑的案件、人民检察院抗诉的案件,合议庭应当提请院长决定提交审判委员会讨论决定。对合议庭成员意见有重大分歧的案件、新类型案件、社会影响重大的案件以及其他疑难、复杂、重大的案件,合议庭认为难以作出决定的,可以提请院长决定提交审判委员会讨论决定。审判委员会评议案件采用会议的方式。审判委员会会议由院长主持,院长因故不能主持时,可以委托副院长主持。本级人民检察院检察长可以列席审判委员会会议,对讨论事项可以发表意见,但不参加表决。审判委员会讨论案件的情况和决定,应当记入笔录,并由参加讨论的审判委员会委员签名。审判委员会的多数人意见为审判委员会的意见,合议庭应当据以作出判决或裁定,但审判委员会委员在判决书上不署名,而由审理该案的合议庭成员署名。

在司法实践中,由于审判委员会包揽案件过多,造成审与判的分离,审者不判,判者不审问题较为突出。这不利于调动庭审人员的积极性,不能充分发挥控、辩双方的作用,使庭审流于形式。有些案件的审判人员也借机避免对案件作出判决,将案件提交审判委员会讨论决定,以推脱责任。而审判委员会是集体负责制,并不利于职权与责任的统一,给错案追究造成一定的困难。我国 1996 年《刑事诉讼法》为解决这一问题,加强了庭审的功能,对合议庭与审判委员会的关系作了调整。对一般案件,合议庭开庭审理并且评议后,应当作出判决。对于疑难、复杂、重大的案件,合议庭认为难以作出决定的,才由合议庭提请院长决定提交审判委员会讨论决定。十八届三中全会《决定》中提出,改革审判委员会制度,完善主审法官、合议庭办案责任制,让审理者裁判、由裁判者负责。

四、人民陪审员制度

很多国家都建立了吸收普通公民参加刑事审判的制度。具体说来,主要有两种模式。一种是英美法系的"陪审制",其特点是,由随机挑选的一定数量的公民(一般为 12 人)组成陪审团,根据法庭出示的证据对被告是否有罪这一事实问题作出裁决,由职业法官对证据的可采性问题作出认定,向陪审团解释有关的法律;如果陪审团认定被告人有罪,法官应独立地决定被告人应被判处的刑罚。另一种是大陆法系的"参审制",专业法官和普通公民一起参与审判,二者有同等权力,共同决定案件的事实和法律问题。

吸收普通公民参与刑事审判具有重要的意义。首先,这有利于实现司法民主,实现对国家权力的制约。刑罚权的实施关系公民的财产、自由,甚至生命的剥夺。在和平时期,没有什么国家权力比这一权力更具有暴力性,更可能对公民权利造成严重侵害。其次,长期的司法实践使职业法官往往形成很多难以克服的职业偏见和思维定式,这可能对准确认定事实构成障碍。而普通公民显然没有这些职业偏见和思维定式。另外,在社会背景、职业、教育程度、生活经历、种族、道德观念、个人观点等方面,陪审团也比法官更接近普通人。这使得他们与法官相比,更容易理解和判断证人的可信性,更能了解普通人看待问题、处理问题的方式。再次,普通公民参与刑事审判,还有利于将公众良知灌注于司法活动,以普通人的见解对专业人员形成一种制约,使司法能够有效地反映社会的价值倾向,不至于脱离社会普遍认可的价值准则和行为标准,从而防止司法出现背离社会需求的偏颇和执拗,增强司法的公众认同,提高司法的权威。

根据我国《刑事诉讼法》第178条的规定,基层人民法院、中级人民法院审判第一审案件,应当由审判员3人或者由审判员和人民陪审员共3人组成合议庭进行,但是基层人民法院适用简易程序的案件可以由审判员一人独任审判;高级人民法院、最高人民法院审判第一审案件,应当由审判员3人至7人或者由审判员和人民陪审员共3人至7人组成合议庭进行;人民陪审员在人民法院执行职务,同审判员有同等的权利。由此可见,我国的人民陪审员制度,就其性质而言,显然是"参审制"。

在我国实践中,人民陪审员制度在很多地方都已名存实亡,流于形式;在少量有人民陪审员参与的案件中,人民陪审员也普遍陪而不审,合而不议,常常被当做弥补职业法官人数不足从而提高法院工作效率的一种方法;甚至有很多法院根本就不搞陪审制。

为了完善人民陪审员制度,保障公民依法参加审判活动,促进司法公正,2004年8月28日第十届全国人民代表大会常务委员会第十一次会议通过了《关于完善人民陪审员制度的决定》(2005年5月1日开始生效)。该决定对人民陪审员的任职条件、任免程序、审理案件的范围、权利和义务、任职保障等方面都作出了比较明确的规定。

在十八届四中全会《决定》中提出,完善人民陪审员制度,保障公民陪审权利,扩大参审范围,完善随机抽选方式,提高人民陪审制度公信度。逐步实行人民陪审员不再审理法律适用问题,只参与审理事实认定问题。为落实上述改革部署,进一步完善人民陪审员制度,最高人民法院、司法部于2015年5月制定了《人民陪审员改革方案》《人民陪审员制度改革试点工作实施办法》,并在全国十个省份开始试点工作。该试点方案中对人民陪审员的条件、选任程序、参审范围、参审机制、参审案件职权、退出和惩戒机制、履职保障机制等问题作出了明确规定。

第三节 人民检察院

一、人民检察院的性质、任务和职责

我国《宪法》和《人民检察院组织法》规定,中华人民共和国人民检察院是国家的法律监督机关。它的任务是通过行使检察权,镇压一切叛国的、分裂国家的和其他危害国家安全的活动,打击犯罪分子,维护国家的统一,维护人民民主专政制度,维护社会主义法制,维护社会秩序、生产秩序、工作秩序、教学科研秩序和人民群众生活秩序,保护公民的合法财产,保护公民的人身权利、民主权利和其他权利,保障社会主义现代化建设的顺利进行。另外,人民检察院通过检察活动,教育公民忠于社会主义祖国,自觉地遵守宪法和法律,积极同违法行为作斗争。根据我国《人民检察院组织法》的规定,各级人民检察院行使下列职权:

(1) 对于叛国案、分裂国家案以及严重破坏国家的政策、法律、法令、政令统一实施的重大犯罪案件,行使检察权。

(2) 对于直接受理的刑事案件,进行侦查。

(3) 对于公安机关侦查的案件进行审查,决定是否逮捕、起诉或者不起诉;对于公安机关的侦查活动是否合法,实行监督。

(4) 对于刑事案件提起公诉,支持公诉;对于人民法院的审判活动是否合法,实行监督。

(5) 对于执行机关的执行刑罚活动是否合法,进行法律监督。

根据我国《刑事诉讼法》第3条的规定:检察、批准逮捕、检察机关直接受理的案件的侦查、提起公诉,由人民检察院负责。第8条规定:"人民检察院依法对刑事诉讼实行法律监督。"可见,人民检察院在刑事诉讼中的法律地位体现在以下三个方面:

第一,是国家的侦查机关之一。根据《刑事诉讼法》第18条第2款的规定,人民检察院负责立案侦查下列案件:贪污贿赂犯罪,国家工作人员的渎职犯罪,国家机关工作人员利用职权实施的非法拘禁、刑讯逼供、报复陷害、非法搜查的侵犯公民人身权利的犯罪以及侵犯公民民主权利的犯罪。对于国家机关工作人员利用职权实施的其他重大的犯罪案件,需要由人民检察院直接受理的时候,经省级以上人民检察院决定,可以由人民检察院立案侦查。

第二,是国家唯一的公诉机关。除自诉案件以外的所有刑事案件,均必须由人民检察院向人民法院提起公诉,并派检察官出庭支持公诉。人民检察院有权

对公安机关侦查终结移送起诉的案件进行审查，对不符合起诉条件的案件，作出补充侦查、不起诉或移送有关主管机关处理的决定。《刑事诉讼法》第271条赋予人民检察院作出附条件不起诉决定的权力，对符合特定条件的未成年犯罪嫌疑人可以作出附条件不起诉的决定。

第三，是专门的诉讼监督机关。人民检察院对立案、侦查、审判和生效裁判的执行是否合法有效实行法律监督，根据公安机关的提请审查批准逮捕。最高检《规则》第十四章"刑事诉讼法律监督"以专章的形式从刑事立案监督、侦查活动监督、审判活动监督、刑事判决裁定监督、死刑复核法律监督、羁押和办案期限监督、看守所执法活动监督、刑事判决裁定执行监督、强制医疗执行监督等多个方面规定了人民检察院的监督职责。除此之外，在其他一些条文中也有关于诉讼监督问题的规定。

二、人民检察院的组织体系及领导机制

根据我国《人民检察院组织法》的规定，人民检察院的组织体系包括最高人民检察院、地方各级人民检察院和军事检察院等专门检察院。

最高人民检察院是国家最高检察机关，是全国检察院的领导机关，设在首都北京。

地方各级人民检察院包括：(1) 省、自治区、直辖市人民检察院；(2) 省、自治区、直辖市人民检察院分院，自治州、省辖市人民检察院；(3) 县、市、自治区和市辖区人民检察院。省一级人民检察院和县一级人民检察院，根据工作需要，提请本级人民代表大会常务委员会批准，可以在工矿区、农垦区、林区等区域设置人民检察院，作为派出机构。根据工作需要，各地检察机关还可以设立驻监狱、看守所的检察室、乡镇检察室、税务检察室等，作为派出机构。

专门检察院是在最高人民检察院领导下，在特定的组织系统或行业内设立的检察机关，现在仅有军事检察院。军事检察院是设立在中国人民解放军中的专门法律监督机关，对现役军人的违反职责罪和其他刑事案件依法行使检察权。过去曾经设有铁路运输检察院，目前，铁路运输检察院已经与铁路系统剥离，全部划归地方检察院。

十八届四中全会《决定》中要求，探索设立跨行政区划的人民检察院，办理跨地区案件。最高检《关于深化检察改革的意见》(2015年修订版)中规定，以科学、精简、高效和有利于实现司法公正为原则，协同中央有关部门，探索设立跨行政区划的人民检察院，构建普通类型案件由行政区划检察院办理，特殊类型案件由跨行政区划检察院办理的诉讼格局，完善司法管辖体制。

人民检察院上下级之间是领导关系。根据《人民检察院组织法》的规定，最高人民检察院领导地方各级人民检察院和专门人民检察院的工作，上级人民检察院领导下级人民检察院的工作。在人民检察院内部实行检察长负责制，各级

人民检察院的检察长领导本院工作。检察院内部设立若干检察业务部门，在检察长的统一领导下，各个部门互相分工、互相配合，完成侦查、审查逮捕、起诉、控告申诉等检察业务。

根据我国《宪法》的规定，最高人民检察院对全国人民代表大会及其常务委员会负责，全国人民代表大会常务委员会监督最高人民检察院的工作；地方各级人民检察院对产生它的同级人民代表大会及其常务委员会负责，对其上级人民检察院负责，县级以上地方各级人民代表大会常务委员会监督本级人民检察院的工作。

三、检察委员会

各级人民检察院设立检察委员会。检察委员会的委员由检察长提请产生它的各级人民代表大会的常务委员会任免。检察委员会实行民主集中制，在检察长的主持下，讨论决定重大案件和其他重大问题。如果检察长在重大问题上不同意多数人的决定，可以报请本级人民代表大会常务委员会决定。

第四节 公安机关

公安机关是国家的治安保卫机关，是各级人民政府的职能部门，是武装性质的行政执法机关，担负着国家安全和社会治安保卫任务。公安机关的任务是维护社会治安秩序，预防犯罪，侦查和打击犯罪，保护国家、集体和个人所有的财产，保护公民的人身安全和其他合法权益，保卫人民民主专政，保卫社会主义制度，保障社会主义现代化建设的顺利进行。

在我国，公安机关既是各级人民政府的职能部门，行使行政管理职能，也是参与刑事诉讼的重要专门机关。在刑事诉讼中，公安机关的地位主要体现在以下三个方面：

第一，公安机关是主要的侦查机关。根据《刑事诉讼法》第3条、第18条的规定，大部分刑事案件的侦查活动都由公安机关负责。在侦查中，公安机关的主要职责是：负责刑事案件的侦查、预审。公安机关的侦查是检察机关起诉和人民法院审判的前提和基础，是刑事诉讼的重要环节。

第二，公安机关是强制措施的主要执行机关。对犯罪嫌疑人、被告人采取的取保候审、监视居住、拘留、逮捕都由公安机关负责执行。

第三，公安机关是刑罚的执行机关之一。公安机关担负着对判处拘役、剥夺政治权利的刑罚的执行职责。

中华人民共和国公安部是国家的公安领导机关，负责领导和指挥全国的公安工作，并根据协议与国际刑警组织和国外、境外的警察机构，共同打击跨国、跨境的犯罪活动。地方各级公安机关按照行政区划设立。在省、自治区、直辖市一级设公安厅、局；在地区、自治州和市设公安处（局）；在县、县级市、自治县设立公安局；在直辖市和中等城市的市辖区设公安分局。另外，还有按行业系统设立的军队、铁路、民航保卫和公安部门，也是公安机关的组成部分。根据需要，在乡、镇、城市街道和其他必要的地方设立公安派出所，作为基层公安机关的派出机关，履行基层公安机关的部分职责。

公安机关上下级之间是领导关系，上级公安机关可以直接领导和指挥下级公安机关的侦查和其他业务活动，也可以调动下级侦查力量参与上级公安机关侦查的案件。不同地区、不同系统的公安机关则互不隶属，在办案过程中是配合、协作的关系。《刑事诉讼法》第81条规定，公安机关在异地执行拘留、逮捕的时候，应当通知被拘留、逮捕人所在地的公安机关，被拘留、逮捕人所在地的公安机关应当予以配合。公安机关在侦查案件的时候，还应接受人民检察院的制约和监督。公安机关侦查的刑事案件，应当向人民检察院提请审查批准逮捕和移送审查起诉。

第五节 其他专门机关

刑事诉讼中的专门机关除人民法院、人民检察院和公安机关以外，还有其他机关参与刑事诉讼活动，担负重要的刑事诉讼职能。

国家安全机关是我国国家安全工作的主管机关，依法担负着与危害国家安全的违法犯罪行为作斗争、保卫国家安全、巩固人民民主专政、维护社会主义制度的职能。1983年7月1日，国家安全部成立。作为国务院的重要职能部门之一，国家安全部负责领导和管理全国的国家安全工作，开展隐蔽战线的斗争，保卫和促进社会主义现代化建设和统一祖国大业，巩固和加强人民民主专政，维护国家安全。在省、自治区、直辖市设国家安全厅、局，在省、自治区、直辖市以下，根据需要设立国家安全机构和人员。地方各级国家安全机关是地方各级人民政府的职能部门，业务上受国家安全部领导。

1993年2月22日由第七届全国人民代表大会常务委员会第三十次会议通过的《国家安全法》，确定国家安全机关是国家安全工作的主管机关，国家安全机关和公安机关按照国家规定的职权划分，各司其职，密切配合，维护国家安全。国家安全机关在国家安全工作中依法行使侦查、拘留、预审和执行逮捕以及法律规定的其他职权。《刑事诉讼法》第4条规定："国家安全机关依照法律规定，办理危害国家安全的刑事案件，行使与公安机关相同的职权。"因此，国家安全机关在刑事诉讼中与公安机关具有相同的法律地位，行使相同的职权。本书各章节在论及公安机关时，均含国家安全机关。

根据我国的军事体制，中国人民解放军内部设立保卫部门，负责军队内部发生的刑事案件的侦查工作。根据《监狱法》和《刑事诉讼法》的规定，罪犯在监狱内犯罪的案件由监狱进行侦查。军队保卫部门、监狱办理刑事案件,适用《刑事诉讼法》的有关规定,行使与公安机关相同的职权。因此,在刑事诉讼中,军队保卫部门、监狱也是刑事侦查的专门机关。

另外,从1998年开始,国家在各级海关设立走私犯罪侦查部门,专门负责对走私犯罪案件的侦查工作。例如,海关总署下设缉私局,负责走私案件的侦查,下级海关设缉私分(支)局,负责走私案件的侦查。这些走私犯罪侦查部门在侦查活动中,享有与公安机关同样的权力,具有与公安机关同等的诉讼地位。

第四章 诉讼参与人

第一节 概 述

诉讼参与人是指在刑事诉讼中享有一定诉讼权利、负有一定诉讼义务的除国家专门机关工作人员以外的人。诉讼参与人通过行使诉讼权利,承担诉讼义务,对刑事诉讼的进程和结局发挥着不同程度的影响和作用,保证刑事诉讼活动得以顺利、有效地进行。没有诉讼参与人的参与,刑事诉讼活动就会变成一种单纯的国家职权活动,而不再具有诉讼的性质,也不可能完成刑事诉讼的任务。

诉讼参与人一般可分为两大类:一是当事人;二是其他诉讼参与人。这两类诉讼参与人在诉讼地位、参与诉讼活动的范围和方式以及对刑事诉讼过程的影响程度等方面有着很大的差异。

一、当事人

当事人是指与案件的结局有着直接利害关系,对刑事诉讼进程发挥着较大影响作用的诉讼参与人。作为一个基本的诉讼法律概念,"当事人"(party)一词是20世纪初中国学者从日本法学中直接引进的。但从其英文原意上看,所谓的"当事人"其实是指诉讼的"一方"。人们通常所说的"控辩双方"或者"原、被告",都是在这一意义上而言的。

诉讼参与人要成为当事人须同时具备两个条件:

一是与案件的最终结局有直接的利害关系。这是实体条件。换言之,当事人的合法权益可能会受到刑事诉讼活动过程和结局的直接影响。这种影响既可以是有利影响,也可以是不利影响;这种合法权益可以是人的自由、财产、隐私,也可以是人的生命。刑事诉讼的开始和进行,使当事人的这些实体权益处于待判定的状态。刑事诉讼活动的最终结束,又会使当事人的这些实体权益或者受到了有利的影响,如获得了财产、自由,权益得到了恢复和补偿等;或者受到了不利影响,如失去了财产、生命、自由等。

二是当事人必须在诉讼中拥有较广泛的诉讼权利,并能对诉讼过程和诉讼结局发挥比其他诉讼参与人更大的影响。这是程序条件。一般而言,当事人在刑事诉讼中要么处于原告的地位,要么处于被告的地位,他们的诉讼活动对诉讼的启动、进展和终结起着关键的推动作用。

根据我国《刑事诉讼法》第106条第(二)项的规定,当事人是指被害人、自诉人、犯罪嫌疑人、被告人、附带民事诉讼的原告人和被告人。被害人是人身、财产或其他合法权益遭受犯罪行为直接侵害的人。自诉人是在自诉案件中,以个人的名义直接向人民法院提起诉讼,要求追究被告人刑事责任的人。犯罪嫌疑人是在侦查和审查起诉阶段,被认为涉嫌犯罪,并被公安机关以及人民检察院立案侦查和审查起诉的人。被告人是指被有起诉权的公民或机关指控犯有某种罪行,并被起诉到人民法院要求追究其刑事责任的人。附带民事诉讼原告人是指在刑事诉讼中,因被告人的犯罪行为遭受物质损失,并在刑事诉讼过程中提出赔偿请求的人。附带民事诉讼的被告人是指对犯罪行为造成的物质损失依法负有赔偿责任,并被公安司法机关传唤应诉的人。

将公诉案件的被害人纳入当事人的范围,并赋予其与其他当事人同等的诉讼地位,是1996年《刑事诉讼法》较之1979年《刑事诉讼法》在加强人权保障方面取得的较大进展之一。

二、其他诉讼参与人

其他诉讼参与人,是指除当事人之外,参与诉讼活动并在诉讼中享有一定诉讼权利、承担一定诉讼义务的参与人。根据我国《刑事诉讼法》第106条第(四)项的规定,其他诉讼参与人是指法定代理人、诉讼代理人、辩护人、证人、鉴定人和翻译人员。这些诉讼参与人与案件结局没有直接的利害关系,其实体权益并没有因诉讼的进行而处于待判定状态,也不会因诉讼的结束而直接受到有利或不利的影响。他们参加刑事诉讼活动,要么旨在协助某一方当事人充分有效地承担诉讼职能,行使诉讼权利,要么旨在为诉讼各方提供证据材料或为诉讼的顺利进行提供服务和帮助。这些诉讼参与人既不承担独立的诉讼职能,也不会对诉讼的启动、进展和终结发挥较大的影响和推动作用。

法定代理人是依照法律规定对无行为能力或限制行为能力人负有保护义务的人。按照我国《刑事诉讼法》第106条第(三)项的规定,法定代理人包括被代理人的父母、养父母、监护人和负有保护责任的机关、团体的代表。第(五)项规定,诉讼代理人是指公诉案件的被害人及其法定代理人或者近亲属、自诉案件的自诉人及其法定代理人委托代为参加诉讼的人和附带民事诉讼的当事人及其法定代理人委托代为参加诉讼的人。辩护人是指在刑事诉讼中接受犯罪嫌疑人、被告人或者其法定代理人的委托,或者接受法律援助机构指派,依法为犯罪嫌疑人、被告人进行辩护,以维护其合法权益的人。证人是向公安司法机关提供自己在诉讼之外了解到的案件情况的当事人以外的人。鉴定人是接受公安司法机关的指派或聘请,利用自己的专门知识或技能,对案件中的专门性问题进行鉴别和判断,并提出鉴定意见的人。翻译人员是指在刑事诉讼过程中接受公安司法机关的指派或者聘请,为参与诉讼的外国人、少数民族人员、盲人、聋人、哑人等进行语言、文字或者手势翻译的人。

在本章中,我们将着重对犯罪嫌疑人、被告人和被害人的诉讼地位、诉讼权利和诉讼义务作一介绍和分析。而对自诉人、附带民事诉讼原告人、被告人、法定代理人、证人、鉴定人等其他诉讼参与人问题,我们将对其权利、义务予以论述。另外,考虑到我国《刑法》已承认"单位"的犯罪主体资格,而 1996 年《刑事诉讼法》实施以后,最高人民法院在其司法解释中已经初步规定了一些有关单位参与刑事诉讼活动的规则,因此,我们还将对单位参与刑事诉讼的若干问题作一论述。

第二节 犯罪嫌疑人、被告人

一、犯罪嫌疑人与被告人的区分

"犯罪嫌疑人"和"被告人"是对涉嫌犯罪而受到刑事追诉的人的两种称谓。1979 年《刑事诉讼法》将受到刑事追诉的人统称为"被告人"或"人犯",1996 年《刑事诉讼法》才将受到刑事追诉的人区分为犯罪嫌疑人和被告人。根据该法第 33 条的规定,公诉案件,受刑事追诉者在检察机关向法院提起公诉以前,称为"犯罪嫌疑人",在检察机关正式向法院提起公诉以后,则称为"被告人"。换言之,以检察机关制作正式的起诉书并向法院提起公诉这一诉讼活动为中界线,此前的受刑事追诉者被称为"犯罪嫌疑人",此后的受刑事追诉者被称为"被告人"。对受刑事追诉者在称谓上作此区分,具有深刻的实质意义。

首先,根据诉讼法的一般理论,提起正式的控诉是确定"被告人"的前提。控诉是指依法拥有起诉权的部门或个人向人民法院提出正式的控告,要求追究某人刑事责任的法律行为,它是刑事审判程序的启动器。没有正式的控诉,法院不会主动对任何案件进行审理和裁判,那些没有受到控诉的人也就不会受到审判,因而也就不会产生典型的控诉、辩护和审判三方的诉讼法律关系。由此可见,任何人要具有"被告人"的身份,就必须同时具备两个条件:(1) 受到了正式的控诉;(2) 控诉是向人民法院提出的。而在检察机关正式提起控诉以前,受刑事追诉者之所以参与诉讼活动,是因为他涉嫌犯罪并受到了追诉,而不是因为他受到正式的控诉,他只是"犯罪嫌疑人",而不具备"刑事被告人"的身份。因此,将受追诉者在起诉前后分别称为"犯罪嫌疑人"和"被告人",符合包括不告不理原则在内的一系列诉讼原理。

其次,将"犯罪嫌疑人"确定为"被告人"需具备法定的条件。在侦查阶段,被追诉者之所以受到拘留、逮捕等强制措施,侦查部门之所以进行各项调查活动,收集各种证据,一方面是因为侦查部门掌握一定的线索和证据,有根据怀疑他犯有某一罪行,但另一方面也是因为所掌握的有罪证据尚未达到对被追诉者进行正式起诉所要求的质和量。即使是一名在作案现场被当场抓获的现行犯,尽管犯罪嫌疑重大,侦查部门也要进行全面调查,收集到足以移送起诉的证据,然后才能移送检察机关起诉。而在审查起诉阶段,检察机关要从实体和程序两个方面审查案件是否具备起诉的条件。其中,确定据以证明受追诉者有罪的证据是否已达到提起公诉所要求的证明程度,是实体审查的一个重要方面。在这一阶段上,受追诉者能否被正式确定为"被告人",也要视审查起诉的结果而定。如果案件具备了起诉的条件,检察机关即应正式提起公诉,制作起诉书,"犯罪嫌疑人"随之被确定为"被告人"。因此,将受追诉者在起诉前后分别称为"犯罪嫌疑人"和"被告人",是符合刑事诉讼的实际进程的,也与他在诉讼中地位的变化相适应。

最后,将受刑事追诉者在诉讼过程中统一称为"犯罪嫌疑人"或"被告人",是诉讼公正、民主和文明的重要标志。这两种称谓的共同之处在于,它们标志着受刑事追诉者在诉讼过程中不是"罪犯"。我国《刑事诉讼法》第12条规定:未经人民法院依法判决,对任何人都不得确定有罪。根据这一规定,将一个人从法律上确定为"罪犯"或"有罪的人",必须符合法律规定的一系列条件,其中最重要的是要经过严格的法律程序,对指控的罪行进行合法的证明和检验,并赋予受追诉者必要的对抗条件和手段。只有在人民法院经过正当审判程序最终判决一个人有罪时,他才能被确定有罪。而在判决生效前的整个诉讼过程中,受追诉者在法律上处于无罪公民的地位,并且拥有一些特殊的权利,以对抗国家追诉机关的追诉和指控。将受追诉者在刑事诉讼过程中称为"犯罪嫌疑人"或"被告人",从法律上排除了他的"罪犯"身份,赋予他诉讼主体的身份,这是彻底废止有罪推定、防止主观臆断所必需的,也是诉讼民主、文明、公正的重要标志。

二、犯罪嫌疑人、被告人的诉讼地位

刑事诉讼活动是一种旨在对犯罪嫌疑人、被告人的刑事责任问题作出权威确定的活动。没有犯罪嫌疑人、被告人的参与,刑事诉讼就无法进行。犯罪嫌疑人、被告人一旦死亡,刑事诉讼活动即告终止。可以说,犯罪嫌疑人、被告人是刑事诉讼中的核心人物,具有十分重要的诉讼地位。

在古代纠问式诉讼中,被告人居于"诉讼客体"的地位,他们只是受追诉、被追究、遭刑讯的对象,而未被授予有效的辩护权和参与诉讼的机会,甚至也不具有基本的人格尊严。现代各国的刑事诉讼制度普遍废止了这种作法,确立了被告人的诉讼主体地位,并不断通过刑事司法改革使这种诉讼主体地位得到巩固、提高和加强。在某种程度上,刑事诉讼法的发展史实际就是被告人人权保障不断得到加强的历史,也就是被告人诉讼地位不断得到提高的历史。在现代刑事诉讼中,被告人一方面是拥有一系列诉讼权利的诉讼主体,另一方面又处于被追诉的地位。这两种身份和地位之间经常发生冲突。各国刑事司法改革的一个重要目的就是不断地从更高层次上调和这种冲突,使之得到平衡。

在我国,对犯罪嫌疑人和被告人的诉讼地位问题,可以从以下几个方面加以理解:

首先,犯罪嫌疑人、被告人是拥有一系列诉讼权利的诉讼主体,居于当事人的地位。这一地位标志着他们不是被动地接受传讯、追诉和审判,消极地等待国家专门机关处理的客体,而是可通过积极主动的防御活动与追诉一方展开对抗,并对裁判一方施加积极影响的独立一方当事人。

其次,犯罪嫌疑人、被告人与案件结局有着直接利害关系,他们居于被追诉者的地位,国家追诉机关发动刑事诉讼的直接目的就在于通过对犯罪嫌疑人、被告人实施追诉,使那些在法律上构成犯罪的人受到定罪、判刑,从而剥夺其财产、自由乃至生命。作为被追诉者,犯罪嫌疑人、被告人在一定程度上负有接受强制处分、协助国家专门机关顺利进行刑事诉讼的义务,如承受逮捕、拘留、拘传等强制措施,接受讯问、搜查、扣押等调查措施,接受传唤,按时出庭接受审判,等等。

最后,犯罪嫌疑人、被告人本身还可以成为重要的证据来源。根据《刑事诉讼法》的规定,犯罪嫌疑人、被告人所作供述和辩解是法定的重要证据。法律严禁刑讯逼供和以威胁、引诱、欺骗及其他非法方法收集证据,以确保犯罪嫌疑人、被告人的供述出于自愿而不受强迫。尽管如此,犯罪嫌疑人应在侦查人员对其讯问时如实陈述,这是其法定的义务。

三、犯罪嫌疑人、被告人的诉讼权利和义务

我国《刑事诉讼法》为犯罪嫌疑人、被告人确立了一系列诉讼权利。这些诉讼权利按其性质和作用的不同,可分为防御性权利和救济性权利两种。防御性权利,是指犯罪嫌疑人、被告人为对抗追诉方的指控、抵消其控诉效果所享有的诉讼权利。救济性权利,是指犯罪嫌疑人、被告人对国家专门机关所作的对其不利的行为、决定或裁判,要求另一专门机关予以审查并作出改变或撤销的诉讼权利。

根据我国《刑事诉讼法》的规定,犯罪嫌疑人、被告人所享有的防御性权利主要有:(1)有权使用本民族语言文字进行诉讼。(2)有权及时获知被指控的内容和理由,获知所享有的诉讼权利。(3)有权自行或在辩护人协助下进行辩护。在公诉案件中,自被侦查机关第一次讯问或者采取强制措施之日起,犯罪嫌疑人有权聘请律师作为辩护人,提供法律帮助、代理申诉和控告,代为申请变更强制措施等;有权在法定条件下获得法律援助机构为其指派的辩护人的法律帮助;有权拒绝辩护人继续为其辩护,也有权另行委托辩护人辩护。(4)有权拒绝回答侦查人员提出的与本案无关的问题,不被强迫证实自己有罪。(5)有权在开庭前10日收到起诉书副本。(6)获得法院通知时参加庭前会议的权利。在庭前会议中,被告人有权就管辖、回避、开庭审理、证据调取、出庭人员名单、排除非法证据等问题发表意见。(7)有权参加法庭调查,就指控事实发表陈述,对证人、鉴定人发问、辨认、鉴别物证,听取未到庭的证人的证言笔录、鉴定人的鉴定意见、勘验检查笔录和其他证据文书,并就上述书面证据发表意见;有权申请通

知新的证人到庭,调取新的物证,申请重新鉴定或者勘验。(8) 有权参加法庭辩论,对证据和案件情况发表意见并且可以互相辩论。(9) 有权向法庭作最后陈述。(10) 自诉案件的被告人有权对自诉人提出反诉,等等。

犯罪嫌疑人、被告人所享有的救济性权利主要包括:(1) 有权申请侦查人员、检察人员、审判人员、书记员、鉴定人、翻译人员回避,对驳回申请回避的决定,有权申请复议;(2) 对审判人员、检察人员和侦查人员侵犯公民诉讼权利和人身侮辱的行为,有权提出控告;(3) 对于人民法院、人民检察院和公安机关采取强制措施违法,有权申诉和控告;(4) 对于人民检察院依照《刑事诉讼法》第173 条第 2 款的规定作出的不起诉决定,有权向人民检察院申诉;(5) 对地方各级人民法院第一审的判决、裁定,有权用书状或者口头方式向上一级人民法院上诉,从而引起第二审程序的启动;(6) 对各级人民法院已经发生法律效力的判决、裁定,有权向人民法院、人民检察院提出申诉;申诉符合《刑事诉讼法》第 242 条所规定的五种情形之一的,人民法院应当重新审判,等等。

除了以上诉讼权利,犯罪嫌疑人、被告人还享有一系列程序保障。这些程序保障能否被视为诉讼权利,在诉讼理论上不无疑问,但它们对维护犯罪嫌疑人、被告人的诉讼主体地位无疑是十分重要的。这些程序保障有:在未经人民法院依法判决的情况下,不得被确定有罪;获得人民法院的公开审判;获得人民法院独立、公正的审判;在刑事诉讼过程中,不受审判人员、检察人员、侦查人员以刑讯逼供等非法方法进行的讯问;不受侦查人员实施的非法逮捕、拘留、取保候审、监视居住等强制措施,不受侦查人员的非法搜查、扣押等侦查行为;在提出上诉时不得被加重刑罚,等等。

由于犯罪嫌疑人、被告人是被追诉者,最后有可能被确定为犯罪分子而受到刑罚的处罚,为保障刑事诉讼任务的顺利完成,我国《刑事诉讼法》在赋予犯罪嫌疑人、被告人一系列诉讼权利的同时,也规定了一定的诉讼义务。对于这些诉讼义务,犯罪嫌疑人、被告人应当全面履行,否则必须承担相应的法律后果或法律责任。根据我国《刑事诉讼法》的规定,犯罪嫌疑人、被告人所应承担的法律义务主要有:(1) 在符合法定条件的情况下承受逮捕、拘留、监视居住、拘传等强制措施;(2) 接受侦查人员的讯问、搜查、扣押等侦查行为;(3) 对侦查人员的讯问,应当如实回答;(4) 承受检察机关的起诉,依法按时出席并接受法庭审判;(5) 对于生效的裁定和判决,有义务执行或协助执行,等等。

面对刑讯逼供屡禁不止、超期羁押现象严重和犯罪嫌疑人、被告人诉讼权利得不到切实保障等问题,我国《刑事诉讼法》及相关司法解释加强了相关制度建设以保障犯罪嫌疑人、被告人诉讼权利不受非法侵犯,具体包括:改革完善辩护制度,扩大法律援助的范围;明确规定不得强迫自证其罪,确立非法证据排除规则;完善侦查阶段讯问犯罪嫌疑人程序,建立讯问全程录音录像制度;完善证人出庭作证制度以保障被告人的质证权,等等。

第三节 被 害 人

一、被害人的诉讼地位

被害人是指其人身、财产或其他权益遭受犯罪行为侵害的人。被害人在诉讼中可能担当各种诉讼角色。根据我国《刑事诉讼法》第 204 条的规定,在告诉才处理的案件,被害人有证据证明的轻微刑事案件,以及被害人有证据证明对被告人侵犯自己人身、财产权利的行为应当依法追究刑事责任,而公安机关或人民检察院不予追究被告人刑事责任的案件,被害人可以向人民法院提起自诉,从而具有自诉人的身份和地位。同时,被害人由于被告人的行为而遭受物质损失的,在刑事诉讼过程中还有权提起附带民事诉讼,从而成为附带民事诉讼的原告人,具有当事人的地位。对于被害人的上述两种身份和地位,我们将在后面有关章节中专门予以分析。本节所说的"被害人"专指在刑事公诉案件中以个人身份承担部分控诉职能的诉讼参与人。

被害人在刑事公诉案件中诉讼地位的确定,是一个较为重要的问题。在古代弹劾式诉讼制度中,刑事诉讼与民事诉讼不加区分,被害人拥有独立的起诉权。没有被害人的起诉,法院不会自行主动开始审判活动。被害人居于原告人的地位。随着国家追诉原则的产生,对犯罪的追诉被视为国家专门机构的法定职责,追诉也被视为一种国家职能活动,被害人不再担当原告人的角色,而主要处于证人的地位,协助追诉部门完成对被追诉者进行定罪处罚的任务。被害人的这种诉讼地位延续了很长一段时期,以至于在近代西方各国完成刑事司法改革之后,被害人的地位并没有得到立即的改变。第二次世界大战以后,随着国际性人权保障运动的广泛开展,加强被害人在刑事司法中的权利保障成为各国司法改革的重要目标,被害人在刑事司法中的地位和诉讼角色问题引起人们的广泛关注。目前,被害人的诉讼地位在大陆法系诸国得到了较大的加强。这些国家逐步确立了被害人的当事人或准当事人地位,使其拥有独立的发动起诉、申请回避、获知指控罪名及理由以及有效参与法庭审判等诉讼权利。而在英美法系各国,被害人也开始摆脱长期以来只作为证人的局面,逐步拥有获知指控罪名、理由的权利,并在审判过程中拥有了与一般证人不同的参与权。可以说,加强被害人的权利保障,并对被害人与被告人的权利加以合理、适当的平衡,成为各国刑事诉讼法的普遍发展趋势。

我国《刑事诉讼法》赋予刑事被害人以独立的诉讼当事人地位。对于被害人的这一地位,可从以下几个方面加以认识:

首先,被害人作为遭受犯罪行为侵害的人,与案件结局有着直接的利害关系。他不仅具有获得经济赔偿或补偿的欲望,而且更有着使对其实施侵害的犯罪人受到法律上的谴责、惩罚的要求。刑事诉讼的进行,在使犯罪嫌疑人、被告人的刑事责任问题处于待判定状态的同时,也使被害人的上述欲望和要求处于待确定状态。这是赋予其当事人诉讼地位的理论基础。

其次,被害人基于实现使被告人受到合法的报应这一要求,具有积极主动地参与诉讼过程、影响裁判结局的愿望。只有满足被害人的这种愿望,使其作为拥有较广泛诉讼权利的当事人,诉讼活动的进行才能对国家、被告人、被害人等各方面的权益作出适当、合理的平衡。

再次,被害人作为诉讼当事人,与被告人居于大致相同的诉讼地位,也拥有许多与被告人相对应的诉讼权利。但是,刑事诉讼毕竟不同于民事诉讼,在检察机关作为追诉机关已构成被告人的强大对手的情况下,被害人如果再拥有与其完全相同的诉讼权利,那么被告人事实上将同时面对两方面的指控,其诉讼地位将处于十分不利的状态。因此,为维护控、辩各方总体上的地位平衡,《刑事诉讼法》对被害人的诉讼地位也作出了一些限制,使其不至于成为一般意义上的原告人。

最后,被害人尽管具有当事人的诉讼地位,但他一般也是了解案件事实的人,其陈述本身也是法定的证据来源之一。被害人在提供陈述方面与证人具有相似的地位。他有义务接受侦查人员、检察人员、审判人员的传唤,到场或出庭提供有关案件事实的陈述,并接受各方的询问和质证。

另外,《刑事诉讼法》中确立了当事人和解的公诉案件诉讼程序,在符合法定要求的公诉案件中,被害人与犯罪嫌疑人、被告人可以就赔礼道歉、赔偿损失等问题达成刑事和解协议,公安司法机关可以据此作出从宽处罚的建议或者决定。在该过程中,被害人能够获得犯罪嫌疑人、被告人的真诚道歉和经济赔偿,而且其是否自愿将是达成和解协议的基本条件,这有利于实现被害人复仇和获得经济补偿的欲望,体现出法律对被害人的当事人地位的保障。

二、被害人的诉讼权利和义务

根据我国《刑事诉讼法》的规定,被害人除了享有一些为其他当事人所共有的诉讼权利外,也享有一些特有的诉讼权利。

被害人与其他当事人所共同享有的诉讼权利主要有:(1)对于审判人员、检察人员和侦查人员侵犯其诉讼权利和人身侮辱的行为,有权提出控告。(2)对于审判人员、检察人员、侦查人员以及鉴定人员、翻译人员、书记员有《刑事诉讼法》第28条和第29条所规定的情形之一的,有权申请他们回避;对驳回申请回避的决定,有权申请复议一次。(3)有权参加法庭调查,在法庭上就起诉书指控的犯罪进行陈述,可以向被告人发问;有权向证人发问和质证;有权辨认、鉴别物证,听取书面证言及其他证据文书,并就上述证据向法庭陈述意见,有权申请通知新的证人到庭,调取新的物证,申请重新鉴定和勘验。(4)有权参加法庭辩论,对证据和案件情况发表意见,并与公诉人、其他当事人、辩护人等相互辩论。(5) 有权对已发生法律效力的判决、裁定,向人民法院或人民检察院提出申诉,人民法院认为其申诉符合《刑事诉讼法》第 242 条所规定的五种情形之一的,应当重新审判。(6) 有权使用本民族语言文字进行诉讼,等等。

被害人享有的特有诉讼权利主要有:(1) 有权自案件移送审查起诉之日起,委托诉讼代理人。为此,人民检察院自收到移送审查起诉的案件材料之日起 3 日以内,应当告知被害人及其法定代理人、近亲属有权委托诉讼代理人。(2) 对于侵犯其人身、财产权利的犯罪事实或者犯罪嫌疑人,有权向公安机关、人民法院或人民检察院报案或者控告,要求有关机关立案;对于人民法院、人民检察院、公安机关不立案的决定,有权获知原因,并可申请复议;对于公安机关应当立案侦查的案件而不立案侦查的,有权向人民检察院提出,由后者要求公安机关说明理由,并予以纠正。(3) 对于人民检察院所作的不起诉决定,有权获得不起诉决定书,并向上一级人民检察院申诉,要求提起公诉;对于人民检察院维持不起诉决定的,有权向人民法院起诉;也可以不经申诉,直接向人民法院起诉。(4) 被害人有证据证明对被告人侵犯自己人身、财产权利的行为应当依法追究刑事责任,而公安机关或者人民检察院不予追究被告人刑事责任的案件,被害人有权向人民法院提起自诉。(5) 对地方各级人民法院第一审的判决不服的,有权请求人民检察院抗诉;人民检察院在收到这一请求后 5 日内,应作出是否抗诉的决定并答复请求人,等等。

在十八届四中全会《决定》中提出:"健全司法救助体系,保证人民群众在遇到法律问题或者权利受到侵害时获得及时有效法律帮助。"中央政法委等部门制定了《完善司法救助制度意见(试行)》,规定国家司法救助的对象、方式和标准、程序、救助资金的筹集和管理、救助工作的组织领导等问题。其中,国家司法救助的重点对象是刑事被害人,这对于被害人而言是一项重要的权利。被害人在享有上述诉讼权利的同时,还须在诉讼过程中承担一些法定的诉讼义务,这些义务主要包括:(1) 如实向公安司法机关陈述案件事实的义务;(2) 接受公安司法机关传唤的义务;(3) 在法庭上接受询问和回答问题的义务;(4) 遵守法庭秩序的义务,等等。

第四节　其他当事人和诉讼参与人

除了前两节重点介绍的犯罪嫌疑人、被告人、被害人之外,刑事诉讼中的当事人还包括自诉人、附带民事诉讼原告人、被告人;其他诉讼参与人包括法定代理人、诉讼代理人、辩护人、证人、鉴定人、翻译人员。本节将对相关主体的诉讼权利、义务进行简单介绍。考虑到辩护人、诉讼代理人的诉讼权利、义务在后面会有专门章节进行介绍,因此本节内容不涉及辩护人、诉讼代理人的问题。

一、自诉人

在我国刑事审判中,有一部分案件属于自诉案件,其中自诉人具有当事人的地位。一般来说,刑事诉讼中的自诉人通常是被害人,但是在被害人死亡或者丧失行为能力时,被害人的法定代理人、近亲属有权向人民法院提起诉讼。自诉人在诉讼中的地位相当于原告,执行控诉职能。

在刑事诉讼中,法律赋予自诉人的诉讼权利主要包括以下几项:(1)向人民法院提起自诉;(2)委托诉讼代理人;(3)提起附带民事诉讼;(4)申请回避;(5)参加法庭调查和辩论,申请人民法院调取新的证据、传唤新的证人,申请重新鉴定和勘验;(6)在人民法院宣告判决前,自诉人有权同被告人自行和解或者撤回自诉;依法告诉才处理的案件和被害人有证据证明的轻微刑事案件中,自诉人有权在人民法院主持之下与被告人调解;(7)阅读或听取审判笔录,并有权请求补充或者改正;(8)如不服一审判决或者裁定,可以提出上诉;(9)对已经发生法律效力的判决或者裁定认为确有错误的,可以提出申诉。

在享有诉讼权利的同时,自诉人也要承担必要的诉讼义务:(1)承担举证责任。自诉人对自己的主张和请求应当提供证据证明。(2)如实提供案件真实情况的义务。如故意伪造证据陷害他人,必须承担法律责任。(3)按时出庭、遵守法庭秩序的义务。(4)执行人民法院生效的调解协议、判决或者裁定的义务。

二、附带民事诉讼原告人、被告人

附带民事诉讼的原告人可以是遭受犯罪行为直接侵害的被害人,也可以是已经死亡或者丧失行为能力的被害人的法定代理人、近亲属。我国《刑事诉讼法》第99条第2款规定:"如果是国家财产、集体财产遭受损失的,人民检察院在提起公诉的时候,可以提起附带民事诉讼。"附带民事诉讼的被告人,通常是刑事被告人,没有被追究刑事责任的其他共同致害人,也可以是未成年刑事被告人的监护人,共同犯罪案件中已死亡被告人的遗产继承人,以及其他对刑事被告人的犯罪行为依法应当承担民事赔偿责任的单位和个人。

附带民事诉讼原告人主要享有以下诉讼权利:(1)提起附带民事诉讼,要求赔偿物质损失;(2)申请回避;(3)委托诉讼代理人;(4)参加法庭调查和法庭辩论,并对附带民事诉讼部分提供证据、发表意见;(5)如不服一审判决或者裁定,可以提出上诉;(6)请求人民法院主持调解或者与附带民事诉讼被告人自行和解;(7)申请人民法院采取查封、扣押或者冻结被告人的财产等财产保全措施。诉讼义务主要包括以下几项:(1)对于附带民事诉讼请求提供证据;(2)如实陈述案情;(3)按时出庭、遵守法庭秩序。

附带民事诉讼被告人主要享有以下诉讼权利:(1)申请回避;(2)委托诉讼代理人;(3)参加法庭调查和法庭辩论,并对附带民事诉讼部分提供证据、发表意见;(4)如不服一审判决或者裁定,可以提出上诉;(5)请求人民法院主持调解或者与附带民事诉讼被告人自行和解;(6)提出反诉。附带民事诉讼被告人的主要诉讼义务包括:(1)对自己的主张提供证据证明;(2)如实陈述案情;(3)按时出庭、遵守法庭秩序;(4)执行已经生效的判决、裁定的附带民事诉讼部分。

三、法定代理人

我国《刑事诉讼法》第106条第(三)项规定,法定代理人是指被代理人的父母、养父母、监护人和负有保护责任的机关、团体的代表。法定代理人根据法律规定参加刑事诉讼活动,而不是基于委托关系。因此,法定代理人在诉讼过程中具有独立的法律地位,不受被代理人意志的约束,在进入诉讼和行使代理权利时无须经过被代理人同意或者授权;当法定代理人和被代理人在是否行使某项共同享有的诉讼权利意见不一致时,法定代理人的行为独立有效。而且,法定代理人的行为视为被代理人的行为,与之具有相同的法律效果。

法定代理人参与刑事诉讼的主要职责是依法保护未成年人、无行为能力人或者限制行为能力人的人身权利、财产权利、诉讼权利以及其他一切合法权益,因此其享有与被代理人相同的广泛的诉讼权利。《刑事诉讼法》及相关司法解释中增加了未成年人刑事案件诉讼程序,其中详细规定了法定代理人享有的诉讼权利:未成年人刑事案件在进行讯问和审判活动时,应当通知未成年犯罪嫌疑人、被告人的法定代理人到场;到场的法定代理人可以代为行使未成年犯罪嫌疑人、被告人的诉讼权利;如果认为办案人员在讯问、审判中侵犯未成年人合法权益的,法定代理人可以提出意见;讯问笔录、法庭笔录应当交给到场的法定代理人阅读或者向他宣读;对于人民检察院作出的附条件不起诉决定,未成年犯罪嫌疑人的法定代理人有权提出异议;审判的时候被告人不满18周岁的案件,不公开审理,但经未成年被告人及其法定代理人同意,未成年被告人所在学校和未成年人保护组织可以派代表到场;审判程序中,未成年被告人最后陈述后,其法定代理人可以进行补充陈述;对未成年人刑事案件,人民法院决定适用简易程序审理的,应当征求未成年被告人法定代理人的意见。当然,从理论角度而言,法定代理人不能代替被代理人实施特定的行为,比如不得代替被代理人供述、辩解或者陈述,也不能代替被代理人承担与人身自由相关联的义务。

四、证人

证人是指除当事人以外的了解案件情况并向专门机关作出陈述的人。证人享有的诉讼权利主要包括:(1)有权使用本民族语言文字进行诉讼;(2)有权查阅证言笔录,并予以补充或者更改;(3)有权要求补偿因作证而受到的经济损失;(4)有权拒绝作伪证;(5)有权要求在侦查阶段为其姓名保密;(6)有权要求保障自身及近亲属的安全,对其本人及近亲属受到的威胁、侮辱、殴打或者打击报复的行为有权提出控告。与此同时,证人应当承担以下义务:(1) 如实提供证言,如果有意作伪证或者隐匿罪证,应当承担法律责任;(2) 有义务回答公安司法人员以及当事人和其他诉讼参与人的询问,并接受质证;(3) 对于公安司法人员询问的内容予以保密。

我国《刑事诉讼法》对证人制度进行了较大调整,对证人出庭作证的条件、证人出庭作证的强制性措施、证人保护、证人补助等问题作出了比较详细的规定。法律中要求,公诉人、当事人或者辩护人、诉讼代理人对证人证言有异议,且该证人证言对案件定罪量刑有重大影响,人民法院认为证人有必要出庭作证的,证人应当出庭作证。为保障证人出庭作证得到实现,法律中规定了强制出庭、训诫、10日以下拘留等三种强制手段;同时法律中规定了证人保护制度,对于危害国家安全犯罪、恐怖活动犯罪、黑社会性质的组织犯罪、毒品犯罪等案件,证人因在诉讼中作证,本人或者其近亲属的人身安全面临危险的,人民法院、人民检察院和公安机关应当采取保护措施;另外,证人因履行作证义务而支出的交通、住宿、就餐等费用,法律中要求应给予补助,以确保证人出庭作证。司法解释中对证人制度的相关规定进一步细化。

此外,我国《刑事诉讼法》中对侦查人员出庭作证问题作出了区分。在对证据收集的合法性进行法庭调查过程中,为证明证据收集的合法性,人民检察院可以提请人民法院通知有关侦查人员出庭作证,此时侦查人员出庭作证是为证明侦查行为的合法性这一程序性事实;而人民警察就其执行职务时目击的犯罪情况作为证人出庭作证时,其身份为普通证人,证明的对象是犯罪行为是否成立等定罪事实和自首、立功是否存在等量刑事实。尽管在这两种情况下,侦查人员出庭作证的对象不同、目的不同,但按照法律规定均应适用证人出庭作证的相关规则。

五、鉴定人

一般来说,鉴定人应当具备以下条件:(1) 鉴定人必须是自然人。单位不能成为鉴定的主体。(2) 鉴定人必须具备某项专门的知识或者技能。在鉴定活动中,鉴定人主要根据专门的知识或者技能对专门问题提出分析意见。(3) 鉴定人受到专门机关的指派或者聘请。当事人及其代理人不得自行聘请鉴定人进行鉴定。(4) 鉴定人必须与案件当事人没有利害关系,否则有关人员有权申请其回避。

为了保障鉴定意见的科学、客观,一般来说,鉴定人享有下列诉讼权利:(1) 有权查阅与鉴定事项有关的案卷材料,必要时,经侦查人员、审判人员同意,可以参加勘验、检查;(2) 有权要求指派或者聘请的机关提供足够的鉴定材料,在提供的鉴定材料不充分、不具备作出鉴定意见的条件时,有权要求有关机关补充材料;(3) 同一个专门性问题由两个以上鉴定人鉴定时,可以共同写出一个鉴定意见,也可以分别写出各自的鉴定意见;(4) 有权要求补充鉴定或者重新鉴定,有权根据鉴定结果重新提供鉴定意见;(5) 鉴定条件不具备时,有权拒绝鉴定;(6) 有权收取鉴定费用。同时,鉴定人承担如下诉讼义务:(1) 如实作出鉴定,不得故意作出虚假鉴定意见;(2) 对于因鉴定而了解的案件情况和有关人员的隐私,应当保密;(3) 出庭接受审判人员、公诉人、辩护人、被告人及其他人员的询问,并回答有关问题。

我国《刑事诉讼法》中对鉴定人制度进行改革,主要包括以下几项内容:一是将"鉴定结论"改为"鉴定意见",使该证据称谓更为科学。二是明确鉴定人出庭作证的条件和不出庭的后果。公诉人、当事人或者辩护人、诉讼代理人对鉴定意见有异议,人民法院认为鉴定人有必要出庭的,鉴定人应当出庭作证。经人民法院通知,鉴定人拒不出庭作证的,鉴定意见不得作为定案的根据。三是建立具有专门知识人员出庭质证规则。由于鉴定意见的专业性,普通的诉讼主体在庭审中难以有效进行质证。为解决该问题,我国《刑事诉讼法》规定,公诉人、当事人和辩护人、诉讼代理人可以申请法庭通知有专门知识的人出庭,就鉴定人作出的鉴定意见提出意见。相关司法解释也对鉴定人制度作了比较详细的规定。

六、翻译人员

翻译人员在诉讼过程中主要对外国语言、少数民族语言、聋哑手势、盲文等进行翻译。由于涉及案件信息的传递,一旦出现错误对于诉讼参与人的权利和诉讼程序都可能产生影响,因此翻译人员与案件或者当事人不能有利害关系,否则应当回避。

翻译人员在诉讼过程中享有以下诉讼权利:(1) 了解同翻译内容有关的案件情况;(2) 有权查阅记载其翻译内容的笔录,如果笔录与实际翻译内容不符,有权要求修改或者补充;(3) 有权获得相应的报酬和经济补偿。同时,翻译人员有义务按语言文字的原意如实翻译,不得隐瞒、歪曲或者伪造,如果有弄虚作假者应承担法律责任。翻译人员对翻译活动中所获知的案件情况和他人的隐私,应当保密。

第五节 单位参与人

诉讼参与人在一般情况下是由自然人充当的,但在一些特殊情况下,单位也可以直接成为刑事诉讼的参与人。随着我国社会主义市场经济建设的发展和改革开放的深入进行,单位作为犯罪嫌疑人、被告人、被害人以及附带民事诉讼原告人或被告人等参与刑事诉讼的机会越来越多。我国《刑事诉讼法》对单位参与刑事诉讼的方式没有作出明确的规定。但不少学者对单位参与刑事诉讼问题展开了研究和探讨,提出了很多观点。以下我们拟就单位作为犯罪嫌疑人、被告人、被害人参与刑事诉讼的方式问题作一简要论述。

一、单位犯罪嫌疑人、被告人

在刑事实体法上,单位犯罪具有许多与自然人犯罪不同的特征。这些特征决定了追究单位犯罪的案件(以下简称为单位案件)也应相应地适用一些特殊的诉讼程序。这些特殊程序的核心是单位作为犯罪嫌疑人、被告人,如何适当地参与刑事诉讼的问题。

(一)单位能否成为独立的犯罪嫌疑人、被告人

单位成为被告并以此身份来参与诉讼活动,这在民事诉讼和行政诉讼中均不成问题,在附带民事诉讼中也是容易理解的,但在刑事诉讼中却是一个有待解决的问题。

自 1987 年《海关法》颁布以来,我国已有数十个单行法规确立了单位承担刑事责任的制度,并且规定了对有罪的单位适用"单罚制"或"双罚制"的刑罚处罚方式。1997 年修订后的我国《刑法》,正式确立了有关单位犯罪的制度。根据《刑法》的规定:"公司、企业、事业单位、机关、团体实施的危害社会的行为,法律规定为单位犯罪的,应当负刑事责任。"一般情况下,对于单位犯罪,应当对单位判处罚金,并对其直接负责的主管人员和其他责任人员判处刑罚,也就是实行所谓的"双罚制"。但在《刑法》另行规定的情况下,则可以单独处罚单位直接负责的主管人员和其他直接责任人员(在我国现行《刑法》中还没有仅处罚单位的单位犯罪)。

尽管《刑法》已经明确将单位作为犯罪的主体,但单位能否成为刑事诉讼的主体,却在立法上没有得到解决,在理论上也存在着一些分歧。一些学者虽认识到单位作为一种独立的诉讼参与人参加刑事诉讼的必要性,却主张按照刑罚适用方式确定被告人,即在刑事实体法规定适用"双罚制"的情况下,由单位与单位的主管人员、直接责任人员同时成为被告人;而在"单罚制"的情况下,则由单位主管人员和其他责任人员作为被告人,单位不再单独成为被告人。但这种根据单位案件承受刑罚的方式来确定被告人的观点在理论上是不能成立的。

根据单位承担刑事责任的理论,单位构成犯罪是单位内部成员构成犯罪的前提和依据,也是对单位内部成员实施处罚的前提。无论是适用单罚制,还是适用双罚制,单位本身始终是犯罪的主体。同时,追究刑事责任包括两个环节:一为定罪;二为实施刑罚处罚。在"单罚制"下,法律要求仅对单位定罪而不对其实施刑罚,这仍是对单位追究刑事责任的一种方式。更何况定罪本身也是对单位的行为在法律上作出的一种否定性评价,它会使单位的名誉、机会及其他权益受到极大的损害。如果不承认单位拥有独立的嫌疑人、被告人地位,并且不允许单位独立地参与刑事诉讼活动,那就等于在没有赋予单位参与诉讼主体地位的

情况下进行一种可能使单位实体权益遭受剥夺或限制的活动,这显然有违程序公正的基本要求。因此,在所有单位犯罪案件中,不论是适用"单罚制",还是适用"双罚制",单位均应成为独立的犯罪嫌疑人、被告人,并以此身份参与诉讼活动。

(二) 单位犯罪嫌疑人、被告人参与刑事诉讼的方式

在民事诉讼和行政诉讼中,单位可通过其法定代表人参加诉讼活动。但在刑事诉讼中,单位作为犯罪嫌疑人、被告人参加诉讼的方式却具有特殊性。从各国诉讼立法情况来看,有的国家采取由单位授权其法定代表人参加诉讼活动的方式,有的则由法人单位自由确定其诉讼代表人。如日本《刑事诉讼法典》第27条规定:"1. 被告或嫌疑人为法人时,其诉讼行为由其代表人进行;2. 数人共同为法人代表时,各自代表法人进行诉讼行为。"在英国、澳大利亚、新西兰等普通法国家,法人单位须委派其诉讼代表人参加刑事诉讼活动,但这里的代表人是指"由法人正式委派,代表法人去做法律上准许法人代表人做的任何行为和任何事情的人。"至于何人可充当这种代表人,法律则未作明确规定。

我国《刑事诉讼法》对单位犯罪嫌疑人、被告人参与刑事诉讼的方式,并没有作出明确的规定。最高法《解释》第十一章"单位犯罪案件的审理"中,对此作出了一些特别的规定。根据这些规定,被告单位的诉讼代表人,应当是法定代表人或者主要负责人;法定代表人或者主要负责人被指控为单位犯罪直接负责的主管人员或者因客观原因无法出庭的,应当由被告单位委托其他负责人或者职工作为诉讼代表人。但是,有关人员被指控为单位犯罪的其他直接责任人员或者知道案件情况、负有作证义务的除外。开庭审理单位犯罪案件,应当通知被告单位的诉讼代表人出庭;没有诉讼代表人参与诉讼的,应当要求人民检察院确定。被告单位的诉讼代表人不出庭的,应当按照下列情形分别处理:(1) 诉讼代表人系被告单位的法定代表人或者主要负责人,无正当理由拒不出庭的,可以拘传其到庭;因客观原因无法出庭,或者下落不明的,应当要求人民检察院另行确定诉讼代表人;(2) 诉讼代表人系被告单位的其他人员的,应当要求人民检察院另行确定诉讼代表人出庭。被告单位的诉讼代表人享有《刑事诉讼法》规定的有关被告人的诉讼权利。该《解释》还规定,审判期间,被告单位被撤销、注销、吊销营业执照或者宣告破产的,对单位犯罪直接负责的主管人员和其他直接责任人员应当继续审理。审判期间,被告单位合并、分立的,应当将原单位列为被告单位,并注明合并、分立情况。对被告单位所判处的罚金以其在新单位的财产及收益为限。

考虑到我国《刑法》规定的单位犯罪大多是所谓的"双罚制",这就使单位与单位内部的法定代表人或直接责任人员经常会同时成为案件的犯罪嫌疑人、被告人。在这种情况下,如果仍然由单位直接负责的主管人员作为被告单位的诉讼代表人,就会出现这一主管人员"一身兼二任"的情况,导致刑事诉讼的混乱

和无序。因此,最高法《解释》要求人民检察院另行确定被告单位的诉讼代理人,这是较为妥当的规定。

当然,在实行"单罚制"的单位犯罪(即仅处罚直接负责的主管人员和其他直接责任人员的单位犯罪)中,单位在刑事诉讼中也是被告人,仍应当派员出庭。考虑到单位的直接负责的主管人员和其他直接责任人员本身就是被告人,有自己相对独立于单位的利益,因此,单位应派其他负责人作为诉讼代理人代表被告单位出庭。

(三) 单位诉讼代表人的诉讼地位

被告单位的诉讼代表人代表单位进行诉讼活动,其权利来源于单位的正式授权,他不是作为个人嫌疑人或个人被告人、为维护其本人的利益而参加诉讼活动,而是以单位的名义,代表单位的利益并在单位授权范围内从事诉讼行为,他本人一般也不承担诉讼的后果,因而他不是嫌疑人,也不是被告人。另一方面,诉讼代表人也不是证人,因为证人的身份具有不可替代性,其陈述只能是证人证言,而诉讼代表人的陈述则是一种犯罪嫌疑人、被告人供述和辩解。因此,单位的诉讼代表人应当成为一种独立的诉讼参与人,具有独立的诉讼地位。这主要可表现在以下几个方面:

第一,诉讼代表人在单位授权的范围内从事的诉讼行为,应视为单位的诉讼行为。诉讼代表人向公安司法机关所作的陈述,在证据法上应视为单位的陈述,他所从事的诉讼行为对单位具有约束力。

第二,诉讼代表人有权行使嫌疑人、被告人的一切诉讼权利。他本人虽不是嫌疑人、被告人,却可以行使辩护权、申请回避权、上诉权等诉讼权利。

第三,诉讼代表人有义务承受强制措施。为确保诉讼的顺利进行,公安司法机关对于无正当理由拒不到场或出庭的诉讼代表人可以采取传唤、拘传等措施。

第四,诉讼代表人应承担伪证责任。如果诉讼代表人故意向公安司法机关提供虚假的陈述,而这又违背了单位的授权范围,他的陈述将失去效力。如果该诉讼代表人的伪证行为造成了严重的后果,那么他将失去诉讼代表人的资格,并应承担伪证的责任。当然,如果诉讼代表人是在单位的授权或授意下提供了伪证,这就应当视为单位故意提供伪证,法院在对有罪的单位量刑时应将此作为对其从重处罚的情节。

二、单位被害人

单位不仅可能成为公安司法机关追诉、审判的对象,而且可能成为受犯罪行为侵害的被害人。但是,单位能否作为公诉案件中的被害人参加刑事诉讼的问题,理论界有所争论。一些学者认为,单位不能以刑事被害人的身份参与刑事诉讼活动,但可以附带民事诉讼原告人,即以民事原告人的身份参与附带民事诉讼活动。这种主张的理由是,单位尽管可以是受犯罪行为侵害的对象,却只能提出民事赔偿或补偿要求,对犯罪行为的追诉只能由公诉机关承担。我们认为,这种观点是不能成立的。以下我们拟就单位作为被害人参与刑事诉讼的几个问题作一论述。

(一) 单位被害人的诉讼主体资格

我国《刑事诉讼法》将被害人确立为当事人,并赋予其一系列的诉讼权利。这既适用于自然人被害人,也应适用于单位被害人。换言之,作为被害人的单位在公诉案件诉讼程序中应与自然人被害人一样,拥有诉讼主体的资格,成为案件的当事人。这一判断的理由主要有以下几个方面:

第一,单位被害人的实体权益遭受了侵害,刑事诉讼的进行使它的权益处于待判定的状态。一般而言,单位被害人被犯罪行为所侵害的,不仅有经济上的利益,还有名誉、信誉机会乃至生存能力等方面的权益。与自然人相同,受害的单位有着强烈的追诉犯罪和使加害者受到应有的惩罚这样一种愿望和要求,而不仅仅拥有要求赔偿的欲望。它的这些愿望和要求能否得到司法机关的承认和维护,取决于被追诉者能否被追究刑事责任。因此,刑事诉讼的进行客观上使单位被害人的实体权益处于待判定的状态,它的实体权益也会受到刑事诉讼结局的直接影响。在此情况下,被害单位必须拥有诉讼主体的资格,充分而有效地参与到诉讼中来,这样他才可能对诉讼过程和结局的公正性和合法性作出肯定的评价。

第二,单位被害人拥有进行刑事诉讼活动的权利能力和行为能力,能够行使当事人的诉讼权利,履行当事人的诉讼义务。单位作为法律上的实体,虽不像自然人那样,可以亲自直接实施诉讼行为,但它可通过自己的代表人表述自己的意志并实施各种诉讼行为。像民事原告人一样,刑事案件中的被害单位也可以通过其代表人实施追诉活动,行使诉讼权利,并承担相应的法律义务和法律后果。因此,单位被害人不仅在实体上有着为自己的利益而奋斗的欲望和要求,而且在诉讼程序上有着权利主体的资格和为行使这些诉讼权利而实际参与诉讼过程的能力。

(二) 单位被害人参与刑事诉讼的方式

单位作为被害人参与刑事诉讼,与自然人被害人在刑事诉讼中的诉讼地位、所享有的诉讼权利和所负担的诉讼义务基本相同。但由单位本身性质所决定,单位被害人参与刑事诉讼的方式与自然人有所不同。

首先,单位被害人应通过其法定代表人来行使诉讼权利、承担诉讼义务。与单位嫌疑人、单位被告人不同,单位被害人是单一的,不存在自然人被害人与单位被害人之间的利益冲突,因此由单位的法定代表人代表被害单位参与刑事诉讼活动,不仅不会带来诉讼的混乱和无序,而且有助于诉讼的顺利进行。

其次,单位的法定代表人事实上具有被害单位的"诉讼代表人"的身份。他在诉讼中拥有独立的诉讼地位:他本人不是被害人,也不是证人(如果他是证人,就不能够担任诉讼代表人),但他的陈述一般应属于被害人陈述,他有权行使被害人的一切诉讼权利,他的行为应由单位承担后果。

最后,单位与自然人一样,作为被害人,在法律规定的情况下可以提起自诉,成为自诉人。我国《刑事诉讼法》规定了三种自诉案件:一是告诉才处理的案件;二是被害人有证据证明的轻微刑事案件;三是被害人有证据证明对被告人侵犯自己人身、财产权利的行为应当依法追究刑事责任,而公安机关或者人民检察院不予追究被告人刑事责任的案件。在这三种案件中,单位均可能成为被害人。如果在这三种情况下只允许被害的自然人而不允许被害单位提起自诉,并作为自诉人参与诉讼活动,那么单位被害人的诉讼权利将得不到充分的保障。

第五章 刑事诉讼的基本原则

第一节 概 述

一、刑事诉讼基本原则的性质和功能

刑事诉讼基本原则是由刑事诉讼法规定的,贯穿于刑事诉讼的全过程或主要诉讼阶段,公安机关、人民检察院、人民法院和诉讼参与人进行刑事诉讼活动所必须遵循的基本准则。在日本以及我国台湾地区的刑事诉讼法学中,这些刑事诉讼的基本法律准则往往被称为"刑事诉讼之主义"。民国时期的中国学者也有类似的观点。一般而言,所谓的"刑事诉讼之主义",也就是刑事诉讼的基本原则。

作为刑事诉讼法确立的基本法律准则,刑事诉讼基本原则具有以下特点:

第一,刑事诉讼基本原则往往包含着丰富的诉讼原理,体现了刑事诉讼活动的基本规律。这些基本法律准则有着深厚的法律理论基础,也有着丰富的思想含量。例如,审判公开原则要求法院的审判活动从形式到内容应当向社会公开,使得审判活动受到社会公众的广泛监督。这是审判程序公正的基本保证,也符合司法审判活动的基本性质。

第二,刑事诉讼基本原则是由刑事诉讼法明确规定的法律原则。原则体现法律的基本精神,任何具体的法律规定都必须和基本原则相符合。原则只能由法律明确规定,那些在法律适用过程中所应普遍遵循的政治或理论原则,只要没有在刑事诉讼法中明确规定,就不属于刑事诉讼中的基本原则。我国《刑事诉讼法》规定的基本原则可分为两大类,一类是刑事诉讼和其他性质的诉讼必须共同遵守的原则,如:以事实为根据、以法律为准绳原则,公民在适用法律上一律平等原则,各民族公民有权使用本民族语言文字进行诉讼原则,审判公开原则,保障诉讼参与人的诉讼权利原则等,我们称为一般原则。另一类是刑事诉讼所独有的基本原则,如:侦查权、检察权、审判权由专门机关依法行使原则,人民法院、人民检察院依法独立行使职权原则,分工负责、互相配合、互相制约原则,犯罪嫌疑人、被告人有权获得辩护原则,即刑事诉讼的特有原则。

第三,刑事诉讼基本原则一般贯穿于刑事诉讼全过程,具有普遍指导意义。刑事诉讼基本原则是规范和调整整个刑事诉讼活动的原则,适用于刑事诉讼的各个阶段,不仅国家专门机关及其工作人员应当遵守,而且各诉讼参与人也应当遵守。一些具体的制度或原则,由于只适用于刑事诉讼的某一阶段或仅适用于

某一专门机关或诉讼参与人,解决具体的诉讼问题,因此不是刑事诉讼的基本原则,如两审终审原则,上诉不加刑原则等。

第四,刑事诉讼基本原则具有法律约束力。基本原则虽然较为抽象和概括,但各项具体的诉讼制度和程序都必须与之相符合。这些制度、程序是刑事诉讼基本原则的制度化、程序化,如果违背了这些基本原则,就会违反这些制度和程序,必须承担一定的法律后果。

刑事诉讼基本原则是《刑事诉讼法》确立的基本法律规范,是公安司法机关在长期工作实践中对优良传统和科学经验的总结,反映了刑事诉讼的客观规律和基本要求,对于我国刑事诉讼立法和实践具有重大的指导意义。首先,刑事诉讼基本原则可以促进我国刑事诉讼立法的科学化。刑事诉讼基本原则是在司法实践中逐渐总结出来而为法律所明确规定的,在立法中具有重大的指导意义,立法机关在完善的刑事诉讼基本原则的指导下,可以合理设定公安司法机关的地位及相互关系,从而建立科学的刑事诉讼法体系。其次,刑事诉讼基本原则还指导着刑事诉讼活动的开展,对司法机关及诉讼参与人正确理解刑事诉讼法,提高依法办案的自觉性,确保刑事诉讼活动的正确、合法、及时进行有重大作用。总之,刑事诉讼基本原则是与刑事诉讼法的任务紧密相连的,是指导人们实现刑事诉讼惩罚犯罪、保障人权任务的保证。

二、国际通行的刑事诉讼原则

在具体考察我国刑事诉讼基本原则之前,我们有必要先了解现在国际上通行的一些刑事诉讼原则。这些原则在各国立法中已经确立,很多国际公约也都予以确认。它们往往既是各国长期的刑事诉讼立法和司法实践经验的总结,反映了刑事诉讼的一些规律性的东西,也表达着各国在刑事诉讼上共同的价值诉求。虽然我国现行立法对这些原则都没有作出明确规定,但是很多具体制度设计还是对其有所体现。

(一) 国家追诉原则

根据国家追诉原则,检察官代表国家向法院提出公诉,要求法院通过审判确定被告人的刑事责任;检察官是否提起公诉,不以被害人的意志为转移。

人类社会早期实行的诉讼模式是弹劾制。在弹劾制中,由被害人一方向法院提起控告,不存在专司起诉的国家机关,而法院也只有在被害人起诉后才能受理案件,即实行"不告不理"原则。这一制度设计的出发点是把犯罪人对被害人的侵犯,看成是像民事诉讼那样的当事人之间的纠纷和讼争。随着国家职能的进一步强化,以及人们对犯罪看法的转变(刑事犯罪不再仅被看做是对被害人权益的侵犯,还被看做是对国家和社会利益的侵犯),纠问制诉讼模式开始出现,国家开始主动承担起追究犯罪的责任。相对于个人起诉,国家追诉更有利于有效惩治犯罪。首先,有很多无明确被害人的犯罪需要国家承担追诉责任。其次,在有明确被害人的案件中,被害人往往缺少收集证据、指控犯罪的能力,易因受个人感情影响而缺乏客观精神,易因惧怕犯罪人而不敢起诉,易因贪图赔偿而自行"私了",易因时过境迁而懒于起诉。但是,纠问制本身也存在着致命的缺陷:起诉权和审判权由同一国家机关行使导致控诉方力量过于强大且不受制约,裁判者无法中立,被告人往往沦为诉讼的客体、刑讯的对象。现代意义上的刑事诉讼,无论是当事人主义,还是职权主义,都在坚持国家追诉的同时实行控诉职能(由警察和检察机关行使)和审判职能(由法院行使)相分离,贯彻不告不理原则,保障裁判者独立、中立地行使职权,保障刑事审判客观、公正。

(二) 控审分离原则

控审分离原则是现代各国普遍实行的刑事诉讼原则。其主要内容是:

第一,刑事追诉权和裁判权分别由警察、检察机关和法院各自独立行使。法院不得实施侦查、起诉等追诉活动,而由在法院之外设立的警察、检察机构作为专门控诉机构,对符合法定条件的案件展开侦查和提起公诉。警察、检察机关承担刑事追诉职能,担当社会秩序维持者的角色,而法院则专门承担审理和裁判职责,担负维护法律和正义的责任。

第二,法院的审判必须在检察机关提出合法起诉的前提下才能启动。在开启审判程序方面,法院是完全被动的,没有正式的控诉请求,法院不得对任何刑事案件进行审判。即无控诉则无审判,"不告不理"。

第三,法院审理和裁判的对象和范围必须仅限于检察官的起诉书所明确记载的对象和范围,而不得审理任何未经起诉的被告人和行为。

控审分离原则是针对于纠问式诉讼中的"控审不分"的做法而提出的。它一方面有利于防止法官成为积极的调查者和充满先入之见的追诉者,成为自己为当事人的案件的裁判者,从而确保法官的中立性、超然性和被动性,使被告人得到公正的审判(因为法官一旦在诉讼中趋于追诉化,被告人的防御权就必然会受到大幅度的削弱甚至完全丧失,如果没有作为中立第三方的裁判者,法律意义上的辩护活动将失去存在的空间),另一方面,控审分离原则通过界定法院审判范围的同时,使被告人的防御有了明确的、具体的对象,便于被告人积极准备诉讼,维护自己的合法权益。

(三) 无罪推定原则

无罪推定原则最早出现在英国的普通法之中。1764年,意大利法学家贝卡利亚在《论犯罪与刑罚》一书中从理论上对该原则进行了阐述。1789年法国《人权宣言》首次在国家立法中承认和确立了该原则。随后,这一原则又在美国、德国、意大利、加拿大等国的宪法或法律中确立下来。"二战"以后,联合国在包括《世界人权宣言》《两权公约》等在内的很多人权保障公约或其他法律文件中均确立了这一原则。现在,无罪推定原则已经成为国际普遍适用的人权保障原则。

尽管各国在立法中对无罪推定的表述不尽相同,但其基本含义是一致的,即任何人在未被依法确定为有罪以前,应被推定或者假定为无罪。对此,可以做以下理解。首先,它是一种推定。任何人在没有被检察官举出充分证据证明有罪,并由法院通过合法、正当的程序作出有罪判决之前,应被推定为无罪,在法律上应居于无罪的地位,不能被当成罪犯来看待。因此,在刑事诉讼中,他应当拥有一系列旨在对抗国家追诉权的诉讼特权和程序保障,如有权获知被控的罪名和理由、有权获得律师帮助、不被强迫自证其罪等。其次,它是一种可以被推翻的推定。如果法官通过合法、正当的审判程序,认为检察官提出的证据已经充分证明被告人是有罪的,因此作出被告人有罪的生效判决,那么针对该被告人的无罪推定就被推翻,在法律地位上无罪的被告人就转化成罪犯。否则,无罪的"推定"将转化成无罪的"认定",被告人应被释放。由此可见,无罪推定所设定的并不是任何事实,不等于无罪认定,而仅仅设定一种法律状态,一种具有暂时性、程序性的法律状态。这一法律状态仅存在于刑事诉讼程序中,一旦程序结束,则无罪推定或者转化为有罪认定,或者转化为无罪认定,此时就没有无罪推定存在的空间了。

在审判阶段,无罪推定原则有三项要求:(1)法律已经推定被告人无罪,因此被告人不得被强迫自证其罪,也没有证明自己无罪的义务。(2)检察官负有证明被告人有罪的责任,并且这一证明责任是不可转移的。(3)疑罪从无。检察官有一定证据证明被告人有罪,但证据并不充分时,无罪推定没有被推翻,被告人应被宣告为无罪。

在刑事诉讼中,犯罪嫌疑人既然被推定为无罪,其人身自由应不被限制和剥夺,除非追诉方有证据证明其有犯罪行为,不对其采取强制措施会导致案件无法或难以追诉和审判,并经过司法审查和授权。

无罪推定原则对于确保被告人获得公正审判具有重大意义,在很多国家都被视为刑事诉讼制度的基石之一。作为对被告人在刑事诉讼过程中所处地位的保护性假定,它防止过早地和无根据地把任何人看成是罪犯。它要求检察官承担证明被告人有罪的责任,而被告人没有证明自己无罪或者有罪的责任,这就为国家追诉活动设下了障碍,使国家追诉机关本来强大的追诉权得到制约和平衡,有利于实现控辩双方的实质对等,使被告方可以有效参与刑事审判,积极影响案件结局。它还要求法官在审判过程中应排除对被告人先入为主的偏见,不得把被告人当成有罪的人来看待,保持中立无偏的态度,从而使被告人在审判过程中受到公正的对待。

(四)公正审判原则

公正审判原则要求刑事审判程序本身应具备一些内在的"善"的品质,本身就是符合理性的。它是一种"过程"的公正。判断某一审判程序是否符合"公正审判原则"的要求,要看它能否使那些可能受到裁判结果不利影响的人有效参与到裁判的制作过程。公正审判原则的历史渊源主要有两个:一是英国的自然正义理论,二是《美国宪法》第 5 条、第 14 条修正案的正当法律程序条款。现在,一些国际人权公约也为刑事审判设立了最低限度的公正标准。概括起来,这些标准主要包括以下几个方面:

(1) 参与原则:受刑事裁判直接影响的人应当有充分的机会、富有意义地参与刑事裁判的制作过程。基本要求是,程序参与者应在裁判制作过程中始终在场,应有充分的机会提出本方证据、发表本方观点,应有充分机会反驳对方证据和观点,裁判结论应建立在各程序参与者提出的证据和观点之上。

(2) 中立原则:裁判者应在发生争端的各方参与者之间保持一种超然和无偏袒的态度和地位,而不能与案件有利害关系,不得对任何一方存有偏见,不能有先入为主的预断。

(3) 对等原则:程序参与者应在参与法庭审判过程方面拥有平等的机会、便利和手段,裁判者应对各方的证据和观点给予同等的重视和关注,并在制作裁判时将各方的观点都考虑在内。对等原则不仅要求程序参与者有平等的参与机会和权利,还要求对参与能力较弱的一方予以特殊关照,使其享有必要的"特权",以基本实现实质上的对等。

(4) 理性原则:审判程序的运作应符合理性的要求。法庭审判必须有一个冷静的、从容不迫的环境,法官在制作裁判之前必须进行全面、审慎的评议,法官的裁判必须以法庭调查和采纳的证据为根据,法官应明确陈述其据以制作裁判的根据和理由。

(5) 及时原则:刑事程序应当及时地产生裁判结果。这一原则一方面要求审判活动不能过于急速地进行,否则程序参与者无法充分和富有意义的参与,法官也难以进行从容不迫的审理和冷静细致的评议,另一方面要求审判活动不能过于缓慢地进行,否则会使案件当事人的地位长期处于不确定状态,使法律关系无法稳定,并因长期陷于讼累而带来各种不必要负担。

(6) 终结原则:刑事程序应通过产生一项最终的裁判而告终结。如果一项刑事审判程序永远没有终结之时,或者它可以随时无限期地被重新启动,那么被告人的刑事责任就永远得不到确定,这种审判程序的存在和运作也就失去了意义。但对于错判无辜的有罪判决,即便是终局判决,也应当改判。

(五) 禁止强迫自证其罪原则

禁止强迫自证其罪是公民的一项基本的宪法权利。在几乎所有法治国家的宪法中,禁止强迫自证其罪原则都被确立为公民的基本权利,成为公民自由、生命、财产等权益免受公共权力机构任意剥夺的基本法律保障。在联合国《两权公约》第 14 条中,不被强迫自证其罪的权利被规定为被告人获得公正审判的最低限度程序保障之一。

禁止强迫自证其罪原则有着丰富的法律内涵。首先,这一原则适用于任何提供言词证据的人,包括犯罪嫌疑人、被告人、被害人和证人。任何人对于那些可能使本人陷入不利境地的问题,都有拒绝回答的权利。其次,这一原则的核心要求是非强制性。它所禁止的不是"自证其罪",而是"强迫"被告人、证人自证其罪。因此,如果被告人、证人自愿放弃这一特权,自愿作出不利于自己的证言,那么这种陈述是可以采纳为证据的。再次,要避免被告人在受到强迫的情况下作出有罪供述,就必须给予其一系列的法律保障。比如,应建立权利告知制度,使被告人知悉该权利;应赋予被告人沉默权(该原则也是体现禁止强迫自证其罪的一项具体法律规则)、律师帮助权;应建立非法证据排除规则等。

禁止强迫自证其罪原则旨在承认、尊重和保障被告人的人格尊严和诉讼主体地位,使控辩双方成为平等的参与者,使被告人能积极参与到裁判制作过程之中而不是被动地接受追诉官员的任意摆布,甚至成为协助检察官控告自己的工具。

我国《刑事诉讼法》第 50 条中增加规定:不得强迫任何人证实自己有罪。很多研究者认为这是禁止强迫自证其罪原则在我国《刑事诉讼法》中的首次规定,对于维护犯罪嫌疑人、被告人的诉讼主体地位,保障其合法权益,防止刑讯逼供等违法行为具有重要意义。然而,该规定存在以下不足:其被规定在搜集证据的要求之中,而没有被明确规定为刑事诉讼法的基本原则;"如实回答义务"的保留导致"不得强迫任何人证实自己有罪"条款很难得到保障;沉默权等规则的缺失显示出禁止强迫自证其罪原则尚未在我国法律中得到充分贯彻。

(六) 禁止双重危险原则

英美法系国家普遍设立了禁止双重危险原则。该原则规定,任何人不得因同一行为而受到两次以上的刑事起诉、审判和科刑。具体说来,在由陪审团审判的案件中,陪审团一旦组成并作出了宣誓,在没有陪审团参与的案件中,当第一份证据被提出于法庭之上,或者第一个证人出庭作证之后,法院不论是作出无罪或者有罪判决,还是作出终止诉讼的裁定,被告人的同一行为都不得再受到重新起诉或审判。这一原则的理论基础是:国家不得运用其所拥有的资源和权力,对一个公民的一项犯罪行为实施反复多次的刑事追诉,从而达到定罪的结果;如果没有这一限制,被告人就会永远被迫生活在焦虑和不安全的状态之中,而且那些本来无罪的被告人受到定罪的可能性也会大大增加。因此,禁止双重危险原则的主要功能是防止国家滥用追诉权,从而保障公民合法权益。

与英美法系国家中的禁止双重危险原则一样,大陆法系国家中的一事不再理原则也有防止国家滥用追诉权的功能。根据一事不再理原则,法院的判决一旦生效,就产生了"既判力",而一般情况下,既判的事实应视为真实,不论其正确还是错误,任何法院或法官都不能将其推翻。这样,判决生效后,国家的处罚权就已经耗尽,不得再对被无罪释放的人提起诉讼,也不得再对已被判刑罚的人再次追究。

不过,一事不再理原则和禁止双重危险原则在很多方面还是有很大不同的。

比如,在一事不再理原则中,只有那些已经生效的法律判决,才具有既判力,才会发生一事不再理的效果,而在法院判决生效之前,只要控辩双方依法提起上诉,案件都会进入第二审甚至第三审程序,从而接受上级法院重新审判。与此不同的是,禁止双重危险原则强调的是任何人不得因同一行为受到"双重危险",即任何一个已经受过审判的被告人不得再受到第二次起诉和审判。另外,一事不再理的主要功能并不是防止国家滥用追诉权,而是通过防止法院对同一事实作出前后矛盾的裁判,以维护司法权的威信,保证法秩序的安定性。

三、我国刑事诉讼基本原则的体系

我国刑事诉讼的基本原则是由《刑事诉讼法》明确规定的。《刑事诉讼法》第一章规定的刑事诉讼的基本原则,形成了一个完整的体系。这些原则互相联系、相辅相成,任何一项原则的实现均以其他原则的正确执行为前提,破坏其中一项原则,其他原则的贯彻实施也会受到影响。具体说来,我国刑事诉讼的基本原则有以下14项:

(1) 侦查权、检察权、审判权由专门机关依法行使;
(2) 人民法院、人民检察院依法独立行使职权;
(3) 依靠群众;
(4) 以事实为根据,以法律为准绳;
(5) 对一切公民在适用法律上一律平等;
(6) 分工负责,互相配合,互相制约;
(7) 人民检察院依法对刑事诉讼实行法律监督;
(8) 各民族公民有权使用本民族语言文字进行诉讼;
(9) 审判公开;
(10) 犯罪嫌疑人、被告人有权获得辩护;
(11) 未经人民法院依法判决,不得确定有罪;
(12) 保障诉讼参与人的诉讼权利;
(13) 依照法定情形不予追究刑事责任;
(14) 追究外国人刑事责任适用我国《刑事诉讼法》。

《刑事诉讼法》第一章规定的其他一些内容,如两审终审、人民陪审员陪审、司法协助等,不符合基本原则的特征,是刑事诉讼的基本制度,因此不纳入刑事诉讼基本原则的体系,这些内容将在本书有关章节中加以论述。

此外,司法实践中出现了一些制度创新,它们对于刑事诉讼基本原则的发展具有积极的推动意义,其中最为引人关注的是刑事和解。根据《刑事诉讼法》的规定,刑事和解是指在因民间纠纷引起,涉嫌刑法分则第四章、第五章规定的犯罪,可能判处3年有期徒刑以下刑罚的故意犯罪案件,或者除渎职犯罪以外的可能判处7年有期徒刑以下刑罚的过失犯罪案件中,犯罪嫌疑人、被告人真诚悔罪,通过向被害人赔偿损失、赔礼道歉等方式获得被害人谅解,被害人自愿和解的,双方当事人可以和解,公安机关可以向人民检察院提出从宽处理的建议,人民检察院可以向人民法院提出从宽处罚的建议,或者作出不起诉的决定,人民法院可以依法对被告人从宽处罚。该制度的出现,有利于提高诉讼效率,保护被害人的利益,并有助于社会关系的修复和社会的和谐,因此在我国司法实践中展现出勃勃的生机。从该制度出现至今,诸多省级公安司法机关相继发布适用和解程序的规范性文件,其适用范围呈现出逐步扩大的趋势。由于刑事和解制度的确立有利于实现刑事诉讼的基本价值,在《刑事诉讼法》中作为特殊程序的一种,得到立法的确认。

第二节 侦查权、检察权、审判权由专门机关依法行使

我国《刑事诉讼法》第3条规定:"对刑事案件的侦查、拘留、执行逮捕、预审,由公安机关负责。检察、批准逮捕、检察机关直接受理的案件的侦查、提起公诉,由人民检察院负责。审判由人民法院负责。除法律特别规定的以外,其他任何机关、团体和个人都无权行使这些权力。人民法院、人民检察院和公安机关进行刑事诉讼,必须严格遵守本法和其他法律的有关规定。"根据该条规定,侦查权、检察权、审判权由专门机关依法行使的原则,应从以下几个方面来理解:

第一,根据法律规定,只有公、检、法三机关有权行使侦查权、检察权和审判权,其他机关、团体和个人都无权行使这些权力。侦查权、检察权和审判权是国家权力的重要组成部分,是国家实现刑罚权的重要保障,关系着政权的巩固和社会秩序的安定。《刑事诉讼法》明确规定侦查权、检察权、审判权由公、检、法三机关分别行使,排除了因为其他机关、团体和个人滥用国家刑事诉讼职权,给公民人身权利、财产权利、民主权利以及其他权利造成侵害的现象发生。但是,法律也有例外的规定。比如:关于侦查权的行使,《刑事诉讼法》第4条就规定:"国家安全机关依照法律规定,办理危害国家安全的刑事案件,行使与公安机关相同的职权。"另外,军队保卫部门对军队内部发生的刑事案件进行侦查,监狱对罪犯在监狱内犯罪的刑事案件进行侦查。可见,国家安全机关、军队保卫部门和监狱根据法律规定,对特定范围内的案件或特定性质的刑事案件,可以行使侦查权。

第二,公安机关、人民检察院、人民法院依照法律行使职权,必须遵循《刑事诉讼法》规定的各项制度和程序,不得违反《刑事诉讼法》的规定。对于滥用职权的行为,行使该职权的机关及其直接责任人员应承担法律责任。

第三,公安机关、人民检察院、人民法院三机关只能分别行使各自的职权,不能混淆或相互取代。《刑事诉讼法》的这些基本原则,不仅要防止其他机关、社会团体和个人对刑事司法权的干预,而且也要防止混淆刑事诉讼的职能分工。

但是,三机关各自行使自己的职权,并不意味着可以各行其是,还需要在刑事诉讼中互相配合、互相制约。

侦查权、检察权、审判权由专门机关依法行使的原则,是我国刑事诉讼法科学化、民主化的重要表现之一。该原则不仅有利于提高刑事诉讼的效率,更好地打击犯罪,而且有利于防止三机关滥用职权造成冤假错案,是打击犯罪与保障人权的要求。

该原则是在刑事诉讼的漫长历史中被认识、被发展的。在弹劾式诉讼模式中,国家并不主动介入当事人的纠纷当中。对于刑事冲突,国家根本不行使侦查、起诉权,只是作为消极的裁判者参与审判,这种单一的诉讼职能,并不需要在许多机关之间进行分工。以后,国家加强了司法对社会冲突的控制,实行纠问式诉讼模式,由专门的国家司法机关主动进行刑事诉讼活动,侦查职能、控诉职能也发展起来,与裁判职能一起成为司法机关的三大职能。但为了加强君主专制统治的需要,这些职能并不存在分工,由法官一人独揽行使。只有到了资本主义社会,才结束了这种法官统一司法的历史。资产阶级民主要求国家机关发生分化,司法权、立法权和行政权互相分离、互相制约。在司法方面,国家为防止没有制约的权力,将司法权交由不同的机关行使,实现刑事诉讼活动的专业化和民主化。这种分工反映了刑事诉讼的科学要求,因此,我国也采用了这种分工负责的原则。

第三节 人民法院、人民检察院依法独立行使职权

我国《刑事诉讼法》第5条规定:"人民法院依照法律规定独立行使审判权,人民检察院依照法律规定独立行使检察权,不受行政机关、社会团体和个人的干涉。"该规定是对《宪法》第126条和第131条、《人民法院组织法》第4条、《人民检察院组织法》第9条的重申,可以概括为人民法院、人民检察院依法独立行使职权原则。显然,这一原则包含两项内容,一是人民法院依法独立行使审判权,即审判独立;二是人民检察院依法独立行使检察权,即检察独立。这里重点介绍前者。

审判独立在西方又称"司法独立"(judicial independence),是一项为现代法治国家普遍承认和确立的基本法律准则。作为一项宪政原则,它与国家的政治体制和结构有着密切联系,调整着国家司法机关与立法机关、行政机关的关系,是现代法治的重要内容;作为一项司法审判原则,它确保法院审判权的公正行使,防止法官的审判过程和结果受到来自其他政府权力或外界力量的干涉和影响,使法院真正成为抵制专制权力、维护公民人权的最重要,也是最后一道屏障。公正审判的首要条件是法官在审判中对争讼双方保持中立,不偏不倚,这必然要求其排除各种外来的干预,保持独立审判。特别是在刑事诉讼中,独立的司法权

使面临公共权力侵害的普通公民可以与国家追诉机关进行一场平等的理性的抗争,使普通公民可以真正"为权利而斗争"。否则,刑事诉讼将很难不异化为一种行政性的治罪活动,公民的权利难以得到保障。

一般说来,审判独立的核心是法官在进行司法裁判过程中,只服从法律的要求和良心的命令,客观对待证据、事实,而不受来自法院内部和外部的干预和控制。为了确保法官独立行使司法裁判权,必须建立必要的制度保障机制。这些制度保障机制大体上包括以下五个层面的内容:一是法院的整体独立或外部独立,即法院无论在司法裁判还是在司法行政管理方面,都独立于法院之外的机构、组织和个人(如立法机构、行政机构、新闻媒体等),不受外部力量或权威的控制和干预;二是法院的内部独立,即法官在进行司法裁判时独立于其同事以及上级法院的法官;三是法官的身份独立,即法官的任期和任职条件应得到充分保障;四是法官的职业特权,即为避免法官因执行司法审判职能而处于不利地位或陷入不利境地而赋予其一些司法豁免特权,如法官在审判中所发表的言论不受指控和法律追究,法官对案件的审理和所作的裁判结论不得被列入议会的讨论议程等;五为法官的职业伦理准则,即对法官的行为加以限制,以使其免受不正当影响,如不得从事或参与政治活动,不得在行政机关、立法机关担任职务,不能从事商业活动等。

在我国,按照《宪法》《人民法院组织法》《刑事诉讼法》以及其他有关法律的规定,人民法院独立行使审判权与西方国家的司法独立既有相同之处,也有不同之处。

我国人民法院独立行使审判权与西方国家的司法独立的差异主要是:第一,我国人民法院行使审判权只独立于行政机关、社会团体和公民个人,不独立于中国共产党以及权力机关。第二,我国实行的是法院的整体独立。尽管根据《刑事诉讼法》第 195 条规定,对一般案件,合议庭有权独立地作出裁判。但根据《刑事诉讼法》第 180 条的规定,对于疑难、复杂、重大的案件,合议庭认为难以作出决定的,由合议庭提请院长决定提交审判委员会讨论决定。审判委员会的决定,合议庭应当执行。此外,在我国,上下级法院之间的关系虽属法定监督关系,但下级法院向上级法院请示汇报的做法比较普遍,这使法院上下级之间的级别独立也受到了一定的影响。在近年讨论司法改革的过程中,法学界主张逐步废除审判委员会以及立即停止上下级法院请示汇报制度的呼声很高。

在我国,要正确贯彻和实现人民法院独立审判原则,必须注意处理好以下几种关系:

首先,要处理好依法独立审判与中国共产党领导的关系。人民法院依法独立审判,并不意味着不接受中国共产党的领导。中国共产党是执政党,共产党的领导是人民法院独立行使审判权的根本保证。党的方针、政策是国家制定法律的根据,依法独立审判同正确执行党的方针、政策是一致的,各级法院必须在司法工作中积极贯彻党的路线、方针和政策,接受党的领导和监督。党必须改革与完善对司法工作的领导,制定司法工作的方针、政策,协调公、检、法三机关的关系,向司法机关推荐优秀的司法工作人员,对司法机关提出意见和建议。但是,党的领导主要应当是政治上和组织上的领导,而不能通过审批案件、参与办案等方式领导或代替司法机关办案。否则,势必妨碍司法工作的进行,反而会削弱党对司法工作的领导。在新中国第一部《刑法》和《刑事诉讼法》即将实行的时候,党中央就及时向全党发出《关于坚决保证刑法、刑事诉讼法切实实施的指示》,指出:加强党对司法工作的领导,最重要的一条,就是切实保证法律的实施,充分发挥司法机关的作用,切实保证人民检察院独立行使检察权,人民法院独立行使审判权。国家法律是党领导制定的,司法机关是党领导建立的,任何人不尊重法律和司法机关的职权,这首先就是损害党的领导和党的威信。党委和司法机关各有专责,不能互相代替,不应互相混淆。为此,中央决定取消各级党委审批案件的制度。党对司法工作的领导,主要是方针、政策的领导。各级党政领导人,不论职务高低、权力大小,都不得以言代法,把个人意见当做法律,强令别人执行。

其次,要处理好依法独立审判与国家权力机关——人民代表大会监督的关系。人民法院是由各级国家权力机关产生的,向同级权力机关负责并报告工作,接受国家权力机关的监督。权力机关监督人民法院的工作,一般是通过听取工作报告的方式,但是也不排除在发现人民法院办案错误时提出意见和建议,人民代表可以对人民法院提出质询案。这些监督,有利于人民法院严格依法办案,人民法院应当接受。同时,县级以上人大及其常委会还有权通过个案监督的方式,监督法院的审判活动。但是,人大及其常委会的监督必须是集体的监督,而不能由个别人大代表直接实行所谓的"监督";人大及其常委会的监督应当通过提出意见或建议的方式进行,而不能直接代替法院行使审判权。

最后,要处理好依法独立审判与社会和人民群众监督的关系。人民法院在依法独立审判的同时,还必须自觉接受社会和人民群众的监督,虚心听取各方面的批评和建议,这样才有利于改进工作,更好地履行职责。但是决不允许社会和群众干预法院审判活动。在严格依法独立行使职权的时候,人民法院应当区分是监督还是干预,坚决抵制各方面的压力,保证审判活动的公正、民主。对于以权代法、以言压法的行为,人民法院不仅要坚决抵制,而且要采取相应的司法措施,如发出司法建议,要求有关部门依法处理。

在十八届三中全会《决定》中,将确保依法独立公正行使审判权、检察权作为重要的改革目标和内容,其中提出的具体改革举措包括:改革司法管理体制,推动省以下地方法院、检察院人财物统一管理,探索建立与行政区划适当分离的司法管辖制度,保证国家法律统一正确实施。建立符合职业特点的司法人员管理制度,健全法官、检察官、人民警察统一招录、有序交流、逐级遴选机制,完善司法人员分类管理制度,健全法官、检察官、人民警察职业保障制度。在十八届四中全会《决定》中,"完善确保依法独立公正行使审判权和检察权的制度"同样是改革的重要内容。其中提出的改革要求包括:各级党政机关和领导干部要支持法院、检察院依法独立公正行使职权。建立领导干部干预司法活动、插手具体案件处理的记录、通报和责任追究制度。任何党政机关和领导干部都不得让司法机关做违反法定职责、有碍司法公正的事情,任何司法机关都不得执行党政机关和领导干部违法干预司法活动的要求。对干预司法机关办案的,给予党纪政纪处分;造成冤假错案或者其他严重后果的,依法追究刑事责任。完善惩戒妨碍司法机关依法行使职权、拒不执行生效裁判和决定、藐视法庭权威等违法犯罪行为的法律规定。建立健全司法人员履行法定职责保护机制。非因法定事由,非经法定程序,不得将法官、检察官调离、辞退或者作出免职、降级等处分。

为了落实上述文件的要求,一系列具体的改革举措陆续出台。例如,为保障人民法院、人民检察院依法独立行使职权,防止法官、检察官在办理案件过程中受到不正当干预,两办联合下发了《领导干部干预司法的责任追究规定》,中政委出台了《司法机关内部人员过问案件的规定》。最高人民法院、最高人民检察院等相继制定文件,对违法干预司法活动、插手具体案件处理、过问案件的记录、通报、处置、责任追究等问题作出具体规定。目前,关于建立与行政区划适当分离的司法管理体制,省级以下地方法院、检察院人财物统一管理,以及司法人员分类管理等改革正在试点中,这对于保障审判权、检察权的依法、独立行使具有推动作用。

第四节 依靠群众

我国《刑事诉讼法》第 6 条规定:"人民法院、人民检察院和公安机关进行刑事诉讼,必须依靠群众……"依靠群众原则是党的群众路线在刑事诉讼中的体现,是优良的司法传统,是我国刑事诉讼的特点之一。

依靠群众原则在《刑事诉讼法》及相关司法解释中有明确的体现。《刑事诉讼法》第 50 条规定:"……必须保证一切与案件有关或者了解案情的公民,有客观地充分地提供证据的条件,除特殊情况外,并且可以吸收他们协助调查。"对于现行犯、通缉在案的人、越狱逃跑的人或者正在被追捕的人,任何公民都可以立即将其扭送至公安机关。在刑事审判中,可以吸收公民参加陪审,允许公民旁听公开审判的案件。在执行阶段,也贯彻了依靠群众的原则,如监外执行的群众监督,管制刑的执行等。

贯彻依靠群众原则,必须正确处理好专门机关与依靠群众的关系。依靠群众是公安司法机关智慧和力量的源泉,在专门工作中必须相信群众,尊重群众,宣传发动群众,为群众参加诉讼提供方便并接受群众监督,不能脱离群众。公安司法机关还应当成为群众同犯罪分子作斗争的组织者,指导群众依法同犯罪行为作斗争。另一方面,必须注重依靠群众与专门机关相结合。刑事案件具有复杂性的特点,仅仅依靠群众是不能完成刑事诉讼任务的。公安司法机关是专门同犯罪作斗争的国家机关,不仅熟悉国家的法律、政策,掌握着现代化的刑事侦查技术,了解犯罪的特点和犯罪分子的思想动态、活动规律,而且具有一套科学完整的工作方式和程序,可以有力地打击犯罪。所以,《刑事诉讼法》规定侦查权、检察权和审判权由专门机关行使。因此,在刑事诉讼中要注重发挥专门机关的作用,加强专门机关的思想、组织、业务建设,提高公安司法机关工作人员的政治、业务素质,使之成为群众同犯罪分子作斗争的坚强后盾,才能真正实现刑事诉讼法的任务。

在十八届三中全会《决定》和十八届四中全会《决定》中提出,深化司法体制改革,努力让人民群众在每一个司法案件中都感受到公平正义,广泛实行人民陪审员、人民监督员制度,拓宽人民群众有序参与司法渠道的改革要求。最高人民法院出台了《关于进一步做好司法便民利民工作的意见》,最高人民法院、司法部制定了《人民陪审员改革方案》,最高人民检察院、司法部颁布了《深化人民监督员制度改革方案》,这些举措对于保障司法为民,落实依靠群众原则,具有积极的推动作用。

第五节 以事实为根据,以法律为准绳

我国《刑事诉讼法》第 6 条规定:"人民法院、人民检察院和公安机关进行刑事诉讼……必须以事实为根据,以法律为准绳……"

以事实为根据,就是公安司法机关在进行刑事诉讼,认定被告人的行为性质是否属于犯罪及确定刑事责任时,应当以客观存在的案件事实作为处理问题的根本依据。公安司法机关必须重证据、重调查研究,忠实于事实真相;据以定案的事实,必须以收集到的证据所证实的案件事实为根据,而不能以主观臆测、想象或查无实据的议论为根据,没有确实充分的证据来证明案件事实,就不能对被告人定罪量刑。

以法律为准绳,就是指公安司法机关应该在查明案件事实的基础上,以法律为尺度来衡量案件的具体事实和情节,按照法律的规定对案件作出正确处理,不能凭着一己好恶或一时情绪来定案,也不能根据其他因素,如外界压力、自己的利益来定案。以法律为准绳,还指公安司法机关及其工作人员严格按照《刑事诉讼法》规定的原则、制度和程序办案。在办案过程中,切实保障公民的人身权利。在认定被告人的罪名及其刑罚时,只能以刑法为唯一依据,凡刑法未规定为犯罪的行为,不得判决被告人有罪,刑法的从重、从轻或减轻处罚的规定,公安司法机关也应遵守。

以事实为根据,以法律为准绳是紧密联系,相辅相成的。事实是正确适用法律的基础,如果不以事实为根据运用法律,就会丧失客观标准,会对案件作出不正确的处理。不以法律为准绳,则无法保证查明案件事实,即使查清了案件事实,也会失去方向和尺度。只有两者相结合,才能既准确惩罚犯罪,又有效地保障人权,全面实现刑事诉讼的任务。

第六节 对一切公民在适用法律上一律平等

我国《刑事诉讼法》第6条规定:"人民法院、人民检察院和公安机关进行刑事诉讼……对于一切公民,在适用法律上一律平等,在法律面前,不允许有任何特权。"这一原则的基本含义是指我国《刑事诉讼法》对于全体公民同等适用,不存在任何例外,也不准搞任何特权或歧视,法律面前,人人平等。

根据我国《宪法》的规定,中华人民共和国公民,不论民族、种族、性别、职业、家庭出身、宗教信仰、教育程度、财产状况、社会地位,在法律上一律平等,不允许任何人拥有超越法律之上的特权。公安司法机关在进行刑事诉讼时,对所有公民,都要采取同样的原则、程序,适用同样的实体法律,对于触犯刑法构成犯罪的,都应依法追究刑事责任。

在法律规定的范围内区别对待,是依照案件具体情况,根据法律规定进行的。比如,对有自首情节的犯罪分子和没有自首情节的犯罪分子区别对待,就是考虑到他们犯罪前后的表现不同,目的是更好地实现刑罚的目的。再如,未成年的被告人在刑事诉讼中未聘请辩护律师的,法院有义务为其指定辩护律师,但成年被告人就不享有这项权利,除非其是可能被判处无期徒刑、死刑的人,或是盲、聋、哑人,尚未完全丧失辨认或者控制自己行为能力的精神病人。这种区别对待显然是考虑到未成年人在生理、心理上还不成熟,不能很好地维护自己的合法权益,更需要律师的帮助。

第七节 分工负责、互相配合、互相制约

我国《刑事诉讼法》第7条规定:"人民法院、人民检察院和公安机关进行刑事诉讼,应当分工负责,互相配合,互相制约,以保证准确有效地执行法律。"这一原则是刑事诉讼各机关处理相互关系的一项基本准则,是同刑事诉讼的客观规律相适应的。这种分工负责、互相配合、互相制约的工作关系是在长期的刑事诉讼实践中确立的,是我国刑事诉讼活动的一个重要特点。

分工负责,是指在刑事诉讼中人民法院、人民检察院和公安机关分别按照法律的规定行使职权,各负其责、各尽其职,不可混淆也不可代替。任何超越职权的诉讼行为都违反了该项原则。关于各专门机关的分工,《刑事诉讼法》第3条

第 1 款作了明确规定:"对刑事案件的侦查、拘留、执行逮捕、预审,由公安机关负责。检察、批准逮捕、检察机关直接受理的案件的侦查、提起公诉,由人民检察院负责。审判由人民法院负责……"相关司法解释进一步细化了三机关的各自职责。

互相配合,是指在刑事诉讼中,公、检、法三机关应当通力合作、协调一致,共同完成刑事诉讼的任务。如,对于公安机关提请逮捕、移送审查起诉的案件,检察机关要认真审查并作出相应决定;对于人民检察院的提起公诉,人民法院应当审理并作出判决;对于人民检察院的批准逮捕、决定逮捕和人民法院决定逮捕及需要公安机关执行的判决、裁定,公安机关应当执行。各机关不应各自为战、互不联系,更不应推诿扯皮、互相掣肘。

互相制约,是指公、检、法三机关在分工负责、互相配合的基础上,不仅应认真履行自己的职责,而且应对其他机关发生的错误和偏差予以纠正,对重要的刑事诉讼活动或措施,由其他机关予以把关,以达到互相牵制、互相约束的目的,防止因权力的滥用导致司法腐败。制约和监督具有共同点,都是为了防止滥用职权,但两者并不完全相同。诉讼中的监督是一种法定的职权,双方只是监督与被监督的关系,具有单向性,刑事诉讼的监督权只能由人民检察院行使;而制约作为一项诉讼运行机制,要求某一诉讼职权的行使必然要考虑到另一职权的存在,职权的行使互相之间必须协调一致,不妨碍其他职权的行使和诉讼任务的实现。双方互为制约者和被制约者,是双向关系。

分工负责、互相配合、互相制约是一个完整的、统一的整体,三者相辅相成,辩证统一,任何一项均不可偏废。分工负责是互相配合、互相制约的前提,如果不进行分工,刑事诉讼的职能由单一的机关行使,就不可能互相配合,互相制约,势必造成司法专横。互相配合、互相制约是分工负责的落实和保障。只有实行互相配合,才能协调三机关的工作,有效地同犯罪作斗争;只有实现互相制约,才能防止出现偏差或错误,准确查明案件事实,正确适用法律,正确完成刑事诉讼法的任务。配合和制约之间也具有紧密的联系。如果只强调配合而忽视制约,就会放弃原则,放弃分工,其结果是互相迁就,终究会发生错误或偏差而放纵犯罪,冤枉无辜;如果只强调制约而忽视配合,公、检、法三机关就会消极推诿,互相扯皮,甚至相互对立,与刑事诉讼的目标背道而驰,妨碍诉讼的正常进行。

在十八届三中全会《决定》中,要求优化司法职权配置,健全司法权力分工负责、互相配合、互相制约机制,加强和规范对司法活动的法律监督和社会监督。十八届四中全会《决定》中提出,健全公安机关、检察机关、审判机关、司法行政机关各司其职,侦查权、检察权、审判权、执行权相互配合、相互制约的体制机制。该决定中具体提出,完善司法体制,推动实行审判权和执行权相分离的体制改革试点。完善刑罚执行制度,统一刑罚执行体制。

第八节 人民检察院依法对刑事诉讼进行法律监督

我国《刑事诉讼法》第8条规定:"人民检察院依法对刑事诉讼实行法律监督。"最高检《规则》第十四章"刑事诉讼法律监督"以专章的形式从刑事立案监督、侦查活动监督、审判活动监督、刑事判决裁定监督、死刑复核法律监督、羁押和办案期限监督、看守所执法活动监督、刑事判决裁定执行监督、强制医疗执行监督等九个方面进一步细化了人民检察院的监督职责。

我国《刑事诉讼法》将人民检察院依法对刑事诉讼实行法律监督规定为刑事诉讼法的基本原则,具有重大的意义。一方面,它为公安机关依法行使侦查权、人民法院依法行使审判权、执行机关依法执行刑事判决等提供了一种制约和监督,从而有利于保障刑事案件得到公正、正确的处理;另一方面它又为纠正公安机关、人民法院等可能出现的程序违法、实体法律适用错误增设了一条重要途径,从而为保障公民的合法权益以及国家和社会的公共利益提供了更完善的机制。

人民检察院的法律监督,主要包括以下三个方面的内容:

1. 对公安机关立案侦查活动的监督

第一,对公安机关立案活动的监督。根据《刑事诉讼法》第111条和最高检《规则》第553条的规定,人民检察院认为公安机关对应当立案侦查的案件而不立案侦查的,或者被害人认为公安机关对应当立案侦查的案件而不立案侦查,向人民检察院提出的,人民检察院应当要求公安机关说明不立案的理由。人民检察院认为公安机关不立案理由不能成立的,应当通知公安机关立案,公安机关接到通知后应当立案。人民检察院对公安机关不应当立案而立案的,也应当对之监督纠正。

第二,对公安机关侦查活动的监督。检察机关对于公安机关侦查活动的监督主要表现在审查批捕、监督逮捕执行、审查起诉等方面。首先,检察机关对于公安机关提请批准逮捕犯罪嫌疑人,经过审查,认为不符合逮捕条件的,应当作出不批准逮捕的决定。其次,对于人民检察院批准逮捕的决定,公安机关应当立即执行,并将执行回执及时送达作出批准决定的人民检察院;如果未能执行,也应当将回执送达人民检察院,并写明未能执行的原因。对于人民检察院决定不批准逮捕的,公安机关在收到不批准逮捕决定书后,应当立即释放在押的犯罪嫌疑人或者变更强制措施,并将执行回执在收到不批准逮捕决定书后的3日内送达作出不批准逮捕决定的人民检察院。再次,检察机关在对公安机关侦查终结移送检察机关审查起诉的案件进行审查时,审查的一项重要内容就是侦查机关的侦查活动是否合法。当然,检察机关对公安机关移送的案件进行审查,然后决定是否起诉,这本身也是对侦查活动的监督。

我国《刑事诉讼法》对侦查程序中的检察监督和权利救济问题专门作出规定。第115条规定,当事人和辩护人、诉讼代理人、利害关系人对于司法机关及其工作人员有下列行为之一的,有权向该机关申诉或者控告:(1) 采取强制措施法定期限届满,不予以释放、解除或者变更的;(2) 应当退还取保候审保证金不退还的;(3) 对与案件无关的财物采取查封、扣押、冻结措施的;(4) 应当解除查封、扣押、冻结不解除的;(5) 贪污、挪用、私分、调换、违反规定使用查封、扣押、冻结的财物的。当申请人对处理不服的,可以向同级人民检察院申诉;人民检察院直接受理的案件,可以向上一级人民检察院申诉。人民检察院对申诉应当及时进行审查、实施监督,情况属实的,通知有关机关予以纠正。另外,对指定居所监视居住的决定和执行是否合法,法律明确规定由人民检察院实施法律监督。

2. 对人民法院审判活动的监督

检察机关对人民法院审判活动的监督主要包括两个方面。一是对人民法院作出的判决、裁定进行监督,包括对一审法院作出的还未发生法律效力的判决、裁定提起抗诉(即二审程序中的抗诉)和对已经发生法律效力但检察机关认为事实认定或法律适用确有错误的判决、裁定提起抗诉(即审判监督程序中的抗诉)。二是对人民法院的审判活动本身进行监督。人民检察院认为人民法院审理案件过程中,有违反法律规定的诉讼程序的情况,在庭审后提出书面纠正意见,人民法院认为正确的,应当采纳。

3. 对执行活动的监督

我国《刑事诉讼法》第265条规定:"人民检察院对执行机关执行刑罚的活动是否合法实行监督。如果发现有违法的情况,应当通知执行机关纠正。"我国《刑事诉讼法》规定的"执行刑罚的活动"包括两个方面。一是把刑事判决、裁定所确定的内容付诸实施,二是解决刑罚执行过程中涉及的刑罚变更问题。对这两个方面,检察机关都有监督权。《刑事诉讼法》中特别强调,检察机关对暂予监外执行、减刑、假释等刑罚执行中的变更活动进行监督。在暂予监外执行的申请和决定过程中,监狱、看守所提出暂予监外执行的书面意见,或者决定、批准暂予监外执行的机关作出相关决定时,应当将书面意见的副本或者监外执行的决定抄送人民检察院。人民检察院认为暂予监外执行不当的,应当自接到通知之日起1个月以内将书面意见送交决定或者批准暂予监外执行的机关,决定或者批准暂予监外执行的机关接到人民检察院的书面意见后,应当立即对该决定进行重新核查。对于刑罚执行过程中的减刑、假释,由执行机关提出建议书,报请人民法院审核裁定,并将建议书副本抄送人民检察院;人民检察院可以向人民法院提出书面意见。

在十八届四中全会《决定》中提出,完善检察机关行使监督权的法律制度,加强对刑事诉讼的法律监督。最高检《关于深化检察改革的意见》(2015年修订版)中,从完善侦查监督机制、刑事审判监督机制,适应以审判为中心的诉讼制度改革,健全冤假错案防范、纠正、责任追究机制,完善羁押、刑罚执行等刑事执行活动和强制医疗监督机制,完善提高司法效率工作机制,改革涉法涉诉信访制度等角度作出了具体规定。

第九节 各民族公民有权使用本民族语言文字进行诉讼

我国《刑事诉讼法》第9条规定:"各民族公民都有用本民族语言文字进行诉讼的权利。人民法院、人民检察院和公安机关对于不通晓当地通用的语言文字的诉讼参与人,应当为他们翻译。在少数民族聚居或者多民族杂居的地区,应当用当地通用的语言进行审讯,用当地通用的文字发布判决书、布告和其他文件。"这一原则可从以下几个方面来理解:(1)各民族公民,无论当事人,还是辩护人、证人、鉴定人,都有权使用本民族的语言进行陈述、辩论,有权使用本民族文字书写有关诉讼文书;(2)公、检、法机关在少数民族聚居或多民族杂居的地区,要用当地通用的语言进行侦查、起诉和审判,用当地通用的文字发布判决书、公告、布告和其他文件;(3)如果诉讼参与人不通晓当地的语言、文字,公、检、法机关有义务为其指派或聘请翻译人员进行翻译。

保障各民族公民使用本民族语言文字进行诉讼的权利,具有重要的意义。首先,该原则的贯彻实施,有利于实现民族平等、巩固民族团结。我国是多民族国家,各民族在国家中的政治地位、法律地位一律平等,各民族都有使用和发展本民族语言、文字的权利。有权使用本民族语言、文字进行诉讼,是各民族政治地位、法律地位平等在刑事诉讼中的体现。其次,该原则的贯彻实施,有利于各民族诉讼参与人有效行使诉讼权利,切实维护自己的合法权益。再次,该原则的贯彻实施,有助于公安司法机关准确、及时查明案件事实,对案件作出正确处理。最后,该原则的贯彻实施,有利于当地群众了解案情和诉讼情况,从而使当地群众在增长法律知识、提高法治意识的同时,加强对公安司法机关权力的监督。

第十节 审 判 公 开

我国《宪法》第125条规定:"人民法院审理案件,除法律规定的特别情况外,一律公开进行……"根据宪法精神,《刑事诉讼法》第11条规定:"人民法院审判案件,除本法另有规定的以外,一律公开进行……"审判公开是指人民法院审理案件和宣告判决都必须公开进行,既要允许公民到法庭旁听,又要允许记者采访和报道。但是,审判公开原则有其例外情况。根据《刑事诉讼法》第183条的规定,下列案件不公开审理:(1)涉及国家秘密的案件,不公开审理。这是为了防止泄露国家秘密,危害国家安全或其他国家利益。(2)有关个人隐私的案件,不公开审理。这是为了保护当事人的名誉和防止对社会产生不良的影响和后果。(3) 涉及商业秘密的案件,当事人申请不公开审理的,可以不公开审理。这是为了保障当事人的商业秘密,维护其正常的生产经营活动。另外,《刑事诉讼法》第 274 条对于未成年人刑事案件的不公开审理问题作出规定,审判的时候被告人不满 18 周岁的案件,不公开审理。但是,经未成年被告人及其法定代理人同意,未成年被告人所在学校和未成年人保护组织可以派代表到场。该规定是为了防止公开审判可能对未成年人的精神造成创伤,影响其健康成长,同时兼顾其合法权益的维护和保障。

审判公开的案件,应当在开庭 3 日以前先期公布案由、被告人姓名、开庭时间和地点,以便群众能够到庭旁听;定期宣判的案件,宣判日期也应先期公告。依法不公开审理的案件,在开庭时,应当庭宣布不公开审理的理由。不论是否公开审理,宣告判决一律公开进行。无论是否公开审理,都应向当事人及其他诉讼参与人公开,允许其了解案情,到庭陈述、作证、辩护以及行使其他诉讼权利。

审判公开是民主政治的要求,是保障诉讼的民主性、公正性的关键措施。首先,法院通过审判公开,将审判过程置于社会监督之下,增加诉讼的透明度,加强群众监督,防止法院审判不公造成错案。其次,审判公开体现了诉讼的科学性,可以促使侦查、起诉、审判机关严格依法办案和保证诉讼质量,防止片面性,客观公正地查明案件情况,正确地适用刑法。第三,审判公开也是法制宣传和教育的有效途径。通过公开审判,使社会了解案情,增强社会公众的法治意识,自觉守法,敢于同犯罪行为作斗争。同时,审判公开对社会危险分子也会产生震撼作用,使他们不敢轻举妄动,预防犯罪发生。

近些年来,我国各级法院为加强司法公正,克服司法腐败现象,改善法院在社会公众中的形象,纷纷实施了新的旨在强化审判公开的改革措施。例如,很多地方的法院都允许 18 周岁以上的公民在持有和出示身份证的前提下,自由地到法院旁听庭审过程;很多法院都允许新闻媒体对案件的庭审过程进行广泛报道,甚至进行庭审直播。与此同时,各级法院还从物质设施上保证审判公开原则的贯彻实施。例如,一些法院新建了电子屏幕,提前预告将要举行的法庭审判,等等。应当说,这些改革措施对于维护法院审判的公正进行,具有积极的作用。

在十八届三中全会《决定》中强调,推进审判公开,录制并保留全程庭审资料。增强法律文书说理性,推动公开法院生效裁判文书。十八届四中全会《决定》中具体要求,构建开放、动态、透明、便民的阳光司法机制,推进审判公开,依法及时公开执法司法依据、程序、流程、结果和生效法律文书,杜绝暗箱操作。加强法律文书释法说理,建立生效法律文书统一上网和公开查询制度。为落实上述要求,2013 年 11 月,最高人民法院发布了《关于推进司法公开三大平台建设的若干意见》和《关于人民法院在互联网公布裁判文书的规定》,对推进审判流程公开、裁判文书公开、执行信息公开三大平台建设,以及在互联网公布裁判文书等具体措施作出了规定,这是落实审判公开原则的重要规范性文件。

第十一节 犯罪嫌疑人、被告人有权获得辩护

犯罪嫌疑人、被告人有权获得辩护是我国《宪法》和《刑事诉讼法》的重要原则。我国《宪法》第 125 条规定：被告人有权获得辩护。我国《刑事诉讼法》第 11 条规定：被告人有权获得辩护，人民法院有义务保证被告人获得辩护。犯罪嫌疑人和被告人是对因涉嫌犯罪而受到刑事追诉的人在不同诉讼阶段的称谓。涉嫌犯罪者在被检察机关向法院提起公诉前，即被称为"犯罪嫌疑人"时，面对刑事追究的危险，也应有权获得辩护。因此，我们称该原则为"犯罪嫌疑人、被告人有权获得辩护原则"。辩护是指刑事案件的犯罪嫌疑人、被告人及其辩护人反驳对犯罪嫌疑人、被告人的指控，从实体和程序上提出有利于犯罪嫌疑人、被告人的事实和理由，维护犯罪嫌疑人、被告人合法权益的诉讼活动。

我国法律赋予犯罪嫌疑人、被告人辩护权，并在制度上和程序上予以保障。在任何情况下，对任何犯罪嫌疑人、被告人，都不得以任何理由限制或剥夺其辩护权。犯罪嫌疑人、被告人行使辩护权的方式是多样的，在各个诉讼阶段，犯罪嫌疑人、被告人都可以自行辩护，也可以委托辩护人为其进行辩护。

为保障犯罪嫌疑人、被告人辩护权的充分实现，我国《刑事诉讼法》及相关司法解释从以下方面完善了辩护制度。第一，将委托辩护扩展到侦查阶段。犯罪嫌疑人自被侦查机关第一次讯问或者采取强制措施之日起，有权委托辩护人，以确保犯罪嫌疑人、被告人的委托辩护权贯穿于刑事诉讼全过程。辩护律师在侦查期间可以为犯罪嫌疑人提供法律帮助；代理申诉、控告；申请变更强制措施；向侦查机关了解犯罪嫌疑人涉嫌的罪名，及当时已查明的该罪的主要事实，犯罪嫌疑人被采取、变更、解除强制措施的情况，侦查机关延长侦查羁押期限等情况，并提出意见。第二，扩大法律援助的范围。犯罪嫌疑人、被告人是盲、聋、哑人，或者是尚未完全丧失辨认或者控制自己行为能力的精神病人，强制医疗程序中的精神病人，可能被判处无期徒刑、死刑的，以及未成年人，公检法机关均应通知法律援助机构指派律师为其提供辩护。犯罪嫌疑人、被告人因经济困难或其他原因而没有委托辩护人的，本人及其近亲属可以向法律援助机构提出申请。对符合法律援助条件的，法律援助机构应当派律师为其辩护。第三，会见权得到进一步保障。除危害国家安全犯罪、恐怖活动犯罪、特别重大贿赂犯罪案件外，辩护律师持律师执业证书、律师事务所证明和委托书或者法律援助公函要求会见在押的犯罪嫌疑人、被告人的，看守所应当及时安排会见，保证辩护律师在 48 小时以内见到在押的犯罪嫌疑人、被告人。第四，阅卷权规则的完善。辩护律师自人民检察院对案件审查起诉之日起，可以查阅、摘抄、复制本案的案卷材料，阅卷时间和范围都得到拓展。第五，追究律师刑事责任程序的规范。律师被追究刑事责任的行为中删除了模糊不定的"证人改变证言"；应当按照规定报请办理辩

护人所承办案件的侦查机关的上一级侦查机关指定其他侦查机关立案侦查,或者由上一级侦查机关立案侦查,不得指定办理辩护人所承办案件的侦查机关的下级侦查机关立案侦查;该法条所规范的对象不再仅限于辩护人,而是包括所有诉讼参与者。第六,辩护律师发挥作用的范围被扩大。在人民检察院审查批捕、案件侦查终结前、审查公诉中、二审法院决定是否开庭审理等活动中,应当听取辩护人的意见;法院作出裁判后也应当将判决书送达辩护人。

十八届三中全会《决定》进一步提出,完善律师执业权利保障机制和违法违规执业惩戒制度,加强职业道德建设,发挥律师在依法维护公民和法人合法权益方面的重要作用。两院三部根据以上《决定》精神联合出台了《保障律师权利的规定》。该规定中明确,人民法院、人民检察院、公安机关、国家安全机关、司法行政机关应当尊重律师,健全律师执业权利保障制度,依照《刑事诉讼法》《律师法》等规定,在各自职责范围内依法保障律师知情权、申请权、申诉权,以及会见、阅卷、收集证据和发问、质证、辩论等方面的执业权利,不得阻碍律师依法履行辩护、代理职责,不得侵害律师合法权利,并应当建立健全律师执业权利救济机制。最高人民法院颁布了《死刑案件听取律师意见办法》,以保障死刑复核案件被告人的辩护律师依法行使辩护权,确保死刑复核案件质量。另外,为加强法律援助工作,两办印发了《完善法律援助制度意见》,对扩大法律援助范围、提高法律援助质量、提高法律援助保障能力作出了具体要求。

保证犯罪嫌疑人、被告人获得辩护,尤其是获得辩护人的辩护,具有以下几方面的积极意义:(1)确保犯罪嫌疑人、被告人充分参与刑事诉讼活动,有效地对抗公安机关和检察机关的刑事追诉活动,并最终影响法院的司法裁判;(2)确保公安机关、检察机关和法院严格依法进行诉讼活动,避免使犯罪嫌疑人、被告人的自由和权益受到无理的限制和剥夺;(3)确保犯罪嫌疑人、被告人以及社会公众对国家专门机关的诉讼活动保持最大限度的信任和尊重。

第十二节　未经人民法院依法判决,不得确定有罪

我国《刑事诉讼法》第12条规定:"未经人民法院依法判决,对任何人都不得确定有罪。"

根据我国《刑事诉讼法》的规定,未经人民法院依法判决不得确定有罪的原则有以下两点基本要求:(1)确定被告人有罪的权力由人民法院统一行使。定罪权是刑事审判权的核心,人民法院作为我国唯一的审判机关,代表国家统一行使刑事审判权。不论被告人事实上是否有罪,不经人民法院依法判决,在法律上不应确定他是罪犯。(2)人民法院确定任何人有罪,必须依法判决。未经依法开庭审理,依据《刑法》作出判决,并正式宣判,人民法院也不得确定任何人有罪。

对于此基本原则,《刑事诉讼法》有以下几方面的体现:第一,《刑事诉讼法》区分了"犯罪嫌疑人""被告人"与"罪犯"的称谓。被追诉人自侦查机关立案到检察院提起公诉前这段期间,称为"犯罪嫌疑人",在人民检察院向人民法院提起公诉后,称为"被告人"。只有经过法院生效裁判确定有罪以后,被追诉人才能被称为罪犯。第二,明确由控诉方承担被告人有罪的举证责任。《刑事诉讼法》第49条规定:"公诉案件中被告人有罪的举证责任由人民检察院承担,自诉案件中被告人有罪的举证责任由自诉人承担。"因此,控诉方有责任或义务提出证据证明被告人有罪,并应使这一证明达到确实充分的程度,而被追诉者则没有证明自己有罪和无罪的责任。第三,确立了"疑罪从无"原则。与"宁枉勿纵""有罪推定"观念相联系的是"疑罪从有""疑罪从轻"。但是,按照保障人权的理念或精神,当出现"疑罪"的时候,应当作出有利于被追诉人的推论。按照《刑事诉讼法》的规定,当事实不清或者证据不足时,在审查起诉阶段,人民检察院作出不起诉决定,在审判阶段,人民法院应当作出指控罪名不能成立,被告人无罪的判决。第四,检察院在审查起诉阶段作出的酌定不起诉决定或者对未成年人作出附条件不起诉决定,其法律效果属于无罪的处理。因为按照《刑事诉讼法》第12条的要求,在法律上确定被追诉人有罪的主体,只能是法院,其他任何机关无此权限。

未经人民法院依法判决,不得确定有罪原则体现了无罪推定原则的基本精神。但与联合国有关人权公约所确立的无罪推定原则的表述相比较,仍存在差异。联合国《两权公约》第14条第2款规定:"凡受刑事控告者,在未依法证实有罪之前,应有权被视为无罪。"这里"被视为无罪"与我国《刑事诉讼法》第12条规定的"不得确定有罪"在对被追诉人权利保障的内涵上是有所区别的。

第十三节 保障诉讼参与人的诉讼权利

我国《刑事诉讼法》第14条规定:"人民法院、人民检察院和公安机关应当保障犯罪嫌疑人、被告人和其他诉讼参与人依法享有的辩护权和其他诉讼权利。诉讼参与人对于审判人员、检察人员和侦查人员侵犯公民诉讼权利和人身侮辱的行为,有权提出控告。"此项原则的含义是:(1)辩护权和其他诉讼权利是犯罪嫌疑人、被告人和其他诉讼参与人所享有的法定权利;公安司法机关不得以任何方式加以剥夺,并且有义务保障诉讼参与人充分行使其诉讼权利,对于刑事诉讼中妨碍诉讼参与人的各种行为,有责任采取措施予以制止。(2)诉讼参与人的诉讼权利受到侵害时,有权使用法律手段维护自己的诉讼权利,如控告或请求公安司法机关予以制止,有关机关对于侵犯诉讼权利的行为应当认真查处。在2012年《刑事诉讼法》修改中,对犯罪嫌疑人、被告人辩护权的保障作出了重点调整,详细内容参见第十一节的论述。

只有切实保障诉讼参与人的诉讼权利,特别是犯罪嫌疑人、被告人的辩护权,才能使诉讼参与人受到有尊严地对待,才能为其参加诉讼提供必要的条件,从而积极参加诉讼,其合法权益才不会受到侵犯。同时,该原则也有助于公安司法机关文明、合法地进行刑事诉讼。

在十八届四中全会《决定》中规定,强化诉讼过程中当事人和其他诉讼参与人的知情权、陈述权、辩护辩论权、申请权、申诉权的制度保障。落实终审和诉讼终结制度,实行诉访分离,保障当事人依法行使申诉权利。对不服司法机关生效裁判、决定的申诉,逐步实行由律师代理制度。对聘不起律师的申诉人,纳入法律援助范围。

第十四节 依照法定情形不予追究刑事责任

依照法定情形不予追究刑事责任原则是对我国《刑事诉讼法》第 15 条规定的概括。我国《刑事诉讼法》第 15 条规定:"有下列情形之一的,不追究刑事责任,已经追究的,应当撤销案件,或者不起诉,或者终止审理,或者宣告无罪:

(一) 情节显著轻微、危害不大,不认为是犯罪的;

(二) 犯罪已过追诉时效期限的;

(三) 经特赦令免除刑罚的;

(四) 依照刑法告诉才处理的犯罪,没有告诉或者撤回告诉的;

(五) 犯罪嫌疑人、被告人死亡的;

(六) 其他法律规定免予追究刑事责任的。"

根据该条规定,不追究刑事责任的法定情形是以下六种:

(1) 情节显著轻微、危害不大,不认为是犯罪的。根据《刑法》的规定,任何行为只有具有社会危害性,而且危害性须达到一定的严重程度才构成犯罪。对于情节显著轻微、危害不大的,《刑法》不规定为犯罪,不应追究刑事责任。但是,这种行为虽然不追究刑事责任,但可以移送有关主管部门进行处理,如移送公安机关依据《治安管理处罚法》进行处罚。

(2) 犯罪已过追诉时效的。追诉时效是刑法规定的超过一定期限便不再追究犯罪嫌疑人、被告人刑事责任的一种制度。根据我国《刑法》第 87 条的规定,犯罪经过下列期限不再追诉:法定最高刑为不满 5 年有期徒刑的,经过 5 年;法定最高刑为 5 年以上不满 10 年有期徒刑的,经过 10 年;法定最高刑为 10 年以上有期徒刑的,经过 15 年;法定最高刑为无期徒刑、死刑的,经过 20 年(如果 20 年以后认为必须追诉的,须报请最高人民检察院核准)。但是,在人民检察院、公安机关、国家安全机关立案侦查或者在人民法院受理案件以后,逃避侦查或者审判的,不受追诉期限的限制;被害人在追诉期限内提出控告,人民法院、人民检察院、公安机关应当立案而不予立案的,不受追诉期限的限制。

(3) 经特赦令免除刑罚的。特赦是对受罪刑宣告的特定犯罪人免除刑罚的一种赦免制度。特赦是在审判后的执行期间宣告,在罪刑宣告前一般不能实行特赦。新中国成立后实行的七次赦免,都是在判决后的执行期间宣告。现行宪法规定,有权发布特赦令的是全国人大常委会。经特赦令免除刑罚的犯罪分子,不论其刑罚已经执行一部分还是完全没有执行,都等同于其刑罚已经执行完毕。以后无论何时,公安司法机关都不能以其刑罚没有执行或者没有执行完毕为由,再次对其进行刑事追诉,包括不得按照审判监督程序进行追诉。

(4) 依照刑法告诉才处理的犯罪,没有告诉或者撤回告诉的。根据我国《刑法》第246条、第257条、第260条、第270条规定,侮辱罪、诽谤罪(严重危害社会秩序和国家利益的除外)、暴力干涉婚姻自由罪(致使被害人死亡的除外)、虐待罪(致使被害人重伤、死亡的除外)和侵占罪是告诉才处理的犯罪。国家已经将这些犯罪的起诉权交给被害人本人行使,被害人有权根据情况决定是否起诉,公安司法机关应尊重被害人的选择。被害人选择不起诉,或者起诉后又撤回起诉的,公安司法机关也就无权追究或者继续追究被告人的刑事责任。值得注意的是,如果被害人是因受强制、威吓无法告诉的,人民检察院和被害人的近亲属也可以告诉;对于这样的告诉,人民法院应当受理。被害人是无行为能力人或者限制行为能力人以及由于年老、患病、聋、哑等原因不能亲自告诉的,其近亲属也可以代为告诉。

(5) 犯罪嫌疑人、被告人死亡的。我国《刑法》实行罪责自负原则,犯罪分子死亡就失去了适用刑罚的对象,追究刑事责任已无实际意义,所以应终结诉讼,不再追究。

(6) 其他法律规定免予追究刑事责任的。

对以上六种情形,公安司法机关应在不同诉讼阶段作出不同的处理。在立案审查阶段应作出不立案的决定;在侦查阶段,应作出撤销案件的决定;在起诉阶段,应当作出不起诉的决定;在审判阶段,第一种情形应宣判无罪,其余五种情形应裁定终止审理。公安司法机关一经宣布不予追究刑事责任,刑事诉讼即告结束。在自诉案件中,法院应根据情形分别作出不立案的决定或准予撤诉、驳回起诉、终止审理的裁定,或作出判决宣告无罪。

应当指出,以上六种情形,并没有包括犯罪嫌疑人、被告人在事实上没有实施犯罪和犯罪行为非被告人所为的情况,这是立法上的缺陷。

第十五节 追究外国人刑事责任适用我国刑事诉讼法

追究外国人刑事责任适用我国刑事诉讼法原则的法律依据是《刑事诉讼法》第16条的规定:"对于外国人犯罪应当追究刑事责任的,适用本法的规定。对于享有外交特权和豁免权的外国人犯罪应当追究刑事责任的,通过外交途径解决。"

无论是在我国领域内犯罪的外国人(包括无国籍人),还是在我国领域外对我们国家和公民犯罪的外国人,只要根据我国《刑法》的规定应当追究其刑事责任,就应当适用我国《刑事诉讼法》的规定进行追究,即由我国公安司法机关按照我国《刑事诉讼法》规定的原则、制度和程序进行追究。对于应负刑事责任但身在我国领域之外的外国人,应当采取适当措施使其接受我国的审判。当然,如果我国缔结或者参加的国际条约中,有关于刑事诉讼程序的特别规定的,除我国声明保留的条款外;在处理外国人犯罪案件时,也应适用该国际条约中的有关规定。

对于享有外交特权和豁免权的外国人犯罪应当追究刑事责任的,不受我国司法管辖,我国公安司法机关不能按照我国《刑事诉讼法》的规定立案、侦查、起诉和审判,只能通过外交途径解决。这是追究外国人刑事责任适用我国《刑事诉讼法》原则的例外。为了保证某些从事外交工作的外国人执行职务,按照国际惯例和对等原则,我国法律赋予其外交特权和豁免权。这些外国人犯罪应当追究刑事责任的,只能通过外交途径解决。享有外交特权和豁免权的外国人的范围,根据我国《外交特权和豁免权条例》有关条款确定。

确立追究外国人刑事责任适用我国《刑事诉讼法》这一原则,既能体现和维护我国的司法主权,保护我们国家和公民的利益,维护我国的法律尊严,又可以妥善处理我国与外国的关系,防止因对刑事案件处理不当而影响我国与其他国家之间平等正常的交往。

第六章 管 辖

第一节 概 述

一、管辖的概念

刑事诉讼中的管辖,是指国家专门机关依法在受理刑事案件方面的职权范围上的分工。我国《刑事诉讼法》中的管辖,是指公安机关、人民检察院和人民法院等依照法律规定立案受理刑事案件以及人民法院系统内审判第一审刑事案件的分工制度。

管辖是刑事诉讼活动中首先要解决的问题,因为刑事诉讼程序是从立案活动开始,哪类刑事案件应当由公、检、法机关中的哪一个机关立案受理,以及哪一级、哪一地区的法院对此案件享有管辖权,即成为立案最先要解决的问题。刑事诉讼中的管辖,实质上就是公、检、法机关在受理刑事案件方面的权限划分。公、检、法机关受理刑事案件的范围,称作管辖范围。公、检、法机关在一定范围内受理刑事案件的职权,称为管辖权。对不属于自己管辖的案件,则无权受理。

二、确定管辖的原则

刑事诉讼中的管辖,一般是根据刑事案件的性质、情节的轻重、复杂程度、发生地点、影响大小等不同特点和公、检、法机关在刑事诉讼中的职责确定的。我国《刑事诉讼法》关于公、检、法机关管辖权限划分的基本出发点是保证刑事诉讼任务的顺利实现。确立管辖的原则是:

(一)促进司法公正的原则

我国《刑事诉讼法》以实现司法公正为基本目标,对公、检、法三机关案件管辖的分工作了新的调整。例如,目前我国正在探索建立跨行政区划的检察院、法院,由其专门管辖跨地区的重大职务犯罪案件、重大环境资源保护刑事案件、重大食品药品安全刑事案件等,这有利于保证人民检察院、人民法院独立公正行使检察权、审判权,袪除司法地方化,确保司法的统一和完整。

(二)准确及时的原则

我国《刑事诉讼法》关于刑事案件管辖的规定,充分考虑到要适应公、检、法机关的性质和职权,均衡公、检、法机关的工作负担,以利于它们有效地履行各自的职责,准确、及时、有效地查明犯罪事实,正确适用法律,保证办案质量,提高办案效率,完成《刑事诉讼法》规定的惩罚犯罪、保护人民的根本任务。

(三) 便利诉讼的原则

我国《刑事诉讼法》关于管辖的规定，有利于公、检、法机关调查核实证据，保证办案质量；有利于诉讼参与人参加诉讼，节省财力和时间；有利于群众旁听案件，接受群众对审判工作的监督，从而扩大办案的社会效果。

(四) 维护合法权益的原则

为防止告状无门，保障当事人等诉讼参与人的诉讼权利，我国《刑事诉讼法》还从维护公民合法权益的角度出发，将被害人有证据证明对被告人侵犯自己人身、财产权利的行为依法应当追究刑事责任，而公安机关或者人民检察院不予追究被告人刑事责任的案件，划归自诉案件的范畴，要求人民法院依法受理，既体现了法律对公民合法权益的尊重和维护，也加重了人民法院的责任。

(五) 原则性与灵活性相结合的原则

为了适应刑事案件复杂性的特点，以及办案实际工作的需要，刑事案件的管辖，除了要有明确的原则性规定以外，还应有一定的灵活性。例如，我国《刑事诉讼法》第23条关于上下级人民法院的变通管辖、第26条关于地区管辖中可以由上级人民法院指定管辖的规定，都体现了在依法管辖的前提下，仍需贯彻原则性与灵活性相结合的原则，以利于处理管辖中的争议和例外情况。

三、管辖的意义与分类

(一) 管辖的意义

管辖是刑事诉讼中的一项重要的诉讼制度，明确、合理地确定刑事案件的管辖，对于保证刑事诉讼活动的顺利进行以及刑事诉讼任务的实现，具有十分重要的意义。管辖的意义在于：

第一，刑事案件管辖的规定，可以使公、检、法等机关明确各自受理刑事案件的权限和职责，这样既有利于它们依法行使自己的职权，防止在受理案件上互相争执或推诿；又有利于增强它们的责任感，充分发挥它们的积极、主动精神和职能作用，从而做到各司其职，各尽其责。

第二，明确公、检、法机关的案件管辖范围，便于机关、团体、企事业单位和公民个人按照管辖范围向公、检、法等机关控告、检举犯罪。这不仅有利于单位和公民行使控告和检举的权利，充分发挥人民群众同犯罪作斗争的积极性，而且可以保证刑事诉讼活动及时、有效地进行。

第三，正确、合理地确定刑事案件的管辖，有助于诉讼活动的顺利进行，保证案件得到正确、及时的处理。

(二) 管辖的分类

根据我国《刑事诉讼法》的规定，刑事诉讼中的管辖包括两个方面的内容：一是人民法院、人民检察院和公安机关各自直接受理刑事案件的职权范围；二是人民法院审判第一审刑事案件的职权范围。前者是解决人民法院、人民检察院和公安机关之间在直接受理刑事案件上的权限划分问题,称立案管辖或职能管辖;后者是解决各级人民法院之间、同级人民法院之间以及普通人民法院与专门人民法院之间,在审判第一审刑事案件上的权限划分问题,称审判管辖。审判管辖又分为级别管辖、地区管辖、指定管辖和专门管辖。

国外刑事诉讼中的管辖通常是指审判管辖,一般分为级别管辖、地区管辖和专门管辖。之所以没有类似我们的立案管辖的分工,源于他们对刑事诉讼的理解限于以审判为中心的范畴。即把侦查机关的侦查活动、检察机关的起诉活动,看做是诉讼的准备,唯有审判才是实质意义上的诉讼。从世界各主要国家的情况看,划分级别管辖的主要依据有三种:(1)按照法定刑划分级别管辖,如法国、德国;(2)按罪名兼按法定刑划分案件的级别管辖,如英国、美国、加拿大;(3)按刑法条文划分级别管辖,如俄罗斯等国家。从地区管辖的规定看,一般是以犯罪地作为主要标准,此外,被告人居住地或被捕地的法院也有管辖权。为解决管辖中的各种复杂问题,各国立法普遍规定了合并管辖、移送管辖和指定管辖。

第二节 立案管辖

刑事诉讼中的立案管辖,在诉讼理论上又称职能管辖或部门管辖,是指人民法院、人民检察院和公安机关各自直接受理刑事案件的职权范围,也就是人民法院、人民检察院和公安机关之间,在直接受理刑事案件范围上的权限划分。立案管辖所要解决的是哪类刑事案件应当由公、检、法机关中的哪一个机关立案受理的问题。具体地讲,也就是确定哪些刑事案件不需要经过侦查,而由人民法院直接受理审判;哪些刑事案件由人民检察院直接受理立案侦查;哪些刑事案件由公安机关立案侦查。立案管辖主要是根据公、检、法机关在刑事诉讼中的职责分工,以及刑事案件的性质、案情的轻重、复杂程度等不同情况确定的。

我国《刑事诉讼法》第18条对人民法院、人民检察院和公安机关的立案管辖范围,作了概括性的规定。为了便于在实际工作中应用执行这一法律规定,有关司法解释作出了更为具体的规定。

一、公安机关直接受理的刑事案件

我国《刑事诉讼法》第18条第1款规定:"刑事案件的侦查由公安机关进行,法律另有规定的除外。"

法律的除外规定是指:

(1)《刑事诉讼法》第18条第2款规定的贪污贿赂等案件由人民检察院立案侦查。

(2)《刑事诉讼法》第4条规定:"国家安全机关依照法律规定,办理危害国家安全的刑事案件,行使与公安机关相同的职权。"

(3)《刑事诉讼法》第 290 条规定:"军队保卫部门对军队内部发生的刑事案件行使侦查权。对罪犯在监狱内犯罪的案件由监狱进行侦查。军队保卫部门、监狱办理刑事案件,适用本法的有关规定。"

公安机关是国家的治安保卫机关,具有同犯罪作斗争的丰富经验和必要的专门侦查手段。因此,法律把绝大多数需要侦查的刑事案件交由公安机关立案侦查,是与公安机关的性质、职能和办案条件相适应的;同时,也是完全符合同犯罪作斗争的需要的。

二、人民检察院直接受理的刑事案件

我国《刑事诉讼法》第 18 条第 2 款规定:"贪污贿赂犯罪,国家工作人员的渎职犯罪,国家机关工作人员利用职权实施的非法拘禁、刑讯逼供、报复陷害、非法搜查的侵犯公民人身权利的犯罪以及侵犯公民民主权利的犯罪,由人民检察院立案侦查。对于国家机关工作人员利用职权实施的其他重大的犯罪案件,需要由人民检察院直接受理的时候,经省级以上人民检察院决定,可以由人民检察院立案侦查。"这里所说的"国家工作人员",依照我国《刑法》第 93 条的规定是指:国家机关中从事公务的人员,包括国有公司、企业、事业单位、人民团体中从事公务的人员,国家机关、国有公司、企业、事业单位委派到非国有公司、企业、事业单位、社会团体从事公务的人员,以及其他依照法律从事公务的人员,以国家工作人员论。据此,有关司法解释对检察院的立案管辖作出了更为具体的规定。人民检察院直接自行立案侦查的案件主要有:

(1)贪污贿赂犯罪。贪污贿赂犯罪是指我国《刑法》分则第八章规定的贪污贿赂犯罪及其他章中明确规定依照《刑法》第八章相关条文定罪处罚的犯罪案件。包括:贪污案(《刑法》第 382 条、第 183 条第 2 款、第 271 条第 2 款、第 394 条);挪用公款案(《刑法》第 384 条、第 185 条第 2 款、第 272 条第 2 款);受贿案(《刑法》第 385 条、第 388 条、第 163 条第 3 款、第 184 条第 2 款);单位受贿案(《刑法》第 387 条);利用影响力受贿案(《刑法》第 388 条之一);行贿案(《刑法》第 389 条);对有影响力的人行贿案(《刑法》第 390 条之一);对单位行贿案(《刑法》第 391 条);介绍贿赂案(《刑法》第 392 条);单位行贿案(《刑法》第 393 条);巨额财产来源不明案(《刑法》第 395 条第 1 款);隐瞒不报境外存款案(《刑法》第 395 条第 2 款);私分国有资产案(《刑法》第 396 条第 1 款);私分罚没财物案(《刑法》第 396 条第 2 款)。

(2)国家工作人员的渎职犯罪。根据我国《刑法》分则第九章的有关规定,包括:滥用职权案(《刑法》第 397 条第 1 款);玩忽职守案(《刑法》第 397 条第 1 款);国家机关工作人员徇私舞弊案(《刑法》第 397 条第 2 款);故意泄露国家秘密案(《刑法》第 398 条);过失泄露国家秘密案(《刑法》第 398 条);徇私枉法案(《刑法》第 399 条第 1 款);民事、行政枉法裁判案(《刑法》第 399 条第 2 款);执行判决、裁定失职案(《刑法》第399条第3款);执行判决、裁定滥用职权案(《刑法》第399条第3款);枉法仲裁案(《刑法》第399条之一);私放在押人员案(《刑法》第400条第1款);失职致使在押人员脱逃案(《刑法》第400条第2款);徇私舞弊减刑、假释、暂予监外执行案(《刑法》第401条);徇私舞弊不移交刑事案件案(《刑法》第402条);滥用管理公司、证券职权案(《刑法》第403条);徇私舞弊不征、少征税款案(《刑法》第404条);徇私舞弊发售发票、抵扣税款、出口退税案(《刑法》第405条第1款);违法提供出口退税凭证案(《刑法》第405条第2款);国家机关工作人员签订、履行合同失职被骗案(《刑法》第406条);违法发放林木采伐许可证案(《刑法》第407条);环境监管失职案(《刑法》第408条);食品监管渎职案(《刑法》第408条之一);传染病防治失职案(《刑法》第409条);非法批准征用、占用土地案(《刑法》第410条);非法低价出让国有土地使用权案(《刑法》第410条);放纵走私案(《刑法》第411条);商检徇私舞弊案(《刑法》第412条第1款);商检失职案(《刑法》第412条第2款);动植物检疫徇私舞弊案(《刑法》第413条第1款);动植物检疫失职案(《刑法》第413条第2款);放纵制售伪劣商品犯罪行为案(《刑法》第414条);办理偷越国(边)境人员出入境证件案(《刑法》第415条);放行偷越国(边)境人员案(《刑法》第415条);不解救被拐卖、绑架妇女、儿童案(《刑法》第416条第1款);阻碍解救被拐卖、绑架妇女、儿童案(《刑法》第416条第2款);帮助犯罪分子逃避处罚案(《刑法》第417条);招收公务员、学生徇私舞弊案(《刑法》第418条);失职造成珍贵文物损毁、流失案(《刑法》第419条)。

(3) 国家机关工作人员侵犯公民人身权利和民主权利的犯罪。主要是指国家机关工作人员利用职权实施的非法拘禁案(《刑法》第238条);非法搜查案(《刑法》第245条);刑讯逼供案(《刑法》第247条);暴力取证案(《刑法》第247条);虐待被监管人案(《刑法》第248条);报复陷害案(《刑法》第254条);破坏选举案(《刑法》第256条)。

除上述三类犯罪案件外,我国《刑事诉讼法》第18条第2款还规定了"国家机关工作人员利用职权实施的其他重大的犯罪案件",对此应理解为:只有极个别的国家机关工作人员利用职权实施的其他重大犯罪案件,需要由人民检察院直接管辖的,经省级以上人民检察院决定,才可以由人民检察院立案侦查。根据最高检《规则》的规定,基层人民检察院或者分、州、市人民检察院需要直接立案侦查的,应当层报省级人民检察院决定。省级人民检察院可以决定由下级人民检察院直接立案侦查,也可以决定直接立案侦查。

由人民检察院直接受理的上述刑事案件,其犯罪主体主要是国家工作人员,而且属于国家工作人员职务上的犯罪或者利用职务上的便利进行的犯罪。人民检察院是国家的法律监督机关,对国家工作人员是否遵守法律负有特殊的监督责任。所以,法律规定这些与国家工作人员职务有关的犯罪案件,由人民检察院立案侦查,是同人民检察院的性质及其法定职责相适应的。

三、人民法院直接受理的刑事案件

由人民法院直接受理的刑事案件,是指刑事案件不需要经过公安机关或者人民检察院立案侦查,不通过人民检察院提起公诉,而由人民法院对当事人提起的诉讼直接立案和审判。这类刑事案件,在刑事诉讼中称为自诉案件。我国《刑事诉讼法》第18条第3款规定:"自诉案件,由人民法院直接受理。"这一规定清楚地表明,人民法院直接受理的刑事案件,只限于自诉案件。所谓自诉案件,是指由被害人本人或者其法定代理人、近亲属向人民法院起诉的案件。根据我国《刑事诉讼法》第204条规定,自诉案件包括下列三类案件:

(1)告诉才处理的案件。所谓告诉才处理,是指被害人或其法定代理人告诉才处理。根据我国《刑法》的规定,告诉才处理的案件共有四种:即《刑法》分则第246条第1款规定的侮辱、诽谤案,第257条第1款规定的暴力干涉婚姻自由案,第260条第1款规定的虐待案和第270条规定的侵占案。这四种案件,犯罪情节轻微、案情都比较简单,不需要侦查即可查清案件事实,所以适宜由人民法院直接受理。需特别说明的是,依照《刑事诉讼法》第112条的规定,告诉才处理的案件,如果被害人死亡或者丧失行为能力,他的法定代理人、近亲属有权向人民法院起诉,人民法院应当依法受理。

(2)人民检察院没有提起公诉,被害人有证据证明的轻微刑事案件,是指下列被害人有证据证明的刑事案件:故意伤害案(轻伤);非法侵入住宅案;侵犯通信自由案;重婚案;遗弃案;生产、销售伪劣商品案(严重危害社会秩序和国家利益的除外);侵犯知识产权案(严重危害社会秩序和国家利益的除外);属于《刑法》分则第四章、第五章规定的,对被告人可能判处3年有期徒刑以下刑罚的其他轻微刑事案件。

这类案件不仅案情比较轻微,而且事实明显,被告人明确,被害人有能够证明案件真实情况的事实,不需要动用侦查机关的力量去侦查,只需采用一般的调查方法就可以查明案件事实,所以也适宜由人民法院直接受理。

(3)被害人有证据证明对被告人侵犯自己人身、财产权利的行为应当依法追究刑事责任,而公安机关或者人民检察院不予追究被告人刑事责任的案件(《刑事诉讼法》第204条第(三)项),这类案件从性质上说属于公诉案件范围,其转成为自诉案件,必须具备三个条件:一是被害人有证据证明;二是被告人侵犯了自己人身、财产权利,应当追究被告人刑事责任;三是有证据证明曾经提出控告,而公安机关或者人民检察院不予追究被告人刑事责任。这样规定的目的,是为了加强对公安、检察机关立案管辖工作的制约,维护被害人的合法权益,解决司法实践中存在的"告状难"的问题。

上述由被害人起诉的案件,由人民法院直接受理,有无证据证明,是否属于不需要侦查的轻微刑事案件,应由人民法院根据立案标准予以确认,并可以进行调解(《刑事诉讼法》第204条第(三)项规定的案件除外),既可以简化诉讼程序,避免诉讼的拖延,减轻群众的讼累,又有利于案件的解决和处理。

四、关于执行立案管辖的几个问题

第一,我国《刑事诉讼法》关于立案管辖的规定,明确划分了人民法院、人民检察院和公安机关各自直接受理刑事案件的职权范围,公、检、法三机关在办案工作中,必须严格执行;既不能越权受理不属于自己管辖的案件,也不能放弃职守把属于自己管辖的案件推出不管。对于违反立案管辖规定,人民检察院已经提起公诉,人民法院在审判阶段才发现的案件,由人民法院决定将案件退回人民检察院,由原提起公诉的人民检察院移送有管辖权的人民检察院审查起诉。人民法院不应当对违反管辖规定的案件开庭审判。但是,为了及时、有效地与犯罪作斗争,便利和保护人民群众行使控告、检举的权利,公、检、法三机关对于控告、检举和犯罪人的自首,不管是否属于自己管辖,都应当接受,不得互相推诿。对于不属于自己管辖的,应当移送有管辖权的司法机关处理;对于不属于自己管辖而又必须采取紧急措施的,应当先采取紧急措施,然后再移送有管辖权的司法机关。根据最高法《解释》第1条的规定,人民检察院没有提起公诉,被害人有证据证明的八类轻微刑事案件,被害人直接向人民法院起诉的,人民法院应当依法受理。对其中证据不足、可以由公安机关受理的,或者认为对被告人可能判处3年有期徒刑以上刑罚的,应当告知被害人向公安机关报案,或者移送公安机关立案侦查。

第二,公安机关或人民检察院在侦查过程中,如果发现被告人还犯有属于人民法院直接受理的罪行时,应分别情况进行处理。对于属于告诉才处理的案件,可以告知被害人向人民法院直接提起诉讼;对于属于人民法院可以受理的其他类型自诉案件,可以立案进行侦查,然后在人民检察院提起公诉时,随同公诉案件移送人民法院,由人民法院合并审理。侦查终结后不提起公诉的,则应直接移送人民法院处理。

第三,人民法院在审理自诉案件过程中,如果发现被告人还犯有必须由人民检察院提起公诉的罪行时,则应将新发现的罪行另案移送有管辖权的公安机关或者人民检察院处理。

第四,根据六部门《规定》,公安机关侦查刑事案件涉及人民检察院管辖的贪污贿赂案件时,应当将贪污贿赂案件移送人民检察院;人民检察院侦查贪污贿赂案件涉及公安机关管辖的刑事案件,应当将属于公安机关管辖的刑事案件移送公安机关。在上述情况中如果涉嫌主罪属于公安机关管辖,由公安机关为主侦查,人民检察院予以配合;如果涉嫌主罪属于人民检察院管辖,由人民检察院为主侦查,公安机关予以配合。

第五,根据六部门《规定》,具有下列情形之一的,人民法院、人民检察院、公安机关可以在其职责范围内并案处理：

(1) 一人犯数罪的；

(2) 共同犯罪的；

(3) 共同犯罪的犯罪嫌疑人、被告人还实施其他犯罪的；

(4) 多个犯罪嫌疑人、被告人实施的犯罪存在关联，并案处理有利于查明案件事实的。

第三节 审判管辖

刑事诉讼中的审判管辖，是指人民法院审判第一审刑事案件的职权范围，包括各级人民法院之间、普通人民法院与专门人民法院之间，以及同级人民法院之间，在审判第一审刑事案件上的权限划分。从诉讼的角度讲，审判管辖所要解决的是某个刑事案件由哪个人民法院作为第一审进行审判的问题。

立案管辖与审判管辖之间的关系因公诉案件和自诉案件而有所不同。对于自诉案件，人民法院的立案管辖和审判管辖是重合的，都是审判权的具体落实。对于公诉案件，则是侦查权、起诉权、审判权相互关系的直接反映，具体表现为：

第一，公安机关、检察机关的立案管辖和法院的审判管辖，依刑事诉讼活动的先后次序，而发生于不同的诉讼阶段上。立案管辖是公、检、法机关在受理案件上的第一次分工；审判管辖则是案件进入审判阶段后的第二次分工。

第二，立案管辖并不必然导致审判管辖，因为有的案件经过侦查或审查起诉阶段即告终结，并不进入其后的审判程序，当然也就不产生审判管辖的问题。

第三，我国《刑事诉讼法》关于划分人民法院的级别管辖、地区管辖以及专门管辖的原则和标准，应当同样适用于公安机关和检察机关，即公安机关、检察机关各自系统内部在立案侦查上的权限划分，既要与人民法院的级别管辖、地区管辖和专门管辖相互对应，又不失灵活性，以适应侦查活动自身的特点。

根据我国《刑事诉讼法》第172条的规定，人民检察院决定起诉的案件，应当按照审判管辖的规定，向人民法院提起公诉。所以，人民检察院提起公诉的案件，应当与各级人民法院管辖审理的案件范围相适应。因此，明确了审判管辖，也就相应地确定了提起公诉的检察机关。

根据我国《人民法院组织法》的规定，人民法院除设有最高人民法院作为国家的最高审判机关外，设有地方各级人民法院和军事法院等专门人民法院。地方各级人民法院又分为：基层人民法院、中级人民法院和高级人民法院。与人民法院的设置相适应，刑事案件的审判管辖，分为级别管辖、地区管辖、指定管辖和专门管辖。

一、级别管辖

级别管辖,是指各级人民法院审判第一审刑事案件的职权范围。级别管辖所解决的是各级人民法院之间,在审判第一审刑事案件上的权限分工问题。

我国划分级别管辖主要是根据案件的性质、罪行的轻重和可能判处的刑罚、涉及面和对社会影响的大小,以及各级人民法院的工作职责来确定的。因为不同级别的法院的人员素质、审判业务能力和审判水平一般略有不同,各级人民法院在审判体系中的地位、职责和条件也需要考虑。

我国《刑事诉讼法》对各级人民法院管辖的第一审刑事案件,作了明确的规定:

(一) 基层人民法院管辖的第一审刑事案件

我国《刑事诉讼法》第 19 条规定:"基层人民法院管辖第一审普通刑事案件,但是依照本法由上级人民法院管辖的除外。"可见,基层人民法院是普通刑事案件第一审的基本审级,普通刑事案件的第一审原则上由基层人民法院管辖,基层人民法院分布地区广,数量也最多,最接近犯罪地,也最接近人民群众。因此,把绝大多数的普通刑事案件划归它管辖,既便于法院就地审理案件,便于诉讼参与人就近参加诉讼活动,有利于审判工作的顺利进行和及时、正确地处理案件;又便于群众参加旁听案件的审判,有利于充分发挥审判活动的教育作用。

(二) 中级人民法院管辖的第一审刑事案件

我国《刑事诉讼法》第 20 条规定:"中级人民法院管辖下列第一审刑事案件:(一) 危害国家安全、恐怖活动案件;(二) 可能判处无期徒刑、死刑的案件。"

危害国家安全案件,属于性质严重,对国家危害极大的一类案件;恐怖活动犯罪案件,往往涉案人员众多,涉及面广,多存在跨国、跨境的情况,案情复杂,这两类刑事案件由中级人民法院作为初审法院,更加有利于保证一审案件质量。同时,处理这类案件,无论在案件事实的认定上还是在适用法律上,难度往往也比较大,这就需要法律、政策水平更高、业务能力更强的司法工作人员。由中级人民法院作第一审,是适宜的,也是必要的,有利于保证案件的正确处理,实现司法公正。

中级人民法院是基层人民法院的上一级法院,《刑事诉讼法》既然将基层人民法院作为普通刑事案件的第一审法院,中级人民法院也就必然成为普通刑事案件的第二审法院。另外,它还有审判监督的任务。所以,划归中级人民法院管辖的第一审刑事案件,不宜过多,只限于上述两类刑事案件。

这里需要说明的是,《刑事诉讼法》第 20 条中所规定的"可能判处无期徒刑、死刑的案件",司法实践中,人民检察院对侦查终结的案件进行审查后,认为犯罪嫌疑人的犯罪事实已经查清,证据确实、充分,并可能判处无期徒刑、死刑时,向中级人民法院提起公诉。中级人民法院受理后,认为不够判处无期徒刑、死刑而应判处其他刑罚或者应作其他处理时,应当不再将案件交由基层人民法院审理,而仍由中级人民法院审判,以利于案件的及时处理。

(三) 高级人民法院管辖的第一审刑事案件

我国《刑事诉讼法》第21条规定:"高级人民法院管辖的第一审刑事案件,是全省(自治区、直辖市)性的重大刑事案件。"高级人民法院是地方各级人民法院中最高一级的法院,也就是一个省(自治区、直辖市)的最高一级的审判机关,它的主要任务是审判对中级人民法院裁判的上诉、抗诉案件,复核死刑案件,核准死刑缓期2年执行的案件,以及监督全省(自治区、直辖市)的下级人民法院的审判工作。所以,高级人民法院管辖的第一审刑事案件,不宜过宽。况且,高级人民法院管辖第一审刑事案件的多少,又直接关系着最高人民法院第二审的负担。法律规定高级人民法院只管辖为数极少的全省(自治区、直辖市)性的重大刑事案件,既可以保证这种重大案件的正确处理,又有利于它全面行使自己的职权,用更多的力量来监督、指导下级人民法院的审判工作。

(四) 最高人民法院管辖的第一审刑事案件

我国《刑事诉讼法》第22条规定:"最高人民法院管辖的第一审刑事案件,是全国性的重大刑事案件。"

最高人民法院是全国的最高审判机关,除核准死刑案件外,由最高人民法院作为第一审审判的刑事案件,只应当是极个别的,在全国范围内具有重大影响的,性质、情节都特别严重的刑事案件。只有这样,才有利于它集中主要精力监督、指导全国人民法院审判工作。

以上是《刑事诉讼法》关于各级人民法院第一审刑事案件管辖范围的规定,人民法院受理和审判刑事案件,必须遵照执行。但是,刑事案件的情况十分复杂,人民法院的审判工作由于主、客观因素的影响,也可能遇到这样那样难于解决的问题。所以,为了适应审判实践中可能出现的某种特殊情况的需要,保证案件的正确、及时处理,级别管辖还必须有一定的灵活性。为此,《刑事诉讼法》第23条又规定:"上级人民法院在必要的时候,可以审判下级人民法院管辖的第一审刑事案件;下级人民法院认为案情重大、复杂需要由上级人民法院审判的第一审刑事案件,可以请求移送上一级人民法院审判。"这是法律对级别管辖所作的变通性的规定。为执行好这一条款,应当注意以下问题:

第一,上级人民法院审判下级人民法院管辖的第一审刑事案件,可以由上级人民法院依职权自行决定,但只能"在必要的时候"对个别案件适用。

第二,根据最高法《解释》的规定,上级人民法院决定审判下级人民法院管辖的第一审刑事案件,应当向下级人民法院下达改变管辖决定书,并书面通知同级人民检察院。

第三,根据最高法《解释》的规定,人民检察院认为可能判处无期徒刑、死刑而向中级人民法院提起公诉的普通刑事案件,中级人民法院受理后,认为不需要判处无期徒刑以上刑罚的,应当依法审判,不再交基层人民法院审判。

第四,根据最高法《解释》的规定,基层人民法院对于可能判处无期徒刑、死刑的第一审刑事案件,应当移送中级人民法院审判,基层人民法院对下列第一审刑事案件,可以请求移送中级人民法院审判:

(1) 重大、复杂案件;
(2) 新类型的疑难案件;
(3) 在法律适用上具有普遍指导意义的案件。

需要将案件移送中级人民法院审判的,应当在报请院长决定后,至迟于案件审理期限届满15日前书面请求移送。中级人民法院应当在接到申请后10日内作出决定。不同意移送的,应当下达不同意移送决定书,由请求移送的人民法院依法审判;同意移送的,应当下达同意移送决定书,并书面通知同级的人民检察院。

第五,根据最高法《解释》的规定,一人犯数罪、共同犯罪和其他需要并案审理的案件,只要其中一人或者一罪属于上级人民法院管辖的,全案由上级人民法院管辖。

二、地区管辖

地区管辖,是指同级人民法院之间,在审判第一审刑事案件上的权限划分。

(一) 犯罪地法院管辖

我国《刑事诉讼法》第24条规定:"刑事案件由犯罪地的人民法院管辖。如果由被告人居住地的人民法院审判更为适宜的,可以由被告人居住地的人民法院管辖。"这一规定表明,在我国,确定刑事案件地区管辖的原则有两个:即犯罪地和被告人居住地。但两者在地区管辖中的地位并不是并列的,而是以犯罪地作为确定地区管辖的基本原则,被告人居住地作为确定地区管辖的辅助性原则。另外,根据最高检《规则》规定,国家工作人员职务犯罪案件,由犯罪嫌疑人工作单位所在地的人民检察院管辖;如果由其他人民检察院管辖更为适宜的,可以由其他人民检察院管辖。

刑事案件原则上应由犯罪地的人民法院管辖。这里所说的犯罪地,包括犯罪的行为发生地和结果发生地。一般理解为包括犯罪预备地、犯罪行为实施地、犯罪结果地以及销赃地等。根据最高法《解释》的规定,针对或者利用计算机网络实施的犯罪,犯罪地包括犯罪行为发生地的网站服务器所在地,网络接入地,网站建立者、管理者所在地,被侵害的计算机信息系统及其管理者所在地,被告人、被害人使用的计算机信息系统所在地,以及被害人财产遭受损失地。法律规定刑事案件原则上由犯罪地的人民法院管辖的主要理由是:(1) 犯罪地一般是罪证最集中存在的地方,案件由犯罪地人民法院管辖,便于及时地、全面地收集和审查核实证据,有利于迅速查明案情;(2)犯罪地是当事人、证人所在的地方,由犯罪地的人民法院审判,便于他们就近参加诉讼活动,有利于审判工作的顺利进行;(3)案件既然在犯罪地发生,当地群众自然关心案件的处理,由犯罪地人民法院审判,更能有效地发挥审判的法制教育作用,而且也有利于群众对法院审判工作的监督;(4)案件由犯罪地人民法院审判,便于人民法院系统地掌握和研究当地刑事案件发生的情况和规律,及时提出防范的建议,加强社会治安的综合治理,预防和减少犯罪的发生。

(二)被告人居住地法院管辖

刑事案件如果由被告人居住地的人民法院审判更为适宜的,可以由被告人居住地的人民法院管辖。这是法律对地区管辖所作的一项辅助性的规定。最高法《解释》第3条规定"被告人的户籍地为其居住地。经常居住地与户籍地不一致的,经常居住地为其居住地。经常居住地为被告人被追诉前已连续居住一年以上的地方,但住院就医的除外。被告单位登记的住所地为其居住地。主要营业地或者主要办事机构所在地与登记的住所地不一致的,主要营业地或者主要办事机构所在地为其居住地"。至于什么是"更为适宜的",这要根据案件和被告人的具体情况来决定。例如,案件发生在两个地区交界的地方,犯罪地的管辖境界不明确,致使犯罪地的管辖法院难于确定的,适宜由被告人居住地的人民法院管辖。

(三)优先管辖和移送管辖

在司法实践中,经常会遇到被告人在几个人民法院的辖区内实施犯罪行为的案件,因而就可能出现几个犯罪地的人民法院都有管辖权的复杂情况,那么,案件究竟应由哪个人民法院审判呢?为了解决这个问题,我国《刑事诉讼法》第25条明确规定:"几个同级人民法院都有权管辖的案件,由最初受理的人民法院审判。在必要的时候,可以移送主要犯罪地的人民法院审判。"对这种案件,法律规定由最初受理的人民法院审判,主要是为了避免人民法院之间发生管辖争议而拖延案件的审判,同时,也由于最初受理的人民法院对案件往往已进行了一些工作,由它进行审判,有利于及时审结案件。但是,为了适应各种案件的复杂情况,法律又规定,在必要的时候,最初受理的人民法院可以将案件移送主要犯罪地的人民法院审判。至于在什么情况下,才能认为是"必要的时候",一般应从是否更有利于发挥审判活动的教育作用等方面来考虑确定。

(四)特殊情况的管辖

刑事案件的错综复杂,使得有些案件尚不能完全适用上述地区管辖的法律规定,对此最高法《解释》第4条至第11条对下列特殊情况予以特别规定:

(1)对罪犯在服刑期间发现漏罪及又犯新罪的:

第一,正在服刑的罪犯在判决宣告前还有其他罪没有判决的,由原审地人民法院管辖;由罪犯服刑地或者犯罪地的人民法院审判更为适宜的,可以由罪犯服刑地或者犯罪地的人民法院管辖。

第二，罪犯在服刑期间又犯罪的，由服刑地的人民法院管辖。

第三，罪犯在脱逃期间犯罪的，由服刑地的人民法院管辖。但是，在犯罪地抓获罪犯并发现其在脱逃期间的犯罪的，由犯罪地的人民法院管辖。

（2）在中华人民共和国领域外的中国船舶内的犯罪，由该船舶最初停泊的中国口岸所在地的人民法院管辖。

（3）在中华人民共和国领域外的中国航空器内的犯罪，由该航空器在中国最初降落地的人民法院管辖。

（4）在国际列车上的犯罪，根据我国与相关国家签订的协定确定管辖；没有协定的，由该列车最初停靠的中国车站所在地或者目的地的铁路运输法院管辖。

（5）中国公民在中国驻外使、领馆内的犯罪，由其主管单位所在地或者原户籍地的人民法院管辖。

（6）中国公民在中华人民共和国领域外的犯罪，由其入境地或者离境前居住地的人民法院管辖；被害人是中国公民的，也可由被害人离境前居住地的人民法院管辖。

（7）外国人在中华人民共和国领域外对中华人民共和国国家或者公民犯罪，根据《刑法》应当受处罚的，由该外国人入境地、入境后居住地或者被害中国公民离境前居住地的人民法院管辖。

（8）对中华人民共和国缔结或者参加的国际条约所规定的罪行，中华人民共和国在所承担条约义务的范围内，行使刑事管辖权的，由被告人被抓获地的人民法院管辖。

三、指定管辖

我国《刑事诉讼法》第 26 条规定："上级人民法院可以指定下级人民法院审判管辖不明的案件，也可以指定下级人民法院将案件移送其他人民法院审判。"法律的这一规定表明，有些刑事案件的地区管辖是根据上级人民法院的指定而确定的，这在诉讼理论上称为指定管辖，是相对法定管辖而言的。指定管辖一般适用于两类刑事案件：一是地区管辖不明的刑事案件，例如刑事案件发生在两个或两个以上地区的交界处，犯罪地属于哪个人民法院管辖的地区不明确，在这种情况下，就可以由上级人民法院指定某一个下级人民法院审判。这样，就可以避免案件无人管辖或者因管辖争议而延误案件的处理。二是由于各种原因，原来有管辖权的法院不适宜或者不能审判的刑事案件，例如为了排除干扰，保证审判活动的顺利进行，上级人民法院可以指定下级人民法院将其管辖的某一案件，移送其他人民法院审判，以保证案件能够得到正确、及时的处理。

根据最高法《解释》的规定，上级人民法院指定管辖的，应当在开庭审判前将指定管辖决定书分别送达被指定管辖的人民法院及其他有关的人民法院。原受理案件的人民法院,在收到上级人民法院指定其他法院管辖决定书后,不再行使管辖权。对于公诉案件,应书面通知提起公诉的人民检察院,并将全部案卷材料退回,同时书面通知当事人;对于自诉案件,应当将全部案卷材料移送被指定管辖的人民法院,并书面通知当事人。上级人民法院在必要的时候,可以将下级人民法院管辖的案件指定其他下级人民法院管辖。第二审人民法院发回重新审判的案件,人民检察院撤回起诉后,又向原第一审人民法院的下级人民法院重新提起公诉的,下级人民法院应当将有关情况层报原第二审人民法院。原第二审人民法院根据具体情况,可以决定将案件移送原第一审人民法院或者其他人民法院审判。

四、专门管辖

专门管辖,是指专门人民法院之间,以及专门人民法院与普通人民法院之间对第一审刑事案件在受理范围上的分工,即进一步明确各专门人民法院审判刑事案件的职权范围。它解决的是哪些刑事案件应当由哪些专门人民法院审判的问题。

我国《刑事诉讼法》第 27 条规定:"专门人民法院案件的管辖另行规定。"在司法实践中,军事法院管辖的刑事案件,主要是现役军人和军内在编职工实施《刑法》分则第十章规定的军人违反职责罪的案件。

铁路运输法院于 2012 年 6 月全部划归地方。最高人民法院公布的《关于铁路运输法院案件管辖范围的若干规定》已于 2012 年 8 月 1 日正式实施。根据该规定,改制后的铁路运输法院刑事案件的管辖范围,除涉及铁路运输犯罪的各类公诉案件外,还包括有关刑事自诉案件。铁路运输法院的最终目标是改造为跨行政区划法院,主要审理跨地区的环境资源保护、食品药品安全等特殊类型的刑事案件,以及原铁路运输法院审理的案件。

五、管辖权异议

管辖权异议,是指当事人认为受诉法院对案件无管辖权而向法院提出的不服管辖的意见或主张。作为当事人诉讼权利的重要组成部分理应为三大诉讼法所共同规定,然而,我国只是在《民事诉讼法》和《行政诉讼法》中作出相应规定,《刑事诉讼法》对此却一直没有涉及。随着对被告人人权保护的加强,越来越多的学者提出应当尽快确立我国的刑事诉讼管辖权异议制度,防止对当事人合法权益的损害,保障刑事诉讼程序公正。

由于国外刑事诉讼中的管辖通常是指审判管辖,同我国刑事诉讼有关管辖的规定不同(包括立案管辖和审判管辖),因此,其有关管辖异议的规定只存在于审判管辖,并且集中在地域管辖方面。至于申请异议的主体,相关国家或地区的规定并不一致,主要有以下三种:一是以英国、美国及我国香港特别行政区等为代表,申请管辖权异议的主体只限于被告人;二是以日本、德国、加拿大等国为代表,申请管辖权异议的主体是被告人和检察官;三是以法国、俄罗斯及我国台湾地区、澳门特别行政区等为代表,申请管辖权异议的主体是几乎所有当事人和检察院。① 此外,对于申请异议的期间、方式、效力、受理机关、法律后果等方面,各国和各地区规定也都存在一定差异,因此,如何结合我国《刑事诉讼法》对管辖的规定并借鉴国外的有益经验,确立适合我国实际的刑事诉讼管辖权异议制度,学者们仁者见仁,智者见智,提出了很多不同的观点,目前还没有形成通说。例如,在管辖权异议的范围上,就存在广义的管辖权异议和狭义的管辖权异议两种观点。广义的管辖权异议观点认为应适应我国现有刑事管辖权的基本框架来确定管辖权异议制度,因此包括职能管辖权异议和审判管辖权异议。职能管辖权异议主要是对立案、侦查阶段公、检、法机关错误或不适当管辖提出的异议。审判管辖权异议则包括一审中的级别、地区(优先、移送)、指定和专门管辖权异议。② 我们认为管辖异议应包括侦查管辖和审判管辖,而不限于审判管辖。

但从不同学者的观点中也可以发现很多共同之处:(1)学界对于刑事诉讼管辖权异议制度的必要性有了基本统一的认识,认为这是保障当事人获得公平审判权利的必要条件,是保障刑事诉讼程序公正的前提,因此,应确立当事人对法院审判的管辖权异议制度;(2)至于申请管辖权异议的主体,多数认为首先是被告人,同时也应包括被害人、自诉人和附带民事诉讼的当事人等;(3)应对当事人提出管辖权异议的时间加以限制,即最晚在法院进行实质性审判之前,也就是法庭调查之前提出;(4)管辖权异议必须具有法定理由,即法院无管辖权或者虽有管辖权但对当事人具有重大不利益,如舆论的极端偏激、民众的偏见等;(5)当事人向法院提出管辖权异议的,法院必须受理,并审查异议理由;(6)管辖权异议的证明责任在申请人一方;(7)存在救济程序,即当事人不服法院裁决有权上诉等。

值得注意的是,最高法《解释》对管辖权异议问题有所涉及。该解释第184条规定,召开庭前会议,审判人员可以就是否对案件管辖有异议问题向控辩双方了解情况,听取意见。

---

① 石晓波:《刑事诉讼管辖权异议制度研究》,载《中国刑事法杂志》2004年第4期。
② 同上。

第七章 回 避

第一节 概 述

刑事诉讼中的回避,是指与案件有某种利害关系或者其他特殊关系的审判人员、检察人员和侦查人员等①不得参与该案诉讼活动。为实现利益规避和防止预断而建立的与案件有某种利害关系或者其他特殊关系的特定人员不得参与该案诉讼活动的制度,称为"回避制度"。

回避制度是为了确保司法公正而确立的制度。公正是司法的灵魂和生命,刑事诉讼制度应当围绕实现公正而进行设置。在保障公正的各种制度中,回避制度是不可或缺的,这是在司法过程中使特定的诉讼主体保持中立的制度。

无论在哪一种诉讼制度中,法院、法官都必须中立,只有中立才可能有公正的裁判。在最初的诉讼关系中,诉讼主体构成较为简单,只有原告、被告和法院三方,其中必须保持中立的诉讼角色,只有法院。对于法院来说,公正行使裁判权的必要条件,就是要使审理案件的法官在诉讼中保持不偏不倚,要做到这一点,必须使法官符合以下三项标准:

(1)"与自身有关的人不应该是法官"②,这是古罗马时期已经确立的一项法律原则,法官是案件的裁判者而且只能是裁判者,不能既是裁判者又是当事人,否则裁判者就会公权私用,让司法的天平向自己倾斜。

(2)结果中不应含纠纷解决者个人利益,也就是说裁判者不能直接从解决纠纷中获得个人利益。③ 即使纠纷解决者不是当事人,只要解决纠纷对于他来说可以从中获利(这里指的不是从处理案件中获得薪水、职业上的满足感或者社会尊重这一类正当权益和精神满足),纠纷就不可能按照一种正义的精神得到公道的解决。

(3)纠纷解决者不应有支持或反对某一方的偏见,法官应当防止预断,祛除偏见。④ 偏见既可能是对某人存在恶意(不良印象、观感和抵触的情绪等),也可能是对于某人的善意(偏袒),无论存在哪一种情况,纠纷解决者都不可能以公道之心处理案件。

在现代司法中,随着现代刑事诉讼基本格局的形成,警察、检察官、鉴定人、

---

① 包括书记员、翻译人员、鉴定人。
② 〔美〕M. P. 戈尔丁:《法律哲学》,齐海滨译,三联书店1987年版,第240页。
③ 同上。
④ 同上。

翻译人员也成为诉讼主体,他们参与诉讼活动,客观、公正成为对他们提出的一项基本要求。对于警察、检察官来说,要做到尊重事实真相,就必须对有利和不利犯罪嫌疑人、被告人的证据一律加以注意,并对证据作出客观的判断。对于书记员来说,记录须准确、客观,不能暗中取舍、上下其手,书记员与案件没有利害关系或者其他可能影响客观记录的特殊关系,才能做到这一点。同样,翻译人员在诉讼活动中须尽忠实传达的义务,如果翻译人员不能客观、中立,人们也难以期望他能够进行准确而不是歪曲的翻译。鉴定人进行鉴定必须尊重事实,客观公正,与案件有利害关系或者其他可能影响客观记录的特殊关系者不能承担此项工作。

要使上述诉讼主体在诉讼中保持中立、恪守客观义务,就必须确立利益规避和排除预断的制度。回避制度在刑事诉讼中具有如下意义:

(一) 确保刑事案件得到客观公正处理,实现实体公正

回避制度之所以产生和存在,目的在于保障实现案件的公正处理。在刑事诉讼中,要想使案件在实体上得到公正处理,应当做到:首先,通过证据发现案件真实,确认真正的犯罪人,甄别出无辜的人;然后,在发现真实的基础上正确适用法律对案件作出处理。发现案件真相和正确适用法律,必须使裁判者或者其他处理案件的人员以及某些特定的参与诉讼的人员在诉讼中保持客观公正的品格,这就要靠这些人员与案件没有利害关系以及祛除其他可能影响案件公正处理的关系来实现。如果这些人员在侦查、起诉、审判等各个诉讼阶段上有法定的妨碍诉讼公正进行的情形,就应被排除在诉讼之外,不得主持或参与诉讼的进行,只有这样才能防止其对案件产生预断或偏见,或者徇私舞弊、枉法追诉或裁判以及妨碍诉讼顺利进行,酿成冤错案件。因此,回避制度对于诉讼结果的公正,避免误判的发生,其意义是不可小觑的。

(二) 确保当事人在刑事诉讼中受到公正对待,实现程序公正

诉讼活动不但力求实现实体公正,而且要保证实现程序公正。当事人在刑事诉讼中受到公正对待,是程序公正的重要表现。只有实现公正对待,当事人才能充分行使各自的权利,发挥有效的攻击和防御能力,才能获得有利于己的诉讼空间。

公正对待当事人,关键在于案件的主导者要祛除对不同当事人的偏见。在刑事诉讼中,对犯罪嫌疑人和被告人最容易怀有偏见。由于诉讼程序中的犯罪嫌疑人、被告人大多被裁判有罪,容易使办案人员形成一种成见:站在他面前的这个人很可能也是有罪的。这种成见往往影响他对案情的判断,甚至案件最终的处理。如果办案人员本身在案件中含有个人利益,或者本身就是案件当事人之一,或者与当事人有着亲仇关系,就更难做到公平对待当事人。要实现程序公正,就必须落实好回避制度,将预断、偏见等杜绝于诉讼之外,保持诉讼活动的纯洁性不受玷污。

（三）确保司法机关和司法活动的公信力

人们对司法公正抱有普遍期待，期望有罪者不逃脱法律的追究、无辜者不受错误的处罚，也期待刑事诉讼在文明的状态下进行。这是对全社会都有益处的，当然也是全社会普遍关心的。回避制度的建立和运作，既有利于消除当事人的疑虑，使他们对刑事司法机关和法律的正当程序产生信赖，进而对案件处理过程和结果产生信任，减少不必要的上诉、申诉和缠讼，也有利于提升整个社会对司法和法治的信心，并在社会产生普遍的公信力。可想而知，没有回避制度或者回避制度不能得到落实，人们对司法必然充满疑虑，即使诉讼结果是公正的，也会引起无端怀疑。当这种怀疑在社会普遍蔓延的时候，社会的法治基础就瓦解了，司法机关和司法活动也就失去了公信力。从这个意义上讲，回避制度干系重大，不能不给予足够重视。

第二节 回避的人员范围、理由和种类

一、回避的人员范围

哪些人因与案件有利害关系或者其他特殊关系而需要回避，法律作出了明确规定。我国《刑事诉讼法》第28条和第31条规定，适用回避的人员包括审判人员、检察人员、侦查人员、书记员、翻译人员和鉴定人。

（一）审判人员

这里的"审判人员"包括人民法院院长、副院长、审判委员会委员、庭长、副庭长、审判员、助理审判员和人民陪审员。

（二）检察人员

这里的"检察人员"包括人民检察院检察长、副检察长、检察委员会委员、检察员和助理检察员。

（三）侦查人员

这里的"侦查人员"包括直接负责侦查本案的侦查人员、机关负责人和侦查部门负责人。①

（四）书记员

这里的"书记员"包括起诉阶段和审判阶段中担任记录工作的书记员。人民检察院和人民法院都配备有书记员。检察机关的书记员参与起诉和审判两个阶段的活动，在审判阶段要随同公诉人出席法庭担任记录工作。审判机关的书记员参与审判阶段的活动，有时也参与执行阶段的活动。无论在哪个诉讼阶段，他们都属于应予回避人员范围内的人员。

---

① 包括负责侦查本案的检察人员以及参与本案讨论和作出处理决定的检察长、副检察长、检察委员会委员。

（五）翻译人员

这里的"翻译人员"包括任何诉讼阶段中受聘请或者指派承担翻译工作的人员。

（六）鉴定人

这里的"鉴定人"包括任何诉讼阶段中受聘请或者指派进行鉴定工作的人员。

（七）司法警察

司法警察俗称"法警"，根据《人民法院组织法》和《人民检察院组织法》分别配置在人民检察院和人民法院，执行押解、警戒、强制执行以及维护法庭秩序等任务。我国的司法警察并非刑事诉讼主体，其职能对于司法行为具有辅助性，因此并非刑事诉讼法调整的对象。不过，最高检《规则》第33条将回避的人员范围扩大到司法警察。

（八）记录人

记录人在侦查过程中承担讯问笔录、询问笔录等侦查活动笔录的记录工作的人员。公安部《规定》第38条规定，记录人也适用有关回避的规定。

二、回避的理由

回避有两种，一种是有因回避，另一种是无因回避。有因回避又称为"附理由的回避"，是指只有在案件具备法定回避理由的情况下，回避人员范围内的人员才会回避的制度。"有因回避"与"无因回避"相对称，后者又称为"不附理由的回避"或者"强制回避"，是指有权提出回避申请的人无须提出任何理由，一旦提出申请，就发生令被申请者回避的效果。

我国《刑事诉讼法》实行的是有因回避制度，该法第28条对回避的理由作出了规定：

（一）是本案的当事人或者是当事人的近亲属的

任何人都不得在自己的案件中充任法官，这是程序公正的基本要求。如果审判人员本人就是本案的当事人，那么他就会发生角色冲突，不能协调裁决者与诉讼当事人的内在矛盾，极有可能为了维护自身利益而使诉讼失去起码的公正性。同样，检察人员、侦查人员等具有此种关系也会失去客观立场，容易使案件的处理产生偏差或者妨碍诉讼公正结果的达成。如果这些人员是一方当事人的近亲属，出于亲情而偏袒该当事人，属于人之常情，自然有损害诉讼公正的可能。即使这些人员中的确有人道德高尚、不计私利，但毕竟超出了普通人情推定的范围，其参加诉讼活动能否保持公正，必然会受到其他当事人乃至社会一般民众的怀疑，因此，回避就成为唯一可取的做法。需要指出的是，这里的"近亲属"，根据《刑事诉讼法》第106条第（六）项的规定，包括"夫、妻、父、母、子、女、同胞兄弟姊妹"。

(二) 本人或者他的近亲属和本案有利害关系的

如果本人或者他们的近亲属与本案有着某种利害关系,即同当事人或者其近亲属、案件事实存在某种牵连关系,如属于本案当事人的未婚夫(妻),案件的处理结果会直接影响到他们及其近亲属的利益,则他们参加诉讼活动,就可能使案件得不到公正处理或者发生妨碍诉讼的可能,因此成为回避的理由,具有此种关系的人员应当回避。

(三) 担任过本案的证人、鉴定人、辩护人、诉讼代理人的

曾担任过本案证人、鉴定人、辩护人或者诉讼代理人,可能对案件存在预断,难以客观地从事诉讼活动,因此遇有这些情形自应回避。不过,这种情形并不妨碍前一诉讼阶段的证人、鉴定人在下一诉讼阶段仍为证人、鉴定人。最高法《解释》第23条第(三)项规定,除曾担任过本案证人、鉴定人、辩护人或者诉讼代理人的人员外,曾担任过本案翻译人员的,也属于应当回避的情形。

(四) 与本案当事人有其他关系,可能影响公正处理案件的

如果审判人员、检察人员或侦查人员与本案当事人存有上述三种情形以外的其他关系,并且这种关系的存在可能导致案件无法得到公正处理的,也应当回避。另外,担任过本案侦查人员、公诉人的,不能再担任法官,最高法《解释》第25条第1款规定,"参与过本案侦查、审查起诉工作的侦查、检察人员,调至人民法院工作的,不得担任本案的审判人员"。这一规定是为了免使其在侦查、起诉中对案件形成的认识成为预断,听不进去诉讼中的举证和辩论,导致错误裁判。

我国《刑事诉讼法》第29条规定的回避理由可以视为"与本案当事人有其他关系"的一种情形:"审判人员、检察人员、侦查人员不得接受当事人及其委托的人的请客送礼,不得违反规定会见当事人及其委托的人。审判人员、检察人员、侦查人员违反前款规定的……当事人及其法定代理人有权要求他们回避。"根据这一规定,上述人员接受当事人及其委托人的"请客送礼",违反规定会见当事人及其委托人,也构成回避的理由。

此外,最高法《解释》第23条第(四)项规定:"与本案的辩护人、诉讼代理人有近亲属关系的"也属于应当回避的情形。在司法实践中,侦查人员、检察人员、审判人员等可能与本案的辩护人、诉讼代理人存在近亲属关系,有些案件恰恰因为存在这样的关系,辩护人、诉讼代理人才得以受到委托甚至经由其介绍参与到诉讼中来。因此,早在2000年1月31日最高人民法院就公布了《关于审判人员严格执行回避制度的若干规定》,将法律所规定的回避理由进一步细化。根据这一规定,不但与当事人有亲属关系的审判人员应当回避,与本案的诉讼代理人、辩护人有近亲属关系的也应当回避;另外,审判人员未经批准私下会见一方当事人及其代理人、辩护人,为当事人推荐介绍代理人、辩护人或者为律师、其他人员介绍案件,或接受当事人及其委托的人的财物、宴请或者获取其他好处等,也应当回避。《关于审判人员严格执行回避制度的若干规定》还对违反回避

制度审理案件的法律后果以及对有关审判人员的纪律处分作出了明确规定。最高人民法院指出,作出这一规定的目的在于在法官与当事人及代理人之间建立起一道"隔离带",以确保法官审理案件客观、公正。① 2011年2月10日最高人民法院发布《关于对配偶子女从事律师职业的法院领导干部和审判执行岗位法官实行任职回避的规定(试行)》,要求人民法院领导干部(包含各级人民法院的领导班子成员及审判委员会专职委员)和审判、执行岗位法官,其配偶、子女在其任职法院辖区内从事律师职业的,应当实行任职回避。人民法院在选拔任用干部时,不得将具备任职回避条件的人员作为法院领导干部和审判、执行岗位法官的拟任人选。人民法院在补充审判、执行岗位工作人员时,不得补充具备任职回避条件的人员。2011年5月9日最高人民法院印发了《关于落实任职回避制度的实施方案》,以落实配偶子女从事律师职业的法院领导干部和审判执行岗位法官实行任职回避的规定。

最高法《解释》第24条还规定,审判人员具有下列情形之一的,当事人及其法定代理人有权申请其回避:

(1) 违反规定会见本案当事人、辩护人、诉讼代理人的;

(2) 为本案当事人推荐、介绍辩护人、诉讼代理人,或者为律师、其他人员介绍办理本案的;

(3) 索取、接受本案当事人及其委托人的财物或者其他利益的;

(4) 接受本案当事人及其委托人的宴请,或者参加由其支付费用的活动的;

(5) 向本案当事人及其委托人借用款物的;

(6) 有其他不正当行为,可能影响公正审判的。

同样,公安部《规定》第31条也规定:公安机关负责人、侦查人员有下列行为之一的,应当责令其回避并依法追究法律责任。当事人及其法定代理人有权要求其回避:

(1) 违反规定会见本案当事人及其委托人;

(2) 索取、接受本案当事人及其委托人的财物或者其他利益;

(3) 接受本案当事人及其委托人的宴请,或者参加由其支付费用的活动;

(4) 有其他不正当行为,可能影响案件公正办理。

除上述理由外,还有其他可构成回避理由的情形。例如,我国《刑事诉讼法》第228条规定:原审人民法院对于发回重新审判的案件,应当另行组成合议庭,依照第一审程序进行审判。第245条规定:人民法院按照审判监督程序重新审判的案件,由原审人民法院审理的,应当另行组成合议庭进行。亦即审判人员曾作为裁判者参加对某一案件的审判活动,而后同一案件又被同一人民法院重新审判,则为排除预断,该审判人员应当回避。最高法《解释》第25条第2款规

---

① 参见《人民法院报》2000年2月1日第1版。

定:"在一个审判程序中参与过本案审判工作的合议庭组成人员或者独任审判员,不得再参与本案其他程序的审判。但是,发回重新审判的案件,在第一审人民法院作出裁判后又进入第二审程序或者死刑复核程序的,原第二审程序或者死刑复核程序中的合议庭组成人员不受本款规定的限制。"最高检《规则》第30条规定:"参加过本案侦查的侦查人员,不得承办本案的审查逮捕、起诉和诉讼监督工作。"

需要注意的是,只要存在上述法定情形,就意味着可能影响案件公正处理,也就满足了应予回避的条件,无须确实存在影响案件公正处理的既成事实。回避制度恰恰是为了防止影响案件公正处理的可能性转化为既成事实。

三、回避的种类

回避分为自行回避、申请回避和指令回避三种。

自行回避,是指审判人员、检察人员、侦查人员等在诉讼过程中遇有法定回避情形之一时,自己主动要求退出诉讼活动的诉讼行为。在刑事诉讼过程中,审判人员、检察人员、侦查人员等对于存在回避事由心知肚明,在这种情况下应当主动放弃对该案诉讼活动的参与,避免使诉讼活动归于无效,或者使当事人申请回避,徒增讼累。

申请回避,是指案件当事人及其法定代理人、辩护人、诉讼代理人依法提出申请,要求符合法定回避情形的审判人员、检察人员、侦查人员等退出诉讼活动的诉讼行为。申请回避是案件当事人等的一项重要诉讼权利,这一权利的行使,有利于将回避制度落到实处,公安司法机关有义务保障当事人等这一权利的行使。

指令回避,又称"职权回避",是指审判人员、检察人员、侦查人员等有法定的回避情形而没有自行回避,当事人及其法定代理人、辩护人、诉讼代理人也没有申请其回避,由法定的人员或者组织径行决定,令其退出诉讼活动的诉讼行为。

指令回避的做法为自行回避、申请回避的重要补充,虽然我国《刑事诉讼法》并没有确立指令回避制度,但司法解释有此规定,例如,最高法《解释》第29条中规定,应当回避的审判人员,本人没有自行回避,当事人及其法定代理人也没有申请其回避的,院长或者审判委员会应当决定其回避。最高检《规则》第26条也作出了指令回避的规定,应当回避的人员,本人没有自行回避,当事人及其法定代理人也没有申请其回避的,检察长或者检察委员会应当决定其回避。公安部《规定》第30条也规定:公安机关负责人、侦查人员有应当回避情形的,应当自行提出回避申请,没有自行提出回避申请的,应当责令其回避,当事人及其法定代理人也有权要求他们回避。目前司法实践中也存在指令回避这一做法,值得肯定。

第三节 回避的程序

一、回避权的告知

知晓自己的权利是行使这一权利的前提。换句话说,权利只有为享有者所知晓时才能得到行使。因此,为了保障当事人的诉讼权利,分别主持各个阶段诉讼活动的机关有义务告知当事人、诉讼代理人和辩护人有申请回避的权利,以便使该权利能够得到行使。

我国《刑事诉讼法》第 185 条规定:开庭的时候,审判长告知当事人有权对合议庭组成人员、书记员、公诉人、鉴定人和翻译人员申请回避。最高法《解释》第 26 条规定:"人民法院应当依法告知当事人及其法定代理人有权申请回避,并告知其合议庭组成人员、独任审判员、书记员等人员的名单。"最高检《规则》第 22 条规定:"人民检察院应当告知当事人及其法定代理人有依法申请回避的权利,并告知办理相关案件检察人员、书记员等的姓名、职务等有关情况。"

我国《刑事诉讼法》对侦查、起诉阶段回避的程序没有作出明确的规定。但从保障诉讼参与人合法权利的原则出发,侦查人员和检察人员在侦查、审查起诉活动开始后,也应分别向犯罪嫌疑人、被害人等当事人告知回避申请权。

二、提出回避申请

属于回避人员范围内的人员自行回避的,可以口头或者书面提出,并说明理由。口头提出申请的,应当记录在案。最高检《规则》第 21 条规定:"检察人员自行回避的,可以口头或者书面提出,并说明理由。口头提出申请的,应当记录在案。"最高法《解释》第 27 条也作出了这样的规定。公安部《规定》第 32 条第 1 款规定:"公安机关负责人、侦查人员自行提出回避申请的,应当说明回避的理由;口头提出申请的,公安机关应当记录在案。"

当事人及其法定代理人、诉讼代理人和辩护人的回避要求,应当书面或者口头提出,并说明理由;根据我国《刑事诉讼法》第 29 条的规定提出回避申请的,应当提供有关证明材料。

最高法《解释》第 27 条第 1 款规定:"审判人员自行申请回避,或者当事人及其法定代理人申请审判人员回避的,可以口头或者书面提出,并说明理由,由院长决定。"最高检《规则》第 23 条规定:"当事人及其法定代理人的回避要求,应当书面或者口头向人民检察院提出,并说明理由;根据刑事诉讼法第 29 条的规定提出回避申请的,应当提供有关证明材料。人民检察院经过审查或者调查,符合回避条件的,应当作出回避决定;不符合回避条件的,应当驳回申请。"公安部《规定》第 32 条第 2 款规定:"当事人及其法定代理人要求公安机关负责人、侦查人员回避,应当提出申请,并说明理由;口头提出申请的,公安机关应当记录在案。"辩护人、诉讼代理人也适用这些规定。

三、回避的审查、决定和宣布

回避人员范围内的人员自行提出回避,或者当事人、诉讼代理人和辩护人申请回避人员范围内的人员回避,需要由法定的组织和人员根据法定的回避理由进行审查并作出是否准许的决定。

我国《刑事诉讼法》第30条第1款规定:"审判人员、检察人员、侦查人员的回避,应当分别由院长、检察长、公安机关负责人决定;院长的回避,由本院审判委员会决定;检察长和公安机关负责人的回避,由同级人民检察院检察委员会决定。"根据这一规定,有权作出是否回避决定的法定人员和组织包括:

(1) 审判人员的回避①,由本法院的院长决定。这里的"审判人员"包括各级人民法院副院长、审判委员会委员、庭长、副庭长、审判员、助理审判员。人民陪审员的回避问题,参照审判人员回避的有关内容执行。最高法《解释》第27条第1款规定:"审判人员自行申请回避,或者当事人及其法定代理人申请审判人员回避的,可以口头或者书面提出,并说明理由,由院长决定。"第2款又规定:"院长自行申请回避,或者当事人及其法定代理人申请院长回避的,由审判委员会讨论决定。审判委员会讨论时,由副院长主持,院长不得参加。"

(2) 检察人员的回避,由本检察院的检察长决定。这里的"检察人员"包括各级人民检察院副检察长、检察委员会委员、检察员、助理检察员。为了便于检察机关处理回避问题,最高法《解释》第31条规定在审判过程中:"当事人及其法定代理人申请出庭的检察人员回避的,人民法院应当决定休庭,并通知人民检察院。"

(3) 侦查人员的回避,由本公安机关的负责人决定。公安部《规定》第33条规定:"侦查人员的回避,由县级以上公安机关负责人决定;县级以上公安机关负责人的回避,由同级人民检察院检察委员会决定。"

(4) 法院院长的回避,由本院审判委员会讨论决定。审判委员会讨论院长回避问题时,由副院长主持,院长不得参加。最高法《解释》第27条第2款规定:"院长自行申请回避,或者当事人及其法定代理人申请院长回避的,由审判委员会讨论决定。审判委员会讨论时,由副院长主持,院长不得参加。"

---

① 最高人民法院《关于审判人员严格执行回避制度的规定》第4条规定:"审判人员及法院其他工作人员离任2年内,担任诉讼代理人或者辩护人的,人民法院不予准许;审判人员及法院其他工作人员离任2年后,担任原任职法院审理案件的诉讼代理人或者辩护人,对方当事人认为可能影响公正审判而提出异议的,人民法院应当支持,不予准许本院离任人员担任诉讼代理人或者辩护人。但是作为当事人的近亲属或者监护人代理诉讼或者进行辩护的除外。"第5条还规定:"审判人员及法院其他工作人员的配偶、子女或者父母,担任其所在法院审理案件的诉讼代理人或者辩护人的,人民法院不予准许。"

（5）检察长的回避，由本院检察委员会讨论决定。检察委员会讨论检察长回避问题时，由副检察长主持，检察长不得参加。最高检《规则》第 24 条规定："检察长的回避，由检察委员会讨论决定。检察委员会讨论检察长回避问题时，由副检察长主持，检察长不得参加。其他检察人员的回避，由检察长决定。"

（6）公安机关负责人的回避，由同级检察机关的检察委员会讨论决定。最高检《规则》第 25 条规定："当事人及其法定代理人要求公安机关负责人回避，应当向公安机关同级的人民检察院提出，由检察长提交检察委员会讨论决定。"

（7）书记员的回避，根据其所属的机关不同，由本机关的负责人决定。如法院的书记员的回避，由本法院的院长决定；检察院的书记员的回避，由本院的检察长决定。

（8）鉴定人、翻译人员的回避，根据其所处的不同诉讼阶段，分别由该阶段主持进行诉讼活动的机关负责人决定。如审查起诉阶段鉴定人、翻译人员的回避，由进行审查起诉活动的检察院的检察长决定；在审判阶段，由法院的院长决定。

（9）司法警察的回避。最高检《规则》第 33 条规定该规则关于回避的规定，适用于司法警察，司法警察的回避由检察长决定。

（10）记录人的回避，公安部《规定》第 38 条第 2 款规定"由县级以上公安机关负责人决定"。

有回避决定权的个人或组织对当事人等的回避申请或有关司法人员自行回避的请求进行全面审查后，发现确有《刑事诉讼法》规定的回避情形之一的，应当依法作出决定，令其回避；认为不具有应当回避的情形的，有权作出不准许回避的决定。

当事人等对出庭的检察人员、书记员提出回避申请的，人民法院应当通知指派该检察人员出庭的人民检察院，由该院检察长或者检察委员会决定。

无论是否同意回避申请，作出决定的个人或组织都应当向申请回避的当事人或者法定代理人、辩护人、诉讼代理人宣布，不同意回避申请的，还应告知其有权申请复议。

公安部《规定》第 34 条对决定回避的期限作出规定："当事人及其法定代理人对侦查人员提出回避申请的，公安机关应当在收到回避申请后 2 日以内作出决定并通知申请人；情况复杂的，经县级以上公安机关负责人批准，可以在收到回避申请后 5 日以内作出决定。"

四、对驳回申请回避决定的复议

对于法定的个人或者组织所作的驳回申请回避的决定，当事人、诉讼代理人和辩护人有权向作出这一决定的个人或组织申请复议一次。最高法《解释》第 30 条第 1 款就审判阶段提出复议作出了具体规定："对当事人及其法定代理人提出的回避申请,人民法院可以口头或者书面作出决定,并将决定告知申请人。"第2款又规定:"当事人及其法定代理人申请回避被驳回的,可以在接到决定时申请复议一次。不属于刑事诉讼法第28条、第29条规定情形的回避申请,由法庭当庭驳回,并不得申请复议。"最高检《规则》第27条规定:人民检察院作出驳回申请回避的决定后,应当告知当事人等如不服本决定,有权在收到驳回申请回避的决定书后5日内向原决定机关申请复议一次。

作出这一决定的个人或组织复议后,认为驳回申请回避的决定不正确,应当撤销这一决定,同时作出准许回避的决定,并将复议的结果及时告知申请复议的当事人及其法定代理人、诉讼代理人和辩护人。

最高检《规则》第28条对检察机关就驳回申请回避的决定提出的复议规定了复议期限,当事人及其法定代理人对驳回申请回避的决定不服申请复议的,决定机关应当在3日内作出复议决定并书面通知申请人。公安部《规定》第35条第1款规定:"当事人及其法定代理人对驳回申请回避的决定不服的,可以在收到驳回申请回避决定书后5日以内向作出决定的公安机关申请复议。"同时第2款规定:"公安机关应当在收到复议申请后5日以内作出复议决定并书面通知申请人。"

五、回避的效力

回避决定一经作出,即发生法律效力,应当回避的人员须立即退出诉讼活动。例如,公安部《规定》第36条第2款规定:"作出回避决定后,申请或者被申请回避的公安机关负责人、侦查人员不得再参与本案的侦查工作。"

在作出决定前,自行请求回避或被当事人申请回避的人员应停止进行本案的诉讼活动,但鉴于刑事侦查工作的紧迫性和特殊性,为防止延误侦查,我国《刑事诉讼法》第30条第2款规定:"对侦查人员的回避作出决定前,侦查人员不能停止对案件的侦查。"同样,最高检《规则》第29条规定:"人民检察院直接受理案件的侦查人员或者进行补充侦查的人员在回避决定作出以前或者复议期间,不得停止对案件的侦查。"公安部《规定》第36条第1款规定:"在作出回避决定前,申请或者被申请回避的公安机关负责人、侦查人员不得停止对案件的侦查。"

根据这些规定,法定的个人或组织依法对其回避作出准许决定之后,该侦查人员才能停止对案件的侦查工作,由其他侦查人员立即接替其继续或重新开始侦查工作。法定的个人或组织不准许回避的,自行请求回避或被当事人等申请回避的人员进行的诉讼行为仍然有效。

在复议期间,诉讼行为的重新开始和继续进行一般不受影响。

对于决定回避前进行过的诉讼行为是否有效,最高检《规则》第31条规定:"因符合刑事诉讼法第28条或者第29条规定的情形之一而回避的检察人员,在回避决定作出以前所取得的证据和进行的诉讼行为是否有效,由检察委员会或者检察长根据案件具体情况决定。"公安部《规定》第37条规定:"被决定回避的公安机关负责人、侦查人员在回避决定作出以前所进行的诉讼活动是否有效,由作出决定的机关根据案件情况决定。"

  回避人员范围内的人员有法定回避情形之一却没有回避的,构成程序违法。在审判阶段,第二审人民法院发现或者根据当事人及其法定代理人、诉讼代理人、辩护人的举报,认为第一审人民法院的审理违反有关回避规定的,经核查属实,应当裁定撤销原判,发回原审人民法院重新审判。①

---

  ① 最高人民法院《关于审判人员严格执行回避制度的规定》第8条还规定了对应当回避而不自行回避或者故意不作出正确的回避决定的纪律处分:审判人员明知具有本规定第1条至第3条规定情形之一,故意不依法自行回避或者对符合回避条件的申请故意不作出回避决定的,予以纪律处分。审判人员明知诉讼代理人、辩护人具有本规定第4条、第5条规定情形之一,故意不作出正确决定的,同样予以纪律处分。

第八章 辩护与代理

第一节 辩 护

一、辩护制度概述

（一）辩护、辩护权和辩护制度

辩护，是指刑事案件的被追诉人及其辩护人反驳对被追诉人的指控，提出有利于被追诉人的事实和理由，论证被追诉人无罪、罪轻或者应当减轻、免除处罚，维护被追诉人的程序性权利，以保障被追诉人合法权益的诉讼活动。

辩护权是法律赋予犯罪嫌疑人、被告人的一项专属的诉讼权利，即犯罪嫌疑人、被告人针对指控进行辩解，以维护自己合法权益的一种诉讼权利，它在犯罪嫌疑人、被告人各项诉讼权利中，居于核心地位。我国《宪法》第125条规定：被告人有权获得辩护，这就使得被告人享有辩护权成为一项宪法原则。从各国的法律规定来看，辩护权是一项不附有任何先决条件，没有"但书"限制的权利，这就意味着：第一，辩护权贯穿在整个刑事诉讼的过程中，不受诉讼阶段的限制；第二，辩护权不受犯罪嫌疑人、被告人是否有罪以及罪行轻重的限制，不管他们的犯罪性质和严重程度如何，都享有平等的辩护权；第三，辩护权不受案件调查情况的限制，无论案件事实是否清楚，证据是否确实充分，犯罪嫌疑人、被告人都依法享有辩护权；第四，辩护权不受犯罪嫌疑人、被告人认罪态度的限制，无论他们是否认罪，是否坦白交代，均不能作为限制其辩护权的理由；第五，辩护权的行使不受辩护理由的限制，不管具体案件的犯罪嫌疑人、被告人是否具备辩护的理由，均不影响他们享有辩护权。

犯罪嫌疑人、被告人行使辩护权的具体方式有两种：一种是自行辩护，即犯罪嫌疑人、被告人本人进行辩护；另一种是通过辩护人进行辩护，即由犯罪嫌疑人、被告人委托的辩护人或者在必要的时候由法律援助机构指派的律师进行辩护。

辩护制度，是法律规定的关于辩护权、辩护种类、辩护方式、辩护人的范围、辩护人的责任、辩护人的权利与义务等一系列规则的总称。它是犯罪嫌疑人、被告人有权获得辩护原则在刑事诉讼中的体现和保障，是现代国家法律制度的重要组成部分。在我国，《刑事诉讼法》是辩护制度的主要法律渊源，此外，《宪法》《律师法》以及司法解释中也有大量的有关辩护制度的规定，成为辩护制度的辅助法律渊源。

辩护、辩护权和辩护制度三者之间的关系是：辩护权是辩护制度产生的基础，不承认犯罪嫌疑人、被告人的辩护权就不可能有辩护制度；辩护制度是辩护权的保障，各种辩护制度都是为了保障犯罪嫌疑人、被告人充分、正确行使辩护权而设立的；辩护是辩护权的外在表现形式，即辩护权是通过各种具体的辩护活动实现的。

(二) 辩护制度之历史发展

辩护制度萌芽于古罗马共和国时期。当时，在审判活动中，由于实行"弹劾式诉讼"，被告人和控告人享有同等权利，法院处理案件时听取双方当事人的"辩论"。后来，社会上逐渐出现了一些被称为"保护人""雄辩家""辩护士"之类具有一定法律知识的人，他们参加到诉讼中替被告人反驳无根据的指控，并给被告人提供某些法律上的帮助，从而使法院对被告人的判决趋于合理。《十二铜表法》规定了法庭上辩护人进行辩护的条文，这可以说是人类历史上辩护制度的早期雏形。它的出现，既适应了古罗马国家法制建设的需要，又反映了平民阶层政治斗争的重要成果，还是奴隶制民主制度在刑事诉讼中的具体体现。

但是，到了中世纪，辩护制度受到了压制。在中世纪欧洲，实行纠问式诉讼制度。这种封建专制的诉讼模式，在本质上蔑视人的基本权利，表现在刑事诉讼中，就是剥夺被告人几乎所有的权利，将其置于诉讼客体和司法处置行为对象的地位，司法官员奉行有罪推定原则。因此，刑事被告人在中世纪的欧洲没有真正的辩护权。

西方现代意义上的辩护制度，产生于资产阶级革命胜利后。资产阶级革命成功后，英法等主要资本主义国家均在立法中肯定了刑事诉讼的辩论原则，赋予了刑事被告人自己辩护和聘请他人辩护的权利。首先规定被告人辩护权的是英国 1679 年的《人身保护法》，该法明确规定了诉讼中的辩论原则，承认被告人有权获得辩护，从而确定了刑事被告人在刑事诉讼中的主体地位。1808 年的《法国刑事诉讼法典》对辩护制度作了更详尽、周密的规定，使刑事辩护更加系统化和规范化，因而对后世各国的刑事辩护制度产生了重大影响。第二次世界大战以后，从保护人权的理念出发，辩护制度得到了空前的发展，主要表现在：第一，辩护人介入诉讼的时间普遍提前到侦查阶段。第二，许多国际性公约，如 1948 年的联合国《世界人权宣言》，1966 年的联合国《两权公约》和 1990 年的联合国《律师作用基本原则》中都规定了刑事辩护制度的国际性准则。其中，第八届联合国预防犯罪和罪犯待遇大会通过的联合国《律师作用基本原则》第 1 条就规定："所有的人都有权请求由其选择的一名律师协助保护和确立其权利并在刑事诉讼的各个阶段为其辩护。"第三，各国普遍建立了法律援助制度，即为贫穷的被告人提供免费的法律帮助。第四，律师的先悉权得到了充分的保障，许多国家通过建立证据开示制度保障律师的先悉权。第五，许多国家通过赋予律师就其业务秘密享受拒绝作证的特权，巩固了律师与其当事人之间的法律关系。

我国奴隶制和封建制社会时期,没有刑事辩护制度,现代意义上的辩护制度是清末从西方引进和移植的。最早的立法规定是1910年清朝制定的《大清刑事民事诉讼法》草案(未公布),其中规定了律师参与诉讼的内容,赋予当事人聘请律师辩护的权利。关于律师的单行规定是从1912年北洋政府制定的《律师暂行章程》和《律师登录暂行章程》开始出现的。两个单行律师立法的出现,是我国律师制度的开端。尔后国民党政府1928年和1941年分别制定和颁行了《律师章程》和《律师法》。总的来看,旧中国的辩护制度是有积极意义的,但由于种种原因,没能在刑事诉讼中贯彻落实。

我国社会主义辩护制度的确立,经历了一条漫长的、坎坷不平的发展道路。早在第二次国内革命战争时期,中华苏维埃共和国中央执行委员会颁布的《裁判部暂行组织及裁判条例》第24条就曾规定:"被告人为本身的利益,可派代表出庭辩护,但须得法庭的许可。"抗日战争时期,各根据地都依照党中央的路线、方针、政策并结合本地情况,颁布了有关司法组织和诉讼程序的法律、法令,建立了各自的司法机关。在刑事诉讼中实行了公开审判制度。公开审判时,准许群众旁听和发言,准许当事人请其家属或有法律知识的人出庭充任辩护人,人民团体对于所属成员的诉讼也可派人出庭帮助辩护。新中国的成立,标志着我国进入了社会主义革命和社会主义建设时期。在废除伪法统的同时,党和国家开始系统建设人民司法制度。刑事辩护制度也在总结民主革命时期成功经验的基础上得到发展,并酝酿建立律师制度。1954年的第一部《宪法》将"被告人有权获得辩护"规定为宪法原则。为贯彻这一宪法原则,我国1954年《人民法院组织法》第7条规定:"被告人有权获得辩护。被告人除自己行使辩护权外,可以委托律师为他辩护,可以由人民团体介绍的或者经人民法院许可的公民为他辩护。人民法院认为必要的时候,也可以指定辩护人为他辩护。"这些法律规定表明,在新中国成立初期,就已经着手建立社会主义的辩护制度。但是到了50年代后期,由于受"左"的思想路线的干扰和影响,刚刚建立起来的辩护制度受到严重破坏,到"文革"期间发展到极致,辩护制度基本夭折。党的十一届三中全会以后,实行了拨乱反正,在党中央加强社会主义民主和法制的方针指引下,开始了恢复和重建辩护制度的工作。1979年7月第五届全国人民代表大会第二次会议通过的《刑事诉讼法》,不但规定了被告人的辩护权,而且确立了律师辩护制度。1980年8月26日第五届全国人民代表大会常务委员会第十五次会议通过了《中华人民共和国律师暂行条例》。这一条例的颁布实施,成为我国律师辩护制度进入新时期的重要里程碑。随着国家政治经济形势的变化,民主和法制建设的发展,改革开放的不断深入,以及司法实践经验的逐步积累,1996年3月17日第八届全国人民代表大会第四次会议和2012年3月14日第十一届全国人民代表大会第五次会议先后两次对《刑事诉讼法》进行了重大修订,其中辩护制度是修订的重点内容之一。通过这两次修订,对辩护制度进行了重大改革和完善,不仅将犯罪嫌疑人、被告人委托辩护的时间从原来的审判阶段提前到侦查阶段,而且辩护人在刑事诉讼中的诉讼权利和执业保障也得到了全面的扩充和保障。与此同时,1996年5月15日第八届全国人大常委会第十九次会议审议通过了《律师法》,确认和巩固律师工作改革的成果,规范和引导律师事业的健康发展,发挥律师在政治、经济和社会生活中的作用。2007年10月28日,第十届全国人大常委会第三十次会议又对该法进行全面修订,进一步扩展了律师在刑事诉讼中的权利,规范了律师的执业行为。《刑事诉讼法》和《律师法》的全面修订与实施标志着我国辩护制度进入了一个新的历史发展时期。党的十八届四中全会以后,国家对辩护制度更加重视。为贯彻落实全会的精神,2015年9月20日两院三部发布了《保障律师权利规定》,该规定对切实保障律师执业权利,充分发挥律师维护当事人合法权益、维护法律正确实施、维护社会公平和正义,促进司法公正具有重要意义。

(三) 辩护制度的正当性基础

辩护制度的确立、发展和完善,是人类法律制度发展史上的重大进步,它的建立、发展及完善具有非常深厚的正当性基础。

首先,辩护制度的设立,反映了人类对刑事诉讼认识规律的正确把握。刑事案件都是已经发生过的事实,因此,在刑事诉讼过程中,人们对刑事案件事实的认定有一个主观再现客观的过程,如何使人的主观认识符合刑事案件的客观实际,是刑事诉讼中必须解决的一个重大课题。不管是马克思主义哲学中的"对立统一规律",还是我国古代朴素的"兼听则明"的认识论观点,抑或是西方的实证主义的哲学观,都说明辩护制度作为同起诉制度相对应的一个方面,对于保证司法机关客观公正地确定刑事案件的客观事实具有重大意义。正是刑事诉讼的这一客观现实需要才使辩护制度具有生命力。

其次,辩护制度的发展,适应了法律和诉讼越来越职业化的需要。回顾中国辩护制度发展的历程便不难发现,在法律虚无主义盛行的年代,辩护制度没有存在的市场。只有当国家奉行法治,诉讼过程中迫切需要专业化的律师为涉讼当事人提供法律服务之时,辩护制度才有其生存和发展的土壤。

再次,辩护制度的完善,反映了人类对人权理念和人权保障的追求。现代意义上的辩护制度,就是从人权理论中推导出来的。在资产阶级革命前夕,一批著名的启蒙思想家如英国的李尔本、洛克,法国的狄德罗、伏尔泰、孟德斯鸠等人,就提出了"天赋人权""主权在民""法律面前人人平等"的响亮革命口号,并在此基础上提出了在诉讼中用辩论式诉讼模式取代纠问式模式,赋予被告人辩护权,在审判中实行辩护原则等主张,这些理论为资产阶级革命成功后以法律形式确立辩护制度打下了坚实的理论基础。20世纪以后,尤其是第二次世界大战以后,国际社会从法西斯恣意践踏人权的血的教训中惊醒,更加意识到人权保障的重要性,并因此达成并通过了一系列有关人权保障的国际公约和文件,这些国际公约和文件对于当代世界各国刑事辩护制度的发展和完善起到了巨大的推动作用。

特别需要指出的是，面对强大的国家司法机器，犯罪嫌疑人、被告人显然处于十分弱小的地位，如果没有一定的制度作保障，很容易造成对犯罪嫌疑人、被告人合法权益的漠视，诉讼过程的残暴和诉讼结果的不公，中世纪的刑事诉讼中被告人的诉讼客体地位充分说明了这一点。所以，法律赋予犯罪嫌疑人、被告人以辩护权的一个重要目的，就是要使犯罪嫌疑人、被告人从诉讼客体的地位中解放出来，成为诉讼的主体。同时，还需指出的是，辩护权的受益者不仅仅是犯罪嫌疑人、被告人个人，而是全体社会公民。因为任何公民都有可能因为涉嫌犯罪而成为犯罪嫌疑人、被告人，这时辩护权就成为其合法权益的法律屏障，他们借此可以抵御国家司法权的滥用。因此，辩护制度是现代民主和法制社会不可缺少的组成部分，辩护权在本质上具有公民权的属性，辩护原则也成为各国宪法中规定的一条宪法性原则。

最后，辩护制度的基本内容在很大程度上取决于刑事诉讼的结构。现代刑事诉讼结构是由控、辩、审三方的地位及相互关系决定的，因此，辩护职能的发挥程度、所起作用和方式与刑事诉讼结构密切相关。大陆法系实行职权主义诉讼模式，英美法系实行当事人主义诉讼模式，由于两种诉讼模式的差异，辩护的某些运行机制，诸如辩护方式、辩护对审判的引导力等方面也就表现出不同的特点。我国1996年和2012年两次对《刑事诉讼法》的全面修订，在原有的职权主义诉讼模式的基础上，吸收了英美对抗式诉讼的某些因素。这一变化也给刑事辩护制度带来了一系列变革，无论是从辩护人介入诉讼的时间上，还是从辩护人的诉讼权利及其保障上，都对原《刑事诉讼法》作了重大修订。

（四）我国刑事辩护制度的意义

我国的刑事辩护制度，是在刑事诉讼中保障人民民主权利和加强社会主义法制的重要体现。正确理解并认真贯彻这一制度，对于惩罚犯罪分子，防止罪及无辜，以及完成刑事诉讼教育任务的实现都具有重要意义。

第一，有利于司法机关准确、及时地查明案情和正确适用法律，提高办案质量。刑事案件形形色色，案件事实错综复杂，有罪无罪，此罪彼罪，是否应处以刑罚，应处以何种刑罚，往往不易区分。办案人员只有经过全面调查研究，认真听取控、辩双方的意见，才能防止主观片面性。

第二，有利于维护犯罪嫌疑人、被告人的合法权益。在我国，惩罚犯罪分子与保护犯罪嫌疑人、被告人的合法权益是不矛盾的。司法实践中，犯罪嫌疑人、被告人处于受追诉的地位，加上法律知识欠缺，不知道自己的诉讼权利等主客观方面的不利因素，常常使犯罪嫌疑人、被告人不敢辩护或不懂得怎样辩护，对于他人侵犯自己诉讼权利的行为也不知道如何处理。实行辩护制度，不仅可以消除犯罪嫌疑人、被告人的思想顾虑，而且可以使他们得到辩护人多方面的实际帮助,这对于维护他们的合法权益是十分必要的。

第三,有利于对公民进行法制宣传教育,使广大群众增强法制观念,使犯罪分子认罪服法和接受改造。在法庭上,通过辩护,可以使旁听的群众全面了解案情和事实真相,使公民懂得什么是违法犯罪行为,从而受到深刻的法制教育。同时,实行辩护制度,能够使被告人及其辩护人充分陈述有利于被告人的事实和理由,在此基础上作出的判决,具有说服力,易于为被告人所接受,能够减少其不满情绪,有利于对罪犯进行改造。

二、我国刑事辩护制度的基本内容

(一) 辩护的种类

根据我国《刑事诉讼法》第 32 条、第 33 条和第 34 条的规定,我国刑事诉讼中的辩护种类有三种:

1. 自行辩护

自行辩护,是指犯罪嫌疑人、被告人自己针对指控进行反驳、申辩和解释的行为。自行辩护权与国家追诉权是同时产生的,任何公民一旦被追诉,进入刑事诉讼程序,就自动享有自行辩护权,进行上述辩护行为。

2. 委托辩护

委托辩护,是指犯罪嫌疑人、被告人依法委托律师或其他公民担任辩护人,协助其进行辩护。根据《刑事诉讼法》第 33 条的规定,犯罪嫌疑人、被告人委托辩护人的时间具体又可分为两种情况:(1) 犯罪嫌疑人自被侦查机关第一次讯问或者采取强制措施之日起,有权委托律师作为辩护人;(2) 被告人有权随时委托辩护人。

为了保障犯罪嫌疑人、被告人委托辩护权的充分实现,《刑事诉讼法》第 33 条还规定了三项重要的程序保障:(1) 权利告知。侦查机关在第一次讯问犯罪嫌疑人或者对犯罪嫌疑人采取强制措施的时候,应当告知犯罪嫌疑人有权委托辩护人。人民检察院自收到移送审查起诉的案件材料之日起 3 日以内,应当告知犯罪嫌疑人有权委托辩护人。人民法院自受理案件之日起 3 日以内,应当告知被告人有权委托辩护人。犯罪嫌疑人、被告人在押期间要求委托辩护人的,人民法院、人民检察院和公安机关应当及时转达其要求。(2) 代为委托。犯罪嫌疑人、被告人在押的,也可以由其监护人、近亲属代为委托辩护人。(3) 受托辩护人告知。辩护人接受犯罪嫌疑人、被告人委托后,应当及时告知办理案件的机关。

上述规定表明,我国《刑事诉讼法》对于犯罪嫌疑人、被告人在辩护人的选择问题上遵循意思自治的原则,即要否委托辩护人、委托何人作辩护人,均由犯罪嫌疑人、被告人自行决定。从法律规定和司法实践的做法来看,只存在四条限制:其一,只能在法律规定的可以充当辩护人的人员范围内进行选择;其二,犯罪嫌疑人在侦查阶段只能委托律师作为其辩护人；其三，委托的辩护人数最多为两人；其四，一名辩护人不得为两名以上的同案犯罪嫌疑人、被告人辩护人，不得为两名以上的未同案处理但实施的犯罪存在关联的犯罪嫌疑人、被告人辩护。

3. 法律援助辩护

法律援助辩护，是指犯罪嫌疑人、被告人没有委托辩护人，存在法定的情形，而由法律援助机构指派律师为其提供辩护。因此，法律援助辩护是以犯罪嫌疑人、被告人没有委托辩护人为前提的，如果犯罪嫌疑人、被告人已经委托辩护人，那么在任何情况下都不存在法律援助辩护的问题。我国《刑事诉讼法》第 34 条对法律援助辩护的情形和程序进行了专门规定，总体上讲分为申请指派援助和法定指派援助两种情形，具体内容详见本章第三节。

关于指派律师进行法律援助辩护以后，犯罪嫌疑人、被告人拒绝法律援助机构指派的辩护律师，应当如何处理的问题，《刑事诉讼法》中没有作出明确规定。根据多年司法实践中的做法，应分两种情况区别对待：对于依申请酌定法律援助辩护的，如果在指派律师以后，犯罪嫌疑人、被告人拒绝的，应当准许；对于依职权法定法律援助辩护的，如果在指派律师以后，被告人拒绝的，则要告知其另行委托辩护人或者为其另行指派辩护律师。今后此问题如何进行处理，有待法律或者司法解释作出明确规定。

（二）辩护人的范围

辩护人的范围，是指哪些人可以接受犯罪嫌疑人、被告人的委托，担任他们的辩护人。我国《刑事诉讼法》第 32 条第 1 款对此作了明确规定，下列人员可以担任辩护人：

（1）律师。律师是具备律师资格，取得律师执业证书，为社会提供法律服务的执业人员。我国现在已经建立了全国统一的司法考试制度，只有通过司法考试，并在律师事务所实习 1 年以上的，方可取得律师执业证书。

在法律规定的辩护人中，律师是最主要，也是最有能力切实保障犯罪嫌疑人、被告人合法权益的。一方面，律师是职业法律服务者，具有丰富的法律知识和办案经验，熟悉辩护业务。同时律师必须遵守严格的执业纪律，具有崇高的职业道德，因而整体上能圆满完成辩护任务。另一方面，法律赋予了律师较其他辩护人更多的权利，这就使律师有行使辩护权的充分条件，能更好地完成辩护任务。

（2）人民团体或者犯罪嫌疑人、被告人所在单位推荐的人。这里的人民团体是指工会、妇联、共青团等群众性团体。法律的这一规定，主要是从我国的具体国情出发的，在我国，虽然律师队伍迅猛发展，但数量仍然有限，不可能承担全部刑事辩护业务，允许人民团体或者犯罪嫌疑人、被告人所在单位推荐的人担任辩护人可以在很大程度上解决这一问题。随着普法工作的不断开展，广大公民的法律意识和法律水平有了明显的提高，由人民团体或者犯罪嫌疑人、被告人所在单位推荐一些具备辩护能力和水平的人担任辩护人,也是切实可行的。

(3) 犯罪嫌疑人、被告人的监护人、亲友。所谓监护人,是指对未成年人和无行为能力或限制行为能力的精神病人承担保护其人身、财产和其他合法权益责任的人或单位。根据《民法通则》第16条和第17条的规定,监护人一般由被监护人的亲属担任,没有亲属的,也可由有关的机关、团体或单位担任。所谓亲友,是指犯罪嫌疑人、被告人的亲戚朋友。允许犯罪嫌疑人、被告人的监护人、亲友担任辩护人,主要是考虑他们同犯罪嫌疑人、被告人关系比较亲近,比较了解情况,由他们进行辩护,一方面可以缓解律师数量的不足,另一方面也可以维护犯罪嫌疑人、被告人的合法权益,还可以减轻犯罪嫌疑人、被告人的经济压力。

《刑事诉讼法》第32条除了对辩护人的范围进行了上述正面规定以外,还在第2款做出了禁止性规定,六部门《规定》第4条、最高法《解释》第35条以及最高检《规则》第38条对此问题进行了更为详细的规定,根据上述规定,下列人员不得担任辩护人:(1) 正在被执行刑罚或者处于缓刑、假释考验期间的人;(2) 依法被剥夺、限制人身自由的人;(3) 无行为能力或者限制行为能力的人;(4) 人民法院、人民检察院、公安机关、国家安全机关、监狱的现职人员;(5) 人民陪审员;(6) 与本案审理结果有利害关系的人;(7) 外国人或者无国籍人。但上述人员中的第(4)项至第(7)项,如果本人是被告人的监护人、近亲属,由被告人委托担任辩护人的,可以允许。

此外,根据《律师法》第41条、最高法《解释》第36条以及最高检《规则》第39条的规定,审判人员、检察人员从人民法院、人民检察院离任后2年以内,不得以律师身份担任辩护人;审判人员和人民法院其他工作人员从人民法院离任后,不得担任原任职法院所审理案件的辩护人,检察人员从人民检察院离任后,不得担任原任职检察院办理案件的辩护人,但作为被告人、犯罪嫌疑人的监护人、近亲属进行辩护的除外;人民法院审判人员及其他工作人员的配偶、子女或者父母不得担任其任职法院所审理案件的辩护人,检察人员的配偶、子女不得担任该检察人员所任职检察院办理案件的辩护人。

上述有关辩护人范围的限制性规定,有的是从保证辩护质量的角度考虑的,有的是从保证司法公正的角度考虑的,还有的是从维护辩护制度的严肃性角度考虑的。除了上述法律规定外,在学术界还对辩护人的其他禁止范围进行了有益的探讨,普遍认为本案的证人、鉴定人、翻译人员不宜同时担任本案的辩护人。因为这些人与辩护人的诉讼地位、诉讼权利和诉讼义务是互相矛盾的。

(三) 辩护人的责任

辩护人参加诉讼的目的就是帮助犯罪嫌疑人、被告人依法行使辩护权,维护犯罪嫌疑人、被告人的合法权益。为此,我国《刑事诉讼法》第35条规定:"辩护人的责任是根据事实和法律,提出犯罪嫌疑人、被告人无罪、罪轻或者减轻、免除其刑事责任的材料和意见,维护犯罪嫌疑人、被告人的诉讼权利和其他合法权

益。"根据这一规定,辩护人的责任主要有三项:

(1) 从实体上为犯罪嫌疑人、被告人进行辩护。即根据事实和法律,提出犯罪嫌疑人、被告人无罪、罪轻或者减轻、免除其刑事责任的材料和意见,反驳对犯罪嫌疑人、被告人不正确的指控,帮助司法机关全面了解案情,正确适用法律,依法公正处理案件。这是辩护人的首要任务。

(2) 从程序上为犯罪嫌疑人、被告人进行辩护。即帮助犯罪嫌疑人、被告人依法正确行使自己的诉讼权利,并在发现犯罪嫌疑人、被告人的诉讼权利受到侵犯或剥夺时,向司法机关提出意见,要求依法制止,或者向有关单位提出控告。

(3) 为犯罪嫌疑人、被告人提供其他法律帮助。辩护人应当解答犯罪嫌疑人、被告人提出的有关法律问题,为犯罪嫌疑人、被告人代写有关文书,案件宣判后,应当了解被告人的态度,征求其对判决的意见以及是否进行上诉等。

(四) 辩护人的诉讼地位

一般来讲,辩护人的诉讼地位可以概括为:辩护人是犯罪嫌疑人、被告人合法权益的专门维护者。辩护人的这一诉讼地位包括两个不可分割的方面。一方面,辩护人在刑事诉讼中所维护的是犯罪嫌疑人、被告人的合法权益,而不是非法权益。因此辩护人只能依据事实和法律为犯罪嫌疑人、被告人进行辩护,而不能为其当事人谋取非法利益,更不得教唆犯罪嫌疑人、被告人翻供,引诱证人作伪证或者进行其他妨碍司法的行为。另一方面,辩护人在刑事诉讼中的唯一职能就是辩护,除此以外没有别的职能。在我国,司法机关也具有维护犯罪嫌疑人、被告人合法权益的职责,但只是在履行其他诉讼职能的过程中,兼顾犯罪嫌疑人、被告人的合法权益,只有辩护人才是犯罪嫌疑人、被告人合法权益的专门维护者。所以,辩护人在刑事诉讼中绝对不能充当第二控诉人,去检举、揭发犯罪嫌疑人、被告人已经实施的犯罪行为,即使这种行为是没有被司法机关所掌握的。我国法律虽然没有像许多国家那样规定律师的拒绝作证特权,但是从法律规定的辩护人的责任和职能来看,也不应该这样做。

正确理解辩护人的上述诉讼地位,还必须明确以下几个方面的问题:

第一,辩护与控诉是一对相对应的诉讼职能,这就决定了辩护人与公诉人的关系是对立统一关系。公诉人代表国家行使公诉职责,是从追诉犯罪的角度,收集和提供证据证明被告人的罪行,保证被告人受到应得的处罚;辩护人履行辩护职责,是从维护犯罪嫌疑人、被告人合法权益的角度,提供相应的事实和理由,以证明犯罪嫌疑人、被告人无罪或者罪轻,防止犯罪嫌疑人、被告人受到不应有的处罚。两者的诉讼职能虽然不同,工作的角度也不一样,但是两者的最终目的是一致的,那就是保证客观公正地查明案件事实,保证国家法律的准确实施。所以,辩护人与公诉人的地位是平等的、独立的,在法庭上公诉人进行控诉,辩护人进行反驳,两者还可以互相辩论,在程序上没有地位高下之分。

第二,辩护人与犯罪嫌疑人、被告人的关系,不同于诉讼代理人与当事人的关系。辩护人有独立的诉讼地位,不是犯罪嫌疑人、被告人的代言人,他们参与诉讼是履行法律规定的职责,而不是基于犯罪嫌疑人、被告人的授权。虽然在委托辩护的情况下,辩护人要在犯罪嫌疑人、被告人委托以后才能取得辩护资格,但是辩护人在接受委托以后,则取得了独立的诉讼地位,在诉讼过程中,他是以自己的名义,根据对事实的掌握和对法律的理解,独立进行辩护,而不受犯罪嫌疑人、被告人意思表示的约束。

（五）辩护人的诉讼权利和诉讼义务

辩护人依法享有诉讼权利,承担诉讼义务是辩护人顺利开展辩护活动的重要保证。为此,我国《刑事诉讼法》和《律师法》对辩护人的诉讼权利和诉讼义务进行了明确的规定。

1. 辩护人的诉讼权利

（1）职务保障权

辩护人依法履行职责,受国家法律保护。辩护律师在执业活动中的人身权利不受侵犯。律师在法庭上发表的代理、辩护意见不受法律追究。但是,发表危害国家安全、恶意诽谤他人、严重扰乱法律秩序的言论除外(《律师法》第36条、第37条第1、2款）。

辩护人、诉讼代理人认为公安机关、人民检察院、人民法院及其工作人员阻碍其依法行使诉讼权利的,有权向同级或者上一级人民检察院申诉或者控告。人民检察院受理申诉或者控告后,应当在10日以内将处理情况书面答复提出申诉或者控告的辩护人、诉讼代理人(《刑事诉讼法》第47条、六部门《规定》第10条)。①

党的十八大以后,辩护人的职务保障权已引起有关部门的高度重视。2013年,中央政法委发布的《关于切实防止冤假错案的规定》第9条规定:切实保障律师会见、阅卷、调查取证和庭审中发问、质证、辩论等辩护权利。人民法院、人民检察院、公安机关在侦查终结、审查起诉、死刑复核等,应当依法听取辩护律师的意见。对于被告人及其辩护人提出的辩解、辩护意见和提交的证据材料,人民法院应当认真审查,并在裁判文书中说明采纳与否的理由。两院三部发布的《保障律师权利规定》第2条规定:"人民法院、人民检察院、公安机关、国家安全机关、司法行政机关应当尊重律师,健全律师执业权利保障制度,依照刑事诉讼法、民事诉讼法、行政诉讼法及律师法的规定,在各自职责范围内依法保障律师知情权、申请权、申诉权,以及会见、阅卷、收集证据和发问、质证、辩论等方面的执业权利,不得阻碍律师依法履行辩护、代理职责,不得侵害律师合法权利。"

（2）会见、通信权

根据《刑事诉讼法》第37条、《律师法》第33条、六部门《规定》第7条、最高

---

① 《保障律师权利规定》对辩护人和诉讼代理人关于公检法等办案机关侵犯其执业权利的申诉内容和程序以及有关机关受理申诉后的处理程序进行了详细规定,详见该《规定》第41—44条。

检《规则》第45条、公安部《规定》第51条、第52条的规定以及《保障律师权利规定》第7条、第9条,关于会见、通信权有以下基本内容:

辩护律师可以同在押的以及被监视居住犯罪嫌疑人、被告人会见和通信。其他辩护人经人民法院、人民检察院许可,也可以同在押的以及被监视居住的犯罪嫌疑人、被告人会见和通信。

辩护律师持律师执业证书、律师事务所证明和委托书或者法律援助公函要求会见在押的犯罪嫌疑人、被告人的,看守所应当及时安排会见,至迟不得超过48小时,即保证辩护律师在48小时以内见到在押的犯罪嫌疑人、被告人。看守所安排会见不得附加其他条件或者变相要求辩护律师提交法律规定以外的其他文件、材料,不得以未收到办案机关通知为由拒绝安排辩护律师会见。看守所应当设立律师预约会见制度为律师会见提供便利,但不得以未预约为由拒绝安排辩护律师会见。

危害国家安全犯罪、恐怖活动犯罪、特别重大贿赂犯罪案件,在侦查期间辩护律师会见在押的和被监视居住的犯罪嫌疑人,应当经侦查机关许可。所谓"特别重大贿赂犯罪案件"是指具有下列情形之一的案件:(1)涉嫌贿赂犯罪数额在50万元以上,犯罪情节恶劣的;(2)具有重大社会影响的;(3)涉及国家重大利益的。上述案件,侦查机关应当事先通知看守所。对于特别重大贿赂犯罪案件,侦查机关在侦查终结前应当许可辩护律师至少会见一次犯罪嫌疑人。侦查机关不得随意解释和扩大上述三类案件的范围,限制律师会见。

辩护律师会见在押或者被监视居住的犯罪嫌疑人,可以聘请翻译人员,但应当经公安机关审查。对于符合相关规定的,应当许可;对于不符合规定的及时通知其更换。翻译人员参与会见的,看守所或者监视居住执行机关应当查验公安机关的许可决定文书。

辩护律师会见在押的和被监视居住的犯罪嫌疑人、被告人,可以了解案件有关情况,提供法律咨询等;自案件移送审查起诉之日起,可以向犯罪嫌疑人、被告人核实有关证据。

辩护律师会见犯罪嫌疑人、被告人时不被监听,办案机关不得派员在场。在律师会见室不足的情况下,看守所经辩护律师书面同意,可以安排在讯问室会见,但应当关闭录音、监听设备。

犯罪嫌疑人、被告人委托两名律师担任辩护人的,两名律师可以共同会见,也可以单独会见,看守所应当保障律师履行辩护职责需要的时间和次数,辩护律师可以带一名律师助理协助会见。

(3)阅卷权

辩护律师自人民检察院对案件审查起诉之日起,可以查阅、摘抄、复制本案的案卷材料。其他辩护人经人民法院、人民检察院许可,也可以查阅、摘抄、复制上述材料。这里的案卷材料包括案件的诉讼文书和证据材料,但不包括合议庭、审判委员会的讨论记录以及其他依法不公开的材料。辩护人查阅、摘抄、复制案卷材料的,人民检察院、人民法院应当提供方便,并保证必要的时间。辩护律师提出阅卷要求的,人民检察院、人民法院应当当时安排辩护律师阅卷,无法当时安排的,应当向辩护律师说明并安排其在3个工作日以内阅卷,不得限制辩护律师阅卷的次数和时间。辩护律师可以采用复印、拍照、扫描、电子数据拷贝等方式复制案卷材料。辩护人复制案卷材料的,人民法院只收取工本费;法律援助律师复制必要的案卷材料的,应当免收或者减收费用(《刑事诉讼法》第38条、《律师法》第34条、最高法《解释》第47条、第59条、最高检《规则》第47条、两院三部《保障律师权利规定》第14条)。

(4)获取证据权

辩护律师经证人或者其他有关单位和个人同意,可以向他们收集与本案有关的材料,也可以申请人民检察院、人民法院收集、调取证据,或者申请人民法院通知证人出庭作证。辩护律师经人民检察院或者人民法院许可,并且经被害人或者其近亲属、被害人提供的证人同意,可以向他们收集与本案有关的材料,人民法院认为确有必要的,应当签发允许调查书。人民法院根据辩护律师的申请收集、调取证据材料后,应当及时通知辩护律师查阅、摘抄、复制,并告知人民检察院(《刑事诉讼法》第41条、最高法《解释》第50—53条、最高检《规则》第50—53条)。[①]

辩护人认为在侦查、审查起诉期间公安机关、人民检察院收集的证明犯罪嫌疑人、被告人无罪或者罪轻的证据材料未提交的,有权申请人民检察院、人民法院调取。在人民法院审理案件期间,辩护人申请调取上述证据的,人民法院应当允许(《刑事诉讼法》第39条、《律师法》第35条、最高法《防范冤假错案意见》第14条)。

(5)依法提供辩护的权利

辩护律师在侦查期间可以为犯罪嫌疑人提供法律帮助;代理申诉、控告;申请变更强制措施;向侦查机关了解犯罪嫌疑人涉嫌的罪名和案件有关情况,提出意见(《刑事诉讼法》第36条)。六部门《规定》进一步规定,辩护律师在侦查期间可以向侦查机关了解犯罪嫌疑人涉嫌的罪名及当时已查明的该罪的主要事实,犯罪嫌疑人被采取、变更、解除强制措施的情况,侦查机关延长侦查羁押期限等情况。

人民检察院审查批准逮捕,可以听取辩护律师的意见;辩护律师提出要求的,应当听取辩护律师的意见(《刑事诉讼法》第86条、最高检《规则》第54

---

① 《保障律师权利规定》第16条至第19条,对辩护律师向有关机关或人员收集、获取证据的程序进行了详细规定。

条)。

人民检察院审查批准逮捕未成年犯罪嫌疑人和人民法院决定逮捕未成年被告人,应当听取辩护律师的意见(《刑事诉讼法》第269条)。

在案件侦查终结前,辩护律师提出要求的,侦查机关应当听取辩护律师的意见,并记录在案。辩护律师提出书面意见的,应当附卷(《刑事诉讼法》第159条、公安部《规定》第55条)。

人民检察院审查案件,应当听取辩护人的意见,并记录在案。辩护人提出书面意见的,应当附卷(《刑事诉讼法》第170条)。

辩护人有权在开庭3日以前获得法院的出庭通知书(《刑事诉讼法》第182条第3款)。

辩护人有权在开庭审理前向人民法院提出排除非法证据的申请,人民法院经审查,对证据收集的合法性有疑问的,应当召开庭前会议,了解情况,听取意见。(《刑事诉讼法》第182条第2款、最高法《解释》第99条)

在法庭调查阶段,辩护人在公诉人讯问被告人后经审判长许可,可以向被告人发问;经审判长许可,可以对证人、鉴定人发问,对其他证据发表意见;可以申请法庭通知有专门知识的人出庭,就鉴定人作出的鉴定意见提出意见;有权申请通知新的证人到庭,调取新的物证,重新鉴定或者勘验。在法庭辩论阶段,辩护人可以对证据和案件情况发表意见并且可以和控方展开辩论(《刑事诉讼法》第186条、第189条、第190条、第192条、第193条)。

对第一审公诉案件,起诉指控的事实清楚、证据确实、充分,指控的罪名与审理认定的罪名不一致的,人民法院应当在按照审理认定的罪名作出有罪判决前听取控辩双方的意见,保障被告人、辩护人充分行使辩护权。必要时,可以重新开庭,组织控辩双方围绕被告人的行为构成何罪进行辩论(最高法《解释》第241条)。

最高人民法院复核死刑案件,辩护律师提出要求的,应当听取辩护律师的意见(《刑事诉讼法》第240条、最高法《解释》第356条)。

为保障辩护人依法提供辩护的权利,《保障律师权利规定》除了对各阶段办案机关听取辩护律师意见的具体程序进行了详细规定外,还分别对辩护律师的实体辩护意见和程序辩护意见的采纳与否及其理由提出了要求。[①]

(6) 其他权利

辩护人有权申请回避并对驳回回避的决定申请复议(《刑事诉讼法》第31条第2款)。

辩护人对审判人员、检察人员和侦查人员侵犯公民诉讼权利和人身侮辱的行为,有权提出控告(《刑事诉讼法》第14条第2款)。

---

① 详见《保障律师权利规定》第21、25、31、32、33、34、36、38条。

辩护人在征得被告人同意后,可以对第一审判决、裁定提出上诉(《刑事诉讼法》第216条第1款)。

辩护人有权得到与其行使辩护权有关的法律文书,如人民检察院的起诉书副本,人民法院的判决书、裁定书副本等(《刑事诉讼法》第182条第1款、第196条第2款)。

辩护律师对在执业活动中知悉的委托人的有关情况和信息,有权予以保密(《刑事诉讼法》第46条、公安部《规定》第54条)。

辩护律师有权知悉诉讼的进程,办案机关作出移送审查起诉、退回补充侦查、提起公诉、延期审理、二审不开庭审理、宣告判决等重大程序性决定的,以及人民检察院将直接受理立案侦查案件报请上一级人民检察院审查决定逮捕的,应当依法及时告知辩护律师。对于诉讼中的重大程序信息和送达当事人的诉讼文书,办案机关应当通知辩护、代理律师(《保障律师执业权利规定》第6条、第37条)。

2. 辩护人的诉讼义务

(1) 认真履行职务义务

辩护律师在接受委托或被指定担任辩护人以后,有义务为犯罪嫌疑人、被告人进行辩护,并应当负责到底,无正当理由,不得拒绝辩护。但是委托事项违法、委托人利用律师提供的服务从事违法活动或者委托人故意隐瞒与案件有关的重要事实的,律师有权拒绝辩护或者代理(《律师法》第32条第2款)。

受法律援助机构指派,进行法律援助的律师应当为受援人提供符合标准的法律服务,维护受援人的合法权益(《律师法》第42条)。

(2) 依法辩护义务

辩护人不得帮助犯罪嫌疑人、被告人隐匿、毁灭、伪造证据或者串供,不得威胁、引诱证人作伪证以及进行其他干扰司法机关诉讼活动的行为。违反本项义务的,应当依法追究刑事责任,由办理辩护人所承办案件的侦查机关以外的侦查机关办理。辩护人是律师的,应当及时通知其所在的律师事务所或者所属的律师协会(《刑事诉讼法》第42条、《律师法》第37条第2款)。六部门《规定》进一步规定,公安机关、人民检察院发现辩护人涉嫌犯罪,或者接受报案、控告、举报、有关机关的移送,依照侦查管辖分工进行审查后认为符合立案条件的,应当按照规定报请办理辩护人所承办案件的侦查机关的上一级侦查机关指定其他侦查机关立案侦查,或者由上一级侦查机关立案侦查。不得指定办理辩护人所承办案件的侦查机关的下级侦查机关立案侦查。

辩护律师不得私自接受委托、收取费用,接受委托人的财物或者其他利益;不得利用提供法律服务的便利谋取当事人争议的权益;不得接受对方当事人的财物或者其他利益,与对方当事人或者第三人恶意串通,侵害委托人的权益;不得违反规定会见法官、检察官及其他有关工作人员;不得向法官、检察官以及其他有关工作人员行贿,介绍贿赂或者指使、诱导当事人行贿,或者以其他不正当方式影响法官、检察官以及其他有关工作人员依法办理案件;不得故意提供虚假证据或者威胁、利诱他人提供虚假证据,妨碍对方当事人合法取得证据;不得煽动、教唆当事人采取扰乱公共秩序、危害公共安全等非法手段解决争议;不得扰乱法庭,干扰诉讼、仲裁活动的正常进行(《律师法》第40条)。

(3) 部分证据展示义务

辩护人收集的有关犯罪嫌疑人不在犯罪现场、未达到刑事责任年龄、属于依法不负刑事责任的精神病人的证据,应当及时告知公安机关、人民检察院(《刑事诉讼法》第40条)。

(4) 保守秘密义务

律师应当保守在执业活动中知悉的国家秘密、商业秘密,不得泄露当事人的隐私。辩护律师对在执业活动中知悉的委托人和其他人不愿泄露的情况和信息,应当予以保密。但是,辩护律师在执业活动中知悉委托人或者其他人,准备或者正在实施危害国家安全、公共安全以及严重危害他人人身安全的犯罪的,应当及时告知司法机关。受理告知的人民法院或者人民检察院应当记录在案,立即转告主管机关依法处理,并为反映有关情况的辩护律师保密(《刑事诉讼法》第46条、《律师法》第38条、最高法《解释》第60条、最高检《规则》第59条)。

(5) 遵守诉讼纪律义务

辩护人有义务遵守诉讼纪律,如按出庭通知中告知的开庭的时间、地点准时出席法庭进行辩护,在法庭上服从审判长的指挥,会见在押犯罪嫌疑人、被告人时遵守看管场所的规定等。

第二节 代 理

一、刑事代理制度概述

(一) 刑事代理制度的概念和意义

刑事诉讼中的代理,是指代理人接受公诉案件的被害人及其法定代理人或者近亲属、自诉案件的自诉人及其法定代理人、附带民事诉讼的当事人及其法定代理人的委托,以被代理人名义参加诉讼,由被代理人承担代理行为的法律后果的一项诉讼活动。

刑事代理制度,是法律关于刑事诉讼中的代理权、代理人的范围、代理的种类与方式、代理人的职责、代理人的权利与义务等一系列法律规范的总称。《刑事诉讼法》是刑事代理制度的主要法律渊源。此外,我国《律师法》和最高人民法院、最高人民检察院、司法部、公安部《关于律师参加诉讼的几项具体规定的联合通知》《关于律师参加诉讼的几项补充规定》中都对律师的刑事代理活动作了具体的规定。

刑事诉讼中的代理主要包括三种情况：一是公诉案件中被害人的代理；二是自诉案件中自诉人的代理；三是刑事附带民事诉讼中原告人和被告人的代理。此外，根据《刑事诉讼法》第281条第2款和第286条第2款的规定，在没收违法所得及其他涉案财产的特别程序中，犯罪嫌疑人、被告人的近亲属和其他利害关系人，强制医疗程序中被申请人或者被告人都可以委托诉讼代理人参加诉讼。自诉人、被害人及其法定代理人委托的诉讼代理人，特别是代理律师，在其同时提起附带民事诉讼时，可以兼作附带民事诉讼原告人的代理律师，一般无需另办法律手续。而刑事被告人或对被告人的行为负有赔偿责任的机关、团体，可以委托刑事被告人的辩护律师作诉讼代理人，但要征得该律师的同意，并应另行办理有关法律手续。

（二）刑事代理制度的意义

刑事代理制度是一项重要的法律制度，其重要意义如下：

第一，可以为被代理人提供法律上的帮助。被代理人由于缺乏法律知识，不能充分地行使自己的诉讼权利和发表切中要害的意见，有了诉讼代理人参加诉讼，就能更好地维护被代理人的合法权益。

第二，可以代理那些不能亲自参加诉讼的被代理人参加诉讼。有些被代理人由于被犯罪行为致伤、致残等原因不能参加诉讼，可以委托诉讼代理人参加诉讼来维护自己的合法权益。

第三，可以协助人民法院准确及时地查明案情，正确地处理案件。诉讼代理人，特别是律师代理人参加诉讼，能对案件事实、证据作出全面的分析，提出自己对案件的处理意见，可以促使司法机关正确、合法、及时地处理案件，保护被代理人的合法权益。

二、刑事代理制度的种类

（一）公诉案件中的代理

公诉案件中的代理，是指诉讼代理人接受公诉案件的被害人及其法定代理人或者近亲属的委托，代理被害人参加诉讼，以维护被害人的合法权益。

根据我国《刑事诉讼法》第44条的规定，公诉案件的被害人及其法定代理人或者近亲属，附带民事诉讼的当事人及其法定代理人，自案件移送审查起诉之日起，有权委托诉讼代理人。同时为了保证被害人知悉这一权利，《刑事诉讼法》第44条第2款还规定人民检察院自收到移送审查起诉的案件材料之日起3日内应当告知被害人及其法定代理人或其近亲属、附带民事诉讼的当事人及其法定代理人有权委托诉讼代理人。

被害人的诉讼代理人参加刑事诉讼，同公诉人的诉讼地位是平等的，双方都在刑事诉讼过程中执行控诉职能。但是两者的诉讼地位又不完全相同，公诉人除了执行控诉职能外,还执行法律监督职能,因此,公诉人的意见同被害人的诉讼代理人的意见不同甚至冲突,属于正常现象。在法庭审判过程中,应当允许被害人的诉讼代理人独立发表代理意见,并允许诉讼代理人同辩护人、公诉人进行辩论。

对于公诉案件被害人的诉讼代理人应享有哪些权利,我国法律没有作出明确的规定。理论界许多学者认为公诉案件被害人的诉讼代理人与民事诉讼中的诉讼代理人一样,应当在被害人授权的范围内,按照被代理人的要求进行活动。我们认为这种观点是值得商榷的,理由是:公诉案件被害人的诉讼代理人是行使控诉职能的,目的是要使被追诉人受到定罪和科刑,而对被追诉人进行刑事处罚不仅涉及对被害人追诉要求的满足,而且涉及国家刑罚权的正确实现,涉及国家和社会公益,因而公诉案件被害人的诉讼代理人在行使代理权的过程中,应当以事实为依据,按照法律的规定正确地行使代理权,而不能完全以被害人的意志为转移。基于以上分析,我们认为,公诉案件中被害人的代理人应当享有与辩护人大体相同的诉讼权利。这包括两方面的内容:首先,辩护人享有的绝大多数权利被害人的诉讼代理人都应当享有。因为被害人和被追诉人分别是刑事案件中的受害者和加害者,他们在刑事诉讼中构成对立统一的关系,为了有效保护被害人的合法权利,防止公诉机关举证不足可能对被害人权利造成的损害,辩护人享有的诉讼权利,如查阅、摘抄、复制案卷材料,调查收集证据等,原则上都应当赋予被害人的诉讼代理人。其次,被害人的诉讼代理人与辩护人所维护的利益毕竟有所不同,辩护人维护的是被追诉人的利益,而被害人的诉讼代理人维护的是被害人的利益,因而辩护人所享有的有些基于被追诉人与辩护人之间的信任关系以及为维护被追诉人利益的特殊需要而产生的权利,如会见犯罪嫌疑人的权利等,被害人的诉讼代理人是不应当享有的。

(二)自诉案件中的代理

自诉案件中的代理,是指代理人接受自诉人及其法定代理人的委托参加诉讼,以维护自诉人的合法权益。

自诉案件的自诉人可以随时委托诉讼代理人,我国《刑事诉讼法》第44条还规定,法院自受理案件之日起3日内,应当告知自诉人及其法定代理人有权委托诉讼代理人,这就使自诉人委托代理人的诉讼权利得到了程序上的保障。

自诉人委托诉讼代理人应当同诉讼代理人签订委托合同,载明代理事项、代理权限、代理期间等重大事项。

对于自诉人应有哪些权利,我国法律也没有作出明确规定。由于自诉人的代理人像公诉案件被害人的代理人一样,也是行使控诉职能的,因而自诉人的代理人享有的诉讼权利原则上应当与被害人的诉讼代理人享有的诉讼权利相同。自诉人的诉讼代理人也应当以事实和法律为依据,正确地行使控诉权。但是,由于自诉案件通常危害性较小,主要涉及的是公民个人的利益,我国法律赋予自诉人对自己的利益进行处分的权利,因而自诉人的代理人的权利应当受到自诉人权利的约束,未经自诉人同意,自诉人的代理人不得撤回起诉,不得与对方和解、接受法院调解和提出反诉。

(三) 附带民事诉讼中的代理

附带民事诉讼中的代理,是指诉讼代理人接受附带民事诉讼的当事人及其法定代理人的委托,在所受委托的权限范围内,代理参加诉讼,以维护当事人及其法定代理人的合法权益。

我国《刑事诉讼法》规定,附带民事诉讼案件的当事人及其法定代理人,自案件移送审查起诉之日起,有权委托诉讼代理人,同时还规定检察院自收到案件审查起诉的案件材料之日起3日内应当告知双方当事人及其法定代理人有权委托诉讼代理人。

诉讼代理人接受委托的,应同附带民事诉讼当事人及其法定代理人签订委托代理合同,并由被代理人填写授权委托书,注明代理的权限。虽然我国法律也未对附带民事诉讼当事人的诉讼代理人的权利作出明确规定,但由于附带民事诉讼本质上是民事诉讼,因而双方当事人的诉讼代理人在附带民事诉讼中应当行使与其在一般民事诉讼中同样的权利,应当有权收集、调查证据,全面了解案情,在法庭上可以参与附带民事诉讼部分的调查和辩论,并提出代理意见。在诉讼中,如果当事人授予了和解权、撤诉权、反诉权等诉讼权利,还可以行使上述诉讼权利。

第三节 刑事法律援助制度

一、法律援助制度概述

法律援助制度是国家在司法制度运行的各个环节和各个层次上,对因经济困难或者其他因素而难以通过一般意义上的法律救济手段保障自身权利的社会弱者,减免收费,提供法律帮助的一项法律保障制度。它作为实现社会正义和司法公正、保障公民基本权利的国家行为,在国家的司法体系中占有十分重要的地位。[①]

法律援助制度起源于西方国家,先后经历了慈善事业阶段(18、19世纪)、个人权利阶段(20世纪前半段)和福利国家政策阶段("二战"以后)。自20世纪六七十年代以后,法律援助制度逐渐被一些发展中国家接受。我国虽然在1979年《刑事诉讼法》中就已经有了指定辩护的规定,但严格意义上的法律援助制度,到20世纪90年代后才开始建立。我国《律师法》第42条的规定,是法律援

---

① 参见张耕主编:《法律援助制度比较研究》,法律出版社1997年版,第4页。

助制度的直接法律渊源。此外,在《未成年人保护法》《老年人权益保障法》《妇女权益保障法》和《残疾人保障法》颁布后,司法部都及时联合中央有关部门发出了在这些特殊群体中建立法律援助制度的通知,进一步扩大了我国法律援助制度的范围。国务院于 2003 年 7 月 16 日通过了《法律援助条例》,标志着我国系统的法律援助制度正式建立。党的十八届四中全会以后,法律援助制度更加受到重视,并采取措施进一步加以完善。

法律援助制度具有以下几个特点:

第一,法律援助是一种国家行为,它是现代法制社会要求国家承担的一种国家责任,受国家强制力保证实施。我国《法律援助条例》第 3 条明确规定,法律援助是政府的责任,县级以上人民政府应当采取积极措施推动法律援助工作,为法律援助提供财政支持,保障法律援助事业与经济、社会协调发展。法律援助经费应当专款专用,接受财政、审计部门的监督。

第二,法律援助的对象是特定的社会阶层,即因经济困难或其他因素而难以通过一般法律救济手段保障自身基本社会权利的阶层人士。我国《法律援助条例》第 10 条规定,公民对下列需要代理的事项,因经济困难没有委托代理人的,可以向法律援助机构申请法律援助:(1) 依法请求国家赔偿的;(2) 请求给予社会保险待遇或者最低生活保障待遇的;(3) 请求发给抚恤金、救济金的;(4) 请求给付赡养费、抚养费、扶养费的;(5) 请求支付劳动报酬的;(6) 主张因见义勇为行为产生的民事权益的。省、自治区、直辖市人民政府可以对前款规定以外的法律援助事项作出补充规定。

第三,法律援助的内容有一个发展过程,各国早期仅限于为刑事案件中被关押的贫穷的被告人提供辩护,其后逐渐扩展到在民事诉讼程序中提供代理。"二战"以后,随着福利国家政策的兴起,法律援助扩展到了国家法制运行的各个环节。

第四,法律援助的宗旨是维护司法公正,实现社会正义,体现的是法律面前人人平等的精神。

二、刑事法律援助制度

刑事法律援助制度,是法律援助制度的最初形式,也是法律援助制度中最重要的组成部分,因为同其他法律帮助相比较,被牵涉进刑事诉讼的人最需要法律帮助。刑事诉讼事关公民的生命与自由,在大力倡导人权保障,辩护制度高度发达的今天,刑事法律援助制度就显得尤为重要。

(一) 刑事法律援助的范围

刑事法律援助的范围,同一国的经济发展水平和法制状况密切相关,在发达的资本主义国家中,由于有雄厚的物质基础作保证,加上民主法律制度完备,刑事法律援助的范围相当广泛,刑事法律援助贯穿了调查取证、提起公诉、审判和上诉等刑事诉讼中的各个阶段，凡是生活在贫困线以下的被告人、自诉人，都可以获得无偿的律师帮助。据统计，早在1976年，英国就有96%的被告在巡回刑事法院的审判中得到了法律援助。

与西方发达国家相比较，受经济发展水平的限制，我国刑事法律援助的范围经历了一个逐渐扩大的过程。早期的法律援助仅限于少数几种特殊情况下的指定辩护，现在已逐渐扩大到其他领域。即使就指定辩护来说，早期仅限于审判阶段，修正后的《刑事诉讼法》已经提前到了侦查阶段。

根据我国《刑事诉讼法》第34条和第266条的规定，对被追诉人的法律援助，分为申请指派律师援助和法定指派律师援助两种情形：

根据《刑事诉讼法》第34条第1款的规定，申请指派律师援助的情形，是指犯罪嫌疑人、被告人因经济困难或者其他原因[①]没有委托辩护人的，本人及其近亲属可以向法律援助机构提出申请。人民法院收到在押被告人提出的法律援助申请，应当在24小时以内转交所在地的法律援助机构（最高法《解释》第41条）。对符合法律援助条件的，法律援助机构应当指派律师为其提供辩护。

根据《刑事诉讼法》第34条第2、3款、第267条和第286条第2款的规定，法定指派律师援助是指在下列情形中，犯罪嫌疑人、被告人没有委托辩护人的，人民法院、人民检察院和公安机关应当通知法律援助机构指派律师为其提供辩护：（1）犯罪嫌疑人、被告人是盲、聋、哑人，或者是尚未完全丧失辨认或者控制自己行为能力的精神病人；（2）犯罪嫌疑人、被告人是未成年人；（3）犯罪嫌疑人、被告人可能被判处无期徒刑、死刑；（4）强制医疗案件中，被申请人未委托诉讼代理人。[②] 对于这几种情形，法律援助机构只要收到人民法院、人民检察院或者公安机关的通知，就应当指派律师提供法律援助，无须对被告人进行经济状况的审查。

除了上述对刑事被追诉者的法律援助之外，根据《法律援助条例》第11条的规定，刑事诉讼中有下列情形之一的，公民可以向法律援助机构申请法律援助：（1）公诉案件中的被害人及其法定代理人或者近亲属，自案件移送审查起诉之日起，因经济困难没有委托诉讼代理人的；（2）自诉案件的自诉人及其法定

---

① 关于经济困难和其他原因而没有委托辩护人的具体情形，我国《刑事诉讼法》中尚无具体规定。根据《法律援助条例》第13条的规定，公民经济困难的标准，由省、自治区、直辖市人民政府根据本行政区域经济发展状况和法律援助事业的需要规定。申请人住所地的经济困难标准与受理申请的法律援助机构所在地的经济困难标准不一致的，按照受理申请的法律援助机构所在地的经济困难标准执行。对其他原因如何掌握，最高法《解释》第43条规定，具有下列情形之一，被告人没有委托辩护人的，人民法院可以通知法律援助机构指派律师为其辩护：(1) 共同犯罪案件中，其他被告人已经委托辩护人；(2) 有重大社会影响的案件；(3) 人民检察院抗诉的案件；(4) 被告人的行为可能不构成犯罪；(5) 有必要指派律师提供辩护的其他情形。

② 2013年2月4日，两院二部《法律援助规定》第11条规定：人民法院自受理强制医疗申请或者发现被告人符合强制医疗条件之日起3日内，对于被申请人或者被告人没有委托诉讼代理人的，应当向法律援助机构送交代理公函，通知其指派律师担任被申请人或者被告人的诉讼代理人，为其提供法律帮助。

代理人,自案件被人民法院受理之日起,因经济困难没有委托诉讼代理人的。这两种情况在理论上应属于依申请酌定指派法律援助的情形。两办印发的《完善法律援助制度意见》进一步规定:"健全法律援助参与刑事案件速裁程序试点工作机制。建立法律援助参与刑事和解、死刑复核案件办理工作机制,依法为更多的刑事诉讼当事人提供法律援助。"

(二)刑事法律援助的机构

《法律援助条例》对法律援助的机构作出了统一的规定。按照规定,司法行政部门是法律援助的监督部门,国务院司法行政部门监督管理全国的法律援助工作,县级以上地方各级人民政府司法行政部门监督管理本行政区域的法律援助工作。中华全国律师协会和地方律师协会应当按照律师协会章程对依据本条例实施的法律援助工作予以协助。直辖市、设区的市或者县级人民政府司法行政部门根据需要确定本行政区域的法律援助机构。法律援助机构负责受理、审查法律援助申请,指派或者安排人员为符合本条例规定的公民提供法律援助。

为保证法律援助工作的有力开展,《完善法律援助制度意见》要求建立法律援助值班律师制度,即"法律援助机构在法院、看守所派驻法律援助值班律师",以保障及时办理法律援助事务。

(三)刑事法律援助的程序

对于法定指派律师援助的情形,法律援助机构只要接到人民法院、人民检察院或者公安机关的通知,就应当及时指派律师进行援助,并将指派进行援助的律师名单回复上述机关,无须进行资格审查。六部门《规定》第5条专门规定,人民法院、人民检察院、公安机关,对于符合法定指派律师援助的情形,而"通知法律援助机构指派律师提供辩护或者法律帮助的,法律援助机构应当在接到通知后3日以内指派律师,并将律师的姓名、单位、联系方式书面通知人民法院、人民检察院、公安机关"。因此,这里的刑事法律援助程序,主要是有关申请指派律师援助的程序。

根据《法律援助条例》的规定,犯罪嫌疑人、被告人申请法律援助的,应当向审理案件的人民法院所在地的法律援助机构提出申请。被羁押的犯罪嫌疑人的申请由看守所在24小时内转交法律援助机构,申请法律援助所需提交的有关证件、证明材料由看守所通知申请人的法定代理人或者近亲属协助提供。

公民申请代理、刑事辩护的法律援助应当提交下列证件、证明材料:(1)身份证或者其他有效的身份证明,代理申请人还应当提交有代理权的证明;(2)经济困难的证明;(3)与所申请法律援助事项有关的案件材料。申请应当采用书面形式,填写申请表;以书面形式提出申请确有困难的,可以口头申请,由法律援助机构工作人员或者代为转交申请的有关机构工作人员作书面记录。

法律援助机构收到法律援助申请后,应当进行审查;认为申请人提交的证件、证明材料不齐全的,可以要求申请人作出必要的补充或者说明,申请人未按要求作出补充或者说明的,视为撤销申请;认为申请人提交的证件、证明材料需要查证的,由法律援助机构向有关机关、单位查证。对符合法律援助条件的,法律援助机构应当及时决定提供法律援助;对不符合法律援助条件的,应当将理由书面告知申请人。

申请人对法律援助机构作出的不符合法律援助条件的通知有异议的,可以向确定该法律援助机构的司法行政部门提出,司法行政部门应当在收到异议之日起5个工作日内进行审查,经审查认为申请人符合法律援助条件的,应当以书面形式责令法律援助机构及时对该申请人提供法律援助。

法律援助机构可以指派律师事务所安排律师或者安排本机构的工作人员办理法律援助案件;也可以根据其他社会组织的要求,安排其所属人员办理法律援助案件,但是根据《刑事诉讼法》第34条规定的精神,对于犯罪嫌疑人、被告人的法律援助,只能安排律师进行。

受指派进行法律援助义务的律师,应当认真负责地履行法律援助义务,我国《律师法》第42条专门规定:"受法律援助机构指派,进行法律援助的律师应当为受援人提供符合标准的法律服务,维护受援人的合法权益。"

受指派办理法律援助案件的律师或者接受安排办理法律援助案件的社会组织人员在案件结案时,应当向法律援助机构提交有关的法律文书副本或者复印件以及结案报告等材料。法律援助机构收到前款规定的结案材料后,应当向受指派办理法律援助案件的律师或者接受安排办理法律援助案件的社会组织人员支付法律援助办案补贴。法律援助办案补贴的标准由省、自治区、直辖市人民政府司法行政部门会同同级财政部门,根据当地经济发展水平,参考法律援助机构办理各类法律援助案件的平均成本等因素核定,并可以根据需要调整。

办理法律援助案件的人员遇有下列情形之一的,应当向法律援助机构报告,法律援助机构经审查核实的,应当终止该项法律援助:(1)受援人的经济收入状况发生变化,不再符合法律援助条件的;(2)案件终止审理或者已被撤销的;(3)受援人又自行委托律师或者其他代理人的;(4)受援人要求终止法律援助的。

第九章　证据制度的一般理论

第一节　证据与证据法

一、证据的概念与特征

（一）证据的概念

"证据"一词，在日常生活中被广泛使用，通常是指"能够证明某事物的真实性的有关事实或材料"[①]。而作为法律术语的"证据"，与其既有共同点，也有差别之处。诉讼中的证据，受到证据法及其他相关法律的规范，体现出司法赋予的独特品性。

从法律规定上看，除了我国和俄罗斯以外，大多数国家的刑事诉讼法或证据法没有对证据下定义。我国《刑事诉讼法》第48条规定："可以用于证明案件事实的材料，都是证据。证据包括：（一）物证；（二）书证；（三）证人证言；（四）被害人陈述；（五）犯罪嫌疑人、被告人供述和辩解；（六）鉴定意见；（七）勘验、检查、辨认、侦查实验等笔录；（八）视听资料、电子数据。证据必须经过查证属实，才能作为定案的根据。"

关于证据的定义，中外理论对此众说纷纭，主要有"事实说""根据说""材料说""信息说""方法说""事物说"等代表性观点。这些学说在语词表达、思考角度等方面存有一定的差异，但也有一定的共识。我国《刑事诉讼法》规定的证据定义采取了"材料说"。

我们认为，证据应当是内容与形式的统一，证据的内容是证据所表达的事实，证据的形式是事实赖以存在的载体。例如，张三在法庭上作证说："我当时看见一个中年男子拿菜刀对一个年轻姑娘砍了几刀。"此案中，证据形式是张三的证人证言，而证据内容是张三看见一男子拿刀砍一姑娘。《刑事诉讼法》将证据定义为"可以用于证明案件事实的材料"，这里的"材料"是证据事实与证据载体相统一的表述。

（二）证据的属性

事物的属性是指事物固有的本性或特征。对证据的属性，西方国家的法理概括，两大法系有所不同。大陆法系国家通常采用证据能力和证明力来表达证

[①] 中国社会科学院语言研究所词典编辑室编：《现代汉语词典（第6版）》，商务印书馆2012年版，第1663页。

据的属性。简而言之,证据能力是指证据资格,即允许该证据在诉讼中使用;并且大陆法系一般对其只作消极规定,如德国依据证据禁止和程序禁止规定对证据能力加以限制。证明力是指证据对案件事实有无证明作用以及证明作用的大小。

英美法系国家通常强调证据的关联性(relevancy)与可采性(admissiability)。英美法中关于关联性的学理解释不胜枚举,不过通常是指证据必须与案件的待证事实有关,从而具有能够证明案件待证事实的作用,但并不重点关注证据的真实性问题。英美证据法中的可采性,是指该证据在审判中可以被采用;而且,具有可采性的证据都具有关联性,但有关联性的证据未必都具有可采性。

我国的证据属性问题,理论上存在争论。主要有两种主张:一种主张认为参照大陆法系学说,证据的属性包括证据能力和证明力两个方面;另一种主张为传统的三性说,即客观性、关联性、合法性。我们认为这两种主张有很大的共同之处,客观性和关联性大体相当于证据的证明力,而证据能力与合法性近似。现就传统的三性说论述如下:

1. 证据的客观性

所谓证据的客观性,又称真实性、确实性,是指证据所表达的内容或证据事实是客观存在的,不以办案人员的意志为转移,不是主观想象、臆断或虚构的。

我们认为,对证据的收集、审查判断过程是一个辨别真伪的过程,在这个过程中暂时难以分辨证据的真假。从语言逻辑上说,真假证据都是证据,因此,我国《刑事诉讼法》第48条第1款规定:"可以用于证明案件事实的材料,都是证据。"但我们应当注意到第48条第3款又规定:"证据必须经过查证属实,才能作为定案的根据。"也就是说,证据最终还是要讲客观真实性的。否则,证据数量再多也不可能准确认定案件真实情况,实现司法公正之目标。从这个意义上说,客观性是证据的本质属性之一。

2. 证据的关联性

证据的关联性,又称证据的相关性,是指证据事实与案件事实存在着客观上的内在联系性,从而能起到证明作用。证据的关联性是由案件本源事实所决定、派生的。犯罪事实总是在一定的时、空下发生,并与一定的人、物等外界环境发生作用,必然留下相应的印象、痕迹等。这些痕迹和印象有可能在诉讼中以不同方式转化,成为能够证明案件事实的证据。例如,留在凶杀案现场的一把刀,只有客观上是作案工具,才能成为物证。又如,在一起银行抢劫案中,如果银行的监控录像能显示出作案人员的形象和作案过程,则此视听资料就具有与案件事实的关联性,成为认定案情的关键性证据。当然,证据的关联性也是从最后查证属实这个意义上说的,在查证开始或过程中不能先设定哪个证据的表面关联性是实质的关联。例如,发现犯罪现场留有两个人的指纹,究竟是两人共同犯罪留下的指纹,或者其中一人犯罪留下的指纹而另一个人与犯罪无关,或者两个人指纹都与犯罪无关,这只有到最后才能查清指纹与犯罪事实的真正关联性。

3. 证据的合法性

证据的合法性,是指证据的形式以及证据收集的主体、方法和程序应当符合法律的规定,并且证据必须经过法定的审查程序,其中重点强调证据收集手段、方法的合法性。我国《刑事诉讼法》第50条规定:"审判人员、检察人员、侦查人员必须依照法定程序,收集能够证实犯罪嫌疑人、被告人有罪或者无罪、犯罪情节轻重的各种证据。严禁刑讯逼供和以威胁、引诱、欺骗以及其他非法方法收集证据,不得强迫任何人证实自己有罪……"证据的合法性是证据的客观性与关联性的法律保障,对确保办案质量、体现诉讼正义价值意义重大。

为了保证证据的合法性,我国《刑事诉讼法》第54条规定了非法证据排除规则:"采用刑讯逼供等非法方法收集的犯罪嫌疑人、被告人供述和采用暴力、威胁等非法方法收集的证人证言、被害人陈述,应当予以排除。收集物证、书证不符合法定程序,可能严重影响司法公正的,应当予以补正或者作出合理解释;不能补正或者作出合理解释的,对该证据应当予以排除。在侦查、审查起诉、审判时发现有应当排除的证据的,应当依法予以排除,不得作为起诉意见、起诉决定和判决的依据。"可见,《刑事诉讼法》对证据的合法性提出了明确的要求,但并非一切违法取得的言词证据和实物证据都必须排除,排除的只是符合排除条件的这部分证据。从这个意义上讲,证据的合法性可以理解为证据的可采性。

二、证据的意义与证据裁判原则

(一) 证据的意义

刑事诉讼活动离不开证据,是围绕运用证据、认定案件事实而展开的。证据对于完成刑事诉讼任务、实现司法公正发挥着基础性的作用,具有非常重要的意义,具体表现在以下几个方面:

1. 证据是准确认定案件事实的主要手段

刑事诉讼的过程首先就是运用证据认定案件事实的过程。案件事实发生在过去,不可能真正重新出现;司法人员只有通过证据,才能使过去发生的案件事实全景地或片段地在自己面前近似地显现。也就是说,司法人员是依靠证据去查明案件事实真相的。当然在特定情况下,根据法律规定,司法人员可以通过司法认知来确定事实;但这并不妨碍证据作为准确认定案件事实的主要手段而存在,司法实践中诉讼证明活动主要是依靠证据而进行的。

2. 证据是有效实现司法公正的基石

这一方面是由于在运用证据准确认定案件事实的基础上适用法律,案件才能得到正确的处理,最大程度地做到不枉不纵,从而实现司法的实体公正。另一方面,围绕证据而确立的一系列诉讼程序(如证据的收集程序)和证据规则(如非法证据排除规则、特权规则),有利于限制国家权力,保障个人权利,凸显司法的程序公正。

3. 证据是当事人维护合法权利的重要依据

在证据裁判原则占基础地位的现代刑事诉讼中,证据对于被害人和犯罪嫌疑人、被告人而言,都是维护其合法权利的重要依据。就被害人而言,证据能使真正的犯罪分子受到应有的惩罚,抚平被害人及其家属的心灵创伤,并使其受犯罪带来的财产损失得到赔偿;就被追诉人而言,通过证据,既可以避免其被无辜冤枉,也可以防止国家专门机关对其滥用权力。

4. 证据是进行社会主义法制宣传与教育的有效工具

在刑事诉讼活动中,通过确凿充分的证据,可以有效地揭露犯罪、证实犯罪、惩罚犯罪,迫使犯罪嫌疑人、被告人认罪服法;也可以震慑一部分社会不稳定分子,使他们悬崖勒马,不敢实施犯罪;还可以提高判决对当事人和社会公众的可接受性,提升司法的公信力,有利于当事人息讼,促进社会和谐安定。

(二) 证据裁判原则

在现代诉讼中,证据的重要意义与证据裁判原则是密切联系的。证据裁判原则,也称证据裁判主义,是指对于案件争议事实的认定,应当依据证据。它包括以下三方面的要求:首先,裁判所认定的案件事实必须以证据为依据;其次,裁判所依据的证据是具有证据能力的证据;最后,作为综合裁判所依据的证据,必须达到法律规定的证明标准。

在司法证明史上,最初处于"神明裁判"阶段。当时被控犯罪的人不承认有罪,便采取"神判"的方式,把案件事实的裁判交给"神"来行使。这种非证据裁判的方式是与当时的生产力落后、人类处于愚昧状态相适应的。随着社会的发展,人类认识能力不断提高,司法裁判者开始主要依靠证据认定案件事实,在欧洲中世纪后期则实行法定证据制度。但这时期的证据以被告人的口供为主,并实行法定刑讯制度,如果从包括中国在内的世界范围来看,这时期可视为口供裁判阶段,因此也不能认为已实行了证据裁判原则。到了近代西方资产阶级革命和启蒙运动以后,才逐步确立了证据裁判原则。

证据裁判原则作为刑事诉讼的一项基本原则,已为现代法治国家和地区的立法所普遍确认。但在法律中明文规定这一原则的,仅仅是大陆法系的部分国家和地区。例如,日本《刑事诉讼法》第 317 条规定:"认定事实,应当依据证据。"[1]我国台湾地区"刑事诉讼法"第 154 条也规定:"犯罪事实应依证据认定之,无证据不得认定犯罪事实。"在英美法系国家,其大量存在的证据规则和刑事程序中关于证据出示、认定等规定,也都是证据裁判原则的具体体现。

我国的立法和司法也遵循证据裁判原则。《刑事诉讼法》虽然没有明确规定这一原则,但有关条文包含了证据裁判原则的内容。如第 53 条第 1 款规定:

---

[1] 见《日本刑事诉讼法》,宋英辉译,中国政法大学出版社 2000 年版,第 73 页。

"对一切案件的判处都要重证据,重调查研究,不轻信口供。只有被告人供述,没有其他证据的,不能认定被告人有罪和处以刑罚;没有被告人供述,证据确实、充分的,可以认定被告人有罪和处以刑罚。"2010年两院三部《办理死刑案件证据规定》第2条明确规定:"认定案件事实,必须以证据为根据",正式确立了刑事诉讼中的证据裁判原则。之后,2012年最高法《解释》第61条规定:"认定案件事实,必须以证据为根据。"2012年最高检《规则》第61条第1款也规定:"……认定案件事实,应当以证据为根据。"四中全会《决定》明确提出了"全面贯彻证据裁判规则,严格依法收集、固定、保存、审查、运用证据"的要求,这进一步说明证据裁判原则已成为我国刑事证据制度之基石性原则。

三、证据制度与证据法

证据制度作为国家法律制度的重要组成部分,是法律规定的有关证据的概念、证据的种类、证据规则以及与证明问题等相关的制度体系。证据运用的规范化、程序化和制度化,需要通过证据法来加以体现和保障,从而更好地指导司法实践,满足诉讼需要,这也是法治文明与进步的要求。

展望我国证据立法的发展,必然涉及立法模式问题。综观世界主要国家和地区的证据立法模式,两大法系的具体做法明显不同。英美法系国家通常对证据进行单独立法,具体表现为以下几种情形:其一,制定统一的证据法典,如美国的《联邦证据规则》、加拿大的《证据法》等;其二,制定单行成文法,如英国1984年《警察与刑事证据法》;其三,散见于其他的法律规范中,如英国1994年《刑事审判与公共秩序法》。大陆法系国家的证据规范基本上规定在诉讼法典之中,没有单独的证据法典,具体而言,又可分为以下几个模式:第一,以德国、法国为代表,有关证据规范分散在刑事诉讼法相关程序的规定中,不具有集中系统性;第二,以俄罗斯、意大利和我国澳门地区为代表,在刑事诉讼法典中以专编、专章或专节的形式集中规定证据相关内容,既包括原则性、共性内容,也有具体的证据收集、审查判断程序规定;第三,以日本为代表,将证据制度的原则内容和诉讼程序中带有共性的问题规定在刑事诉讼法的专编、专章或专节中,而将证据的收集、审查判断程序规定在相关的侦查、起诉、审判章节中。我国采用的是类似大陆法系的立法模式,主要规定在《刑事诉讼法》的第一编第五章"证据"、第二编第二章"侦查"以及第三编第二章"第一审程序"之中。我国之所以要采用此种模式和做法,首先是因为现有的刑事、民事和行政诉讼法典中都规定了证据法的内容,若要分别从中抽出证据法部分,制定独立的证据法典,难度很大。而且世界各国的统一证据法典都只适用于审判程序,是审判证据法典,但我国刑事诉讼中的证据规则,不限于审判程序,在侦查、起诉程序中同样占有重要地位,而统一证据法典难以解决刑事审前程序的证据规则问题。

第二节 证据制度的基础理论

刑事证据制度是刑事诉讼制度非常重要的组成部分,对其基本内容的规制和改革都离不开认识论与价值论的指导。诉讼真实论则是科学的认识论和价值论相结合的产物。

一、认识论

我国刑事证据制度应当坚持以辩证唯物主义认识论为指导,并具体运用于诉讼中,形成诉讼认识论。辩证唯物主义认识论是关于人类认识自然、社会和具体事物的一般规律的科学,具体包括可知论和真理论两方面内容。

可知论强调可知性与能动反映性,认为主体(人)能够反映客体(包括自然界、人类社会和人自身),客体独立于认识主体而客观存在。在研究认识的主体和客体时必然涉及"事实"(fact)的问题。对此,我们主张客观存在状态说,即事实是不依赖于主体主观意识的客观存在状态。它既包括客体性事实,即一切对象的客观存在及其现实状况,也包括人本身的主体性事实,即"通过主体本身的存在和变化而表现出来的事实"。[①]

关于真理论,我们坚持从世界的客观物质性和可知性前提出发,认为真理是符合客观实际的认识。但真理的获得与掌握过程具有主观性,须发挥主观能动性,运用一切认识手段形成人的思维、判断。认识是主观能动的反映,将外在的事物客观地反映在人的头脑、思维之中就形成了正确的认识,这在认识论上称之为"真理"或真实的认识(真理、真实在英文中是一个词,即 truth),而不正确的认识是一种对客观事物的歪曲反映,是不真实的认识。

马克思主义认识论认为,真理是绝对性与相对性的辩证统一。"真理的绝对性或绝对真理,可以从两个方面来理解:第一,任何真理都标志着主观同客观的符合,都包含有不依赖于人或人类的客观内容,都同谬误有原则性的区别,都不能被推翻,否则就不成其为真理。这一点是绝对的、无条件的。在这个意义上,承认了客观真理,也就是承认了绝对真理或真理的绝对性。第二,人类认识按其本性来说,能够正确认识无限发展着的物质世界,认识每前进一步,都是向无限发展着的物质世界的接近,这一点也是绝对的、无条件的。在这个意义上,承认世界的可知性,承认人能够获得关于无限发展着的物质世界的正确认识,也就是承认了绝对真理或真理的绝对性。真理的相对性或相对真理,是指人们在一定条件下,对客观世界及其发展规律的正确认识总是有限的、不完全的。第一,从客观世界的整体来看,任何真理性的认识都是对无限宇宙的一个部分或片

---

① 参见李德顺:《价值论》(第2版),中国人民大学出版社2007年版,第243页。

段的正确反映,人类已经达到的认识总是有限的、不完全的。承认世界上尚有未被认识的东西,我们的认识有待拓展,也就是承认了相对真理或真理的相对性。第二,从特定事物或现象看,任何真理性的认识都是对该对象的一定方面、一定程度、一定层次的正确反映。认识反映事物的深度总是有限的,具有近似的性质。承认我们的认识有待深化,也就是承认了相对真理或真理的相对性。"[1]总之,在一定范围内,真理既具有相对性,又具有绝对性,二者相互联系、渗透,相对中有绝对,绝对中有相对。此外,只有把认识、思维同客体、客观联系起来的实践,才是检验真理的唯一标准。

具体到诉讼认识论,它是一般认识原理在诉讼中的运用,与哲学上的认识论是一般与特殊的关系,既接受后者的指导,也有其自身的特殊性。诉讼认识的这种特殊性具体体现在以下几个方面:

第一,诉讼认识之主客体具有特定性。哲学意义上认识的主体是所有社会生活中的人,而诉讼认识的主体主要是公安司法机关及其办案人员,此外,当事人及其法定代理人、辩护人和诉讼代理人以及其他的诉讼参与人也会以一定的方式和途径参与诉讼认识活动,如辩护律师的调查取证、鉴定人进行的司法鉴定等。

哲学意义上认识的客体通常是客观存在的事物与规律,而诉讼认识的客体是案件事实。与其他事实相比,案件事实具有以下特性:(1)客观性。案件事实一旦发生,就独立于办案人员之外而客观存在。(2)确定性。与永不停息的运动变化着的客观世界相比,案件事实具有不变的确定性,这主要表现在案件事实发生的时间点是确定的,而且具体案情(例如何人、在何地、如何实施犯罪行为等情节)也是固定不变的。尽管有些情况下犯罪现场被伪装、凶器被处理、犯罪嫌疑人逃跑,但案件事实本身却是确定不变的。(3)过去性。案件事实发生在过去,只有在其发生之后,司法人员才参与办案。如果司法人员是案件的亲历者或目击者,他便是被害人、作案人或证人,而非办案人员。因而对办案人员来说,案件事实永远是过去的事实,只能通过法定的诉讼程序收集证据来认识它。(4)法定性。案件事实是在法律上具有意义的事实,刑事诉讼中的案件事实主要是与定罪、量刑有关的事实。

第二,诉讼认识的手段主要是证据。案件事实都是发生在过去的,不可能真正再现于办案人员的面前,但办案人员能够通过证据基本上查明案件事实真相。证据成为诉讼认识主体(办案人员)与诉讼认识客体(案件事实)之间不可或缺的桥梁。尤其是现代国家都确立了证据裁判原则,明确要求认定案件事实必须依据证据。

---

[1] 李秀林等主编:《辩证唯物主义和历史唯物主义原理》(第五版),中国人民大学出版社2004年版,第297页。

在诉讼中,通过证据认定的事实,学界一般称之为法律事实。这是主观的事实,属于办案人员的主观认识范畴。法律事实在法定程序保障下,在大多数情况下与案件的客观事实基本上是一致的;但由于诉讼认识的复杂性,办案人员通过证据所认识的法律事实可能基本符合或部分符合案件的客观事实,也可能基本或完全不符合。而且实践中公安司法机关对同一案件事实先后作出不同的事实认定是常有的现象。同一案件的法律事实可能有几个,但案件的客观事实是永远不变的,只有一个。当法律事实与客观事实相符合时,即对事实的认定是正确的;反之则是错误的。在诉讼中实现司法裁判认定的法律事实与客观事实一致,这是保证办案质量的前提,也是有可能做到的。

第三,诉讼认识过程被严格法定化。诉讼认识除了要遵守一般认识所遵循的经验法则、逻辑规则以外,还要严格遵守法律的规定。首先,诉讼认识受到程序规则和证据规则的制约。在现代诉讼中,为了体现程序的公正、民主与文明,加强人权保障,对证据的收集、审查判断等都有严密的程序保障,并设置了一系列的证据规则。其次,诉讼认识必须在有限的时间内完成。对此,法律专门规定了诉讼的各种期限,如羁押期限、审查起诉期限、一审审理期限等。由此可见,诉讼认识过程的法定化,既是为了实现实体公正,也是为了保证程序正义。

二、价值论

什么是价值?在哲学上应从"主体与客体"的关系加以解读,将其视为一种主体同客体的关系,是主体对客体的需要和客体满足主体需要的程度。价值关系不仅发生在人与物之间,也发生在人与人之间以及其他一切可能的对象性关系中。①

诉讼价值,是指诉讼活动及其结果满足民众、社会和国家之需要的程度,在刑事诉讼中表现得尤为多样和复杂。我们认为,作为证据制度基础理论的价值论主要包括程序公正、人权保障、秩序和效率。

程序公正是司法公正的一个方面,在英美法系国家称为正当程序(due process),其形式表现为合法性,其实质内容的核心则为尊重和维护程序人权,重点是尊重和维护当事人,特别是被追诉人的诉讼权利。它在诉讼价值中居于重要位置,对证据制度的影响也很大。秩序是指自然界和人类社会的关系处于相对稳定、和谐、连续的状态。它也是刑事证据制度所追求的基本价值之一,主要体现为一方面通过诉讼程序惩罚犯罪和解决社会纠纷,恢复被破坏的社会关系,另一方面强调诉讼本身应当有序地进行,不能在办案过程中又产生新的混乱。另外,基于人权保障和司法资源有限性等方面的考虑,现代诉讼与证据制度都把效率视为基本理念和价值要求。例如,通过及时收集、保全证据,可以为准确认

---

① 参见李德顺:《价值论》(第2版),中国人民大学出版社2007年版,第27—28页。

定案情打好基础,有利于及早查明案件事实真相。

　　以上方面的诉讼价值与证据制度紧密相连,但是具体体现会有不同的侧重点。首先,证据制度上的程序公正,可以在不得强迫自证其罪、非法证据排除规则、传闻证据规则等方面得到较好的体现。在大多数情况下,公正的程序更有利于发现案件事实真相。例如,在法庭上质证的规定,既是程序公正的体现,也是为了最大限度地发现事实真相。但是,在某些情况下,追求程序公正与发现真相之间可能会产生一定的矛盾。例如,如果坚持绝对的非法证据排除规则,尽管可以保证程序的公正性,但却可能会阻碍事实真相的发现。我们认为,在二者发生矛盾时,有些情况下采取程序优先的原则,例如,根据非法证据排除规则,通过刑讯逼供获得的口供即使是真实的,因其严重违背程序正义也必须排除。但在有些情况下,程序正义则让位于发现真相,例如,根据非法证据的自由裁量规则,有些国家并不必然排除非法获得的物证,以有利于发现真实。因此,我们既不能夸大程序公正与发现真相冲突的一面,而忽视二者一致的一面,也要在二者发生冲突时,具体情况具体对待。其次,无罪推定、证人拒绝作证权、非法证据排除规则等体现了对人性的尊重和对人权的保障。诉讼过程中对人权的保障在一定程度上会限制案件事实真相的发现,例如,现代证据制度对一些取证手段的限制性规定,会不利于案件事实真相的发现。再次,追求秩序与发现真实紧密相连。一方面,案件事实真相的发现,有利于准确认定案情,公正惩罚犯罪,恢复被破坏的社会秩序;另一方面,如果滥用职权,非法取证或者违反伦理道德以求发现真实、惩罚犯罪,这不仅破坏了程序的正当性,而且可能冤枉无辜,造成新的民怨与社会混乱。因而在证据制度中也会规定一些限制事实真相发现的规则,例如,严禁刑讯逼供、拒绝作证特权的规定。最后,对证据收集、保全的及时性及诉讼期限的规定等方面,是对效率追求的一种体现。但对诉讼效率的追求有时有利于案件真相的发现,有时又会与事实真相的查明相冲突。对此,从总体上而言,要以追求真实和公正优先,兼顾效率。

　　由上可见,这些诉讼价值既是目的价值,也是手段价值。对这些价值的追求既有有利于诉讼认识的一面,但在一定情况下,也会妨碍诉讼认识,甚至与其相对立。可以说,价值论与认识论在证据制度中既有相统一的一面,也有矛盾之处;二者互相促进,但又有所制约。我们既要查明事实真相,又应当将其限定在一定范围内,通过证据制度和诉讼程序的规制,使多种诉讼价值相结合并得以平衡实现。

三、诉讼真实论

　　由于刑事诉讼始终是围绕运用证据认定案件事实而展开和终结的,这就必须从理念上解决如何对待诉讼中的"真实"问题。这个问题在理论上有重大争议,我们认为,在现代司法中,诉讼真实问题的正确解决应当以认识论和价值论作为理论基础,实行客观真实与法律真实相结合的理念。

(一)客观真实

从认识论上说,认识主体符合客观事实的认识,即主客观相统一的认识,哲学上称为真理,诉讼上称为真实。由于具有客观性,因而又称为客观真实。诉讼中的真实或客观真实,就是指司法人员通过证明活动对案件事实的认定与案件客观事实相一致的内容。

西方学者探讨诉讼中的真实时,有时亦使用"客观真实"的词语,如说:英国的证据规则,"其宗旨只有一条,就是保证求得案件的客观真实,防止发生冤枉无辜的现象"①。但更多地使用"实体真实""实质真实",特别是大陆法系的学者。如有学者说:"实体真实发见主义者……务期发见实质上真正之事实也。"②有的学者则说:"所谓实质真实主义遂成为刑事诉讼之原理……兹所谓真实不能不认为客观现实之真实,亦即其所指者为绝对的真实。"③

根据唯物主义认识论的可知性原理及司法实践中无数办案的经验,诉讼中的客观真实在一定条件、一定范围内是可能达到的。而且在有的案件中,一开始就可能达到。例如,犯罪嫌疑人在作案时被当场抓获,并有现场取得的其他证据加以印证;犯罪嫌疑人投案自首,并有根据其自首提供的线索取得的其他证据加以印证等。西方的诉讼法学者也并非都否认达到客观真实或实体真实的可能性,如说:"在一个得到精心设计的制度中……司法认定一般可能会达到与实体真实相一致。"④但另一方面,我们应当看到,由于案件事实是过去发生的事实,司法工作人员不可能完全查明其实际情况;有的案件非常复杂,不少证据早就消失了或被犯罪分子毁灭了;更须指出的是,现代司法理念要求,发现真实必须与法定程序相结合,而法定程序的价值观及其程序规则、证据规则是一把双刃剑,它既有保证发现真实的一面,又有阻碍发现真实的一面。这些情况都使得诉讼中所能达到的真实,总体而言,只能是接近真实、相对真实。这不仅表现在有不少案件破不了案,没有查明真正的犯罪分子,而且,就已破的案件而言,即使已作出有罪判决,所查明的犯罪事实也只可能是基本的犯罪事实,而不可能是全部的犯罪事实,特别是被追诉者主观方面的事实(如是否为故意、过失、是否有精神病等),有时更难准确认定。

承认在诉讼中证明的相对性、真实的接近性,不等于说所发现的真实中不具有绝对性。所谓真实的绝对性或绝对真实,就是指运用证据对案件事实的证明,

---

① 〔英〕K. S. 肯尼、J. W. 塞西尔·特纳:《肯尼刑法原理》,王国庆、李启家等译,华夏出版社 1989 年版,第 484 页。
② 刁荣华:《刑事诉讼法释论》(上册),汉苑出版社 1977 年版,第 7 页。
③ 蔡墩铭:《刑事诉讼法论》(修订版),台湾五南图书出版公司 1993 年版,第 22 页。
④ 〔美〕罗伯特·萨摩尔、阿西尔·莫兹:《事实真实、法律真实与历史真实》,徐卉译,载王敏远编:《公法》(第四卷),法律出版社 2003 年版,第 132、142 页。

在某些关键性事实的认定上达到了确定性即唯一性的程度,确实与客观事实相一致。例如,在震惊全国的马加爵杀人案中,对于被告人杀害四名同学这一案件事实,不仅被告人本人供认不讳,而且有大量的证据加以证实,一审判决后被告人也未提出上诉。这表明该事实是确定无疑的,达到了排他性。当然,即使像马加爵这样的案件,要查清案件中的一切事实情况也是不可能的。把客观真实说成是"绝对的客观真实",是"完全的客观真实",固然是片面的、不准确的,但把真实认定为只能达到相对真实,在任何条件下、任何案件事实上都不可能达到绝对真实的程度,这也违背了可知论的原理,并且显然不符合司法实践的经验。在司法实践中对案件事实认定的准确性,用"铁案""经得起实际检验"来表达,这就承认了诉讼证明中,绝对真实在一定范围内,特别是在主要犯罪事实上能够达到的可能性和现实性。西方国家的学者,特别是大陆法系学者,有不少人承认这一点。如日本刑事诉讼法学权威学者松尾浩也说:"日本刑事诉讼的目的在于绝对地发现真实,这点不同于美国的程序优先。"①

我们知道,有罪判决的证明标准越高,惩罚犯罪的准确率就越高,冤枉无辜者的概率就越小,但放纵犯罪分子的概率则增大;反之,有罪判决的证明标准越低,惩罚犯罪的准确率就越低,放纵犯罪分子的概率就越小,但冤枉无辜者的概率则增大。由于保障无辜的人不受刑事追诉和处罚是刑事诉讼中人权保障的关键,这就要求我们将有罪判决的证明标准一般而言应当确定在诉讼中可能达到的最高程度之上。

承认和坚持客观真实并不意味着要不择手段地追求实体真实的发现,相反,必须要求通过法定的程序、采取科学而文明的手段去查明案件事实,坚决反对违反程序法的规定,以侵害有关诉讼参与人的程序人权为代价,达到发现案件真实的目的。但同时,我们仍要强调指出,在提倡正当程序及其人权保障功能的同时,不能忽视对案件真实的追求,降低证明标准,从而导致错判无辜的概率增加。如果程序运作的结果往往是使无辜者被定罪,那么无论其过程如何"正当",其正当性都将会受到质疑。

(二) 法律真实

法律真实,又称形式真实或形式法律真实,是指司法人员运用证据认定案件事实要求达到法律所规定的真实程度。法律真实可能与客观真实相一致,也可能与客观真实相背离。

我们之所以主张实行客观真实与法律真实相结合,这是因为:其一,古今中外的诉讼证明所要达到的真实程度都需要通过法律的形式加以规定和体现。从神明裁判制度下的神示真实、口供主义的口供真实、法定证据制度下的形式真

---

① 顾永忠等:《日本近期刑事诉讼法的修改与刑事司法制度的改革》,载《比较法研究》2005年第2期,第127页。

实,到现代西方的"自由心证""排除合理怀疑",以及我国《刑事诉讼法》规定的"犯罪事实清楚,证据确实、充分",都是法律对证明标准提出的要求。客观真实作为一种理论和观念,也必须体现和落实到法律的规定中,以法条的形式加以表述,才能直接地、具体地规范司法实践。其二,司法程序的目标不仅在于发现真实,而且还必须实现诉讼的价值目标,如程序正义、尊重人权和人性、诉讼效率等。这些诉讼价值的实现与发现真实在很大程度上是一致的,但有时会发生矛盾和冲突,需要进行平衡,法律真实在一定意义上起着平衡器的作用。其三,司法实践中对案件事实的证明十分复杂,不仅受到相关程序规则与证据规则的制约,同时还要考虑多方面因素的影响,如主要事实与其他事实对定罪量刑的影响大小不同,不同的犯罪要件事实的证明难度不同,刑事案件的性质和严重程度不同,案件是否适用被告人认罪的简易程序以及证明对象是实体事实或是程序事实等。因此,在刑事诉讼中,适用一个统一的证明标准很难满足司法实践的实际需要,而必须确立起层次性的证明标准,即在一般证明标准之外,建立事实推定、证据优势标准等,以适应不同的情形,例如,对被告人是否明知、故意的证明,对程序事实的证明,应当适当降低证明标准。这就必须适用法律真实的原理。但是,如果片面强调诉讼认识的特殊性、相对性和诉讼价值的优先性,从而主张以法律真实否定和取代客观真实,不承认法律真实应当与客观真实相结合;不承认在办理刑事案件中,有必要和可能查明案件事实真相,这就必然在一定程度上走向主观主义,并导致在司法实践中增加错判无辜的概率。

客观真实与法律真实相结合之理念,已为有的中央政法部门文件所认同。如2005年5月最高人民法院《关于增强司法能力提高司法水平的若干意见》中指出要"坚持法律真实与客观真实相统一"。四中全会《决定》则明确提出,在司法中要求"事实认定符合客观真相"。

第三节 证 明

一、证明的概念

证明,是人类生活中经常进行的一项活动,包括自然证明和社会证明。就通常意义而言,证明是指"用可靠的材料来表明或断定人或事物的真实性"。[①] 我们在本章论述的证明是一种刑事诉讼证明。在刑事诉讼中,证明占有极为重要的地位,而证明概念之界定,既是相关理论研究的起点,又与证明对象、证明责任、证明标准和证明过程等紧密相连。但基于诉讼构造、法律文化等方面的差异,对诉讼证明的理解在不同的国家和地区也有所不同。

[①] 中国社会科学院语言研究所词典编辑室编:《现代汉语词典(第5版)》,商务印书馆2005年版,第1741页。

在我国，根据现行《刑事诉讼法》的规定，证明是指以公安司法机关及其办案人员为主要主体，当事人及其辩护人、诉讼代理人参与所进行的收集、运用证据以认定案件事实的诉讼活动，即贯穿于刑事诉讼全过程中查明案件事实真相的活动。上述证明概念不仅见于《刑事诉讼法》第 48 条关于证据定义的规定，也体现在其他条文上，例如，第 79 条第 1 款规定："对有证据证明有犯罪事实，可能判处徒刑以上刑罚的犯罪嫌疑人、被告人，采取取保候审尚不足以防止发生下列社会危险性的，应当予以逮捕……"再如，第 139 条第 1 款规定："在侦查活动中发现的可用以证明犯罪嫌疑人有罪或者无罪的各种财物、文件，应当查封、扣押；与案件无关的财物、文件，不得查封、扣押。"

在英美法系国家，通常将证明（proof）界定为双方当事人（或控辩双方）在法庭上举证以说服法官确认本方所主张的案件事实的活动。我国也有一部分学者主张采用这种英美式的证明概念。

我们认为，我国《刑事诉讼法》所使用的证明概念不仅在长期的司法实践和研究中已经被习惯使用，同时可以在我国的司法体制和诉讼制度框架内，有效地实现刑事诉讼活动对案件事实的查明以及惩罚犯罪、保障人权价值的实现。《俄罗斯联邦刑事诉讼法典》也采用这种"证明"概念，该法第 85 条规定："证明是指为确认本法典第 73 条所列的情况而收集、审查和评定证据。"[①]

刑事诉讼中的证明，是一种具体的诉讼行为，受到诉讼法律规范和证据制度的严格约束，并承载着一系列的法律价值。这种证明不仅要遵循一般认识规律，还要体现司法规律和特点，以保障准确认定案件事实，为实现公正、高效、权威的司法提供扎实的基础。

二、证明的对象

（一）刑事证明对象的内涵与意义

刑事诉讼的证明对象，又称待证事实，主要是指公安司法机关及其办案人员在刑事诉讼中需要运用证据予以证明的事实情况。研究证明对象问题并确定其范围，对于确定诉讼证明的方向，指导证据的收集和运用，使案件得到正确、合法、及时的处理，具有重要的意义。因为在办案工作中，如果把证明对象的范围确定得过窄，遗漏了应该证明的事实，就会妨碍全面了解案情，甚至可能导致错判；如果把证明对象的范围确定得过宽，甚至把与案件无关的事实也列为证明对象，势必使司法人员分散精力，既浪费人力、物力，影响办案效率，同时也影响办案的质量。

（二）刑事证明对象的范围

刑事诉讼的核心问题，就是严格依照法定程序，解决犯罪嫌疑人、被告人的

[①] 《俄罗斯联邦刑事诉讼法典（新版）》，黄道秀译，中国人民公安大学出版社 2006 年版，第 82 页。

刑事责任问题。因此,证明对象必须是与犯罪嫌疑人、被告人定罪量刑有关的以及涉及程序公正的事实情况。此外,证明对象还应当是有必要用证据加以证明的事实;不需要证明的事实,属于免证事实,当然不必列为证明对象的范围。

作为刑事证明活动的前提性问题,刑事证明对象在各国立法、司法和相关理论中都受到了相当的重视。从域外看,不少国家和地区的立法明确规定了证明对象的范围。例如,《意大利刑事诉讼法》第187条规定了证明对象的范围是:"(1)与可控告、可罚性、刑罚或保安处分的适用有关的事实;(2)与适用诉讼规范有关的事实;(3)如果设立了民事当事人,与因犯罪而产生的民事责任有关的事实。"①《俄罗斯联邦刑事诉讼法典》第73条规定了"应当证明的情况:1.在刑事案件的诉讼中,应该证明的情况有:(1)犯罪事件(事实犯罪的时间、地点、方式和其他情节)。(2)刑事被告人实施犯罪的罪过,罪过的形式和犯罪动机。(3)说明刑事被告人个人身份的情况。(4)犯罪所造成损害的性质和大小。(5)排除行为有罪性质和应受刑罚性质的情节。(6)减轻和加重刑罚的情节。(7)可能导致免除刑事责任和免除刑罚的情节。2.还应该查明促成犯罪的情况"②。

我国《刑事诉讼法》并没有对刑事证明对象的范围作出明确规定,但是公安部《规定》第65条对需要查明的案件事实范围做了规定,最高法《解释》第64条对应当运用证据证明的案件事实范围也做了规定。学术界对此也有一定的理论概括。根据上述解释、规定和理论研究成果,刑事诉讼证明对象包括实体法事实和程序法事实两大方面的内容。此外,有的学者主张将证据事实纳入刑事证明对象的范围。我们认为,证据事实是证明的手段,不应列为证明对象。具体而言,刑事证明对象的范围包括以下两大类③。

1. 实体法事实

需要运用证据证明的案件实体事实包括:(1)犯罪事实是否存在;(2)犯罪嫌疑人、被告人的身份情况(包括其姓名、性别、出生年月日、民族、出生地、文化程度、职业、是否有前科、住址等);(3)犯罪嫌疑人、被告人是否实施了犯罪行为;(4)犯罪嫌疑人、被告人有无刑事责任能力(包括是否已满14周岁,是否属于精神病人在不能辨认或者不能控制自己行为的时候涉嫌犯罪的行为);(5)犯罪嫌疑人、被告人有无罪过,行为的动机、目的;(6)犯罪嫌疑人、被告人实施犯罪行为的具体情况,包括犯罪的时间、地点、手段、后果和其他情节;(7)是否为共同犯罪以及其在共同犯罪中的地位;(8)作为从重、从轻、减轻或者免除刑事处罚理由的事实;(9)有无《刑事诉讼法》第15条规定的不追究刑事责任的情形;

---

① 《意大利刑事诉讼法典》,黄风译,中国政法大学出版社1994年版,第67页。
② 《俄罗斯联邦刑事诉讼法典(新版)》,黄道秀译,中国人民公安大学出版社2006年版,第74页。
③ 参见陈光中主编:《中华人民共和国刑事诉讼法再修改专家建议稿与论证》,中国法制出版社2006年版,第323—325页。

(10) 其他与定罪量刑有关的事实。

2. 程序法事实

尽管最高法《解释》、公安部《规定》没有将程序事实作为证明对象,但在刑事诉讼中,程序法上的事实贯穿于整个诉讼过程中,并经常发生争议需要加以证明,因而这些程序法事实也应纳入刑事证明对象的范围,以促进程序公正的实现和实体法的正确施行。需要运用证据证明的案件程序事实包括:(1) 关于管辖的事实;(2) 关于回避的事实;(3) 耽误诉讼期限是否有不能抗拒的原因或者其他正当理由的事实;(4) 影响采取强制措施的事实,例如,犯罪嫌疑人、被告人是否患有严重疾病,是否是正在怀孕、哺乳自己婴儿的妇女,将涉及是否能采取逮捕这一强制措施;(5) 违反法定程序的事实,例如,《刑事诉讼法》第227条规定,第二审人民法院发现第一审人民法院的审理有五种违反法律规定的诉讼程序的情形之一的,应当裁定撤销原判,发回原审人民法院重新审判;(6) 影响执行的事实,例如,《刑事诉讼法》第254条对暂予监外执行情形的条件规定,以及第260条对减、免罚金的条件规定;(7) 其他需要证明的程序事实。

(三) 免证事实

免证事实,就是不需要证明的事实,即公安司法机关不需要依靠证据可以直接予以认定的事实,因此控辩双方在法庭上也不必加以举证。对免证事实作出规定,有利于缩小证明对象范围,减少证明环节,加快诉讼进程,提高诉讼效率。

我国《刑事诉讼法》对免证事实没有明确规定,但最高检《规则》第437条规定:"在法庭审理中,下列事实不必提出证据进行证明:(一) 为一般人共同知晓的常识性事实;(二) 人民法院生效裁判所确认的并且未依审判监督程序重新审理的事实;(三) 法律、法规的内容以及适用等属于审判人员履行职务所应当知晓的事实;(四) 在法庭审理中不存在异议的程序事实;(五) 法律规定的推定事实;(六) 自然规律或者定律"。

三、证明责任

证明责任问题在证据制度中占有显要地位,对于保证诉讼程序的顺利进行和案件的公正处理,意义重大。在证据制度的发展史上,由于诉讼模式等的差异,证明责任的相关理论与立法规定也有所不同。它起源于古罗马法中著名的"谁主张,谁举证"原则,到近代德国发展到繁荣阶段。目前,两大法系的双重证明责任理论,即大陆法系的主观证明责任和客观证明责任以及英美法系的提供证据责任和说服责任,传播广泛且逐步被认同。简单而言,大陆法系的主观证明责任,是指当事人在诉讼过程中负有以自己之举证活动证明系争事实从而推动诉讼继续进行下去的责任。客观证明责任,是指在审判中当待证事实至审理最后仍然无法确定或未经证明时的法律效果问题,即系争事实真伪不明时的不利后果由哪方承担的问题。英美法系的提供证据责任(Burden of Producing Evidence),又称推进诉讼的责任(The Burden of Putting Forward with Evidence),是指在诉讼中当事人提供证据,说服法官将案件提交陪审团的责任,或者提出某项证据使某一问题成为争议点的责任,这是一种诉讼双方都应当承担的证明责任。说服责任(Burden of Persuasion)是指由提出诉讼主张的一方当事人提供证据说服陪审团裁判己方主张为真的责任。其中,主观证明责任、提供证据责任属于行为意义上的证明责任,强调动态性;客观证明责任、说服责任属于结果意义上的证明责任,强调静态性。

在我国立法中,首次使用举证责任这一概念的是《行政诉讼法》第32条的规定:"被告对作出的具体行政行为负有举证责任。"《刑事诉讼法》第49条对举证责任问题也作出了明确规定。"公诉案件中被告人有罪的举证责任由人民检察院承担,自诉案件中被告人有罪的举证责任由自诉人承担。"我们认为,一方面,诉讼规律的共同性决定了各国证明责任理论体系应当有一定的通融性,因此我国证明责任的内涵也应适当吸收两大法系证明责任理论的共同原理;另一方面,我国特有的诉讼模式决定了在证明责任上应有自己的特色。基于此,结合证明的概念以及《刑事诉讼法》的相关规定来看,我们主张从两个层面上来界定刑事诉讼中的证明责任,即举证责任和证明职责。具体分述如下:

(一)举证责任

举证责任是指在法院审理过程中,由控辩双方承担的提出证据证明自己主张的责任,如果不能提出证据或提出了证据但达不到法律规定的要求,将承担其主张不能成立的后果。[①] 它是审判阶段控辩双方论证自己的主张和说服裁判者层面上的证明责任,其理念和制度与两大法系的证明责任制度基本相同。但在举证责任双重含义的具体表述上,考虑到语言表达的通俗易懂性,我们主张采用推进责任和结果责任,而不采用主观责任和客观责任的表述。此外,需要特别指出的是,无论是推进责任还是结果责任,只要没有履行,事实上都存在一个不利后果的问题。前者将导致诉讼程序不能继续进行,在程序上驳回诉讼主张;后者将导致实体上的直接败诉。

1. 公诉案件中公诉人负有举证责任

《刑事诉讼法》第49条规定:"公诉案件中被告人有罪的举证责任由人民检察院承担。"这是因为:第一,刑事诉讼的过程是国家主动追究犯罪,实现国家刑罚权的活动。除了一部分侵犯公民个人权利的轻罪案件交由被害人提起自诉外,绝大多数案件是由检察机关代表国家进行追诉,行使公诉权,因而它理所当然地负有举证责任。第二,这是无罪推定原则的要求。该原则主张任何人在未经法院生效判决确定为有罪之前均应推定无罪,而推翻这项推定的责任在控诉

---

① 陈光中主编:《中华人民共和国刑事证据法专家拟制稿(条文、释义与论证)》,中国法制出版社2004年版,第152页。

方,如果控诉方不能举出证据并达到法定的证明要求,被告人将被判无罪。该原则在当今世界各国的刑事诉讼中普遍实行,我国参加或缔结的许多国际公约、条约也有此要求。因此,在确定举证责任的分担原则时必须遵循这一原则的要求。第三,是基于被告人在诉讼中所处的特殊地位之考虑。被告人作为被追诉的对象,可能被采取强制措施以限制其人身自由。他既没有强制收集证据的权力,也没有收集证据的现实能力。因此,除法律有特别规定外,不能要求被告人承担举证责任。

公诉案件中收集证据的责任主要由侦查机关承担。他们在收集证据时,可以按照《刑事诉讼法》第二编第二章侦查的规定,通过讯问犯罪嫌疑人、询问证人、勘验、检查、搜查、查封、扣押物证、书证、鉴定、技术侦查等侦查措施,收集能够证明犯罪嫌疑人有罪的证据,为以后的提起公诉做准备。在公诉案件的法庭审判阶段,公诉人负有举证责任,应当向法庭提出证据,证明起诉书对被告人所控诉的犯罪事实。根据《刑事诉讼法》的规定,公诉人在法庭上举证的方式表现为,对证人、鉴定人发问,向法庭出示物证、宣读未到庭证人的证言笔录、鉴定人的鉴定意见以及勘验、检查笔录和其他作为证据的文书。如果公诉人不举证,或者举证达不到法律规定的证明要求,法庭就会对被告人作出无罪判决。

2. 自诉案件中自诉人负有举证责任

自诉案件中要求由自诉人承担被告人有罪的举证责任,主要是由"谁主张谁举证"之法理决定的。《刑事诉讼法》第 49 条规定:"……自诉案件中被告人有罪的举证责任由自诉人承担。"这就意味着自诉人在起诉的时候,必须向法庭提供一定的证据,否则其起诉可能不会被法院受理;在法庭审判的时候,还必须提供"确实、充分"的证据证明被告人有罪,否则其诉讼请求会被法院驳回。需要注意的是,自诉人的举证责任,在有法定代理人的时候由法定代理人承担;自诉人还可以委托律师或其他代理人代理自诉,协助自诉人履行举证责任。

3. 被告人除法律另有规定之外不承担举证责任

在现代诉讼中,被告人无论在公诉案件中还是在自诉案件中一般都不负举证责任,即不承担在法庭上提出证据证明自己无罪的责任(义务)。我国刑事诉讼中的被告人也不承担举证责任,人民法院不能因为被告一方不愿意或者没有提出证据,而不顾控方的证据是否充足作出被告人有罪的判决。如果被告方提出证据,一般都是为了支持某一辩护理由,即为了被告人自己的利益,这是被告人的辩护权利,而不是举证责任。

强调被告人不承担证明自己有罪的责任是正确的,但在现代各国刑事诉讼中,这一原则存在例外。如在英国证据法中,在刑事案件的审理中,每一争议事实的举证责任都由起诉方承担,但精神不正常以及制定法将举证责任赋予被告人的情形除外。具体来说,控方负举证责任有三个例外:(1)被告人精神不正常;(2)制定法的明示规定;(3)适用上诉法院在女王诉爱德华兹一案中确定的制定法解释原则的案件。① 我国刑事法律中也存在着控方负举证责任的例外情形，如《刑法》第 395 条规定的"巨额财产来源不明"案件中，被告人需提出证据证明财产差额部分的来源是合法的，否则差额部分以非法所得论。这是为了有效地惩治国家工作人员的贪污贿赂行为而设立的一项特殊规则，在这类案件中被告人要承担举证责任。而在一般案件中，被告人有举证权利，但无举证责任。

（二）证明职责

证明职责是指公安司法机关及其工作人员基于国家对其职责的要求，在刑事诉讼中应承担的证明义务。公安机关、人民检察院、人民法院对案件所作出的追诉犯罪或者有罪处理的决定或裁判，在证据上应当达到法律所规定的证明要求，否则必将产生法律后果。国家专门机关负有职务上的证明责任，有利于正确实现刑事诉讼任务，避免诉讼证明行为的怠慢，保证严把事实关和证据关，其必要性与重要性是显而易见的。

我国的公安机关、人民检察院、人民法院在刑事诉讼中分别代表国家行使侦查权、检察权和审判权；收集证据，审查判断证据，准确认定案件事实，是法律赋予他们的职权并要求他们承担责任。《刑事诉讼法》第 50 条规定："审判人员、检察人员、侦查人员必须依照法定程序，收集能够证实犯罪嫌疑人、被告人有罪或无罪、犯罪情节轻重的各种证据……"这明确了司法工作人员收集证据的证明职责。而且根据《刑事诉讼法》的规定，公安机关报请批准逮捕，必须提供法律所要求的证据，否则检察机关不批准逮捕；侦查终结，将案件移送人民检察院审查起诉时，必须提供支持其所认定的犯罪事实的证据。人民检察院审查以后，认为事实不清、证据不足的，可以退回公安机关补充侦查，或者自行侦查，最后仍达不到证据要求的，应当作出不起诉决定。人民检察院决定提起公诉的案件，必须认为证明犯罪嫌疑人犯罪事实的证据已达到确实、充分，足以作出有罪判决，并在法院开庭审理时向法庭提出支持起诉的证据，即实行举证。人民法院对被告人定罪判刑，在证明标准上必须达到犯罪事实清楚，证据确实充分的程度，人民法院在一定情况下有权力也有责任对证据进行庭内乃至庭外的调查核实。第一审法院的未生效判决如果证据不足，将由第二审法院予以撤销或改判。即使是生效判决，如果证据不足，认定事实错误，也将按照审判监督程序对案件进行再审，纠正错判。在对犯罪嫌疑人、被告人作出不逮捕、不起诉决定和宣告无罪的情况下，还应承担国家赔偿责任。可见，我国侦查机关、检察机关和人民法院在侦查、起诉、审判阶段都承担法定的证明职责；如果没有成功履行证明职责，则应承担不利于该国家专门机关的法律后果。

在自诉案件中，人民法院同样应当承担证明职责。在法庭审理过程中，审判

---

① 陈光中主编：《中华人民共和国刑事证据法专家拟制稿（条文、释义与论证）》，中国法制出版社 2004 年版，第 154 页。

人员对证据有疑问时，与公诉案件一样，可以休庭对证据进行调查核实，可以进行勘验、检查和鉴定。法院经过调查核实证据，认为证据已经确实、充分，才能作出有罪判决。

四、证明标准

证明标准，又称证明要求、法定的证明程度等，是指按照法律规定认定案件事实所要求达到的程度或标准。刑事证明标准则是指刑事诉讼中认定犯罪嫌疑人、被告人犯罪所要达到的程度。运用证据准确认定案件事实，证明标准的制定与把握是关键，而且直接关系到案件的最后公正处理。在当代刑事诉讼中，以审判中有罪裁判的证明标准来说，大陆法系国家表述为"内心确信"，英美法系国家表述为"排除合理怀疑"，这都是主观证明标准。我国的证明标准在立法上则表述为"犯罪事实清楚，证据确实充分"。

（一）我国刑事证明标准的形成

我国"犯罪事实清楚，证据确实充分"的刑事证明标准不是偶然制定的，而是有一个长期的形成过程。

我国封建时代的立法就特别注意发现事实真相，强调定罪要做到"无疑""明白"。[①] 在新民主主义革命时期，包括中央苏区、抗日革命根据地和解放区的司法工作中形成了实事求是的作风和路线，要求在证据"确实""充分"的基础上作出裁判。[②] 其后还明确了达不到"确属真实"之证明标准时应当按疑罪从无原则处理。[③] 新中国成立后，中央司法机关继承司法工作的优良传统，在相关的文件中继续强调"取得确凿的证据""查明确实与客观事实相符"。[④] 自20世纪50年代末到70年代末，我们的国家经历了一连串的政治运动，法制受到极大破坏。

---

① 例如，《唐律疏议》上有："若赃状露验，理不可疑，虽不承引，即据状断之。"参见刘俊文点校：《唐律疏义》卷第二十九"断狱"，"诸应讯囚者"条，中国政法大学出版社1999年版，第593页。再如，《大清刑律》规定："凡在外审理案件，应照案内人犯籍贯，批委该管地方官审理明白，申详完结。"参见田涛、郑秦点校：《大清律例》卷三十七，"刑律"断狱门下"辨明冤枉"，中国政法大学出版社1999年版，第587页。

② 例如，1931年12月13日中央执行委员会非常会议通过的《中华苏维埃共和国中央执行委员会训令》（第六号）规定："在审讯方法上……必须坚决废除肉刑，而采用搜集确实证据及各种有效方法。"再如，1942年2月公布的《陕甘宁边区保障人权财权条例》第8条规定："司法机关或公安机关，逮捕人犯应有充分证据。"参见武延平、刘根菊等编：《刑事诉讼法学参考资料汇编》（上），北京大学出版社2005年版，第10、119页。

③ 例如，华北人民政府于1948年11月30日作出的《关于县市公安机关与司法机关处理刑事案件权责的规定》："若被告仅有嫌疑，没有积极的证据可以证明被告确系犯罪时，不能论罪判刑"。1949年1月13日，华北人民政府发出的《华北人民政府为清理已决及未决案犯的训令》，"有确实反证，证明原判根本错误者，应予平反，宣告无罪开释"；"判决时所采之证据，迄今未能证明其确属真实者应改为无罪之判决"。参见同上书，第615、616页。

④ 例如，最高人民法院在1956年10月写出的《各级人民法院刑、民事案件审判程序总结》中，指出："在法庭调查阶段，必须把案情彻底查清，取得确凿的证据……被告人的供词，必须经过调查研究，查明确实与客观事实相符的，方可采用"。参见韩延龙主编：《中华人民共和国法制通史》（下），中共中央党校出版社1998年版，第60、61页。

由于刚刚从"文化大革命"浩劫中走出来,大量的冤假错案引发我们进行沉痛的反思。为了保证历史的悲剧不再重演,"文化大革命"结束以后制定的1979年《刑事诉讼法》非常强调查明案件事实真相,证明标准正式确立为"犯罪事实清楚,证据确实、充分"。《刑事诉讼法》第195条第(一)项规定:"案件事实清楚,证据确实、充分,依据法律认定被告人有罪的,应当作出有罪判决。"

由上可知,我国"犯罪事实清楚,证据确实充分"的诉讼证明标准不是偶然制定出来的,既不是学英美法系的"排除合理怀疑"和大陆法系的"内心确信",也不是从苏联学习来的,而是经历了一个漫长的自我发展过程,是符合我国的语言表达习惯和诉讼文化背景的。

(二) 我国刑事证明标准的理解、适用

刑事诉讼解决的是被追诉者是否犯罪以及是否应受刑罚处罚的问题,涉及人的财产权、自由权乃至生命权的限制与剥夺。因而,为了最大限度地实现司法公正,做到惩罚犯罪与保障人权相结合,刑事诉讼中应设立严格的证明标准。

1. 我国刑事诉讼中的证明标准

我国《刑事诉讼法》所规定的"犯罪事实清楚,证据确实、充分"是一个主客观相结合的证明标准。所谓案件事实清楚,是指认定事实的司法人员对定罪量刑有关的事实和情节已经查清楚或认识清楚,这是从主观状态上说的;所谓证据确实、充分,是对证据质和量的综合要求,是实现司法人员对案件事实认识清楚的客观根据。证据确实,即每个证据必须是客观真实的,不是虚假的,并且具有客观的关联性;证据充分,是指一切定罪量刑的事实都有证据加以证明,而且证据的数量足以确定性地认定案件事实,但不能将其具体量化,要视具体案情而定。为了在司法实践中更准确地适用刑事证明标准,《刑事诉讼法》第53条第2款对"证据确实、充分"作出了具体解释,规定"证据确实、充分,应当符合以下条件:(1) 定罪量刑的事实都有证据证明;(2) 据以定案的证据均经法定程序查证属实;(3) 综合全案证据,对所认定事实已排除合理怀疑。"首先,要求定罪量刑的事实都有证据证明,这是对证据量的要求。其次,要求据以定案的证据均经过法定的程序查证属实,这是对证据质的要求。该要求既包括对证据真实性之要求,即必须查证属实,又包括程序正义要素,即必须通过法定程序加以查证属实。再次,综合全案证据,对所认定事实已排除合理怀疑。这是我国刑事立法首次引入"排除合理怀疑"这一国际常用的专有名词。对"排除合理怀疑"的理解和运用是个比较复杂的问题,我们认为,一方面应当参考英美法系国家对此标准的解释和运用经验,另外一方面应当结合中国国情加以正确解读和运用。

"排除合理怀疑"是英美法系的刑事证明标准,但究竟应对其如何解释,在英美法系国家也存在相当大的争议,不论在法律上还是法理上均无统一、具体的说法,主流的说法是接近确定性,约在 95% 以上,而不是 100%。① 这里问题的关键是何为"合理"难以把握,有较大的主观随意性,如果理解和适用不当就有可能导致冤假错案的发生。我们认为,我国《刑事诉讼法》中规定的"排除合理怀疑",是指排除符合常理的、有根据的怀疑,不仅包括"最大程度的盖然性",而且包括结论之"确定性""唯一性"。最高法《解释》第 105 条第(四)项规定,运用间接证据认定被告人定罪,必须做到"根据证据认定案件事实足以排除合理怀疑,结论具有唯一性。"其实,不仅运用间接证据定罪,而且运用直接证据定罪,在主要犯罪事实上都要达到"唯一性"。

在刑事证明标准中强调"唯一性"不仅有必要,而且有可能达到。首先,只有对主要事实的证明达到"唯一性",才能保证裁判认定的案件事实与客观事实相符,最大限度地避免出现冤案错案。对死刑案件更要坚决坚持"唯一性",以避免错杀。其次,"唯一性"是有可能达到的。辩证唯物主义认识论认为,对具体事物的认识是绝对真实与相对真实的辩证统一。诉讼中对案件事实的认定在一定范围和条件下能够做到确定性和唯一性,这就体现了绝对的因素。再次,从司法实证角度来看,具体案件主要事实的认定达到唯一性也是完全可能的。例如,震惊全国的杨佳袭警案②,杨佳在光天化日之下闯入上海市闸北区公安分局杀死 6 名警察,杀伤 5 名警察和保安。在这起案件中收集确实、充分的证据证实杨佳犯有极其严重的故意杀人行为,得出结论"唯一性""排他性"是相当容易实现的。至于他是否患有精神病,是否具有完全刑事责任能力或具有限制刑事责任能力或不具有刑事责任能力,这方面的事实即便经过权威的鉴定机构鉴定也很难达到"唯一性"或"排除合理怀疑"。总之,对"排除合理怀疑"的解读和运用,应最大限度地防止冤假错案,有利于实现司法公正。

2. 构建多层次的刑事证明标准体系

根据客观真实与法律真实相结合的理念以及司法实践中证明标准的运用经验,并借鉴国外的证明标准理论,我们主张刑事诉讼原则上应当以"犯罪事实清楚,证据确实充分"为一般证明标准,但同时也应当建立层次性的证明标准体系。

---

① 美国学者认为:"超出合理怀疑的证明没有准确的定义。一些法学家认为这是指每个陪审员必须 95% 或 99% 相信被告人有罪;另一种意见认为若没有其他对证据的解释是合理的,而起诉方已经完成了证明被告人有罪的举证责任。"见〔美〕爱伦·豪切斯泰勒等著:《美国刑事法院诉讼程序》,陈卫东、徐美君译,中国人民公安大学出版社 2002 年版,第 72 页。

② 2008 年 7 月 1 日上午 9 点 40 分,杨佳持刀、锤闯入上海市闸北区公安分局行凶,致 6 名警察死亡,4 名警察及 1 名保安受伤。法院依法判决杨佳犯故意杀人罪处以死刑,同年 11 月 26 日被执行死刑。在法庭审理过程中,辩护人提出杨佳很有可能存在精神方面的异常,具有精神疾病,有必要对其精神状态和刑事责任能力重新进行鉴定和评定。但法院认为,司法鉴定科学技术研究所司法鉴定中心及参与对杨佳作精神状态鉴定和刑事责任能力评定的人员均具有法定资质,鉴定意见具有法律效力,且与本案的其他证据互相印证,应予采信。辩护人没有提供杨佳精神状态异常,具有精神疾病的相关依据。因此,辩护人申请重新鉴定的意见,理由不足,法院不予准许。

第一,在是否存在犯罪事实和被告人是否实施了犯罪行为的关键问题上,必须做到案件事实清楚,证据确实、充分,否则就可能发生冤案错案。最高法《解释》第 64 条第 2 款规定:"认定被告人有罪和对被告人从重处罚,应当适用证据确实、充分的证明标准。"即对从重处罚的案件事实情节也采取严格的证明标准。

第二,对某些犯罪事实可以依法采取有确定证据的推定。基于证明的难易以及刑事政策的考虑,对部分犯罪事实可以允许推定。所谓推定,是指根据法律的规定,从已证事实直接认定另一事实的存在,除非被追诉者提出反证加以推翻。从本质上讲,推定反映的只是一种高度的可能性,推定认定的事实一般没有达到客观真实的程度,是一种典型意义上的法律真实。通过推定来认定部分案件事实,已为国际公约和我国相关法律所认可,例如,联合国《反腐败公约》第 28 条规定:"根据本公约确定的犯罪所需具备的明知、故意或者目的等要素,可以根据客观实际情况予以推定"①。联合国《打击跨国犯罪公约》第 5 条第 2 款规定:"本条第 1 款所指的明知、故意、目标、目的或约定可以从客观实际情况推定。"②我国《刑法》第 395 条规定国家工作人员巨额财产来源不明的推定为非法所得,第 282 条第 2 款规定持有属于国家绝密、机密的文件、资料或者其他物品的推定为非法持有。2008 年 1 月 28 日,最高人民法院、最高人民检察院、公安部联合印发的《办理毒品犯罪案件适用法律若干问题的意见》第 2 条也有推定之规定。③

第三,就程序事实与实体事实的证明标准而言,关于前者的证明标准,可以比后者降低一些。在外国,实体事实采取严格证明,而程序事实采取自由证明。这值得我国借鉴。

五、证明过程

有的学者把证明过程分为取证(收集证据)、举证(提出证据)、质证(审查证据)和认证(认定证据)四过程,我们认为这是以审判程序为坐标来划分的,适用

---

① 参见《联合国反腐败公约、联合国打击跨国有组织犯罪公约》,中国方正出版社 2004 年版,第 48 页。
② 同上书,第 146 页。
③ 最高人民法院、最高人民检察院、公安部联合印发的《办理毒品犯罪案件适用法律若干问题的意见》第 2 条规定:走私、贩卖、运输、非法持有毒品主观故意中的"明知",是指行为人知道或者应当知道所实施的行为是走私、贩卖、运输、非法持有毒品行为。具有下列情形之一,并且犯罪嫌疑人、被告人不能作出合理解释的,可以认定其"应当知道",但有证据证明确属被蒙骗的除外:(1) 执法人员在口岸、机场、车站、港口和其他检查站检查时,要求行为人申报为他人携带的物品和其他疑似毒品物,并告知其法律责任,而行为人未如实申报,在其所携带的物品内查获毒品的;(2) 以伪报、藏匿、伪装等蒙蔽手段逃避海关、边防等检查,在其携带、运输、邮寄的物品中查获毒品的;(3) 执法人员检查时,有逃跑、丢弃携带物品或逃逸、抗拒检查等行为,在其携带或丢弃的物品中查获毒品的;(4) 体内藏匿毒品的;(5) 为获取不同寻常的高额或不等值的报酬而携带、运输毒品的;(6) 采用高度隐蔽的方式携带、运输毒品的;(7) 采用高度隐蔽的方式交接毒品,明显违背合法物品惯常交接方式的;(8) 其他有证据足以证明行为人应当知道的。

于民事诉讼、行政诉讼,而不适用于刑事诉讼。在刑事诉讼的侦查、起诉和审判程序中都存在着刑事证明的过程。从认识论上说这是一个去伪存真、由表入里,从感性认识上升到理性认识的思维过程;从诉讼程序上说是一个在法律规制下充分运用证据,认定案件事实的诉讼活动。刑事证明过程大致可以分为收集、保全证据,审查判断证据和综合运用证据认定案件事实等三个阶段。

（一）收集、保全证据

证据的收集与保全,直接关系着案件事实能否得到查明和有效认定,在证明过程中处于前提性与基础性地位。在刑事诉讼中,证据收集通常由国家专门机关及其办案人员、当事人、辩护律师、代理人通过法定程序,并采用一定的方法来进行,或基于职责,或基于权利。证据的保全则是指为了避免证据以后可能灭失或难以取得,国家专门机关依当事人的申请或主动依职权,采取一定的措施对证据加以固定和保护的行为。对此,许多国家和地区的刑事诉讼法都有明确规定,司法实践中也离不开证据保全。我国《刑事诉讼法》也有不少具体的规定,例如,第131条规定:"勘验、检查的情况应当写成笔录,由参加勘验、检查的人和见证人签名或者盖章",第138条又规定:"搜查的情况应当写成笔录,由侦查人员和被搜查人或者他的家属、邻居或者其他见证人签名或者盖章……"第139条第2款还规定:"对查封、扣押的财物、文件,要妥善保管或者封存,不得使用、调换或者损毁。"

根据相关法律规定和司法解释、规定,在收集、保全证据时,应注意以下几方面的要求:首先,收集、保全证据应依法进行。我国《刑事诉讼法》对收集证据的主体、方法和程序都作了明确具体的规定,严禁刑讯逼供,"不得强迫任何人证实自己有罪"。其次,收集、保全证据应客观、全面,即要遵循忠于事实真相的要求,尽可能地全面收集能够反映案件真实情况的一切证据,包括能够证明犯罪嫌疑人、被告人有罪或者无罪、犯罪情节轻重的各种证据;而且要尽量收集原始证据,包括物证的原物,书证、视听资料的原件,勘验、检查笔录等。再次,收集、保全证据应当及时,以免丧失时机,影响证据的证明力,甚至造成证据被转移、隐匿或毁灭的后果。最后,收集、保全证据要注意依靠群众和运用科技手段相结合,这是司法大众化和现代化的要求。

（二）审查判断证据

审查判断证据就是侦查人员、检察人员和审判人员对收集、保全后的证据进行分析、研究,辨别其真伪,确定其证据能力和证明力的诉讼活动。其主要内容包括:

1. 对单个证据的审查

对单个证据,首先应当从真实性、关联性和合法性等方面进行审查。真实性,是指证据必须客观真实,任何虚假的证据都不得作为认定案件事实的根据。这就要求司法工作人员应当着重审查证据形成的时间、地点、条件等因素,善于鉴别和排除虚假的材料。例如，对于证人证言，要审查证人与犯罪嫌疑人、被告人是否有亲属、恩怨等关系，证言的内容是否是其亲自耳闻目睹的事实，案发当时的自然条件以及证人的记忆、表述能力等方面，以判断证人证言的真实可信度。

应当认真审查证据是否有关联性，这是一个十分复杂的问题。要细心辨明证据是真关联抑或为假关联。例如，犯罪现场留有某人的指纹，经查证也确认此人到过犯罪现场，但又查明其没有作案时间，因此此人留在犯罪现场的指纹，便不能作为定案根据。

同时还要从证据的来源、表现形式、收集程序等方面审查其合法性问题。如果证据不合法，要视其违法的严重程度并结合案件本身情况，考虑是否予以排除。例如，对于犯罪嫌疑人、被告人的供述和辩解，要审查是在什么情况下取得的。如果查明是在办案人员的刑讯逼供下，用非法手段取得的口供，应当依法定程序予以排除。

2. 从不同证据种类与分类的特点来审查判断

证据有不同的种类和相应的分类，应当根据其不同的特点来进行审查判断。例如，审查实物证据，要注意其有无被伪造、变造或者由于受客观环境影响而发生变形、损坏或灭失等情况，对于言词证据则应注意审查有无影响其真实性的主观动机、是否受到外界压力等因素。再如，一般而言，原始证据的证明力大于传来证据，但原始证据的证明力也是相对的、不是固定不变的。因此，要注意审查判断原始的物品、痕迹是否因时间久远而变形或毁损，被害人、证人是否故意作虚假陈述，或者因记忆衰退而表述不真实。对于传来证据，应当查明其来源与出处。

3. 全案证据互相印证，加以审查判断

对全案证据互相印证，进行综合审查判断时，应当特别注意以下几个方面：

首先，审查单个证据前后内容是否一致的问题。例如，证人在几次询问中就相同的问题提供的证言前后是否有变化，犯罪嫌疑人、被告人的供述是否有先供后翻现象。如果发现犯罪嫌疑人、被告人时供时翻，证人提供的证言前后不一致，就应当深究其因，不能轻易采信。

其次，要审查证据与证据之间是否一致，在互相印证中辨明真伪。例如，要注意分析同案犯口供，不同证人的证言，被害人的陈述，物证、书证与勘验、检查笔录之间有无矛盾，以便发现问题，进一步查证核实。

(三) 综合运用证据认定案件事实

在收集、保全证据以及审查判断证据之基础上，司法人员必须综合运用证据，加以分析判断来认定案件事实，即对案件的基本事实作出最后认定的结论。根据相关法律规定和司法解释，运用证据认定案件时应注意以下几个问题：

第一，只有单个证据不能认定有罪，即"孤证不能定罪"。我国《刑事诉讼法》第53条作出了仅凭口供不能定案的规定,即"只有被告人供述,没有其他证据的,不能认定被告人有罪和处以刑罚"。我们认为,在刑事诉讼中,只要没有其他证据加以印证,任何单个证据都不能单独作为认定案件事实的根据。这是因为刑事诉讼涉及公民的财产权、人身权甚至是生命权,必须慎之又慎。

第二,在运用间接证据定案时要更加谨慎。任何一个间接证据都不能单独、直接证明案件的主要事实。只有将间接证据与直接证据联系起来,或者将一定数量的、确实充分的间接证据联系起来,构成一个完整的证据体系,对主要事实的证明达到"唯一性"、排除合理怀疑,才能作出有罪认定。

第三,在某些"一对一"的案件中,收集到的基本上是言词证据。尤其在受贿案件中,行贿人与受贿人的陈述常出现不一致的情况,受贿人又常常是时供时翻,甚至不供认。因此对此类案件要特别注意审查证据的稳定性问题,更不能轻易认定有罪。

第四,把案内所有证据与案件事实联系起来,予以认定案件事实的证据应当在整体上形成一个严密的证明体系,在主要犯罪事实上形成包括"唯一性"结论在内的排除合理怀疑,总体上达到犯罪事实清楚,证据确实、充分的要求。这是最重要的一条定罪规则。

第五,贯彻疑案从无原则。对全案证据进行综合审查判断后,可能出现定罪证据不足,无罪又难下定论的情况,这就是办案中不时出现的"疑案"。对于这种疑案,确实存在判有罪可能冤枉无辜、判无罪可能放纵罪犯的两难选择。但是,根据无罪推定原则以及我国《刑事诉讼法》第171条第4款关于证据不足应当不起诉的规定和第195条第(三)项关于证据不足应当作无罪判决的规定,对达不到"证据确实充分"的案件,我们应当本着宁纵勿枉的精神,坚决作出无罪的处理。

综上可见,收集、保全证据,审查判断证据和综合运用证据、认定案件事实是证明过程中三个相互依存与渗透的环节,其划分不是绝对的,而是既相对独立,又不绝对分开。其中,证据的收集与保全主要存在于但又不限于侦查阶段,在审查起诉和法庭审理阶段有补充侦查的法律规定,而且法庭有一定的庭外调查权。对证据的审查判断以及综合运用证据、认定案件事实存在于侦查、起诉、审判各个阶段。但是审查起诉和审判阶段的主要任务不是收集证据,而是审查判断证据;特别是在审判阶段,法官必须根据对证据的审查、分析和评判,对被告人是否犯罪在事实上作出最后的裁判。

第十章 证据规则

第一节 概 述

一、证据规则的概念和种类

证据规则是指在刑事诉讼中,规范证据的收集、证据的审查以及证据的评价等诉讼证明活动的准则。现代刑事诉讼中的证据规则,大多源于英美法系的当事人主义诉讼,是在长期的司法实践中,通过习惯、判例等逐步确立和发展起来的,并成为普通法的重要组成部分。随着法典化运动的兴起,证据规则也逐步法典化,例如,美国《联邦证据规则》即规定了大量的证据规则。

证据规则主要有:关联性规则、非法证据排除规则、传闻证据规则、最佳证据规则、意见证据规则、补强证据规则等。证据规则可以划分为两类:调整证明力的规则和调整证据能力的规则。一般认为,关联性规则、补强证据规则等属于调整证明力的规则,而非法证据排除规则、传闻证据规则、意见证据规则、最佳证据规则等,都属于调整证据能力的规则。

两大法系的证据规则属于不同的类型,存在着不同的特点。英美法系国家的证据规则复杂并且严格,而大陆法系国家的证据规则简略并且灵活。英美法系的证据规则主要强调证据能力问题,客观上限制了裁判者审查判断证据的范围,削弱了裁判者发现真实的能力。大陆法系的证据规则更强调审查判断证据的程序,目的是为了充分发挥法官审查判断证据的主观能动性,促进案件真实的发现。

二、证据规则的意义

(一) 有利于查明案件事实,实现实体公正

证据规则的一个重要功能就是有利于查明案件事实。以关联性规则为例,其基本要求就是只有具有关联性的证据才可采,这是发现案件事实真相的基础。具有相关性的证据形成的证明体系才能排除其他可能性,据此得出唯一的、确实的结论。同样的,最佳证据规则强调书证原件的可靠性,也是为了保证诉讼证明的准确性。

(二) 有利于尊重和保障人权

各国在诉讼制度和证据规则的设立上都力求兼顾刑事诉讼中控制犯罪和保障人权这两种不同的价值,并力求实现二者的平衡。在证据规则中,非法证据排

除规则就彰显保障被追诉者人权的价值，立法明确规定不得用通过非法手段取得的证据作为定案的根据，并以此来遏制公权力的滥用。

（三）有利于提高诉讼效率

大量证据规则的存在和适用，使得控辩双方在诉讼中的质证和辩论行为得到规范，使得不符合证据规则规定的材料被摒弃在定案根据之外，从而节省法庭调查的时间，并降低各方的诉讼成本。

第二节　关联性规则

关联性规则又称相关性规则，是英美证据法中的一项基础性证据规则。根据美国《联邦证据规则》第401条规定，"相关证据"是指证据具有某种倾向，使决定某项在诉讼中待确认的争议事实的存在比没有该项证据时更有可能或者更无可能。[①] 所谓关联性是指证据必须与待证事实有关，从而具有能够证明案件待证事实的属性。

在证据规则中，关联性规则具有基础性地位。这主要体现在：首先，关联性规则适用范围非常广泛，适用于所有证据形式；其次，英美证据理论认为，证据既有关联性，又有可采性。而关联性是证据被采纳的先决条件，虽然具有关联性的证据并不必然具有可采性，但是没有关联性的证据一定不具有可采性。一般原则是，除非成文法另有规定，否则所有具备关联性的证据都具有证据能力。以美国《联邦证据规则》第402条为例，在"相关证据一般可以采纳，无相关性的证据不能采纳"这一标题下规定："所有具有相关性的证据均可采纳，但美国宪法、国会立法、本证据规则以及联邦最高法院根据立法授权确立的其他规则另有规定的除外。没有相关性的证据不能采纳"[②]。

根据关联性规则，证据的关联性是证据可采性的前提条件，不具有关联性的证据，在法律上就不具备可采性。但需要指出的是，基于当事人主义的理念，排除不具有关联性的证据并不是法官的职责，法官没有义务主动排除不具有关联性的证据。只有当一方当事人对证据的可采性提出异议或者反对时，法官才会就该证据是否可采作出裁断。

英美证据理论之所以要求证据必须具有关联性才可以采纳，基于以下理由：（1）英美法系实行陪审团审判制度，由陪审团负责认定案件事实。为了防止当事人将没有关联性的证据在法庭上出示，从而导致陪审团对案件事实作出错误认定，必须遵循关联性规则，目的是排除无关联性的证据对陪审团的误导。（2）关联性规则有利于限定法庭调查的范围。英美法系采用当事人主义诉讼模式，

---

① 《美国联邦刑事诉讼规则和证据规则》，卞建林译，中国政法大学出版社1996年版，第105页。
② 同上。

法庭调查证据由当事人进行,当事人完全自主决定提出哪些证据。如不加以限制,势必影响诉讼的顺利进行。

依据英美法传统,法官在某些情况下有权排除某些具有关联性的证据,即使该证据依据法律具有可采性。对此,美国《联邦证据规则》第403条规定:"证据虽然具有相关性,但可能导致不公正的偏见、混淆争议或误导陪审团的危险大于该证据可能具有的价值时,或者考虑到过分拖延、浪费时间或无需出示重复证据时,也可以不采纳。"①据此,成文法赋予了法官对于具有关联性的证据是否采纳的裁量权。

在英美证据法中,通常对于哪些证据具有关联性、哪些证据不具有关联性不作出具体规定,因为这是一个事实和逻辑的问题,需要由法官和陪审团在具体案件中进行判断。但是,鉴于有些证据具有明显的误导性,法律上专门对于它们的关联性作出限定,用以防止此类证据被不适当地使用。主要有以下两类:

(1)品格证据。一般规则是,一个人的品格或者品格特征的证据在证明这个人于特定环境下实施了与此品格相一致的行为上不具有关联性。例外情形是,如果被告人主动提出关于其品格或者被害人品格的证据,那么,控诉方提出的反驳被告人提出的品格证据,具有可采性。

(2)类似行为证据。其规则是:被告人曾实施的某一相似行为与他在当前实施的行为通常没有关联性。在刑事诉讼中,不能因犯罪嫌疑人、被告人曾实施过类似的犯罪行为而认定其为此次犯罪的实施者。需要指出的是,鉴于将绝大多数类似行为证据都予以排除在实践中导致一些案件无法作出认定,英国近年来对于类似行为证据的排除出现了变化。传统上,英国以排除类似行为证据为原则,以采纳为例外。改革后的英国立法规定,放宽了采纳的限制,如果属于非常类似的行为,可以采纳为证据。

我国《刑事诉讼法》虽然没有直接对证据的关联性作出明确规定,但一些规定中包含了关联性内容。例如,《刑事诉讼法》第48条第1款规定:"可以用于证明案件事实的材料,都是证据"。此规定要求证据应当同案件事实有关联。第118条规定,侦查人员在讯问犯罪嫌疑人的时候,犯罪嫌疑人"对与本案无关的问题,有拒绝回答的权利"。在诉讼证据理论上,则都认为关联性是证据不可或缺的特征。

第三节 非法证据排除规则

一、国外非法证据排除规则

非法证据排除规则最早产生于美国,是指在刑事诉讼中,以非法手段取得的

---

① 《美国联邦刑事诉讼规则和证据规则》,卞建林译,中国政法大学出版社1996年版,第105页。

证据,不得被采纳为认定被告人有罪的根据。在美国,对非法证据排除规则有两种理解:一种仅指违反美国联邦宪法第四修正案而取得的证据不得在刑事诉讼中用于证明被告人有罪;另一种认为非法证据排除规则不限于对"物"的排除,还包括对非法取得的口供和其他陈述的排除。因此不仅包括违反宪法第四修正案的,还包括违反宪法第五修正案、第六修正案和其他成文法和案例法情况下取得的证据,都应当加以排除。这被称之为广义上的非法证据排除规则。①

美国联邦宪法第四修正案规定:"人民保护其人身、住房、文件和财物不受无理搜查和扣押的权利不得侵犯;除非有合理的根据认为有罪,以宣誓或郑重声明保证,并详细开列应予搜查的地点、应予扣押的人或物,否则,不得颁发搜查和扣押证。"②为了遏制警察违法搜查和扣押,1914 年,在威克斯诉合众国(Weeks v. U. S.)一案的判决中,联邦最高法院认为,如果不排除违法搜查或者扣押的证据,那么宪法第四修正案将毫无价值可言。以此为标志,现代意义上的非法证据排除规则确立起来了。应当指出的是,威克斯一案所确立的非法证据排除规则起初只适用于联邦法院系统,并不适用于州法院系统,此后相当一段时间内,非法搜查、扣押的证据在各州法院系统仍然可以适用。不仅如此,由于官员并未参与非法搜查和扣押,依据所谓"银盘理论",各州警察非法取得的证据,联邦法院仍可以采用。1961 年,在马普诉俄亥俄州(Mapp v. Ohio)案件中,联邦最高法院明确宣示,非法证据排除规则也适用于州法院系统。至此,非法证据排除规则在美国达到极致。进入 20 世纪 80 年代以来,面对不断高涨的犯罪浪潮的冲击,美国联邦最高法院对于非法证据排除规则逐步设立了一些例外,主要有"最终或者必然发现的例外""善意的例外""在国外取得的证据之例外"③等。

在其他英美法系国家,大多沿用普通法上的传统做法,对于是否采纳非法取得的证据,由法官自由裁量。英国 1984 年《警察与刑事证据法》第 78 条规定:"(1) 在任何诉讼中,法庭可以拒绝采纳公诉方据以作出指控的证据,如果它在考虑到包括收集证据情况在内的所有情况以后,认为采纳这种证据将会对诉讼的公正性造成不利的影响,因此不应将它采纳为证据。(2) 本条的规定不应有损于任何关于法庭排除证据的法律规则的适用。"④

非法证据排除规则在其他国家也产生了广泛的影响。第二次世界大战以

---

① 杨宇冠:《非法证据排除规则研究》,中国人民公安大学出版社 2002 年版,第 4 页。
② 《世界各国宪法》编辑委员会编译:《世界各国宪法(美洲大洋洲卷)》,中国检察出版社 2012 年版,第 169 页。
③ "最终或者必然发现的例外"是指即使不发生侦查人员违法取证的行为,证明被追诉人有罪的证据最终或者必然是会被发现的,则不适用非法证据排除规则;"善意的例外"指侦查人员是基于善意地执行公务,而不是故意违法收集取得的证据,不适用非法证据排除规则;"在国外取得的证据之例外"指在美国领域外非法取得的证据,除非取证时有美国侦查人员积极参与,原则上在美国的法院审理过程中不予排除。
④ 熊志海等编译:《英国成文证据法》,中国法制出版社 2007 年版,第 389 页。

后,日本深受美国法的影响,学说上主张排除非法搜查、扣押取得的物证。1978年,日本最高法院通过判例宣布,如果在物证的扣押程序上存在忘却《宪法》第35条以及《刑事诉讼法》第218条第(一)项规定的令状主义的重大违法,从抑制将来的违法侦查角度看采纳该物证不适当时,应当否定该物证的证据能力。此外,意大利、德国、俄罗斯的刑事诉讼法,都对非法证据排除规则予以规定。

由于非法言词证据相对于非法实物证据更为不可靠,大都是采用酷刑等手段取得,严重侵犯被追诉者的人权,因此当今各国对于非法言词证据通常都采用更为严格的态度,一律予以排除。不仅如此,非法言词证据的排除还得到一些国际公约的承认。联合国1984年通过的《禁止酷刑公约》第15条就明确规定:"每一缔约国应确保在任何诉讼程序中,不得援引任何业经确定系以酷刑取得的口供为证据,但这类口供可用作被控施行酷刑者刑讯逼供的证据。"

不同于非法言词证据,各国对于非法实物证据的排除采用不同方法,一种是全部排除,例如,意大利、俄罗斯;一种是原则上排除,但设置若干例外,如美国;第三种是由法官自由裁量,以英国为代表。

关于非法证据排除规则的理论依据,概括起来主要有:第一,维护公民的宪法性权利。以美国为例,排除非法搜查和扣押所取得的证据,是保障宪法赋予公民的不受非法搜查、扣押权利的必然结论。第二,遏制警察的违法取证行为,督促其严格执法。这是确立非法证据排除规则的首要目标,因为宣告其非法取得的证据为无效,可以消除警察违法搜查和扣押的诱因,达到规范其取证行为的效果。第三,维护司法的纯洁性。非法证据排除规则维护了法律的尊严,恢复和提高了公民对于司法公正的信心,使得刑事司法程序免受污染。第四,保证证据的真实可靠性。非法证据排除规则有利于保证所收集的证据是自愿的、真实的,进而保证有罪判决的准确性。

二、我国非法证据排除规则

我国《刑事诉讼法》第50条规定:"审判人员、检察人员、侦查人员必须依照法定程序,收集能够证实犯罪嫌疑人、被告人有罪或者无罪、犯罪情节轻重的各种证据。严禁刑讯逼供和以威胁、引诱、欺骗以及其他非法方法收集证据……" 2010年两院三部《非法证据排除规定》和《办理死刑案件证据规定》中对非法证据排除的范围、程序等作出了初步规定。我国《刑事诉讼法》第54条至第58条吸收了两个证据规定的相关内容,以立法形式对非法证据排除规则予以明确规定。主要内容如下:

1. 非法证据排除规则的适用范围

《刑事诉讼法》第54条第1款明确规定了非法证据排除规则的适用范围:

"采用刑讯逼供等非法方法收集的犯罪嫌疑人、被告人供述和采用暴力、威胁等非法方法收集的证人证言、被害人陈述,应当予以排除。收集物证、书证不符合法定程序,可能严重影响司法公正的,应当予以补正或者作出合理解释;不能补正或者作出合理解释的,对该证据应当予以排除。"根据最高法《解释》第95条规定,使用肉刑或者变相肉刑,或者采用其他使被告人在肉体上或者精神上遭受剧烈疼痛或者痛苦的方法,迫使被告人违背意愿供述的,应当认定为刑事诉讼法第54条规定的"刑讯逼供等非法方法"。最高检《规则》第65条第3款规定:"其他非法方法是指违法程度和对犯罪嫌疑人的强迫程度与刑讯逼供或者暴力、威胁相当而迫使其违背意愿供述的方法。"

采用刑讯逼供等非法方法收集的犯罪嫌疑人、被告人供述和采用暴力、威胁等非法方法收集的证人证言、被害人陈述,是非法言词证据。关于非法言词证据的范围,需要注意的是:第一,通过刑讯逼供等非法手段取得的上述证据应当排除,是指该证据不能被用作追究被刑讯逼供人刑事责任的证据;但其可以作为证据来证明侦查机关对犯罪嫌疑人、被告人实施了刑讯逼供。第二,需要排除的非法言词证据,仅指通过刑讯逼供、暴力、威胁等方法取得的上述证据,至于讯问、询问过程中的程序瑕疵,如讯问笔录制作不完善、缺少讯问人签名等情形下取得的证据,则不属于非法言词证据。

"收集物证、书证不符合法定程序,可能严重影响司法公正的,应当予以补正或者作出合理解释";不能补正或者作出合理解释的,该物证、书证属于非法实物证据。从本条规定内容而言,我国非法证据排除规则中的实物证据仅指物证、书证;非法物证、书证的排除必须满足三个条件:第一,该物证、书证的取得违反法定程序。第二,可能严重影响司法公正的。这里的司法公正既包括实体公正,又包括程序公正,但重点是程序公正。对此,最高法《解释》第95条规定,认定《刑事诉讼法》第54条规定的"可能严重影响司法公正",应当综合考虑收集物证、书证违反法定程序以及所造成后果的严重程度等情况。最高检《规则》第66条第3款规定:"……可能严重影响司法公正是指收集物证、书证不符合法定程序的行为明显违法或者情节严重,可能对司法机关办理案件的公正性造成严重损害……"第三,不能作出补正或者合理解释。最高检《规则》第66条第3款规定:"……补正是指对取证程序上的非实质性瑕疵进行补救;合理解释是指对取证程序的瑕疵作出符合常理及逻辑的解释。"

与非法证据排除规则的适用范围相适应,《刑事诉讼法》第54条第2款规定了公安司法机关主动排除非法证据的义务:"在侦查、审查起诉、审判时发现有应当排除的证据的,应当依法予以排除,不得作为起诉意见、起诉决定和判决的依据。"起诉意见是指侦查机关在侦查终结后,对本案是否应该移送起诉发表的书面意见;起诉决定是指人民检察院审查起诉部门在对案卷材料进行审查后,对于符合起诉条件的案件,决定向人民法院提起公诉;判决是指人民法院对起诉指控的犯罪事实进行审理后,依法对起诉能否成立作出判断的诉讼活动。

2. 检察院对侦查人员非法取证依法进行法律监督

《刑事诉讼法》第55条规定:"人民检察院接到报案、控告、举报或者发现侦查人员以非法方法收集证据的,应当进行调查核实。对于确有以非法方法收集证据情形的,应当提出纠正意见;构成犯罪的,依法追究刑事责任。"此规定主要有四个方面的含义:一是明确了检察院是对侦查机关非法取证进行监督的法定主体;二是明确了检察院发现非法取证行为的来源,包括有关个人和单位的报案、控告和举报,检察院依职权主动发现;三是规定检察院发现有非法收集证据情形的,应当予以调查核实。关于调查核实的方式,最高检《规则》第70条规定了讯问犯罪嫌疑人;询问办案人员;询问在场人员及证人;听取辩护律师意见;调取讯问笔录、讯问录音、录像;调取、查询犯罪嫌疑人出入看守所的身体检查记录及相关材料;进行伤情、病情检查或者鉴定等;四是规定了检察院对确属非法取证情形的处理,包括提出纠正意见或者依法追究刑事责任。

3. 非法证据排除程序的启动及条件

《刑事诉讼法》第56条规定:"法庭审理过程中,审判人员认为可能存在本法第54条规定的以非法方法收集证据情形的,应当对证据收集的合法性进行法庭调查。当事人及其辩护人、诉讼代理人有权申请人民法院对以非法方法收集的证据依法予以排除。申请排除以非法方法收集的证据的,应当提供相关线索或者材料。"

非法证据排除调查程序的启动模式包括两种:第一,审判人员可以依职权主动启动非法证据排除的调查程序,即"在法庭审理过程中,审判人员认为可能存在本法第54条规定的以非法方法收集证据情形的,应当对证据收集的合法性进行法庭调查"。根据六部门《规定》第11条,法庭调查的顺序由法庭根据案件审理情况确定。第二,通过当事人及其辩护人、诉讼代理人向人民法院提出申请,启动非法证据排除调查程序。

当事人及其辩护人、诉讼代理人申请启动非法证据排除程序应当具备法定条件:"提供相关线索或者材料"。

4. 证据合法性的证明责任及证明方式

《刑事诉讼法》第57条规定:"在对证据收集的合法性进行法庭调查的过程中,人民检察院应当对证据收集的合法性加以证明。现有证据材料不能证明证据收集的合法性的,人民检察院可以提请人民法院通知有关侦查人员或者其他人员出庭说明情况;人民法院可以通知有关侦查人员或者其他人员出庭说明情况。有关侦查人员或者其他人员也可以要求出庭说明情况。经人民法院通知,有关人员应当出庭。"

本条明确规定,在法院启动对证据收集合法性的法庭调查程序后,检察院应当对证据收集的合法性进行证明。即作为控诉方的检察院应对控诉证据的合法性承担证明责任。最高法《解释》第101条规定:"法庭决定对证据收集的合法性进行调查的,可以由公诉人通过出示、宣读讯问笔录或者其他证据,有针对性地播放讯问过程的录音录像,提请法庭通知有关侦查人员或者其他人员出庭说明情况等方式,证明证据收集的合法性。公诉人提交的取证过程合法的说明材料,应当经有关侦查人员签名,并加盖公章。未经有关侦查人员签名的,不得作为证据使用。上述说明材料不能单独作为证明取证过程合法的根据。"

检察院对证据合法性的证明方式是,只有在"现有证据材料不能证明证据收集的合法性"时,才启动让有关侦查人员或者其他人员出庭的程序。在具体证明程序中,首先,是检察院可以提请法院通知有关侦查人员或其他人员出庭说明情况;其次,是法院可以不经提请,直接通知有关侦查人员或者其他人员出庭说明情况;最后,有关侦查人员或者其他人员也可以主动要求出庭说明情况。经过法院通知,侦查人员或者其他有关人员有义务出庭作证。

5. 非法证据排除程序中的证明标准

《刑事诉讼法》第58条规定:"对于经过法庭审理,确认或者不能排除存在本法第54条规定的以非法方法收集证据情形的,对有关证据应当予以排除。"

根据本条规定,检察院不仅要承担证明证据收集合法的举证责任,而且应当证明至排除该证据系非法取得的可能性,否则该证据就要被排除。

非法证据排除规则实施以来,对于遏制非法取证,促进司法公正,防止冤假错案的发生起了较大作用。但是,由于各方面的原因,非法证据排除规则的实施还没有达到预期的效果。例如,对于"刑讯逼供等非法方法",尽管有司法解释,但仍显用词模糊,操作性不强等。为此,十八届三中全会《决定》指出:"严禁刑讯逼供、体罚虐待,严格实行非法证据排除规则。"十八届四中全会又重申:"健全落实非法证据排除……加强对刑讯逼供和非法取证的源头预防,健全冤假错案有效防范、及时纠正机制。"据此,我们认为,应当进一步针对实施中的不足,通过司法解释对非法证据排除的范围、程序、证明标准等问题进一步加以完善,使非法证据排除规则在司法实践中发挥更大的积极作用。

第四节 传闻证据规则

传闻证据规则即传闻证据排除法则,又称反传闻规则(rule against hearsay),是英美证据法最重要的证据规则之一。传闻证据规则是指,如果一个证据被定义为传闻证据,并且没有法定的例外情况可以适用,则该证据不得被法庭采纳。

传闻证据规则的核心概念是"传闻"(即传闻证据,源自英文hearsay。在我国的证据理论研究中,习惯上对二者不做区别)。这是英美证据法上特有的证据概念。所谓"传闻",在广义上是指,用以证明其所说内容真实的法庭之外的陈述,包括口头陈述、书面陈述以及有意或无意地带有某种意思表示的非语言行

为。在英美法数百年的历史上,对于传闻证据的界定五花八门,始终未能统一。但经过分析,我们可以概括出以下几点:

第一,传闻证据必须是一项陈述。但陈述是一个十分广泛的概念,包括意思表达的所有方式。其广义的表现方式包括口头陈述、书面陈述,以及非语言行为。至于陈述的主体,是广义的证人。需要指出的是,由于历史传统、法律习惯等原因,大陆法系和英美法系在证人的概念上有很大区别,主要是证人的范围不同。在大陆法系,证人是指以自己的感官感觉到案件情况的人,不包括当事人、鉴定人。在英美法系国家,证人的概念是广义的。证人通常是指经过宣誓之后在法庭审理过程中对案件的有关事实作证的人,包括大陆法系意义上的证人,还包括被害人、鉴定人、进行侦查的警察。

第二,传闻证据是在法庭外作出的。传闻证据的实质在于将两个不同的人以证人的身份置于法官面前:一个是假定的知情者、在法庭外作出陈述的证人,他在先前的某一时点上作出陈述,说某一事实曾经存在,该陈述被未经法官授权的另一个人听到;另一个是在法庭上宣誓作证的证人,他提供证言的目的并非证明该事实的真实存在,而是证明那个在法庭之外作出陈述的证人确实在庭外某场合下作出过这样的陈述。而传闻证据规则所禁止的,正是这种法庭外的证言性主张。传闻证据规则指出:被作为证言提出的人的主张不是在证人席上当庭作出的,而是事先在庭外作出的。传闻证据规则正是针对此点提出了质疑。这一规则告诉我们:庭外陈述人的主张是不能被接受的,因为该主张不是在能获得某些实质的检验或调查的情况下作出的,而这些检验或调查能够通过暴露其潜在错误来源而彰显其真实价值。

第三,传闻证据是一项主张,并旨在证明这一主张的真实性。传闻证据规则并非一律排除陈述者在庭外的所有陈述,而是不得用于证明其陈述内容是真实的。如果为了其他证明目的,传闻证据是可以采纳的。

之所以排除传闻证据,是因为理论上认为传闻证据不真实。其不真实性通常被归结为以下几点理由:

第一,传闻证据不是最佳证据。法庭要求就指控的事实提出最好的证据。就陈述类证据而言,毫无疑问,陈述者亲自出席法庭,就其亲历的事实作出的陈述才是最好的和最可靠的证据。日常生活经验告诉人们,对于事件的描述会在人与人之间的传递过程中被扭曲,心理学的研究也证明这一点。任何陈述都有可能因为陈述者的感知、记忆、表达以及诚实信用程度等而不可靠。传闻证据即存在这种危险。

第二,传闻证据通常不是在宣誓如实作证后作出的。这个理由基于如下假定:宣誓作为一种宗教和仪式上的标志会让证人觉得有一种特殊的责任要说实话;当证人已经宣誓还故意对其明知是错误或者不相信的事物证明其真实性时,宣誓是对伪证的强有力的抑制因素。与没有宣誓而作证相比,宣誓至少能让陈述者在陈述时更谨慎一些。此外,宣誓还产生法律上的后果。宣誓后,陈述者才具有合法的证人身份,才可以开始作陈述;宣誓后其所作的陈述才具有可采性,允许用作认定案件事实的依据;宣誓后,陈述者有义务如实作证,如果说假话,一旦被认定,可能承担法律上的责任,受到伪证的追究和处罚。由于陈述者在法庭外的陈述,不是经过宣誓后作出的,因此既不能确保陈述的真实可靠,也不能产生法律上的后果,所以为传闻证据规则所排斥。

第三,如果陈述者本人不被传唤到庭作证,无法对其进行交叉询问。交叉询问是英美法系的重要审判制度和证据检验规则,是当事人主义诉讼模式中最具特色的制度之一。两个世纪以来,英美法系法官和律师已经把获得交叉询问的机会作为确保证人证言准确、完整的一项措施,认为交叉询问是发现案件真实的最佳方式,对证人进行交叉询问是揭露证人证言可能存在的不真实性的有力武器。而法庭之外的陈述者无法接受交叉询问,或者至少无法及时接受交叉询问,因此是不可以采纳的。

第四,法官和陪审团没有机会观察陈述者在作出陈述时的行为举止。认为观察证人的行为举止可以揭露其证言的不可靠性,这种观念是构成排除传闻证据规则的另一个理论基础。生活常识告诉人们,当一个人讲话时,其语调的高低或者抑扬顿挫,其态度的平静或者烦躁不安,其用词的直率或者闪烁其词,以及眼神、面部表情等,都会提供关于其陈述真实可靠性的有价值的暗示。尽管这种暗示不一定完全正确,但是对于观其言者,通常是很有帮助的。正是基于这种理论,要求陈述者出席法庭,在法官和陪审团面前作出陈述,使得事实的裁判者有机会直接观察到陈述者作出该陈述时的行为举止,就具有积极意义,通过观察证人的行为举止可以揭示其证言的不可靠性。鉴于陈述者法庭外的陈述无法使得法官和陪审团察言观色,所以为传闻证据规则所排除。

传闻证据规则确立以后,许多例外相继形成。起初只是由法官在个别案例中逐步确立了一些普通法上的例外,主要有:已故人的陈述;可采纳的作为有关事情一部分的陈述;公务文件中的记载;公共文书和著作中的记录;先前程序中所作的记录;等。后来立法者通过制定成文法也巩固和建立了诸多例外。美国《联邦证据规则》中就规定了以下例外:不必要亲自陈述的例外;不能亲自陈述的例外;"传闻中的传闻"的例外;用于攻击和支持陈述者的可信性的例外;以及其他例外。设置例外的理由是:认为传闻证据规则不应当被死板地运用,当该规则所要避免的危险在既定案件的具体情节中不存在或者可以被忽略的时候,或者在某些情况下不可能得到其他的证据时,法官不应当机械地运用排除规则对该证据予以排除。

传闻证据规则在不断修正和变化之中。一方面,在普通法时期,传闻证据规则的内涵和外延就历经了发展和变化,在成文法中,传闻证据规则仍然在不断地变化。另一方面,同样是英美法系国家,各个国家之间,在传闻证据规则的定义适用上,也出现了不同的变化。如英国《2003年刑事司法法》对传闻证据采取了比较灵活的方式,允许这类证据进入法庭,由事实审理者来自由裁量。

我国学者一般认为,传闻证据规则是英美法系证据法中的规定,大陆法系国家则确立了直接言词原则。根据该原则,直接感知案件事实的人必须出庭作证,这与传闻证据规则的内在精神是一致的。但是,由于直接言词原则与传闻证据规则分别隶属于两大法系,分别存在于职权主义与当事人主义诉讼模式之中,因此,仔细探究,两者在有些方面又存在差异。概而言之,主要有以下几个方面:一是两者的适用范围不同。前者主要是规范法官审判行为的原则,要求法官的行为必须符合直接、言词的要求;后者则主要禁止传闻证据进入法庭审理程序。二是两者发挥作用的方式不同。前者无须当事人提出,法官必须依职权贯彻;后者则必须以对方当事人提出为前提,法官不得主动排除传闻证据。三是对证据的效力影响不同。前者要求证据在法官面前以言词的方式提出才具有证据能力;后者则要求证据必须经过对方当事人的反询问或同意方具有可采性。①

鉴于该规则的核心内容是排斥陈述者在法庭外的陈述,因此,要求陈述者向法庭以言词方式作出陈述,并接受诉讼双方的口头发问,这是传闻证据规则的基本要义。我国不宜全面照搬传闻证据规则,但应在证人、被害人、鉴定人出庭作证问题上借鉴传闻证据规则并加以改革、完善。我国《刑事诉讼法》第187条规定:"公诉人、当事人或者辩护人、诉讼代理人对证人证言有异议,且该证人证言对案件定罪量刑有重大影响,人民法院认为证人有必要出庭作证的,证人应当出庭作证。人民警察就其执行职务时目击的犯罪情况作为证人出庭作证,适用前款规定。公诉人、当事人或者辩护人、诉讼代理人对鉴定意见有异议,人民法院认为鉴定人有必要出庭的,鉴定人应当出庭作证。经人民法院通知,鉴定人拒不出庭作证的,鉴定意见不得作为定案的根据。"第188条规定:"经人民法院通知,证人没有正当理由不出庭作证的,人民法院可以强制其到庭,但是被告人的配偶、父母、子女除外。证人没有正当理由拒绝出庭或者出庭后拒绝作证的,予以训诫,情节严重的,经院长批准,处以10日以下的拘留。被处罚人对拘留决定不服的,可以向上一级人民法院申请复议。复议期间不停止执行。"尤其值得一提的是,最高法《解释》第78条规定:"证人当庭作出的证言,经控辩双方质证、法庭查证属实的,应当作为定案的根据。""证人当庭作出的证言与其庭前证言矛盾,证人能够作出合理解释,并有相关证据印证的,应当采信其庭审证言;不能作出合理解释,而其庭前证言有相关证据印证的,可以采信其庭前证言。""经人民法院通知,证人没有正当理由拒绝出庭或者出庭后拒绝作证,法庭对其证言的真实性无法确认的,该证人证言不得作为定案的根据。"据此,传闻证据规则的一些因素在我国刑事诉讼中已经有所体现。

---

① 参见宋英辉、李哲:《直接、言词原则与传闻证据规则之比较》,载《比较法研究》2003年第5期。

有必要指出,我国现有的证人出庭制度存在缺陷不能满足审判公正的需求。根据《刑事诉讼法》第 187 条规定,证人出庭应当同时具备三个条件:对证言有异议、对定罪量刑有重大影响以及法院认为有必要。这样的条件设定在实际上赋予了法院独断的裁量权。同时,根据《刑事诉讼法》第 190 条规定,允许对于未到庭的证人证言以宣读的方式进行质证。这将导致法庭审理中证人不出庭成为常态,而出庭成为例外,从而导致证人出庭率在实践中非常之低。这严重影响了法庭对证人证言真实性的查明,影响庭审的实质化。

正因为这样,十八届四中全会《决定》提出:"推进以审判为中心的诉讼制度改革……完善证人、鉴定人出庭制度,保证庭审在查明事实、认定证据、保护诉权、公正裁判中发挥决定性作用。"结合实践来看,要有效解决证人、鉴定人出庭难的问题,必须通过立法、司法解释的完善,大力提高证人出庭率。刑事诉讼法学者对此比较普遍地认为:公诉人、当事人或者辩护人、诉讼代理人对证人证言有异议,且该证人证言对案件定罪量刑有重大影响的证人,以及可能判处死刑等重大案件中的关键证人,应当出庭作证。法庭通知证人出庭无法定理由不出庭的,询问证人的笔录不能作为定案的根据。这样才符合结合国情探索贯彻直接言词原则的要求,才能形成一个真正经得起社会检验和法律检验的公正判决。

第五节 最佳证据规则

最佳证据规则(best evidence rule),又称原始文书规则(the original writing rule),是英美法系国家一项古老的证据规则。"最佳证据"这一用语最早是指 1700 年首席大法官霍尔特(Holt)在一个案件中指出的:"仅仅需要事物本身所能具有的最佳证据。"随后,证据法学者吉尔伯特男爵(Baron Gilbert)也指出,最佳证据规则是第一个、且最为出色的有关证据的规则,即一个人必须拥有事实本身所能具有的最好的证据。布莱克斯通(Blackstone)也认为,若可能获得的话,应当提供案件性质所能够允许的最好的证据;但是如果不可能的话,那么现有的最好的证据应当被许可。"最佳证据的主要解释是:如果你要证明文书的内容,就必须提供文书本身。"①最初的最佳证据规则强调的仅仅是要求提供"最好的证据",但对什么是"最好的证据"并没有作出明确的解释;直至 18 世纪末,学者才明确提出最佳证据规则的明确含义,即在证明一项文书内容的过程中,如果其内容是重要的,除非可以证明存在非因提出人的重大过失的其他原因,否则必须提出原始的文书。根据最佳证据规则,如果以文书的内容来证明案件事实,必须提供原始的文书;除非存在法定的例外情形。对其他以原始文书派生出来的第

---

① 〔美〕约翰·W. 斯特龙主编:《麦考密克论证据》,汤维建等译,中国政法大学出版社 2004 年版,第 464 页。

二手文书,法院将不予采纳。正是基于此,美国证据法学者华尔兹教授认为:"最佳证据规则,这个名字给人带来一些不必要的误解……其实,把这条规则称为'原始文书规则'或许更为妥当,它仅是一项规定原始文字材料有优先权作为证据的简单原则"[1]。

最佳证据规则,就其本质而言,是一项确保证明真实性的规范证据能力的规则。对此,著名证据法学者摩根曾作了经典的论述:"所谓最佳证据法则,在现在则为关于文书内容之证据容许性法则。该法则需要文书原本之提出,如不能提出原本,直至有可满意之说明以前,则拒绝其他证据,其理由之至为明显。盖文字或其他符号,如差之毫厘,其意义则可能失之千里;观察时之错误危险甚大,尤以当其在实质上对于视觉有所近视时为然。因此之故,除提出文书之原本以供检阅外,于证明文书之内容时,诈伪及类似错误之机会自必甚多。"[2]显然,这里的"证据容许性法则"意味着最佳证据规则为一项规范证据能力的规则,而之所以"拒绝其他证据",是因为"如差之毫厘,其意义则可能失之千里",这实际上是从确保证明真实性的角度阐述最佳证据规则确立的缘由。

英美证据法中传统的最佳证据规则,其适用范围限于文书。应当指出的是,最佳证据规则与书证优先规则是两个不同的概念。书证优先规则的基本含义是书证优于人证,即只要做成了书证,就排斥了对同一案件事实以证人加以证明的任何可能性。书证优先规则是《法国民事诉讼法典》所特有的证据规则,它确立于1556年的穆兰法令司法改革,随后1804年的《法国民法典》也认可了这一规则。当时改革者确立此规则的意图在于:强调书证优先,有利于确保市场交易的安全,革除证人证言证明力不稳定的弊端,简化法院的诉讼程序,增加裁判的可预测性等。显然,与最佳证据规则相比,书证优先规则并不是一项规范证据能力的证据规则,而是一项规范证据证明力的证据规则。

美国《联邦证据规则》对最佳证据规则作出了详尽规定。该《规则》第1002条规定:"为证明文字、录音或照相的内容,要求提供该文字、录音或照相的原件,除非本证据规则或国会立法另有规定。"该法对"原件"的解释是:"文字或录音的原件即该文字或录音材料本身,或者由制作人或签发人使其具有与原件同样效力的副本、复本。照相的原件包括底片或任何由底片冲印的胶片。如果数据储存在电脑或类似设备中,任何从电脑中打印或输出的能准确反映有关数据的可读物,均为'原件'。"据此,美国《联邦证据规则》的这些规定实际上对传统的最佳证据规则进行了发展,因为最佳证据规则原本限于"文书",而录音或照相等严格地讲并不属于传统的"文书"的范畴。而且随着计算机信息技术的发

---

[1] 〔美〕乔恩·R.华尔兹:《刑事证据大全》,何家弘等译,中国人民公安大学出版社2004年版,第420页。

[2] 〔美〕摩根:《证据法之基本问题》,李学灯译,我国台湾地区"教育部"1982年版,第385页。

展和电子证据的广泛运用,为了解决电子证据打印物的可采性问题,美国《联邦证据规则》开创性地规定将计算机的打印物或输出物视为原件。在原则上确立最佳证据规则的同时,美国《联邦证据规则》第 1004 条还规定了最佳证据规则的若干例外,即"在下列情况下,不要求原件,关于文字、录音或照相内容的其他证据可以采纳:(1) 原件遗失或毁坏。所有原件均已遗失或毁坏,但提供者出于不良动机遗失或毁坏的除外;或(2) 原件无法获得。不能通过适当的司法程序或行为获得原件;或(3) 原件在对方掌握中。原件处于该材料的出示对其不利的一方当事人的控制中,已通过送达原告起诉状或其他方式告知该当事人在听证时该材料的内容属于证明对象,但该当事人在听证时不提供有关原件;或(4) 附属事项。有关文字、录音或照相与主要争议无紧密联系。"第 1003 条规定:"复制品可与原件在同等程度上采纳,但下列情况下除外:(1) 对复制品是否忠实于原件产生疑问;(2) 以复制品替代原件采纳将导致不公正。"①

按照英国普通法,最佳证据规则在英国的运用基本上同于美国,不过有以下两点不同:一是英国法院似乎不太愿意把最佳证据规则的适用范围扩展到录音录像等视听资料。因为法官们认为,没有理由对这些种类的文书证据适用一种早在这些信息储存技术出现之前就已经适用的严格规则。如在卡加拉诉诺贝尔一案中,由于法庭不愿意将最佳证据规则的适用范围扩大到超出"严格意义上的书面文书"的程度,因此裁定该规则不适用于录音带或录像带。② 二是关于电子资料的最佳证据规则问题。如前所述,美国联邦证据规则是通过扩大对"原件"的解释的方式使电子资料具有可采性;而在英国,法院则是根据最佳证据规则的例外规定使其具有可采性,即凡是当事人能够证明其确实无法取得正本时,可以使用抄本证明原件的内容;对计算机输出文件而言,只需证明这些文件的正本在正常的业务活动中已经销毁,或者系直接输入,无须证明基础正本从未存在。③ 另外,关于电子资料的最佳证据规则问题,1998 年加拿大《统一电子证据法》第 4 条、第 5 条采取的则是另一种立法模式,即只要能证明电子记录系统的完整性,就推定通过该电子记录系统的输出文件符合最佳证据规则的要求。④

与英美法系国家相比,大陆法系国家对最佳证据规则在刑事诉讼中的运用基本没有作出规定,而在民事法律中有一些规定,但其重视程度显然不如英美法系国家。其中,法国和意大利关于最佳证据规则的规定比较接近英美法系国家。通过考察可以看出,现代法治国家一般都遵循以提交书证的原件为基本要求的最佳证据规则,同时也规定了若干例外情形,以使复制件在确保真实可靠的情况下具有可采性,而且只要复制件的真实可靠性被有效地证明,复制件就具有与原

---

① 《美国联邦刑事诉讼规则和证据规则》,卞建林译,中国政法大学出版社 1996 年版,第 131 页。
② 郭志媛:《刑事证据可采性研究》,中国人民公安大学出版社 2004 年版,第 257 页。
③ 何家弘主编:《电子证据法研究》,法律出版社 2002 年版,第 378 页。
④ 何家弘主编:《外国证据法选译》,人民法院出版社 2002 年版,第 121 页。

件同等的证明力。

我国《刑事诉讼法》对最佳证据规则没有作出明确规定,不过司法解释体现了最佳证据规则的一些精神。最高法《解释》第69条规定:"对物证、书证应当着重审查以下内容:(一)物证、书证是否为原物、原件,是否经过辨认、鉴定;物证的照片、录像、复制品或者书证的副本、复制件是否与原物、原件相符,是否由二人以上制作,有无制作人关于制作过程以及原物、原件存放于何处的文字说明和签名……"第71条规定:"据以定案的书证应当是原件。取得原件确有困难的,可以使用副本、复制件。书证有更改或者更改迹象不能作出合理解释,或者书证的副本、复制件不能反映原件及其内容的,不得作为定案的根据。书证的副本、复制件,经与原件核对无误、经鉴定为真实或者以其他方式确认为真实的,可以作为定案的根据。"

从上述规定可以看出,我国司法解释对最佳证据规则给予了一定的关注和重视,但是立法层次过低,主要表现为司法解释。而且最佳证据规则在三大诉讼法中的规定不平衡。相比较而言,最高人民法院民事诉讼和行政诉讼的司法解释对最佳证据规则作了相当多的规定,而关于刑事诉讼中的最佳证据规则的规定则非常少。因此,有必要借鉴西方国家的最佳证据规则,并在刑事诉讼立法上加以确立和完善。

第六节 意见证据规则

意见(opinion)证据规则是英美证据法上规范证人证言的证据规则。其主要内容是:证人只能就其自身感知的事实提供证言,一般情况下,不得发表意见,即不得以其感知、观察得出的推断或意见发表意见。判断一个证人的陈述是否为"意见"的依据是,根据其证词的内容来确定,看其是属于证人个人的观察还是证人从中得出的推论或者判断。意见证据规则有利于正确收集和审查判断证人证言。

意见证据规则的理论基础是证人职能与裁判职能的区别。英美证据法理论将证人视为一种证据来源,其职能在于将其亲自体验的事实如实地提供于法庭,而依据一定的证据材料作出推断或结论,则属于裁判职能,应当由裁判者负责。如果允许普通证人在诉讼中提出推论或意见,将或者侵犯陪审团的裁判职能,或者因为该普通证人没有作出推断或意见的特殊技能或经验而误导陪审团,以至于有可能错误地认定案件事实。

英美法系将普通证人与专家证人加以区别,普通证人只能就其感知的案件事实提供证言,而专家证人则可以提供意见证据。在普通法上,专家(expert)是一个极其宽泛的称谓。美国《布莱克法律大词典》对专家的解释是:"经过该学科科学教育的男人(或女人),或者掌握有从实践中获得的特别或专有知识的人。"任何具有专门知识的人都是专家,并可以在法庭上就其专门知识领域中的问题提出专家意见。在诉讼中,以专家身份就实质问题作证以前,一般要通过一个所谓"证人资格"认定程序,即由对方律师(或本方律师)就该证人接受专业训练或获得专门技能等相关问题提问,以揭示其专门知识之有无,确认其专家证人资格。

鉴于证人感知的事实和证人的意见在实践中有时很难截然分开,意见证据规则设置了若干例外。英国法中有下列例外:(1)专家证人就其具有专门知识或者技能的事项作证的意见;(2)极难分开的意见和事实,而且证人的意见对于裁判者有所帮助的普通证人的意见;(3)证人对非主要争执点的意见。

在美国,《联邦证据规则》第701条规定:"如果证人不属于专家,则他以意见或者推理形式作出证词仅限于以下情况:(a)合理建立在证人的感觉之上;和(b)对清楚理解该证人的证词或确定争议中的事实有益。"①

大陆法系国家把证人和鉴定人明确加以区分,证人证言和鉴定意见分别被规定为独立的不同的证据种类。大多数大陆法系国家没有限制证人意见的证据能力的规则。但日本在第二次世界大战以后,受美国法的影响,对意见证据作出了限制性规定。日本《刑事诉讼法》第199条之十三规定,原则上禁止对证人进行要求其提供意见的询问,也允许对方当事人对该证人提供的不必要的意见声明异议。

我国《刑事诉讼法》并未明确规定意见证据规则。但最高法《解释》第75条第2款规定体现了意见证据规则的精神:"证人的猜测性、评论性、推断性的证言,不能作为证据使用,但根据一般生活经验判断符合事实的除外。"

第七节 补强证据规则

补强证据规则,是指为了防止错误认定案件事实或发生其他危险性,而在运用某些证明力显然薄弱的证据认定案情时,法律规定必须有其他证据补强其证明力。补强证据规则主要适用于言词证据。由于被追诉者的口供与其他言词证据在诉讼特征上有很大不同,又可以将补强证据规则分为口供的补强与其他证据的补强两类。

关于口供的补强,在英美证据法中,被告人在法庭外所作的有罪供述必须在有其他证据予以补强的情况下,才能在法庭上作为证据提出。在中世纪纠问式诉讼制度下,口供被奉为证据之王。只要有被告人的有罪供述,法官便可以判决其为有罪。实践中出现过著名的错判案例,此后有人主张凡是杀人案,应当有被害人的尸体才能作出定罪判决。随着资产阶级启蒙思想家对封建刑讯逼供以及

---

① 《美国联邦刑事诉讼规则和证据规则》,卞建林译,中国政法大学出版社1996年版,第117页。

口供主义的反思和批判,口供的补强规则逐渐得以确立。

在日本,口供补强被作为被告人的一项宪法性权利。日本《宪法》第38条第3款明确规定:"任何人如对其不利的唯一证据为本人口供时,不得定罪或科以刑罚。"日本《刑事诉讼法》第319条第2款规定:"不论是否被告人在公审庭上的自白,当该自白是对其本人不利的唯一证据时,不得认定被告人有罪。"①

我国台湾地区"刑事诉讼法"第156条第2款规定:"被告或共犯之自白,不得作为有罪判决之唯一证据,仍应调查其他必要之证据,以察其是否与事实相符。"

在英美法系国家的刑事诉讼中,依照制定法或惯例,以下情形需要补强证据:

(1)对伪证的证明。在对伪证罪或假证罪以及英国1911年《伪证罪法》所规定的任何其他同类罪行的起诉中,如果只有一个证人证明某人作了伪证,不能依此证言判处某人犯伪证罪,因为不能用一个人的宣誓证言去反对另一个人的宣誓证言。在对每个证据的虚假性加以证明时,进行这种证明的证人证言必须有其他证据予以补强。

(2)对某些性犯罪的证明。在对妇女和儿童的某些性犯罪中,例如,强奸等案件中,如果只有一个证人(被害人)的证言,不能认定被告人犯有这种罪行,除非该证言在某些实质的细节上有其他控诉证据补强其证明力。即使在那些法律没有要求必须有补强证据的性犯罪案件中,依照惯例,如果法官没有提醒陪审团仅仅根据此类证据定案可能存在的风险,该有罪判决在上诉时会被撤销。

(3)儿童提供的不经宣誓的证言。一个年幼的儿童可以不经宣誓而作证,此情形下的证言被认为可靠性较低,该证言需要补强证据。例如,英国1983年的《青少年法》虽然允许不了解宣誓意义的未成年人作证,但其证言必须有其他补强证据。

(4)根据英国1960年《道路交通法》进行的证明。英国1960年《道路交通法》规定,某些车辆在公路上超速行驶会构成犯罪。但是,不得仅依据一位证人认为司机超速行驶的证言而判处被告人有罪。但是,如果证人所讲述的不是自己的看法,而是他通过记秒表和测量的距离确定出来的事实,则无须补强证据。

(5)共犯的证言。根据某一共犯的证言对另一共犯定罪时,如果没有补强证据,依照惯例,法官应当向陪审团说明这样做的危险。如果法官没有按照这一规则提醒陪审团,对另一共犯的定罪将是无效的。补强证据不是要证实证人陈述中的任何实质性细节,而是要证明与被告人有直接联系的某些特定细节。

我国《刑事诉讼法》第53条规定:"……只有被告人供述,没有其他证据的,不能认定被告人有罪和处以刑罚……"最高法《解释》第83条对此作出了进一

---

① 《日本刑事诉讼法》,宋英辉译,中国政法大学出版社2000年版,第73页。

步的详细规定:"审查被告人供述和辩解,应当结合控辩双方提供的所有证据以及被告人的全部供述和辩解进行。被告人庭审中翻供,但不能合理说明翻供原因或者其辩解与全案证据矛盾,而其庭前供述与其他证据相互印证的,可以采信其庭前供述。被告人庭前供述和辩解存在反复,但庭审中供认,且与其他证据相互印证的,可以采信其庭审供述;被告人庭前供述和辩解存在反复,庭审中不供认,且无其他证据与庭前供述印证的,不得采信其庭前供述。"最高法《解释》第106条规定:"根据被告人的供述、指认提取到了隐蔽性很强的物证、书证,且被告人的供述与其他证明犯罪事实发生的证据相互印证,并排除串供、逼供、诱供等可能性的,可以认定被告人有罪。"此外,最高法《解释》第109条规定:"下列证据应当慎重使用,有其他证据印证的,可以采信:(一)生理上、精神上有缺陷,对案件事实的认知和表达存在一定困难,但尚未丧失正确认知、表达能力的被害人、证人和被告人所作的陈述、证言和供述;(二)与被告人有亲属关系或者其他密切关系的证人所作的有利被告人的证言,或者与被告人有利害冲突的证人所作的不利被告人的证言。"以上表明我国《刑事诉讼法》中已经有补强证据规则存在,只是表述方式不同而已。

第十一章　证据的种类和分类

第一节　证据的种类

证据的种类，也称证据的法定形式，是指法律规定的证据的不同表现形式。我国《刑事诉讼法》第 48 条第 2 款规定："证据包括：(一)物证；(二)书证；(三)证人证言；(四)被害人陈述；(五)犯罪嫌疑人、被告人供述和辩解；(六)鉴定意见；(七)勘验、检查、辨认、侦查实验等笔录；(八)视听资料、电子数据。"

一、物证

物证是指以其外部特征、物质属性、存在状况等证明案件真实情况的一切物品或痕迹。物证一般表现为一定的物品或痕迹，并且必须与案件事实有关联性。我国《刑事诉讼法》将物证列为第一种证据，反映出物证在刑事诉讼中的重要作用，是查明案件事实的重要手段。

作为物品的物证通常有：(1)犯罪使用的工具。例如，盗窃案件中使用的万能钥匙、杀人案件中的凶器、毒药等。(2)犯罪行为侵犯的客体物。例如，被犯罪人杀害的人的尸体、抢劫的财物、盗窃的赃款、赃物、窃取的机密文件等。(3)犯罪现场留下的物品。例如，衣服、烟头、纸屑甚至气味等，以及其他可以用来发现犯罪行为和查获犯罪分子的存在物。作为痕迹的物证通常表现为犯罪遗留下来的物质痕迹，例如，指纹、脚印、体液，以及作案工具形成的各种痕迹等。

根据不同的标准可以将物证进行划分。例如，根据物证的形态可以分为有形物证和无形物证；根据是否有生命可以划分为有生命的物证和无生命的物证；根据外观形态的不同可以划分为固态物证、液态物证和气态物证；根据物证与感官的关系可以分为嗅觉物证、视觉物证、听觉物证和触觉物证；根据体积可以分为常态物证、微量物证和巨型物证，等等。

与其他证据相比，物证具有以下特征：

第一，物证是以其外部特征、存在状态、物质属性等来证明案件真实情况的。所谓"外部特征"是指物品的外观、颜色、体积、数量、重量等；所谓"存在状态"是指固态、气态、液态等；所谓"物质属性"是指密度以及坚硬、柔软、尖锐、圆钝、容易破碎、容易折断、有毒、有害等物理或者化学属性。物证正是基于这些特征而对有关案件的事实起证明作用的。由于物证是客观存在的物品、痕迹，一般情况下可以用肉眼进行观察，易于了解。物证在证明活动中不仅应用广泛，而且有其他证据不能替代的作用。

第二,物证的客观性较强,比较容易查实,这一特点与言词证据显然不同。言词证据是由人提供的,不可避免地受到主客观因素的影响,有可能提供虚假或者错误的信息,有时虚假与真实的信息混杂,不容易分辨。而物证被形象地称为"哑巴证据",虽然不能自明其义,但一旦形成,具有较强的客观性,不容易发生改变。物证在形成后可以独立存在,即使有人加以损毁,也往往会留下新的物品或者痕迹,形成新的物证。

第三,许多物证具有对科学技术的依赖性。不仅其收集和固定要依赖一定的科技设备,而且对物证内容的揭示,也要进行检验或者鉴定,才能发挥其证明作用。例如,微量物证需要凭借仪器或者辅助手段加以显现。

第四,证明范围的狭窄性,是物证的一个缺陷,通常一个物证只能证明案件的某个环节。因此物证与案件事实的关联性需要由人加以揭示。另外,每个物证所能证明的,往往是有关案件事实的局部事实,通常不能证明案件的主要事实或者全部事实。

关于物证的收集,司法工作人员通常通过勘验、检查、搜查、扣押、辨认、鉴定等途径和方法收集和认识物证。依据法律规定,有关人员和单位应当积极配合提供物证;收集和固定物证应当及时、细致并采取先进、科学的技术和方法,防止伪造、丢失或发生意外变化而致使物证失去证明作用。根据公安部《规定》第61条、最高检《规则》第233条、最高法《解释》第70条的规定,收集、调取以及据以定案的物证应当是原物。原物不便搬运,不易保存,依法由有关部门保管、处理,或者依法应当返还的,可以拍摄、制作足以反映原物外形和特征的照片、录像、复制品。拍摄、制作物证的照片、录像、复制品,制作人不得少于2人,并应当附有关于制作过程的文字说明及原物存放何处的说明,并由制作人签名。

对于物证必须妥善保管,不应擅自使用,防止损毁。对于可能产生环境和精神污染的物证要按有关规定严格保管和处置;对于不易搬动的物证,要以相应的科学方法固定,以保留其证明价值;移送案件时,应当将物证随同案卷一并移送。

运用物证时,应当查明来源,注意是否伪造,是否发生了变化等情况;必须认真仔细地审查物证的外部特征,以确定其同案件事实的关联性;在许多情况下,必须经过辨认、检验和鉴定才能揭示物证本身的证明力;必须与其他证据相对照才能认定某一物证的证明作用。物证的照片、录像、复制品,不能反映原物的外形和特征,不得作为定案的根据。物证的照片、录像、复制品,经与原物核对无误、经鉴定为真实或者以其他方式确认为真实的,可以作为定案的根据。用作定案根据的物证,必须经过法庭出示和辨认程序。

二、书证

书证是指以文字、符号、图画、图表等表达的思想内容来证明有关案件事实的书面文字或者其他物品。书证的范围十分广泛,包括文字、符号、数字、图画、印章或其他具有表情达意功能痕迹的许多实物材料,诸如:出生证、工作证、身份证、护照、营业执照、户口本、账册、账单、票据、收据、经济合同、车船票、飞机票等等。

书证具有以下特征:

第一,表现形式和形成方式具有多样性。书证既可以表现为文字(包括本国文字,也包括外国文字)、数字、图画、图形等,也可表现为符号;文字、符号等的载体,既可以是纸张,也可以是木头、石头、金属或者其他物质材料;制作书证的工具,既可以是笔,也可以是刀、印刷机等多种工具;制作书证的方法,既可以是书写,也可以是雕刻或印刷等。

第二,书证以文字、符号或图画等来表述和反映人的思想、内心世界或传递信息,即具有思想性。这是书证区别于其他证据的显著特点。其所记载的内容或者所表达的思想,必须与待证案件事实有关联,能够借以证明案件事实。此外,这种思想内容能够为一般大众所认识和了解。鉴于书证是以其所记载或者表达的思想内容来证明案件事实,所以,当有些证据不是以其所包含的思想内容起证明作用,而是以其存在场所、外部特征等起证明作用时,就不应当是书证,而是物证。

第三,书证具有较强的稳定性。不仅内容明确,而且形式相对固定,稳定性较强,一般不受时间的影响,易于长期保存。只要作为书证载体的物质材料未遭毁损,即使是经历了很长时间,其思想内容仍然能够借助有形的文字、符号或图画等起到应有的证明作用。

第四,书证能直接表明案件主要或部分事实的真实情况。由于书证有具体、明确的思想内容,所以在很多情况下,能够依据其内容直接判明其与案件事实的联系。书证一般不需要通过任何媒介或中间环节来对其加以分析和判断,能够以其独特的客观化、具体化、形象化和固定化的文字、符号和图画本身所体现的思想内容起到证明案件事实的作用。

在法定的各种证据种类中,书证与物证既有密切关系又有显著区别。书证与物证之间的联系,主要在于书证的外形是一种客观物质材料,并以此作为其内容的必要载体。从这种意义上讲,书证也属于广义上物证的范畴。因此,广义上讲,书证也具有物证的特征。尽管如此,由于书证是人的主观意识和思想内容的表达,因而与以其存在的状况和外部特征证明案件事实的物证又有着显著的差异。书证与物证的差异,主要表现在以下几个方面:

第一,对案件事实起证明作用的根据不同。书证以文字、符号、图表、图画等表达的思想内容来证明案件事实,而物证则以其存在方式、外部特征和物质属性来证明案件事实。

书证的存在和表现形式是书面文件和其他物品,但并非凡是存在和表现形式是书面文件和其他物品的证据就一定是书证。有些书面文件和其他物品,如果所记载或者表达的思想内容与案件事实无关，只是其存在方式、外部特征等有证据意义，那它们就不是书证，而是物证。例如，遗留在犯罪现场的一封信，其内容与案件事实无关，但是根据笔迹鉴定找到了犯罪嫌疑人，则这封信就是根据其存在方式、外部特征等对案件事实起证明作用，属于物证。

第二，是否反映人的思想不同。书证是以其内容反映和表达人的主观思想及其行为的物质材料，而物证则并不反映人的主观思想。书证在内容上具有主观属性，而物证只有客观属性。

第三，内容和形式是否能为人所理解不同。书证表达、记载的内容和形式，一般都能为常人所理解，一般都比较清楚、明了；而物证在表现形式上则会受客观存在的特殊状态所决定，有些必须借助专门的技术手段进行鉴定，才能揭示其与案件事实的联系。

第四，对案件事实所起的证明作用不同。书证在许多情况下可以直接证明案件主要事实或案件中的某一部分事实，其证明的案件事实情节一般较为完整，而物证往往只能证明案件事实的某个环节或者局部。

第五，保存和固定的方法不同。一般而言，书证最为常见的是以纸张等物质材料作为载体，所以，对书证通常可采用复印等方式予以保存、固定，而物证的保存与固定则不尽相同。

根据以上分析可以得知，并不是所有的文字材料都是书证，有些文字材料不是以其所记载的内容对案件起证明作用，而是以其存放地点对案件起证明作用，那么它是物证而不是书证；同样地，并不是所有的书证都写在纸张上，有些思想内容并不是写在纸上的，而是表现在其他物质材料如石头、金属等上面的，只要它是以所记载的内容或表达的思想对案件起证明作用，那么就应当是书证而不是物证。

对于书证，可以从不同角度进行分类。

依照书证是否为国家机关等依据职权所制作，可以将书证分为公文性书证与非公文性书证。凡国家机关、企事业单位、社会团体在法定的权限范围内依职权所制作的文书，称为公文性书证。例如，由人民法院制作的判决书、裁定书或调解书。所谓非公文性书证，是指公文性书证以外的其他书证。不仅包括一般自然人制作的文书，还包括国家机关、企事业单位、社会团体等在其职权范围以外制作的与行使职权无关的文书。将书证划分为公文性书证和非公文性书证，对于案件事实的认定具有重要意义。一般情况下，公文性书证较之非公文性书证更为真实可靠，对非公文性书证的审查判断要更为慎重、严格。

依照书证的形成是否有特别要求，可以将书证分为一般书证与特别书证。凡依法不要求必须具备特定的形式、格式或必须履行特定的程序，而只要求具有明确的意思表示并由当事人签名、填写日期而形成的书证，为一般书证。例如，某人领取有关物品的收据。此类书证只要在内容上具有明确的意思表示,有当事人的签名,有制作该书证的具体日期,即为有效,对这类书证在形式上并无特殊的要求,只注重其内容,而不注重形式。

凡是依照法律规定必须具备特定形式、格式或必须履行特定程序的文书,称为特别书证。例如,人民法院依法制作的判决书。特别书证的形成,必须具备法定条件,具备特定的法律形式,并严格履行法定的制作手续。特别书证除了应具备明确的意思表示之外,还强调其外在的形式、格式或形成的程序,这是其与一般书证的不同之处。

依照书证内容的不同,可以将书证分为处分性书证与报道性书证。凡是制作书证的目的是基于设定、变更或消灭一定的法律关系的,称为处分性书证。例如,人民法院制作的发生法律效力的判决书、裁定书。凡是制作者仅用以记录或报道、记载已经发生的或认知的具有法律意义的事实的书证,称为报道性书证。例如,会议记录、医院的病历、新闻报道、日记等。这些书证仅记载某些客观事实的发生和经过,其本身不能引起相应的法律后果,所以属于报道性书证。将书证划分为处分性书证与报道性书证的意义在于:可以更好地把握书证在诉讼证明中的不同作用。处分性书证具有较强的证明力。报道性书证所表述的内容并不与特定的法律后果相联系,因而其证明力与前者相比较为有限。

依照书证制作方法的不同,可以将书证分为原本、副本、复制本等。此种划分旨在说明只有原本才是最初制作的文本,能在客观上最大限度地反映书证所记载的内容,因此其更为可靠。

对书证应当严格依法定程序收集。对书证的收集应当注意以下问题:原则上,公安司法机关等国家专门机关收集、调取以及据以定案的书证应当是原件。取得原件确有困难的,可以使用副本、复制本。书证的副本、复制本,经与原件核对无误、经鉴定为真实或者以其他方式确认为真实的,可以作为定案的根据。制作书证的副本、复制本时,制作人不得少于2人,并应当附有关于制作过程的文字说明及原件存放何处的说明,由制作人签名。书证有更改或者更改迹象不能作出合理解释,或者书证的副本、复制本不能反映原件及其内容的,不得作为定案的根据。扣押信件、电报等书证和提取机密文件时,必须严格遵守有关特殊规定。扣押邮件、电报等要经公安机关或者人民检察院批准。对被扣押的书证要妥善保管或者封存,不得使用或者毁损。在复制、摘抄书证时,要注意内容的完整性,不得任意取舍,不得断章取义。对于收集的书证,应当妥善保管。

书证的运用应当注意以下几点:第一,审查书证的制作。通过对书证的制作主体、制作过程等情况的审查,查明有无伪造、变造的情形,查明书证制作过程有没有受到暴力、威胁、欺骗等行为的影响,内容是否是制作人的真实意思表示,从而判断是否可以作为定案根据。第二,审查书证的内容和形式。注意审查书证的内容是否具体明确、前后是否一致,特别是书证的形式是否符合法律规定。第三,审查书证记载的内容和案件事实是否有关联。与案件事实没有关联的书证,不能作为定案根据采用。第四,审查书证的类别。一般而言,书证的原件比副本、影印本等可靠;公文性书证比非公文性书证更为真实。根据有关司法解释规定,据以定案的书证应当是原件。取得原件确有困难的,可以使用副本、复制件。书证有更改或者更改迹象不能作出合理解释,或者书证的副本、复制件不能反映原件及其内容的,不得作为定案的根据。书证的副本、复制件,经与原件核对无误、经鉴定为真实或者以其他方式确认为真实的,可以作为定案的根据。

三、证人证言

证人证言是指当事人以外的了解有关案件情况的人,就其所了解的案件情况向公安司法机关所作的陈述。在一些国家,证人包括两类:一类是事实证人(fact witness),一类是专家证人(expert witness)。前者就自己感知的有关案件事实进行陈述,后者根据自己的专业知识就案件涉及的专门性问题提出意见。我国《刑事诉讼法》中的"证人"是指事实证人。

证人证言的特点如下:证人证言属于言词证据的一种,与物证相比,具有生动、形象、具体、丰富的优点,但是由于受到主观因素的影响较大,容易含有虚假成分。虚假的陈述包括证人无意形成的错证与故意提供的伪证,故意提供伪证要承担法律责任,而无意形成的错证则无须承担法律责任。有些证人与被告人有亲情或友情关系,为掩盖不利于被告人的事实而作伪证;有些证人对作证存在顾虑,不敢或不愿如实陈述案件事实而作虚伪陈述;有些证人人品不良,为了满足某种卑劣目的而提供伪证;有些证人为了陷害别人,虚构或者夸大事实;有些证人可能被贿买而作伪证;有些证人为了迎合公安司法人员、当事人等,按照他们的意愿提供伪证。由于受到感知、记忆和表达能力的制约,证人虽然本着良心作证,但仍然有可能提供虚假的陈述。

根据《刑事诉讼法》第60条的规定,有资格作为证人的条件是:感知案件事实,具有辨别是非的能力,具有正确表达的能力。以上三个条件必须同时具备,才有资格作为证人。这里的"辨别是非"是指对事实存在与否、状态如何以及性质怎样能够正确认识和辨别;"正确表达"是指能够对自己所认识和辨别的事实存在与否、状态如何以及性质怎样进行正确的描述。"生理上、精神上有缺陷或者年幼,不能辨别是非、不能正确表达的人,不得作证人。"这里所谓"生理上有缺陷",是指存在盲、聋、哑或者其他生理方面的缺陷。"精神上有缺陷",是指在智力上或者精神上存在障碍。年幼是指未成年人。如果在生理上、精神上有缺陷或者年幼,但是能够辨别是非、能够正确表达,仍然可以成为证人,应当作证。

法律规定,处于明显醉酒、中毒或者麻醉等状态,不能正常感知或者正确表达的证人所提供的证言,不得作为证据使用。

在刑事诉讼中,证人证言有以下作用:能够直接或者间接证明案件有关事实,或为调查、侦查提供线索,为进一步取得其他证据提供帮助;由于证人证言丰富、生动、具体,更易于了解案件事实的经过和全貌;与被害人陈述和犯罪嫌疑人、被告人供述、辩解相比,证人证言客观性较强,证明力较强;因为证人证言是诉讼中常见的证据,该证据可以被用于与同案件中的其他证据相互对照,从中发现证据间存在的矛盾,促使调查、侦查或者审判人员进一步对证据进行审查、调查、核实,甄别证据的真伪。

证人证言的内容包括能够证明案件真相的一切事实。与案件无关的内容不应当成为证人证言。因此,证人证言只是证人就案件有关事实的感知所作的陈述,不应当包括其个人的推测或分析判断意见。最高法《解释》第75条第2款规定:"证人的猜测性、评论性、推断性的证言,不得作为证据使用,但根据一般生活经验判断符合事实的除外。"

对证人证言应当着重审查以下内容:(1)证言的内容是否为证人直接感知;(2)证人作证时的年龄,认知、记忆和表达能力,生理和精神状态是否影响作证;(3)证人与案件当事人、案件处理结果有无利害关系;(4)询问证人是否个别进行;(5)询问笔录的制作、修改是否符合法律、有关规定,是否注明询问的起止时间和地点,首次询问时是否告知证人有关作证的权利义务和法律责任,证人对询问笔录是否核对确认;(6)询问未成年证人时,是否通知其法定代理人或者有关人员到场,其法定代理人或者有关人员是否到场;(7)证人证言有无以暴力、威胁等非法方法收集的情形;(8)证言之间以及与其他证据之间能否相互印证,有无矛盾。

鉴于证人证言对查明案件事实的重要性以及司法实践中证人作证难的情况,我国《刑事诉讼法》对证人的安全保障和经济补助作了规定。第61条规定:"人民法院、人民检察院和公安机关应当保障证人及其近亲属的安全。对证人及其近亲属进行威胁、侮辱、殴打或者打击报复,构成犯罪的,依法追究刑事责任;尚不够刑事处罚的,依法给予治安管理处罚。"第62条规定:"对于危害国家安全犯罪、恐怖活动犯罪、黑社会性质的组织犯罪、毒品犯罪等案件,证人、鉴定人、被害人因在诉讼中作证,本人或者其近亲属的人身安全面临危险的,人民法院、人民检察院和公安机关应当采取以下一项或者多项保护措施:(一)不公开真实姓名、住址和工作单位等个人信息;(二)采取不暴露外貌、真实声音等出庭作证措施;(三)禁止特定的人员接触证人、鉴定人、被害人及其近亲属;(四)对人身和住宅采取专门性保护措施;(五)其他必要的保护措施。证人、鉴定人、被害人认为因在诉讼中作证,本人或者其近亲属的人身安全面临危险的,可以向人民法院、人民检察院、公安机关请求予以保护。人民法院、人民检察院、公安机关依法采取保护措施,有关单位和个人应当配合。"第63条规定:"证人因履行作证义务而支出的交通、住宿、就餐等费用,应当给予补助。证人作证的补助列入司法机关业务经费,由同级政府财政予以保障。有工作单位的证人作证,所在单位不得克扣或者变相克扣其工资、奖金及其他福利待遇。"

四、被害人陈述

被害人陈述是指刑事被害人就其受犯罪行为侵害的情况和其他与案件有关的情况向公安司法机关所作的陈述。自诉人和附带民事诉讼的原告人如果是被害人,则他们的陈述也是被害人陈述。被害人陈述有两种情况:一种是与犯罪分子有直接接触或耳闻目睹犯罪行为的被害人陈述,这种陈述可以直接指出犯罪过程和犯罪分子的特征;另一种是与犯罪分子没有直接接触或耳闻目睹犯罪行为的被害人陈述,这种陈述的内容不如前者丰富和具体。

在刑事诉讼中,被害人陈述有以下特点:由于案件的诉讼过程和诉讼结果与被害人有着直接的利害关系,被害人对被害经过一般能够进行充分陈述,从而揭露有关犯罪事实和犯罪人。但正是因为被害人与案件有直接利害关系,被害人陈述虚假的可能性很大。一些被害人可能出于各种动机而在陈述中夸大或者缩小犯罪事实。

被害人作出虚假陈述的原因有以下几种:在受到犯罪侵害时精神高度紧张,心理状态异常,观察有偏差或者有遗漏,记忆模糊,造成陈述存在差错;在受到犯罪侵害后,出于仇恨犯罪人的心理而夸大犯罪事实;由于自身存在一定过错,对案件中某些事实加以掩盖,为此进行虚假陈述;出于个人私利或者某种卑劣目的,虚构事实,企图以虚假陈述诬告陷害他人;受到犯罪行为侵害后,失去了感知能力或者记忆出现障碍,甚至出现幻觉而作出虚假陈述;顾虑个人利益,如名誉、前途、家庭关系、子女利益等等,没有进行如实的陈述;出于亲情或者人情,或者受到他人威胁、恐吓、干扰而作出虚假陈述。

应当注意分析被害人陈述的内容。被害人陈述中往往包括三部分内容:一是对案件事实的陈述;二是对案件事实的分析判断;三是诉讼请求。其中具有证据价值的只有第一部分内容。

五、犯罪嫌疑人、被告人的供述和辩解

犯罪嫌疑人、被告人的供述和辩解,又称为"口供""自白",是指犯罪嫌疑人、被告人就其被指控的犯罪事实和其他有关情况,向公安司法机关所作的陈述。其通常包括以下三种情形:(1)供述。即犯罪嫌疑人、被告人对被指控的犯罪事实表示承认,并如实陈述他实施犯罪的全部事实和情节。(2)辩解。即犯罪嫌疑人、被告人否认自己实施了犯罪行为或者虽然承认犯罪,但辩称依法不应当追究刑事责任或者应当从轻、减轻或者免除处罚等。(3)攀供。即犯罪嫌疑

人、被告人揭发、检举他人的犯罪行为的陈述。攀供可能出于各种动机,有些确因悔过而揭发、检举他人的犯罪行为;有些为了推卸自己的罪责而揭发、检举他人的犯罪行为;有些则是为了得到宽大处理,揭发、检举他人的犯罪行为以便"立功"。

犯罪嫌疑人、被告人在刑事诉讼中既是诉讼主体,受到多种诉讼权利的保护,又是可能被定罪量刑的对象,案件的诉讼过程和结果,与他有着密切的利害关系,同时又是证据的来源。犯罪嫌疑人、被告人诉讼地位的多重性决定了犯罪嫌疑人、被告人的供述和辩解有以下特点:

第一,如果犯罪嫌疑人、被告人进行如实陈述,有可能全面、直接地解释有关案件事实情况。毕竟犯罪嫌疑人、被告人对自己是否实施过犯罪行为,犯罪的经过,特别是犯罪时的主观心理状态,知道得最清楚。

第二,犯罪嫌疑人、被告人的供述和辩解虚假的可能性较大。作为可能被定罪量刑的对象,案件的诉讼过程处理结果与其有着直接的利害关系。基于趋利避害的普遍心理,真正的犯罪人在诉讼过程中往往设法掩盖事实真相,或者编造谎言,企图蒙混过关。有的犯罪嫌疑人、被告人为他人开脱,将全部犯罪事实揽在自己身上;或者代人受过,供认自己没有犯过的罪行。

对犯罪嫌疑人、被告人供述和辩解应当进行细致的审查判断。只有经过查证属实以后,才能将其作为定案的根据。对于犯罪嫌疑人、被告人的供述和辩解主要从以下几个方面进行审查:

第一,犯罪嫌疑人、被告人的自然情况。因犯罪嫌疑人、被告人存在个体差异,其作出真实的供述与辩解的可能性也会不同。通常来说,一时激愤情况下的犯罪、初犯、偶犯以及过失犯罪的犯罪嫌疑人、被告人,在犯罪后容易悔过,其作出真实供述或者辩解的可能性较大。而累犯、有预谋等犯罪的犯罪嫌疑人、被告人供述或者辩解之虚假的可能性较大。

第二,犯罪嫌疑人、被告人供述和辩解的动机。犯罪嫌疑人、被告人供述和辩解的真伪与动机密切相关。有些犯罪嫌疑人、被告人主动真诚悔过,或者是经过规劝而承认自己的罪行;有些是面对确凿的证据,无法抵赖而不得不陈述,出于上述动机的供述,真实的可能性较大。而有些犯罪嫌疑人、被告人供认有罪,是将全部罪责揽到自己头上,以掩盖共同作案的其他人,使他们逃避处罚;有些冒名顶替,目的是为亲友开脱罪责或者受到诱惑、胁迫而代人受过。由此形成的供述,虚假的可能性较大。犯罪嫌疑人、被告人的辩解也因动机不同而存在差异,有的是没有实施犯罪,理直气壮地进行澄清;有的是确实实施了犯罪,但为了逃避处罚,虚构事实或者隐瞒真相加以狡辩。

第三,取得犯罪嫌疑人、被告人供述的手段。首先,应当审查口供是否为合法取得,由此判断其真实或者虚假的可能性大小。一般情况下,在暴力、胁迫、引诱、欺骗等情况下形成的供述,虚假的可能性较大;犯罪嫌疑人、被告人自愿进行的有罪供述,较为可信。其次,应当确认有无暴力、胁迫、引诱、欺骗等非法取证行为,以确定是否应当排除这些非法证据。

第四,犯罪嫌疑人、被告人供述和辩解是否符合情理。社会生活通常有其内在的逻辑性,符合实际情况的供述和辩解,一般是符合情理的;虚假的供述和辩解往往是自相矛盾,不能自圆其说,与情理不相符合的。

第五,犯罪嫌疑人、被告人供述和辩解与其他证据是否相互印证。审查犯罪嫌疑人、被告人供述和辩解的真伪,需要将其与其他证据的内容进行对比,审查其是否相互印证。

根据最高法《解释》第81条和第82条的规定,被告人供述具有下列情形之一的,不得作为定案的根据:(1)讯问笔录没有经被告人核对确认的;(2)讯问聋、哑人,应当提供通晓聋、哑手势的人员而未提供的;(3)讯问不通晓当地通用语言、文字的被告人,应当提供翻译人员而未提供的。讯问笔录有下列瑕疵,经补正或者作出合理解释的,可以采用;不能补正或者作出合理解释的,不得作为定案的根据:(1)讯问笔录填写的讯问时间、讯问人、记录人、法定代理人等有误或者存在矛盾的;(2)讯问人没有签名的;(3)首次讯问笔录没有记录告知被讯问人相关权利和法律规定的。

犯罪嫌疑人、被告人揭发、检举他人犯罪的情况,又有以下不同情形,应具体情形具体分析:一是对有共同犯罪关系的同案犯的揭发;二是对同案犯其他犯罪事实的揭发;三是对非同案犯犯罪事实的揭发。上述三种情形只有第一种情形属于犯罪嫌疑人、被告人供述和辩解,后两种情形应属于证人证言。

我国《刑事诉讼法》第53条第1款规定:"对一切案件的判处都要重证据,重调查研究,不轻信口供。只有被告人供述,没有其他证据的,不能认定被告人有罪和处以刑罚;没有被告人供述,证据确实、充分的,可以认定被告人有罪和处以刑罚。"

六、鉴定意见

刑事诉讼中的鉴定意见是指国家专门机关就案件中的专门性问题,指派或聘请具有专门知识的人进行鉴定后作出的判断性意见。主要有:一、法医类鉴定,包括法医病理鉴定、法医临床鉴定、法医精神病鉴定、法医物证鉴定和法医毒物鉴定;二、物证类鉴定,包括文书鉴定、痕迹鉴定和微量鉴定;三、声像资料鉴定,包括对录音带、录像带、磁盘、光盘、图片等载体上记录的声音、图像信息的真实性、完整性及对其所反映的情况过程进行的鉴定和对记录的声音、图像中的语言、人体、物体作出种类或者同一认定。

作为证据种类之中的一种独立证据,鉴定意见只能对案件中的专门性问题作出结论,而不能对案件中的法律问题和普通事实作出结论。鉴定意见的形式必须是书面《鉴定书》,由鉴定人本人签名并加盖单位公章。单位公章用于证明鉴定人身份和鉴定机构的资质,但是不能代替鉴定人本人的签名。鉴定意见只是证据的一种,没有高于其他证据的效力,能否定案必须综合全案证据认定。

鉴定意见与医疗单位的诊断证明书在产生的程序上有原则的区别,目的和作用也完全不同。在刑事诉讼中简单地用诊断证明代替鉴定意见是不对的。医疗单位的诊断证明书就其形成而言,是医生的正常工作行为,本与诉讼无关。它往往形成于诉讼之前,在诉讼中的出现则是基于诉讼过程中的证明需要;可能是被害人、被告人或者辩护人提供的,也可能是司法人员在工作中收集的。医生的诊断仅需依病人的病情而定,医生本人与病人之间也基本不存在回避的问题。这些都是与鉴定意见不同的,而且,鉴定意见的范围远比医生的诊断证明宽广得多。但是,当医疗单位或者医生受到司法机关指派或聘请,对案件中有的专门性问题进行有关的工作,并且履行了相应的法律手续的时候,其所作的诊断证明可以在诉讼中作为鉴定意见,如果经过与其他证据相同的程序查证属实,则能够作为定案的依据。

根据《刑事诉讼法》第146条,侦查机关应当将用作证据的鉴定意见告知犯罪嫌疑人、被害人。如果犯罪嫌疑人、被害人提出申请,可以补充鉴定或者重新鉴定。在庭审中,鉴定意见应当当庭宣读,鉴定人一般应当出庭,对鉴定过程和内容、结论作出说明,接受质证。

实践中大多数的鉴定意见都是对鉴定问题提出肯定性结论意见,有时因为材料不充分或鉴定条件不能满足等原因,鉴定人只能提出倾向性意见而不能作出肯定性结论。后者不是严格意义上的鉴定意见,不能作为定案的根据使用,只供办案人员参考。

2005年2月28日,第十届全国人民代表大会常务委员会第十四次会议通过了《关于司法鉴定管理问题的决定》,并于2005年10月1日起施行。主要内容有:

(1)国家对从事司法鉴定业务的鉴定人和鉴定机构实行登记管理制度,国务院司法行政部门主管全国鉴定人和鉴定机构的登记管理工作。省级人民政府司法行政部门负责对鉴定人和鉴定机构进行登记、名册编制和公告。

(2)因故意犯罪或者职务过失犯罪受过刑事处罚的,受过开除公职处分的,以及被撤销鉴定人登记的人员,不得从事司法鉴定业务。

(3)侦查机关根据侦查工作的需要设立的鉴定机构,不得面向社会接受委托从事司法鉴定业务。人民法院和司法行政部门不得设立鉴定机构。

(4)各鉴定机构之间没有隶属关系;鉴定机构接受委托从事司法鉴定业务,不受地域范围的限制。鉴定人应当在一个鉴定机构中从事司法鉴定业务。

(5)在诉讼中,对某些事项发生争议,需要鉴定的,应当委托列入鉴定人名册的鉴定人进行鉴定。鉴定人从事司法鉴定业务,由所在的鉴定机构统一接受委托。鉴定人和鉴定机构应当在鉴定人和鉴定机构名册注明的业务范围内从事司法鉴定业务。鉴定人应当依照诉讼法律规定实行回避。

（6）司法鉴定实行鉴定人负责制度。鉴定人应当独立进行鉴定，对鉴定意见负责并在鉴定书上签名或者盖章。多人参加的鉴定，对鉴定意见有不同意见的，应当注明。

（7）在诉讼中，当事人对鉴定意见有异议的，经人民法院依法通知，鉴定人应当出庭作证。

最高法《解释》第85条规定："鉴定意见具有下列情形之一的，不得作为定案的根据：（一）鉴定机构不具备法定资质，或者鉴定事项超出该鉴定机构业务范围、技术条件的；（二）鉴定人不具备法定资质，不具有相关专业技术或者职称，或者违反回避规定的；（三）送检材料、样本来源不明，或者因污染不具备鉴定条件的；（四）鉴定对象与送检材料、样本不一致的；（五）鉴定程序违反规定的；（六）鉴定过程和方法不符合相关专业的规范要求的；（七）鉴定文书缺少签名、盖章的；（八）鉴定意见与案件待证事实没有关联的；（九）违反有关规定的其他情形。"

鉴定意见与证人证言在分类上都属于言词证据，但各有不同。其区别是：（1）鉴定意见是一种运用专门知识和技能进行的判断，属于意见性证据；证人证言是证人就其所知道的案件事实情况所作的陈述，属于对事实的描述，而不是根据一定的专业知识、技能而进行的专门判断。（2）鉴定人具有一定专门知识或者技能，由专门机关指派或聘请产生。指派或者聘请何人进行鉴定具有可选择性，即鉴定人员具有人身的可代替性。但是证人具有人身不可替代性。（3）其内容的形成时间不同。鉴定意见是在案件发生后形成的；证人通常是在犯罪事实发生过程中或者发生前后了解了有关事实的情况，对于某些程序事实则是在诉讼过程中了解的，因此证言内容的形成大多在案件进入诉讼程序之前。

七、勘验、检查、辨认、侦查实验等笔录

勘验、检查笔录是指公安司法人员对与犯罪有关的场所、物品、人身、尸体进行勘查、检查时就所观察、测量的情况所作的实况记载。其中对于与犯罪有关的场所、物品和尸体所作的叫做勘验，形成的记载是勘验笔录，目的是发现和收集证据材料，包括现场勘验笔录、尸体检验笔录、物证检验笔录和侦查实验笔录。而对于活体的人身进行的叫做检查，形成的记载是检查笔录。目的是确定犯罪嫌疑人、被害人的某些特征、生理状态或者伤害情况。勘验、检查笔录的记载方式主要有文字记录、现场绘图、现场照相、摄像、制作模型等。

勘验、检查笔录有以下特点：制作主体特定，只能是刑事诉讼中的侦查人员、检察人员或者审判人员。而在其他证据种类中，除鉴定意见应当由依法接受指派或者聘请的鉴定人作出外，其他证据对于制作主体并没有特殊要求；实质上，勘验、检查笔录是一种固定和保全证据的方法和手段。其证明作用在于其内容

与案件事实的关联性,因此,对于勘验、检查笔录的基本要求是客观和全面。

辨认是在侦查人员主持下由被害人、证人、犯罪嫌疑人对犯罪嫌疑人、与案件有关或疑与案件有关的物品、尸体、场所进行识别认定的一项侦查措施。辨认笔录是以笔录的方式全面、客观地记录辨认的全过程和辨认结果并有在场相关人员签名的笔录。辨认以及辨认笔录的制作都必须依照法定的程序进行。最高法《解释》第90条规定:"对辨认笔录应当着重审查辨认的过程、方法,以及辨认笔录的制作是否符合有关规定。辨认笔录具有下列情形之一的,不得作为定案的根据:(一)辨认不是在侦查人员主持下进行的;(二)辨认前使辨认人见到辨认对象的;(三)辨认活动没有个别进行的;(四)辨认对象没有混杂在具有类似特征的其他对象中,或者供辨认的对象数量不符合规定的;(五)辨认中给辨认人明显暗示或者明显有指认嫌疑的;(六)违反有关规定、不能确定辨认笔录真实性的其他情形。"

侦查实验是指为了确定与案件有关的某一事件或者事实在某种条件下能否发生或者怎样发生而按照原来的条件,将该事件或者事实加以重演或者进行试验的一种证据调查活动。侦查实验笔录是侦查机关对进行侦查实验的时间、地点、实验条件以及实验经过和结果等所作的客观记录,并由进行实验的侦查人员、其他参加人员和见证人签名或者盖章。

需要指出的是,我国《刑事诉讼法》中规定的是"勘验、检查、辨认、侦查实验等笔录",是因为在司法实践中,除了"勘验、检查、侦查实验、辨认笔录"以外,事实上还有"搜查、扣押笔录"等笔录也可以作为证据使用。

勘验、检查、辨认、侦查实验等笔录不同于其他证据。首先,与鉴定意见有区别:勘验、检查、辨认、侦查实验等笔录由办案人员制作,鉴定意见则由办案机关指派或聘请的鉴定人制作;勘验、检查、辨认、侦查实验等笔录是对所见情况的客观记载,鉴定意见的主要内容是科学的分析判断意见,是主观性的;勘验、检查、辨认、侦查实验等笔录大多是解决一般性问题,鉴定意见则是解决案件中的专门性问题。其次,与物证、书证有区别:勘验、检查、辨认、侦查实验等笔录所反映的是物品等的特征、空间位置、相互关系等,并非物证、书证本身;不仅如此,勘验、检查、辨认、侦查实验等笔录是在案发后由公安司法人员制作的,而物证、书证形成于案发之前或者案发过程中。

八、视听资料、电子数据

视听资料是指载有能够证明有关案件事实的内容的录音带、录像带、电影胶片、电子计算机的磁盘等,以其所载的音响、活动影像和图形,以及电子计算机所存储的资料等来证明案件事实的证据。我国立法上,不仅《刑事诉讼法》将其列为独立的一种证据,而且《民事诉讼法》和《行政诉讼法》早已将其列为独立的证据。

与其他证据相比,视听资料的特殊性在于:(1)它表现为载有一定的科技成分的载体,例如,录音、录像设备、电子计算机磁盘等,而且我们需要通过高科技的终端设备才能够感知或者读取其中的内容;(2) 具有高度的直观性和动态连续性,其所记录的音响、影像往往是一个动态的过程,一目了然,这是其他任何一种证据都不可比拟的;(3) 在现代科技条件下,伪造、变造视听资料并非难事,而视听资料一旦被伪造,不易分辨和甄别,这也正是视听资料这种证据的缺点;(4) 视听资料的形成、运用和审查判断往往都需要依赖科学技术,科学技术的发展对其在司法领域的运用具有至关重要的作用。

电子数据,是指以电子形式存在的、用作证据使用的一切材料及其派生物。它既包括反映法律关系产生、变更或消灭的电子信息正文本身,又包括反映电子信息生成、存储、传递、修改、增删等过程的电子记录,还包括电子信息所处的硬件和软件环境。具体来说,在当今网络社会经常使用的电子邮件、电子数据交换、网上聊天记录、网络博客、手机短信、电子签名、域名、电子公告牌记录、电子资金划拨记录、网页等文件均属于电子数据。综观这些电子数据,具有如下特点:一是电子数据的存在需要借助于一定的电子介质;二是电子数据可以通过互联网络快速地在全球传播;三是人们对电子数据的感知,必须借助电子设备,且不能脱离特定的系统环境。

在现代刑事诉讼中,视听资料、电子数据作为科技含量很高的证据,越来越发挥出日益重要的作用。

最高法《解释》第94条规定:"视听资料、电子数据具有下列情形之一的,不得作为定案的根据:(一) 经审查无法确定真伪的;(二) 制作、取得的时间、地点、方式等有疑问,不能提供必要证明或者作出合理解释的。"

第二节 证据的分类

证据的分类是在理论研究上将刑事证据按照不同的标准划分为不同的类别,这种划分不具有法律约束力。证据分类不同于证据种类,证据的种类是由法律所明确规定的,具有法律约束力。诉讼中作为定案根据的证据,应当符合我国《刑事诉讼法》第48条规定的八种证据种类形式。证据的分类是在理论上对证据进行的学术归类,目的是便于人们分析和理解不同归类证据的特点,以便把握不同类别证据的规律并加以运用。法律上的划分和理论上的划分不相矛盾,互为补充,以便人们正确认识和运用刑事诉讼证据。

关于证据的分类,一般认为,最早对证据进行划分的是英国著名学者边沁。在其所著《司法证据原理》一书中,就对证据作出了实物证据与人证,直接证据和情况证据,原始证据和传来证据等划分。后来各国学者对于证据分类有过多种不同的划分,划分标准和方法也不尽统一。我国学者从20世纪中后期开始对证据分类进行研究,多数学者主张在理论上将刑事证据划分为原始证据与传来证据、有罪证据与无罪证据、言词证据与实物证据、直接证据与间接证据。

一、原始证据与传来证据

原始证据与传来证据是根据证据的来源对证据进行的分类。凡是直接来源于案件事实,未经复制、转述的证据是原始证据,也就是通常所说的第一手材料。凡不是直接来源于案件事实,而是间接地来源于案件事实,经过复制或者转述原始证据而派生出来的证据,是传来证据,即通常所说的第二手或者第二手以上的材料。

将证据划分为原始证据和传来证据的意义是,使公安司法人员注意到证据的不同来源,从而在收集、审查和判断时加以区别。信息传递的一般规律告诉我们,原始证据比传来证据可靠。而且中间环节越多的传来证据就越不可靠。在刑事诉讼中,应当尽力取得原始证据,努力掌握第一手资料。但是不能因此认为传来证据不重要,它们往往是发现原始证据的线索,而且能够审查和鉴别原始证据的可靠程度。

运用传来证据时,除遵守一般的证明规则以外,还应当注意遵守如下相应的特殊规则:(1)来源不明的材料不能作为证据使用。如道听途说、街谈巷议等无法追根溯源的材料;(2)在运用传来证据时,应采用传闻、转抄或复制次数最少的材料,可靠性相对较强;(3)只有传来证据,不应轻易认定犯罪嫌疑人、被告人有罪。

我国证据分类中的传来证据不同于英美法系国家证据理论中的传闻证据,其主要区别在于:第一,划分标准不同。传来证据是以证据的来源作为划分标准,凡不是直接来源于案件事实的证据就属于传来证据;而传闻证据是以是否在法庭上提出、是否经过宣誓具结和交叉询问等为划分标准,二者是从不同角度对证据所作的划分。第二,知道案件情况的证人在法庭外所作的证人证言笔录、书面证言甚至非语言的行为等,都属于传闻证据,但不一定都属于我国证据法中的传来证据,二者的内涵和外延均不相同。第三,传闻证据受传闻证据规则调整,除非具备法定的例外情形,不得作为证据使用;而我国关于传来证据的分类,目的重在揭示此类证据特点,并不是重在排除传来证据的证据能力。

二、有罪证据与无罪证据

根据证据的内容和证明作用是肯定还是否定犯罪嫌疑人、被告人实施了犯罪行为,可以将证据分为有罪证据与无罪证据。凡是能够肯定犯罪事实存在和犯罪行为是犯罪嫌疑人、被告人所实施的证据,是有罪证据;凡是能够否定犯罪事实存在,或者能够证明犯罪嫌疑人、被告人未实施犯罪行为的证据,是无罪证据。有学者将证据划分为有利于被告人的证据和不利于被告人的证据,也有学者划分为控诉证据和辩护证据,这几种划分的标准不尽相同但相类似。

应当指出的是,有罪证据和无罪证据的划分,并不以证据由哪一方提供作为标准,而只是以证据的内容和证明作用作为划分标准。

将证据分为有罪证据和无罪证据的意义,在于使办案人员全面地、客观地、细致地收集和运用证据,对所有与案件事实有关的证据都加以注意,不应当只注重收集有罪证据而忽视无罪证据,防止先入为主和主观片面。

三、言词证据与实物证据

根据证据的表现形式可以将证据划分为言词证据与实物证据。凡是表现为人的陈述,即以言词作为表现形式的证据,属于言词证据。言词证据包括法律中规定的证人证言、被害人陈述、犯罪嫌疑人、被告人的供述和辩解以及鉴定意见。其中,鉴定意见虽然具有书面形式,但因其实质是鉴定人就鉴定的专门问题所表达的个人意见,而且在法庭审理时要求鉴定人以言词形式对于鉴定意见接受控辩双方的质证,所以属于言词证据。言词证据的共同特点是:生动、形象、内容丰富、涵盖面大,往往能够直接证明有关案件的事实;但其真实性受到提供证据的人自身道德素质、外界影响以及感知能力、判断能力、记忆能力和表达能力的影响,对其审查判断比较复杂。

凡是以物品的性质或外部形态、存在状况以及其内容表现证据价值的证据(包括书面文件),都属于实物证据。法定证据种类中的物证、书证、勘验检查笔录均属实物证据。其中,勘验检查笔录之所以列入实物证据,是因为它是办案人员在勘验、检查中对所见情况的客观记载。实物证据客观性、直观性较强,不像言词证据那样容易受到人的各种主观因素的影响。此外,对于视听资料、电子数据属于言词证据还是实物证据,应当具体分析。

四、直接证据与间接证据

直接证据与间接证据是根据证据与案件主要事实的证明关系的不同,对证据进行的划分。刑事案件的主要事实是指犯罪事实是否存在,以及该行为是否系犯罪嫌疑人、被告人所实施。所谓直接证据,是指能够单独地直接证明案件主要事实的证据。间接证据,是指不能单独地直接证明案件主要事实,而需要与其他证据相结合才能证明案件主要事实的证据。

在理解直接证据与间接证据的划分时,应当注意以下三个问题:(1)分类范围只涉及证明案件主要事实的证据,其余与案件主要事实无关但对量刑有作用的证据并不纳入这种分类方法之中。(2)直接证据分为肯定性直接证据和否定性直接证据。肯定性直接证据的内容必须同时证明发生了犯罪案件和谁是实施者这两个要素,否则就不是肯定性直接证据。例如,犯罪嫌疑人、被告人的供述就是典型的肯定性直接证据;否定性直接证据则不然,只要一项证据足以否定上述两个要素中的任意一个,就是否定性直接证据。因为只要有一项否定性直接证据成立,就可以断定案件的主要事实不存在,或者不是刑事案件,或者犯罪嫌疑人、被告人无罪。(3)直接证据或间接证据都可以是原始证据或传来证据,其划分标准与证据的来源或者出处无关。不应当将直接证据与间接证据的划分同原始证据与传来证据的划分相混淆。

间接证据有以下特点:(1)间接证据之间互相依赖、互相关联,必须互相结合才能证明案件主要事实;(2)相比直接证据,间接证据的证明过程要复杂很多,需要一个推理和判断的过程。

鉴于间接证据的特点,最高法《解释》第105条规定了全部根据间接证据定罪的规则:"没有直接证据,但间接证据同时符合下列条件的,可以认定被告人有罪:(一)证据已经查证属实;(二)证据之间相互印证,不存在无法排除的矛盾和无法解释的疑问;(三)全案证据已经形成完整的证明体系;(四)根据证据认定案件事实足以排除合理怀疑,结论具有唯一性;(五)运用证据进行的推理符合逻辑和经验。"

第十二章 强制措施

第一节 概述

一、强制措施的概念和特点

刑事诉讼中的强制措施,是指公安机关、人民检察院和人民法院为了保证刑事诉讼的顺利进行,依法对犯罪嫌疑人、被告人的人身自由进行限制或者剥夺的各种强制性方法。

我国刑事诉讼中的强制措施具有以下几个特点:

第一,有权适用强制措施的主体是公安机关(包括其他侦查机关)、人民检察院和人民法院,其他任何国家机关、团体或个人都无权采取强制措施,否则即构成对公民人身权利的侵犯,严重的构成犯罪。

第二,强制措施适用对象是犯罪嫌疑人、被告人,对于诉讼参与人和案外人不得采用强制措施。因此公安司法机关在适用强制措施的过程中,要严格控制强制措施的适用对象,不得扩大其适用范围。

第三,强制措施的内容是限制或者剥夺犯罪嫌疑人、被告人的人身自由,而不包括对物的强制处分和对隐私权的干预。

第四,强制措施的性质是预防性措施,而不是惩戒性措施。即适用强制措施的目的是为了保证刑事诉讼的顺利进行,防止犯罪嫌疑人、被告人逃避侦查、起诉和审判,进行毁灭、伪造证据、继续犯罪等妨害刑事诉讼的行为。所以强制措施同刑罚和行政处罚存在着本质区别。

第五,强制措施是一种法定措施,我国《刑事诉讼法》对各种强制措施的适用机关、适用条件和程序都进行了严格的规定,其目的是为了严格控制强制措施的使用,防止出现因为滥用强制措施而产生的侵犯人权等问题。

第六,强制措施是一种临时性措施,随着刑事诉讼的进程,强制措施应当根据案件的进展情况而予以变更或者解除。

二、强制措施同刑罚、行政处罚的区别

(一)强制措施同刑罚的区别

强制措施同刑罚在限制或剥夺犯罪嫌疑人、被告人的人身自由上有相似之处,而且被采取拘留、逮捕的人,在被判处刑罚以后,先行羁押的期间应当折抵刑期,表明两者之间有一定的联系。但是两者之间在本质上不同,主要区别如下:

1. 性质不同

强制措施是一种诉讼保障措施,其目的在于保证刑事诉讼的顺利进行,而不是一种处罚;刑罚则是行为人承担的刑事责任的体现,其目的是对罪犯进行惩罚和改造。

2. 对象不同

强制措施是针对犯罪嫌疑人、被告人采用的;刑罚则是对被人民法院确定为有罪的罪犯适用的。

3. 法律根据不同

强制措施是根据《刑事诉讼法》规定的条件和程序适用的;刑罚则是根据刑法规定的犯罪构成和刑事责任适用的。

4. 适用的机关不同

强制措施,公安机关、人民检察院和人民法院都可以采用(三机关在适用强制措施的种类上不尽相同);刑罚则只有人民法院才能判处。

5. 适用的时间不同

强制措施在刑事诉讼过程中适用;刑罚则只有人民法院审判以后才能适用。

6. 稳定性不同

强制措施是一种临时性措施,随着诉讼的进展要发生变化,具备法定情形的还应当变更或撤销;刑罚一经法院终审判决确定,即产生既判力,非经法定程序不得随意变更。

7. 法律后果不同

强制措施不是刑事处罚,被采取过强制措施的人,如果被宣告无罪,不应视为有前科;刑罚则产生前科效力,并且在一定条件下成为今后犯罪从重处罚的法定情节(累犯)。

(二) 强制措施同行政处罚的区别

行政处罚,是指国家行政管理机关对实施行政违法行为的公民、法人或其他组织的行政制裁。具体方法有警告、罚款、没收违法所得、没收非法财物、责令停产停业、暂扣或者吊销许可证、暂扣或者吊销执照、行政拘留等。

强制措施在强制力上同某些行政处罚措施(拘留)有相似之处,但是两者存在重大区别,主要区别如下:

1. 性质不同

强制措施是诉讼保障性措施,被采取强制措施的人不能视为受过处罚;行政处罚则是对行政违法人的行政制裁。

2. 对象不同

强制措施的适用对象是犯罪嫌疑人、被告人,而且是自然人;行政处罚的适用对象则是行政违法人,既包括自然人,又包括法人或其他组织。

3. 法律依据不同

强制措施是根据《刑事诉讼法》采用的;行政处罚则是根据《行政处罚法》或其他法律法规采用的。

4. 适用的机关不同

强制措施是公安司法机关采用的;行政处罚则是行政机关适用的。

5. 稳定性不同

强制措施可以根据案件情况变更或者撤销,相对不稳定;行政处罚作为一种行政制裁手段,相对稳定。

三、强制措施的体系

关于强制措施的体系问题,我国《刑事诉讼法》的规定与外国大多数国家的立法不尽相同。在外国,一般将强制措施分为三类:第一类是限制人身自由的强制措施;第二类是对物的强制处分,如搜查、扣押等;第三类是对隐私权的干预,如监听、指纹提取、采样等。我国刑事诉讼中的强制措施则仅指对人身自由的限制性措施;对物的强制处分是作为一种常规侦查手段,对隐私权的干预则作为一种技术侦查手段,两者都未在强制措施一章中规定,而放在侦查程序中予以规定。我们目前之所以这样处理,主要原因是,依照中国的现实国情,对这两类强制措施目前还难以做到审批机关和执行机关的分离,更难做到进行司法审查。

我国刑事诉讼中的强制措施由拘传、取保候审、监视居住、拘留、逮捕构成。这是一个由轻到重、层次分明、结构合理、互相衔接的体系,形成了一个有机联系的整体,能够适应刑事诉讼的各种不同情况。

对于我国刑事诉讼中的强制措施的体系,还有一个相关问题需要明确,即公民的扭送问题。根据《刑事诉讼法》第82条的规定,对于有下列情形的人,任何公民都可以立即扭送公安机关、人民检察院或者人民法院处理:(1)正在实行犯罪或者在犯罪后即时被发觉的;(2)通缉在案的;(3)越狱逃跑的;(4)正在被追捕的。这一规定是法律赋予公民同刑事犯罪斗争的一种手段,对于鼓励公民自觉地行动起来,积极协助公安司法机关捉拿犯罪分子,从而有效地帮助公安司法机关抓获犯罪嫌疑人、被告人和查明犯罪人,具有重要意义,体现了我国刑事诉讼依靠群众,实行专门机关和人民群众相结合的原则。但是,公民扭送在本质上不属于强制措施,而只是配合公安司法机关采取强制措施的一种辅助手段,对于被公民扭送的人要否采取强制措施以及采取何种强制措施,仍然要由公安司法机关依照法定条件和法定程序决定和执行,对于不需要采取强制措施的,公安司法机关应当将被扭送的人释放。

四、强制措施的适用原则和应当考虑的因素

适用强制措施的目的在于保障刑事诉讼的顺利进行,在客观上会不同程度

地限制甚至剥夺被适用者的人身自由,如果适用不当势必造成对公民合法权利的侵犯。因此在适用强制措施时,必须坚持惩治犯罪与保障人权、严肃与谨慎相结合的方针。强制措施的适用要遵循以下几项原则:

第一,合法性原则。即各种强制措施的适用,必须严格遵循法律规定的批准权限、适用对象、条件、程序和期限。

第二,必要性原则。即各种强制措施,只有在为保证刑事诉讼的顺利进行而有必要时才能采取,不得随意适用强制措施,更不能将强制措施作为一种处罚予以适用。

第三,相当性原则。又称比例性原则,即适用何种强制措施,要与行为人的人身危险性程度和犯罪的轻重程度相适应。

第四,变更性原则。即任何强制措施,随着诉讼的进展和案情的变化要及时进行变更或解除。

在具体案件中,公安机关、人民检察院和人民法院在决定是否采取强制措施以及采取何种强制措施时除了应当遵循上述原则以外,还应当考虑下列因素:

第一,犯罪嫌疑人、被告人所实施行为的社会危害性越大,采取强制措施的必要性也就越大,选用的强制措施的强度也就越高。

第二,犯罪嫌疑人、被告人是否有逃避侦查、起诉和审判或者进行各种妨害刑事诉讼的行为的可能性及可能性大小。其逃避侦查、起诉和审判或者进行各种妨害刑事诉讼的行为的可能性越大,采取强制措施的必要性就越高。

第三,公安司法机关对案件事实的调查情况和对案件证据的掌握情况。适用每一种强制措施均有法定条件,只有根据已经查明的案件事实和已有的证据,才能确定对犯罪嫌疑人、被告人具体采用的强制措施种类。

第四,犯罪嫌疑人、被告人的个人情况。如其身体健康状况,是否是正在怀孕、哺乳自己婴儿的妇女等,以确定是否对其采用强制措施和采用何种强制措施。

五、强制措施的意义

强制措施是一项重要的刑事诉讼制度,对于保证刑事诉讼的顺利进行、规范公安司法机关的行为具有重要的意义,具体来说,表现在以下几个方面:

第一,可以防止犯罪嫌疑人、被告人逃避侦查、起诉和审判。犯罪分子在实施犯罪以后,为了逃避法律制裁,往往会设法躲避、隐藏起来,企图逃避公安司法机关对其进行的侦查、起诉和审判。因此,当发现存在这种可能性的时候,就应当适时地采用相应的强制措施,对他们的人身自由加以必要的限制,以保证犯罪嫌疑人、被告人接受侦查、起诉和审判。

第二,可以防止犯罪嫌疑人、被告人可能进行妨害迅速查明案情的活动。犯罪分子为了掩盖罪行、逃脱罪责,往往毁灭、伪造证据,与同案犯串供。如果他们的这些活动得逞,就会影响收集证据的工作,甚至使侦查、起诉和审判活动误入歧途,而一旦采用强制措施,将犯罪嫌疑人、被告人与社会隔离起来,就可以避免这些情况的发生。

第三,可以防止犯罪嫌疑人、被告人继续进行犯罪活动。一些犯罪分子在实施犯罪以后继续进行新的犯罪行为,或者进行杀人灭口的犯罪行为,对他们采取强制措施,可以使他们失去再犯新罪的条件。

第四,可以防止犯罪嫌疑人、被告人自杀以及发生其他意外事件。有的犯罪分子在犯罪后可能因为这样或那样的原因,而出现畏罪自杀的现象,因此,对这类犯罪嫌疑人、被告人采取强制措施,可以起到预防作用。

第五,可以震慑犯罪分子,鼓励群众积极同犯罪行为作斗争,起到预防犯罪的作用。

第六,可以严格规范公安司法机关的诉讼行为,使他们按照法律规定的条件和程序对公民的自由进行处分,防止滥用权力,侵犯人权的现象发生。

第二节 拘 传

一、拘传的概念和意义

(一)拘传的概念、特点和意义

拘传,是指公安机关、人民检察院和人民法院对未被羁押的犯罪嫌疑人、被告人,依法强制其到案接受讯问的一种强制方法,它是我国刑事诉讼强制措施体系中强度最轻的一种。我国《刑事诉讼法》第64条、第117条,最高法《解释》第113—115条、第280条,最高检《规则》第78—82条,以及公安部《规定》第74—76条对拘传作了规定。

拘传的特点是:(1)拘传的对象是未被羁押的犯罪嫌疑人、被告人。对于已经被拘留、逮捕的犯罪嫌疑人,可以直接进行讯问,不需要经过拘传程序;对于其他诉讼参与人也不能适用拘传,其中,自诉人起诉以后,经过两次依法传唤,无正当理由拒不到庭的,或者未经法庭许可中途退庭的,按撤诉处理。(2)拘传的目的是强制就讯,而不是强制待侦、待诉、待审,因此拘传没有羁押的效力,在讯问后,应当将被拘传人立即放回。

拘传不同于传唤,传唤是指人民法院、人民检察院和公安机关使用传票通知犯罪嫌疑人、被告人在指定的时间自行到指定的地点接受讯问。拘传和传唤的目的是一致的,即都是要求犯罪嫌疑人、被告人按指定的时间、到指定地点接受讯问。但两者具有很大的不同:首先,强制力不同,传唤是自动到案,拘传则是强制到案,拘传的强度要比传唤的强度大得多,因此拘传是一种强制措施,传唤则不是一种强制措施;其次,适用的对象不同,传唤适用于所有当事人,包括犯罪嫌疑人、被告人、自诉人、被害人、附带民事诉讼的原告人和被告人。拘传则仅适用于犯罪嫌疑人、被告人。

在实践中，拘传一般是在传唤以后采用的，即当传唤以后，犯罪嫌疑人、被告人无正当理由而不到案时，才使用拘传。所谓正当理由指被传唤人患有重病、出门在外或因不可抗力的理由被阻断交通等。但是根据《刑事诉讼法》第64条规定的精神，也可以根据案件的具体情况，不经传唤，直接拘传犯罪嫌疑人、被告人，即：由于案件侦查、起诉和审理的需要，为防止犯罪嫌疑人、被告人毁灭或隐匿证据，与他人互相串通、订立攻守同盟，阻挠或妨碍诉讼活动，可以不经传唤而直接拘传犯罪嫌疑人、被告人。这是刑事诉讼中的拘传与民事诉讼中的拘传的重大差别。

拘传的目的是强行使犯罪嫌疑人、被告人到案接受讯问，以保障刑事诉讼顺利进行。因此，在刑事诉讼中采用拘传具有以下意义：（1）可以依强制方法保证犯罪嫌疑人、被告人及时到案，接受讯问，参加诉讼活动。（2）保证刑事诉讼活动的顺利进行。根据案件情况，为了侦查、起诉和审判的需要，为了及时收集证据等，在不具备采用其他强制措施的条件下，适用拘传可以确保诉讼顺利进行。

（二）拘传同人民警察法规定的留置的区别

公安机关的留置权是我国《人民警察法》第9条规定的，该条第1款规定："为维护社会治安秩序，公安机关的人民警察，对有违法犯罪嫌疑的人员，经出示相应证件，可以当场盘问、检查；经盘问、检查，有下列情形之一的，可以将其带到公安机关，经该公安机关批准，对其继续盘问：（一）被指控有犯罪行为的；（二）有现场作案嫌疑的；（三）有作案嫌疑、身份不明的；（四）携带的物品有可能是赃物的。"第2款规定："对被盘问人的留置时间自带至公安机关之时起不超过24小时，在特殊情况下，经县级以上公安机关批准，可以延长到48小时，并应当留有盘问记录。对于批准继续盘问的，应当立即通知其家属或者其所在单位。对于不批准继续盘问的，应当立即释放被盘问人。"第3款规定："经继续盘问，公安机关认为对被盘问人需要依法采取拘留或者其他强制措施的，应当在前款规定的期间作出决定；在前款规定的期间不能作出上述决定的，应当立即释放被盘问人。"

上述规定表明，留置是公安机关的人民警察为维护社会治安，在紧急情况下采取的一种临时处置方法。其目的在于核查有关人员的身份，初步查明是否存在违法或犯罪事实。

拘传同留置在要求被拘传人或留置人交代问题上有相似之处，但两者有重大区别，主要表现为：第一，性质不同。拘传是刑事诉讼中的强制措施，留置则是人民警察法规定的行政措施。第二，有权适用的机关不同。拘传可以由公安机关、人民检察院和人民法院三机关采用，留置则只有公安机关有权采用。第三，对象不同。拘传的对象是犯罪嫌疑人、被告人，留置的对象则是涉嫌违法者或犯罪嫌疑人。第四,时间不同。拘传只能在刑事诉讼过程中即立案之后采取,留置则是非刑事诉讼的行政行为。第五,期限不同,拘传的期限一般为12小时,特殊情况下不得超过24小时,留置的期限一般为24小时,在特殊情况下可延长至48小时。

二、拘传的程序

根据我国《刑事诉讼法》第64条、第117条的规定,以及司法实践中的一般做法,拘传应按下列程序进行:

(1)由案件的经办人提出申请,填写《呈请拘传报告书》,经本部门负责人审核后,由公安局长、人民检察院检察长、人民法院院长批准,签发《拘传证》(法院称为《拘传票》,下同)。《拘传证》上应载明被拘传人的姓名、性别、年龄、籍贯、住址、工作单位、案由、接受讯问的时间和地点,以及拘传的理由。

(2)拘传应当在被拘传人所在的市、县内进行。公安机关、人民检察院或人民法院在本辖区以外拘传犯罪嫌疑人、被告人的,应当通知当地的公安机关、人民检察院或人民法院,当地的公安机关、人民检察院、人民法院应当予以协助。

(3)拘传时,应当向被拘传人出示《拘传证》,并责令其在拘传证上签名、捺指印。执行拘传的侦查人员或者司法工作人员不得少于2人。对于抗拒拘传的,可以使用诸如警棍、警绳、手铐等戒具,强制其到案。

(4)拘传后,应当对犯罪嫌疑人的人身、随身携带的物品进行安全检查,发现与案件相关的证据或者可疑物品以及可能危害人身安全的物品,应当及时向案件承办人报告。

(5)犯罪嫌疑人、被告人到案后,应当责令其在《拘传证》上填写到案时间。然后应当立即进行讯问,讯问结束后,应当由其在《拘传证》上填写讯问结束时间。犯罪嫌疑人拒绝填写的,侦查人员应当在《拘传证》上注明。

(6)讯问结束后,如果被拘传人符合其他强制措施如拘留、逮捕条件的,应当依法采取其他强制措施。如果不需要采取其他强制措施的,应当将其放回,恢复其人身自由。

(7)一次拘传的时间不得超过12小时,案情特别重大、复杂,需要采取拘留、逮捕措施的,拘传的持续时间不得超过24小时,不得以连续拘传的形式变相羁押犯罪嫌疑人、被告人。

(8)在拘传期间,应当保证犯罪嫌疑人的饮食和必要的休息时间。

根据办理案件的需要,可以对犯罪嫌疑人进行多次拘传,但是对于两次拘传之间的间隔时限问题,法律上没有作出明确规定。我们认为,为了防止以连续拘传的方式变相羁押被拘传人,保证被拘传人有一定的正常的生活和休息时间,两次拘传之间的时间应以不低于24小时为宜。

第三节 取保候审

一、取保候审的概念和种类

取保候审,是指在刑事诉讼过程中,公安机关、人民检察院、人民法院责令犯罪嫌疑人、被告人提出保证人或者交纳保证金,保证犯罪嫌疑人、被告人不逃避或妨碍侦查、起诉和审判,并随传随到的一种强制方法。我国《刑事诉讼法》第64—71条、第77条,六部门《规定》第13、14条,最高法《解释》第113条、第116—124条、第127、129、382条,最高检《规则》第83—108条,以及公安部《规定》第77—104条对取保候审进行了全面的规定。

我国《刑事诉讼法》规定了两种取保候审方式:一种是保证人保证方式;另一种是保证金保证方式。保证人保证的特点是以保证人的信誉来保证,不涉及金钱。可以通过保证人和犯罪嫌疑人、被告人之间的关系,对犯罪嫌疑人、被告人实行精神上和心理上的强制,使其不致逃避或妨碍侦查、起诉和审判;另一方面,可以利用保证人监督犯罪嫌疑人、被告人的活动,监督、教育犯罪嫌疑人、被告人遵纪守法,履行应当履行的诉讼义务。保证金保证的特点是,利用经济利益,来督促犯罪嫌疑人、被告人遵守取保候审的规定;出资人不是犯罪嫌疑人、被告人本人的,可以促使出资人对被取保候审的犯罪嫌疑人、被告人实行有效的监督,从而保证被取保候审的犯罪嫌疑人、被告人自觉地履行自己在刑事诉讼中的义务。

根据我国《刑事诉讼法》第66条,保证人保证和保证金保证是选择关系,这两种方式只能根据案件的具体情况,例如,涉嫌犯罪或被指控犯罪的性质,保证人的条件,犯罪嫌疑人、被告人的经济状况等因素来决定择其一而用之,而不能同时使用。此外,在司法实践中,对于未成年人和无力交纳保证金者,一般应采取保证人保证的方式。

二、取保候审的适用对象

取保候审,只是限制而不是剥夺犯罪嫌疑人、被告人的人身自由,它是一种强度较轻的强制措施,所以根据我国《刑事诉讼法》第65条的规定,取保候审适用于下列情形:

(1)可能判处管制、拘役或者独立适用附加刑的。这是取保候审中最常见的,由于可能判处的刑罚较轻,犯罪嫌疑人、被告人逃避侦查和审判的可能性就比较小,没有必要采取拘留、逮捕的方法羁押犯罪嫌疑人、被告人。

(2)可能判有期徒刑以上刑罚,采取取保候审不致发生社会危险性的。这种情况在实践中要结合案件的具体情况来考虑,一般来讲,多适用于有可能判处缓刑的犯罪嫌疑人、被告人，以及初犯、过失犯、未成年人犯罪等案件的犯罪嫌疑人、被告人。对累犯、犯罪集团的主犯，以自伤、自残办法逃避侦查的犯罪嫌疑人、被告人，危害国家安全的犯罪、暴力犯罪，以及其他严重犯罪的犯罪嫌疑人、被告人，一般不考虑适用取保候审。

（3）患有严重疾病、生活不能自理，怀孕或者正在哺乳自己婴儿的妇女，采取取保候审不致发生社会危险性的。这种情况主要是基于人道主义考虑，同时这几种情况的犯罪嫌疑人、被告人的逃避侦查和审判的可能性也比较小。

（4）羁押期限届满，案件尚未办结，需要采取取保候审的。这种情况主要是为了严格执行羁押期间制度，避免超期羁押。

三、取保候审的程序

取保候审在适用程序上分为两种情形：一是公、检、法机关根据案件具体情况，直接主动地决定取保候审；二是根据犯罪嫌疑人、被告人及其法定代理人、近亲属或者其所委托的律师的申请，决定取保候审。由于第二种情形在程序上更为完整，包含了第一种情形，因而这里仅就第二种情形的适用程序进行介绍。

（一）取保候审的申请

根据我国《刑事诉讼法》第65条、第36条和第95条的规定，有权提出取保候审申请的人员包括：犯罪嫌疑人、被告人及其法定代理人、近亲属和辩护人。

取保候审的申请，一般应以书面形式提出，只是在特殊情况下，才允许采用口头形式。

（二）保证人和保证金

犯罪嫌疑人、被告人或者其法定代理人、近亲属、被聘请的律师提出取保候审的申请以后，对符合取保候审条件的，公安司法机关应当责令犯罪嫌疑人、被告人提出保证人或者交纳保证金。

原则上讲，保证人和保证金这两种保证方式是一种选择关系，可以根据案件情况择一而用之，但最高检《规则》第87条第3款另行规定，对于下列三种情况一般适用人保：（1）无力交纳保证金的；（2）未成年人或者已经年满75周岁的；（3）不宜收取保证金的其他被告人。

根据我国《刑事诉讼法》第67条的规定，保证人的条件是：（1）与本案无牵连；（2）有能力履行保证义务；（3）享有政治权利，人身自由未受限制；（4）有固定的住处和收入。公安司法机关对于保证人的这四个方面的条件要严格审查，只有经审查合格的，才有资格作保证人。

被确定为犯罪嫌疑人、被告人的保证人应当保证承担如下义务：监督被保证人遵守《刑事诉讼法》第69条规定的在取保候审期间应当遵守的规定；发现被保证人可能发生或者已经发生违反该规定的行为的，及时向执行机关报告。保证人确认能够履行上述义务后，要由保证人填写《保证书》，并在《保证书》上签名或者盖章。根据最高法《解释》第 121 条和最高检《规则》第 95 条的规定,在取保候审期间,保证人不愿意继续履行保证义务或者丧失履行保证义务能力的,人民法院或者人民检察院应当在收到保证人不愿继续担保的申请或者发现其丧失保证能力后的 3 日以内,责令被告人、犯罪嫌疑人重新提出保证人或者交纳保证金。

对于使用保证金形式保证的,在责令犯罪嫌疑人、被告人交纳保证金前,公安机关、人民检察院、人民法院需要确定保证金的数额。根据《刑事诉讼法》第 70 条的规定,取保候审的决定机关应当综合考虑保证诉讼活动正常进行的需要,被取保候审人的社会危险性,案件的性质、情节,可能判处刑罚的轻重,被取保候审人的经济状况等情况,确定保证金的数额。最高检《规则》第 90 条规定,成年犯罪嫌疑人的保证金数额为 1000 元以上,未成年犯罪嫌疑人的保证金数额为 500 元以上。由于法律中对保证金的上限数额则没有限定,实践中个别地方出现了保证金过高的现象。我们认为,取保候审在一般情况下毕竟是适用于罪行较轻的案件的,在强制措施体系中,取保候审较之于拘留、逮捕在强度上比较轻,所以除了经济犯罪案件以外,在其他案件中保证金不宜过重,这也符合有关国际公约的要求。

(三) 取保候审的决定

根据我国《刑事诉讼法》第 64 条和第 66 条的规定,人民法院、人民检察院和公安机关在办理案件的过程中均有权决定对犯罪嫌疑人、被告人采取取保候审。具体做法是,由办案人员制作呈请《取保候审报告书》,经办案部门负责人审核后,由县级以上公安局局长、人民检察院检察长或者人民法院院长审批。

批准取保候审的程序是,由办案人员填写《取保候审决定书》和《执行取保候审通知书》,经办案部门负责人审核后,由县级以上公安机关负责人、人民检察院检察长或者人民法院院长签发。

(四) 取保候审的执行

根据我国《刑事诉讼法》第 65 条规定,取保候审由公安机关执行。所以,如果是人民检察院和人民法院决定的取保候审,由作出决定的人民检察院或者人民法院向被取保候审人宣布取保候审决定后,将取保候审决定书等相关材料送交当地同级公安机关执行;被告人不在本地居住的,送交其居住地公安机关执行。根据最高法《解释》第 120 条的规定,这里的公安机关一般是指当地同级公安机关,如果被告人不在本地居住的,则送交其居住地公安机关执行。以保证人方式保证的,还应当将保证人的《保证书》同时送达公安机关。但是,根据《关于取保候审若干问题的规定》第 2 条第 2 款的规定,国家安全机关决定取保候审的,以及人民检察院、人民法院在办理国家安全机关移送的犯罪案件时决定取保候审的,由国家安全机关执行。根据《刑事诉讼法》第 70 条第 2 款的规定,以保证金方式保证的,提供保证金的人应当将保证金存入执行机关指定银行的专门账户。关于交纳保证金的货币形式,我国《刑事诉讼法》中没有明确规定,实践中一般要求以人民币的形式交纳,我们认为,在经济全球化的背景下,此要求不太合理,应做适当变通,尤其是对外籍犯罪嫌疑人、被告人可以考虑允许使用外币交纳,数额可根据交纳当日的人民币和外币的交换价计算。

公安机关在执行取保候审时,应当向被取保候审的犯罪嫌疑人、被告人宣读《取保候审决定书》,由犯罪嫌疑人、被告人签名或者盖章,同时告知其应当遵守的法律规定以及违反规定应负的法律责任。

(五)被取保候审的人在取保候审期间应当遵守的规定以及违反规定的处理

关于被取保候审的人在取保候审期间应当遵守的规定,我国《刑事诉讼法》第 69 条分两类情况进行了规定:

一类是所有的被取保候审的人都应当遵守的规定,包括:(1)未经执行机关批准不得离开所居住的市、县;(2)住址、工作单位和联系方式发生变动的,在 24 小时以内向执行机关报告;(3)在传讯的时候及时到案;(4)不得以任何形式干扰证人作证;(5)不得毁灭、伪造证据或者串供。

另一类是根据案件情况而作的选择性规定,即人民法院、人民检察院和公安机关可以根据案件情况,责令被取保候审的犯罪嫌疑人、被告人遵守以下一项或者多项规定:(1)不得进入特定的场所;(2)不得与特定的人员会见或者通信;(3)不得从事特定的活动;(4)将护照等出入境证件、驾驶证件交执行机关保存。

对于采取保证人取保候审的方法,被取保候审的犯罪嫌疑人、被告人违反取保候审决定中规定的义务,而保证人未履行保证义务的,对保证人处以罚款①,构成犯罪的,依法追究刑事责任。根据最高法《解释》第 122 条的规定,这里的构成犯罪的情形主要是指,根据案件的事实,确已构成犯罪的犯罪嫌疑人、被告人在取保候审期间逃匿的,系保证人协助犯罪嫌疑人、被告人逃匿,或者明知她的藏匿地点但拒绝向司法机关提供。

对于采取保证金取保候审的方法,被取保候审的犯罪嫌疑人、被告人违反取保候审决定中规定的义务的,没收已经交纳的保证金的部分或者全部,并且区别情形,责令犯罪嫌疑人、被告人具结悔过、重新交纳保证金、提供保证人,或者变更为监视居住、予以逮捕。需要予以逮捕的,可以对犯罪嫌疑人、被告人先行拘留。其具体程序最高法《解释》第 123 条和最高检《规则》第 99 条作了详细规定。

(六)取保候审的期间及解除

根据我国《刑事诉讼法》第 77 条第 1 款的规定,人民法院、人民检察院和公

---

① 根据六部门《规定》第 14 条的规定,对取保候审保证人是否履行了保证义务,由公安机关认定,对保证人的罚款决定,也由公安机关作出。

安机关对犯罪嫌疑人、被告人取保候审最长不得超过 12 个月。在取保候审期间,不得中断对案件的侦查、起诉和审理。对于这一期限,具体应当如何把握,是三个机关可以分别使用 12 个月,还是三个机关加起来一共使用 12 个月,《刑事诉讼法》没有作明确规定。根据最高法《解释》和最高检《规则》的规定,按第一种理解来执行。

根据我国《刑事诉讼法》第 77 条第 2 款的规定,取保候审在两种情况下应当解除:一是在取保候审期间,发现被取保候审的人属于不应当追究刑事责任的人;二是取保候审的期限已经届满。出现这两种情况,都应当及时解除取保候审,并及时通知被取保候审人和有关单位。司法实践中的通常做法是,由办案人员填写《撤销取保候审通知书》,经办案部门负责人审核后,由公安局局长、人民法院院长、人民检察院检察长批准签发。如果是通过保证人保证的,应当通知保证人解除保证义务。如果是由人民检察院和人民法院决定以及撤销取保候审的,人民检察院和人民法院还应当通知公安机关。

第四节 监视居住

一、监视居住的概念和性质

监视居住,是指人民法院、人民检察院、公安机关在刑事诉讼过程中对犯罪嫌疑人、被告人采用的,命令其不得擅自离开住处,无固定住处不得擅自离开指定的居所,并对其活动予以监视和控制的一种强制方法。我国《刑事诉讼法》第 64 条、第 72—77 条,六部门《规定》第 13 条、第 15 条、第 40 条,最高法《解释》第 113 条、第 125—127 条,最高检《规则》第 109—128 条,以及公安部《规定》第 105—119 条,对监视居住进行了全面规定。

根据我国《刑事诉讼法》第 72 条的规定,监视居住主要是对符合逮捕条件,但具有某些特定情形下采用的,对于符合取保候审的条件,在满足特定条件情况下,也可以采用。从该条规定的精神实质来看,监视居住是逮捕的替代性措施,主要目的在于降低羁押率,是在强制措施问题上贯彻比例原则的重要体现。

二、监视居住的适用对象

根据我国《刑事诉讼法》第 72 条第 1 款的规定,人民法院、人民检察院和公安机关对符合逮捕条件,有下列情形之一的犯罪嫌疑人、被告人,可以监视居住:
(1)患有严重疾病、生活不能自理的;
(2)怀孕或者正在哺乳自己婴儿的妇女;
(3)系生活不能自理的人的唯一扶养人;
(4)因为案件的特殊情况或者办理案件的需要,采取监视居住更为适宜的;

(5) 羁押期限届满,案件尚未办结,需要采取监视居住措施的。

根据我国《刑事诉讼法》第72条第2款的规定,对符合取保候审条件,但犯罪嫌疑人、被告人不能提出保证人,也不交纳保证金的,可以监视居住。

三、监视居住的适用程序

(一) 监视居住的决定

人民法院、人民检察院和公安机关对犯罪嫌疑人、被告人采取监视居住,应当由办案人员提出《监视居住意见书》,经办案部门负责人审核后,由公安局局长、人民检察院检察长、人民法院院长批准,制作《监视居住决定书》和《执行监视居住通知书》。

(二) 监视居住的执行

监视居住由公安机关执行。公安机关开始执行监视居住,应当告知被监视居住人应当遵守的法律规定以及违反法律规定应负的法律责任。

对于人民法院和人民检察院决定的监视居住,作出决定的人民法院或者人民检察院向被告人、犯罪嫌疑人宣布监视居住决定后,应当将监视居住决定书等相关材料送交被告人住处或者指定居所所在地的同级公安机关执行。

四、监视居住的场所

根据我国《刑事诉讼法》第73条第1款的规定,监视居住应当在犯罪嫌疑人、被告人的住处执行;无固定住处的,可以在指定的居所执行。对于涉嫌危害国家安全犯罪、恐怖活动犯罪、特别重大贿赂犯罪,在住处执行可能有碍侦查的,经上一级人民检察院或者公安机关批准,也可以在指定的居所执行。最高检《规则》第110条第4款规定,有下列情形之一的,属于有碍侦查:(1) 可能毁灭、伪造证据,干扰证人作证或者串供的;(2) 可能自杀或者逃跑的;(3) 可能导致同案犯逃避侦查的;(4) 在住处执行监视居住可能导致犯罪嫌疑人面临人身危险的;(5) 犯罪嫌疑人的家属或者其所在单位的人员与犯罪有牵连的;(6) 可能对举报人、控告人及其他人员等实施打击报复的。

从以上规定可以看出,《刑事诉讼法》对监视居住的场所非常明确和严格。在一般情况下,监视居住的场所只能在其住处[①],不在其住处执行的唯一理由是其无固定住处,而不得以有碍侦查作为改变住处监视的理由。对于上述三类特定案件,在侦查和起诉阶段,经上一级人民检察院或者公安机关批准,才可以有碍侦查为理由,在指定的居所进行。对于这三类特定案件指定居所的监视居住,在程序上控制很严:(1) 在适用范围上仅限于这三类案件,不得作任何扩张解

[①] 最高检《规则》第110条第2款规定:"固定住处是指犯罪嫌疑人在办案机关所在地的市、县内工作、生活的合法居所。"

释;(2) 在适用主体上,只能是人民检察院和公安机关,人民法院不得适用;(3) 在适用理由上,只能是在住处监视居住有碍侦查;(4) 在批准权限上应当经上一级人民检察院或者公安机关批准。

为了防止司法实践中滥用指定居所的监视居住,防止其演化为变相羁押,我国《刑事诉讼法》第73条还分几款专门规定了制约机制,主要内容是:(1) 不得在羁押场所、专门的办案场所执行①;(2) 在指定居所监视居住的犯罪嫌疑人、被告人有权委托辩护人,并且经侦查机关批准有权同辩护人会见和通信,接受辩护人提供的法律帮助;(3) 指定居所监视居住的,除无法通知②的以外(不得以有碍侦查为理由),应当在执行监视居住后24小时以内,通知被监视居住人的家属;(4) 人民检察院对指定居所监视居住的决定和执行是否合法实行监督。此外,六部门《规定》第15条还规定:"指定居所监视居住的,不得要求被监视居住人支付费用。"

考虑到指定居所的监视居住,对被监视居住人的人身自由进行了较大限制,我国《刑事诉讼法》第74条还专条规定,指定居所监视居住的期限应当折抵刑期。被判处管制的,监视居住1日折抵刑期1日;被判处拘役、有期徒刑的,监视居住2日折抵刑期1日。这一规定实际上表明了两层含义:一是指定居所的监视居住虽然比住所监视居住强度要高一些,但比拘留、逮捕的强度要低,因此,不能完全剥夺被监视居住的人的人身自由,在指定的居所内,被监视居住人应当有一定的活动空间,并保证其饮食和休息时间;二是指定居所的监视居住应当慎重使用,只有当确有可能对犯罪嫌疑人、被告人判处刑罚时,才能使用。

五、被监视居住的人应当遵守的规定及违反规定的处理

根据我国《刑事诉讼法》第75条第1款的规定,被监视居住的犯罪嫌疑人、被告人应当遵守下列规定:(1) 未经执行机关批准不得离开执行监视居住的处所;(2) 未经执行机关批准不得会见他人或者通信(此处应当不包括同被监视居住人共同生活的家庭成员和一般案件中的辩护律师);(3) 在传讯的时候及时到案;(4) 不得以任何形式干扰证人作证;(5) 不得毁灭、伪造证据或者串供;(6) 将护照等出入境证件、身份证件、驾驶证件交执行机关保存。

为了严格监督被监视居住的人遵守上述规定,除了常规监控手段外,我国《刑事诉讼法》第76条还专门规定:"执行机关对被监视居住的犯罪嫌疑人、被

---

① 最高检《规则》第110条第5款规定:"指定的居所应当符合下列条件:(一) 具备正常的生活、休息条件;(二) 便于监视、管理;(三) 能够保证办案安全。"

② 关于何为无法通知的情形,最高检《规则》第114条规定了三种:(1) 被监视居住人无家属的;(2) 与其家属无法取得联系的;(3) 受灾害等不可抗力阻碍的。公安部《规定》第109条除了上述三种情形之外,还将"不讲真实姓名、住址、身份不明"也纳入到无法通知的情形之中。

告人,可以采取电子监控、不定期检查等监视方法对其遵守监视居住规定的情况进行监督;在侦查期间,可以对被监视居住的犯罪嫌疑人的通信进行监控。"①

根据我国《刑事诉讼法》第 75 条第 2 款的规定,被监视居住人违反上述规定,情节严重的,可以予以逮捕;需要予以逮捕的,可以对犯罪嫌疑人、被告人先行拘留。②

六、监视居住的期限及解除

根据我国《刑事诉讼法》第 77 条第 1 款的规定,人民法院、人民检察院和公安机关对犯罪嫌疑人、被告人监视居住最长不得超过 6 个月。在监视居住期间,不得中断对案件的侦查、起诉和审理。对于这一期限,具体应当如何把握,是三个机关可以分别使用 6 个月,还是三个机关加起来一共使用 6 个月,《刑事诉讼法》没有作明确规定。按照最高法《解释》和最高检《规则》的规定,按第一种理解来执行。

根据我国《刑事诉讼法》第 77 条第 2 款的规定,监视居住在两种情况下应当解除:一是在监视居住期间,发现被监视居住的人属于不应当追究刑事责任的人;二是监视居住的期限已经届满。出现这两种情况,都应当及时解除监视居住,并及时通知被监视居住的人和有关单位。根据最高检《规则》第 125 条和公安部《规定》第 118 条的规定,撤销监视居住的,应当由办案人员填写《撤销监视居住通知书》,经办案部门负责人审核后,由公安局局长、人民法院院长、人民检察院检察长批准签发。撤销监视居住的决定,应当通知被监视居住的犯罪嫌疑人、被告人。人民检察院、人民法院撤销监视居住的,应当将《撤销监视居住通知书》送达执行的公安机关。

为了加强对监视居住进行监督,防止出现监视居住场所不当、超期监视居住现象,最高检《规则》还专门规定了人民检察院对特别重大贿赂犯罪案件指定居所监视居住的定期必要性审查制度,同时赋予了犯罪嫌疑人及其法定代理人、近亲属或者辩护人要求变更监视居住场所以及监视居住期限届满予以解除的救济程序(详见最高检《规则》第 112 条)。

---

① 关于监控的通信范围,公安部《规定》第 112 条规定:"在侦查期间,可以对被监视居住的犯罪嫌疑人的电话、传真、信函、邮件、网络等通信进行监控。"
② 关于何为"情节严重",最高检《规则》第 121 条分为两类:一类是特别严重的,应当予以逮捕,包括:(1) 故意实施新的犯罪行为的;(2) 企图自杀、逃跑,逃避侦查、审查起诉的;(3) 实施毁灭、伪造证据或者串供、干扰证人作证行为,足以影响侦查、审查起诉工作正常进行的;(4) 对被害人、证人、举报人及其他人员实施打击报复的。另一类是比较严重的,可以予以逮捕,包括:(1) 未经批准擅自离开执行监视居住的处所,造成严重后果,或者两次未经执行机关批准,擅自离开执行监视居住的处所的;(2) 未经批准,擅自会见他人或者通信,造成严重后果,或者两次未经批准,擅自会见他人或者通信的;(3) 经传讯不到案,造成严重后果,或者经两次传讯不到案的。

第五节 拘　　留

一、拘留的概念和特点

拘留,是指公安机关、人民检察院在侦查过程中,在紧急情况下,依法临时剥夺某些现行犯或者重大嫌疑分子的人身自由的一种强制措施。我国《刑事诉讼法》第 69、75、90、80、81、83、84、89、113、163、164、165 条,六部门《规定》第 16 条,最高检《规则》第 129—138 条,以及公安部《规定》第 120—128 条,对拘留进行了全面规定。

在我国法律体系中,除了刑事拘留以外,还有行政拘留和民事拘留。行政拘留是根据《治安管理处罚法》而对特定违法人员给予的行政处罚;民事拘留,又称为司法拘留,则是针对诉讼(包括民事诉讼和刑事诉讼)过程中严重违反法庭秩序的诉讼参与人而给予的惩戒性措施。这三种拘留在法律性质、使用的机关、适用对象和条件、适用的期限上都不同,不能混用。

这里所讲的拘留专指作为刑事强制措施的拘留,具有以下几个特点：

第一,有权决定采用拘留的机关一般是公安机关。人民检察院在自侦案件中,对于犯罪后企图自杀、逃跑或者在逃的以及有毁灭、伪造证据或者串供可能的犯罪嫌疑人也有权决定拘留,人民法院则无权决定拘留。不管是公安机关决定的拘留,还是人民检察院决定的拘留,都一律由公安机关执行。

第二,拘留是在紧急情况下采用的一种处置办法。只有在紧急情况下,来不及办理逮捕手续而又需要马上剥夺现行犯或者重大嫌疑分子的人身自由的,才能采取拘留;如果没有紧急情况,公安机关、人民检察院有时间办理逮捕的手续,就不必先行拘留。

第三,拘留是一种临时性措施。因此拘留的期限较短,随着诉讼的进程,拘留一定要发生变更,或者转为逮捕,或者转为取保候审或监视居住,或者释放被拘留的人。

二、拘留的条件

刑事拘留必须同时具备两个条件：其一,拘留的对象是现行犯或者是重大嫌疑分子。现行犯是指正在进行犯罪的人,重大嫌疑分子是指有证据证明具有重大犯罪嫌疑的人。其二,具有法定的紧急情形之一。对于何谓紧急情形,我国《刑事诉讼法》第 80 条和第 163 条对于公安机关的拘留和人民检察院的拘留作出了不同的规定。

根据我国《刑事诉讼法》第 80 条的规定,公安机关对于具备下列紧急情形之一的,可以先行拘留：

(1) 正在预备犯罪、实行犯罪或者在犯罪后即时被发觉的。所谓预备犯罪是指为了犯罪准备工具,制造条件的。所谓实行犯罪是指正在进行犯罪的活动。应当有一定的证据证明现行犯、重大嫌疑分子正在预备犯罪、实施犯罪,或者犯罪后立刻被发觉。

(2) 被害人或者在场亲眼看见的人指认他犯罪的。即遭受犯罪行为直接侵害的人或者在犯罪现场亲眼看到犯罪活动的人指认某人是犯罪嫌疑人。

(3) 在身边或者住处发现有犯罪证据的。所谓身边指其身体、衣服、随身携带的物品等。所谓住处包括永久性住处和临时居所、办公地点等。

(4) 犯罪后企图自杀、逃跑或者在逃的。犯罪后有一定证据证明其有自杀、逃跑的企图或迹象,或者犯罪后已经逃跑的。

(5) 有毁灭、伪造证据或者串供可能的。

(6) 不讲真实姓名、住址,身份不明的。指其本人拒不说明其姓名、住址、职业等基本情况的。

(7) 有流窜作案、多次作案、结伙作案重大嫌疑的。

根据我国《刑事诉讼法》第163条的规定,人民检察院在直接受理的案件的侦查过程中,对于具备上述第4和第5种情形的,有权决定拘留犯罪嫌疑人。

三、拘留的程序

(一) 拘留的决定

在司法实践中,公安机关如果依法需要拘留现行犯或者重大嫌疑分子,由承办单位填写《呈请拘留报告书》,由县级以上公安机关负责人批准,签发《拘留证》,然后由提请批准拘留的单位负责执行。

人民检察院决定拘留的案件,应当由办案人员提出意见,经办案部门负责人审核后,由检察长决定。决定拘留的案件,人民检察院应当将拘留的决定书送交公安机关,由公安机关负责执行。

根据我国《全国人民代表大会组织法》《地方各级人民代表大会和地方各级人民政府组织法》以及最高检《规则》的规定,公安机关、人民检察院在决定拘留有特殊身份的人员时,需要报请有关部门批准或者备案:被决定拘留的人如果是县级以上各级人民代表大会的代表,决定拘留的机关应当立即向其所在的人民代表大会主席团或者常务委员会报告,经过该人民代表大会主席团或者常务委员会批准后,方可执行。[①]

---

① 关于拘留乡镇人大代表,以及同时担任不同级别的人大代表的批准程序,最高检《规则》第132条作了详细规定。

(二) 拘留的执行

拘留,由公安机关负责执行①,根据我国《刑事诉讼法》第 81、83、84、89、164 条以及公安部《规定》第 122 条第 2 款的规定,执行拘留时,应当遵守下列程序:

(1) 执行拘留的时候,必须向被拘留人出示《拘留证》,宣布拘留,并责令被拘留人在《拘留证》上签名或按手印。执行拘留时,如遇有反抗,可以使用武器和戒具等强制方法,但应当适度,以使其就缚为限度。

(2) 公安机关在异地执行拘留的时候,应当通知被拘留人所在地的公安机关,被拘留人所在地的公安机关应当予以配合。

(3) 拘留后,应当立即将被拘留人送看守所羁押,至迟不得超过 24 小时。异地执行拘留的,应当在到达管辖地后 24 小时内将犯罪嫌疑人送看守所羁押。

(4) 除无法通知或者涉嫌危害国家安全犯罪、恐怖活动犯罪通知可能有碍侦查的情形以外,应当在拘留后 24 小时以内,通知被拘留人的家属。有碍侦查的情形消失以后,应当立即通知被拘留人的家属。② 此外,根据《律师法》第 37 条的规定,律师在参与诉讼活动中因涉嫌犯罪被依法拘留,执行拘留的机关应当在拘留后的 24 小时内通知该律师的家属、所在的律师事务所以及所属的律师协会。

(5) 公安机关对于被拘留的人,以及人民检察院对直接受理的案件中被拘留的人,均应当在拘留后 24 小时以内进行讯问。在发现不应当拘留的时候,必须立即释放,发给释放证明。

(6) 公安机关决定拘留的案件,在执行拘留后,认为需要逮捕的,应当在拘留后 3 日以内,提请人民检察院审查批准。在特殊情况下,提请审查批准的时间可以延长 1 日至 4 日。对于流窜作案、多次作案、结伙作案的重大嫌疑分子,提请审查批准的时间可以延长至 30 日。

(7) 人民检察院对直接受理侦查的案件中被拘留的人,认为需要逮捕的,应当在 14 日以内作出决定。在特殊情况下,可以延长 1 日至 3 日。对于不需要逮捕的,应当立即释放;对需要继续侦查,并且符合取保候审、监视居住条件的,依法取保候审或者监视居住。

---

① 根据六部门《规定》第 16 条的规定,对于人民检察院直接受理的案件,人民检察院作出的拘留决定,应当送达公安机关执行,公安机关应当立即执行,人民检察院可以协助公安机关执行。

② 根据公安部《规定》第 123 条和第 109 条第 2 款的规定,"无法通知"的情形包括:(1) 不讲真实姓名、住址、身份不明的;(2) 没有家属的;(3) 提供的家属联系方式无法取得联系的;(4) 因自然灾害等不可抗力导致无法通知的。"有碍侦查"的情形包括:(1) 可能毁灭、伪造证据,干扰证人作证或者串供的;(2) 可能引起同案犯逃避、妨碍侦查的;(3) 犯罪嫌疑人的家属与犯罪有牵连的。

第六节 逮 捕

一、逮捕的概念和意义

逮捕,是指公安机关、人民检察院和人民法院,为防止犯罪嫌疑人或者被告人逃避侦查、起诉和审判,进行妨碍刑事诉讼的行为,或者发生社会危险性,而依法剥夺其人身自由,予以羁押的一种强制措施。我国《刑事诉讼法》第78—79条、第81条、第85—98条,六部门《规定》第13—17条,最高法《解释》第128—136条,最高检《规则》第139—146条,以及公安部《规定》第129—143条,对逮捕进行了全面规定。

逮捕是刑事诉讼强制措施中最严厉的一种,它不仅剥夺了犯罪嫌疑人、被告人的人身自由,而且逮捕后除发现不应当追究刑事责任和符合变更强制措施的条件以外,对被逮捕人的羁押期间一般要到人民法院判决生效为止。正确、及时地使用逮捕措施,可以发挥其打击犯罪、维护社会秩序的重要作用,有效地防止犯罪嫌疑人或者被告人串供、毁灭或者伪造证据、自杀、逃跑或继续犯罪,有助于全面收集证据、查明案情、证实犯罪,保证侦查、起诉、审判活动的顺利进行。所以逮捕是同犯罪作斗争的重要手段。但是如果用得不好,错捕滥捕,就会伤害无辜,侵犯公民的人身权利和民主权利,破坏社会主义法制的尊严和权威,损害公安司法机关的威信。因此,必须坚持"少捕"和"慎捕"的刑事政策,切实做到不枉不纵,既不能该捕不捕,也不能以捕代侦,任意逮捕。对无罪而错捕的,要依照《国家赔偿法》的规定对受害人予以赔偿。

二、逮捕的权限

根据我国《宪法》第37条和《刑事诉讼法》第78条的规定,逮捕犯罪嫌疑人、被告人,必须经过人民检察院批准或者人民法院决定,由公安机关进行。由此可见,在我国刑事诉讼中,逮捕的批准或者决定权与执行权是分离的,这主要是为了发挥公安司法机关之间的相互制约和监督,保证逮捕的质量,防止出现错捕、滥捕等侵犯公民人身权利的现象。

人民检察院批准逮捕,是指公安机关侦查的案件需要逮捕犯罪嫌疑人的,提请人民检察院审查批准或者人民检察院的自侦案件需要逮捕犯罪嫌疑人的,提请人民检察院的批捕部门审查批准。人民法院决定逮捕,是指人民法院在审理刑事案件的过程中,根据案件的需要而自行作出决定的逮捕。这种情况一般是指人民法院受理的公诉案件,被告人未被羁押,在审理过程中发现有逮捕必要的,以及人民法院在审理自诉案件的过程中,对于可能判处有期徒刑以上的被告人,发现其确实企图自杀、逃跑或者可能毁灭、伪造证据或者继续犯罪等。

三、逮捕的条件

根据我国《刑事诉讼法》第 79 条的规定,逮捕需要具备三个条件:一是证据条件;二是罪责条件;三是社会危险性条件。逮捕犯罪嫌疑人、被告人的这三个条件相互联系、缺一不可。犯罪嫌疑人、被告人只有同时具备这三个条件,才能对其逮捕。只有严格掌握逮捕条件,才能够防止错捕和滥捕现象的发生。

(一) 证据条件

逮捕的证据条件,是有证据证明有犯罪事实。何谓有证据证明有犯罪事实,《刑事诉讼法》中没有明确规定,根据最高检《规则》第 139 条第 2 款和公安部《规定》第 130 条第 1 款的规定,要求同时具备下列情形:(1) 有证据证明发生了犯罪事实;(2) 有证据证明犯罪事实是犯罪嫌疑人实施的;(3) 证明犯罪嫌疑人实施犯罪行为的证据已经查证属实的。此外,如果犯罪嫌疑人犯有数罪,只要有一个犯罪事实有证据证明,就可以逮捕。

我们认为,我国刑事诉讼中的逮捕与西方国家的逮捕在含义上不尽相同。西方国家的逮捕仅指逮捕行为,而不必然引起羁押,我国刑事诉讼中的逮捕,则既包括逮捕行为又包括逮捕以后的羁押状态。所以,在理解逮捕的证据条件时,应当从严掌握,不管对逮捕的证据条件作何种解释,都必须达到能够证明被逮捕人有重大犯罪嫌疑的程度,否则容易造成错捕、滥捕。

(二) 罪责条件

逮捕的罪责条件,是可能判处有期徒刑以上刑罚。即根据已有证据证明的案件事实,比照刑法的有关规定,衡量对其所犯罪行,最低也要判处有期徒刑以上的刑罚。如果只可能判处管制、拘役、独立适用附加刑,不可能判处徒刑以上的刑罚的,就不能采用逮捕。司法实践中,对于那些可能判处有期徒刑缓刑的犯罪嫌疑人或被告人,一般也不采用逮捕。这一条件表明,逮捕作为一种最为严厉的强制措施只能对一些罪行比较严重的犯罪嫌疑人、被告人采用,对一些罪行较轻的就不宜采用。这主要是考虑到,逮捕实质上剥夺了犯罪嫌疑人、被告人的人身自由,其强度已经达到了徒刑的程度,强调本条件,可以使逮捕的羁押期限折抵在判处的刑期之内,将逮捕的负面效应减小到最低程度。

需要注意的是,2014 年 4 月 24 日第十二届全国人民代表大会常务委员会第八次会议通过的《关于〈中华人民共和国刑事诉讼法〉第 79 条第 3 款的解释》规定:"根据刑事诉讼法第 79 条第 3 款的规定,对于被取保候审、监视居住的可能判处徒刑以下刑罚的犯罪嫌疑人、被告人,违反取保候审、监视居住规定,严重影响诉讼活动进行的,可以予以逮捕。"这一立法解释是对上述有关逮捕罪责条件的修正。

(三) 社会危险性条件

逮捕的社会危险性条件,是采取取保候审尚不足以防止发生社会危险性,而有逮捕必要。《刑事诉讼法》第 79 条规定,对有证据证明有犯罪事实,可能判处徒刑以上刑罚,采取取保候审尚不足以防止发生下列危险性的,应当予以逮捕:第一,可能实施新的犯罪的;第二,有危害国家安全、公共安全或者社会秩序的现实危险的;第三,可能毁灭、伪造证据,干扰证人作证或者串供的;第四,可能对被害人、举报人、控告人实施打击报复的;第五,企图自杀或者逃跑的。

《刑事诉讼法》第 79 条基于对犯罪嫌疑人、被告人社会危险性的判定,分别规定了应当予以逮捕的两种情况:

(1) 对有证据证明有犯罪事实,可能判处 10 年以上有期徒刑刑罚的,应当予以逮捕;

(2) 对有证据证明有犯罪事实,可能判处徒刑以上刑罚,曾经故意犯罪或者身份不明的,应当予以逮捕;

此外,本条还规定,被取保候审、监视居住的犯罪嫌疑人违反取保候审、监视居住规定,情节严重的,可以予以逮捕。关于"违反取保候审、监视居住规定,情形严重"应当如何界定,最高法解释第 129 条、最高检《规则》第 139 条第 1 款,以及公安部《规定》第 131 条中作出了详细明确的规定。

最高检《规则》第 144 条基于对犯罪嫌疑人社会危险性的判断,还规定了可以作出不批准逮捕的决定或者不予逮捕的情形。该条规定,犯罪嫌疑人涉嫌的罪行较轻,且没有其他重大犯罪嫌疑,具有以下情形之一的,可以作出不批准逮捕的决定或者不予逮捕:(1) 属于预备犯、中止犯,或者防卫过当、避险过当;(2) 主观恶性较小的初犯,共同犯罪中的从犯、胁从犯,犯罪后自首、有立功表现或者积极退赃、赔偿损失,确有悔罪表现的;(3) 过失犯罪的犯罪嫌疑人,犯罪后有悔罪表现,有效控制损失或者积极赔偿损失的;(4) 犯罪嫌疑人与被害人双方根据刑事诉讼法的有关规定达成和解协议,经审查,认为和解系自愿、合法且已经履行或者提供担保的;(5) 犯罪嫌疑人系已满 14 周岁未满 18 周岁的未成年人或者在校学生,本人有悔罪表现,其家庭、学校或者所在社区、居民委员会、村民委员会具备监护、帮教条件的;(6) 年满 75 周岁以上的老年人。

四、逮捕的程序

(一) 逮捕的批准、决定程序

1. 人民检察院对公安机关提请逮捕犯罪嫌疑人的批准程序

公安机关认为需要逮捕犯罪嫌疑人时,由立案侦查的单位制作《提请批准逮捕书》,经县级以上公安机关负责人签署后,连同案卷材料和证据,一并移送同级人民检察院,提请批准。

人民检察院接到公安机关的报捕材料后,一般先由办案人员阅卷,然后由审查批捕部门负责人审核,最后由检察长决定,重大案件应当提交检察委员会讨论决定。

根据我国《刑事诉讼法》第 86 条和最高检《规则》第 305 条的规定,人民检察院审查批准逮捕,除了审查公安机关移送的报捕材料以外,还可以采用下列方法:(1)可以讯问犯罪嫌疑人,有下列情形之一的,则应当讯问犯罪嫌疑人:A. 对是否符合逮捕条件有疑问的;B. 犯罪嫌疑人要求向检察人员当面陈述的;C. 侦查活动可能有重大违法行为的;D. 案情重大疑难复杂的;E. 犯罪嫌疑人系未成年人的;F. 犯罪嫌疑人是盲、聋、哑人或者是尚未完全丧失辨认或者控制自己行为能力的精神病人的。(2)可以询问证人等诉讼参与人。(3)可以听取辩护律师的意见,辩护律师提出要求的,应当听取辩护律师的意见。

检察机关应当自接到公安机关提请批准逮捕书后的 7 日以内,分别作出以下决定:(1)对于符合逮捕条件的,作出批准逮捕的决定,制作批准逮捕决定书;(2)对于不符合逮捕条件的,作出不批准逮捕的决定,制作不批准逮捕决定书,说明不批准逮捕的理由。

对于不批准逮捕的,公安机关在接到人民检察院不批准逮捕的通知后,应当立即释放已被拘留的犯罪嫌疑人。对于需要继续侦查,并且符合取保候审、监视居住条件的,依法取保候审或者监视居住。如果公安机关不同意人民检察院不批准逮捕的决定,可以要求人民检察院复议。如果公安机关的意见不被接受,可以向上一级人民检察院提请复核。上级人民检察院应当立即复核,作出是否变更的决定,通知下级人民检察院和公安机关执行。

2. 人民检察院决定逮捕的程序

人民检察院决定逮捕犯罪嫌疑人有以下几种情况:

(1)省级以下(不含省级)人民检察院直接受理立案侦查的案件,需要逮捕犯罪嫌疑人的,应当报请上一级人民检察院审查决定。侦查部门报请审查逮捕时,应当同时将报请情况告知犯罪嫌疑人及其辩护律师。

(2)最高人民检察院、省级人民检察院办理直接受理立案侦查的案件,需要逮捕犯罪嫌疑人的,由侦查部门移送本院侦查监督部门审查。犯罪嫌疑人已被拘留的,侦查部门应当在拘留后七日以内将案件移送本院侦查监督部门审查。

(3)人民检察院对于公安机关移送起诉尚未逮捕犯罪嫌疑人,认为需要逮捕的,由审查起诉部门移送侦查监督部门审查后,报检察长或者检察委员决定。最高人民检察院和省(自治区、直辖市)级人民检察院自行侦查的案件,尚未逮捕犯罪嫌疑人,审查起诉部门认为需要逮捕犯罪人的,依此程序办理。基层人民检察院,分、州、市人民检察院对直接受理立案侦查的案件进行审查起诉时,发现需要逮捕犯罪嫌疑人的,应当报请上一级人民检察院审查决定逮捕。报请工作由公诉部门负责。

3. 人民法院决定逮捕的程序

人民法院决定逮捕被告人也有两种情况：

（1）对于直接受理的自诉案件，认为需要逮捕被告人时，由办案人员提交法院院长决定，对于重大、疑难、复杂案件的被告人的逮捕，提交审判委员会讨论决定。

（2）对于检察机关提起公诉时未予逮捕的被告人，人民法院认为符合逮捕条件应予逮捕的，也可以决定逮捕。

根据最高法《解释》第131条和第132条的规定，人民法院作出逮捕决定后，应当将逮捕决定书等有关材料送交同级公安机关执行，并将逮捕决定书抄送人民检察院。逮捕被告人后，人民法院应当将逮捕的原因和羁押的处所，在24小时内通知其家属；确实无法通知的，应当记录在案。人民法院对决定逮捕的被告人，应当在逮捕后的24小时内讯问。发现不应当逮捕的，应当变更强制措施或者立即释放。

4. 对几种特殊犯罪嫌疑人进行逮捕的审批程序

根据我国《全国人民代表大会组织法》和《地方各级人民代表大会合地方各级政府组织法》以及最高检《规则》第146、312、313条的规定，对几种特殊犯罪嫌疑人进行逮捕时，要经过有关部门批准或报请有关部门备案，主要内容如下：

（1）人民检察院对担任本级人民代表大会代表的犯罪嫌疑人批准或者决定逮捕，应当报请本级人民代表大会主席团或者常务委员会许可。报请许可手续的办理由侦查机关负责。对担任上级人民代表大会代表的犯罪嫌疑人批准或者决定逮捕，应当层报该代表所属的人民代表大会同级的人民检察院报请许可。对担任下级人民代表大会代表的犯罪嫌疑人批准或者决定逮捕，可以直接报请该代表所属的人民代表大会主席团或者常务委员会许可，也可以委托该代表所属的人民代表大会同级的人民检察院报请许可；对担任乡、民族乡、镇的人民代表大会代表的犯罪嫌疑人批准或者决定逮捕，由县级人民检察院报告乡、民族乡、镇的人民代表大会。对担任两级以上的人民代表大会代表的犯罪嫌疑人批准或者决定逮捕，分别依照前述程序规定报请许可。对担任办案单位所在省、市、县（区）以外的其他地区人民代表大会代表的犯罪嫌疑人批准或者决定逮捕，应当委托该代表所属的人民代表大会同级的人民检察院报请许可；担任两级以上人民代表大会代表的，应当分别委托该代表所属的人民代表大会同级的人民检察院报请许可。

（2）外国人、无国籍人涉嫌危害国家安全犯罪的案件或者涉及国与国之间政治、外交关系的案件以及在适用法律上确有疑难的案件，基层人民检察院或者分、州、市人民检察院经审查认为不需要逮捕的，可以直接依法作出不批准逮捕的决定。认为需要逮捕犯罪嫌疑人的，按照《刑事诉讼法》第19条、第20条的规定，分别由基层人民检察院或者分、州、市人民检察院审查并提出意见，层报最高人民检察院审查。最高人民检察院经审查认为需要逮捕的,经征求外交部的意见后,作出批准逮捕的批复,经审查认为不需要逮捕的,作出不批准逮捕的批复。基层人民检察院或者分、州、市人民检察院根据最高人民检察院的批复,依法作出批准或者不批准逮捕的决定。层报过程中,上级人民检察院经审查认为不需要逮捕的,应当作出不批准逮捕的批复,报送的人民检察院根据批复依法作出不批准逮捕的决定。

外国人、无国籍人涉嫌危害国家安全罪以外的其他犯罪案件,决定批准逮捕的人民检察院应当在作出批准逮捕决定后48小时以内报上一级人民检察院备案,同时向同级人民政府外事部门通报。上一级人民检察院对备案材料经审查发现错误的,应当依法及时纠正。

(3) 人民检察院办理审查逮捕的危害国家安全的案件,应当报上一级人民检察院备案。上一级人民检察院对报送的备案材料经审查发现错误的,应当依法及时纠正。

(二) 逮捕的执行程序

逮捕犯罪嫌疑人、被告人,一律由公安机关执行。公安机关执行逮捕,应当遵守下列程序:

(1) 对于人民检察院批准逮捕的决定,公安机关应当立即执行,并将执行回执及时送达批准逮捕的人民检察院。如果未能执行,也应当将回执送达人民检察院,并写明未能执行的原因。对于人民检察院决定不批准逮捕的,公安机关在收到不批准逮捕决定书后,应当立即释放在押的犯罪嫌疑人或者变更强制措施,并将执行回执在收到不批准逮捕决定书后的3日内送达作出不批准逮捕的人民检察院。

(2) 执行逮捕的人员不得少于2人。执行逮捕时,必须向被逮捕人出示《逮捕证》,宣布逮捕,并责令被逮捕人在《逮捕证》上签字或按手印,并注明时间。被逮捕人拒绝在《逮捕证》上签字或按手印的,应在《逮捕证》上注明。

(3) 逮捕犯罪嫌疑人、被告人,可以采用适当的强制方法,包括使用武器和戒具。

(4) 执行逮捕后,应当立即将被逮捕人送看守所羁押。

(5) 除无法通知的以外,应当在逮捕后24小时以内,通知被逮捕人的家属。侦查机关依法对在诉讼活动中涉嫌犯罪的律师执行逮捕的,还应当在48小时以内通知其所在的事务所或者所属的律师协会。[①]

(6) 人民法院、人民检察院对于各自决定逮捕的人,公安机关对于经人民检察院批准逮捕的人,都必须在逮捕后的24小时以内进行讯问。在发现不应当逮捕的时候,必须立即释放,发给释放证明。

---

① 参见两院三部《保障律师权利规定》第40条。

(7) 到异地逮捕的,公安机关应当通知被逮捕人所在地的公安机关。公安机关到异地执行逮捕时,应携带《批准逮捕决定书》及其副本、《逮捕证》、介绍信以及被逮捕人犯罪的主要材料等,由当地公安机关协助执行。

五、人民检察院对逮捕的监督

我国《刑事诉讼法》第93条、第94条、第98条和其他有关法律文件赋予了人民检察院对逮捕工作的监督权,主要内容如下:

(1) 人民检察院在审查批准逮捕工作中,如果发现公安机关的侦查活动有违法情况,应当通知公安机关予以纠正,公安机关应当将纠正情况通知人民检察院。

(2) 犯罪嫌疑人、被告人被逮捕后,人民检察院仍应当对羁押的必要性进行审查。对不需要继续羁押的,应当建议予以释放或者变更强制措施。有关机关应当在10日以内将处理情况通知人民检察院。

(3) 公安机关释放被逮捕的人或者变更逮捕措施的,应当通知原批准的人民检察院。

(4) 人民检察院应加强对所外讯问的监督。做好对拘留、逮捕之前讯问活动的监督;发现未依法将犯罪嫌疑人送入看守所的,应当查明原因、所外看押地点及讯问情况;重点监督看守所如实、详细、准确填写犯罪嫌疑人入所体检记录,必要时建议采用录像或者拍照的方式记录犯罪嫌疑人身体状况;侦查机关以起赃、辨认等为由提解犯罪嫌疑人出所的,应当及时了解提解的时间、地点、理由、审批手续及是否存在所外讯问等情况,做好提押、还押时的体检情况记录的检察监督。

六、逮捕等强制措施的变更、撤销、解除和救济

我国《刑事诉讼法》第94—97条对逮捕等强制措施规定了变更、撤销、解除和救济程序,主要内容如下:

(1) 人民法院、人民检察院和公安机关如果发现对犯罪嫌疑人、被告人采取强制措施不当的,应当及时撤销或者变更。①

---

① 最高法《解释》第133条规定,被逮捕人的被告人具有下列情形之一的,人民法院可以变更强制措施:(1) 患有严重疾病、生活不能自理的;(2) 怀孕或者正在哺乳婴儿的;(3) 系生活不能自理的人的唯一扶养人。第134条规定,第一审人民法院判决被告人无罪、不负刑事责任或者免除刑事处罚,被告人在押的,应当在宣判后立即释放。被逮捕的被告人具有下列情形之一的,人民法院应当变更强制措施或者予以释放:(1) 第一审人民法院判处管制、宣告缓刑、单独适用附加刑,判决尚未发生法律效力的;(2) 被告人被羁押的时间已到第一审人民法院对其判处的刑期期限的;(3) 案件不能在法律规定的期限内审结的。第135条规定,人民法院决定变更强制措施或者释放被告人的,应当立即将变更强制措施决定书或者释放通知书送交公安机关执行。第136条规定,对人民法院决定逮捕的被告人,人民检察院建议释放或者变更强制措施的,人民法院应当在收到建议后10日内将处理情况通知人民检察院。

（2）犯罪嫌疑人、被告人及其法定代理人、近亲属或者辩护人有权申请变更强制措施。人民法院、人民检察院和公安机关收到申请后，应当在3日以内作出决定；不同意变更强制措施的，应当告知申请人，并说明不同意的理由。[1]

（3）辩护律师书面申请变更或者解除强制措施的，办案机关应当在3日以内作出处理决定。辩护律师的申请符合法律规定的，办案机关应当及时变更或者解除强制措施；经审查认为不应当变更或者解除强制措施的，应当告知辩护律师，并书面说明理由。[2]

（4）人民法院、人民检察院或者公安机关对被采取强制措施法定期限届满的犯罪嫌疑人、被告人应当予以释放、解除取保候审、监视居住或者依法变更强制措施。犯罪嫌疑人及其法定代理人、近亲属或者辩护人对于人民法院、人民检察院或者公安机关采取强制措施法定期限届满的，有权要求解除强制措施。

（5）犯罪嫌疑人、被告人被羁押的案件，不能在法定的侦查羁押审查起诉、一审、二审期限内办结的，对犯罪嫌疑人应当予以释放；需要继续查证、审理的，对犯罪嫌疑人、被告人可以取保候审或者监视居住。

---

[1] 最高法《解释》第137条和最高检《规则》第147条对具体受理和处理程序进行了详细规定。
[2] 参见两院三部《保障律师权利规定》第22条。

第十三章 附带民事诉讼

第一节 附带民事诉讼的概念和意义

一、附带民事诉讼的概念和特点

附带民事诉讼,是指公安司法机关在刑事诉讼过程中,在解决被告人刑事责任的同时,附带解决被告人的犯罪行为所造成的物质损失的赔偿问题而进行的诉讼活动。

附带民事诉讼作为一项诉讼制度,是有关附带民事诉讼的当事人、赔偿范围、提起和审理程序等问题的法律规范的总称。我国《刑事诉讼法》第99条至第102条对附带民事诉讼中的基本问题进行了规定。但是,总的来看,我国《刑事诉讼法》对附带民事诉讼的规定比较简单,刑事诉讼中的许多具体问题,还有赖于进行理论研究和在实践中不断摸索,最高法《解释》第六章在全面总结司法实践经验和过去有关附带民事诉讼的司法解释的基础上,对附带民事诉讼问题进行了全面的规定,具有很强的可操作性,是司法实践中的重要执法依据。

附带民事诉讼具有以下几个特点:

首先,附带民事诉讼性质的特殊性。附带民事诉讼就其解决问题的性质而言,是经济赔偿问题,和民事诉讼中的损害赔偿是一样的,属于民事诉讼性质。但它和一般的民事诉讼又有不同,因为这种赔偿是由犯罪行为引起的,是在刑事诉讼过程中提起的,由审判刑事案件的审判组织审理,所以它又是刑事诉讼的一部分,是一种特殊的民事诉讼。

其次,附带民事诉讼法律依据的复合性。由于附带民事诉讼所解决的是刑事犯罪行为所引起的民事赔偿责任,所以解决这一问题时的法律依据具有复合性特点。在实体法上,对损害事实的认定,不仅要遵循刑法关于具体案件犯罪构成的规定,而且要受民事法律规范调整;在程序法上,除《刑事诉讼法》有特殊规定的以外,应当适用《民事诉讼法》的规定。如诉讼原则、强制措施、诉讼证据、先予执行、诉讼保全、调解、和解、撤诉反诉等,都要遵循民事诉讼法的有关规定。为此,最高法《解释》第163条规定:"人民法院审理附带民事诉讼案件,除刑法、刑事诉讼法以及刑事司法解释已有规定的以外,适用民事法律的有关规定。"

最后,附带民事诉讼处理程序的附属性。附带民事诉讼以刑事案件的成立为前提,必须在刑事诉讼过程中提起,附带民事诉讼的判决不得同刑事部分的判决相抵触,附带民事诉讼的起诉时效、上诉期限、管辖法院等都取决于刑事案件的情况。因此,附带民事诉讼在处理程序上是依附于刑事诉讼的,它必须以刑事诉讼程序为依托,若刑事诉讼不存在,附带民事诉讼就无从谈起。

二、附带民事诉讼的意义

附带民事诉讼是一项重要的诉讼制度,其意义可以概括为以下几个方面:

(一)有利于维护被害人的经济利益

刑事犯罪往往给被害人造成经济损失,有的还是严重的经济损失,附带民事诉讼制度的设立,可以使被害人通过附带民事诉讼程序,得到物质损害赔偿。

(二)有利于打击和制裁犯罪活动

附带民事诉讼制度,从根本上否定了"打了不罚,罚了不打"的陈旧观念,它意味着给他人造成物质损害的犯罪分子不仅要承担刑事责任,而且要承担民事赔偿责任,这对于打击和制裁犯罪活动,教育和改造犯罪分子具有重要意义。

(三)有利于公安司法机关全面、正确处理案件

附带民事诉讼制度的设立,要求公安司法机关在刑事诉讼过程中,要查明被告人的犯罪行为所造成的物质损失情况,查明被告人如何对待其损害赔偿的民事责任,这对于正确认定案件事实,判断被告人认罪态度和悔罪表现,正确定罪量刑,具有重要参考价值。

(四)有利于保证人民法院审判工作的统一性和严肃性

由于附带民事诉讼是由审理刑事案件的同一审判组织进行审理的,这有利于保证对案件事实认识的统一性,避免因不同审判组织分别进行审判可能对同一违法行为或同一案件事实得出不同的结论,维护法院审判工作的严肃性。

(五)有利于提高诉讼效率和效益

一方面,附带民事诉讼是在刑事诉讼过程中一并解决的,这就极大地避免了公安司法机关的重复劳动,节省了司法资源;另一方面,对于当事人来说,附带民事诉讼,可以减少他们重复出庭、重复举证等活动,减轻他们的讼累。

第二节 附带民事诉讼的成立条件

一、附带民事诉讼必须以刑事诉讼的成立为前提条件

附带民事诉讼是由刑事诉讼派生的,是在追究行为人的刑事责任的同时,附带追究行为人的损害赔偿责任。因此,附带民事诉讼必须以刑事诉讼的成立为前提,如果刑事诉讼不成立,附带民事诉讼就失去了存在的基础。这里存在两种情况:一种情况是被告人的行为不是犯罪行为,而是受法律保护的行为,如正当防卫、紧急避险等,因这些行为所引起的损害,当然不能提起附带民事诉讼;另一种情况是被告人的行为虽然不构成犯罪,但却构成民事侵权行为,在此情况下能

否提起附带民事诉讼的问题,在理论界有争议。我们认为,在这种情况下,被害人能否提起附带民事诉讼,要视刑事诉讼的阶段而定,如果在侦查和起诉阶段,刑事诉讼部分作了撤销案件或者不起诉的处理决定,意味着刑事诉讼已经终结,刑事诉讼不存在,附带民事诉讼也就失去了存在的前提,被害人只能向法院民庭提起独立的民事赔偿之诉;如果案件已到法院审判阶段,被害人则可以提出附带民事诉讼,法庭经过审理,可以就刑事部分作出无罪的刑事判决,附带民事部分作出赔偿损失的附带民事判决,因为如果案件已到法院审判阶段,刑事案件就要经过法庭审理才能作出裁决,刑事诉讼程序尚未终结,附带民事诉讼的基础仍然存在。

二、原告必须具有提起附带民事诉讼的权利能力

依据民事诉讼的一般理论,附带民事诉讼的原告应当具备诉讼权利能力。根据《刑事诉讼法》和最高法《解释》的有关规定,附带民事诉讼的原告比较复杂,具体有以下几种情况:

第一,因为犯罪行为而遭受物质损失的公民。任何公民由于被告人的犯罪行为而遭受物质损失的,在刑事诉讼过程中,都有权提起附带民事诉讼,这是附带民事诉讼中最常见的原告人。

第二,被犯罪分子侵害遭受物质损害的企业、事业单位、机关、团体等。对这一问题,学术界有不同观点。我们认为,我国《刑事诉讼法》第99条中规定的"被害人"作为犯罪侵害的对象,应当既包括自然人,也包括单位,因为二者都是可能受到犯罪侵害的权利主体。比如在伤害罪、杀人罪等以侵害特定人身权利为对象的犯罪中,被害人当然只能是自然人;但在诸如盗窃、贪污、抢劫、纵火等犯罪活动中,被害人显然应包括企业、事业单位、机关、团体等。

第三,如果被害人是未成年人或精神病患者,他们的法定代理人或监护人可以代为提起附带民事诉讼。但此时原告仍应列被害人本人,只不过其作为原告的诉讼权利和义务由其法定代理人或者监护人行使。

第四,如果被害人死亡或者丧失行为能力的,被害人的法定代理人、近亲属有权提起附带民事诉讼。

第五,如果是国家财产、集体财产遭受损失的,人民检察院在提起公诉时,可以提起附带民事诉讼。这里的"可以"应当同第二种情况联系起来理解,即当国家财产、集体财产遭受损失,而被害单位没有提起附带民事诉讼时,人民检察院作为国家利益的维护者,有责任提起附带民事诉讼。根据最高法《解释》第142条第2款的规定,人民检察院提起附带民事诉讼的,应当列为附带民事诉讼的原告人。

三、附带民事诉讼必须有明确的被告和具体的诉讼请求

附带民事诉讼的被告,一般是刑事诉讼的被告人,但在某些特殊情况下,应当赔偿物质损失的附带民事诉讼被告人,却不是承担刑事责任的被告人。根据最高法《解释》第143条的规定,主要是指以下几种情形:

第一,刑事被告人的监护人。监护人承担民事责任是由其特定的监护关系以及没有尽到监护职责引起的,因此承担赔偿责任不存在罪及他人、株连无辜的问题。但这种情况下附带民事诉讼的被告仍应列刑事被告人本人,只不过其赔偿责任要由其监护人承担。

第二,未被追究刑事责任的其他共同致害人。这种情形主要是指数人共同犯罪案件中,有的被告人被追究刑事责任而交付人民法院审判,有的被公安机关作出治安行政处罚,有的被人民检察院作出不起诉决定,在这些情况下,被作出其他处理的同案人都可以作为附带民事诉讼的被告人。因为数人共同造成他人物质损失的行为是一个不可分开的整体行为,造成物质损失结果的原因是共同的加害行为,各加害人都应对物质损失共同承担民事赔偿责任。但是,这里的共同致害人不包括在逃的同案犯。根据最高法《解释》第146条的规定,共同犯罪案件,同案犯在逃的,不应列为附带民事诉讼被告人。逃跑的同案犯到案后,被害人或者其法定代理人、近亲属可以对其提起附带民事诉讼,但已经从其他共同犯罪人处获得足额赔偿的除外。

第三,死刑罪犯的遗产继承人和共同犯罪案件中案件审结前已死亡的被告人的遗产继承人。因为,在这两种情况下对被害人的经济赔偿应当看做是已经死亡的刑事被告人生前所负的债务,属于遗产的清偿范围。但是,如果该继承人声明放弃继承则不得继续以其为被告。

第四,其他对刑事被告人的犯罪行为依法应当承担民事赔偿责任的单位和个人。这里的单位应作广义的理解,既可以是法人组织,也可以是非法人单位。

原告人提起附带民事诉讼,不仅要求有明确的被告,还必须有具体的诉讼请求,即提出应当赔偿的具体数额,同时对加害事实造成的物质损失,要有事实根据,并应承担举证责任。

四、附带民事诉讼的诉因是刑事被告人的犯罪行为给被害人造成了物质损失

这一诉因,包括两个相互联系的内容:

首先,被害人所遭受的损失是物质性的。所谓物质损失,是相对于精神损失而言的,它是指可以用金钱计算的损失。关于精神损失能否作为附带民事诉讼的诉因问题,在理论界存在很大争议,有些学者认为,根据我国《民法通则》第120条的规定,损害他人名誉权损害属于民事赔偿的范围,所以应当允许对侮辱、诽谤等侵犯他人名誉的犯罪所造成的精神损害提起附带民事诉讼。这种观

点有一定道理,值得进一步研究,但最高法《解释》第138条第2款明确规定:"因受到犯罪侵犯,提起附带民事诉讼或者单独提起民事诉讼要求赔偿精神损失的,人民法院不予受理。"

其次,被害人遭受的物质损失是由被告人的犯罪行为直接造成的。也就是说,被告人的犯罪行为与被害人所遭受的物质损失之间必须存在因果关系。最高人民法院《关于刑事附带民事诉讼范围问题的规定》第2条规定:"被害人因犯罪行为遭受的物质损失是指被害人因犯罪行为已经遭受的实际损失和必然遭受的损失。"据此,犯罪行为直接造成的物质损失,既包括犯罪行为已经给被害人造成的物质损失,例如,犯罪分子作案时破坏的门窗、车辆、物品,被害人的医疗费、营养费等,这种损失又称积极损失;又包括被害人将来必然遭受的物质利益的损失,例如,因伤残减少的劳动收入,今后继续医疗的费用,被毁坏的丰收在望的庄稼等,这种损失又称消极损失。但是,不包括今后可能得到的或通过努力才能争得的物质利益,比如超产奖、发明奖、加班费等。至于在犯罪过程中由于被害人自己的过错造成的损失,则不应由被告人承担。此外,因民事上的债权债务关系纠纷而引起的刑事犯罪,也不能在刑事诉讼过程中解决,故不能就刑事犯罪之前的债权债务问题提起附带民事诉讼。

根据上述精神,最高法《解释》第155条对附带民事诉讼的赔偿范围问题进行了如下规定:(1)犯罪行为造成人身损害的,应当赔偿医疗费、护理费、交通费等为治疗和康复支付的合理费用,以及因误工减少的收入。造成被害人残疾的,还应当赔偿残疾生活辅助具费等费用;造成被害人死亡的,还应当赔偿丧葬费等费用;(2)驾驶机动车致人伤亡或者造成公私财产重大损失,构成犯罪的,依照《中华人民共和国道路交通安全法》第76条的规定确定赔偿责任;(3)附带民事诉讼当事人就民事赔偿问题达成调解、和解协议的,赔偿范围、数额不受上述规定的限制。

关于犯罪人非法占有和处置被害人财产而使其遭受物质损失的情况,按追缴和退赔程序处理,最高法《解释》第139条规定:"被告人非法占有、处置被害人财产的,应当依法予以追缴或者责令退赔。被害人提起附带民事诉讼的,人民法院不予受理。追缴、退赔的情况,可以作为量刑情节考虑。"这一规定的目的在于提高效率,加强对被害人的及时保护。

第三节 附带民事诉讼的程序

一、附带民事诉讼的提起

(一)提起附带民事诉讼的期间

关于提起附带民事诉讼的期间包括两个问题:一是提起附带民事诉讼的起

始时间;二是提起附带民事诉讼的终结时间。关于这两个问题,学理上曾有过争论。根据最高法《解释》第 147 条第 1 款和第 161 条规定的精神,应当明确以下几点:

(1) 提起附带民事诉讼的起始时间,应当是刑事案件立案以后即可提起附带民事诉讼。为此,存在以下几种情况:第一,被害人是公民个人的,可以直接向人民法院提起附带民事诉讼;第二,公诉案件中,也可以在侦查、起诉阶段通过侦查、起诉机关提起;第三,国家、集体财产遭受损失的,遭受损失的法人或其他组织既可以直接向人民法院提起附带民事诉讼,也可以在侦查、起诉阶段通过侦查、起诉机关提起;第四,如果遭受损失的单位未提起诉讼的,人民检察院在提起公诉的时候,可以提起附带民事诉讼。其中,在侦查、审查起诉阶段提起附带民事诉讼的,人民检察院应当记录在案,并将原告人的诉讼请求和有关材料,在提起公诉的同时,一并移送人民法院。

允许在侦查、起诉阶段向侦查机关、起诉机关提出附带民事诉讼请求,有利于促使侦查和起诉机关在侦查、起诉的过程中注意查明与附带民事诉讼有关的事项,如被害人实际遭受的物质损失、加害人的责任情况、被告人的实际支付能力等。

(2) 提起附带民事诉讼的终结时间是一审判决的宣告。即只有在一审判决宣告前才能提起附带民事诉讼;一旦一审刑事判决已经宣告,附带民事诉讼部分就失去了同刑事部分合并审判的基础。为此,最高法《解释》第 161 条规定:"第一审期间未提起附带民事诉讼,在第二审期间提起的,第二审人民法院可以进行调解;调解不成的,告知当事人可以在刑事判决、裁定生效后另行提起民事诉讼。"

总之,附带民事诉讼应当在刑事案件立案以后、第一审判决宣告之前提起。如果刑事案件尚未立案,意味着刑事诉讼能否成立尚不确定,提起附带民事诉讼的前提条件也就不存在;如果刑事案件的第一审判决已经宣告,再允许提起附带民事诉讼,既会造成刑事审判的过分迟延,带来审判秩序的混乱,又因已经失去合并审理的机会,而使附带民事诉讼变得没有意义。

(二) 提起附带民事诉讼的方式

我国《刑事诉讼法》对于提起附带民事诉讼的方式没有作出明确规定。根据最高法《解释》第 147 条第 2 款和第 150 条的规定,提起附带民事诉讼一般应当提交附带民事诉状;书写诉状确有困难的,可以口头起诉。[①] 审判人员应当对原告人的口头诉讼请求详细询问,并制作笔录,向原告人宣读;原告人确认无误

[①] 最高法《解释》第 147 条第 2 款规定:"提起附带民事诉讼应当提交附带民事起诉状。"第 150 条第 1 款规定:"人民法院受理附带民事诉讼后,应当在 5 日内将附带民事起诉状副本送达附带民事诉讼被告人及其法定代理人,或者将口头起诉的内容及时通知附带民事诉讼被告人及其法定代理人,并制作笔录。"

后,应当签名或者盖章。无论以书面方式还是口头方式,都应当说明附带民事原告人、被告人的姓名、年龄、职业、住址等个人基本情况,控告的犯罪事实,由于犯罪行为而造成的物质损失及相关证据、具体赔偿请求等。

人民检察院在提起公诉时一并提起附带民事诉讼的,只能采取书面形式,即制作附带民事诉状,该诉状应当写明:被告人的基本情况;被告人的犯罪行为给国家、集体财产造成损失的情况;代表国家、集体要求被告人赔偿损失的诉讼请求和适用的法律根据。

二、附带民事诉讼的保全和先予执行

(一) 附带民事诉讼的保全

附带民事诉讼的保全,是指人民法院为了保证将来发生法律效力的附带民事诉讼判决能够得到切实执行,依据附带民事诉讼原告人的申请,而对被告人的财产采取一定的强制措施。我国《刑事诉讼法》第 100 条规定:"人民法院在必要的时候,可以采取保全措施,查封、扣押或者冻结被告人的财产。附带民事诉讼原告人或者人民检察院可以申请人民法院采取保全措施。人民法院采取保全措施,适用民事诉讼法的有关规定。"最高法《解释》第 152 条进行了更为详细的规定,第 1 款规定:"人民法院对可能因被告人的行为或者其他原因,使附带民事判决难以执行的案件,根据附带民事诉讼原告人的申请,可以裁定采取保全措施,查封、扣押或者冻结被告人的财产;附带民事诉讼原告人未提出申请的,必要时,人民法院也可以采取保全措施。"第 2 款规定:"有权提起附带民事诉讼的人因情况紧急,不立即申请保全将会使其合法权益受到难以弥补的损害的,可以在提起附带民事诉讼前,向被保全财产所在地、被申请人居住地或者对案件有管辖权的人民法院申请采取保全措施。申请人在人民法院受理刑事案件后 15 日内未提起附带民事诉讼的,人民法院应当解除保全措施。"

附带民事诉讼的保全应当注意:第一,确实存在因被告人的行为或其他原因使将来的附带民事判决不能执行或难以执行的可能性;第二,附带民事诉讼的保全措施,《刑事诉讼法》只规定了查封、扣押和冻结三项,而不包括其他保全措施;第三,查封、扣押和冻结的财产,只能以被告人的个人财产为限,不得查封、扣押或者冻结他人包括被告人的近亲属的财产;第四,查封、扣押或者冻结的财产应以足够支付赔偿数额为限,如果赔偿的准确数额暂时难以确定的,可以依请求数额确定,不得任意扩大查封、扣押或者冻结的范围;第五,对于查封、扣押或者冻结的财产,应当妥善保存,在不宜长期保存的情况下,可以变卖,保存价款。

(二) 附带民事诉讼的先予执行

附带民事诉讼的先予执行,是指人民法院受理附带民事诉讼之后、作出判决前,根据民事原告人的请求决定民事被告人先付给民事原告人一定款项或特定物并立即执行的措施。关于附带民事诉讼的先予执行问题,我国《刑事诉讼法》

中没有作出明确规定,但我们认为这一制度对于及时救治被害人、解决被害人的困难,殊为必要。当然,附带民事诉讼的先予执行必须具备法定的理由,即由于被告人的犯罪行为给被害人造成了极大的困难。例如,伤害案件中,不先予执行医疗费,被害人就无法入院治疗;杀人或伤害致死案件中,不先予执行丧葬费,就无法安排被害人丧葬事宜等。最高人民法院 2000 年 11 月 20 日通过的《关于审理刑事附带民事诉讼案件有关问题的批复》规定:"对于附带民事诉讼当事人提出先予执行申请的,人民法院应当依照民事诉讼法的有关规定,裁定先予执行或驳回申请。"采取先予执行时,既要考虑被害人的需要,又要兼顾被告人的实际支付能力。先予执行的数额应当折抵附带民事判决中所确定的赔偿数额。

三、附带民事诉讼的审判

(一) 附带民事诉讼审判的一般原则

我国《刑事诉讼法》第 102 条规定了附带民事诉讼审判中的刑民合并审判原则,即:"附带民事诉讼应当同刑事案件一并审判,只有为了防止刑事案件审判的过分迟延,才可以在刑事案件审判后,由同一审判组织继续审理附带民事诉讼。"根据这一原则,一般情况下,附带民事诉讼应当同刑事诉讼一并审理并作出判决,这样便于全面查清案件事实,也节省人力、物力和时间。但由于刑事案件的审判是有时间限制的,如果附带民事部分同刑事部分一并审判,会影响刑事部分在法定时间内审结时,也可以先审判刑事部分,后审判附带民事部分。但是在分别审判时要注意:第一,只能先审刑事部分,后审附带民事部分,而不能先审附带民事部分,后审刑事部分;第二,必须由审理刑事案件的同一审判组织继续审理附带民事部分,不得另行组成合议庭,但在实践中,如果审理刑事案件中的审判人员因死亡或者患有重大疾病,确实无法继续参加附带民事诉讼审判的,也可以更换其他审判人员[①];第三,附带民事部分判决对案件事实的认定不得同刑事判决相抵触;第四,附带民事诉讼部分的延期审理,一般不影响刑事判决的生效。

此外,我国《刑事诉讼法》第 101 条还规定了附带民事诉讼审判中的调判并用原则,即"人民法院审理附带民事诉讼案件,可以进行调解,或者根据物质损失情况作出判决、裁定"。

(二) 附带民事诉讼的受理和审判程序

我国《刑事诉讼法》中对于附带民事诉讼的审判除了上述原则性规定外,对于具体审理程序没有进行规定。为了规范附带民事诉讼的审理程序,最高法《解释》对此进行了详细规定,主要内容如下:

(1) 人民法院受理刑事案件后,对符合提起附带民事诉讼的条件的,可以告

---

① 参见最高法《解释》第 159 条。

知被害人或者其法定代理人、近亲属有权提起附带民事诉讼。有权提起附带民事诉讼的人放弃诉讼权利的,应当准许,并记录在案(最高法《解释》第141条)。

(2) 侦查、审查起诉期间,有权提起附带民事诉讼的人提出赔偿要求,经公安机关、人民检察院调解,当事人双方达成协议并已全部履行,被害人或者其法定代理人、近亲属又提起附带民事诉讼的,人民法院不予受理,但有证据证明调解违反自愿、合法原则的除外(最高法《解释》第148条)。

(3) 人民法院收到附带民事诉讼的起诉状,或者接受口头起诉以后,应当进行审查,并在7日以内决定是否立案。符合《刑事诉讼法》关于附带民事诉讼起诉条件的,应当受理;不符合的,裁定不予受理(最高法《解释》第149条)。

(4) 人民法院受理附带民事诉讼后,应当在5日内向附带民事诉讼的被告人及其法定代理人送达附带民事诉讼起诉状副本,或者将口头起诉的内容及时通知附带民事诉讼的被告人及其法定代理人,并制作笔录。人民法院在送达附带民事起诉状副本,或者通知口头起诉的内容时,应根据刑事案件审理的期限,确定被告人或者其法定代理人提交民事答辩状的时间(最高法《解释》第150条)。

(5) 人民法院开庭审判案件前,要向附带民事诉讼的原告和被告送达传票,传唤他们出庭。这里的被告,是指未被羁押的被告人以及与刑事案件被告人不同的被告。原告无正当理由拒不到庭或者未经法庭许可中途退庭的,按撤诉处理;被告人无正当理由拒不到庭或者未经法庭许可中途退庭的,附带民事诉讼部分可以缺席判决(最高法《解释》第158条)。

(6) 附带民事诉讼案件的当事人在法庭上对自己提出的主张,有责任提供证据(最高法《解释》第151条)。

(7) 人民法院审理附带民事诉讼案件,可以根据自愿、合法的原则进行调解。经调解达成协议的,应当制作调解书,调解书经双方当事人签收后,即具有法律效力。调解达成协议并即时执行完毕的,可以不制作调解书,但应当制作笔录,经双方当事人、审判人员、书记员签名或者盖章后即发生法律效力(最高法《解释》第153条)。

(8) 调解未达成协议或者调解书签收前当事人反悔的,附带民事诉讼应当同刑事诉讼一并判决(最高法《解释》第154条)。

(9) 人民法院认定公诉案件被告人的行为不构成犯罪的,对已经提起的附带民事诉讼,经调解达不成协议的,应当一并作出刑事附带民事判决(最高法《解释》第160条第1款)。

(10) 人民法院准许人民检察院撤回起诉的公诉案件,对已经提起的附带民事诉讼,可以进行调解,不宜调解或者经调解不能达成协议的,应当裁定驳回起诉,并告知附带民事诉讼原告人可以另行提起民事诉讼(最高法《解释》第160

条第 2 款)。

(11) 附带民事诉讼被告人的亲友自愿代为赔偿的,应当准许(最高法《解释》第 143 条第 2 款)。

(12) 人民检察院提起附带民事诉讼的,人民法院经审理,认为附带民事诉讼被告人依法应当承担赔偿责任的,应当判令附带民事被告人直接向遭受损失的单位作出赔偿;遭受损失的单位已经终止,有权利义务继受人的,应当判令其向继受人作出赔偿;没有权利义务继受人的,应当判令其向人民检察院交付赔偿款,由人民检察院上缴国库(最高法《解释》第 156 条)。

(13) 人民法院审理刑事附带民事诉讼案件,应当结合被告人赔偿被害人物质损失的情况认定其悔罪表现,并在量刑时予以考虑(最高法《解释》第 157 条)。

(14) 被害人或者其法定代理人、近亲属在刑事诉讼过程中未提起附带民事诉讼,另行提起民事诉讼,人民法院可以进行调解,或者根据物质损失情况作出判决(最高法《解释》第 164 条)。

(15) 人民法院审理刑事附带民事诉讼案件,不收取诉讼费(最高法《解释》第 162 条)。

第十四章 期间与送达

第一节 期 间

一、期间概述

刑事诉讼中的期间,是指公安司法机关以及当事人和其他诉讼参与人进行刑事诉讼活动所应当遵守的时间期限。刑事诉讼期间原则上由法律明文规定,个别情况下可以由公安司法机关指定。前者是法定期间,后者为指定期间。法定期间可以分为公安司法机关应当遵守的期间和当事人及其他诉讼参与人应当遵守的期间两大类。

确定某个刑事诉讼行为的期限要考虑多重因素,如能够保障及时查清案件事实,正确处理案件;能够及时惩罚犯罪,尽快实现刑罚效应;督促公安司法机关提高办案效率,保障诉讼参与人的合法权利;促使当事人在法定期限内行使诉讼权利。公安司法机关和诉讼参与人都应当严格遵守刑事诉讼期间,违反期间规定属于违法行为,将会产生相应的消极后果。例如,我国公安司法机关应当遵守《刑事诉讼法》关于不同阶段羁押期限的规定,如果超过法定期限,就应当释放在押的犯罪嫌疑人或者被告人,或者变更强制措施,否则,就导致"超期羁押",相关的责任人应承担相应的法律责任。又如,有上诉权的当事人在法定期间内没有提出上诉,则丧失了上诉权。

在刑事诉讼中,与期间紧密相联的另一个概念是期日。期日是指公安司法机关和诉讼参与人共同进行刑事诉讼活动的特定时间。我国《刑事诉讼法》对期日未作具体规定,在诉讼实践中,由公安机关、人民检察院、人民法院根据法律规定的期间和案件的具体情况予以指定。期间与期日都是刑事诉讼中规范时间的概念,但二者有较大的区别,主要有:第一,期间是指公安司法机关和诉讼参与人各自单独进行某项诉讼活动的时间要求;而期日是公安司法机关和诉讼参与人共同进行某项诉讼活动的时间要求。如侦查阶段拘留羁押期限一般不超过10天,这10天是对公安机关的要求;而法院指定4月26日对某个案件进行开庭审判,这天是对法院、检察机关和诉讼参与人共同进行审判活动的时间要求。第二,期间原则上由法律规定,一般不能变更;而期日由公安司法机关指定,遇有特殊情形时,可以另行指定。第三,期间为一个时间段,即从一个期日起至另一个期日的一段时间;而期日是一个特定的时间单位,如某日、某时。

二、期间的计算

（一）计算单位和方法

《刑事诉讼法》第103条第1款规定："期间以时、日、月计算。"据此，我国刑事诉讼期间的计量单位有时、日、月三种。虽然法律没有规定以"年"作为计算单位，但实际上在刑事诉讼中也存在以"年"为单位的期限，如追诉期限、申诉期限、刑罚执行期限等。

以时为计算单位的，开始之时不计算在期间以内，从下一时起算。例如，某个犯罪嫌疑人是某日8点30分被逮捕的，那么相关机关将逮捕的原因和羁押场所通知其家属的时间应从该日9点起开始起算。

以日计算的，开始之日不计算在期间以内，应当从次日起开始计算。如被告人在4月10日收到判决书，其上诉期限从4月11日起开始起算，上诉期限截至4月20日。由于开始的时和日都不算，因而这两种计量单位之间不能互相换算。例如，拘留犯罪嫌疑人后，公安机关应当在24小时以内对其进行讯问，不可以用1日代替。

以月计算的，根据司法解释的相关规定，规则是：（1）按公历月计算，不分大月、小月，开始月和开始月的开始日都计算在期间内，自本月某日至下月某日为1个月。例如，3月15日收案至4月15日为1个月的审理期限。（2）如果期满日相当于开始月的某日实际不存在，应当将期满日向前迁移，亦即以期满月的最后一日为期满日，而不得向后顺延到再下一个月。例如，1月30日开始补充侦查，期满之日本应为2月30日，但是由于2月没有30日，所以，此时的期满之日应是当年2月的最后一日，即28日或者29日。（3）遇有以半月为期的，不分大、小月，均以15天计，不受当月实际天数的影响。

（二）期间计算中的特殊规定

1. 期间的最后一日为法定节假日的，以节假日后的第一个工作日为期间届满的日期

节假日有变通规定的，以实际休假日后的第一个工作日为期间届满的日期。例如，被告人上诉的期间届满之日为10月1日，则应顺延至国庆节后的第一个工作日。但是，对于犯罪嫌疑人、被告人或者罪犯在押期间，应当至期间届满之日为止，不得因节假日而延长在押期间至节假日后的第一个工作日。例如，对犯罪嫌疑人侦查羁押期限届满，应当释放在押犯罪嫌疑人的日期是10月1日，则应当天释放，而不能顺延至节后的第一个工作日。

2. 对于法定期间的计算，不包括路途上的时间

首先，上诉状或者其他文件在期满前已经交邮的，即使文书到达司法机关时已经超过了法定期限，仍然应当认定为没有超期。上诉状或者其他文件是否在法定期限内交邮以邮戳为标准。其次，这一规定同样适用于公安司法机关。例

如,缉捕犯罪嫌疑人,如果从外地押解至侦查机关所在地需要2天时间,则24小时内讯问犯罪嫌疑人和通知其家属的法定期间应当扣除2天。此外,有关诉讼文书材料在公安司法机关之间传递过程中的时间,也应当在法定期间内予以扣除。

3. 重新计算期间的法定情形

包括:(1) 在侦查期间,发现犯罪嫌疑人另有重要罪行的,重新计算侦查羁押期限。由公安机关决定,不再经人民检察院批准,但须报人民检察院备案,人民检察院可以进行监督。(2) 公安机关或者人民检察院补充侦查完毕后移送人民检察院或者人民法院的,人民检察院或者人民法院重新计算审查起诉或者审理期限。(3) 人民检察院和人民法院改变管辖的公诉案件,从改变后的办案机关收到案件之日起计算办案期限。(4) 由简易程序转为普通程序的第一审刑事案件的期限,自案件决定转为普通程序次日起重新计算,等等。

4. 不计入法定期间的法定情形

包括:(1) 犯罪嫌疑人不讲真实姓名、住址,身份不明的,侦查羁押期限自查清其身份之日起计算,但是不得停止对其犯罪行为的侦查取证。(2) 犯罪嫌疑人、被告人在押的案件,对他们做精神病鉴定的期间,不计入办案期限。除此以外的其他鉴定时间都应当计入办案期限。对于因鉴定时间较长,办案期限届满仍不能终结的案件,自期限届满之日起,应当依法释放被羁押的犯罪嫌疑人或者变更强制措施。(3) 中止审理的期限不计入审理期限。(4) 决定开庭审理的第二审公诉案件,自通知人民检察院查阅案卷后的第2日起,人民检察院查阅案卷的时间不计入审理期限。(5) 对于公安机关移送的没收违法所得案件,人民检察院经审查认为需要补充证据的,公安机关补充证据的时间不计入人民检察院办案期限。(6) 审理申请没收违法所得案件,公告期间和请求刑事司法协助的时间不计入审理期限,等等。

三、期间的恢复

期间的恢复是指当事人由于不能抗拒的原因或者有其他正当的理由在法定期限内没有完成应当进行的诉讼行为的,在障碍消除后一定期限内,申请法院准许其继续进行应当在期满以前完成的诉讼行为的一种补救措施。由于当事人耽误期限的原因是不可抗力或者有其他正当理由,为了充分保护当事人的合法权利,恢复期限的做法是合理的,而且也是必要的。按照《刑事诉讼法》第104条规定,期间恢复必须具备以下条件:

第一,必须由当事人提出恢复期间的申请。只有当事人才有权提出恢复期间的申请,其他诉讼参与人无权提出这种申请。当然,当事人申请恢复诉讼期限还必须以在法定期间内未能实施特定诉讼行为为前提。

第二,期间的耽误必须是由于不能抗拒的原因或有其他正当理由。不能抗拒的原因是指在诉讼活动中,发生了当事人不可预见、依靠自身力量又无法避免和无法克服的客观困难。例如,发生地震、洪水、台风、泥石流、战争、大火等当事人本身无法抗拒的自然和社会现象,或者是当事人发生车祸、突患严重疾病等情况,使当事人无法实施诉讼行为。其他正当理由,指上述情况以外的来自当事人主观方面的障碍。例如,当事人家中发生了重大意外变故等。

第三,当事人的申请应当是在障碍消除后的5日内提出。这是对当事人申请恢复期间的时间要求。如超出此期限,当事人就丧失了恢复期限的权利。

第四,必须经人民法院裁定批准期间才能恢复。恢复期间的申请,必须向人民法院提出。人民法院在接到当事人的申请后,经过审查,认为当事人所述情况确实属于不能抗拒的原因或者其他正当理由的,应当裁定准许其继续进行未完成的诉讼活动。

四、法定期间

法定期间,是指由法律作出明确规定的诉讼期间。这种期间的开始是基于某种法律事实的发生。《刑事诉讼法》对于诉讼活动的期限有明确的规定,主要包括:

(一)强制措施期间

传唤、拘传持续的时间不得超过12小时;案情特别重大、复杂,需要采取拘留、逮捕措施的,传唤、拘传持续的时间不得超过24小时。不得以连续传唤、拘传的形式变相拘禁犯罪嫌疑人、被告人。

取保候审最长不得超过12个月,监视居住最长不得超过6个月。

公安机关对被拘留的人,认为需要逮捕的,应当在拘留后的3日以内,提请人民检察院审查批准。在特殊情况下,提请审查批准的时间可以延长1日至4日。对于流窜作案、多次作案、结伙作案的重大嫌疑分子,提请审查批准的时间可以延长至30日。人民检察院应当自收到公安机关提请批准逮捕书后的7日以内,作出批准逮捕或者不批准逮捕的决定。

人民检察院对直接受理的案件中被拘留的人,认为需要逮捕的,下级人民检察院侦查部门应当在拘留后7日以内报上一级人民检察院审查逮捕。上一级人民检察院应当在收到报请逮捕书后7日以内作出是否逮捕的决定。在特殊情况下,决定逮捕的时间可以延长1日至3日。

(二)侦查羁押期间

法律规定的侦查羁押期间既适用于公安机关负责立案侦查的案件,也适用于人民检察院直接立案侦查的案件。对犯罪嫌疑人逮捕后的侦查羁押期限不得超过2个月。案情复杂、期限届满不能终结的案件,可以经上一级人民检察院批准延长1个月。对于符合《刑事诉讼法》第156条规定的四种情形,包括交通十分不便的边远地区的重大复杂案件,重大的犯罪集团案件,流窜作案的重大复杂案件以及犯罪涉及面广、取证困难的重大复杂案件(以下简称"四类案件"),在上述的3个月侦查羁押期限内不能办结的,经省、自治区、直辖市人民检察院批准或者决定,可以延长2个月。对于犯罪嫌疑人可能判处10年有期徒刑以上刑罚,在上述的期限内仍不能侦查终结的,经省、自治区、直辖市人民检察院批准或者决定,可以再延长2个月。因为特殊原因,在较长时间内不宜交付审判的特别重大复杂的案件,由最高人民检察院报请全国人民代表大会常务委员会批准延期审理。

(三) 审查起诉期间

人民检察院对于公安机关移送起诉的案件,应当在1个月以内作出决定,重大、复杂的案件,经检察长批准可以延长半个月。

对于补充侦查的案件,应当在1个月内补充侦查完毕。补充侦查以两次为限。

被害人对于人民检察院作出的不起诉决定不服的,可以在收到决定书后7日内向上一级检察院提出申诉。被不起诉人对于人民检察院因"犯罪情节轻微,依照《刑法》规定不需要判处刑罚或者免除刑罚"而作出的不起诉决定不服的,可以在收到决定书后7日内向作出决定的人民检察院申诉。

(四) 一审程序期间

人民法院对于按照普通程序审理的公诉案件,决定是否受理,应当在7日内审查完毕。人民法院应当在开庭10日前将人民检察院的起诉书副本送达被告人;应当在开庭3日前将开庭的时间、地点通知人民检察院;至迟应当在开庭3日前将传票送达当事人,将通知书送达辩护人、诉讼代理人、证人、鉴定人和翻译人员;公开审判的案件,在开庭3日前先期公布案由、被告人姓名、开庭时间和地点。检察人员在庭审中发现提起诉讼的案件需要补充侦查并提出建议的,人民检察院应当在1个月内补充侦查完毕。在法庭审判过程中,检察机关建议补充侦查,法院决定延期审理的,延期审理时间不得超过1个月。人民法院当庭宣告判决的,应当在5日内将判决书送达当事人和提起公诉的人民检察院;定期宣告判决的,应当在宣告后立即将判决书送达当事人和提起公诉的人民检察院。

人民法院审理公诉案件,应当在受理后2个月以内宣判,至迟不得超过3个月。对于可能判处死刑的案件或者附带民事诉讼的案件,以及有本法第156条规定"四类案件"情形之一的,经上一级人民法院批准,可以延长3个月。申请上级人民法院批准延长审理期限的,应当在期限届满15日前层报。有权决定的人民法院不同意延长的,应当在审理期限届满5日前作出决定;因特殊情况还需要延长的,报请最高人民法院批准,最高人民法院经审查予以批准的,可以延长审理期限1至3个月。期限届满案件仍然不能审结的,可以再次提出申请。人民法院改变管辖的案件,从改变后的人民法院收到案件之日起计算审理期限。指定管辖的案件,审理期限自被指定管辖的人民法院收到指定管辖决定书和有关案卷、证据材料之日起计算。人民检察院补充侦查的案件,补充侦查完毕移送人民法院后,人民法院重新计算审理期限。

人民法院审理自诉案件的期限,被告人被羁押的,适用上述规定;未被羁押的,应当在受理后6个月以内宣判。

适用简易程序审理案件,人民法院应当在受理后20日以内审结;对可能判处的有期徒刑超过3年的,可以延长至1个半月。

（五）上诉、抗诉期间

针对刑事判决的上诉、抗诉期间为10日;针对刑事裁定的上诉、抗诉期间为5日。被害人及其法定代理人不服地方各级人民法院一审判决,有权自收到判决书之日起5日内请求人民检察院提出抗诉;人民检察院应在收到请求后5日内作出是否抗诉的决定。上诉、抗诉的期限,从接到判决书、裁定书的第二日起计算。

对附带民事判决、裁定的上诉、抗诉期限,应当按照刑事部分的上诉、抗诉期限确定。附带民事部分另行审判的,上诉期限也应当按照《刑事诉讼法》规定的期限确定。

（六）二审程序期间

通过原审人民法院提出上诉的,原审人民法院应当在3日内将上诉状连同案卷、证据移送上一级人民法院,同时将上诉状副本送交同级人民检察院和对方当事人;直接向第二审人民法院提出上诉的,第二审人民法院应当在3日内将上诉状交原审人民法院送交同级人民检察院和对方当事人。第二审人民法院必须在开庭10日前通知人民检察院查阅案卷。

第二审人民法院受理上诉、抗诉案件,应当在2个月以内审结。对于可能判处死刑的案件或者附带民事诉讼的案件,以及有《刑事诉讼法》第156条规定情形之一的,经省、自治区、直辖市高级人民法院批准或者决定,可以延长2个月;因特殊情况还需要延长的,报请最高人民法院批准。最高人民法院受理上诉、抗诉案件的审理期限,由最高人民法院决定。

（七）再审程序期间

人民法院按照审判监督程序重新审判的案件,应当在作出提审、再审决定之日起3个月内审结;需要延长期限的,不得超过6个月。接受抗诉的人民法院按照审判监督程序审判抗诉的案件,审理期限适用前述规定;对需要指令下级人民法院再审的,应当自接受抗诉之日起1个月内作出决定,下级人民法院审理案件的期限适用前述规定。

（八）执行期间

下级人民法院接到最高人民法院执行死刑的命令后,应当在7日内交付执行。第一审人民法院在执行死刑3日前,应当通知同级人民检察院派员临场监督。负责执行的人民法院应当在执行死刑后15日内将执行情况,包括罪犯被执行死刑前后的照片,上报最高人民法院。人民检察院认为暂予监外执行不当的,报经检察长批准,应当自接到通知之日起1个月内将书面意见送交批准暂予监外执行的机关。批准暂予监外执行的机关接到人民检察院的书面意见后,应当立即对该决定进行重新核查。如在交付执行以前,人民法院应当在1个月内作出决定。

对被判处无期徒刑、有期徒刑和被减为有期徒刑的罪犯的减刑、假释,罪犯服刑地的高级、中级人民法院应当自收到减刑、假释建议书之日起1个月内依法裁定;案情复杂或者情况特殊的,可以延长1个月。对被判处拘役、管制的罪犯的减刑,罪犯服刑地中级人民法院应当在收到减刑、假释建议书之日起1个月内作出裁定。人民检察院认为人民法院减刑、假释的裁定不当,报经检察长批准,应当在收到裁定书副本后20日内,向人民法院提出书面纠正意见,人民法院应当在收到纠正意见后1个月内重新组成合议庭进行审理,作出最终裁定。

第二节 送 达

一、送达的概念和意义

刑事诉讼中的送达,指公安机关、人民检察院、人民法院等专门机关按照法定的程序和方式将有关诉讼文件送交收件人的一种诉讼活动。

送达具有以下特点:

第一,送达的主体是公安司法机关。在我国刑事诉讼中,送达仅限于公安机关、人民检察院、人民法院向收件人送交诉讼文件的行为。至于诉讼参与人向公安司法机关递交诉讼文书或者诉讼参与人相互之间传递诉讼文书的行为,不属于法律意义上的送达。

第二,送达的内容是有关的诉讼文件。送达的内容包括各种诉讼文件,其中,公安司法机关制作的诉讼文书是送达的主要内容,如传票、通知书、不起诉决定书、起诉书、判决书、裁定书等。此外,诉讼参与人制作的自诉状副本、附带民事诉讼诉状及答辩状副本、上诉状副本等诉讼文书也通过人民法院送达。

第三,送达的对象可以是公民个人,也可以是机关、单位,如接受不起诉决定书的被不起诉人,接受开庭通知的人民检察院。

第四,送达必须依照法定的程序和方式进行。送达是具有法律意义的行为,因此立法对送达的程序和方式进行了严格的规定。公安司法机关只有经依法送达,诉讼文件才会发生法律效力。

送达是刑事诉讼中不可或缺的一项诉讼活动,具有非常重要的意义。表现在以下几方面:

第一,送达有利于推动刑事诉讼顺利进行。公安司法机关依法向收件人送达诉讼文书,可以使收件人及时了解其中的内容,依法参加诉讼活动,从而使国家专门机关与诉讼参与人步调一致,推动刑事诉讼顺利、有序地进行。

第二,送达有利于保障诉讼参与人的合法权利。当事人与其他诉讼参与人通过向其送达的诉讼文书,能够及时了解诉讼程序的进展以及自身依法享有的诉讼权利,便于其为后续的诉讼活动做好充分准备,以更好地维护自身合法权益。

第三,送达有利于促进国家专门机关依法履行职责。国家专门机关通过向其送达的诉讼文书,也可以及时了解程序的进程,做好参加诉讼活动的准备,以更好地履行法定的职责。

二、送达的方式和程序

按照我国《刑事诉讼法》以及相关司法解释的规定,刑事诉讼中的送达主要有以下几种方式和程序:

(一) 直接送达

直接送达是指公安司法机关派员将诉讼文书直接送交收件人的送达方式。其特点是诉讼文书被直接交付收件人,无需经过转交等中间环节。由于直接送达可靠性强,所需时间短、效率高,因此公安司法机关送达诉讼文书,一般以直接送达为原则。根据相关规定,直接送达的程序是,由公安司法人员将诉讼文书交给收件人本人,由收件人本人在送达回证上记明收到的日期,并且签名或者盖章。如果本人不在,可以将诉讼文书交给他的成年家属或者所在单位的负责人员代收,由代收人在送达回证上记明收到的日期,并且签名或者盖章。此处"所在单位的负责人员"指所在单位负责收件的人员。

收件人或者代收人在送达回证上签收的日期为送达日期。

(二) 留置送达

留置送达是指收件人本人或者代收人拒绝签收向其送达的诉讼文件时,送达人依法将诉讼文件留在收件人住处的送达方式。采用留置送达必须具备一个前提,即收件人本人或者代收人拒绝接收向其送达的诉讼文件或者拒绝签名、盖章。如果仅仅是找不到收件人本人或代收人,不可采用留置送达。根据相关规定,在程序上,收件人本人或者代收人拒绝接收或者拒绝签名、盖章的时候,送达人可以邀请他的邻居或者其他见证人到场,说明情况,在送达回证上注明拒绝的事由、送达的日期,由送达人、见证人签名或者盖章,并把诉讼文书留在收件人或者代收人住处或者单位后,即视为送达;也可以把诉讼文书留在受送达人的住处,并采用拍照、录像等方式记录送达过程,即视为送达。

需要指出的是,虽然留置送达与直接送达具有同等的法律效力,但是并非所有的诉讼文书都可以适用,如对调解书就不适用留置送达。

(三) 委托送达

委托送达是指公安司法机关直接送达诉讼文书有困难的，委托收件人所在地的公安司法机关代为交给收件人的送达方式。委托送达的前提是，收件人所在地并非送达主体的所在地，后者对前者直接送达有困难。根据相关规定，委托送达的，应当将委托函、委托送达的诉讼文书及送达回证，寄送收件人所在地的公安司法机关。受委托的机关收到委托送达的诉讼文书，应当登记，并由专人在10日内送达收件人，然后将送达回证及时退回委托送达的机关。受委托的机关无法送达时，应当将不能送达的原因及时告知委托机关，并将诉讼文书和送达回证退回。

(四) 邮寄送达

邮寄送达是指公安司法机关通过邮局将诉讼文书用挂号方式邮寄给收件人的送达方式。邮寄送达通常也是在直接送达有困难的情况下采用的一种送达方式。根据相关规定，邮寄送达的，应当将诉讼文书、送达回证挂号邮寄给收件人。挂号回执上注明的日期为送达的日期。

(五) 转交送达

转交送达是指公安司法机关将诉讼文书交收件人所在机关、单位代收后再转交给收件人的送达方式。转交送达仅适用于收件人较为特殊的情形，具体包括以下三种：第一，收件人是军人的，可以通过所在部队团级以上单位的政治部门转交；第二，收件人正在服刑的，可以通过所在监狱或者其他执行机关转交；第三，收件人正在被采取强制性教育措施的，可以通过强制性教育机构转交。代为转交的部门、单位收到诉讼文书后，应当立即交收件人签收，并将送达回证及时退回送达的公安司法机关。

第十五章 刑事诉讼的中止和终止

第一节 刑事诉讼的中止

一、刑事诉讼中止的概念和意义

刑事诉讼的中止,是指在刑事诉讼过程中,由于发生某种情况或出现某种障碍影响诉讼的正常进行而将诉讼暂时停止,待有关情况或障碍消失后,再恢复诉讼的制度。

在通常情况下,公诉案件自侦查机关立案、自诉案件自人民法院受理以后,便应当按照刑事诉讼程序连续地进行下去,直到人民法院作出的判决、裁定生效并交付执行为止。但是,在诉讼过程中有时会发生某种特殊情况或者出现一时难以克服的客观障碍,致使既无法继续进行诉讼活动,又不能终结诉讼。例如,在侦查阶段,凡是有条件进行的侦查活动都已经完成,犯罪嫌疑人却因潜逃而下落不明;在起诉阶段,因犯罪嫌疑人脱逃而无法对其提起公诉;在审判阶段,被告人有精神病或者其他严重疾病而不能接受审判。在上述情况下,就需要将诉讼予以暂时停止,待引起中断的特殊情况消失或客观障碍消除后,再继续进行诉讼。这种制度就是刑事诉讼的中止。其基本特点是:(1)刑事诉讼中止可以发生在诉讼的任何阶段,即既可以发生在侦查阶段,又可以发生在起诉阶段,还可以发生在审判阶段;(2)刑事诉讼中止后,既不能撤销案件,也不能终止诉讼,而只是将诉讼程序暂时地、不定期地停止,直到引起诉讼中止的原因消失以后,诉讼才恢复进行;(3)刑事诉讼中止前所进行的诉讼活动仍然有效,有关专门机关和诉讼参与人有权利也有义务继续完成法定的诉讼行为;(4)刑事诉讼中止的期间不计入专门机关的办案期限,也不影响当事人行使其依法享有的诉讼权利。

刑事诉讼中止的意义在于:第一,可以促使公安司法机关采取措施努力消除引起诉讼中止的原因,尽快恢复诉讼的进行,及时打击犯罪,保护无辜;第二,可以保证公安司法机关集中力量办理其他的刑事案件,提高诉讼效率;第三,可以保证当事人特别是犯罪嫌疑人、被告人到案参加诉讼,从而保障其诉讼权利的行使,提高办案质量。

二、刑事诉讼中止的条件和程序

依据诉讼阶段的不同,刑事诉讼的中止可以分为中止侦查、中止审查和中止审理三种,其条件和程序有较大的差别。具体如下:

1. 中止侦查

在侦查过程中，犯罪嫌疑人长期潜逃，采取有效追捕措施仍不能缉拿归案的，或者犯罪嫌疑人患有精神病及其他严重疾病不能接受讯问，丧失诉讼行为能力的，或者有其他不能抗拒的原因的，经侦查机关负责人决定，可以中止侦查。但是，根据《刑事诉讼法》第280条的规定，对于恐怖活动犯罪等重大犯罪案件，犯罪嫌疑人逃匿，在通缉一年后不能到案，依照《刑法》规定应当追缴其违法所得及其他涉案财产的，侦查机关应当写出没收违法所得意见书，移送人民检察院，而不得中止侦查。对于贪污贿赂犯罪等重大犯罪案件，具有上述情形的，人民检察院侦查部门应当写出没收违法所得意见书，移送公诉部门，亦不得中止侦查。

中止侦查的理由和条件消失后，经侦查机关负责人决定，应当恢复侦查。中止侦查期间，如果犯罪嫌疑人在押，对符合延长侦查羁押期限条件的，应当依法延长侦查羁押期限；对侦查羁押期限届满的，应当依法变更为取保候审或者监视居住措施。

2. 中止审查

在审查起诉过程中，犯罪嫌疑人潜逃或者患有精神病及其他严重疾病不能接受讯问，丧失诉讼行为能力的，人民检察院可以中止审查。共同犯罪案件中的部分犯罪嫌疑人潜逃的，对该犯罪嫌疑人可以中止审查。但是，根据《刑事诉讼法》第280条的规定，对于贪污贿赂犯罪、恐怖活动犯罪等重大犯罪案件，犯罪嫌疑人逃匿，在通缉一年后不能到案，依照刑法规定应当追缴其违法所得及其他涉案财产的，人民检察院可以向人民法院提出没收违法所得的申请，而不宜中止审查。

中止审查应当由办案人员提出意见，公诉部门负责人审核，报请检察长决定。撤销中止审查的，亦应当由办案人员提出意见，公诉部门负责人审核，报请检察长决定。

3. 中止审理

《刑事诉讼法》第200条第1款规定："在审判过程中，有下列情形之一，致使案件在较长时间内无法继续审理的，可以中止审理：（一）被告人患有严重疾病，无法出庭的；（二）被告人脱逃的；（三）自诉人患有严重疾病，无法出庭，未委托诉讼代理人出庭的；（四）由于不能抗拒的原因。"出现上述情形，人民法院决定中止审理的，应当使用裁定。

需要注意的是，中止审理的裁定应当通知同级人民检察院或者自诉案件的对方当事人；中止审理的原因消失后，应当恢复审理；中止审理的期间不计入审理期限。

第二节 刑事诉讼的终止

一、刑事诉讼终止的概念和意义

刑事诉讼的终止,是指在刑事诉讼过程中,因出现某种法定情形,致使诉讼不必要或者不应当继续进行,从而结束诉讼的制度。

刑事诉讼终止的基本特点是:一旦作出诉讼终止的决定,所有诉讼活动都要立即停止进行,已经对犯罪嫌疑人、被告人采取的各种强制措施也因诉讼终止的决定而失效。

刑事诉讼终止和刑事诉讼中止都具有停止诉讼进行的效力,但两者有明显的区别。主要表现在:(1) 条件不同。刑事诉讼终止适用于不必要或者不应当进行诉讼的各种法定情形;刑事诉讼中止则适用于出现了致使诉讼无法继续进行的特殊情况或客观障碍。(2) 结果不同。刑事诉讼终止是终结案件,不再追诉,即依法不必要或不应当追究犯罪嫌疑人、被告人的刑事责任;刑事诉讼中止则只是暂停诉讼,待特殊情况或客观障碍消除后再恢复诉讼,继续对犯罪嫌疑人、被告人进行追诉活动。(3) 程序不同。出现刑事诉讼终止的法定情形时,由公安机关、人民检察院、人民法院分别作出撤销案件的决定、不起诉的决定、宣告无罪的判决或者终止审理的裁定,并应制作法律文书,送达犯罪嫌疑人、被告人及其所在单位和家属,如果犯罪嫌疑人、被告人在押,应当立即释放,并且发给释放证明;出现刑事诉讼中止的特殊情况或客观障碍时,则由公安机关、人民检察院和人民法院分别作出中止侦查的决定、中止审查的决定或者中止审理的裁定,除中止审理的裁定需制作法律文书并送达人民检察院或者自诉案件的对方当事人外,中止侦查、中止审查的决定一般只需记录在案即可。

刑事诉讼的中心问题是解决犯罪嫌疑人、被告人的刑事责任问题。在刑事诉讼过程中,如果出现了不必要或者不应当追究犯罪嫌疑人、被告人刑事责任的法定情形,则诉讼继续进行下去便没有意义。因此,在这种情况下及时终止诉讼,无疑有利于维护法律的严肃性,避免办案人员无效劳动,节省司法资源,集中力量打击犯罪,同时可以使有关当事人及时从诉讼中解脱出来,免受诉累,保障其合法权益。

二、刑事诉讼终止的条件和程序

我国《刑事诉讼法》第 15 条规定:"有下列情形之一的,不追究刑事责任,已经追究的,应当撤销案件,或者不起诉,或者终止审理,或者宣告无罪:(一) 情节显著轻微、危害不大,不认为是犯罪的;(二) 犯罪已过追诉时效期限的;(三) 经特赦令免除刑罚的;(四) 依照刑法告诉才处理的犯罪,没有告诉或者撤回告诉的;(五)犯罪嫌疑人、被告人死亡的;(六)其他法律规定免予追究刑事责任的。"此外,犯罪嫌疑人、被告人的行为缺乏犯罪构成要件不构成犯罪和案件经查证没有犯罪事实的,也不追究刑事责任。

从上述规定可以看出,刑事诉讼终止应当符合两个条件:第一,必须是在刑事诉讼过程中。如果刑事案件没有立案,诉讼尚未开始,就不存在诉讼终止的问题;如果判决已经作出并发生法律效力,即诉讼业已结束,则不再适用诉讼终止。第二,必须具有不追究刑事责任的法定情形之一,才能终止诉讼。

需要指出的是,我国现行《刑事诉讼法》规定了"犯罪嫌疑人、被告人逃匿、死亡案件违法所得的没收程序"。据此,对于贪污贿赂犯罪、恐怖活动犯罪等重大犯罪案件,被告人死亡,依照《刑法》规定应当追缴其违法所得及其他涉案财产的,公安司法机关应当适用该程序继续进行诉讼活动,而不得终止诉讼。

我国的刑事诉讼终止有撤销案件、不起诉、终止审理或宣告无罪几种方式,而且所处的诉讼阶段不同,采用的终止诉讼的方式及程序也就不同。具体如下:

第一,在侦查阶段,发现有不追究刑事责任的法定情形之一的,公安机关等侦查机关应当作出撤销案件的决定,从而终止诉讼。

第二,在起诉阶段,发现有不追究刑事责任的法定情形之一的,人民检察院应当作出不起诉的决定,从而终止诉讼。

第三,在审判阶段,人民法院发现有《刑事诉讼法》第15条第(一)项规定的情形以及被告人的行为缺乏犯罪构成要件不构成犯罪和案件经查证没有犯罪事实的,应当作出宣告被告人无罪的判决;发现有该条第(二)、(三)、(四)项规定的情形之一的,应当作出终止审理的裁定;发现有该条第(五)项规定的情形的,应当作出终止审理的裁定,但根据已查明的案件事实和认定的证据,能够确认无罪的,应当作出宣告被告人无罪的判决。

此外,公安机关、人民检察院、人民法院分别作出的撤销案件的决定、不起诉的决定、宣告无罪的判决或终止审理的裁定,均应制作法律文书,及时送达有关专门机关和当事人;共同犯罪案件中只有部分犯罪嫌疑人、被告人被终止诉讼的,对其他犯罪嫌疑人、被告人的追诉仍应依法继续进行;对于终止诉讼的案件,如果犯罪嫌疑人、被告人在押的,应当立即释放,并发给释放证明。

第二编 分 论

第十六章 立 案

第一节 概 述

一、立案的概念

刑事诉讼中的立案是指公安司法机关对于报案、控告、举报、自首以及自诉人起诉等材料,按照各自的职能管辖范围进行审查后,认为有犯罪事实发生并需要追究刑事责任时,决定将其作为刑事案件进行侦查或审判的一种诉讼活动。根据《刑事诉讼法》的规定,立案具有以下特点:

第一,立案是法律赋予公安机关、人民检察院、人民法院特有的权力和职责,其他任何机关和个人都无立案权。我国《刑事诉讼法》第107条规定:"公安机关或者人民检察院发现犯罪事实或者犯罪嫌疑人,应当按照管辖范围,立案侦查。"第112条规定:"对于自诉案件,被害人有权向人民法院直接起诉。被害人死亡或者丧失行为能力的,被害人的法定代理人、近亲属有权向人民法院起诉。人民法院应当依法受理。"这些规定表明,在我国,只有公安司法机关才有权决定将某一事件作为刑事案件纳入诉讼轨道,进而展开侦查或审判活动。刑事案件的立案权统一由公安司法机关行使,既是宪法和法律赋予司法机关职权的应有之义,也有利于维护社会主义法制的统一。

第二,立案是我国刑事诉讼一个独立、必经的诉讼阶段,是刑事诉讼活动开始的标志。其独立性表现在:它与侦查、提起公诉、审判等诉讼阶段相并列,具有特定的诉讼任务和实现任务的特定程序和方式,诉讼主体之间形成了特定的刑事诉讼法律关系。所谓必经,是指公安司法机关办理任何刑事案件都必须经过立案阶段。刑事诉讼分为立案、侦查、提起公诉、审判、执行等相对独立的阶段,某些案件可能不经过其中的一个或几个阶段,但必须经过立案阶段,如刑事自诉案件不经侦查、提起公诉,但必须经人民法院依法审查立案之后才能进入审判程序。正是由于立案是刑事诉讼必须的开始程序,因而实践中一些公安司法机关片面追求破案率而实行先破后立、不破不立的做法严重违反了《刑事诉讼法》规定立案程序的宗旨,应予纠正。

二、立案的任务

惩罚犯罪和保障人权是我国刑事诉讼的两大根本任务。但在不同的诉讼阶段,刑事诉讼活动任务的侧重点和具体内容又有所不同。立案不同于侦查、提起公诉、审判和执行阶段,立案的任务在于决定是否启动刑事诉讼程序,也就是通过对主动获取的案件线索或接受的有关材料进行审查,确定有无犯罪事实,是否需要依法追究刑事责任,从而作出是否启动刑事诉讼程序的决定。

明确立案的任务,有利于公安司法机关更好地履行立案阶段的职责。在立案阶段,公安司法机关的主要职责是对有关材料依据事实和法律进行审查,为了防止公安司法机关滥用权力,侵害公民、单位的合法权益,在立案决定作出之前一般不能采取强制性侦查措施和手段,只有在查明有犯罪事实并依法需要追究刑事责任而作出立案决定之后才能采取强制性侦查手段和措施。但在遇有紧急情形时,可以采取必要的紧急措施。

三、立案的意义

《刑事诉讼法》在总结我国长期司法实践经验的基础上,将立案确立为刑事诉讼的开始和必经程序,对于实现刑事诉讼的任务,保障刑事诉讼活动的顺利进行具有重要意义。

首先,准确立案是保护公民合法权益不受非法侵犯,保障无罪的人不受刑事追究的重要程序性保障措施。立案是刑事诉讼的必经程序,公安司法机关只有在审查了有关材料,依法认定有犯罪事实发生并需追究刑事责任而作出立案决定后,其进行的侦查、提起公诉、审判等诉讼行为才具有合法依据,否则便是程序违法。只有在遇有紧急情形时,如防止证据灭失、犯罪嫌疑人逃跑等情况下,公安司法机关才能未经立案而采取必要的侦查行为或强制措施。例如,我国《刑事诉讼法》第117条规定,对现场发现的犯罪嫌疑人,经出示工作证件,可以口头传唤,但应当在讯问笔录中注明。在紧急情形消失之后,公安司法机关应当对案件相关材料进行立即审查,对符合立案条件的立即立案,不符合立案条件的应立即解除已经采取的强制性手段、终止侦查行为。我国作为世界上少数几个将立案作为刑事诉讼独立的、必经程序的国家,设立立案程序的重要目的在于从程序上防止公安司法机关滥用权力,随意采取侦查行为或强制性手段,侵犯公民合法权益的情况发生。

其次,及时立案有助于督促公安司法机关及时、准确地揭露、证实、打击犯罪。立案是刑事诉讼开始的必经程序,公安司法机关必须切实遵照执行。公安司法机关一旦发现已经实施、预备实施或正在实施并需要追究刑事责任的犯罪行为,必须准确、及时地立案,迅速组织力量进行必要的侦查行为,采取必要的强制措施,开展侦查活动,以及时发现、收集和保全案件证据,从而有效地揭露、证实和惩罚犯罪分子。公安司法机关只有及时、有效地立案,才能保证一切依法需要追究刑事责任的犯罪行为受到及时有效的追究。反之,如果该立案而不立案或者立案不及时,就会贻误战机,放纵犯罪分子,甚至可能导致犯罪分子继续实施犯罪而给社会造成新的危害。

最后,客观立案有利于准确评价社会治安形势,为国家制定刑事法律与政策提供客观依据。客观立案可以为司法统计提供真实的数据,保证国家能够及时、准确、有效地了解、掌握各个时期、各个地区刑事案件的发案情况,不同犯罪的活动规律、特点和发展趋势,从而在宏观上准确地评价社会治安形势,并制定相应的刑事法律与政策。

四、国外有关刑事诉讼启动的规定

各国对刑事诉讼启动程序的法律规定不尽一致,大体上可以概括为下列三种模式:

第一种,法律没有规定刑事诉讼启动的专门程序,侦查的开始就是刑事诉讼程序的启动。例如,英国和美国,警察一旦对犯罪嫌疑人采取了逮捕(包括有证逮捕和无证逮捕)措施,即意味着刑事诉讼程序的启动。

第二种,刑事诉讼程序的启动需要履行一定的程序,但并未将其作为一个独立的诉讼程序,日本、法国、意大利等国采取这种做法。例如《日本刑事诉讼法》第189条第2款规定,司法警察职员在知悉有犯罪发生时,应即侦查犯人及证据。[1] 这一规定在日本刑事诉讼法学理论中被称为"侦查端绪"。[2]《意大利刑事诉讼法典》第335条规定有"犯罪信息的登记",即规定公诉人对一切向他提出的报案、报告或其主动获取的犯罪消息应当立即在保存在其办公室中的专门登记簿上记载;第343条规定了"对追诉的批准",追诉申请由被害人依照告诉规定的程序提出,追诉要求由主管机关向公诉人提出,除法律规定的必须当场逮捕的情形外,对于需经批准方可追诉的人禁止实施拘留,禁止采用人身防范措施,禁止进行人身搜查、住宅搜查、辨认、对质、通话或通讯窃听。[3] 这些国家规定的侦查之前进行的报告、批准或登记等手续均不是独立的诉讼程序。

第三种,刑事诉讼法规定了刑事诉讼启动的专门程序,并且将它规定为独立的、必经的诉讼程序,如《俄罗斯联邦刑事诉讼法典》第七编(第十九、二十章)"刑事案件提起"中对提起刑事案件的理由和根据、提起刑事案件的程序作了详

---

[1] 《日本刑事诉讼法》,宋英辉译,中国政法大学出版社2000年版。
[2] 更为详细的论述可以参见〔日〕土本武司:《日本刑事诉讼法要义》,董璠舆、宋英辉译,台湾五南图书出版公司1997年版,第103页。
[3] 《意大利刑事诉讼法典》,黄风译,中国政法大学出版社1994年版。

细的规定。①

第二节 立案的材料来源和条件

一、立案的材料来源

立案材料是指公安司法机关发现的或者有关单位、组织或个人向公安司法机关提交的有关犯罪事实和犯罪嫌疑人情况的材料。它是公安司法机关进行审查，决定是否立案的事实根据。从我国《刑事诉讼法》的规定和司法实践中的情况来看，立案材料的来源主要有以下几种渠道：

（一）单位或者个人的报案或者举报

《刑事诉讼法》第108条第1款规定："任何单位和个人发现有犯罪事实或者犯罪嫌疑人，有权利也有义务向公安机关、人民检察院或者人民法院报案或者举报。"为维护国家、集体、单位或个人的合法权益，惩罚犯罪，伸张正义，有关单位和公民个人在发现有犯罪事实或者犯罪嫌疑人时应当及时向公安司法机关报案或者予以举报。因此，单位和个人的报案或者举报材料是公安司法机关审查决定是否立案的主要材料来源之一。

报案和举报有所不同。报案是指有关单位或者个人发现有犯罪事实发生而向公安机关、人民检察院、人民法院揭露和报告的行为；举报是指有关单位或者个人将其发现的犯罪事实及犯罪嫌疑人向公安机关、人民检察院或者人民法院揭发、报告的行为。可见，报案一般是针对犯罪事实的发生，报案材料提供的案件事实、证据材料较为简单笼统，往往不能明确指出犯罪嫌疑人，而举报内容则不仅有犯罪事实的发生，通常还具体地指明了犯罪嫌疑人，提供的犯罪事实和证据材料相对具体和详细。

（二）被害人的报案或者控告

《刑事诉讼法》第108条第2款规定："被害人对侵犯其人身、财产权利的犯罪事实或者犯罪嫌疑人，有权向公安机关、人民检察院或者人民法院报案或者控告。"

被害人（包括被害单位）是受犯罪行为直接侵害的人，具有追究犯罪的强烈愿望和积极主动性，同时，由于被害人往往与犯罪嫌疑人有所接触，了解的案件情况较多，因而能够提供较为具体详细的有关犯罪事实和犯罪嫌疑人的情况。因此，被害人的报案和控告是又一个重要的立案材料来源。

报案与控告的区别与前述报案和举报的区别相同，控告与举报就其内容而言基本是一样的，都是向公安机关、人民检察院或者人民法院揭发、报告犯罪事

---

① 详细内容参见《俄罗斯联邦刑事诉讼法典》第七编（第十九章和第二十章），黄道秀译，中国政法大学出版社2003年版。

实及犯罪嫌疑人。二者的区别在于控告是由遭受犯罪行为直接侵害的被害人提出，而举报则一般是由与案件无直接利害关系的单位或个人提出；控告人主要是基于维护自身权益而要求追究被控告人的刑事责任，而举报人往往是为维护国家、集体或他人的合法权益或者伸张正义而要求司法机关追究被举报人的刑事责任。

（三）犯罪人的自首

《刑事诉讼法》第108条第4款规定犯罪人的自首是重要的立案材料来源。自首是指犯罪分子犯罪以后，自动投案，如实交代自己的罪行，接受公安司法机关审查和裁判的行为。被采取强制措施的犯罪嫌疑人、被告人、正在执行刑罚的罪犯，如实向公安司法机关供述公安司法机关还未掌握的本人实施的其他犯罪行为也是自首，提供的材料也是立案的材料来源之一。

（四）公安机关、人民检察院自行主动获取的材料

《刑事诉讼法》第107条规定："公安机关或者人民检察院发现犯罪事实或者犯罪嫌疑人，应当按照管辖范围，立案侦查。"公安机关、人民检察院是享有侦查权，同犯罪作斗争的专门机关，应当积极主动地发现、获取犯罪线索，特别是在执行公务中，不能就案办案、坐堂办案，而应当注意案件疑点，查清余罪。一旦发现有犯罪事实或者犯罪嫌疑人需要追究刑事责任的，必须主动立案追查或者移送有管辖权的机关处理，需采取紧急措施的，应先采取紧急措施，再移送有关机关处理。司法实践表明，公安机关、人民检察院主动发现、获取的犯罪线索是立案材料的重要来源。

（五）其他途径

在司法实践中，立案的材料来源除了前述四种渠道外，常见的还有以下几种：(1) 上级机关交办的案件；(2) 群众的扭送；(3) 党的纪检部门查处后移送追究刑事责任的案件等；(4) 其他行政执法机关移送的案件。另外根据《刑事诉讼法》第52条第2款规定，行政机关在行政执法和查办案件过程中收集的物证、书证、视听资料、电子数据等证据材料，在刑事诉讼中可以作为证据使用，从而使我国行政执法与刑事诉讼程序之间的联系更为紧密。

二、立案的条件

公安司法机关接受或者获取有关犯罪事实和犯罪嫌疑人的材料后，并非必然立案侦查或审判，而是首先对相关材料依法进行审查，在确认符合立案条件后才予以立案。根据我国《刑事诉讼法》第110条规定，人民法院、人民检察院或者公安机关认为有犯罪事实需要追究刑事责任的时候，应当立案；认为没有犯罪事实，或者犯罪事实显著轻微，不需要追究刑事责任的时候，不予立案，并且将不立案的原因通知控告人。因此，刑事诉讼立案的条件包括：

(一) 有犯罪事实

有犯罪事实是指有刑法规定的犯罪事实发生,并且该犯罪事实的发生有一定的证据证明,这是立案的首要条件。具体而言,"有犯罪事实"包括以下两层含义:

1. 需要立案追究的只能是依照刑法的规定构成犯罪的事实

立案是严肃慎重的刑事诉讼活动,公安司法机关一旦决定立案就意味着刑事诉讼程序的正式启动,并且将实施必要的侦查行为、采取必要的强制措施,从而对有关单位和个人的权利形成一定的限制。因此,公安司法机关在对有关材料进行审查,决定是否立案时必须严格把握立案的先决条件——有无犯罪事实存在,正确区分罪与非罪、刑事责任与党纪、政纪处分、行政处罚的界限。

需说明的是,立案要求的有犯罪事实仅指有某种触犯刑法的社会危害行为的发生,并不要求在立案审查阶段就查清犯罪过程、具体的犯罪情节、犯罪嫌疑人情况等全部犯罪事实,因为立案只是刑事诉讼的启动程序,案件尚未进行侦查或审理,犯罪事实需要由立案后的侦查或审理活动来查明。

2. 犯罪事实必须有相关的证据材料证明

犯罪事实是客观存在的,而不是侦查、检察、审判人员随意猜测、主观臆断的结果,判断是否有犯罪事实发生应建立在客观存在的证据材料基础之上。虽然在立案阶段不要求也不可能要求掌握案件的全部证据,但绝不是没有证据也可以立案。立案阶段对证据的要求是既有证据能够证明犯罪事实已经发生,并且这些证据经审查属实。

(二) 需要追究刑事责任

有犯罪事实并不意味着都需要立案以启动刑事诉讼程序,因为立案以追究犯罪嫌疑人、被告人刑事责任,实现国家刑罚权为目的,但并不是所有犯罪事实都需要追究刑事责任,依法不需要追究刑事责任的就不能立案,只有既有犯罪事实发生又需追究刑事责任的才能立案。需要追究刑事责任是指依照实体法和程序法规定应当追究行为人刑事责任。

根据我国《刑事诉讼法》第 15 条规定,有以下情形之一的,不追究刑事责任,已经追究的应当撤销案件,或者不起诉,或者终止审理,或者宣告无罪。尚未立案的应不予立案:(1)情节显著轻微、危害不大,不认为是犯罪的;(2)犯罪已过追诉时效期限的;(3)经特赦令免除刑罚的;(4)依照刑法告诉才处理的犯罪,没有告诉或者撤回告诉的;(5)犯罪嫌疑人、被告人死亡的;(6)其他法律规定免予追究刑事责任的。

(三) 符合管辖的规定

有犯罪事实和需要追究刑事责任是立案必须具备的两个实体条件。而特定的公安司法机关对某个刑事案件是否具有管辖权则是立案的程序条件。我国《刑事诉讼法》第 107 条规定,公安机关或者人民检察院发现犯罪事实或者犯罪嫌疑人,应当按照管辖范围,立案侦查。第 108 条第 3 款规定,对于不属于自己管辖的,应当移送主管机关处理,并且通知报案人、控告人、举报人;对于不属于自己管辖而必须采取紧急措施的,应当先采取紧急措施,然后移送主管机关。

为了便于公安司法机关正确掌握和执行法定的立案条件,严格和统一执法,公安部、最高人民检察院、最高人民法院还根据《刑法》《刑事诉讼法》及其他有关法律规定,结合司法实践,分别或联合对某些刑事案件制定了具体的立案标准,将《刑事诉讼法》规定的立案条件在某些刑事案件中具体化,便于司法工作人员操作和掌握。

第三节 立案的程序

一、立案材料的接受

报案、控告、举报、自首材料是刑事案件立案材料的最主要来源,公安机关、人民检察院、人民法院必须予以妥善处理,为以后的刑事诉讼活动做好准备。根据我国《刑事诉讼法》有关规定,对立案材料的接受应当注意以下几点:

第一,公安机关、人民检察院、人民法院对于报案、控告、举报、自首、扭送都应当立即接受,不得以任何借口推诿和拒绝。对不属于自己管辖的应当先接受后移送主管机关处理,情况紧急必须采取紧急措施的,应当先采取紧急措施,然后移送主管机关。《刑事诉讼法》及有关司法解释和规定均对此作了明确而具体的要求,公安部《规定》第 166 条规定:"公安机关对于公民扭送、报案、控告、举报或者犯罪嫌疑人自动投案的,都应当立即接受……"第 172 条规定:"经过审查,认为有犯罪事实,但不属于自己管辖的案件,应当立即报经县级以上公安机关负责人批准,制作移送案件通知书,移送有管辖权的机关处理。对于不属于自己管辖又必须采取紧急措施的,应当先采取紧急措施,然后办理手续,移送主管机关。"法律将公安司法机关无条件接受所有有关犯罪的材料确立为其必须履行的职责,是为了便于广大群众同违法犯罪行为作斗争,有利于公安司法机关及时有效地打击犯罪。司法实践中一些公安司法机关之间在立案问题上相互扯皮、推诿的现象,严重伤害了广大群众参与刑事诉讼活动的热情,是对群众路线原则的背离,其主要原因就在于有关公安司法机关没有认真执行《刑事诉讼法》第 108 条关于"公安机关、人民检察院或者人民法院对于报案、控告、举报,都应当接受"的规定,应当予以纠正,情节严重的应当依法追究相关人员的法律责任。

第二,为了便于有关单位和个人报案、控告、举报以及犯罪人自首、群众扭送,报案、控告、举报既可以用书面形式提出,也可以用口头形式提出,二者在法律上具有同等效力,公安司法机关都应当接受。公安部《规定》第 166 条规定:

"公安机关对于公民扭送、报案、控告、举报或者犯罪嫌疑人自动投案的,都应当立即接受,问明情况,并制作笔录,经核对无误后,由扭送人、报案人、控告人、举报人、自动投案人签名、捺指印。必要时,应当录音或者录像。"最高检《规则》第158条规定:"控告检察部门或者举报中心对于以走访形式的报案、控告、举报和犯罪嫌疑人投案自首,应当指派两名以上工作人员接待,问明情况,并制作笔录,经核对无误后,由报案人、控告人、举报人、自首人签名、捺指印,必要时可以录音、录像;对报案人、控告人、举报人、自首人提供的有关证据材料、物品等应当登记,制作接受证据(物品)清单,并由报案人、控告人、举报人、自首人签名,必要时予以拍照,并妥善保管。"单位的书面报案、控告、举报,应有单位公章,并由单位负责人签名或盖章,防止事后无人负责和诬告陷害。

第三,为了防止诬告陷害,确保控告、举报材料的真实、客观,接受控告、举报的工作人员应当向控告人、举报人说明诬告应负的法律责任,要求其实事求是、客观准确。但是,对控告人、举报人的控告、举报事实有出入甚至错告的,只要不是故意捏造事实、伪造证据诬陷他人,也要和诬告严格加以区别。对此,公安部《规定》第169条规定:"公安机关接受控告、举报的工作人员,应当向控告人、举报人说明诬告应负的法律责任。但是,只要不是捏造事实、伪造证据,即使控告、举报的事实有出入,甚至是错告的,也要和诬告严格加以区别。"最高检《规则》第159条规定:"接受控告、举报的检察人员,应当告知控告人、举报人如实控告、举报和捏造、歪曲事实应当承担的法律责任。"同时,《规则》第180条规定:"对于属于错告的,如果对被控告人、被举报人造成不良影响的,应当自作出决定之日起1个月以内向其所在单位或者有关部门通报初查结论,澄清事实。对于属于诬告陷害的,应当移送有关部门处理。"

第四,公安司法机关应当保障报案人、控告人、举报人及其近亲属安全,并为他们保密。近年来,对报案人、控告人、举报人及其近亲属打击报复、行凶、伤害甚至杀害的案件屡有发生,影响了人民群众同犯罪作斗争的积极性。为了打击犯罪,伸张正义,弘扬人人敢于与犯罪作斗争的精神,《刑事诉讼法》第109条第3款规定,公安机关、人民检察院或者人民法院应当保障报案人、控告人、举报人及其近亲属的安全,报案人、控告人、举报人如果不愿公开自己的姓名和报案、控告、举报的行为,应当为他保守秘密。对此,公安部《规定》第170条规定:"公安机关应当保障扭送人、报案人、控告人、举报人及其近亲属的安全。扭送人、报案人、控告人、举报人如果不愿意公开自己的身份,应当为其保守秘密,并在材料中注明。"最高检《规则》第162条规定:"控告检察部门或者举报中心对于不愿公开姓名和举报行为的举报人,应当为其保密。"对那些威胁、侮辱、殴打扭送人、报案人、控告人或举报人的不法分子必须予以严肃查处,构成犯罪的要依法追究刑事责任;不够刑事处罚的,依法给予行政处罚或者建议、监督有关主管部门予以党纪、政纪处分。对此,相关司法解释还针对各种具体情况作出规定,例如最高检《规则》第 100 条规定,对被害人、证人、举报人、控告人及其他人员实施打击报复的被取保候审的人应予以逮捕。第 110 条规定,对于涉嫌特别重大贿赂犯罪且可能对举报人、控告人、证人及其他人员等实施打击报复的可以在指定的居所执行监视居住。第 139 条规定,对于有一定证据证明或者有迹象表明可能对被害人、举报人、控告人实施打击报复的犯罪嫌疑人应当予以逮捕。最高法《解释》第 129 条规定,被取保候审的被告人对被害人、举报人、控告人实施打击报复的,人民法院应当决定逮捕。

第五,公安机关接受案件时,根据公安部《规定》第 168 条规定,应当制作受案登记表,并出具回执,作为公安机关管理刑事案件的原始材料妥善保管,存档备查。人民检察院控告检察部门或者举报中心负责统一管理犯罪案件线索,并将收到的犯罪案件线索逐件登记;根据最高检《规则》第 163 条规定,人民检察院对于直接受理的要案线索实行分级备案的管理制度。县、处级干部的要案线索一律报省级人民检察院举报中心备案,其中涉嫌犯罪数额特别巨大或者犯罪后果特别严重的,层报最高人民检察院举报中心备案;厅、局级以上干部的要案线索一律报最高人民检察院举报中心备案。要案线索是指依法由人民检察院直接立案侦查的县、处级以上干部犯罪的案件线索。

在司法实践中,匿名的报案、控告、举报占有一定的比重。对此,公安司法机关应持特别审慎的态度,不能因匿名举报、报案、控告无法找到报案、控告、举报人调查核实其报案、控告、举报的内容而一概否认其证据价值。匿名报案、控告、举报的原因是复杂的,有的是由于害怕遭到打击报复而不敢署名,有的是因为怕麻烦、怕负责而不愿署名,有的也可能是利用匿名举报诬告陷害他人。因此,公安司法机关对匿名报案、控告、举报应当仔细审查,可采取必要的调查以核实其内容,查证属实的可作为立案根据,未经查证属实的不能作为立案的根据。

二、对立案材料的审查和处理

我国《刑事诉讼法》第 110 条规定:"人民法院、人民检察院或者公安机关对于报案、控告、举报和自首的材料,应当按照管辖范围,迅速进行审查,认为有犯罪事实需要追究刑事责任的时候,应当立案;认为没有犯罪事实,或者犯罪事实显著轻微,不需要追究刑事责任的时候,不予立案,并且将不立案的原因通知控告人……"这是我国《刑事诉讼法》对立案材料的审查和处理作出的原则性规定。由于公、检、法三机关在刑事诉讼中职能分工不同,直接受理的刑事案件各有特色,因而三机关在对立案材料的审查和处理的具体做法上有所不同。

(一)公安机关对立案材料的审查和处理

公安机关对于接受的案件或者发现的犯罪线索,应当迅速进行审查,经过审查分别作出以下处理:(1)认为有犯罪事实,但不属于自己管辖的案件,应当立即报经县级以上公安机关负责人批准,签发制作《移送案件通知书》,移送有管辖权的机关处理,并且通知报案人、控告人、举报人;必须采取紧急措施的,应当先采取紧急措施,然后办理手续,移送主管机关。(2) 对于告诉才处理的案件,公安机关应当告知当事人向人民法院起诉。对被害人有证据证明的轻微刑事案件,公安机关应当告知被害人可以向人民法院起诉;被害人要求公安机关处理的,公安机关应当依法受理。人民法院审理自诉案件,依法调取公安机关已经收集的案件材料和有关证据的,公安机关应当及时移交。(3) 对于不够刑事处罚需要给予行政处罚的,依法予以处理或者移送有关部门。(4) 认为没有犯罪事实,或者犯罪情节事实显著轻微不需要追究刑事责任,或者具有其他依法不追究刑事责任情形的,经县级以上公安机关负责人批准,不予立案。对有控告人的案件,决定不予立案的,公安机关应当制作《不予立案通知书》,并在3日以内送达控告人。(5) 认为有犯罪事实,需要追究刑事责任且属自己管辖的,经县级以上公安机关负责人批准,予以立案。对于疑难、复杂、重大、特别重大案件还应当拟订侦查工作方案。

(二) 人民检察院对立案材料的审查和处理

人民检察院对于控告检察部门或者举报中心统一受理报案、控告、举报、申诉和犯罪嫌疑人投案自首,并根据具体情况和管辖规定,在7日以内分别作出如下处理:(1) 属于下级人民检察院或其他人民检察院管辖的,移送有管辖权的人民检察院。(2) 不属于人民检察院管辖的,移送有管辖权的机关处理,并且通知报案人、控告人、举报人、自首人。对于不属于人民检察院管辖又必须采取紧急措施的,应当先采取紧急措施,然后移送主管机关。(3) 属于本院管辖,应当由侦查部门初查的,移送侦查部门初查。

初查由侦查部门负责,在刑罚执行和监管活动中发现的应当由人民检察院直接立案侦查的案件线索,由监所检察部门负责初查。对于重大、复杂的案件线索,监所检察部门可以商请侦查部门协助初查;必要时也可以报检察长批准后,移送侦查部门初查,监所检察部门予以配合。各级人民检察院初查的分工,按照检察机关直接立案侦查案件分级管辖的规定确定。上级人民检察院在必要时,可以直接初查或者组织、指挥、参与下级人民检察院的初查,可以将下级人民检察院管辖的案件线索指定辖区内其他人民检察院初查,也可以将本院管辖的案件线索交由下级人民检察院初查;下级人民检察院认为案情重大、复杂,需要由上级人民检察院初查的案件线索,可以提请移送上级人民检察院初查。初查一般应当秘密进行,不得擅自接触初查对象。公开进行初查或者接触初查对象,应当经检察长批准。在初查过程中,可以采取询问、查询、勘验、检查、鉴定、调取证据材料等不限制初查对象人身、财产权利的措施。不得对初查对象采取强制措施,不得查封、扣押、冻结初查对象的财产,不得采取技术侦查措施。侦查部门对举报线索初查后,认为有犯罪事实需要追究刑事责任的,应当制作审查报告,提请批准立案侦查,报检察长决定。对具有《刑事诉讼法》第15条规定的情形之

一、认为没有犯罪事实、事实或者证据尚不符合立案条件的,提请批准不予立案。

(三) 人民法院对立案材料的审查和处理

人民法院直接受理自诉案件,对收到的案件材料经审查不属于自己管辖的,应当将材料移送有管辖权的机关处理;对属于自己管辖的自诉案件,符合《刑事诉讼法》及有关司法解释规定的,决定予以立案受理;不符合有关规定的,应当说服自诉人撤回起诉,或者裁定驳回起诉。同时,根据《刑事诉讼法》176条的规定,对人民检察院维持不起诉决定的案件,被害人可以向人民法院起诉。被害人也可以不经申诉,直接向人民法院起诉。人民法院受理案件后,人民检察院应当将有关案件材料移送人民法院。

三、对不立案决定的申请复议与检察监督

(一) 申请复议

根据我国《刑事诉讼法》第110条的规定,控告人如果对公安机关、人民检察院、人民法院不予立案的决定不服,可以申请复议。申请复议应向原作出不予立案决定的机关提出。公安司法机关在对立案材料审查后,认为没有犯罪事实,或者不需要追究刑事责任而作出不立案决定后,对有控告人的,必须将不立案的原因、法律依据,以《不立案通知书》的形式告知控告人,便于控告人申请复议。控告人如果不服可在收到不予立案通知书后7日以内向作出不立案决定的公安机关申请复议,对复议申请,原决定机关应当在收到复议申请后7日以内作出决定,并书面通知控告人。人民检察院决定不予立案的,如果是被害人控告的,应当制作不立案通知书,写明案由和案件来源、决定不立案的原因和法律依据,由侦查部门在15日以内送达控告人,同时告知本院控告检察部门。控告人如果不服,可以在收到不立案通知书后10以内申请复议。对不立案的复议,由人民检察院控告检察部门受理。控告检察部门应当根据事实和法律进行审查,并可以要求控告人、申诉人提供有关材料,认为需要侦查部门说明不立案理由的,应当及时将案件移送侦查监督部门办理。人民检察院认为被举报人的行为未构成犯罪,决定不予立案,但需要追究其党纪、政纪责任的,应当移送有管辖权的主管机关处理。法律赋予控告人申请复议的权利,一方面是为了有效地保护受害人的合法权益,另一方面也是对公安司法机关不立案决定的一种制约。

(二) 检察监督

控告人对不立案决定不服的,除了可以向作出不立案决定的机关申请复议外,也可不经复议而要求人民检察院予以监督。我国《刑事诉讼法》第111条规定,人民检察院认为公安机关对应当立案侦查的案件而不立案侦查的,或者被害人认为公安机关对应当立案侦查的案件而不立案侦查,向人民检察院提出的,人民检察院应当要求公安机关说明不立案的理由。人民检察院认为公安机关不立案理由不能成立的,应当通知公安机关立案,公安机关接到通知后应当立案。我

国《刑事诉讼法》强化了人民检察院对公安机关不立案的监督制约机制,但对公安机关不该立案而立案的监督却没有明确规定,对此最高检《规则》填补了这一缺漏。

人民检察院是国家的法律监督机关,在刑事诉讼中有权对整个刑事诉讼活动实行法律监督,立案是刑事诉讼程序中的一个相对独立的诉讼阶段,自然应当包括在人民检察院的法律监督之内。我国《刑事诉讼法》及最高检《规则》专门规定了人民检察院对公安机关的不立案和立案决定进行监督的内容,具体而言,包括以下几点:

第一,人民检察院对公安机关不立案实施监督的材料来源主要有两个方面:一是通过人民检察院的各种业务活动发现公安机关有应当立案而不立案的情况;二是通过被害人的申诉获得。被害人认为公安机关应当立案而不立案,向人民检察院提出的,人民检察院都应当接受,不得以任何理由拒绝。

第二,有证据证明公安机关可能存在违法动用刑事手段插手民事、经济纠纷,或者利用立案实施报复陷害、敲诈勒索以及谋取其他非法利益等违法立案情形,尚未提请批准逮捕或者移送审查起诉的,经检察长批准,应当要求公安机关书面说明立案理由。

第三,人民检察院获得不立案监督或立案监督的材料后,应当根据事实和法律进行审查。审查中可以要求被害人提供有关材料,进行必要的调查、核实。人民检察院要求公安机关说明不立案或者立案理由,应当制作要求说明不立案理由通知书或者要求说明立案理由通知书,及时送达公安机关,并且告知公安机关在收到要求说明不立案理由通知书或者要求说明立案理由通知书后7日以内,书面说明不立案或者立案的情况、依据和理由,连同有关证据材料回复人民检察院。

第四,公安机关说明不立案或者立案的理由后,人民检察院侦查监督部门应当进行审查,认为公安机关不立案或者立案理由不能成立的,经检察长或者检察委员会讨论决定,应当通知公安机关立案或者撤销案件。侦查监督部门认为公安机关不立案或者立案理由成立的,应当通知控告检察部门,由其在10日以内将不立案或者立案的理由和根据告知被害人及其法定代理人、近亲属或者行政执法机关。

第五,人民检察院通知公安机关立案或者撤销案件,应当制作通知立案书或者通知撤销案件书,说明依据和理由,连同证据材料送达公安机关,并且告知公安机关应当在收到通知立案书后15日以内立案,对通知撤销案件书没有异议的应当立即撤销案件,并将立案决定书或者撤销案件决定书及时送达人民检察院。

第六,人民检察院通知公安机关立案或者撤销案件的,应当依法对执行情况进行监督。公安机关在收到通知立案书或者通知撤销案件书后超过15日不予立案或者既不提出复议、复核也不撤销案件的,人民检察院应当发出纠正违法通知书予以纠正。公安机关仍不纠正的,报上一级人民检察院协商同级公安机关处理。公安机关立案后3个月以内未侦查终结的,人民检察院可以向公安机关发出立案监督案件催办函,要求公安机关及时向人民检察院反馈侦查工作进展情况。

第七,对于由公安机关管辖的国家机关工作人员利用职权实施的重大犯罪案件,人民检察院通知公安机关立案,公安机关不予立案的,经省级以上人民检察院决定,人民检察院可以直接立案侦查。

第十七章 侦 查

第一节 概 述

一、侦查的概念

我国《刑事诉讼法》第 106 条第(一)项规定:"'侦查'是指公安机关、人民检察院在办理案件过程中,依照法律进行的专门调查工作和有关的强制性措施。"根据这一法律定义和《刑事诉讼法》的其他有关规定,对侦查的概念可从以下几个方面来理解:

(一)侦查是我国刑事诉讼的一个独立阶段

在我国,公诉案件的诉讼程序分为立案、侦查、起诉、审判和执行五个阶段。《刑事诉讼法》第二编第二章对侦查作了具体的规定。其中,公安机关等侦查机关对已经立案的刑事案件,应当进行侦查;经过侦查,认为犯罪事实清楚,证据确实充分,依照法律应当追究刑事责任的,应当移送同级人民检察院审查起诉。这表明,侦查既是公诉案件立案后必须进行的一个阶段,也是为起诉做准备的一个阶段。公诉案件不经过侦查,起诉就无法进行。只有通过侦查活动,收集确实充分的证据,查明了犯罪事实和查获了犯罪嫌疑人,才能进入起诉阶段。因此,侦查有它特定的任务和目的,是刑事诉讼的一个独立阶段。

长期以来,我国将刑事案件的侦查分为前期的侦查和后期的预审两个阶段。其中侦查阶段由公安机关的刑警部门负责,其主要任务是收集证据和查获犯罪嫌疑人,而预审阶段则由公安机关的预审部门负责,其主要任务是对查获的犯罪嫌疑人进行讯问,以核实证据,查清余罪。虽然近些年来公安机关进行刑侦体制改革,实行侦审合一,取消预审部门,以提高侦查效率,但前期的侦查和后期的预审工作仍然是存在的,只不过是由刑警部门全部承担罢了。

(二)侦查只能由法定的侦查机关进行

为了尊重和保障人权,保护公民的人身权利、财产权利、民主权利和其他正当权利,保证国家侦查权的统一行使,有效地与犯罪行为作斗争,我国《刑事诉讼法》和有关法律将刑事案件的侦查权只赋予公安机关、人民检察院、国家安全机关、军队保卫部门、监狱和海关缉私部门。除此之外,其他任何机关、团体和个人都无权行使侦查权。在司法实践中,有关机关、团体和单位的保卫处(科)对本单位内部发生的刑事案件,可以协助公安机关调查取证,收集的证据如果符合《刑事诉讼法》的规定,在刑事诉讼中也具有法律效力。但是应当明确,保卫处

（科）的工作只能是协助,而无权单独对刑事案件进行侦查。

（三）侦查的内容包括专门调查工作和有关的强制性措施

所谓"专门调查工作",是指刑事诉讼法所规定的为收集证据、查明犯罪而进行的调查工作。根据《刑事诉讼法》第二编第二章的规定,专门调查工作具体包括讯问犯罪嫌疑人、询问证人、被害人、勘验、检查、侦查实验、搜查、查封、扣押物证、书证,查询、冻结存款、汇款、债券、股票等财产,鉴定,技术侦查等诉讼活动。上述调查工作是侦查机关依法进行的诉讼活动,通过这些活动所收集的证据材料具有诉讼证据的性质,经过查证属实,可以作为定案的根据。

所谓"有关的强制性措施",是指《刑事诉讼法》所规定的为收集证据、查明犯罪事实和查获犯罪人而采取的限制、剥夺人身自由,对人身、财物进行强制或缉拿犯罪嫌疑人的措施。根据《刑事诉讼法》第一编第六章和第二编第二章的规定,有关的强制性措施包括两类：一类是在侦查活动中采用的强制措施,包括拘传、取保候审、监视居住、拘留、逮捕五种;另一类是在进行专门调查工作中采用的强制性方法,如强制检查、强行搜查、强制扣押等。

（四）侦查活动必须严格依法进行

侦查活动具有一定的隐蔽性(一般仅对调查对象和现场见证人公开)和很大的强制性,容易对公民的人身权利、财产权利造成侵犯,因此为保障公民的合法权益,防止伤害无辜,《刑事诉讼法》在总结刑事诉讼活动的经验教训、借鉴其他国家有益做法的基础上,结合我国的具体情况,对侦查的条件、方式、方法、步骤等都作了具体明确的规定。侦查机关和侦查人员在侦查过程中,必须严格遵守法律规定,切实依照法律进行专门的调查工作和有关的强制性措施。只有这样,才能更好地完成侦查任务,保证侦查活动的合法性和所收集证据的有效性。否则,就必然造成混乱,不是伤害无辜,就是放纵犯罪分子,并使侦查活动无法正常进行,给查明案情带来困难。

二、侦查体制

侦查体制是指侦查机关与起诉机关之间的关系模式。从世界各国的刑事诉讼制度来看,侦查体制主要有侦诉合一和侦诉分离两种,而我国的侦查体制则具有自己的鲜明特色。

（一）侦诉合一的侦查体制

所谓侦诉合一,又称侦诉一体,是指侦查机关与起诉机关合二为一,或者侦查机关从属于起诉机关,受起诉机关领导与指挥。大陆法系国家一般采用这种侦查体制。例如,在德国,检察官担任了除最严重案件外所有案件的侦查工作,依据德国《刑事诉讼法》的规定,在侦查程序中检察官有指挥权,绝大多数警察都是公诉检察官的"附属官员",受其指示。在刑事诉讼中,检察官担负着下列任务:(1)受理刑事检举和刑罚请求;(2)领导侦查;(3)采取拘留、搜查、扣押、设置管制站、保全措施、确认身份等其他缉捕措施;(4)决定是否提起诉讼,等等。① 在法国,检察官有权指导并监督警察的侦查活动,即使对预审法官侦查的案件,检察官也有权随时查阅侦查材料,并可要求预审法官采取某种行为来查明案件事实。在兼具大陆法系和英美法系特征的日本,检察官有权对刑事案件进行侦查,并有权对司法警察的侦查予以指示和指挥,包括一般指示、一般指挥和具体指挥三种。其中,检察官在其管辖区域内,可以对司法警察进行的侦查作出一般指示,即就侦查对全体司法警察作出指示,其形式是规定一般性准则,以确保准确侦查和实现公诉任务;检察官在具体案件的侦查上,可以对协助侦查的全体司法警察进行一般指挥,与一般指示不同,一般指挥是就具体案件作出的,但它并非是对个别司法警察进行的,而是对协助侦查的全体司法警察作出的,所以叫做一般指挥;检察官在自行侦查上有必要时,可以就具体案件对个别司法警察进行具体指挥,与一般指示不同,具体指挥是就具体案件对个别司法警察作出的,它仅限于检察官自行侦查犯罪的场合。②

(二)侦诉分离的侦查体制

侦诉分离,是指侦查机关与起诉机关互不隶属,它们均具有独立的地位,侦查和起诉分别由警察机关和检察机关进行。英美法系国家一般采用这种侦查体制。例如,在美国,除由警察侦查并负责起诉的某些轻微犯罪以及检察官自行侦查、起诉的不履行抚养义务、企业欺诈等案件外,一般刑事案件由警察履行侦查职能,检察官履行起诉职能。一方面,检察官对警察侦查的控制力较弱(仅限于对证据不足以起诉的案件,可以要求警察继续侦查;在法庭审理阶段,可以要求参与侦查过程的警察作为控方证人出庭作证),而检察官根据警察收集到的证据按照法定的证据标准决定是否起诉或建议大陪审团起诉,不受警察的意见左右。在英国,原来任何人(包括个人、商号、警察等)都有权起诉,警察机关不仅负责对刑事案件的侦查,而且还负责多数刑事案件的起诉工作,只有对于比较复杂和重大的案件,警察机关才能委托检察机关起诉。1985年,英国颁布的《刑事起诉法》对其检察制度进行了重大改革,其中包括实行侦查和起诉分离,即侦查由警察负责,侦查结束后,警察可以决定将案件移送检察机关审查起诉,也可以决定终止案件或作出正式警告。检察机关在进行审查后,则有权不征求警察的意见而作出起诉或不起诉的决定。

(三)我国的侦查体制

在我国,大多数刑事案件由公安机关、国家安全机关进行侦查,检察机关负责审查起诉,各自互不隶属、相互独立。但是,对于国家公职人员的职务犯罪案件,则由检察机关兼行侦查和起诉职能。由此可见,在我国的侦查体制中,检察

---

① 宋英辉、孙长永、刘新魁等:《我国刑事诉讼法》,法律出版社2006年版,第384—385页。
② 同上书,第607—608页。

机关扮演着双重角色:一方面,对于国家公职人员的职务犯罪案件,进行立案侦查并决定是否提起公诉;另一方面,对公安机关、国家安全机关的侦查活动是否合法,进行监督。因此,侦诉分离与侦诉合一、侦监合一(即检察机关既负责侦查又负责侦查监督)三者并存构成了我国侦查体制的鲜明特色,是我国侦查体制区别于其他国家侦查体制的重要特征。

三、侦查的任务

侦查是刑事诉讼的一个重要阶段。根据《刑事诉讼法》第 2 条关于刑事诉讼任务的规定和第 113 条、第 114 条关于侦查的一般规定,侦查的主要任务是:

(一) 收集证据,查明犯罪事实,查获犯罪嫌疑人

对已经立案的刑事案件,侦查机关应当通过侦查活动,收集、调取犯罪嫌疑人有罪或者无罪、罪轻或者罪重的各种证据;准确地查明犯罪的性质、犯罪的时间地点、犯罪的动机目的以及犯罪的手段、结果等案件情况。在侦查过程中,对现行犯或者重大嫌疑分子可以依法先行拘留,对符合逮捕条件的犯罪嫌疑人,应当依法逮捕;对应当逮捕的犯罪嫌疑人如果在逃,则应发布通缉令,采取有效措施,将其追捕归案。另外,如果发现犯罪分子继续进行犯罪活动,则必须坚决予以制止,以保护国家、集体利益和公民的合法权益,维护社会的安全和秩序。

(二) 保障无罪的人不受刑事追究,尊重和保障人权,保障犯罪嫌疑人和其他诉讼参与人的诉讼权利

《刑事诉讼法》明确规定"保障无罪的人不受刑事追究","尊重和保障人权",人民检察院和公安机关"应当保障犯罪嫌疑人和其他诉讼参与人依法享有的辩护权和其他诉讼权利"。因此,在侦查过程中,如果发现不应对犯罪嫌疑人追究刑事责任的,侦查机关应当撤销案件,犯罪嫌疑人已被拘留、逮捕的,应当立即释放;应当告知犯罪嫌疑人有辩护的权利并有权委托律师担任辩护人;不得采用刑讯逼供和以威胁、引诱、欺骗以及其他非法方法收集证据,不得强迫任何人证实自己有罪。总之,侦查活动必须严格依照法定程序进行,以保障无罪的人不受刑事追究,尊重和保障人权,保障犯罪嫌疑人和其他诉讼参与人的诉讼权利。

(三) 教育公民自觉遵守法律,积极同犯罪行为作斗争

在侦查中,侦查机关应当通过各种形式开展宣传教育活动,使广大人民群众认识到犯罪行为的社会危害性并增强法治观念,进而积极行动起来与犯罪行为作斗争,以有效地惩罚犯罪和预防犯罪。

四、侦查的意义

侦查既是刑事诉讼的一个独立阶段,也是发现和收集证据,查明犯罪事实和查获犯罪人的关键阶段,对于保护国家、集体利益和公民的合法权益,保障刑事诉讼活动的顺利进行以及进行社会治安综合治理,均具有重要的意义。

(一) 侦查是同犯罪作斗争的重要手段

刑事案件的情况错综复杂,犯罪活动大多是秘密进行的,而且犯罪分子作案后,还会想方设法采用隐匿、毁灭证据和制造假象等手段逃避刑事追究,因而事实的真相往往被掩盖起来。只有进行侦查活动,发现和收集证据,才能准确及时地查明案件事实,查获犯罪嫌疑人,进而对犯罪分子予以有效的揭露、证实和惩罚,同时对有犯罪企图的人予以有力的震慑。可见,侦查是同犯罪作斗争的重要手段,对于惩罚犯罪和预防犯罪具有举足轻重的作用。

(二) 侦查是刑事诉讼的基础环节

在我国的刑事诉讼中,侦查机关担负着查明犯罪事实和查获犯罪嫌疑人的实质性工作。很显然,只有通过侦查活动,发现和收集证据,查明犯罪事实和查获犯罪分子,才能将案件移送检察机关审查起诉并由检察机关提交人民法院审判,否则起诉和审判将无法进行。而且,侦查工作的质量如何,对起诉和审判工作有着直接的影响。如果侦查工作做得好,收集的证据确实充分,就可以保障起诉和审判工作的顺利进行;如果侦查工作有疏漏或偏差,就会给起诉和审判工作带来困难,以致有的案件不得不退回补充侦查甚至无法认定处理。因此,侦查是刑事诉讼的基础环节,同时也是起诉和审判活动顺利进行的重要保证。

(三) 侦查是进行社会治安综合治理的有力措施

侦查在社会治安综合治理中具有非常重要的作用。首先,通过侦查,查明犯罪事实,查获犯罪人,进而依法予以惩处,可以有效地打击犯罪和震慑犯罪,维护社会稳定;其次,通过侦查,既可以了解更多的犯罪情况,掌握犯罪规律和犯罪动向,也可以发现可能发生犯罪的隐患、漏洞和社会治安管理中的薄弱环节,进而制定对策,采取措施,防止和减少犯罪的发生,促进社会治安综合治理目标的实现。

第二节 侦查行为

一、讯问犯罪嫌疑人

(一) 讯问犯罪嫌疑人的概念和意义

讯问犯罪嫌疑人,是指侦查人员依照法定程序以言词方式,就案件事实和其他与案件有关的问题向犯罪嫌疑人进行查问的一种侦查活动。

讯问犯罪嫌疑人是一项重要的侦查活动,在侦查程序中具有十分重要的意义。具体表现在:第一,讯问是侦查刑事案件的必经程序。犯罪嫌疑人对自己是否实施犯罪以及如何实施犯罪最为清楚,如果他实施了犯罪并如实交代,侦查人员便可以获得有价值的口供;如果未实施犯罪,他会作无罪辩解,从而有利于侦查人员查明案情。因此,《刑事诉讼法》第114条规定:"公安机关经过侦查,对有证据证明有犯罪事实的案件,应当进行预审,对收集、调取的证据材料予以核实。"第二,讯问是查明犯罪事实的有效措施。通过讯问犯罪嫌疑人,可以查明犯罪的动机、目的、经过等案件事实和情节,判明犯罪的性质;也可查明赃款、赃物的去向,以及有无遗漏罪行和其他应当追究刑事责任的人;还可以追查犯罪线索,从而揭露其他犯罪行为,扩大侦查效果。第三,讯问还是犯罪嫌疑人进行辩护和获得从宽处理的适当机会。在讯问中,犯罪嫌疑人可以进行无罪或罪轻的辩解,以维护自己的合法权益,也可以坦白交代罪行或检举揭发他人的罪行,从而获得于己有利的处理结果。

(二) 讯问犯罪嫌疑人的程序

根据《刑事诉讼法》和公安部《规定》、最高检《规则》的有关规定,讯问犯罪嫌疑人应当遵守下列程序和要求:

1. 讯问的人员及人数

《刑事诉讼法》第116条第1款规定:"讯问犯罪嫌疑人必须由人民检察院或者公安机关的侦查人员负责进行。讯问的时候,侦查人员不得少于2人。"这表明,讯问犯罪嫌疑人是侦查机关的侦查人员的专有职权,其他任何机关、团体和个人都无权行使这项权力。而且,为了便于侦查人员在讯问时互相配合、互相监督,提高讯问的效率,保证讯问的合法性,同时保障侦查人员的人身安全,防止犯罪嫌疑人自杀、逃跑等意外事件发生,在讯问犯罪嫌疑人的时候,侦查人员不得少于2人。

2. 讯问的地点、时间

《刑事诉讼法》第116条第2款规定:"犯罪嫌疑人被送交看守所羁押以后,侦查人员对其进行讯问,应当在看守所内进行。"据此,犯罪嫌疑人被送交看守所羁押以后,侦查人员对其进行讯问的地点只能是在看守所内,而不允许以任何理由在看守所外进行讯问。第117条第1款规定:"对不需要逮捕、拘留的犯罪嫌疑人,可以传唤到犯罪嫌疑人所在市、县内的指定地点或者到他的住处进行讯问,但是应当出示人民检察院或者公安机关的证明文件……"侦查人员在看守所讯问犯罪嫌疑人的,应当填写提讯证;传唤犯罪嫌疑人到其所在市、县内的指定地点或者到他的住处进行讯问的,应当出示传唤证和侦查人员的工作证件,并责令其在传唤证上签名、捺指印;犯罪嫌疑人到案后,应当由其在传唤证上填写到案时间;传唤结束时,应当由其在传唤证上填写传唤结束时间;犯罪嫌疑人拒绝填写的,侦查人员应当在传唤证上注明。对在现场发现的犯罪嫌疑人,侦查人员经出示工作证件,可以口头传唤,并将传唤的原因和依据告知被传唤人;在讯问笔录中应当注明犯罪嫌疑人到案方式,并由犯罪嫌疑人注明到案时间和传唤结束时间。犯罪嫌疑人经合法传唤,无正当理由不到案的,可以拘传。根据侦查需要,也可以不经传唤,直接拘传。传唤持续的时间不得超过12小时;案情特别重大、复杂,需要采取拘留、逮捕措施的,经办案部门负责人批准,传唤持续的时间不得超过 24 小时。两次传唤间隔的时间一般不得少于 12 小时(最高检《规则》第 195 条),不得以连续传唤的形式变相拘禁犯罪嫌疑人;传唤期限届满,未作出采取其他强制措施决定的,应当立即结束传唤。传唤、拘传、讯问犯罪嫌疑人,应当保证犯罪嫌疑人的饮食和必要的休息时间,并记录在案。

需要注意的是,对于被拘留或者逮捕的犯罪嫌疑人,均应在拘留、逮捕后的 24 小时内进行讯问。

3. 讯问前的准备

讯问前,侦查人员应当了解案件情况和证据材料,制定讯问计划,列出讯问提纲。第一次讯问,应当问明犯罪嫌疑人的姓名、别名、曾用名、出生年月日、户籍所在地、现住地、籍贯、出生地、民族、职业、文化程度、家庭情况、社会经历、是否属于人大代表、政协委员、是否受过刑事处罚或者行政处理等情况。

此外,讯问前还需注意,当一个案件有几个犯罪嫌疑人时,应当分别讯问,未被讯问的犯罪嫌疑人不得在场,以防止同案犯罪嫌疑人之间互相串供或影响;一般在侦查阶段也不宜在同案犯罪嫌疑人之间进行对质。

4. 讯问的步骤、方法

《刑事诉讼法》第 118 条第 1 款规定:"侦查人员在讯问犯罪嫌疑人的时候,应当首先讯问犯罪嫌疑人是否有犯罪行为,让他陈述有罪的情节或者无罪的辩解,然后向他提出问题……"在讯问前,犯罪嫌疑人是否有罪尚无法确定,需要通过讯问予以证实。因此,为了防止主观片面、先入为主,保证讯问的客观性和公正性,侦查人员在讯问犯罪嫌疑人时应首先讯问他是否有犯罪行为。如果犯罪嫌疑人承认有犯罪行为,便让他陈述犯罪的经过和情节;如果犯罪嫌疑人否认有犯罪行为,则应让他作无罪的辩解,然后再就犯罪嫌疑人供述或辩解中不清楚、不全面或者前后矛盾的地方向他提问。需要注意的是,侦查人员在讯问中对犯罪嫌疑人的犯罪事实、动机、目的、手段,与犯罪有关的时间、地点、涉及的人、事、物,都应当讯问清楚。

《刑事诉讼法》第 118 条第 1 款还规定:"……犯罪嫌疑人对侦查人员的提问,应当如实回答。但是对与本案无关的问题,有拒绝回答的权利。"这表明,对侦查人员与本案有关问题的提问,犯罪嫌疑人负有如实回答和陈述的义务,既不能拒绝回答,也不能作虚假陈述;既不能捏造事实,也不能隐瞒事实或在回答时避重就轻;犯罪嫌疑人虽然没有沉默权,但当侦查人员提出与本案无关的问题时,他有拒绝回答的权利。所谓"与本案无关的问题",应指与犯罪无关的问题。例如,盗窃案件中犯罪嫌疑人的个人隐私,受贿案件中犯罪嫌疑人掌握的国家机密等。对于这些问题,犯罪嫌疑人有权拒绝回答。但对于侦查人员提出的与犯罪有关的问题,如犯罪嫌疑人的其他犯罪问题或同案犯罪嫌疑人的犯罪问题,犯罪嫌疑人不能以"与本案无关"为借口拒绝回答。需要指出的是,侦查人员在讯问时,应当将该项义务和权利告知犯罪嫌疑人。

《刑事诉讼法》第118条第2款规定："侦查人员在讯问犯罪嫌疑人的时候，应当告知犯罪嫌疑人如实供述自己罪行可以从宽处理的法律规定。"之所以如此规定，原因在于：一是有利于促使犯罪嫌疑人主动交代罪行，从而促进案件的进一步调查，节省司法资源；二是有利于在程序法中形成与实体法的对接①，有效贯彻"坦白从宽"的刑事司法政策。

5. 录音、录像

讯问犯罪嫌疑人录音录像，是指侦查机关讯问犯罪嫌疑人，在文字记录的同时，利用录音录像设备对讯问过程进行全程音视频同步记录，其主要意义在于防止侦查人员以刑讯逼供等非法方法获取犯罪嫌疑人的供述，保证讯问行为的合法性。《刑事诉讼法》第121条明确规定："侦查人员在讯问犯罪嫌疑人的时候，可以对讯问过程进行录音或者录像；对于可能判处无期徒刑、死刑的案件或者其他重大犯罪案件，应当对讯问过程进行录音或者录像。"公安部2014年9月发布的《讯问录音录像规定》第4条规定，对下列重大犯罪案件，应当对讯问过程进行录音录像：(1) 可能判处无期徒刑、死刑的案件；(2) 致人重伤、死亡的严重危害公共安全犯罪、严重侵犯公民人身权利犯罪案件；(3) 黑社会性质组织犯罪案件，包括组织、领导黑社会性质组织，入境发展黑社会组织，包庇、纵容黑社会性质组织等犯罪案件；(4) 严重毒品犯罪案件，包括走私、贩卖、运输、制造毒品，非法持有毒品数量大的，包庇走私、贩卖、运输、制造毒品的犯罪分子情节严重的，走私、非法买卖制毒物品数量大的犯罪案件；(5) 其他故意犯罪案件，可能判处10年以上有期徒刑的。同时，第6条还规定，对犯罪嫌疑人是盲、聋、哑人，未成年人或者尚未完全丧失辨认或者控制自己行为能力的精神病人，以及不通晓当地通用的语言文字的；犯罪嫌疑人反侦查能力较强或者供述不稳定，翻供可能性较大的；犯罪嫌疑人作无罪辩解和辩护人可能作无罪辩护的；犯罪嫌疑人、被害人、证人对案件事实、证据存在较大分歧的；共同犯罪中难以区分犯罪嫌疑人相关责任的；引发信访、舆论炒作风险较大的；社会影响重大、舆论关注度高的；以及有其他重大、疑难、复杂情形的案件，也应当对讯问过程进行录音录像。

最高人民检察院于2014年5月发布的《讯问录音录像规定》规定，人民检察院办理直接受理侦查的职务犯罪案件，讯问犯罪嫌疑人时，应当进行录音、录像。讯问录音、录像，实行讯问人员和录制人员相分离的原则。录音、录像应当由检察技术人员负责，特别情况下，经检察长批准，也可以指定其他检察人员负责。讯问开始时，应当告知犯罪嫌疑人将对讯问进行全程同步录音、录像，告知情况应在录音、录像和笔录中予以反映。犯罪嫌疑人不同意录音、录像的，讯问人员应当进行解释，但不影响录音、录像进行。全程同步录像，录制的图像应当

---

① 我国《刑法》第67条第3款规定："犯罪嫌疑人虽不具有前两款规定的自首情节，但是如实供述自己罪行的，可以从轻处罚；因其如实供述自己罪行，避免特别严重后果发生的，可以减轻处罚。"

反映犯罪嫌疑人、检察人员、翻译人员及讯问场景等情况，犯罪嫌疑人应当在图像中全程反映，并显示与讯问同步的时间数码。在人民检察院讯问室讯问的，应当显示温度和湿度。讯问结束后，录制人员应当立即将讯问录音、录像资料原件交给讯问人员，经讯问人员和犯罪嫌疑人签字确认后当场封存，交由检察技术部门保存。

对讯问过程录音或者录像的，应当对每一次讯问全程不间断进行，保持完整性，不得选择性地录制，不得剪接、删改。此外，根据六部门《规定》第19条的规定，侦查人员对讯问过程进行录音或者录像的，应当在讯问笔录中注明。

6. 讯问聋、哑等犯罪嫌疑人的特殊要求

《刑事诉讼法》第119条以及公安部《规定》第199条对讯问聋、哑和不通晓当地语言文字的犯罪嫌疑人作了特殊要求，以保障其合法权益。具体包括：(1) 讯问聋、哑的犯罪嫌疑人，应当有通晓聋、哑手势的人参加，并在讯问笔录上注明犯罪嫌疑人的聋、哑情况以及翻译人员的姓名、工作单位和职业；(2) 讯问不通晓当地语言文字的犯罪嫌疑人，应当配备翻译人员。

7. 讯问笔录的制作

讯问犯罪嫌疑人，应当制作讯问笔录。讯问笔录是重要的证据材料，侦查人员应当将问话和犯罪嫌疑人的供述或者辩解如实地记录清楚，制作讯问笔录应当使用能够长期保持字迹的材料。根据《刑事诉讼法》第120条的规定，讯问笔录应当交犯罪嫌疑人核对，对于没有阅读能力的，应当向他宣读；如果记载有遗漏或者差错，犯罪嫌疑人可以提出补充或者改正；犯罪嫌疑人承认笔录没有错误后，应当签名或者盖章；侦查人员也应当在笔录上签名；犯罪嫌疑人请求自行书写供述的，应当准许；必要的时候，侦查人员也可以要求犯罪嫌疑人亲笔书写供词。此外，根据公安部《规定》第201条的规定，笔录经犯罪嫌疑人核对无误后，应当由其在笔录上逐页签名、捺指印，并在末页写明"以上笔录我看过（或向我宣读过），和我说的相符"；拒绝签名、捺指印的，侦查人员应当在笔录上注明；讯问笔录上所列项目，应当按照规定填写齐全；翻译人员应当在讯问笔录上签名。

二、询问证人、被害人

(一) 询问证人的概念和意义

询问证人，是指侦查人员依照法定程序以言词方式，就案件有关情况向证人进行调查了解的一种侦查活动。

证人是知道案件情况的人。由于犯罪分子生活在社会上，其犯罪行为难免为其他人所耳闻目睹，因此几乎在每一起刑事案件中都可以找到知道该案件情况的证人，询问证人也就成为刑事诉讼中广泛进行的一项侦查活动。其意义主要是：第一，可以查明案件的有关情况。通过询问证人，能够获得他们看到或听到的与案件有关的情况，如犯罪分子犯罪的时间、地点、手段、结果以及犯罪的原因等案件情况。第二,可以查获犯罪嫌疑人。通过询问证人,能够得知是谁作案或者可能是谁作案以及犯罪嫌疑人逃跑、隐匿的地点,从而查明和抓获犯罪嫌疑人。第三,可以核对其他证据。通过询问证人,可以进一步发现案件线索或者获取证据材料,核对其他证据的真实性,同时帮助侦查人员排除矛盾、弄清疑点,保证准确地查明案件事实。

(二) 询问证人的程序

根据《刑事诉讼法》和公安部《规定》的有关规定,询问证人应当遵守下列程序和要求:

1. 询问的地点和人数

《刑事诉讼法》第122条第1款规定:"侦查人员询问证人,可以在现场进行,也可以到证人所在单位、住处或者证人提出的地点进行,在必要的时候,可以通知证人到人民检察院或者公安机关提供证言。在现场询问证人,应当出示工作证件,到证人所在单位、住处或者证人提出的地点询问证人,应当出示人民检察院或者公安机关的证明文件。"①据此,侦查人员询问证人,可以在现场进行,也可以到证人的所在单位、住处或者证人提出的地点进行。这可以更好地保护证人,减轻证人的思想顾虑,方便证人提供证言,同时也有利于获得证人所在单位的支持,并通过单位了解证人的情况。在必要的时候,如为了保守侦查秘密,保护证人安全,防止证人的单位、亲属或其他人的干扰,保障证人如实提供证言,可以通知证人到侦查机关提供证言。此外,为保障询问证人的合法性,询问人员一般不得少于2人。

2. 询问证人应当个别进行

《刑事诉讼法》第122条第2款规定:"询问证人应当个别进行。"据此,同一案件有几个证人需要询问的时候,侦查人员应当对每个证人进行单独询问;询问某一证人时,不得有其他证人在场,也不允许采用开座谈会的形式,让证人集体讨论和作证。这是因为,询问证人只有个别进行,才能使证人独立地提供他所知道的案件情况,防止证人之间互相影响;才能解除证人的思想顾虑,使其充分地陈述自己的所见所闻;才能便于侦查人员对各个证人提供的证言进行审查判断,从中发现矛盾,澄清疑点,用作定案的根据;才能便于侦查人员针对每个证人的不同特点进行法制教育,促使其如实提供证言。

3. 询问前的准备

询问前,侦查人员应分析研究有关的案件情况和证据材料;了解证人的身份、职业、性格特点,证人与犯罪嫌疑人、被害人的关系;明确通过询问证人应查明的问题,拟出询问提纲,以使询问证人有计划、有目的地进行,保证询问的成效。

---

① 根据公安部《规定》第205条第3款的规定,这里的证明文件是指询问通知书和工作证件。

4. 询问证人的步骤、方法

首先，侦查人员应当问明证人的基本情况以及与当事人的关系。其次，侦查人员应当告知证人有如实作证的义务。《刑事诉讼法》第123条规定："询问证人，应当告知他应当如实地提供证据、证言和有意作伪证或者隐匿罪证要负的法律责任。"实践证明，这是保证证人如实陈述，防止其作伪证和隐匿罪证的重要法律措施，因此侦查人员必须依法告知，不能遗漏。再次，根据侦查实践，侦查人员询问证人应当首先让他把知道的案件情况连续地陈述出来，然后再就其陈述中不清楚、不全面或者有矛盾的地方以及其他需要查明的事实情节，向他提问，要求他回答。在证人陈述时，侦查人员不宜随意打断，以保证其记忆的连贯性和陈述的客观性。对证人陈述的事实，应当问明来源和根据，并注意查明证人得知案件情况时的主观和客观条件。此外，侦查人员不得向证人、被害人泄露案情或者表示对案件的看法，严禁采用暴力、威胁等非法方法询问证人。

5. 询问笔录的制作

询问证人，应当制作询问笔录。询问笔录是重要的证据材料，应当客观、真实和详细，力求反映证人作证的原意。根据《刑事诉讼法》第120条、第124条的规定，询问笔录应当交证人核对，对于没有阅读能力的，应当向他宣读；如果记载有遗漏或者差错，证人可以提出补充或者改正；证人承认笔录没有错误后，应当签名或者盖章，侦查人员也应当在笔录上签名；证人请求自行书写证词的，应当准许，必要的时候，侦查人员也可以要求证人亲笔书写证词。

（三）询问被害人的概念和程序

询问被害人，是指侦查人员依照法定程序以言词方式，就被害人遭受侵害的事实和犯罪嫌疑人的有关情况向被害人进行调查了解的一种侦查活动。被害人陈述，是一种重要的证据来源。由于被害人受到犯罪行为的直接侵害，与犯罪嫌疑人有过直接的接触，对犯罪事实有切身感受，因此及时、正确地询问被害人，对于收集证据，查明犯罪事实，查获犯罪分子，进而惩罚犯罪和保护被害人的合法权益，均具有十分重要的意义。

根据我国《刑事诉讼法》第125条的规定，询问被害人适用询问证人的程序。但是，由于被害人受到犯罪行为的直接侵犯，是刑事诉讼的当事人，与犯罪嫌疑人有着直接的利害关系，在诉讼中与证人的地位不同，因此询问被害人除了应当遵守询问证人的各项规定以外，还应当注意被害人害怕打击报复或顾及名誉、情面的特殊心理和了解犯罪嫌疑人更多情况的特点，耐心细致做好被害人的思想工作，使其如实陈述；对伤势较重、有生命危险的被害人，要及时询问并尽可能地进行录音、录像；要采取有效措施保障被害人的人身安全；对于被害人的个人隐私，应当为他保守秘密。此外，第一次询问被害人时，应当告知他有提起附带民事诉讼的权利。

三、勘验、检查

（一）勘验、检查的概念和意义

勘验、检查，是指侦查人员对与犯罪有关的场所、物品、人身、尸体进行勘查、检验或检查，以发现和收集犯罪活动所遗留的各种痕迹和物品的一种侦查活动。勘验、检查的性质是一样的，只是对象不同。其中，勘验的对象是现场、物品和尸体，而检查的对象则是活人的身体。按照对象和内容的不同，勘验、检查可以分为现场勘查、物品检验、人身检查、尸体检验四种。

勘验、检查是一种极其重要的侦查行为，是发现和获取证据、查明案情的重要手段，对侦查破案有着特别重要的意义：首先，通过勘验、检查，可以发现和提取犯罪活动所遗留的各种痕迹和物品。这些痕迹和物品大多是原始证据即"第一手材料"，对查明犯罪事实和正确认定案情往往起着关键的作用。其次，通过对所获得的各种痕迹和物品的分析研究，可以判明案件的性质，了解犯罪嫌疑人的特征，明确侦查的方向和范围，为侦查破案提供线索和证据。

根据《刑事诉讼法》的规定，勘验、检查的基本程序是：(1) 勘验、检查由侦查人员进行，必要的时候可以指派或者聘请具有专门知识的人，在侦查人员的主持下进行；(2) 侦查人员进行勘验、检查，必须持有人民检察院或者公安机关的证明文件；(3) 侦查人员应当邀请与案件没有利害关系的人作为见证人参加勘验、检查工作；(4) 人民检察院要求复验、复查的，侦查机关应当及时进行复验、复查，并可以通知人民检察院派员参加；(5) 勘验、检查的情况应当写成笔录，由参加勘验、检查的人和见证人签名或者盖章。

（二）现场勘查

现场勘查，是指侦查人员对犯罪分子实施犯罪的地点以及遗留有犯罪痕迹和物品的场所进行勘查的一种侦查活动。对犯罪现场进行勘查，应当遵守下列程序和要求：

1. 犯罪现场的保护

《刑事诉讼法》第127条规定："任何单位和个人，都有义务保护犯罪现场，并且立即通知公安机关派员勘验。"同时，发案地派出所、巡警等部门应当保护犯罪现场和证据，控制犯罪嫌疑人，并立即报告公安机关主管部门。

2. 现场勘查的指挥和执行人员

现场勘查，由县级以上公安机关侦查部门负责。其中，一般案件的现场勘查，由侦查部门负责人指定的人员现场指挥；重大、特别重大案件的现场勘查，由侦查部门负责人现场指挥。必要时，发案地公安机关负责人应当亲自到现场指挥。现场勘查由侦查人员进行；在必要的时候，可以指派或者聘请具有专门知识的人，在侦查人员的主持下进行勘查。执行勘查的侦查人员接到通知后，应当立即赶赴现场，并应当持有刑事犯罪现场勘查证。公安机关对案件现场进行勘查不得少于2人。

3. 现场勘查的具体要求

首先,应当向发现人、报案人、现场保护人了解现场的原始情况,然后划定勘查范围,先外后内,先重点后一般,有计划、有步骤地进行。其次,应当认真、仔细观察现场每个物品和痕迹的特征、位置、状态,分析其相互联系,并采用有关技术手段发现、提取和保全证据。再次,对案发现场的被害人,应及时送往附近医疗单位救治;对尸体应先予必要的检查,如果需要,再由法医依法进行解剖和检验;在计算机犯罪的现场,应立即停止计算机的应用,并采取措施保护计算机及相关设备。

4. 现场勘查笔录的制作

勘查现场,应当拍摄现场照片、绘制现场图,制作笔录。现场勘查笔录应当客观、准确而又全面地反映现场的实际情况和侦查人员的勘查活动,其内容包括:勘查的时间,现场所在的地点、位置及其与周围环境的关系,现场物品变动和破坏情况,犯罪嫌疑人遗留在现场的各种痕迹、物品及其位置和特征,提取痕迹、物证、生物样本等的情况,并附上拍摄的照片。对重大案件的现场,应当录像;勘查计算机犯罪案件的现场,应注意复制电子数据。侦查人员、其他参加勘查的人员和见证人应当在现场勘查笔录上签名,并注明时间。

(三) 物品检验

物品检验,是指侦查人员对已经收集到的物品及其痕迹进行检查和验证,以确定其与案件有无联系的一种侦查活动。

侦查人员对物品进行检验,应注意以下几点:(1) 要仔细地查验物品上的特征,如单据上被涂改的痕迹、鞋底上的花纹等;对于在现场收集的物品,还要注意它与周围环境的关系,并分析研究物品的特征和痕迹的变化情况。(2) 通过分析研究,要确定该物品及其痕迹与案件事实有无联系以及有何种联系。(3) 对物品的特征,如果侦查人员不能判断时,应当指派或者聘请具有专门知识的人进行鉴定。

检验物品,应当制作检验笔录,详细记载检验的过程、物品及其痕迹的特征,如物品的大小、形状、尺寸、重量、颜色、商标、号码和痕迹的位置、大小、深度、长度、形态、性质等。侦查人员、其他参加检验的人员和见证人应当在物品检验笔录上签名或者盖章,并注明时间。

(四) 人身检查

人身检查,是指为了确定被害人、犯罪嫌疑人的某些特征、伤害情况或者生理状态,对其人身进行检查,提取指纹信息,或者采集血液、尿液、汗液、精液、唾液以及毛发、气体(酒驾呼气酒精测试)等生物样本的一种侦查活动。

人身检查涉及公民的人身权利和自由,因此必须严格按照《刑事诉讼法》和公安部《规定》的有关规定进行:(1) 人身检查只能由侦查人员进行,必要时可以邀请法医或医师参加;(2)犯罪嫌疑人如果拒绝检查、提取、采集的,侦查人员认为必要的时候,经办案部门负责人批准,可以强制检查、提取、采集,但是对被害人不得强制检查;(3)被害人死亡的,应当通过被害人近亲属辨认、提取生物样本鉴定等方式确定被害人身份;(4)检查妇女的身体,应当由女工作人员或者医师进行。其中,对强奸案件的被害妇女,不得进行生殖器和处女膜检查。个别确实需要检查的,应当征得被害人及其家长或亲属的同意,并经地(市)级侦查机关批准,在指定的医院由女医师或女法医进行。

人身检查的情况应当写成笔录,由参加检查的侦查人员、检查人员、被检查人员和见证人签名;被检查人员拒绝签名的,侦查人员应当在笔录中注明。

(五)尸体检验

尸体检验,是指在侦查人员的主持下,由法医或医生对非正常死亡者的尸体进行检验或者解剖的一种侦查活动。其目的在于确定死亡的原因,判断死亡的时间、致死的工具、致死的手段和方法,以便分析研究案情,认定案件的性质,为侦查破案提供线索和证据。尸体检验应当及时进行,以防止尸体上的痕迹或现象因尸体的变化和腐烂而消失。尸体检验分为尸表检验和尸体解剖两种。

尸表检验,是指对尸体外部表面的检验,具体做法是:(1)在检验前,应仔细察看尸体的位置、姿态、尸体周围的环境和情况,注意发现尸体周围痕迹和物品的情况,以免在进行尸体检验时对其他痕迹、物品造成破坏,影响其证据价值;(2)对尸体的衣着、身长、体格状况、皮肤情况进行观察、测量,检验尸体是否出现尸斑、尸僵或腐烂等现象,其程度如何;(3)注意观察尸体各部位是否有损伤,损伤的具体位置、形状、大小、深度和方向等,尸体的隐蔽部位(如口、鼻、眼、指甲、腋下、阴部等)有无附着物。

尸体解剖,是指对尸体的内部器官进行的检验。《刑事诉讼法》第129条规定:"对于死因不明的尸体,公安机关有权决定解剖,并且通知死者家属到场。"根据公安部《规定》第213条的规定,为了确定死因,经县级以上公安机关负责人批准,可以解剖尸体,并且通知死者家属到场,让其在解剖尸体通知书上签名;死者家属无正当理由拒不到场或者拒绝签名的,侦查人员应当在解剖尸体通知书上注明;对于身份不明的尸体,无法通知死者家属的,应当在笔录中注明。解剖尸体应严格按照卫生部《解剖尸体规则》进行,注意尊重当地的风俗习惯,保持尸体外貌的完整。无论是局部解剖还是全部解剖,均应写明结论,如确定死亡的时间、原因、损伤情况及有无病史等。此外,解剖只能在公安机关和医院附设的法医室(科)进行。

尸体检验的情况应写成笔录,由侦查人员和进行检验的法医或医生、死者的家属或见证人签名,并注明时间。

四、侦查实验

（一）侦查实验的概念和意义

侦查实验，是指为了确定与案件有关的某一事件或者事实在某种条件下能否发生或者怎样发生而按照原来的条件，将该事件或者事实加以重演或者进行试验的一种侦查活动。

《刑事诉讼法》第133条第1款规定："为了查明案情，在必要的时候，经公安机关负责人批准，可以进行侦查实验。"据此，侦查实验并不是侦查每个刑事案件必须进行的程序，只有在必要时才可以进行。所谓必要，在实践中，一般是指通过侦查实验要完成下列任务之一的：（1）确定在一定条件下能否听到或者看到；（2）确定在一定时间内能否完成某一行为；（3）确定在什么条件下能够发生某种现象；（4）确定在某种条件下某种行为和某种痕迹是否吻合一致；（5）确定在某种条件下使用某种工具可能或者不可能留下某种痕迹；（6）确定某种痕迹在什么条件下会发生变异；（7）确定某种事件是怎样发生的。

实践证明，侦查实验是审查证人证言、被害人陈述、犯罪嫌疑人供述和辩解是否符合实际情况，是否客观真实，能否作为定案根据的有效方法，可以为侦查人员判明案情、认定案件事实提供可靠的依据。

（二）侦查实验的程序和要求

根据《刑事诉讼法》的规定和实践经验，进行侦查实验应当遵守以下程序和要求：

（1）侦查实验应当经县级以上公安机关负责人批准，并由侦查人员负责进行。在进行侦查实验时，应当邀请见证人在场，如果需要某种专门知识，应当聘请有关专业人员参加。必要时，也可以要求犯罪嫌疑人、被害人、证人参加。公安机关进行侦查实验，可以商请人民检察院派员参加。

（2）侦查实验既可以在现场勘验过程中进行，也可以单独进行。在进行侦查实验前，一般应拟订侦查实验计划，确定实验的目的、实验的时间和地点、实验的工具和物品、实验的顺序和方法、以及参加人员等。

（3）侦查实验的条件应与原来的条件相同或相似，并且尽可能对同一情况重复实验，以保证侦查实验的科学性和准确性。

（4）进行侦查实验，禁止一切足以造成危险、侮辱人格或者有伤风化的行为。

（5）侦查实验应当制作笔录，写明实验的目的、实验的时间和地点、实验的条件以及实验的经过和结果，并由进行实验的侦查人员、其他参加人员和见证人签名。实验的照片、绘图应附入侦查实验笔录。必要时，应当对侦查实验过程进行录音或者录像。

五、搜查

（一）搜查的概念和意义

搜查，是指侦查人员对犯罪嫌疑人以及可能隐藏罪犯或者犯罪证据的人的身体、物品、住处和其他有关的地方进行搜索检查的一种侦查活动。

搜查的任务是发现和收集犯罪证据，查获犯罪人。《刑事诉讼法》第135条规定："任何单位和个人，有义务按照人民检察院和公安机关的要求，交出可以证明犯罪嫌疑人有罪或者无罪的物证、书证、视听资料等证据。"对于拒不交出的，侦查机关有权决定搜查。因此，凡是可能隐藏罪犯或者犯罪证据的人的身体、物品、住处和其他有关的地方，侦查机关都可以进行搜查。正确地进行搜查，对于收集证据、查获犯罪人，具有十分重要的意义。

（二）搜查的程序

由于搜查涉及公民的人身自由和住宅不受侵犯的权利，因此必须严格依法进行。根据《刑事诉讼法》和公安部《规定》的有关规定，搜查应当遵守下列程序和要求：

（1）搜查须由县级以上公安机关负责人批准，签发搜查证，执行搜查的侦查人员不得少于2人。侦查人员进行搜查，既可以在勘验、检查时进行，也可以在执行逮捕、拘留时进行，还可以单独进行。搜查前，应当了解被搜查对象的基本情况、搜查现场及周围环境，确定搜查的范围和重点，明确搜查人员的分工和责任。

（2）进行搜查，必须向被搜查人出示搜查证。侦查人员执行逮捕、拘留的时候，遇有下列紧急情况之一的，不用搜查证也可以进行搜查：① 可能随身携带凶器的；② 可能隐藏爆炸、剧毒等危险物品的；③ 可能隐匿、毁弃、转移犯罪证据的；④ 可能隐匿其他犯罪嫌疑人的；⑤ 其他突然发生的紧急情况。侦查人员向被搜查人出示搜查证，然后可以要求被搜查人或其家属交出可以证明犯罪嫌疑人有罪或者无罪的物证、书证、视听资料等证据。

（3）进行搜查时，应当有被搜查人或者他的家属、邻居或者其他见证人在场。在搜查过程中，如果遇到阻碍，可以强制搜查。

（4）搜查妇女的身体，应当由女工作人员进行。

（5）搜查的情况应当制作笔录，由侦查人员和被搜查人或者他的家属、邻居或者其他见证人签名。如果被搜查人拒绝签名，或者被搜查人在逃，他的家属拒绝签名或者不在场的，侦查人员应当在笔录上注明。

（三）搜查应注意的几个问题

首先，为了防止被搜查人逃跑或者转移、销毁被搜查的物品，必要时可以在被搜查的场所周围设置武装警戒或者封锁通道，以保证搜查的顺利进行。

其次，搜查应当及时、全面、细致，并应根据不同的搜查对象，采取不同的搜查方法。例如,搜查人身,应站在被搜查人的背后,自上而下进行,并要注意比较隐蔽或者容易被忽视的部位;搜查箱、柜等体积大的物品,要注意从其中装有的衣服等物品或夹层中寻找与案件有关的证据材料;搜查住宅、办公室或露天场所,应分段进行,并指派专人对被搜查人进行监视,以观察其表情和防止其转移罪证。

最后,应注意保护公私财物。为了收集和提取证据或者查获犯罪人而不得不损坏财物时,应尽量将损失控制在最低程度。

六、查封、扣押

(一) 查封、扣押的概念和意义

查封、扣押,是指侦查机关依法强行封存、扣留和提存与案件有关的财物、文件的一种侦查活动。在侦查实践中,"查封"往往针对的是"不动产",而"扣押"往往针对的是"动产"。根据《刑事诉讼法》第 139 条的规定,侦查机关只能查封、扣押能够证明犯罪嫌疑人有罪或者无罪的财物、文件,与案件无关的财物、文件,不得查封、扣押。

在侦查过程中,侦查机关查封、扣押与案件有关的财物、文件,可以获取和保全物证、书证,防止其损毁和被隐匿,进而用以认定案情,查明犯罪,同时保障刑事诉讼活动的顺利进行,因此查封、扣押既具有实体意义,又具有程序意义。

(二) 查封、扣押的程序

为保障公民、法人和其他组织的财产权利和其他权利不受侵犯,《刑事诉讼法》和公安部《规定》对查封、扣押规定了严格的程序。具体如下:

1. 查封、扣押应当经过公安机关或其侦查部门负责人批准,并制作决定书

在侦查过程中需要查封土地、房屋等不动产,或者船舶、航空器以及其他不宜移动的大型机器、设备等特定动产的,应当经县级以上公安机关负责人批准,制作查封决定书;需要扣押财物、文件的,应当经公安机关侦查部门负责人批准,制作扣押决定书。在现场勘查或者搜查中需要扣押财物、文件的,由现场指挥人员决定;但扣押财物、文件价值较高或者可能严重影响正常生产经营的,应当经县级以上公安机关负责人批准,制作扣押决定书。

2. 执行查封、扣押的侦查人员不得少于 2 人,并应出示查封或扣押决定书

在进行查封、扣押时,侦查人员可以责令持有人主动交出应当查封、扣押的财物、文件;对于持有人拒绝交出的,侦查人员可以强制查封、扣押。

3. 侦查人员应当依法办理查封、扣押手续

对查封、扣押的财物和文件,侦查人员应当会同在场见证人和被查封、扣押财物、文件的持有人查点清楚,当场开列查封、扣押清单一式三份,写明财物或者文件的名称、编号、数量、特征及其来源等,由侦查人员、持有人和见证人签名,一份交给持有人,一份交给公安机关保管人员,一份附卷备查;对于无法确定持有

人的财物、文件或者持有人拒绝签名的,侦查人员应当在清单中注明;依法扣押文物、金银、珠宝、名贵字画等贵重财物的,应当拍照或者录像,并及时鉴定、估价。

对作为犯罪证据但不便提取的财物、文件,经登记、拍照或者录像、估价后,可以交财物、文件持有人保管或者封存,并且开具登记保存清单一式两份,由侦查人员、持有人和见证人签名,一份交给财物、文件持有人,另一份连同照片或者录像资料附卷备查。财物、文件持有人应当妥善保管,不得转移、变卖、毁损。

4. 扣押邮件、电报应严格依法进行

《刑事诉讼法》第141条第1款规定:"侦查人员认为需要扣押犯罪嫌疑人的邮件、电报的时候,经公安机关或者人民检察院批准,即可通知邮电机关将有关的邮件、电报检交扣押。"据此,扣押犯罪嫌疑人的邮件、电子邮件、电报,应当经县级以上侦查机关负责人批准,制作扣押邮件、电报通知书,通知邮电部门或者网络服务单位检交扣押;不需要继续扣押的时候,应当经县级以上侦查机关负责人批准,制作解除扣押邮件、电报通知书,立即通知邮电部门或者网络服务单位执行。对查封、扣押的财物、文件、邮件、电子邮件、电报,经查明确实与案件无关的,应当在3日以内解除查封、扣押,退还原主或者原邮电部门、网络服务单位。

5. 查封、扣押物证、书证后的保管和处理

对查封、扣押的财物及其孳息、文件,侦查机关应当妥善保管,以供核查;任何单位和个人不得使用、调换、损毁或者自行处理;对容易腐烂变质及其他不易保管的财物,可以根据具体情况,经县级以上侦查机关负责人批准,在拍照或者录像后委托有关部门变卖、拍卖,变卖、拍卖的价款暂予保存,待诉讼终结后一并处理;对违禁品,应当依照国家有关规定处理;对于需要作为证据使用的,应当在诉讼终结后处理。

6. 制作查封、扣押笔录

查封、扣押的情况应当制作笔录,由侦查人员、持有人和见证人签名。对于无法确定持有人或者持有人拒绝签名的,侦查人员应当在笔录中注明。

七、查询、冻结

(一) 查询、冻结的概念和意义

查询、冻结,是指侦查机关根据侦查犯罪的需要而依法向金融机构、证券公司、邮电机关或企业(以下简称"金融机构等单位")查询犯罪嫌疑人的存款、汇款、债券、股票、基金份额等财产(以下简称"存款、汇款等财产"),并在必要时予以冻结的一种侦查活动。

查询、冻结,既可以了解犯罪嫌疑人的犯罪情况,有力地证实犯罪和惩罚犯罪,同时也可以为国家、集体和公民个人挽回经济损失,维护国家、集体利益和公

民的合法利益不受侵犯。

(二) 查询、冻结的程序和相关问题

公安部《规定》对查询、冻结的程序和相关问题作了明确规定。具体如下:

1. 查询、冻结的批准与执行

向金融机构等单位查询犯罪嫌疑人的存款、汇款等财产,应当经县级以上公安机关负责人批准,制作协助查询财产通知书,通知金融机构等单位执行。需要冻结犯罪嫌疑人在金融机构等单位的存款、汇款等财产的,应当经县级以上公安机关负责人批准,制作协助冻结财产通知书,通知金融机构等单位执行。经审查,认为不需要继续冻结犯罪嫌疑人存款、汇款等财产时,应当经县级以上公安机关负责人批准,制作协助解除冻结财产通知书,通知金融机构等单位执行。

2. 重复冻结问题

犯罪嫌疑人的存款、汇款等财产已被冻结的,不得重复冻结,但可以轮候冻结。所谓"不得重复冻结",是指不论犯罪嫌疑人的存款、汇款等财产是由于哪一种原因由哪一个机关依法冻结的,侦查机关都不得再次采取冻结措施。实践中,虽然侦查机关不得重复冻结,但可以要求金融机构等单位在解除冻结前通知侦查机关,以便侦查机关排队等候并在其解除冻结时立即采取冻结措施。

3. 冻结的期限

冻结存款、汇款等财产的期限为6个月;冻结债券、股票、基金份额等证券的期限为2年。有特殊原因需要延长期限的,侦查机关应当在冻结期限届满前办理继续冻结手续。每次续冻存款、汇款等财产的期限最长不得超过6个月;每次续冻债券、股票、基金份额等证券的期限最长不得超过2年。继续冻结的,应当重新办理冻结的批准手续。逾期不办理继续冻结的批准手续的,视为自动解除冻结。

4. 冻结财产的出售

对冻结的债券、股票、基金份额等财产,侦查机关应当告知当事人或者其法定代理人、委托代理人有权申请出售。权利人书面申请出售被冻结的债券、股票、基金份额等财产,不损害国家利益、被害人、其他权利人利益,不影响诉讼正常进行的,以及冻结的汇票、本票、支票的有效期即将届满的,经县级以上侦查机关负责人批准,可以依法出售或者变现,所得价款应当继续冻结在其对应的银行账户中;没有对应的银行账户的,所得价款由侦查机关在银行指定专门账户保管,并及时告知当事人或者其近亲属。

5. 冻结的解除

对冻结的存款、汇款等财产,经查明确实与案件无关的,侦查机关应当在3日以内通知金融机构等单位解除冻结,并通知被冻结存款、汇款等财产的所有人。

八、鉴定

（一）鉴定的概念和意义

鉴定，是指侦查机关指派或者聘请具有鉴定资格的人，就案件中某些专门性问题进行鉴别判断并作出鉴定意见的一种侦查活动。

在侦查过程中，侦查人员对于某些专门性问题，依法指派或者聘请具有鉴定资格的人进行鉴定，可以对与案件有关的物品、文件、痕迹、人身和尸体等证据材料的真伪作出科学的判断，从而有效地查明案件事实，正确认定案情，为惩罚犯罪、保护无辜提供有力的根据。

（二）鉴定人的条件和鉴定的范围

为了保证鉴定意见的科学性、准确性和客观性，鉴定人应具备以下三个条件：（1）必须是具有鉴定资格的人。具体包括两类人员：一是在侦查机关根据侦查工作的需要而设立的鉴定机构中从事鉴定工作的人员；二是在司法行政机关核准登记的司法鉴定机构中从事司法鉴定业务的人员。（2）必须是获得侦查机关指派或聘请的人。（3）必须是与案件无利害关系，能够客观公正地作出鉴定意见的人。

鉴定的范围，限于案件中的某些专门性问题，通常是指法医问题、司法精神病问题、毒物毒品问题、会计问题、刑事技术问题（如指纹、脚印、弹痕、文件检验等）以及其他涉及工业、运输、建筑等技术问题。只有这些专门性问题才需要指派或聘请鉴定人进行鉴定。如果是刑事案件的一般问题或法律问题，则由侦查人员进行分析判断，无需进行鉴定。

（三）鉴定的程序

根据《刑事诉讼法》和公安部《规定》的有关规定，鉴定应当遵守下列程序和要求：

（1）刑事技术鉴定，由县级以上公安机关指派其刑事技术部门专职人员或者其他专职人员负责进行；其他专门性问题需要聘请有专门知识的人进行鉴定的，应当经县级以上侦查机关负责人批准，并制作鉴定聘请书。

（2）侦查机关应当为鉴定人进行鉴定提供必要的条件，及时向鉴定人送交有关检材和对比样本等原始材料，介绍与鉴定有关的情况，并且明确提出要求鉴定解决的问题；但是，禁止暗示或者强迫鉴定人作出某种鉴定意见。此外，侦查人员还应当做好检材的保管和送检工作，并注明检材送检环节的责任人，确保检材在流转环节中的同一性和不被污染。

（3）鉴定人应当按照鉴定规则，运用科学方法独立进行鉴定。鉴定后，应当出具鉴定意见，并在鉴定意见书上签名，同时附上鉴定机构和鉴定人的资质证明或者其他证明文件。此外，多人参加鉴定，鉴定人有不同意见的，应当注明。

（4）对鉴定意见，侦查人员应当进行审查。对经审查作为证据使用的鉴定意见,侦查机关应当及时告知犯罪嫌疑人、被害人或者其法定代理人。犯罪嫌疑人、被害人对鉴定意见有异议提出申请,以及侦查部门或者侦查人员对鉴定意见有疑义的,可以将鉴定意见送交其他有专门知识的人员提出意见。必要时,应当询问鉴定人并制作笔录附卷。

(5) 侦查人员经审查,发现鉴定内容有明显遗漏的,发现新的有鉴定意义的证物的,对鉴定证物有新的鉴定要求的,鉴定意见不完整、委托事项无法确定的,或者有其他需要补充鉴定的情形的,经县级以上公安机关负责人批准,应当补充鉴定;经审查,不符合上述情形的,经县级以上公安机关负责人批准,作出不准予补充鉴定的决定,并应在作出决定后3日以内书面通知申请人。

(6) 侦查人员经审查,发现鉴定程序违法或者违反相关专业技术要求的,鉴定机构、鉴定人不具备鉴定资质和条件的,鉴定人故意作虚假鉴定或者违反回避规定的,鉴定意见依据明显不足的,检材虚假或者被损坏的,或者有其他应当重新鉴定的情形的,经县级以上公安机关负责人批准,应当另行指派或者聘请鉴定人进行重新鉴定;经审查,不符合上述情形的,经县级以上公安机关负责人批准,作出不准予重新鉴定的决定,并在作出决定后3日以内书面通知申请人。

九、辨认

(一) 辨认的概念和意义

辨认,是指在侦查人员的主持下,由被害人、证人或者犯罪嫌疑人对与犯罪有关的物品、文件、尸体、场所或者犯罪嫌疑人进行辨别和确认的一种侦查活动。

通过辨认活动,可以对与犯罪有关的物品、文件、场所的真实性以及死者的身份情况和犯罪嫌疑人是否为作案人予以辨别确认,从而为侦查工作提供线索和证据,进而有利于查明案情,正确认定案件事实,迅速查获犯罪人,为侦查破案提供重要依据。

(二) 辨认的程序和要求

《刑事诉讼法》对辨认没有作出规定。根据公安部《规定》和最高检《规则》的规定,辨认应当符合以下程序和要求:

(1) 辨认应当在侦查人员的主持下进行,主持辨认的侦查人员不得少于2人。检察机关的侦查人员组织对犯罪嫌疑人的辨认,应当经检察长批准。此外,为保证辨认的客观性和合法性,应当邀请见证人参与辨认活动。

(2) 在辨认前,侦查人员应当向辨认人详细询问被辨认对象的具体特征,禁止辨认人见到被辨认对象,以防止辨认人无根据地进行辨认和先入为主。同时,应当告知辨认人有意作虚假辨认应负的法律责任。

(3) 几名辨认人对同一被辨认对象进行辨认时,应当由每名辨认人单独进行,以防止辨认人之间互相影响,作出错误的辨认。

(4) 辨认时,应当将辨认对象混杂在特征相类似的其他对象中,不得给辨认人任何暗示。辨认犯罪嫌疑人时,被辨认的人数为公安机关不得少于7人,检察机关为5—10人;对犯罪嫌疑人照片进行辨认的,公安机关不得少于10张,检察机关为5—10张;辨认物品时,混杂的同类物品不得少于5件,照片不得少于5张。但是,对场所、尸体等特定辨认对象进行辨认,或者辨认人能够准确描述物品独有特征的,陪衬物不受数量的限制。

(5) 对犯罪嫌疑人的辨认,辨认人不愿意公开进行时,可以在不暴露辨认人的情况下进行,并应当为其保守秘密。

(6) 辨认的情况,应当制作笔录,由侦查人员、辨认人、见证人签名。对辨认对象应当拍照,必要时可以对辨认过程进行录音、录像。

十、特殊侦查措施

(一) 特殊侦查措施的概念和意义

特殊侦查措施,是指只适用于某些特殊类型的案件、异于普通侦查措施而具有高度的秘密性、技术性的侦查措施。我国《刑事诉讼法》在第二编第二章规定"技术侦查措施"[①]一节(作为第八节),对特殊侦查措施作了明确规定,具体包括技术侦查、秘密侦查和控制下交付三种。

随着科学技术的不断发展,危害国家安全犯罪、恐怖活动犯罪、黑社会性质的组织犯罪、毒品犯罪、贪污贿赂犯罪以及利用职权实施的侵犯公民人身权利的犯罪等许多犯罪行为越来越智能化、隐蔽化,不仅造成的社会危害日益严重,而且难以被发现和查处。为了与这些严重的犯罪行为进行有效的斗争,许多国家先后赋予侦查机关以秘密侦查权(包括监听、监视、秘密拍照、秘密录像、卧底侦查、化装侦查、诱惑侦查、控制下交付、特工行动等)。我国《刑事诉讼法》增加"技术侦查措施"一节,不仅有利于迅速及时地收集证据,查获犯罪分子,而且有利于震慑犯罪,有力地预防上述犯罪的发生,同时也符合国际刑事诉讼的发展规律和联合国《打击跨国犯罪公约》等国际公约的要求[②],因而具有极其重要的意义。

(二) 技术侦查

所谓技术侦查,是指公安机关、人民检察院根据侦查犯罪的需要,在经过严

[①] 我们认为,《刑事诉讼法》第二编第二章第八节使用的"技术侦查措施"一词不够恰当,与该具体条文的规定不相符合,亦即技术侦查一词难以涵盖秘密侦查和控制下交付。实际上,技术侦查、秘密侦查和控制下交付三者是一种并列关系,均属于特殊侦查措施或手段的范畴,故本教材使用"特殊侦查措施"的概念。

[②] 联合国《打击跨国犯罪公约》第20条规定:"特殊侦查手段包括控制下交付,以及其他特殊侦查手段,如电子或其他形式的监视和特工行动。"联合国《反腐败公约》第50条规定:"为有效地打击腐败,各缔约国均应当在其本国法律制度基本原则许可的范围内并根据本国法律规定的条件在其力所能及的情况下采取必要措施,允许其主管机关在其领域内酌情使用控制下交付和在其认为适当时使用诸如电子或者其他监视形式和特工行动等其他特殊侦查手段,并允许法庭采信由这些手段产生的证据。"

格的批准手续后,运用技术设备收集证据或查获犯罪嫌疑人的一种特殊侦查措施。根据公安部《规定》第 255 条的规定,技术侦查措施是指由设区的市一级以上公安机关负责技术侦查的部门实施的记录监控、行踪监控、通信监控、场所监控等措施;技术侦查措施的适用对象是犯罪嫌疑人、被告人以及与犯罪活动直接关联的人员。

根据《刑事诉讼法》和公安部《规定》、最高检《规则》的有关规定,技术侦查应当符合以下程序和要求:

1. 技术侦查的主体

在我国,只有公安机关、人民检察院等侦查机关有权采取技术侦查措施,其他任何机关、团体、个人均无权采取。

2. 技术侦查的适用范围

《刑事诉讼法》第 148 条规定:"公安机关在立案后,对于危害国家安全犯罪、恐怖活动犯罪、黑社会性质的组织犯罪、重大毒品犯罪或者其他严重危害社会的犯罪案件,根据侦查犯罪的需要,经过严格的批准手续,可以采取技术侦查措施。人民检察院在立案后,对于重大的贪污、贿赂犯罪案件以及利用职权实施的严重侵犯公民人身权利的重大犯罪案件,根据侦查犯罪的需要,经过严格的批准手续,可以采取技术侦查措施,按照规定交有关机关执行。追捕被通缉或者批准、决定逮捕的在逃的犯罪嫌疑人、被告人,经过批准,可以采取追捕所必需的技术侦查措施。"

根据公安部《规定》第 254 条的规定,公安机关可以对下列严重危害社会的犯罪案件采取技术侦查措施:(1) 危害国家安全犯罪、恐怖活动犯罪、黑社会性质的组织犯罪、重大毒品犯罪案件;(2) 故意杀人、故意伤害致人重伤或者死亡、强奸、抢劫、绑架、放火、爆炸、投放危险物质等严重暴力犯罪案件;(3) 集团性、系列性、跨区域性重大犯罪案件;(4) 利用电信、计算机网络、寄递渠道等实施的重大犯罪案件,以及针对计算机网络实施的重大犯罪案件;(5) 其他严重危害社会的犯罪案件,依法可能判处 7 年以上有期徒刑的。此外,公安机关追捕被通缉或者批准、决定逮捕的在逃的犯罪嫌疑人、被告人,可以采取追捕所必需的技术侦查措施。

根据最高检《规则》第 263 条的规定,人民检察院可以对涉案数额在 10 万元以上、采取其他方法难以收集证据的重大贪污、贿赂犯罪案件以及利用职权实施的严重侵犯公民人身权利的重大犯罪案件,采取技术侦查措施。其中,贪污、贿赂犯罪包括刑法分则第八章规定的贪污罪、受贿罪、单位受贿罪、行贿罪、对单位行贿罪、介绍贿赂罪、单位行贿罪、利用影响力受贿罪;利用职权实施的严重侵犯公民人身权利的重大犯罪案件包括有重大社会影响的、造成严重后果的或者情节特别严重的非法拘禁、非法搜查、刑讯逼供、暴力取证、虐待被监管人、报复陷害等案件。此外,人民检察院直接受理的追捕被通缉或者批准、决定逮捕的在逃的犯罪嫌疑人、被告人的,可以采取追捕所必需的技术侦查措施。

3. 技术侦查的批准

公安机关、人民检察院对规定的案件和对象采取技术侦查措施,必须经过严格的批准手续。但到底是何种批准手续,我国《刑事诉讼法》未作具体规定。根据公安部《规定》第256条的规定,需要采取技术侦查措施的,应当制作呈请采取技术侦查措施报告书,报设区的市一级以上公安机关负责人批准,制作采取技术侦查措施决定书。最高检《规则》对批准的机关未作出规定。

设区的市一级以上公安机关负责人作出批准决定,应当根据侦查犯罪的需要,确定采取技术侦查措施的种类和适用对象(即对何人采取何种技术侦查措施)。批准采取技术侦查措施的决定自签发之日起3个月以内有效。对于不需要继续采取技术侦查措施的,应当及时解除;对于复杂、疑难案件,期限届满仍有必要继续采取技术侦查措施的,经批准机关负责人批准,有效期可以延长,但每次不得超过3个月。有效期限届满,负责技术侦查的部门应当立即解除技术侦查措施。

4. 技术侦查措施的执行

设区的市一级以上公安机关负责人作出批准决定后,应当交负责技术侦查的部门执行;人民检察院决定采取技术侦查措施,交公安机关执行的,由设区的市一级以上公安机关按照规定办理相关手续后,交负责技术侦查的部门执行,并将执行情况通知人民检察院。采取技术侦查措施,必须严格按照批准的措施种类、适用对象和期限执行。采取技术侦查措施收集的物证、书证及其他证据材料,侦查人员应当制作相应的说明材料,写明获取证据的时间、地点、数量、特征以及采取技术侦查措施的批准机关、种类等,并签名和盖章。采取技术侦查措施收集的材料作为证据使用的,采取技术侦查措施决定书应当附卷。侦查人员对采取技术侦查措施过程中知悉的国家秘密、商业秘密和个人隐私,应当保密;对采取技术侦查措施获取的与案件无关的材料,必须及时销毁,并制作销毁记录。

采取技术侦查措施获取的材料,只能用于对犯罪的侦查、起诉和审判,不得用于其他用途。根据《刑事诉讼法》第152条的规定,对于通过实施技术侦查措施收集的证据,如果使用该证据可能危及有关人员的人身安全,或者可能产生其他严重后果的,应当采取不暴露有关人员身份、技术方法等保护措施,必要时可以由审判人员在庭外对证据进行核实。

(三)秘密侦查

所谓秘密侦查,是指公安机关基于侦查的必要性,经县级以上公安机关负责人决定,指派有关人员隐瞒身份进行的侦查活动,主要有卧底侦查、化装侦查和诱惑侦查等形式。

卧底侦查,是指侦查人员隐藏真实身份,虚构另一种身份进入犯罪组织当中,成为其成员,暗中收集情报或犯罪证据。通常地,卧底侦查人员需要较长时间地隐藏身份,与侦查对象进行多次接触,并且往往需要在一定程度上参与犯罪,扮演犯罪者的角色。

化装侦查,是指侦查人员以便装或异装进行侦查,目的是为了隐去真实身份,诱使对方上钩,以获取情报或犯罪证据。乔装侦查人员一般不长期隐藏身份,侦查活动具有临时性,而且乔装侦查人员一般也不参与犯罪。

诱惑侦查,是指侦查人员设下圈套诱使犯罪嫌疑人实施犯罪行为,然后将其抓获。诱惑侦查又称"诱饵侦查""侦查陷阱"。

根据《刑事诉讼法》和公安部《规定》的有关规定,秘密侦查应当符合以下要求和程序:

(1) 采取秘密侦查措施只能是基于查明刑事案件案情的需要,而不能用于查明案情以外的目的。

(2) 采取秘密侦查措施必须是基于侦查的必要性。换言之,在没有其他更好的替代性措施的情况下,才能采取秘密侦查措施;如果使用其他侦查措施可以实现同样的目的时,则不应采取秘密侦查措施。

(3) 采取秘密侦查措施必须经县级以上公安机关负责人决定,并由侦查人员或者公安机关指定的其他人员实施。由此可见,基于侦查工作的需要,公安机关可以指定非侦查人员实施秘密侦查行为,这时,该人员属于侦查机关的代理人,其行为视同侦查人员的行为。

(4) 进行秘密侦查不得诱使他人犯罪,不得采用可能危害公共安全或者发生重大人身危险的方法。所谓"诱使他人犯罪",是指对方没有犯罪意图而引诱使之产生犯罪意念并实施犯罪行为,包括渲染犯罪的益处、打消对方的顾虑、为对方提供犯罪条件等,从而使没有犯罪意图的人产生犯罪意图。这是实施秘密侦查中绝对不允许的。[①] 同时,只要秘密侦查存在危害公共安全或者发生重大人身危险的可能性,就不得采用。

(5) 公安机关采取秘密侦查措施收集的材料在刑事诉讼中可以作为证据使用。作为证据使用时,可能危及隐匿身份人员的人身安全,或者可能产生其他严重后果的,应当采取不暴露有关人员身份等保护措施。

(四) 控制下交付

"控制下交付"是国际上常用并且行之有效的侦破毒品等违禁品案件的侦查手段,是指侦查机关发现有关线索或查获毒品等违禁品,在保密的前提下对毒品等违禁品或有关人员进行严密监视、控制,按照犯罪嫌疑人事先计划或约定的方向、路线、地点和方式,顺其自然,将毒品等违禁品"交付"给最终接货人,使侦查机关能够发现和将涉案的所有犯罪嫌疑人一网打尽的整个侦查

[①] 陈光中主编:《〈中华人民共和国刑事诉讼法〉修改条文释义与点评》,人民法院出版社2012年版,第224页。

过程。

根据《刑事诉讼法》和公安部《规定》的有关规定,控制下交付应当遵守以下程序和要求:

(1) 控制下交付只能由公安机关根据侦查犯罪的需要,依照规定实施;其他侦查机关(如海关缉私部门)需要采取控制下交付措施的,应当商请公安机关采取。

(2) 公安机关采取控制下交付措施,应当经县级以上公安机关负责人决定。

(3) 控制下交付只适用于涉及给付毒品等违禁品或者财物的犯罪活动。换言之,控制下交付只能适用于非法买卖枪支弹药、贩毒、走私、出售或购买假币、倒卖文物等涉及给付毒品等违禁品或者财物的犯罪案件。对于不涉及给付毒品等违禁品或者财物的犯罪案件,公安机关不得采取控制下交付措施。

(4) 公安机关采取控制下交付措施收集的材料在刑事诉讼中可以作为证据使用。作为证据使用时,可能危及隐匿身份人员的人身安全,或者可能产生其他严重后果的,应当采取不暴露有关人员身份等保护措施。

十一、通缉

(一) 通缉的概念和意义

通缉,是指公安机关发布通缉令并采取有效措施,将应当逮捕而在逃的犯罪嫌疑人追捕归案的一种侦查活动。

通缉是公安机关系统通力合作,并发动和依靠人民群众缉拿在逃的犯罪嫌疑人的有力措施,对于查明犯罪,抓获犯罪人,进而有力地打击犯罪,均具有十分重要的意义。

(二) 通缉的对象和条件

根据《刑事诉讼法》第153条的规定,通缉的对象是应当逮捕而在逃的犯罪嫌疑人。具体包括:(1) 已批准或决定逮捕而在逃和在采取取保候审、监视居住期间逃跑的犯罪嫌疑人;(2) 已决定拘留而在逃的重大嫌疑分子;(3) 从被羁押场所逃跑的犯罪嫌疑人;(4) 在讯问或者在押解期间逃跑的犯罪嫌疑人。此外,对越狱逃跑的被告人或者罪犯,也可以通缉。在实践中,公安机关仅对罪行比较严重而逃跑的犯罪嫌疑人采取通缉措施,对罪该逮捕但罪行不太严重而在逃的犯罪嫌疑人一般由公安机关发出协查通报,要求其他公安机关协助查获。

通缉应当具备以下两个条件:一是实质条件,即按照犯罪嫌疑人所犯罪行依法应当逮捕;二是形式条件,即有证据证明犯罪嫌疑人确已逃跑。

(三) 通缉的程序

根据《刑事诉讼法》和公安部《规定》的有关规定,通缉应当按照下列程序进行:

1. 决定通缉

在侦查过程中需要通缉捉拿罪该逮捕而在逃的犯罪嫌疑人的,侦查人员应报经县级以上侦查机关负责人作出决定。

2. 制作通缉令

通缉令是公安机关根据本机关和其他侦查机关的通缉决定,向社会和本系统发布的缉拿应当逮捕而在逃的犯罪嫌疑人的书面命令。其内容包括:被通缉人的姓名、别名、曾用名、绰号、性别、年龄、民族、籍贯、出生地、户籍所在地、居住地、职业、身份证号码、衣着和体貌特征、口音、行为习惯,并附被通缉人近期照片,可以附指纹及其他物证的照片;除了必须保密的事项以外,应当写明发案的时间、地点和简要案情;发布通缉令的机关、时间,并加盖公章。

3. 发布通缉令

县级以上公安机关在自己管辖的地区内,可以直接发布通缉令;超出自己管辖的地区,应当报请有权决定的上级公安机关发布。通缉令的发送范围,由签发通缉令的公安机关负责人决定。同时,为发现重大犯罪线索,追缴涉案财物、证据,查获犯罪嫌疑人,必要时,经县级以上公安机关负责人批准,可以发布悬赏通告。悬赏通告应当写明悬赏对象的基本情况和赏金的具体数额。通缉令、悬赏通告应当广泛张贴,并可以通过广播、电视、报刊、计算机网络等方式发布。

4. 补发通报

通缉令发出后,如果发现新的重要情况,发布通缉令的公安机关可以补发通报。通报必须注明原通缉令的编号和日期。

5. 布置查缉

有关公安机关接到通缉令后,应当及时布置查缉,其措施包括:控制被通缉人可能出入或者隐藏的地方,发动群众提供线索,围追堵截等。为防止犯罪嫌疑人逃往境外,需要在口岸采取边控措施的,应当按照有关规定制作边控对象通知书,经县级以上公安机关负责人审核后,层报省级公安机关批准,办理全国范围内边控措施。需要限制犯罪嫌疑人人身自由的,应当附有关法律文书;紧急情况下,需要采取边控措施的,县级以上公安机关可以出具公函,先向当地边防检查站交控,但应当在7日以内按照规定程序办理全国范围内的边控措施。有关公安机关抓获犯罪嫌疑人后,报经县级以上公安机关负责人批准,凭通缉令或者相关法律文书羁押,并通知通缉令发布机关进行核实,办理交接手续。

6. 撤销通缉令

经核实,犯罪嫌疑人已经自动投案、被击毙或者被抓获,以及发现有其他不需要采取通缉、边控、悬赏通告的情形的,发布机关应当在原通缉、通知、通告范围内,撤销通缉令、边控通知、悬赏通告。

第三节 侦查终结

一、侦查终结的概念和相关工作

侦查终结，是指侦查机关通过一系列的侦查活动，认为案件事实已经查清，证据确实、充分，足以认定犯罪嫌疑人是否犯罪和应否对其追究刑事责任而决定结束侦查，依法对案件作出处理或提出处理意见的一项诉讼活动。

侦查终结是侦查程序的最后一项工作，也是侦查程序的一个必经阶段。它要求侦查机关通过对已收集证据的审查判断，确定犯罪嫌疑人是否有罪并向检察机关提出起诉意见或者作出撤销案件的决定。因此，这一阶段的工作，对于准确及时地追究犯罪，有效地保护无辜，具有重要意义。

根据《刑事诉讼法》和公安部《规定》的有关规定，侦查终结应当进行以下几项工作：

1. 制作结案报告

侦查终结的案件，侦查人员应当制作结案报告，其内容包括：(1) 犯罪嫌疑人的基本情况，即姓名、性别、年龄、籍贯、文化程度、住址、有无前科等；(2) 是否采取了强制措施及其理由；(3) 案件的事实和证据；(4) 法律依据和处理意见。

2. 侦查终结案件的处理

侦查终结案件的处理，由县级以上侦查机关负责人批准；重大、复杂、疑难的案件应当经过集体讨论决定。其中，具备起诉条件的，应当移送人民检察院审查起诉；发现不应对犯罪嫌疑人追究刑事责任的，应当撤销案件。

3. 案卷材料的整理和立卷

侦查终结后，侦查人员应当将全部案卷材料加以整理，按要求装订立卷。向人民检察院移送案件时，只移送诉讼卷，侦查卷由侦查机关存档备查。

二、侦查终结的条件和程序

《刑事诉讼法》第160条规定："公安机关侦查终结的案件，应当做到犯罪事实清楚，证据确实、充分，并且写出起诉意见书，连同案卷材料、证据一并移送同级人民检察院审查决定……"据此，侦查终结的案件应当符合以下条件：

1. 案件事实清楚

这是指犯罪人、犯罪的时间和地点、犯罪的动机和目的、犯罪手段、犯罪结果以及其他有关犯罪的具体情节都已查清，并且没有遗漏罪行和其他应当追究刑事责任的人。

2. 证据确实、充分

根据《刑事诉讼法》第53条第2款的规定，证据确实、充分，具体是指：

(1) 定罪量刑的事实都有证据证明;(2) 据以定案的证据均经法定程序查证属实;(3) 综合全案证据,对所认定事实已排除合理怀疑。

3. 犯罪性质和罪名认定正确

这是指根据查明的案件事实和法律规定,足以对犯罪嫌疑人犯了某种罪或者某几种罪的性质和罪名作出正确的认定。

4. 法律手续完备

这是指侦查机关进行各项侦查活动都必须有相应的法律手续,如拘留要有拘留证,搜查要有搜查证,扣押物证要开列扣押清单等。同时,进行侦查活动的各项手续还必须符合法律规定的要求,如讯问笔录要有被讯问人和侦查人员签名,搜查笔录要有侦查人员、被搜查人或其家属和见证人签名等。若发现法律手续不完备或不符合要求的,应采取适当措施予以补救。

5. 依法应当追究刑事责任

根据已查明的案件事实和刑法规定,只有对犯罪嫌疑人应当追究刑事责任的,侦查机关才能作出移送人民检察院审查起诉的决定;如果发现对犯罪嫌疑人不应追究刑事责任的,则应作出撤销案件的决定。

对于符合上述条件的案件,侦查机关应当制作起诉意见书,经县级以上公安机关负责人批准后,连同全部案卷材料、证据,以及辩护律师提出的意见,一并移送同级人民检察院审查决定。其中,共同犯罪案件的起诉意见书,应当写明每个犯罪嫌疑人在共同犯罪中的地位、作用、具体罪责和认罪态度,分别提出处理意见;被害人提出附带民事诉讼的,应当记录在案,在移送审查起诉时应当在起诉意见书末页注明。根据《刑事诉讼法》第 158 条第 2 款的规定,犯罪嫌疑人不讲真实姓名、住址,身份不明的,首先应当对其身份进行调查;经过调查,犯罪事实清楚,证据确实、充分,但确实无法查明其身份的,也可以按其自报的姓名移送人民检察院审查起诉。

对查封、扣押的犯罪嫌疑人的财物及其孳息、文件或者冻结的财产,作为证据使用的,应当随案移送,并制作随案移送清单一式两份,一份留存,一份交人民检察院;对于实物不宜移送的,应当将其清单、照片或者其他证明文件随案移送。

《刑事诉讼法》第 159 条规定:"在案件侦查终结前,辩护律师提出要求的,侦查机关应当听取辩护律师的意见,并记录在案;辩护律师提出书面意见的,应当附卷。"此外,为便于犯罪嫌疑人及其辩护律师在审查起诉阶段进行辩护,《刑事诉讼法》第 160 条规定:"公安机关在移送起诉时,应当将案件移送情况告知犯罪嫌疑人及其辩护律师。"

根据六部门《规定》第 21、22 条的规定,公安机关对案件提请延长羁押期限的,应当在羁押期限届满 7 日前提出,并书面呈报延长羁押期限案件的主要案情和延长羁押期限的具体理由,人民检察院应当在羁押期限届满前作出决定。《刑事诉讼法》第 158 条第 1 款规定:"在侦查期间,发现犯罪嫌疑人另有重要罪行的,自发现之日起依照本法第 154 条的规定重新计算侦查羁押期限。"公安机关依照该条规定重新计算侦查羁押期限的,不需要经人民检察院批准,但应当报人民检察院备案,人民检察院可以进行监督。

三、撤销案件的条件和程序

《刑事诉讼法》第161条规定:"在侦查过程中,发现不应对犯罪嫌疑人追究刑事责任的,应当撤销案件……"所谓不应对犯罪嫌疑人追究刑事责任,是指犯罪嫌疑人的行为缺乏犯罪构成要件不构成犯罪、本案根本不存在犯罪事实或者有《刑事诉讼法》第15条规定的六种情形之一,而不追究刑事责任。侦查机关经过侦查,发现不应对犯罪嫌疑人追究刑事责任时,应当作出撤销案件决定,并制作撤销案件决定书。犯罪嫌疑人已被逮捕的,应当立即释放,发给释放证明,并且通知原批准逮捕的人民检察院。需要指出的是,如果经侦查证实本案有犯罪事实但非犯罪嫌疑人所为,则一方面应撤销对该犯罪嫌疑人的立案,另一方面则应继续侦查以查获真正的犯罪分子。

此外,在侦查过程中,发现犯罪嫌疑人不够刑事处罚但需要给予行政处罚的,经县级以上侦查机关批准,对犯罪嫌疑人应依法予以行政处罚或者移交其他有关部门处理。

第四节 人民检察院对直接受理的案件的侦查

一、人民检察院行使侦查权的特别规定

《刑事诉讼法》第162条规定:"人民检察院对直接受理的案件的侦查适用本章规定。"这表明,《刑事诉讼法》关于侦查的所有规定均适用于人民检察院直接受理的案件。因此,人民检察院在讯问犯罪嫌疑人、询问证人或被害人、勘验、检查、侦查实验、搜查、查封、扣押、查询、冻结、鉴定、辨认和采取技术侦查措施等活动中,都必须遵守《刑事诉讼法》以及相关解释的规定。但是,考虑到人民检察院的性质和其直接受理的案件的特殊性,《刑事诉讼法》又对其侦查权的行使作了如下特别规定:

(一) 对犯罪嫌疑人的拘留和讯问

《刑事诉讼法》第163条规定,人民检察院直接受理的案件中符合本法第79条、第80条第(四)项、第(五)项规定的情形(即犯罪后企图自杀、逃跑或者在逃的;有毁灭、伪造证据或者串供可能的),需要拘留犯罪嫌疑人的,由人民检察院作出决定,由公安机关执行。在我国,刑事拘留权长期以来只有公安机关才能行使,但实际上人民检察院在侦查直接受理的贪污贿赂等案件时也常常会遇到犯罪嫌疑人犯罪后企图自杀、逃跑或毁灭、伪造证据等紧急情况,因此1996年修正的《刑事诉讼法》赋予了人民检察院拘留决定权,一方面符合侦查犯罪的实际需

要,有利于及时侦查破案,另一方面也有利于调动检察机关的积极性,是非常必要的。但人民检察院必须依法作出拘留决定,并交公安机关执行。人民检察院对直接受理的案件中被拘留的人,应当在拘留后的24小时以内进行讯问,在发现不应当拘留的时候,必须立即释放,发给释放证明。

(二) 对犯罪嫌疑人的逮捕

《刑事诉讼法》第165条规定:"人民检察院对直接受理的案件中被拘留的人,认为需要逮捕的,应当在14日以内作出决定;在特殊情况下,决定逮捕的时间可以延长1日至3日;对不需要逮捕的,应当立即释放;对需要继续侦查,并且符合取保候审、监视居住条件的,依法取保候审或者监视居住。"

二、人民检察院对侦查终结案件的处理及其程序

《刑事诉讼法》第166条规定:"人民检察院侦查终结的案件,应当作出提起公诉、不起诉或者撤销案件的决定。"为提高办案质量,人民检察院由其侦查部门、公诉部门分别负责案件的侦查和审查起诉工作,实行内部制约。根据最高检《规则》的规定,人民检察院侦查部门侦查终结的案件应分别按照以下程序进行处理:

(一) 提出起诉意见并移送公诉部门审查

经过侦查,认为犯罪事实清楚、证据确实、充分,依法应当追究刑事责任的案件,侦查人员应当写出侦查终结报告,并且制作起诉意见书,然后报送侦查部门负责人审核、检察长批准。经检察长批准提出起诉意见的,侦查部门应当将起诉意见书,查封、扣押、冻结的犯罪嫌疑人的财物及其孳息、文件清单以及对查封、扣押、冻结的涉案款物的处理意见和其他案卷材料,一并移送公诉部门审查。国家或者集体财产遭受损失的,在提出提起公诉意见的同时,可以提出提起附带民事诉讼的意见。

(二) 提出不起诉意见并移送公诉部门审查

经过侦查,认为犯罪情节轻微,依照刑法规定不需要判处刑罚或者免除刑罚的案件,侦查人员应当写出侦查终结报告,并且制作不起诉意见书,然后报送侦查部门负责人审核、检察长批准。经检察长批准提出不起诉意见的,侦查部门应当将不起诉意见书,查封、扣押、冻结的犯罪嫌疑人的财物及其孳息、文件清单以及对查封、扣押、冻结的涉案款物的处理意见和其他案卷材料,一并移送公诉部门审查。

(三) 提出撤销案件意见并报请检察长或检察委员会决定

在侦查过程中或侦查终结后,发现具有下列情形之一的,侦查部门应当制作拟撤销案件意见书,报请检察长或者检察委员会决定:(1) 具有《刑事诉讼法》第15条规定情形之一的;(2) 没有犯罪事实的,或者依照《刑法》规定不负刑事责任或者不是犯罪的;(3) 虽有犯罪事实,但不是犯罪嫌疑人所为的。对于共同犯罪的案件,如有符合上述情形的犯罪嫌疑人,应当撤销对该犯罪嫌疑人的立案。

检察长或者检察委员会决定撤销案件的,侦查部门应当将撤销案件意见书

连同本案全部案卷材料,在法定期限届满 7 日前报上一级人民检察院审查;重大、复杂案件在法定期限届满 10 日前报上一级人民检察院审查。对于共同犯罪案件,应当将处理同案犯罪嫌疑人的有关法律文书以及案件事实、证据材料复印件等,一并报送上一级人民检察院。

上一级人民检察院侦查部门应当对案件事实、证据和适用法律进行全面审查,必要时可以讯问犯罪嫌疑人。上一级人民检察院侦查部门经审查后,应当提出是否同意撤销案件的意见,报请检察长或者检察委员会决定。

人民检察院决定撤销案件的,应当告知控告人、举报人,听取其意见并记明笔录。撤销案件的决定,应当分别送达犯罪嫌疑人所在单位和犯罪嫌疑人。犯罪嫌疑人死亡的,应当送达犯罪嫌疑人原所在单位。如果犯罪嫌疑人在押,应当制作决定释放通知书,通知公安机关依法释放。

人民检察院直接受理立案侦查的案件,对犯罪嫌疑人没有采取取保候审、监视居住、拘留或者逮捕措施的,侦查部门应当在立案后 2 年以内提出移送审查起诉、移送审查不起诉或者撤销案件的意见;对犯罪嫌疑人采取上述强制措施的,侦查部门应当在解除或者撤销强制措施后 1 年内提出移送审查起诉、移送审查不起诉或者撤销案件的意见。

第五节 补充侦查

一、补充侦查的概念和意义

补充侦查,是指公安机关或者人民检察院依照法定程序,在原有侦查工作的基础上,就案件的部分事实、情节继续进行侦查的诉讼活动。

补充侦查,本质上是原有侦查工作的继续,仍属于侦查程序的范畴。如果原有侦查工作已达到侦查的目的和要求,侦查任务已经完成,就无须补充侦查。可见,补充侦查并不是每个刑事案件都必须经过的程序,它是在原有侦查工作没有完成侦查任务的情况下就案件的部分事实、情节所进行的侦查活动。因此,进行补充侦查,对查清案件的全部事实、情节,达到侦查的目的和要求,保证办案质量,具有重要的意义。

二、不同诉讼阶段的补充侦查

根据《刑事诉讼法》的规定,补充侦查在程序上有以下三种:
(一)审查逮捕阶段的补充侦查
《刑事诉讼法》第 88 条规定:"人民检察院对于公安机关提请批准逮捕的案件进行审查后,应当根据情况分别作出批准逮捕或者不批准逮捕的决定。对于批准逮捕的决定,公安机关应当立即执行,并且将执行情况及时通知人民检察院。对于不批准逮捕的,人民检察院应当说明理由,需要补充侦查的,应当同时通知公安机关。"根据这一规定,在审查逮捕阶段需要补充侦查的,由人民检察院通知公安机关;人民检察院补充侦查的通知应当和不批准逮捕决定书同时作出并送达公安机关。为保证侦查活动的顺利进行,公安机关在补充侦查期间,可以对犯罪嫌疑人取保候审或者监视居住。

（二）审查起诉阶段的补充侦查

《刑事诉讼法》第171条第2、3款规定:"人民检察院审查案件,对于需要补充侦查的,可以退回公安机关补充侦查,也可以自行侦查。对于补充侦查的案件,应当在1个月以内补充侦查完毕。补充侦查以二次为限……"据此,退回公安机关补充侦查的案件,补充侦查的期限不得超过1个月;一个案件侦查完毕移送审查起诉后,人民检察院决定退回公安机关补充侦查的次数,总计不得超过2次;如果是检察院自行侦查的,应在审查起诉期限内进行完毕。这对于防止案件久拖不决,及时打击犯罪和切实保障犯罪嫌疑人的合法权益,具有十分重要的意义。

对于二次补充侦查的案件,人民检察院仍认为证据不足,不符合起诉条件的,应当作出不起诉的决定。

（三）法庭审判阶段的补充侦查

根据《刑事诉讼法》第198、199条的规定,在法庭审判过程中,检察人员发现提起公诉的案件需要补充侦查,提出建议的,人民法院可以延期审理;人民法院决定延期审理的,人民检察院应当在1个月以内补充侦查完毕。据此,在法庭审判阶段,人民法院不能主动将案件退回人民检察院补充侦查,案件是否需要补充侦查,由检察人员提出建议,人民法院根据审判的实际情况可以同意检察人员补充侦查的要求,也可以不同意;如果同意的,人民法院应当作出延期审理的决定。另外,根据最高法《解释》第226条的规定,审判期间,被告人提出新的立功线索的,人民法院可以建议人民检察院补充侦查。我们认为,在此种有利于被告人的情形下,人民法院应有"建议"的职责。

三、补充侦查的方式

根据《刑事诉讼法》的规定,补充侦查有以下两种方式:

（一）退回补充侦查

退回补充侦查,是指决定补充侦查的人民检察院将案件退回公安机关进行补充侦查。根据《刑事诉讼法》的规定,退回补充侦查的案件必须是公安机关立案侦查的案件,人民检察院不能将自己直接受理的案件退给公安机关补充侦查。人民检察院认为犯罪事实不清、证据不足或者遗漏罪行、遗漏同案犯罪嫌疑人等情形需要补充侦查的,应当提出具体的书面意见,连同案卷材料一并退回公安机关补充侦查。对人民检察院退回补充侦查的案件,公安机关根据不同情况,报县

级以上公安机关负责人批准,分别作如下处理:

(1) 原认定犯罪事实清楚,证据不够充分的,应当在补充证据后,制作补充侦查报告书,移送人民检察院审查;对无法补充的证据,应当作出说明;

(2) 在补充侦查过程中,发现新的同案犯或者新的罪行,需要追究刑事责任的,应当重新制作起诉意见书,移送人民检察院审查;

(3) 发现原认定的犯罪事实有重大变化,不应当追究刑事责任的,应当重新提出处理意见,并将处理结果通知退查的人民检察院;

(4) 原认定犯罪事实清楚、证据确实充分,人民检察院退回补充侦查不当的,应当说明理由,移送人民检察院审查。

(二) 自行补充侦查

自行补充侦查,是指决定补充侦查的人民检察院自行对案件进行的补充侦查。自行补充侦查的案件,既可以是原来由公安机关立案侦查的案件,也可以是人民检察院直接受理侦查的案件。如果是审查起诉阶段案件需要补充侦查,人民检察院既可以退回公安机关,由公安机关进行补充侦查,也可以由检察院自行侦查;如果是审判阶段案件需要补充侦查,只能由检察院自行补充侦查,而不能再退回公安机关,但必要时可以要求公安机关提供协助。

在审查起诉阶段,人民检察院是退回补充侦查还是自行补充侦查,一般取决于未查明案件事实的内容和性质。如果主要事实不清、证据不足或者有遗漏罪行、遗漏同案犯罪嫌疑人等情形的,原则上应退回公安机关补充侦查;如果只是次要事实不清、证据不足的,则应尽可能自行补充侦查,以节省办案时间,提高诉讼效率。

第六节 侦查监督与救济

一、侦查监督的概念和意义

侦查监督,是指人民检察院依法对公安机关和侦查人员的侦查活动是否合法进行的监督。

《刑事诉讼法》第8条规定:"人民检察院依法对刑事诉讼实行法律监督。"据此,侦查监督是人民检察院刑事诉讼法律监督的重要组成部分。通过实施监督,人民检察院可以发现公安机关和侦查人员在侦查活动中违反法定程序的行为和刑讯逼供、敲诈勒索、贪赃枉法等违法犯罪行为,从而采取纠正和预防措施,进而有利于保障侦查活动的依法进行,保护诉讼参与人特别是犯罪嫌疑人的合法权利,保证刑事案件的正确处理。

二、侦查监督的内容

侦查监督的内容,是指人民检察院通过履行侦查监督职能予以发现和纠正的违法行为。根据最高检《规则》第565条规定,侦查监督的内容共有20项,主要是:(1)采用刑讯逼供以及其他非法方法收集犯罪嫌疑人供述的;(2)采用暴力、威胁等非法方法收集证人证言、被害人陈述,或者以暴力、威胁等方法阻止证人作证或者指使他人作伪证的;(3)伪造、隐匿、销毁、调换、私自涂改证据,或者帮助当事人毁灭、伪造证据的;(4)徇私舞弊,放纵、包庇犯罪分子的;(5)故意制造冤、假、错案的;(6)在侦查活动中利用职务之便谋取非法利益的;(7)非法拘禁他人或者以其他方法非法剥夺他人人身自由的;(8)非法搜查他人身体、住宅,或者非法侵入他人住宅的;(9)非法采取技术侦查措施的;(10)在侦查过程中不应当撤案而撤案的;(11)侦查人员应当回避而不回避的;(12)阻碍当事人、辩护人、诉讼代理人依法行使诉讼权利的,等等。

三、侦查监督的程序

(一)对侦查违法行为的发现

人民检察院发现公安机关和侦查人员的违法行为,主要有以下几种方式:(1)人民检察院在审查逮捕、审查起诉中,应当审查公安机关的侦查活动是否合法;(2)人民检察院根据需要可以派员参加公安机关对于重大案件的讨论和其他侦查活动,从中发现违法行为;(3)通过受理诉讼参与人对于公安机关和侦查人员侵犯其诉讼权利和人身侮辱的行为向人民检察院提出的控告并及时审查,从中发现违法行为;(4)通过审查公安机关执行人民检察院批准或者不批准逮捕决定的情况,以及释放被逮捕的犯罪嫌疑人或者变更逮捕措施的情况,发现违法行为。根据《刑事诉讼法》的有关规定,对于人民检察院批准逮捕的决定,公安机关应当立即执行,并且将执行情况及时通知人民检察院;对于人民检察院不批准逮捕的,公安机关应当在接到通知后立即释放被关押的犯罪嫌疑人,并且将执行情况及时通知人民检察院;公安机关发现对犯罪嫌疑人采取逮捕措施不当而撤销、变更逮捕措施的,应当通知原批准的人民检察院;公安机关在侦查过程中撤销案件的,如果犯罪嫌疑人已被逮捕,应当立即释放,并通知原批准的人民检察院。对于上述通知,人民检察院应当及时审查,以发现公安机关和侦查人员有无违法行为。

(二)对侦查违法行为的处理

根据最高检《规则》的有关规定,人民检察院如果发现公安机关的侦查活动有违法情况,可以分别作出以下几种处理:

1. 口头通知纠正

对于情节较轻的违法行为,检察人员可以口头方式向侦查人员或者公安机关负责人提出纠正意见,并及时向本部门负责人汇报;必要的时候,由部门负责人提出。人民检察院口头通知纠正违法的,一般不要求对方书面答复,但对于通知纠正这一情况应当记录在案。

2. 书面通知纠正

对于情节较重的违法行为,检察人员应当报请检察长批准后,向公安机关发出纠正违法通知书。人民检察院发出纠正违法通知书的,应当根据公安机关的回复,监督落实情况;没有回复的,应当督促公安机关回复。人民检察院提出的纠正意见不被接受,公安机关要求复查的,应当在收到公安机关的书面意见后7日以内进行复查。经过复查,认为纠正违法意见正确的,应当及时向上一级人民检察院报告;认为纠正违法意见错误的,应当及时撤销。

3. 进行调查核实并依法处理

在侦查、审查起诉和审判阶段,检察人员发现侦查人员以非法方法收集证据的,应当报经检察长批准,及时进行调查核实。检察人员调查完毕后,应当制作调查报告,根据查明的情况提出处理意见,报请检察长决定后依法处理。其中,办案人员在审查逮捕、审查起诉中经调查核实依法排除非法证据的,应当在调查报告中予以说明;对于确有以非法方法收集证据情形,尚未构成犯罪的,应当依法向被调查人所在机关提出纠正意见。

4. 移送有关部门依法追究刑事责任

人民检察院侦查监督部门、公诉部门发现侦查人员在侦查活动中的违法行为情节严重,构成犯罪的,应当移送本院侦查部门审查,并报告检察长。侦查部门审查后应当提出是否立案侦查的意见,报请检察长决定;对于不属于人民检察院管辖的,应当移送有管辖权的人民检察院或者其他机关处理。

由于人民检察院内部实行分工、制约关系,因此人民检察院侦查监督部门或者公诉部门对本院侦查部门侦查活动中的违法行为,应当根据情节分别处理:情节较轻的,可以直接向侦查部门提出纠正意见;情节较重或者需要追究刑事责任的,应当报告检察长决定。

四、侦查救济的概念与规定

所谓侦查救济,是指在侦查阶段,当事人和辩护人、诉讼代理人、利害关系人在自己的合法权益受到侵害时要求有关机关予以纠正或处理的一种事后性补救措施。

为了促使侦查机关和侦查人员严格依照法律规定进行侦查行为,切实保护当事人和辩护人、诉讼代理人、利害关系人的人身权和财产权,《刑事诉讼法》第115条规定了侦查救济措施。根据该条规定,当事人和辩护人、诉讼代理人、利害关系人对于司法机关及其工作人员有下列行为之一的,有权向该机关申诉或者控告:(1)采取强制措施法定期限届满,不予以释放、解除或者变更的;(2)应当退还取保候审保证金不退还的;(3)对与案件无关的财物采取查封、扣押、冻结措施的;(4)应当解除查封、扣押、冻结不解除的;(5)贪污、挪用、私分、调换、违反规定使用查封、扣押、冻结的财物的。受理申诉或者控告的机关应当及时处理。对处理不服的,可以向同级人民检察院申诉;人民检察院直接受理的案件,可以向上一级人民检察院申诉。人民检察院对申诉应当及时进行审查,情况属实的,通知有关机关予以纠正。

第十八章 起 诉

第一节 概 述

一、起诉的概念及分类

刑事诉讼中的起诉是指法定的机关或者个人,依照法律规定向有管辖权的法院提出控告,要求该法院对被指控的被告人进行审判并予以刑事制裁的一种诉讼活动或程序。以起诉的主体为标准,它分为公诉和自诉两种。

公诉是指由国家设立的专门机关和官员向法院提出诉讼请求,要求法院通过审判确定被告人刑事责任并给予相应制裁的一种诉讼活动。自诉是指由被害人或其法定代理人以及其他法律规定享有起诉权的个人或团体直接向有管辖权的法院提出追究被告人刑事责任的诉讼活动。

人类最早的起诉方式是私诉,即由被害人直接向有管辖权的司法机关控告犯罪人。随着刑事起诉制度的发展,控诉人的范围又由被害人扩大到一般民众,一般民众也可以行使控诉权,形成"公众追诉"的形式。随着社会发展,犯罪性质认识的深入、司法经验的积累以及国家职能的进一步强化,仅有私诉已不能满足解决冲突、惩罚犯罪的需要。公元14世纪,法国设立了代表国家对犯罪进行追诉的检察官及检察机关,标志着公诉制度在刑事诉讼中得到正式确认。由于公诉本身具有的优越性,它已逐渐成为世界各国刑事诉讼中的主要起诉形式。

就当今各国对刑事案件起诉权的行使情况看,存在各种追诉形态。如承认被害人进行私人追诉的被害人追诉主义,例如,德国刑事诉讼法承认对于某些轻微犯罪实行私人追诉;由警察个人进行追诉的私人追诉主义,例如,英国一直到1985年《犯罪追诉法》创立作为追诉机关的检察官制度之前,传统上就是实行这种做法;由大陪审团进行追诉的民众追诉主义,例如,美国许多州实行的都是检察官和大陪审团并行追诉的制度;以及由检察官独占犯罪追诉权的起诉独占主义,例如日本。[①] 从比较法的角度看,目前世界上不少法治国家实行的是国家追诉(公诉)和私人追诉(自诉)并存,并以公诉为主,自诉为辅的做法,例如俄罗斯、德国及我国。通常,这些国家的刑事诉讼法规定,对比较严重的犯罪必须以公诉方式起诉,而对较为轻微的犯罪交由自诉权人自主决定是否起诉。保留自

---

① 参见〔日〕田口守一:《刑事诉讼法》(第五版),张凌、于秀峰译,中国政法大学出版社2010年版,第122页。

诉的原因主要是考虑对那些罪行比较轻微、案情比较简单,主要损害个人利益的犯罪由被害人或者有关个人直接向法院起诉更有助于案件的及时审结,解决冲突,同时也有利于国家集中人力、财力追诉那些较为严重的刑事犯罪。1996年3月,我国《刑事诉讼法》修改时贯彻了公诉为主、自诉为辅的原则,同时适当扩大了自诉案件范围,对此2012年《刑事诉讼法》修改时保留不变。

二、起诉的任务和意义

起诉的任务在于通过享有起诉权的机关或个人依据事实和法律向有管辖权的法院提出请求,并提供相关证据证明,支持其诉讼请求,从而追究被告人刑事责任。在现代刑事诉讼中,起诉的意义有以下几点:

第一,发动审判程序。"不告不理"是现代刑事诉讼程序的一项基本原则,即审判以起诉为前提和基础,没有起诉方的起诉,法院不能主动追究犯罪,这也是现代刑事诉讼区别于封建社会"纠问式诉讼"的一个基本点。起诉方起诉以后,受诉法院才获得对起诉案件进行审判的权力,控辩双方也才有权对受诉案件进行诉讼活动并承担法院裁判的义务。

第二,从诉讼职能上讲,起诉是现代刑事诉讼三大主要职能之一——控诉职能的履行方式。

第三,从效力上看,起诉限制法院对案件的审判范围。控审分离原则要求法院审判范围受起诉范围的制约,即法院不得审判未经起诉的被告人和未经起诉的犯罪,必须保持审判对象与起诉的同一性。

第二节 审查起诉

一、审查起诉的概念和意义

审查起诉是指人民检察院对侦查机关或侦查部门侦查终结移送起诉的案件受理后,依法对侦查机关或侦查部门认定的犯罪事实和证据、犯罪性质以及适用的法律等进行审查核实,并作出处理决定的一项诉讼活动。其内容包括:对移送起诉案件的受理;对案件的实体问题和程序问题进行全面审查,监督侦查机关或侦查部门的侦查活动,纠正违法情况;通过审查依法作出起诉或不起诉决定等。

我国《刑事诉讼法》第167条规定:"凡需要提起公诉的案件,一律由人民检察院审查决定。"这一规定表明,在公诉案件中,人民检察院作为公诉机关,是代表国家对犯罪追诉的唯一机关,其他任何机关、团体、组织或个人都无权行使此项权力,体现了社会主义法制的统一性和严肃性。

审查起诉是刑事公诉案件的必经程序,是连接侦查和审判程序的纽带,对于刑事案件的正确处理,实现刑事诉讼的任务具有重要意义:其一,对审判程序而言,它是人民检察院实现法庭公诉职能的最基本的准备工作。通过审查和必要的补充侦查,做到案件事实清楚,证据确实充分,符合起诉条件的依法提起公诉,为在法庭上揭露、证实犯罪,请求法院依法惩罚犯罪分子做好充分的准备。其二,相对于侦查程序而言,审查起诉作为刑事诉讼的"第二道工序",对侦查工作成果进行质量检验和把关。监督侦查活动是否合法,发现侦查活动有违反法律的情况时,应当及时提出纠正意见,对认为可能存在《刑事诉讼法》第54条规定的以非法方法收集证据情形的,要求公安机关对证据收集的合法性作出说明,从而督促侦查机关严格依法办案。其三,通过审查起诉,查清案件事实,对符合起诉条件的依法提起公诉,不符合起诉条件的依法作出不起诉决定,保证了起诉的公正性和准确性,防止将无罪的人、依法不需要追究刑事责任的人以及指控犯罪证据不足的人交付审判,从而保障公民的合法权益,节约诉讼资源。

二、受理移送起诉的案件

受理是指人民检察院审查起诉部门对公安机关和本院侦查部门移送审查起诉的案件经过初步的程序性审查后的接受。根据最高检《规则》规定,初步审查的内容包括:起诉意见书以及案卷材料是否齐备,案卷装订、移送是否符合有关要求和规定,诉讼文书、技术性鉴定材料是否装订成卷;移送的实物与物品清单是否相符,对作为证据使用的实物是否随案移送;犯罪嫌疑人是否在案以及采取强制措施的情况;是否属于本院管辖等。

检察院案件管理部门通过初步审查,根据案件不同情况作出以下处理:

(1) 认为具备受理条件的,应当及时进行登记,并立即将案卷材料和案件受理登记表移送相关办案部门办理。

(2) 经审查,认为案卷材料不齐备的,应当及时要求移送案件的单位补送相关材料。对于案卷装订不符合要求的,应当要求移送案件的单位重新装订后移送。

(3) 对于移送审查起诉的案件,如果犯罪嫌疑人在逃的,应当要求公安机关采取措施保证犯罪嫌疑人到案后再移送审查起诉。共同犯罪案件中部分犯罪嫌疑人在逃的,对在案的犯罪嫌疑人的审查起诉应当依法进行。

(4) 公诉部门收到移送审查起诉的案件后,经审查认为不属于本院管辖的,应当在5日以内经由案件管理部门移送有管辖权的人民检察院。认为属于上级人民法院管辖的第一审案件的,应当报送上一级人民检察院,同时通知移送审查起诉的公安机关;认为属于同级其他人民法院管辖的第一审案件的,应当移送有管辖权的人民检察院或者报送共同的上级人民检察院指定管辖,同时通知移送审查起诉的公安机关。上级人民检察院受理同级公安机关移送审查起诉案件,认为属于下级人民法院管辖的,可以交下级人民检察院审查,由下级人民检察院向同级人民法院提起公诉,同时通知移送审查起诉的公安机关。一人犯数罪、共同犯罪和其他需要并案审理的案件,只要其中一人或者一罪属于上级人民检察院管辖的,全案由上级人民检察院审查起诉。需要依照《刑事诉讼法》的规定指定审判管辖的,人民检察院应当在侦查机关移送审查起诉前协商同级人民法院办理指定管辖有关事宜。

三、审查的内容

依据我国《刑事诉讼法》第168条和相关司法解释的规定,人民检察院审查移送审查起诉的案件,必须查明:

第一,犯罪嫌疑人身份状况是否清楚。身份状况包括姓名、性别、国籍、出生年月日、职业和单位等。单位犯罪的,单位的相关情况是否清楚。

第二,犯罪事实、情节是否清楚。犯罪事实和犯罪情节,是正确处理案件和决定应否提起公诉的关键,也是正确适用法律的前提。因此,检察机关必须依照刑法对犯罪构成的规定,全面查明犯罪嫌疑人的犯罪事实和影响定罪量刑的各个具体情节,做到犯罪事实、情节清楚、明确,并且在此基础上,审查侦查机关或侦查部门移送起诉意见书中认定的犯罪性质和罪名是否正确、恰当。检察机关在审查犯罪性质和罪名时不受侦查机关或侦查部门移送起诉意见书中所认定的犯罪性质和罪名的影响,而是按照法律规定,严格把关,公正、客观地追究犯罪嫌疑人的刑事责任;在共同犯罪案件中,还必须查明各个犯罪嫌疑人在共同犯罪中的地位、作用,分清主犯、从犯、胁从犯和教唆犯等。

第三,案卷材料、证据是否随案移送。证明犯罪事实的证据材料包括采取技术侦查措施的决定书及证据材料是否随案移送;证明相关财产系违法所得的证据材料是否随案移送;不宜移送的证据的清单、复制件、照片或者其他证明文件是否随案移送。根据《刑事诉讼法》第160条的规定,公安机关对侦查终结需要追究犯罪的案件,应当写出起诉意见书,连同案卷材料、证据一并移送同级人民检察院审查决定。

第四,证据是否确实、充分,是否依法收集,有无应当排除非法证据的情形。侦查的各种法律手续和诉讼文书是否完备。证据是认定犯罪事实和情节的依据,要做到犯罪事实、情节清楚,必须有确实、充分的证据予以证明。检察机关在审查时,首先,要对有关证据资料的真实性、客观性、合法性进行审查,看其是否伪造、虚假,只有客观、真实的事实才有可能作为证据,只有合法收集的证据资料才有证据能力;其次,要审查证据事实是否与案件事实相关,有无证明力,证据是否全面充分。在审查时,不仅要注意证明犯罪嫌疑人有罪和罪重的证据,而且还要同样注意证明犯罪嫌疑人无罪或罪轻的证据。

第五,有无遗漏罪行和其他应当追究刑事责任的人。在"控审分离""不告不理"的现代刑事诉讼中,起诉范围限制审判范围,因而全面、正确的起诉直接关系到审判的质量和对犯罪行为的打击、追诉。检察机关在审查时要注意查明犯罪嫌疑人的全部事实,在共同犯罪案件中要注意查明是否还有其他应当追究刑事责任者。一旦发现犯罪嫌疑人还有其他遗漏罪行或者其他应当追究刑事责任的人,即应退回公安机关补充侦查,或者自行补充侦查。

第六,是否有属于不应当追究刑事责任的情形。保障无罪的人或者依法不应追究刑事责任的人不受到错误追究,是刑事诉讼的基本要求。因此,人民检察院在审查案件时,必须注意查明犯罪嫌疑人有无《刑事诉讼法》第15条规定的六种不应追究刑事责任的情形,一经查明有其中情形之一的,应当作出不起诉决定。

第七,有无附带民事诉讼,对于国家财产、集体财产遭受损失的,是否需要由人民检察院提起附带民事诉讼。刑事附带民事诉讼制度的目的,在于追究被告人刑事责任的同时追究其应当承担的民事赔偿责任,从而全面保护国家、集体利益和公民的合法权益。《刑事诉讼法》第99条规定:"被害人由于被告人的犯罪行为而遭受物质损失的,在刑事诉讼过程中,有权提起附带民事诉讼。被害人死亡或者丧失行为能力的,被害人的法定代理人、近亲属有权提起附带民事诉讼。如果是国家财产、集体财产遭受损失的,人民检察院在提起公诉的时候,可以提起附带民事诉讼。"因此,人民检察院在审查时,要查明犯罪嫌疑人的犯罪行为是否给被害人造成了物质损失,被害人是否提起了附带民事诉讼,已经提起的,应保护被害人的诉讼请求,没有提起的,应告知被害人有权提起。如果查明国家、集体财产因犯罪行为而遭受损失,人民检察院可在提起公诉的同时一并提起附带民事诉讼。

第八,采取的强制措施是否适当,对于已经逮捕的犯罪嫌疑人,有无继续羁押的必要。我国《刑事诉讼法》规定了五种强制措施,每一种都有严格的法定适用条件,条件各不相同。并且,刑事诉讼强制措施的适用也不是一成不变的,随着诉讼进程,案件事实的查明,适用条件的变化,可能需要撤销、变更或解除。因而,人民检察院在审查时,要依据刑事诉讼强制措施的法定条件对已采取的强制措施进行审查,如有不当的,应依法予以撤销、变更或解除。

第九,侦查活动是否合法。人民检察院是国家专门的法律监督机关,对整个刑事诉讼活动实施法律监督。通过对公诉案件的审查,监督侦查机关的侦查活动,是人民检察院实现其检察监督职能的重要途径。检察机关在审查时应注意侦查人员的侦查活动是否符合法定程序、法律手续是否完备,特别要注意审查侦查活动中有无刑讯逼供、超期羁押和以威胁、引诱、欺骗以及其他非法方法收集证据的情况。发现侦查活动有违法情况时,应及时提出纠正意见,构成犯罪的,依法立案追究刑事责任。

第十,涉案款物是否查封、扣押、冻结并妥善保管,清单是否齐备;对被害人合法财产的返还和对违禁品或者不宜长期保存的物品的处理是否妥当,移送的证明文件是否完备。

四、审查的步骤和方法

根据我国《刑事诉讼法》和其他的有关规定,人民检察院对移送起诉案件审查的基本步骤和方法是:

(一) 审阅案卷材料

审阅案卷材料是办案人员接到案卷后的第一步工作。侦查机关或侦查部门移送的案卷材料是办案人员了解、掌握案情的基础。最高检《规则》第360条第2款规定,办案人员应当全面审阅案卷材料,必要时制作阅卷笔录。对于物证、书证、视听资料、勘验检查笔录存在的疑问,可以要求侦查人员提供相关的情况说明,必要时也可以询问提供证据材料的人员或进行技术鉴定。对证人证言笔录中存在的疑点或认为对证人的询问不够全面具体的,可以再次对证人进行询问调查,并制作笔录。

(二) 讯问犯罪嫌疑人

《刑事诉讼法》第170条规定:人民检察院审查案件,应当讯问犯罪嫌疑人。这一规定表明讯问犯罪嫌疑人是办案人员审查案件的必经程序。在审查起诉阶段讯问犯罪嫌疑人的目的,在于通过办案人员直接听取犯罪嫌疑人的供述和辩解,核实犯罪嫌疑人在侦查阶段口供的可靠性,分析口供与其他证据之间有无矛盾,查清犯罪事实和情节的具体细节,以便正确认定犯罪性质和罪名,同时了解犯罪嫌疑人的思想动态、认罪悔罪态度和是否聘请律师辩护等情况。通过办案人员直接讯问,还可以发现有无遗漏罪行和其他应当追究刑事责任的人,发现侦查人员在侦查活动中有无刑讯逼供、诱供、骗供等违法情况。最高检《规则》第364条第1款规定,人民检察院审查案件应当讯问犯罪嫌疑人,并制作笔录附卷。

(三) 听取被害人意见

《刑事诉讼法》第170条规定:人民检察院审查案件,应当听取被害人意见。最高检《规则》第365条规定,对于无法直接听取被害人意见的,可以通知被害人提出书面意见,在指定期限内未提出意见的,应当记录在案。办案人员直接听取被害人的意见包括两个方面的内容:一是通过询问被害人进一步查清案件事实,核实其他证据;二是听取被害人关于案件处理的意见以及对惩罚犯罪的要求,告知被害人有权就因犯罪行为遭受的物质损害提起附带民事诉讼。

(四) 听取辩护人和诉讼代理人的意见

《刑事诉讼法》第170条规定,人民检察院审查案件,应当听取辩护人、被害人及其诉讼代理人的意见,并记录在案。辩护人、被害人及其诉讼代理人提出书面意见的,应当附卷。最高检《规则》第365条规定,直接听取辩护人、被害人及其诉讼代理人的意见有困难的,可以通知辩护人、被害人及其诉讼代理人提出书面意见,在指定期限内未提出意见的,应当记录在案。因此,听取被害人、犯罪嫌疑人委托人的意见是人民检察院审查案件的必经程序,对相关口头意见应记录在案,对相关书面意见应附卷保存。

(五) 补充侦查

根据《刑事诉讼法》第171条第2款的规定,在审查起诉阶段的补充侦查,是指人民检察院通过审查发现案件事实不清、证据不足或遗漏罪行、同案犯罪嫌疑人等情形,不能作出提起公诉或者不起诉决定,而采取的补充进行有关专门调查等工作的一项诉讼活动。补充侦查的目的在于查清有关事实和证据,以决定是否将犯罪嫌疑人交付审判。这里所说补充侦查,包括两种情况:一是指人民检察院自行补充侦查,其适用情形包括:非主要的犯罪事实、情节不清,证据不足,侦查机关侦查活动有违法情况,人民检察院在事实和证据认定上与侦查机关有较大分歧,以及案件已经过退查仍未查清的案件等。二是检察院退回公安机关补充侦查,这主要适用于主要犯罪事实不清、证据不足,或者遗漏了重要犯罪事实,遗漏了应当追究刑事责任的同案犯罪嫌疑人,或者需要采用技术性较强的专门侦查手段才能查清事实的案件等。

需要指出,根据《刑事诉讼法》第171条第1款规定,人民检察院审查案件,可以要求公安机关提供法庭审判所必需的证据材料;认为可能存在本法第54条规定的以非法方法收集证据情形的,可以要求其对证据收集的合法性作出说明。这是《刑事诉讼法》配合庭审方式改革而作出的相应规定,也是审查起诉阶段适用非法证据排除规则的具体要求。从配合庭审方式改革角度,在公诉案件庭审中,公诉人负有举证证明被告人犯有被指控罪行的责任,公诉人要当庭向法庭出示物证、书证等各种证据材料,让当事人辨认、质证。因此,对于公安机关侦查终结移送起诉的案件,人民检察院在进行审查时,如果发现公安机关提供的证据不足以支持检察机关提起控诉,可以要求公安机关提供法庭审判所必需的证据材料。实质上,这是将检察机关审查起诉职能与职权予以强化的重要方式。《刑事诉讼法》第132条还规定,人民检察院审查案件的时候,对公安机关的勘验、检查,认为需要复验、复查时,可以要求公安机关复验、复查,并且可以派检察人员参加。最高检《规则》规定,认为对犯罪嫌疑人或被害人需要进行医学鉴定的,应当要求公安机关进行或者交由公安机关移送有鉴定资格的医学机构进行。必要时可以由人民检察院进行或者由人民检察院送交有鉴定资格的医学机构进行。这些规定对于公安机关、人民检察院做好补充侦查,查明案件事实具有重要作用。同时,根据《刑事诉讼法》第54条第2款规定,检察机关在审查起诉时发现有应当排除的证据的,应当依法予以排除,不得作为起诉决定的依据。因此,对检察机关而言,需要对证据的合法性进行充分审查,而要求公安机关就证据收集的合法性作出说明是重要途径之一。

五、审查的期限

为了迅速、及时地审查完案件,查清案件事实,追究犯罪,保障无罪的人和依法不应追究刑事责任的人的合法权益,人民检察院对移送起诉案件的审查必须在一定期限内完成。我国《刑事诉讼法》规定,人民检察院对于公安机关移送起诉的案件,应当在 1 个月内作出决定,重大复杂案件,可以延长半个月。对于补充侦查的案件,应当在 1 个月内补充侦查完毕,补充侦查以两次为限,补充侦查完毕移送人民检察院后,人民检察院重新计算审查起诉期限。人民检察院审查起诉的案件,改变管辖的,从改变后的人民检察院收到案件之日起计算审查起诉期限。

六、审查后的处理

人民检察院对案件进行审查后,认为犯罪事实已经查清,证据确实、充分,依法应当追究刑事责任的,应当作出起诉决定,按照审判管辖的规定,向人民法院提起公诉,并将案卷材料、证据移送人民法院。如果认为犯罪嫌疑人没有犯罪事实,或者有我国《刑事诉讼法》第 15 条规定的情形之一的,应当作出不起诉决定,对于犯罪情节轻微,依照《刑法》规定不需要判处刑罚或者免除刑罚的,可以作出不起诉决定。

第三节 提起公诉

一、提起公诉的概念和条件

根据我国《刑事诉讼法》第 172 条的规定,提起公诉是人民检察院代表国家将犯罪嫌疑人提交人民法院,要求人民法院通过审判追究其刑事责任的一种诉讼活动。人民检察院作出提起公诉的决定后,犯罪嫌疑人的诉讼地位转变为刑事被告人。提起公诉的条件有以下几个方面:

(1) 犯罪嫌疑人的犯罪事实已经查清,证据确实、充分。

犯罪事实是正确定罪量刑的基础,只有在犯罪事实清楚,并有确实、充分的证据证明的情况下才能依法决定提起公诉。根据有关规定,具有下列情形之一的,可以确认犯罪事实已经查清:第一,属于单一罪行的案件,查清的事实足以定罪量刑或者与定罪量刑有关的事实已经查清,不影响定罪量刑的事实无法查清的;第二,属于数个罪行的案件,部分罪行已经查清并符合起诉的条件,其他罪行无法查清的,应以已经查清的罪行起诉;第三,无法查清作案工具、赃物去向,但有其他证据足以对被告人定罪量刑的;第四,证人证言、犯罪嫌疑人供述和辩解、被害人陈述的内容中主要情节一致,只有个别情节不一致且不影响定罪的。在共同犯罪案件中,有的犯罪嫌疑人在逃,为及时惩罚已经归案并已查清犯罪事实的犯罪分子,应当对其先起诉和审判;在逃嫌疑犯归案并查清犯罪事实以后,再另案起诉。

(2) 对犯罪嫌疑人应当依法追究刑事责任。

如果犯罪嫌疑人的行为具有我国《刑事诉讼法》第 15 条规定的六种情形之一的,不追究刑事责任,不能作出提起公诉的决定。

(3) 人民检察院提起公诉应当符合审判管辖的规定。

前述两个方面是提起公诉的实体性要求,这一方面则是对人民检察院提起公诉的程序性要求。也就是说,人民检察院作出起诉决定后,应当向有管辖权的法院提起公诉。公诉必须符合级别管辖、专门管辖、地域管辖的规定,向没有管辖权的法院提起公诉将不被受理,不能启动审判程序。

有两个问题需要说明:一是对犯罪嫌疑人提起公诉,必须同时具备上述三个条件,缺少其中任何一个条件的提起公诉都是不符合法律规定的;二是我国《刑事诉讼法》对人民检察院决定提起公诉的案件在事实和证据上的要求是"人民检察院认为犯罪嫌疑人的犯罪事实已经查清,证据确实、充分"。这里,《刑事诉讼法》对事实和证据的要求前面加上了"人民检察院认为"这样带有主观色彩的限制词,区别于《刑事诉讼法》第 195 条关于对有罪判决的判决条件的规定:案件事实清楚,证据确实、充分。《刑事诉讼法》之所以这样规定是基于起诉阶段所获取的证据材料有可能少于人民法院判决时获得的证据材料,同时,也与贯彻《刑事诉讼法》第 12 条确立的"未经人民法院依法判决,对任何人不得确定有罪"这一原则相适应。

二、起诉书的制作和案件移送

人民检察院作出起诉决定后,应当制作起诉书。起诉书是人民检察院代表国家正式向人民法院提出追究被告人刑事责任的重要司法文书,它是人民检察院代表国家提起公诉的书面依据,是人民法院对被告人行使审判权的前提,同时也是法庭调查和辩论的基础。因此,起诉书的制作是一项十分严肃细致的工作,必须严格按照案件事实和法律要求进行。其基本要求是:案件事实清楚,文字简练,表述准确、严谨,格式规范,引用法律全面、准确、恰当。

具体而言,根据有关规定,起诉书的内容主要包括以下部分:

(1) 首部。首部主要是制作该文书的人民检察院名称,文书编号等。

(2) 被告人的基本情况。包括姓名、性别、出生年月日、出生地、身份证号码、民族、文化程度、职业、住址,是否受过刑事处罚,采取强制措施的情况以及在押被告人的关押处所等;如果是单位犯罪,应写明犯罪单位的名称,所在地址,法定代表人或代表的姓名、职务;如果还有应负刑事责任的直接负责的主管人员或其他直接责任人员也应按上述被告人基本情况的内容叙写。如果被告人真实姓名、住址无法查清的,应当按其绰号或者自报的姓名、自报的年龄制作起诉书,并在起诉书中注明。被告人自报的姓名可能造成损害他人名誉、败坏道德风俗等不良影响的,可以对被告人编号并按编号制作起诉书,在起诉书中附具被告人的照片,记明足以确定被告人面貌、体格、指纹以及其他反映被告人特征的事项。

(3) 案由和案件来源。案由通常是案件的内容提要,一般只写出犯罪主体和认定的罪名。案件来源,主要是指该案是由公安机关侦查终结移送起诉的,还是人民检察院侦查部门自行侦查终结的案件。人民检察院自行侦查终结的案件,一般写明"经本院侦查终结",公安机关侦查终结的应写明公安机关名称,案件移送的时间、要求、过程等。

(4) 案件事实。包括犯罪的时间、地点、经过、手段、动机、目的、危害后果等与定罪量刑有关的事实要素。起诉书叙述的指控犯罪事实的必备要素应当明晰、准确。被告人被控有多项犯罪事实的,应当逐一列举,对于犯罪手段相同的同一犯罪也可以概括叙写。

(5) 起诉的根据和理由。包括被告人触犯的刑法条款、犯罪的性质、法定从轻、减轻或者从重处罚的情节、共同犯罪中被告人应负的罪责等。

(6) 尾部。写明起诉书送达的人民法院名称,本案承办人的法律职务和姓名,制作起诉书的年、月、日,并加盖人民检察院公章。

(7) 附项。这部分写明被告人住址或羁押场所,证人名单及其住址或单位地址,鉴定人的住址或单位地址,随案移送案卷的册数、页数,随案移送的赃物、证物。

人民检察院向人民法院提起公诉时,应当将案卷材料、证据移送给人民法院。

三、公诉案件适用简易程序的提起

简易程序,是指基层人民法院对某些事实清楚、情节简单、罪行比较轻微的刑事案件,在审判时适用的比普通第一审程序相对简化的程序。

我国《刑事诉讼法》第208条规定:"基层人民法院管辖的案件,符合下列条件的,可以适用简易程序审判:(一) 案件事实清楚、证据充分的;(二) 被告人承认自己所犯罪行,对指控的犯罪事实没有异议的;(三) 被告人对适用简易程序没有异议。人民检察院在提起公诉的时候,可以建议人民法院适用简易程序。"即人民检察院对适用简易程序具有建议的权力,但是否适用简易程序由人民法院根据第208条的规定决定。

第四节 不 起 诉

一、不起诉的概念

不起诉,是指人民检察院对公安机关侦查终结移送起诉的案件和自行侦查终结的案件进行审查后,认为犯罪嫌疑人的行为不符合起诉条件或者没有必要起诉的,依法作出不将犯罪嫌疑人提交人民法院进行审判、追究刑事责任的一种处理决定。不起诉是人民检察院对案件审查后依法作出的处理结果之一,其性质是人民检察院对其认定的不应追究、不需要追究或者无法追究刑事责任的犯罪嫌疑人所作的一种诉讼处分。它的法律效力在于不将案件交付人民法院审判,从而在审查起诉阶段终止刑事诉讼。对于犯罪嫌疑人而言,不起诉决定意味着其行为在法律上是无罪的。

我国1979年《刑事诉讼法》第101条规定,依照《刑法》规定不需要判处刑罚或者免除刑罚的,人民检察院可以免予起诉。由于免予起诉制度的实质是未经人民法院审判而由人民检察院对被告人进行实体定罪但又不予追诉的一种处分,其具有与人民法院的定罪免刑判决相同的法律效力,侵犯了法院定罪权,不符合现代法治原则。因此我国1996年《刑事诉讼法》废除了该制度,不仅将原来适用于免予起诉的一些情形归入不起诉的范围内,扩大了不起诉的适用范围,同时在基本原则部分增加规定:"未经人民法院依法判决,对任何人都不得确定有罪"。我国2012年《刑事诉讼法》修改时对此保留不变。

二、不起诉的种类和适用条件

我国《刑事诉讼法》第173条第1款规定:"犯罪嫌疑人没有犯罪事实,或者有本法第15条规定的情形之一的,人民检察院应当作出不起诉决定。"第2款规定:"对于犯罪情节轻微,依照刑法规定不需要判处刑罚或者免除刑罚的,人民检察院可以作出不起诉决定。"第171条第4款规定:"对于二次补充侦查的案件,人民检察院仍然认为证据不足,不符合起诉条件的,应当作出不起诉的决定。"第271条第1款规定:"对于未成年人涉嫌刑法分则第四章、第五章、第六章规定的犯罪,可能判处1年有期徒刑以下刑罚,符合起诉条件,但有悔罪表现的,人民检察院可以作出附条件不起诉的决定……"可见,我国《刑事诉讼法》规定的不起诉制度可以分为四种,即法定不起诉、酌定不起诉、证据不足不起诉和附条件不起诉。这几种不起诉适用的条件各不相同(附条件不起诉详见本书第二十四章"未成年人刑事案件诉讼程序")。

(一)法定不起诉

法定不起诉又称绝对不起诉,指《刑事诉讼法》第173条第1款规定的不起诉。所谓法定,是指法律规定的"应当",即凡是犯罪嫌疑人没有犯罪事实,或具有《刑事诉讼法》第15条规定情形之一的,人民检察院应当作出不起诉决定,检察机关不享有作出起诉决定或者不起诉决定的自由裁量权,只能依法作出不起诉决定。根据《刑事诉讼法》第15条及第173条的规定,法定不起诉适用于以下七种情形:

(1)犯罪嫌疑人没有犯罪事实的;

(2)情节显著轻微、危害不大,不认为是犯罪的;

(3) 犯罪已过追诉时效期限的；
(4) 经特赦令免除刑罚的；
(5) 依照刑法告诉才处理的犯罪,没有告诉或者撤回告诉的；
(6) 犯罪嫌疑人、被告人死亡的；
(7) 其他法律规定免予追究刑事责任的。

(二) 酌定不起诉

酌定不起诉又称相对不起诉,是指《刑事诉讼法》第 173 条第 2 款规定的不起诉。所谓酌定,是指法律规定的"可以",即人民检察院对于起诉与否享有自由裁量权,对于符合条件的,既可以作出起诉决定,也可以作出不起诉决定。

从国外的情况看,对于符合起诉条件的案件是否提起公诉有两种做法:一种是起诉法定主义,它是指只要犯罪嫌疑人符合法律规定的起诉条件,公诉机关就必须提起公诉,不享有根据案件具体情况而对起诉与否进行自由裁量的权力。如《德国刑事诉讼法》第 152 第 2 项规定:"除法律另有规定外,在有足够的事实根据时,检察院负有对所有可以予以追究的犯罪行为作出行动的义务。"① 另一种是起诉便宜主义,它是指虽有足够的证据证明确有犯罪事实,并且具备起诉的条件,但公诉机关斟酌各种情形,认为不需要处刑时,可以裁量决定不起诉。起诉便宜主义,在日本刑事诉讼中称为"起诉犹豫",《日本刑事诉讼法》第 248 条规定,根据犯罪人的性格、年龄、境遇和犯罪的轻重、情节以及犯罪后的情况,公诉机关认为没有必要提起公诉时,可以不提起公诉。② 起诉便宜主义赋予公诉机关一定的自由裁量权,利于区别犯罪人及犯罪的具体情况给予适当处理,从而有利于犯罪分子的更新改造。所以自 20 世纪初期刑罚的目的刑理论取代报应刑理论后,起诉便宜主义逐渐被国际社会所承认。目前,英国、美国、法国、德国、意大利、俄罗斯、比利时、瑞典等国家均不同程度地确认公诉机关享有一定的自由裁量权。我国《刑事诉讼法》借鉴了国际社会这一普遍做法,规定了酌定不起诉这一做法。

从《刑事诉讼法》规定看,酌定不起诉的适用必须同时具备两个条件:一是犯罪嫌疑人的行为已构成犯罪,应当负刑事责任;二是犯罪行为情节轻微,依照《刑法》规定不需要判处刑罚或者免除刑罚。依据《刑法》和《刑事诉讼法》规定,以下几种情形可以适用这种不起诉:

(1) 犯罪嫌疑人在我国领域外犯罪,依照我国刑法应当负刑事责任,但在外国已经受过刑事处罚的(《刑法》第 10 条)；
(2) 犯罪嫌疑人又聋又哑,或者是盲人的(《刑法》第 19 条)；
(3) 犯罪嫌疑人因正当防卫或紧急避险过当而犯罪的(《刑法》第 20 条、第

---

① 《德国刑事诉讼法典》,李昌珂译,中国政法大学出版社 1995 年版。
② 《日本刑事诉讼法》,宋英辉译,中国政法大学出版社 2000 年版。

21条);

(4) 为犯罪准备工具,制造条件的(《刑法》第22条);

(5) 在犯罪过程中自动中止犯罪或者自动有效防止犯罪结果发生,没有造成损害的(《刑法》第24条);

(6) 在共同犯罪中,起次要或辅助作用的(《刑法》第27条);

(7) 被胁迫参加犯罪的(《刑法》第28条);

(8) 犯罪嫌疑人自首或者有重大立功表现或者自首后又有重大立功表现的(《刑法》第67条、第68条);

(9) 双方当事人达成和解协议的,符合法律规定不起诉条件的(《刑事诉讼法》第279条,《规则》第520条)。

值得注意的是,人民检察院在确认犯罪嫌疑人具有上述情形之一后,还必须在犯罪情节轻微的前提条件下才能考虑适用不起诉。也就是说,人民检察院要根据犯罪嫌疑人的年龄、犯罪目的和动机、犯罪手段、危害后果、悔罪表现以及一贯表现等进行综合考虑,只有在确实认为不起诉比起诉更为有利时,才能作出不起诉决定。

酌定不起诉体现了人民检察院的起诉自由裁量权,从实践中的情况来看,人民检察院根据犯罪嫌疑人的犯罪情节及案件的具体情况,通过酌定不起诉停止追究犯罪嫌疑人的刑事责任,在审查起诉阶段贯彻落实"宽严相济"的刑事司法政策,教育、挽救了犯罪嫌疑人,节约了诉讼资源,取得了很好的社会效果。近年来,检察机关在积极探讨酌定不起诉的适用条件和具体方式,以提高其适用效果。我们认为,《刑事诉讼法》进一步修改时应当吸收地方检察机关的一些合理做法,如适当扩大酌定不起诉的适用范围,使检察机关在审查起诉阶段能够更好地贯彻落实"宽严相济"的刑事司法政策,促进社会和谐。

(三) 证据不足不起诉

《刑事诉讼法》第171条第4款规定,对于二次补充侦查的案件,人民检察院仍然认为证据不足,不符合起诉条件的,应当作出不起诉的决定。

依据最高检《规则》的规定,具有下列情形之一,不能确定犯罪嫌疑人构成犯罪和需要追究刑事责任的,属于证据不足,不符合起诉条件:

(1) 犯罪构成要件事实缺乏必要的证据予以证明的;

(2) 据以定罪的证据存在疑问,无法查证属实的;

(3) 据以定罪的证据之间、证据与案件事实之间的矛盾不能合理排除的;

(4) 根据证据得出的结论具有其他可能性,不能排除合理怀疑的;

(5) 根据证据认定案件事实不符合逻辑和经验法则,得出的结论明显不符合常理的。

需要说明的是,刑事诉讼法规定适用此种不起诉的前提是案件必须经过补充侦查。补充侦查应当在1个月内补充侦查完毕,补充侦查以两次为限。经过第一次补充侦查,认为证据不足,不符合起诉条件,且没有退回补充侦查必要的,检察机关可以作出不起诉决定,也可以退回补充侦查;经过第二次补充侦查,证据仍然不足,检察院应当作出不起诉决定。此制度贯彻了"疑罪从无"的现代刑事诉讼原则,标志着我国刑事司法领域人权保护的重大进步。

三、不起诉的程序

（一）不起诉决定书的制作和送达

人民检察院作出不起诉决定后,应当制作不起诉决定书。不起诉决定书是人民检察院代表国家依法确认不追究犯罪嫌疑人刑事责任的决定性法律文书,具有终止刑事诉讼的法律效力。其主要内容包括：

（1）被不起诉人的基本情况,包括姓名、性别、出生年月日、出生地和户籍地、民族、文化程度、职业、工作单位及职务、住址、身份证号码,是否受过刑事处分,采取强制措施的情况以及羁押处所等；如果是单位犯罪,应当写明犯罪单位的名称和组织机构代码、所在地址、联系方式,法定代表人和诉讼代表人的姓名、职务、联系方式；

（2）案由和案件来源；

（3）案件事实,包括否定或者指控被不起诉人构成犯罪的事实以及作为不起诉决定根据的事实；

（4）不起诉的法律根据和理由,写明作出不起诉决定适用的法律条款；

（5）查封、扣押、冻结的涉案款物的处理情况；

（6）有关告知事项。

不起诉的决定由人民检察院公开宣布,公开宣布不起诉决定的活动应当载入笔录。不起诉决定书自公开宣布之日起生效。

不起诉决定书应当送达被不起诉人和他的所在单位,并告知被不起诉人如果对不起诉决定不服,可以向人民检察院申诉。如果被不起诉人在押,应当立即释放。对于公安机关移送起诉的案件,应当将不起诉决定书送达公安机关。对于有被害人的案件,应当将不起诉决定书送达被害人或者其近亲属及其诉讼代理人,并告知如果对不起诉决定不服,可以向人民检察院申诉或者向人民法院起诉。

（二）被不起诉人和涉案财物的处理

依据我国《刑事诉讼法》第173条第3款规定,人民检察院决定不起诉的案件,应当同时对侦查中查封、扣押、冻结的财物解除查封、扣押、冻结。最高检《规则》第409条规定,人民检察院决定不起诉的案件,可以根据案件的不同情况,对被不起诉人予以训诫或者责令具结悔过、赔礼道歉、赔偿损失。对被不起诉人需要给予行政处罚、行政处分的,人民检察院应当提出检察意见,连同不起诉决定书一并移送有关主管机关处理并要求有关主管机关及时通报处理情况。

（三）对不起诉决定的申诉、复议和复核

关于不起诉决定的申诉、复议和复核，我国《刑事诉讼法》第175条至第177条作出了具体的规定。《刑事诉讼法》第175条规定，对于公安机关移送起诉的案件，人民检察院决定不起诉的，应当将不起诉决定书送达公安机关。公安机关认为不起诉的决定有错误的时候，可以要求复议。最高检《规则》第415条规定，公安机关认为不起诉决定有错误，要求复议的，人民检察院公诉部门应当另行指定检察人员进行审查并提出审查意见，经公诉部门负责人审核，报请检察长或者检察委员会决定。人民检察院应当在收到要求复议意见书后的30日以内作出复议决定，通知公安机关。如果人民检察院维持不起诉决定，公安机关仍然不服，可以向上一级人民检察院提请复核。最高检《规则》第416条规定，上一级人民检察院收到公安机关对不起诉决定提请复核的意见书后，应当交由公诉部门办理。公诉部门指定检察人员进行审查并提出审查意见，经公诉部门负责人审核，报请检察长或者检察委员会决定。上一级人民检察院应当在收到提请复核意见书后的30日以内作出决定，制作复核决定书送交提请复核的公安机关和下级人民检察院。经复核改变下级人民检察院不起诉决定的，应当撤销或者变更下级人民检察院作出的不起诉决定，交由下级人民检察院执行。

最高检《规则》第412条至第419条规定，不起诉的决定，由人民检察院公开宣布，并将不起诉决定书送达被害人或者其近亲属及其诉讼代理人、被不起诉人及其辩护人以及被不起诉人的所在单位。送达时，应当告知被害人或者其近亲属及其诉讼代理人，如果对不起诉决定不服，可以自收到不起诉决定书后7日以内向上一级人民检察院申诉，也可以不经申诉，直接向人民法院起诉。被害人不服不起诉决定的，在收到不起诉决定书后7日以内申诉的，由作出不起诉决定的人民检察院的上一级人民检察院刑事申诉检察部门立案复查。被害人向作出不起诉决定的人民检察院提出申诉的，作出决定的人民检察院应当将申诉材料连同案卷一并报送上一级人民检察院。被害人不服不起诉决定，在收到不起诉决定书7日后提出申诉的，由作出不起诉决定的人民检察院刑事申诉检察部门审查后决定是否立案复查。刑事申诉检察部门复查后应当提出复查意见，报请检察长作出复查决定。复查决定书应当送达被害人、被不起诉人和作出不起诉决定的人民检察院。上级人民检察院经复查作出起诉决定的，应当撤销下级人民检察院的不起诉决定，交由下级人民检察院提起公诉，并将复查决定抄送移送审查起诉的公安机关。出庭支持公诉由公诉部门办理。

如果被害人直接向人民法院起诉的，最高检《规则》第420条规定，人民检察院收到人民法院受理被害人对被不起诉人起诉的通知后，人民检察院应当终止复查，将作出不起诉决定所依据的有关案件材料移送人民法院。这是《刑事诉讼法》针对司法实践中老百姓"告状难"的问题,为切实保护被害人的合法权益,在保留原来被害人对人民检察院不起诉决定享有申诉权基础上新增加的规定,与这一规定相应的是《刑事诉讼法》第 204 条第(三)项规定的自诉案件,即"被害人有证据证明对被告人侵犯自己人身、财产权利的行为应当依法追究刑事责任,而公安机关或者人民检察院不予追究被告人刑事责任的案件"。赋予被害人对这部分公诉案件享有自诉权,从外部强化了对人民检察院不起诉决定的有效制约,有利于督促人民检察院正确行使权力、严格执法。

根据最高检《规则》第 421 条、第 422 条的规定,被不起诉人对不起诉决定不服,在收到不起诉决定书后 7 日以内提出申诉的,应当由作出决定的人民检察院刑事申诉检察部门立案复查。被不起诉人在收到不起诉决定书 7 日后提出申诉的,由刑事申诉检察部门审查后决定是否立案复查。人民检察院刑事申诉检察部门复查后应当提出复查意见,认为应当维持不起诉决定的,报请检察长作出复查决定;认为应当变更不起诉决定的,报请检察长或者检察委员会决定;认为应当撤销不起诉决定提起公诉的,报请检察长或者检察委员会决定。复查决定书中应当写明复查认定的事实,说明作出决定的理由。复查决定书应当送达被不起诉人、被害人,撤销不起诉决定或者变更不起诉的事实或者法律根据的,应当同时将复查决定书抄送移送审查起诉的公安机关和本院有关部门。人民检察院作出撤销不起诉决定提起公诉的复查决定后,应当将案件交由公诉部门提起公诉。人民检察院复查不服不起诉决定的申诉,应当在立案 3 个月以内作出复查决定,案情复杂的,不得超过 6 个月。

第五节 提起自诉

一、自诉案件的概念和范围

刑事诉讼中的自诉是相对于公诉而言的,它是指法律规定的享有自诉权的个人直接向有管辖权的人民法院提起的刑事诉讼。在我国,自诉案件是指法律规定的可以由被害人或者其法定代理人、近亲属直接向人民法院起诉,要求追究被告人刑事责任,人民法院能够直接受理的刑事案件。

根据我国《刑事诉讼法》第 204 条的规定,自诉案件包括以下三类:

1. 告诉才处理的案件

此类案件具体包括:(1) 侮辱、诽谤案(《刑法》第 246 条),但是严重危害社会秩序和国家利益的除外;(2) 暴力干涉婚姻自由案(《刑法》第 257 条第 1 款);(3) 虐待案(《刑法》第 260 条第 1 款);(4) 侵占案(《刑法》第 270 条)。

2. 被害人有证据证明的轻微刑事案件

此类案件具体包括：(1) 故意伤害案(《刑法》第234条第1款)；(2) 非法侵入住宅案(《刑法》第245条)；(3) 侵犯通信自由案(《刑法》第252条)；(4) 重婚案(《刑法》第258条)；(5) 遗弃案(《刑法》第261条)；(6) 生产、销售伪劣商品案(《刑法》分则第三章第一节，但是严重危害社会秩序和国家利益的除外)；(7) 侵犯知识产权案(《刑法》分则第三章第七节，但是严重危害社会秩序和国家利益的除外)；(8) 属于《刑法》分则第四章、第五章规定的，对被告人可能判处3年有期徒刑以下刑罚的案件。

3. 被害人有证据证明对被告人侵犯自己的人身权利、财产权利的行为应当追究刑事责任，且有证据证明曾经提出控告，而公安机关或者人民检察院不予追究被告人刑事责任的案件

此处的公安机关、人民检察院不予追究被告人刑事责任是指公安机关、人民检察院已经作出不予追究的书面决定，如不起诉决定、不予立案决定等。这类自诉案件是《刑事诉讼法》为解决司法实践中老百姓告状无门，强化对公安机关、人民检察院不追究犯罪嫌疑人刑事责任的制约而新增加的公诉转自诉案件。

二、提起自诉的条件

自诉人提起自诉必须符合下列条件，否则将不被人民法院受理：

(1) 案件属于我国《刑事诉讼法》第204条确定的自诉案件范围。

(2) 案件属于受诉人民法院管辖。

(3) 自诉人享有自诉权，也即是说，自诉人主体资格合法。根据《刑事诉讼法》及有关司法解释规定，自诉案件原则上由被害人提起，如果被害人死亡、丧失行为能力或者因受强制、威吓等原因无法告诉，或者是限制行为能力人以及由于年老、患病、盲、聋、哑等原因不能亲自告诉，由其法定代理人、近亲属代为告诉。当然，这种情况下，代为告诉人应当提供与被害人关系的证明和被害人不能亲自告诉的原因证明。

(4) 有明确的被告人、具体的诉讼请求和能证明被告人犯罪事实的证据。

(5) 对于公诉转自诉案件，还应当提交证明曾经提出控告的证据。

三、提起自诉的程序

自诉人提起自诉时，应当向人民法院提交刑事自诉状；如果提起附带民事诉讼的，还应当提交刑事附带民事自诉状。为便于自诉人告诉，《刑事诉讼法》规定自诉人书写自诉状确有困难的，可以口头告诉，由人民法院工作人员作出告诉笔录，向自诉人宣读；自诉人确认无误后，应当签名或者盖章。自诉状或者告诉笔录应当包括以下内容：

(1) 自诉人(代为告诉人)、被告人的姓名、性别、年龄、民族、出生地、文化

程度、职业、工作单位、住址、联系方式;

(2) 被告人实施犯罪的时间、地点、手段、情节和危害后果等;

(3) 具体的诉讼请求;

(4) 致送的人民法院和具状时间;

(5) 证据的名称、来源等;

如果被告人是 2 人以上的,自诉人在告诉时需按被告人的人数提供自诉状副本。

第十九章 第一审程序

第一节 概 述

一、审判的概念

法院受理检察机关提起公诉或自诉人提起自诉以后,刑事诉讼便进入审判阶段。

古今中外的学者们对审判的界定各不相同。关于何为现代意义的审判,日本法学家棚濑孝雄认为,围绕对立的主张和论点进行争议的当事者中间存在一个具有权威的第三者,通过这样的三方相互作用把当事者争论引导收敛到一个合理解决上的社会机制,就是审判。① 美国法学家富勒则认为:"使审判区别于其他秩序形成原理的内在特征,在于承认审判所作决定将对之产生直接影响的人,能够通过一种特殊的形式参加审判,即承认他们为了得到对自己有利的决定而提出证据并进行理性的说服和辩论。"② 在我国,审判就是原告、被告或控辩双方在法庭上各自提出自己的主张和证据并进行辩论,法官站在第三方的地位上,基于国家权力依法进行审理并作出裁判的一种诉讼活动。

由此,审判应具备以下四个要素:(1)客观上存在着一个双方之间的冲突或纠纷;(2)利益主张不同的冲突双方把这一争执交由非冲突方的、具有权威性的第三方处理;(3)在"两造具备",第三方居间的"三方组合"格局中,按一定程序解决该纠纷;(4)对冲突或行为的处理,第三方有最终的独立决定权。

刑事审判是审判的一种特定表现形式。由于诉讼中的一方通常系由代表国家的官方机构即检察机关来充任,因此,较之于其他类型的审判,刑事审判无疑极具特色。

在我国,刑事审判是指人民法院在控、辩双方及其他诉讼参与人参加下,依照法定的权限和程序,对于依法向其提出诉讼主张的刑事案件进行审理和裁判的诉讼活动。审理主要是对案件的有关事实进行举证、调查、辩论;而裁判则是在审理的基础上,依法就案件的实体问题或某些程序问题作出公正的处理决定。审理是裁判的前提和基础,裁判是审理的目的和结果,二者构成一个辩证统一的

---

① 参见[日]棚濑孝雄:《纠纷的解决与审判制度》,王亚新译,中国政法大学出版社1994年版,第256页。
② 同上。

整体。

刑事审判内容广泛,程序多样,按照不同的标准可作不同分类:按照审判的内容可划分为公诉案件的审判程序、自诉案件的审判程序以及附带民事诉讼的审判程序。按照诉讼的进程可分为第一审程序、第二审程序、死刑复核程序和审判监督程序。其中,死刑复核程序和审判监督程序是刑事案件在特殊情况下才可能经过的程序,因而也称之为特殊程序。在第一审程序内又可按程序的繁简分为普通程序和简易程序,简易程序是在普通程序上的简化。明确审判程序的分类有助于理解和把握不同程序的特点,便于司法操作。

二、刑事审判的任务

从世界范围来说,英美法系国家与大陆法系国家刑事审判的结构尽管存在较大差异,但审判程序都属于决定案件实质问题的关键阶段,在整个刑事诉讼中具有决定性意义,而且,刑事审判的任务均在于行使国家刑罚权,只不过二者完成此项任务的方法或过程有异。

从根本意义上讲,我国刑事审判的任务也在于正确行使国家具体刑罚权,同时,由于我国刑事诉讼制度的社会主义本质所决定,我国刑事审判的任务与西方国家在具体表现形态上又不尽相同,具体而言,主要包括如下内容:

1. 维护社会秩序和社会利益。人民法院通过行使国家赋予的审判权,在控、辩双方充分举证、质证和辩论的基础上,加以适度的主动调查,正确查明案情,有效地揭露犯罪,证实和惩罚犯罪,从而实现国家刑罚权,震慑犯罪分子,维护社会秩序。

2. 保障被告人的合法权利。刑事被告人的权利是刑事诉讼活动中必须保护的另一种利益。由于审判是决定被告人有罪与否及其刑事责任轻重的最后和关键的阶段,因此,对被告人合法权利的保障至关重要。在刑事审判中,通过赋予被告尽可能与控诉方相对等的诉讼手段,以及采用法官主导下的控、辩双方互相对立的证据调查机制,使控、辩双方都能够就案件事实与适用法律发表充分意见,从而有利于辩明案件真相,正确地作出裁判,进而有效地保障被告人的合法权利。

3. 刑事审判还可以充分发挥刑事诉讼的法制教育作用,扩大办案效益。在审判阶段,刑事诉讼的各项原则和各种审判制度得以全面的贯彻和实施,刑事诉讼的公正性及民主性和科学性也获得了充分的展示和体现,犯罪必受惩罚,权利应受保护的观念必然在被告人、旁听人员及社会一般群众的心目中大大增强和弘扬。

从现代刑事诉讼的结构来看,审判是刑事诉讼的中心。但在我国,长期以来侦查阶段是刑事诉讼的重心所在。侦查机关对犯罪嫌疑人具有优势地位,侦查阶段获取的证据往往对检察机关审查起诉和法庭认定事实具有很强的预设效力,不仅审查起诉和审判的主要依据是侦查阶段收集的证据以及由此形成的卷宗,而且审查起诉和审判的结果通常是对侦查结论的确认。这就导致审判程序在相当程度上被架空,法庭审理走过场、形式化、"笔录裁判"的色彩较为严重。这些都严重影响了审判程序在保障人权、防止和纠正冤假错案、引导和促进侦查行为规范化等方面功能的发挥。为此,十八届四中全会《决定》提出了要"推进以审判为中心的诉讼制度改革,确保侦查、审查起诉的案件事实证据经得起法律的检验……完善证人、鉴定人出庭制度,保证庭审在查明事实、认定证据、保护诉权、公正裁判中发挥决定性作用。"《决定》强调了审判的终局性与权威性,尤其是庭审的决定性作用,符合现代刑事司法规律和现代法治国家的治理要求,会有力地推进我国的诉讼法治建设。

三、第一审程序的概念和意义

第一审程序是指刑事诉讼法规定的人民法院对人民检察院提起公诉、自诉人提起自诉的案件进行初次审判时的程序。第一审刑事案件分为公诉案件和自诉案件,公诉案件是指由人民检察院向人民法院提起诉讼的案件,自诉案件是指由被害人或者其法定代理人、近亲属向人民法院起诉,由人民法院直接受理的案件。与此相应,第一审程序分为公诉案件的第一审程序和自诉案件的第一审程序。此外,我国《刑事诉讼法》还根据案件本身的特点,对那些案情较为简单,证据确实、充分,处刑较轻的公诉或自诉案件的审判规定了简易程序。简易程序是在第一审普通程序基础上的简化,其目的在于提高诉讼效率,便于司法机关集中力量办理重大、疑难、复杂案件。

第一审程序是人民法院审判活动的基本程序,是刑事诉讼中一个极其重要的阶段。因为无论是公诉案件还是自诉案件,都首先要经过人民法院的第一审审判。从第一审程序开始,人民法院对案件进行实体审理,对事实作出认定,并依照有关法律规定对被告人罪责问题作出裁判。第一审人民法院的判决、裁定,如果在法定期限内没有上诉、抗诉,或者虽有上诉、抗诉,但第二审人民法院维持原裁判的,裁判即发生法律效力,就必须依法执行。另外,第一审程序中人民法院作出的裁判是第二审程序、死刑复核程序或者审判监督程序的基础,而且第一审程序中的许多规定是其他审判程序参照执行的标准。可见,第一审程序是人民法院审判活动的基本程序,它在整个审判程序乃至整个刑事诉讼中居于十分重要的地位。

第二节 公诉案件的第一审程序

公诉案件的第一审程序,是指人民法院对人民检察院提起公诉的案件进行第一次审判时所必须遵循的程序。其内容主要包括庭前审查、庭前准备、法庭审判、延期和中止审理、评议和宣判等诉讼环节。

一、对公诉案件的审查

（一）审查的概念和任务

对公诉案件的审查是人民法院对人民检察院提起公诉的案件依法进行庭前审查，并决定是否开庭审判的一种诉讼活动。对公诉案件进行庭前审查的任务在于通过审查，解决案件是否符合开庭审判的条件，是否将被告人正式交付法庭审判。在本质上，这种审查应属于程序性的。我国《刑事诉讼法》第181条规定："人民法院对提起公诉的案件进行审查后，对于起诉书中有明确的指控犯罪事实的，应当决定开庭审判。"该规定表明，对公诉案件的审查是公诉案件正式进入第一审程序的必经环节。这一规定与1996年《刑事诉讼法》相比，一方面保留了关于程序性审查而非实体性审查的规定，即只要起诉书中有明确的指控犯罪事实就应当决定开庭审判；另一方面根据《刑事诉讼法》第172条的规定，人民检察院向人民法院提起公诉，应将案卷材料、证据移送人民法院，即全案移送，修改了原来只移送与起诉书有关的证据目录、证人名单和主要证据复印件或者照片的规定，以保证律师或其他辩护人能从法院查阅到全案材料，充分地行使辩护权。

从国外的情况看，对于公诉案件的庭前审查制度，各国的规定和做法不尽一致，但总的发展趋势是弱化这一程序。在保留庭前审查程序的国家，其做法是使庭前审查组织与审判庭相分离，并对庭前审查的内容采取了弱化实体审查，强化程序性审查的处理。有些国家则完全废止了庭前审查程序，如第二次世界大战后的日本，立法废除了对公诉案件的审查程序，采取"起诉状一本主义"的做法。① 这些改革的目的均在于避免先入为主，保障公正审判。我国现行《刑事诉讼法》关于庭前审查的制度设计基本上符合庭前审查制度的世界发展趋势。

（二）审查的内容和方法

根据我国《刑事诉讼法》第181条及最高法《解释》第180条的规定，审查的主要内容包括以下几个方面：(1) 是否属于本院管辖；(2) 起诉书是否写明被告人的身份，是否受过或者正在接受刑事处罚，被采取强制措施的种类、羁押地点，犯罪的时间、地点、手段、后果以及其他可能影响定罪量刑的情节；(3) 是否移送证明指控犯罪事实的证据材料，包括采取技术侦查措施的批准决定和所收集的证据材料；(4) 是否查封、扣押、冻结被告人的违法所得或者其他涉案财物，并附证明相关财物依法应当追缴的证据材料；(5) 是否列明被害人的姓名、住址、联系方式；是否附有证人、鉴定人名单；是否申请法庭通知证人、鉴定人、有专门知

---

① 根据2004年修改的日本《刑事诉讼法》，为配合实行裁判员制度，日本在第一审正式开庭前，设立"庭审前整理程序"，对"起诉状一本主义"有所修改。

识的人出庭,并列明有关人员的姓名、性别、年龄、职业、住址、联系方式;是否附有需要保护的证人、鉴定人、被害人名单;(6)当事人已委托辩护人、诉讼代理人,或者已接受法律援助的,是否列明辩护人、诉讼代理人的姓名、住址、联系方式;(7)是否提起附带民事诉讼;提起附带民事诉讼的,是否列明附带民事诉讼当事人的姓名、住址、联系方式,是否附有相关证据材料;(8)侦查、审查起诉程序的各种法律手续和诉讼文书是否齐全;(9)有无《刑事诉讼法》第15条第(二)项至第(六)项规定的不追究刑事责任的情形。

人民法院在收到人民检察院的起诉书后,即应指定审判员对案件的上述内容进行审查。审查的方法应当以书面审查为主,即通过认真地审阅起诉书,判断是否具备了开庭审判的程序性条件。由于《刑事诉讼法》规定的庭前审查的性质是以程序性审查为主,弱化实体性审查,因而人民法院在审查时不应提审被告人和询问证人、被害人和鉴定人,同时也不能使用勘验、检查、扣押、鉴定、查询、冻结等方法调查核实证据。

(三)审查后的处理

根据最高法《解释》第181条规定,人民法院对公诉案件进行审查后,应当根据案件不同情况分别作出如下处理:

(1)属于告诉才处理的案件,应当退回人民检察院,并告知被害人有权提起自诉;

(2)不属于本院管辖或者被告人不在案的,应当退回人民检察院;

(3)不符合最高法《解释》第180条第(二)项至第(八)项规定之一,需要补充材料的,应当通知人民检察院在3日内补送;

(4)依照《刑事诉讼法》第195条第(三)项规定宣告被告人无罪后,人民检察院根据新的事实、证据重新起诉的,应当依法受理;

(5)依照本《解释》第242条规定裁定准许撤诉的案件,没有新的事实、证据,重新起诉的,应当退回人民检察院;

(6)符合《刑事诉讼法》第15条第(二)项至第(六)项规定情形的,应当裁定终止审理或者退回人民检察院;

(7)被告人真实身份不明,但符合《刑事诉讼法》第158条第2款规定的,应当依法受理。

对公诉案件是否受理,应当在7日内审查完毕。

二、开庭审判前的准备

人民法院决定对案件开庭审判后,为了保障法庭审判顺利有序地进行,根据我国《刑事诉讼法》第182条及最高法《解释》第182条、第183条、第184条的有关规定,在开庭审判前应当进行下列各项准备工作:

(1)确定合议庭的组成人员或独任庭的审判员。人民法院适用普通程序审理的案件,由院长或者庭长指定审判长并确定合议庭组成人员;适用独任庭审理的案件,由庭长指定审判员一人独任审理。合议庭的组成人员或独任庭的审判员确定后,即应着手进行开庭审判前的准备工作,拟出法庭审理提纲,庭审提纲一般包括下列内容:合议庭成员在庭审中的分工;起诉书指控的犯罪事实的重点和认定案件性质的要点;讯问被告人时需了解的案情要点;出庭的证人、鉴定人、有专门知识的人、侦查人员的名单;控辩双方申请当庭出示的证据的目录;庭审中可能出现的问题及应对措施。

(2) 将人民检察院的起诉书副本至迟在开庭 10 日以前送达被告人及其辩护人。根据《刑事诉讼法》第 34 条的规定条件,犯罪嫌疑人、被告人因经济困难或者其他原因没有委托辩护人的,本人及其近亲属可以向法律援助机构提出申请。对符合法律援助条件的,法律援助机构应当指派律师为其提供辩护。犯罪嫌疑人、被告人是盲、聋、哑人,或者是尚未完全丧失辨认或者控制自己行为能力的精神病人,没有委托辩护人的,人民法院、人民检察院和公安机关应当通知法律援助机构指派律师为其提供辩护。犯罪嫌疑人、被告人可能被判处无期徒刑、死刑,没有委托辩护人的,人民法院、人民检察院和公安机关应当通知法律援助机构指派律师为其提供辩护。通知当事人、法定代理人、辩护人、诉讼代理人在开庭 5 日前提供证人、鉴定人名单,以及拟当庭出示的证据;申请证人、鉴定人、有专门知识的人出庭的,应当列明有关人员的姓名、性别、年龄、职业、住址、联系方式。

(3) 将开庭的时间、地点在开庭 3 日以前通知人民检察院。《刑事诉讼法》第 184 条规定,人民法院审判公诉案件,人民检察院应当派员出席法庭支持公诉。因此,将开庭的时间、地点在开庭 3 日以前通知人民检察院,有利于公诉人做好出庭准备工作。

(4) 将传唤当事人和通知辩护人、诉讼代理人、证人、鉴定人和勘验、检查笔录制作人、翻译人员的传票和通知书,至迟在开庭 3 日以前送达。

(5) 公开审判的案件,在开庭 3 日以前先期公布案由、被告人姓名、开庭时间和地点。

(6) 审判人员可以召集公诉人、当事人和辩护人、诉讼代理人,对回避、出庭证人名单、非法证据排除等与审判相关的问题,了解情况,听取意见。根据最高法《解释》第 183 条、第 184 条的规定,案件具有下列情形之一的,审判人员可以召开庭前会议:第一,当事人及其辩护人、诉讼代理人申请排除非法证据的;第二,证据材料较多、案情重大复杂的;第三,社会影响重大的;第四,需要召开庭前会议的其他情形。召开庭前会议,根据案件情况,可以通知被告人参加。审判人员可以就下列问题向控辩双方了解情况,听取意见:第一,是否对案件管辖有异议;第二,是否申请有关人员回避;第三,是否申请调取在侦查、审查起诉期间公安机关、人民检察院收集但未随案移送的证明被告人无罪或者罪轻的证据材料;

第四,是否提供新的证据;第五,是否对出庭证人、鉴定人、有专门知识的人的名单有异议;第六,是否申请排除非法证据;第七,是否申请不公开审理;第八,与审判相关的其他问题。审判人员可以询问控辩双方对证据材料有无异议,对有异议的证据,应当在庭审时重点调查;无异议的,庭审时举证、质证可以简化。被害人或者其法定代理人、近亲属提起附带民事诉讼的,可以调解。

三、法庭审判阶段

法庭审判是指人民法院的审判组织(合议庭或独任庭)通过开庭的方式,在公诉人、当事人和其他诉讼参与人的参加下,调查核实证据,查清案件事实,充分听取控辩双方对证据、案件事实和法律适用的意见,依法确定被告人的行为是否构成犯罪,应否受到刑事处罚以及给予何种处罚的诉讼活动。

我国《刑事诉讼法》经过1996年和2012年两次修改,法庭审判呈现出如下主要特征:

(1)强化了控、辩双方的举证和辩论。《刑事诉讼法》规定公诉人在宣读起诉书后,直接讯问被告人,要在法庭上出示物证、书证后,询问证人和鉴定人,对未到庭的各种证据笔录、文书要进行质证;被告人、辩护人一方为充分行使辩护权,同样可以陈述和辩解,询问控方证人和鉴定人,可以出示各种证据,并可以提出新的证据,包括申请通知新的证人到庭,调取新的物证,申请重新鉴定或勘验等。此外,法庭辩论不仅可以在专门的辩论阶段进行,而且在法庭调查阶段控辩双方就可以对证据和案件情况发表意见和互相辩论。从这些规定可以看出,我国的庭审方式虽不是英美法系国家实行的当事人主义,但立法从我国实际情况出发,强化了控方举证责任,使控、审进一步分离,辩方职能得到较为充分发挥,法庭审判模式更加公正、合理。

(2)强化控、辩职能的同时,重视、保留了审判职能的主导作用,法院享有对案件事实、证据的调查核实权。《刑事诉讼法》没有采取英美当事人主义庭审模式中法官消极居中听证、裁判的做法,而是结合我国实际情况,规定在控、辩双方充分发挥自己的作用的基础上,审判人员不仅有权主持审判、维护法庭秩序,而且还有权审讯被告人、询问证人和鉴定人,有权主持调查、核实各种证据、主持双方对证据和案件事实的辩论、制止与案件无关的发问。审判人员在审判时发现有应当排除的证据的,应当依法予以排除,不得作为判决的依据。此外,《刑事诉讼法》还规定,在庭审过程中,合议庭对证据有疑问的,可以宣布休庭,对证据进行调查核实。人民法院调查核实证据,可以进行勘验、检查、查封、扣押、鉴定和查询、冻结。这是我国庭审制度的一个显著特征,立法的目的在于从慎重出发,查明案件事实真相,作出正确裁判。

依据《刑事诉讼法》的规定,法庭审判程序大致可分为开庭、法庭调查、法庭辩论、被告人最后陈述、评议和宣判五个步骤。

(一) 开庭

开庭是正式进行法庭审判前的准备阶段。

依据我国《刑事诉讼法》第185条及最高法《解释》第190条的规定,开庭的具体程序和内容包括:

(1) 审判长宣布开庭,查明当事人是否到庭,在确认被告人到庭后,应当查明被告人的下列情况:姓名、出生年月日、民族、出生地、文化程度、职业、住址,或者单位的名称、住所地、诉讼代表人的姓名、职务;是否曾受到过法律处分及处分的种类、时间;是否被采取强制措施及强制措施的种类、时间;收到人民检察院起诉书副本的日期;附带民事诉讼的,附带民事诉讼被告人收到附带民事诉状的日期。

(2) 审判长宣布案件的来源,起诉的案由,附带民事诉讼原告人和被告人的姓名(名称)及是否公开审理。对于不公开审理的案件,应当当庭宣布不公开审理的理由。

(3) 审判长宣布合议庭组成人员、书记员、公诉人、辩护人、诉讼代理人、鉴定人和翻译人员的名单。

(4) 审判长应当告知当事人、法定代理人在法庭审理过程中依法享有下列诉讼权利:可以申请合议庭组成人员、书记员、公诉人、鉴定人和翻译人员回避;可以提出证据、申请通知新的证人到庭、调取新的证据、重新鉴定或者勘验、检查;被告人可以自行辩护;被告人可以在法庭辩论终结后作最后的陈述。

(5) 审判长分别询问当事人、法定代理人是否申请回避,申请何人回避和申请回避的理由。如果当事人、法定代理人申请回避的,法院应当根据《刑事诉讼法》和司法解释有关回避的规定加以处理,有关阐述详见本书第七章"回避"。

(二) 法庭调查

法庭调查是在审判人员主持下,控、辩双方和其他诉讼参与人的参加下,当庭对案件事实和证据进行审查、核实的诉讼活动。其任务是查明案件事实、核实证据。由于刑事诉讼法规定,所有证据都必须在法庭上调查核实后才能作为定案根据,因此法庭调查是法庭审判的核心环节。法庭调查的成效,直接关系到案件处理的质量。

法庭调查的范围是人民检察院起诉书所指控的被告人的犯罪事实和证明被告人有罪、无罪、罪重、罪轻的各种证据。

根据我国《刑事诉讼法》第186条至第193条及最高法《解释》第195条至第227条的相关规定,法庭调查的具体步骤和程序如下:

1. 公诉人宣读起诉书

审判长宣布法庭调查开始后,首先由公诉人宣读起诉书;有附带民事诉讼的,再由附带民事诉讼的原告人或者其诉讼代理人宣读附带民事诉状。

2. 被告人、被害人陈述

在审判长主持下,被告人、被害人可以就起诉书指控的犯罪事实分别进行陈述。

3. 讯问、询问被告人、被害人和附带民事诉讼原告人、被告人

在审判长主持下,公诉人可以就起诉书中指控的犯罪事实讯问被告人;被害人及其诉讼代理人经审判长准许,可以就公诉人讯问的情况进行补充性发问;附带民事诉讼的原告人及其法定代理人或者诉讼代理人经审判长准许,可以就附带民事诉讼部分的事实向被告人发问;经审判长准许,被告人的辩护人及法定代理人或者诉讼代理人可以在控诉一方就某一具体问题讯问完毕后向被告人发问。此后,控辩双方经审判长准许,可以向被害人、附带民事诉讼原告人发问。

审判长在主持讯问、发问时,须注意以下几点:(1) 起诉书指控的被告人的犯罪事实为两起以上的,法庭调查时,一般应当就每一起犯罪事实分别进行;(2) 对于共同犯罪案件中的被告人,应当分别进行讯问,合议庭认为必要时,可以传唤共同被告人同时到庭对质;(3) 审判长对于控辩双方讯问、发问被告人、被害人和附带民事诉讼原告人、被告人的内容与本案无关或者讯问、发问的方式不当的,应当制止;(4) 对于控辩双方认为对方讯问或者发问的内容与本案无关或者讯问、发问的方式不当并提出异议的,审判长应当判明情况予以支持或者驳回;(5) 审判人员可以讯问被告人。必要时,可以向被害人、附带民事诉讼当事人发问。

4. 询问证人、鉴定人

为了保证审判公正,辨别证人证言、鉴定意见之真伪,《刑事诉讼法》加强了对证人证言、鉴定意见的质证,《刑事诉讼法》第 187 条规定:"公诉人、当事人或者辩护人、诉讼代理人对证人证言有异议,且该证人证言对案件定罪量刑有重大影响,人民法院认为证人有必要出庭作证的,证人应当出庭作证。人民警察就其执行职务时目击的犯罪情况作为证人出庭作证,适用前款规定。公诉人、当事人或者辩护人、诉讼代理人对鉴定意见有异议,人民法院认为鉴定人有必要出庭的,鉴定人应当出庭作证。经人民法院通知,鉴定人拒不出庭作证的,鉴定意见不得作为定案的根据。"第 188 条规定:"经人民法院通知,证人没有正当理由不出庭作证的,人民法院可以强制其到庭,但是被告人的配偶、父母、子女除外。证人没有正当理由拒绝出庭或者出庭后拒绝作证的,予以训诫,情节严重的,经院长批准,处以 10 日以下的拘留。被处罚人对拘留决定不服的,可以向上一级人民法院申请复议。复议期间不停止执行。"

证人、鉴定人到庭后,审判人员应当首先核实证人、鉴定人的身份、与当事人以及本案的关系,告知证人、鉴定人应当如实提供证言、鉴定意见和有意作伪证或者隐匿罪证或者有意作假鉴定要负的法律责任。证人、鉴定人作证或者说明鉴定意见前应当在如实作证或者如实说明鉴定意见的保证书上签字。

公诉人、当事人和辩护人、诉讼代理人经审判长许可,可以对证人、鉴定人发问。向证人、鉴定人发问时,应当先由提请或要求传唤的一方进行,发问完毕后,对方经审判长准许,也可以发问。审判人员认为有必要时,可以询问证人、鉴定人。

为避免证人、鉴定人之间相互影响,向证人和鉴定人发问应当分别进行。证人、鉴定人经控辩双方发问或者审判人员询问后,审判长应当告知其退庭。同时,为防止庭审对证人和鉴定人作证的影响,证人、鉴定人不得旁听对本案的审理。

控辩双方的发问方式不当或者内容与本案无关的,对方可以提出异议,申请审判长制止,审判长应当判明情况予以支持或者驳回;对方未提出异议的,审判长也可以根据情况予以制止。

在此,补充说明一下讯问、发问或者询问被告人、被害人、附带民事诉讼原告人和被告人、证人、鉴定人的规则。该规则包括以下内容:(1) 讯问、发问或者询问的内容应当与案件事实相关;(2) 不得以诱导方式提问;(3) 不得威胁当事人和证人、鉴定人;(4) 不得损害当事人和证人、鉴定人的人格尊严。

5. 出示物证、宣读鉴定意见和有关笔录

公诉人、辩护人应当向法庭出示物证,让当事人辨认,对未到庭的证人的证言笔录、鉴定人的鉴定意见、勘验笔录和其他作为证据的文书,应当当庭宣读。当庭出示的物证、书证、视听资料等证据,应当先由出示证据的一方就所出示证据的来源、特征等作必要的说明,然后由另一方进行辨认并发表意见,控辩双方可以互相质问、辩论。

当庭出示的证据,尚未移送人民法院的,应当在质证后移交法庭。

6. 调取新的证据

《刑事诉讼法》第192条规定:"法庭审理过程中,当事人和辩护人、诉讼代理人有权申请通知新的证人到庭,调取新的物证,申请重新鉴定或者勘验。公诉人、当事人和辩护人、诉讼代理人可以申请法庭通知有专门知识的人出庭,就鉴定人作出的鉴定意见提出意见。法庭对于上述申请,应当作出是否同意的决定。第二款规定的有专门知识的人出庭,适用鉴定人的有关规定。"当事人和辩护人、诉讼代理人申请通知新的证人到庭,调取新的物证,申请重新鉴定或者勘验的,应当提供证人的姓名、证据的存放地点,说明所要证明的案件事实,要求重新鉴定或者勘验的理由。公诉人、当事人和辩护人、诉讼代理人申请法庭通知有专门知识的人出庭就鉴定人作出的鉴定意见提出意见的,也必须向法庭说明理由。审判人员根据具体情况,认为可能影响案件事实认定的,应当同意该申请,并宣布延期审理;不同意的,应当告知理由并继续审理。

7. 法庭调查核实证据

在法庭审理过程中,人民法院可以向人民检察院调取需要调查核实的证据材料,或者根据辩护人、被告人的申请,向人民检察院调取在侦查、审查起诉中收集的有关被告人无罪和罪轻的证据材料,法庭作出决定后,应当通知人民检察院在收到调取证据材料决定书后3日内移交。审判期间,合议庭发现被告人可能有自首、坦白、立功等法定量刑情节,而人民检察院移送的案件中没有相关证据材料的,应当通知人民检察院移送。审判期间,被告人提出新的立功线索的,人民法院可以建议人民检察院补充侦查。

法庭审理过程中,合议庭对证据有疑问的,可以宣布休庭,对证据进行调查核实。人民法院调查核实证据时,可以进行勘验、检查、查封、扣押、鉴定和查询、冻结。必要时,可以通知检察人员、辩护人到场。如果控、辩双方对合议庭在调查核实证据过程中收集到的证据材料有异议时,应当由控辩双方对之进行质证、辩论之后,才能作为定案的根据。

附带民事诉讼部分的调查,一般在刑事诉讼部分调查结束后进行,具体程序以民事诉讼法的有关规定进行。

(三) 法庭辩论

我国《刑事诉讼法》第193条第1款、第2款规定:"法庭审理过程中,对与定罪、量刑有关的事实、证据都应当进行调查、辩论。经审判长许可,公诉人、当事人和辩护人、诉讼代理人可以对证据和案件情况发表意见并且可以互相辩论。"这一规定表明,法庭辩论不仅集中在法庭调查后专门的法庭辩论阶段,而且在法庭调查阶段,控辩双方也可以对案件事实是否清楚、证据是否确实、充分互相进行辩论。这也是我国修订后的《刑事诉讼法》较原《刑事诉讼法》规定的重大修改之一,其特别指出调查、辩论的内容包括定罪和量刑两个方面,其意在纠正长期来法庭审判漠视关于量刑的辩护问题。法庭辩论的目的在于使控、辩双方有充分机会表明己方观点,充分阐述理由和根据,从而从程序上保障当事人和诉讼参与人的合法权益,同时对于法庭查明案情、依法作出公正的裁决也具有重要意义。辩论的内容包括全案事实、证据、定罪和量刑等各种与案件有关的问题。

在法庭调查阶段的辩论(可称为分散辩论),经审判长许可,控辩双方可随时根据案件具体情况进行。在法庭调查后专门的辩论阶段进行的辩论(可称为集中辩论),由审判长根据法庭审理的具体情况,认为通过法庭调查,案件事实已查清时,宣布结束法庭调查,开始法庭辩论。

法庭辩论在审判长主持下,按照下列顺序进行:(1) 公诉人发言;(2) 被害人及其诉讼代理人发言;(3) 被告人自行辩护;(4) 辩护人辩护;(5) 控辩双方进行辩论。前四项活动称之为第一回合,控辩双方进行辩论可进行多个回合,反复辩论,直至双方意见阐述完毕,不再发言。附带民事诉讼部分的辩论应当在刑事诉讼部分的辩论结束后进行,先由附带民事诉讼原告人及其诉讼代理人发言,然后由被告人及其诉讼代理人答辩,也可进行多项反复辩论。

在司法实践中,公诉人的第一次发言通常称为发表公诉词,辩护人的第一次发言称作发表辩护词。公诉词是公诉人代表人民检察院,为揭露犯罪,在总结法庭调查的事实、证据和适用法律的基础上,集中阐明人民检察院对追究被告人刑事责任的意见。其重点是阐明指控被告人犯罪的根据和理由,指出犯罪的危害后果,说明犯罪的根源,提出有建设性的预防措施和意见,以达到支持公诉、宣传法制、教育群众的目的。辩护词是辩护人以法庭调查情况为基础,综合全案,从保护被告人的合法权益方面出发提出综合性辩护意见。其重点是指出指控的不实之处,说明被告人应当无罪、罪轻、从轻、减轻、免除处罚的根据和理由,并在最后请求法庭采纳己方辩护意见。

在法庭辩论中,控辩双方应当以事实为依据,以法律为准绳,围绕双方争论的焦点进行论证与反驳。审判长应当善于抓住双方辩论的焦点,把辩论引向深入,对于控辩双方与案件无关、重复或者互相指责的发言应当提醒、制止。法庭辩论过程中,合议庭发现与定罪、量刑有关的新的事实,有必要调查的,审判长可以宣布暂停辩论,恢复法庭调查,在对新的事实调查后,继续法庭辩论。

被告人当庭拒绝辩护人辩护,要求另行委托辩护人或者指派律师的,合议庭应当准许。被告人拒绝辩护人辩护后,没有辩护人的,应当宣布休庭;仍有辩护人的,庭审可以继续进行。有多名被告人的案件,部分被告人拒绝辩护人辩护后,没有辩护人的,根据案件情况,可以对该被告人另案处理,对其他被告人的庭审继续进行。重新开庭后,被告人再次当庭拒绝辩护人辩护的,可以准许,但被告人不得再次另行委托辩护人或者要求另行指派律师,由其自行辩护。被告人属于应当提供法律援助的情形,重新开庭后再次当庭拒绝辩护人辩护的,不予准许。辩护人拒绝为被告人辩护的,应当准许;是否继续庭审,参照适用前述规定。

合议庭认为经过反复辩论,案情已经查明、罪责已经分清或者控辩双方的意见已经充分发表,审判长应及时宣布辩论终结。从保障被告人权益出发,宣布辩论终结前,审判长应询问被告人和辩护人是否还有新的辩护意见。

附带民事诉讼部分可以在法庭辩论结束后当庭调解。不能达成协议的,可以同刑事部分一并判决。

(四)被告人最后陈述

我国《刑事诉讼法》第193条第3款规定:"审判长在宣布辩论终结后,被告人有最后陈述的权利。"可见,被告人最后陈述不仅是法庭审判的一个独立阶段,而且是法律赋予被告人的一项重要诉讼权利。

合议庭应当保障被告人充分行使最后陈述的权利。审判长宣布法庭辩论终结后应当告知被告人享有此项权利,让被告人陈述,被告人最后陈述只要不超出本案范围,一般不应限制其发言时间,或随意打断其发言,而应让被告人尽量把话讲完。但如果被告人在最后陈述中多次重复自己的意见,审判长可以制止;如果陈述内容是蔑视法庭、公诉人,损害他人及社会公共利益或者与本案无关的,应当制止;在公开审理的案件中,如果被告人最后陈述的内容涉及国家秘密或者个人隐私的,也应当制止。

被告人在最后陈述中提出新的事实、证据,合议庭认为可能影响正确裁判的,应当恢复法庭调查;被告人提出新的辩解理由,合议庭认为可能影响正确裁判的,应当恢复法庭辩论。

(五)评议和宣判

被告人最后陈述完毕后,审判长应当宣布休庭,合议庭进行评议,法庭审判进入评议和宣判阶段。

1. 评议

评议是合议庭组成人员在已进行的法庭审理活动基础上,对案件事实、证据和法律适用进行讨论、分析、判断并依法对案件作出裁判的诉讼活动。合议庭评议案件,应当根据已经查明的事实、证据和有关法律规定,在充分考虑控辩双方意见的基础上,确定被告人是否有罪、构成何罪,有无从重、从轻、减轻或者免除处罚情节,应否处以刑罚、判处何种刑罚,附带民事诉讼如何解决,查封、扣押、冻结的财物及其孳息如何处理等,并依法作出判决、裁定。

合议庭评议由审判长主持,一律秘密进行。评议时,如果意见分歧,应当按多数人的意见作出决定,但是少数人的意见应当写入笔录,评议笔录由合议庭组成人员签名。一般情况下,合议庭经过开庭审理并且评议后,应当作出判决,但对于疑难、复杂、重大的案件,合议庭成员意见分歧较大,难以对案件作出决定的,由合议庭提请院长决定提交审判委员会讨论决定,审判委员会的决定,合议庭应当执行。

根据我国《刑事诉讼法》第195条规定,一审人民法院应当根据已经查明的事实、证据和有关法律规定,分别作出以下裁判:

(1)案件事实清楚,证据确实、充分,依据法律认定被告人有罪的,应当作出有罪判决;

(2)依据法律认定被告人无罪的,应当作出无罪判决;

(3)证据不足,不能认定被告人有罪的,应当作出证据不足、指控的犯罪不能成立的判决。

对以上规定,最高法《解释》第241条第1款进行了细化,规定对一审公诉案件,人民法院审理后,应当作出以下判决、裁定:

(1)起诉指控的事实清楚,证据确实、充分,依据法律认定指控被告人的罪名成立的,应当作出有罪判决;

(2)起诉指控的事实清楚,证据确实、充分,指控的罪名与审理认定的罪名不一致的,应当按照审理认定的罪名作出有罪判决;

(3)案件事实清楚,证据确实、充分,依据法律认定被告人无罪的,应当判决宣告被告人无罪;

（4）证据不足，不能认定被告人有罪的，应当以证据不足、指控的犯罪不能成立，判决宣告被告人无罪；

（5）案件部分事实清楚，证据确实、充分的，应当作出有罪或者无罪的判决；对事实不清、证据不足部分，不予认定；

（6）被告人因不满16周岁，不予刑事处罚的，应当判决宣告被告人不负刑事责任；

（7）被告人是精神病人，在不能辨认或者不能控制自己行为时造成危害结果，不予刑事处罚的，应当判决宣告被告人不负刑事责任；

（8）犯罪已过追诉时效期限且不是必须追诉，或者经特赦令免除刑罚的，应当裁定终止审理；

（9）被告人死亡的，应当裁定终止审理；根据已查明的案件事实和认定的证据，能够确认无罪的，应当判决宣告被告人无罪。

我们认为，我国《刑事诉讼法》第195条规定的一审判决只包括有罪判决和无罪判决两种，而最高法《解释》第241条规定的一审判决除了有罪判决和无罪判决之外，又在第（六）项、第（七）项中增加了不负刑事责任的判决，而且把这类判决和无罪判决平列起来，这与《刑事诉讼法》第195条的规定发生了矛盾；从刑法角度讲，不负刑事责任就是不构成犯罪。因此，不负刑事责任的判决其性质应当明确为无罪判决。

审判期间，人民法院发现新的事实，可能影响定罪的，可以建议人民检察院补充或者变更起诉；人民检察院不同意或者在7日内未回复意见的，人民法院应当就起诉指控的犯罪事实，依照最高法《解释》第241条的规定作出判决、裁定。对于人民法院曾以"证据不足，不能认定被告人有罪"为由而作出证据不足，指控的犯罪不能成立的无罪判决的案件，人民检察院依据新的事实、证据材料重新起诉，人民法院受理后，经过法庭审理，在依法作出判决时，对于前案作出的无罪判决，不予撤销。但应当在判决书中写明被告人曾被人民检察院提起公诉，因证据不足，指控的犯罪不能成立，被人民法院依法判决宣告无罪的情况。

有学者认为，人民法院根据《刑事诉讼法》第195条第（三）项作出的证据不足、指控的犯罪不能成立的无罪判决，如果已发生法律效力，应当按照《刑事诉讼法》所规定的审判监督程序办理。最高法《解释》第181条、第241条规定，对此类无罪判决，人民检察院根据新证据、新事实直接重新起诉，人民法院应当受理并作出有罪判决。这不符合《刑事诉讼法》的规定，也不利于被宣判无罪的人的权利保障。

2. 宣判

宣判是人民法院将判决书的内容向当事人和社会公开宣告，使当事人和广大群众知道人民法院对案件的处理决定。宣判分为当庭审判和定期宣判两种。

当庭审判是在合议庭经过评议并作出决定后，立即复庭由审判长宣告判决结果。当庭宣告判决后,应当在5日内将判决书送达当事人、提起公诉的人民检察院、辩护人和诉讼代理人。当庭宣判符合刑事审判的集中审理原则,有利于发挥法庭审判的法制教育作用。

定期宣判是合议庭经休庭评议并作出决定后,或者因案情疑难、复杂、重大,合议庭认为难以作出决定,而由合议庭提请院长决定提交审判委员会讨论决定,而另行确定日期宣告判决书的活动。定期宣告判决的,合议庭应当在宣判前,先期公告宣判的时间和地点,传唤当事人并通知公诉人、法定代理人、诉讼代理人和辩护人;判决宣告后应当立即将判决书送达当事人、提起公诉的人民检察院、辩护人和诉讼代理人。判决生效后还应当送达被告人的所在单位或者原户籍所在地的公安派出所。被告人是单位的,应当送达被告人注册登记机关。

案件不论是否公开审理,宣告判决一律公开进行。宣判时,法庭内全体人员应当起立。另外,宣判一般应当通知公诉人、辩护人、被害人、自诉人或者附带民事诉讼的原告人到庭,如果没有到庭,不影响宣判的进行。地方各级人民法院在宣告第一审判决时,审判长往往口头告知被告人享有上诉权,以及上诉期限和上诉法院。

四、与法庭审判有关的几个问题

(一)法庭审判笔录

法庭审判笔录是由法院书记员制作的记载全部法庭审判活动的诉讼文书。它不仅是合议庭讨论、评议和对案件作出处理决定的重要依据,而且是第二审人民法院和再审人民法院审查一审庭审活动是否合法的重要依据。因而,法庭审判笔录必须认真、细致地制作,做到记载清楚、准确,能够如实反映审判活动的全部情况。

法庭审判笔录一般按照庭审活动的顺序进行记录。同时,根据我国《刑事诉讼法》第201条的规定,法庭审判笔录还应符合下列要求:(1)书记员将开庭审理的全部活动制作成笔录,交由审判长审阅后,由审判长和书记员签名;(2)法庭笔录中的出庭证人的证言部分,应当在庭审后交由证人阅读或者向其宣读,证人确认无误后,应当签名或者盖章;(3)法庭笔录应当在庭审后交由当事人阅读或者向其宣读。当事人认为记录有遗漏或者差错的,可以请求补充或者改正。当事人确认无误后,应当签名或者盖章。

(二)法庭秩序

法庭秩序是指在人民法院开庭审判案件时,所有的诉讼参与人和旁听人员都必须遵守的秩序和纪律。法庭审判是人民法院代表国家行使审判权的严肃法律行为,任何诉讼参与人、旁听人员或者采访的记者都必须维护法庭尊严,不得有妨碍法庭秩序的行为。

依据我国《刑事诉讼法》第194条及最高法《解释》第250条的规定,在法庭

审判过程中,如果诉讼参与人或者旁听人员扰乱法庭秩序,审判长应当按照下列情形分别处理:

(1) 情节较轻的,应当警告制止并进行训诫;

(2) 不听制止的,可以指令法警强行带出法庭;

(3) 情节严重的,报经院长批准后,可以对行为人处 1000 元以下的罚款或者 15 日以下的拘留;

(4) 未经许可录音、录像、摄影或者通过邮件、博客、微博客等方式传播庭审情况的,可以暂扣存储介质或者相关设备。

诉讼参与人、旁听人员对罚款、拘留的决定不服的,可以直接向上一级人民法院申请复议,也可以通过决定罚款、拘留的人民法院向上一级人民法院申请复议。通过决定罚款、拘留的人民法院申请复议的,该人民法院应当自收到复议申请之日起 3 日内,将复议申请、罚款或者拘留决定书和有关事实、证据材料一并报上一级人民法院复议。复议期间,不停止决定的执行。

(三) 延期审理

延期审理是指在法庭审理过程中,由于遇到了影响审判继续进行的情况,法庭决定将案件的审理推迟,待影响审理进行的原因消失后,再继续开庭审理。

根据我国《刑事诉讼法》第 198 条规定,延期审理有以下三种情况:

(1) 需要通知新的证人到庭,调取新的物证,重新鉴定或者勘验的;

(2) 检察人员发现提起公诉的案件需要补充侦查,提出建议的;

(3) 由于申请回避而不能进行审判的。

另外,在审判实践中,遇有下列情形之一的,也可以延期审理:被告人因患病而神志不清或者体力不能承受审判的;人民检察院变更了起诉范围,指控被告人有新的罪行,被告人、辩护人为准备答辩,申请延期审理的;合议庭成员、书记员、公诉人、辩护人在审理过程中由于身体原因,审理无法继续进行的等。

人民检察院要求延期审理补充侦查的案件,应当在 1 个月以内补充侦查完毕。

除了人民检察院补充侦查完毕的案件移送人民法院后需要重新计算审限外,延期审理的时间仍然计入审理期限。如果不能在审理期限内结案的,则应当按照相关规定的要求延长审限。延期审理的开庭日期和地点能当庭确定的,应当当庭通知公诉人、当事人和其他诉讼参与人;不能当庭确定的,应当在确定后另行通知。

(四) 中止审理

中止审理是指因发生某种特定情况,影响案件正常审理,人民法院决定停止诉讼活动,待该项原因消失后再行恢复审理的制度。我国《刑事诉讼法》第 200 条规定:"在审判过程中,有下列情形之一,致使案件在较长时间内无法继续审理的,可以中止审理:

(1) 被告人患有严重疾病,无法出庭的;
(2) 被告人脱逃的;
(3) 自诉人患有严重疾病,无法出庭,未委托诉讼代理人出庭的;
(4) 由于不能抗拒的原因。

中止审理的原因消失后,应当恢复审理。中止审理的期间不计入审理期限。"

(五) 公诉案件第一审程序的期限

我国《刑事诉讼法》第202条规定:"人民法院审理公诉案件,应当在受理后2个月以内宣判,至迟不得超过3个月。对于可能判处死刑的案件或者附带民事诉讼的案件,以及有本法第156条规定情形之一的,经上一级人民法院批准,可以延长3个月;因特殊情况还需要延长的,报请最高人民法院批准。人民法院改变管辖的案件,从改变后的人民法院收到案件之日起计算审理期限。人民检察院补充侦查的案件,补充侦查完毕移送人民法院后,人民法院重新计算审理期限。"

五、在法定刑以下判处刑罚案件的核准程序

(一) 适用此类案件的条件

我国《刑法》第63条第2款规定:"犯罪分子虽然不具有本法规定的减轻处罚情节,但是根据案件的特殊情况,经最高人民法院核准,也可以在法定刑以下判处刑罚。"

根据这一规定,适用此类案件的条件应当是:

(1) 犯罪嫌疑人的行为确实不具有法律规定的减轻处罚情节。
(2) 犯罪案件确实具有特殊情况,需要对犯罪人减轻处罚。所谓"特殊情况",主要是指案件涉及外交、国防、宗教、民族、统战和经济建设方面的问题,为维护国家利益而需要对犯罪人判处低于法定最低刑的刑罚。
(3) 核准程序应当在对判决的法定上诉、抗诉期限届满后进行。
(4) 只有最高人民法院才有核准权。

(二) 复核与核准程序

(1) 对于第一审的判决,被告人不上诉,人民检察院不提出抗诉的,在上诉、抗诉期满后3日内报请上一级人民法院复核。上一级人民法院同意原判的,应当书面层报最高人民法院核准;上一级人民法院不同意原判的,应当发回重审或者改变管辖,按照第一审程序重新审判。原判是基层人民法院作出的,高级人民法院也可以指定中级人民法院按照第一审程序重新审判。对于一审判决在法定期限内被告人提出上诉或者人民检察院提出抗诉的案件,应当依照第二审程序进行审判。第二审人民法院认为上诉、抗诉理由不能成立的,应当驳回上诉、抗诉,维持原判,并按照法定程序层报最高人民法院核准;上诉、抗诉理由成立的,

应当依法改判。

(2) 对于二审改判且改判后仍为在法定刑以下判处刑罚的,应当依照法定程序层报最高人民法院核准;对于二审改判后的刑罚在法定刑之内的,不再层报最高人民法院核准,该判决为终审判决,不得上诉、抗诉。

(3) 报送最高人民法院核准在法定刑以下判处刑罚的案件,应当报送判决书、报请核准的报告各五份,以及全部案卷、证据。

(4) 最高人民法院复核在法定刑以下判处刑罚的案件,经过审查,认为原裁判正确的,予以核准,并作出核准裁定;认为原裁判不正确的,不予核准,应当撤销原裁判,发回原审人民法院重新审判或者指定其他下级人民法院重新审判。

第三节　自诉案件的第一审程序

自诉案件的第一审程序,是指刑事诉讼法规定的人民法院对自诉人起诉的案件进行第一次审判的程序。自诉案件的第一审程序,总体上与公诉案件第一审程序基本相同,但由于自诉案件本身性质上主要是侵害公民个人合法权益的轻微刑事案件,因而其第一审程序也有一些特殊的地方。我国《刑事诉讼法》第204条至第207条对自诉案件的处理作了专节规定。其中,自诉案件的范围,提起自诉的条件和程序,在第十八章起诉中已作了讲述,下面仅阐述自诉案件的受理和自诉案件审理时的一些特点。

一、自诉案件的受理

自诉人提起自诉后,案件要经过人民法院审查,符合条件的才能受理和进行审判。自诉案件的受理条件和提起自诉的条件相同,二者的区别在于,前者是从人民法院的角度予以界定,而后者是从自诉人的角度界定,此处不再赘述。

人民法院收到自诉状或者口头告诉后,应当按照受理条件进行审查,若发现有下列情形之一的,应当说服自诉人撤回起诉,或者裁定不予受理:(1) 不符合法律规定的提起自诉条件的;(2) 缺乏罪证的;(3) 犯罪已过追诉时效期限的;(4) 被告人死亡的;(5) 被告人下落不明的;(6) 除因证据不足撤诉的以外,自诉人撤诉后,就同一事实又告诉的;(7) 经人民法院调解结案后,自诉人反悔,就同一事实再行告诉的。

人民法院经过审查,认为符合受理条件的,应当作出立案决定,并书面通知自诉人或者代为告诉人。

对自诉案件受理有以下几点需予以注意:

(1) 在我国,自诉案件的受理即自诉案件的立案,是由人民法院经过审查后依法作出的,审查的期限为人民法院收到自诉状或者口头告诉后15日以内。无论立案与否,人民法院都应当书面通知自诉人或者代为告诉人。

(2) 对于已经立案,经审查缺乏罪证的自诉案件,如果自诉人提不出补充证据,应当说服自诉人撤回起诉或者裁定驳回起诉;自诉人经说服撤回起诉或者被驳回起诉后,又提出了新的足以证明被告人有罪的证据,再次提起自诉的,人民法院应当受理。

(3) 自诉人明知有其他共同侵害人,但只对部分侵害人提起自诉的,人民法院应当受理,并告知其放弃告诉的法律后果;自诉人放弃告诉,判决宣告后又对其他共同侵害人就同一事实提起自诉的,人民法院不予受理。共同被害人中只有部分人告诉的,人民法院应当通知其他被害人参加诉讼。被通知人接到通知后表示不参加诉讼或者不出庭的,即视为放弃告诉权利。第一审宣判后,被通知人就同一事实提起自诉的,人民法院不予受理。但当事人另行提起民事诉讼的,不受此限制。

(4) 被告人实施的两个以上的犯罪行为,分别属于公诉案件和自诉案件的,人民法院可以在审理公诉案件时,对自诉案件一并审理。

对于《刑事诉讼法》第204条第(三)项所规定的公诉转自诉案件的受理问题,其立法原意是解决实践中老百姓告状无门,强化对公安机关和人民检察院执法的监督和制约。但是,依照现有规定,被害人对这种案件提起自诉后很难通过人民法院的立案审查。因为,现行相关法律和司法解释的规定都要求被害人在提起自诉时要提供能证明被告人犯罪事实的证据,但由于这类案件的性质本身是公诉案件,相关证据材料主要掌握在侦查机关或检察机关手中,被害人直接向人民法院起诉时,手中通常并没有相对充分的证据,要通过人民法院的立案审查自然就较为困难,而且,依照《刑事诉讼法》第176条的规定,人民法院在受理自诉案件以后才可以向公安机关或人民检察院调取相关证据材料,在受理以前不能调取。如此一来,对于这种案件,被害人很难通过自诉的途径寻求救济,立法的初衷也难以实现。我们认为,从落实立法原意,使制度设置符合中央关于深化司法体制和工作机制改革的精神要求及满足人民群众的司法需要的角度出发,《刑事诉讼法》进一步修改时应当对此予以调整,可考虑规定,对于这种自诉案件,人民法院在审查是否受理时,可以依据被害人申请或依职权向公安机关或人民检察院调取相关证据材料以便进行立案审查。

二、自诉案件审理的特点

人民法院对于决定受理的自诉案件,应当开庭审判。除适用简易程序审理的外,审判程序参照公诉案件第一审普通程序进行。

如前所述,由于自诉案件本身具有特殊性,因而自诉案件的审理程序也有一些不同于公诉案件第一审普通程序的特点,根据我国《刑事诉讼法》第205条至第207条的规定,自诉案件第一审程序具有以下特征:

(1) 人民法院对告诉才处理的案件和被害人有证据证明的轻微刑事案件,

可以在查明事实、分清是非的基础上,根据自愿、合法的原则进行调解。调解达成协议的,应当制作刑事调解书,由审判人员和书记员署名,并加盖人民法院印章。调解书经双方当事人签收后,即具有法律效力。调解没有达成协议,或者调解书签收前当事人反悔的,应当及时作出判决。对《刑事诉讼法》第 204 条第(三)项规定的自诉案件,即被害人有证据证明对被告人侵犯自己人身、财产权利的行为应当依法追究刑事责任,而公安机关、人民检察院不予追究被告人刑事责任的案件,不适用调解。对于告诉才处理的案件和被害人有证据证明的轻微刑事案件,人民法院通过调解的方式结案有利于及时、妥善地解决纠纷,化解矛盾,有利于减少社会对抗,维护社会安定,促进社会和谐。因此,从建设社会主义和谐社会的要求出发,人民法院在审理这两类案件时应当积极主动地进行调解,充分发挥调解制度的社会效益和政治效益。

(2) 对于自诉案件,自诉人在宣告判决前可以同被告人自行和解或者撤回起诉。自行和解和撤回起诉是《刑事诉讼法》赋予自诉人的一项重要诉讼权利。对于已经审理的自诉案件,当事人自行和解的,应当记录在卷;对于自诉人要求撤诉的,经人民法院审查认为确属自愿,应当裁定准许,经审查认为自诉人系被强迫、威吓等,不是出于自愿的,不予准许。人民法院裁定准许自诉人撤诉或者当事人自行和解的案件,被告人被采取强制措施的,应当立即予以解除。自诉人经两次依法传唤,无正当理由拒不到庭的,或者未经法庭许可中途退庭的,按撤诉处理。自诉人是 2 人以上,其中部分人撤诉的,不影响案件的审理。

(3) 在自诉案件审理过程中,被告人下落不明的,可以中止审理。被告人归案后,应当恢复审理,必要时,应当对被告人依法采取强制措施。自诉案件审理后,应当参照《刑事诉讼法》有关公诉案件判决的规定作出判决。对于依法宣告无罪的案件,其附带民事诉讼部分应当依法进行调解或者一并作出判决。

(4) 告诉才处理和被害人有证据证明的轻微刑事案件的被告人或者其法定代理人在诉讼过程中,可以对自诉人提起反诉。反诉必须符合下列条件:第一,反诉的对象必须是本案自诉人;第二,反诉的内容必须是本案有关的行为;第三,反诉的案件必须是告诉才处理的案件和人民检察院没有提起公诉,被害人有证据证明的轻微刑事案件。

在诉讼理论上,反诉是指在自诉案件审理过程中,自诉案件的被告作为被害人向受理自诉案件的人民法院控告自诉人犯有与本案有关联的犯罪行为,要求人民法院追究其刑事责任的诉讼。反诉以自诉存在为前提,但反诉本身不是对自诉的答辩,而是一个独立的诉讼。因而,如果原自诉人撤诉的,不影响反诉案件的继续审理。反诉案件的审理适用自诉案件的规定,并应当与自诉案件一并审理。

根据我国《刑事诉讼法》第 206 条的规定,人民法院审理自诉案件的期限,被告人被羁押的,适用本法第 202 条第 1 款、第 2 款的规定;未被羁押的,应当在受理后 6 个月以内宣判。

第四节 简易程序

一、简易程序的概念和意义

简易程序是与普通程序相比较而言的程序,其是指基层人民法院在审理具备特定条件(事实清楚、证据充分,被告人认罪,同意适用)的案件时所采取的相对简单的程序,其是简化和省略普通程序的某些环节和步骤后形成的一种程序。

目前,英国、法国、德国、日本、意大利以及我国香港、台湾地区等主要国家和地区都在其刑事诉讼法中设有简易程序。实践表明,简易程序在刑事司法实务中起着非常重要的作用。据统计,英国按简易程序审理的案件占全部刑事案件的97%[1];在日本达到94%。在美国,按辩诉交易处理的案件占全部刑事案件的90%以上。[2] 第二次世界大战以后,在大陆法系与英美法系相互渗透和影响下,简易程序继续得到迅猛发展并且呈现出形式多样化的特点。如1988年《意大利刑事诉讼法典》增设了有别于传统刑事简易程序的直接审判、迅速审判等规定。此后,西班牙、丹麦创设了书面审形式的简易程序。德国、法国在司法实践中也开始突破立法上对简易程序的规定。所有这些均表明,在面对犯罪不断增长,而普通诉讼程序烦琐、难以应付的情况下,世界各国均根据本国国情采用形式不同的简易程序提高诉讼效率,简易程序的增设是世界刑事诉讼制度发展的重要趋势之一。

我国 1979 年《刑事诉讼法》中没有规定简易程序,1996 年《刑事诉讼法》在第一审程序中以专节形式增设了"简易程序",《刑事诉讼法》在 2012 年修改时又对相关内容进行了增补和完善。简易程序的增设不仅符合当今世界各国刑事诉讼制度改革的趋势,而且也是我国司法实践的客观需要,具有重要意义。

首先,简易程序有助于从整体上提高人民法院的审判效率,缓解人民法院面临的日益繁重的审判任务。近年来,我国刑事案件的发案率呈上升趋势,人民法院受理的刑事案件数量逐渐增长,因此,对那些案件事实清楚,证据确实、充分,控辩双方无争议的刑事案件,以简易程序审理,可以及时、尽早结案,降低成本,使人民法院可以集中人力、物力、财力投入到重大或复杂案件中去,从而在整体上提高审判效率,缓解了案件积压矛盾。

其次,简易程序有利于保护当事人合法权益。审判迅速本身是刑事审判的

---

[1] 〔英〕麦高伟、杰弗里·威尔逊主编:《英国刑事司法程序》,姚永吉等译,何家弘审校,法律出版社 2003 年版,第 259 页。
[2] 〔美〕爱伦·豪切斯泰勒·斯黛丽、南希·弗兰克:《美国刑事法院诉讼程序》,陈卫东、徐美君译,何家弘校,中国人民大学出版社 2002 年版,第 413 页。

一项基本要求,采用简易程序不仅能够使公诉案件中被告人的责任问题尽快确定,被害人的合法权益及时得到弥补和维护,早日摆脱讼累之苦,而且也有利于自诉人能以简便有效的方式行使自诉权来维护自己的实体权益,不致因程序的烦琐望而却步、牺牲实体权益。

最后,简易程序使刑事审判程序更加科学、合理。从刑事案件本身的情况来看,不同案件的繁简轻重存在很大差异,对不同案件适用不同程序进行审理,是审判程序科学化、合理化的要求和体现。因而,设置简易程序处理那些案件事实清楚、证据确实充分、争议不大的案件无疑会促进刑事审判程序更加科学、合理。

二、简易程序的适用范围

简易程序简化了庭审的相关程序和环节,而程序的简化常常伴随着人权保障水平的降低以及错案的风险,故对适用简易程序的案件的范围必须严加限制。根据我国《刑事诉讼法》第208条的规定,符合下列条件的案件可以适用简易程序审判:

(1)属于基层人民法院管辖的;
(2)案件事实清楚、证据充分的;
(3)被告人承认自己所犯罪行,对指控的犯罪事实没有异议的;
(4)被告人对适用简易程序没有异议的。

需要说明的是,对于适用简易程序审理的案件,上述四项条件缺一不可,欠缺其中任何一个条件,案件都不能适用简易程序来审理。案件属于基层人民法院管辖即被告人可能判处有期徒刑及以下刑罚,这是适用简易程序审理的案件类型条件,相对于中级人民法院管辖的刑事案件,案件性质相对较轻。案件事实清楚、证据充分是适用简易程序审理案件的事实基础。被告人认罪是适用简易程序审理案件的重要条件,要求被告人对适用简易程序没有异议是为了充分尊重被告人的程序选择权。

适用简易程序的案件必须确实能够简化程序,提高诉讼效率,使案件得到及时、公正处理。不符合条件的,不能适用简易程序。根据我国《刑事诉讼法》第209条及最高法《解释》第290条的规定,有下列情形之一的,不适用简易程序:

(1)被告人是盲、聋、哑人;
(2)被告人是尚未完全丧失辨认或者控制自己行为能力的精神病人;
(3)有重大社会影响的;
(4)共同犯罪案件中部分被告人不认罪或者对适用简易程序有异议的;
(5)辩护人作无罪辩护的;
(6)被告人认罪但经审查认为可能不构成犯罪的;
(7)不宜适用简易程序审理的其他情形。

三、简易审判程序的特点

简易程序作为对第一审普通程序的简化程序,根据我国《刑事诉讼法》的有关规定,与普通程序相比,具有以下特点:

(1) 在适用程序上,简易程序设置在《刑事诉讼法》第一审程序中,因而简易程序只适用于第一审程序,第二审程序、死刑复核程序和审判监督程序均不适用。

(2) 在适用法院上,简易程序只适用于基层人民法院,中级以上人民法院虽有第一审案件,但不能适用简易程序。

(3) 在审判组织上,适用简易程序审理案件,对可能判处3年有期徒刑以下刑罚的,可以组成合议庭进行审判,也可以由审判员一人独任审判;对可能判处的有期徒刑超过3年的,应当组成合议庭进行审判。

(4) 在适用案件上,简易程序只适用那些案件事实清楚、证据充分、被告人认罪的刑事案件。对那些案情复杂、重大、难以定性的刑事案件则不宜适用简易程序。否则,就会影响到案件的处理质量,不能实现真正的诉讼效益。

(5) 在控诉职能上,适用简易程序审理公诉案件,人民检察院应当派员出席法庭。这是《刑事诉讼法》新增加的重要规定,此举意在保障法院的中立地位,维护科学正常的诉讼构造,避免出现法官与被告人展开辩论的怪现象,同时也是为了加强检察院对法院司法活动进行监督。

(6) 在期间和送达方式上,适用简易程序审理的案件,送达起诉书至开庭审判的时间,不受《刑事诉讼法》第182条第1款规定的人民法院应当将人民检察院的起诉书副本至迟开庭10日以前送达被告人和辩护人的限制。在开庭审判前,人民法院在通知有关诉讼参与人开庭的时间、地点时,可以用简便方式进行,记录在卷即可。适用简易程序审理案件,人民法院应当在受理后20日以内审结;对可能判处的有期徒刑超过3年的,可以延长至1个半月。这比公诉案件的第一审普通程序期限要短,符合诉讼效率的要求。

(7) 在庭审程序上大为简化。简化庭审程序是简易程序的主要特征。《刑事诉讼法》第213条规定:"适用简易程序审理案件,不受本章第一节关于送达期限、讯问被告人、询问证人、鉴定人、出示证据、法庭辩论程序规定的限制。但在判决宣告前应当听取被告人的最后陈述意见。"因此,适用简易程序审理公诉案件时,被告人可以就起诉书指控的犯罪事实进行陈述和辩护,经审判员许可,被告人及其辩护人可以同公诉人互相进行辩论。在审理自诉案件时,自诉人宣读起诉书后,经审判员准许,被告人及其辩护人可以同自诉人及其诉讼代理人互相辩论。总之,《刑事诉讼法》对于第一审普通程序的规定在简易程序中大部分可根据案件的具体情况从简、从略,通过诉讼环节的简化提高庭审效率,迅速结案。

但是,从保障被告人权益出发,《刑事诉讼法》规定,适用简易程序审理的案件,无论是公诉案件还是自诉案件,在判决宣告以前,应当听取被告人的最后陈述意见。也就是说,适用简易程序时,无论如何简化,被告人最后陈述这一庭审环节不能省略掉。

(8) 在宣判形式上,适用简易程序审理的案件原则上一般应当采用当庭宣判形式,不采用定期宣判形式。因为简易程序设置的最根本目的在于提高诉讼效率,定期宣判形式不符合这一目的。

值得注意的是:适用简易程序审理案件,在审理过程中,发现不宜适用简易程序的应当按照第一审普通程序的规定重新审理。适用简易程序审理案件应当符合我国《刑事诉讼法》规定的适用简易程序的条件,能够实现立法初衷,因而发现不宜适用简易程序的,就不应当继续用简易程序审理。我国《刑事诉讼法》第 215 条规定:"人民法院在审理过程中,发现不宜适用简易程序的,应当按照本章第一节或者第二节的规定重新审理。"即人民法院在适用简易程序审理案件的过程中,发现案件事实不清、证据不充分,被告人不认罪,或者被告人不同意适用简易程序审理案件时,应当按照公诉案件或者自诉案件的第一审普通程序重新审理。具体而言,不宜适用简易程序是指具有下列情形之一:被告人的行为可能不构成犯罪的;被告人可能不负刑事责任的;被告人当庭对起诉指控的犯罪事实予以否认的;案件事实不清、证据不足的;不应当或者不宜适用简易程序的其他情形。

为了避免错误地适用简易程序审理案件,我国《刑事诉讼法》第 211 条特别规定,适用简易程序审理案件,审判人员应当询问被告人对指控的犯罪事实的意见,告知被告人适用简易程序审理的法律规定,确认被告人是否同意适用简易程序审理。

转为普通程序审理的案件,审理期限应当以决定转为普通程序之日起计算。

第五节 判决、裁定和决定

判决、裁定和决定是公安机关、人民检察院、人民法院在刑事诉讼过程中依据事实和法律对案件的实体问题和程序问题作出的三种对诉讼参与人以及其他机构和个人具有约束力的处理决定。

一、判决

(一) 判决的概念和种类

判决是人民法院通过审理对案件的实体问题作出的处理决定。它是人民法院代表国家行使审判权,在个案适用法律上的具体体现。根据我国《刑事诉讼法》第 195 条的规定,人民法院所作的刑事判决分为有罪判决和无罪判决两种。

有罪判决是人民法院对案件事实清楚,证据确实充分,依据法律认定被告人有罪时作出的判决。进一步划分,有罪判决又可分为定罪处刑判决和定罪免刑判决。定罪处刑判决是指人民法院作出的在认定被告人的行为构成犯罪的基础上,给予适当刑事处罚的判决;定罪免刑判决是人民法院作出的确认被告人的行为构成犯罪,同时又基于被告人具有法定免除处罚情节而宣布对被告人免除刑事处罚的判决。

无罪判决是人民法院作出的确认被告人的行为不构成犯罪或者因证据不足,不能认定被告人有罪的判决。无罪判决有两种:一种是案件事实清楚,证据确实、充分,依据法律认定被告人无罪的无罪判决;另一种是因证据不足,不能认定被告人有罪时作出的证据不足,指控的犯罪不能成立的无罪判决。后一种无罪判决是《刑事诉讼法》贯彻疑罪从无原则的具体体现。

另外,根据有无附带民事诉讼,判决还可以分为刑事判决和刑事附带民事判决两种。

(二) 判决书的制作要求和内容

判决是人民法院行使国家审判权和执行国家法律的具体结果,具有权威性、强制性、严肃性和稳定性。因此,判决书作为判决的书面表现形式,其制作是一项严肃且慎重的活动,必须严格按照规定的格式和要求制作。总的要求是:格式规范;事实叙述清楚、具体、层次清楚,重点突出;说理透彻,论证充分;结论明确,法律条文的引用正确、无误;逻辑结构严谨,无前后矛盾之处;行文通俗易懂,繁简得当,标点符号正确。根据我国《刑事诉讼法》第 51 条的规定:审判人员制作判决书时,必须忠实于事实真相。故意隐瞒事实真相的,应当追究责任。

具体而言,根据最高人民法院审判委员会通过的《法院刑事诉讼文书样式》(样本)的规定,判决书的制作要求和内容有以下几方面:

1. 首部

首部包括人民法院名称、判决书类别、案号;公诉机关和公诉人、当事人、辩护人、诉讼代理人基本情况;案由和案件来源;开庭审理,审判组织的情况等。

2. 事实部分

事实是判决的基础,是判决理由和判决结果的根据。这部分包括四个方面的内容:人民检察院指控被告人犯罪的事实和证据;被告人的供述、辩护和辩护人的辩护意见;经法庭审理查明的事实和据以定案的证据。其中,对认定事实的证据必须做到:(1) 依法公开审理的案件,除无须举证的事实外,证明案件事实的证据必须是指经过法庭公开举证、质证的,未经法庭公开举证、质证的不能认证;(2) 要通过对证据的具体分析、认证来证明判决所确认的犯罪事实,防止并杜绝用"以上事实、证据充分、被告人也供认不讳,足以认定"等抽象、笼统的说法或简单地罗列证据的方法来代替对证据的具体分析、认证,法官认证和采证的过程应当在判决书中充分体现出来;(3) 证据的叙写要尽可能明确、具体。此外,叙述证据时,还应当注意到保守国家秘密,保护报案人、控告人、举报人、被害人、证人的安全和名誉。

3. 理由部分

理由是判决的灵魂,是将事实和判决结果有机联系在一起的纽带,是判决书说服力的基础。其核心内容是针对具体案件的特点,运用法律规定、犯罪构成和刑事诉讼理论,阐明控方的指控是否成立,被告人的行为是否构成犯罪,犯什么罪,情节轻重与否,依法应当如何处理。书写判决理由时应注意:(1)理由的论述要结合具体案情有针对性和个性,说理力求透彻,使理由具有较强的思想性和说服力。切忌说空话,套话。(2)罪名确定准确。一人犯数罪的,一般先定重罪,后定轻罪;共同犯罪案件应在分清各被告人在共同犯罪中的地位、作用和刑事责任的前提下,依次确定首要分子、主犯、从犯或者胁从犯、教唆犯的罪名。(3)被告人具有从轻、减轻、免除处罚或从重处罚情节的,应当分别或者综合予以认定。(4)对控辩双方适用法律方面的意见应当有分析地表明是否予以采纳,并阐明理由。(5)法律条文(包括司法解释)的引用要完整、准确、具体。

4. 结果部分

判决结果是依照有关法律的具体规定,对被告人作出的定性处理的结论。书写时应当字斟句酌、认真推敲,力求文字精练、表达清楚、准确无误。其中有罪判决应写明判处的罪名、刑种、刑期或者免除刑罚;数罪并罚的应分别写明各罪判处的刑罚和决定执行的刑罚;被告人已被羁押的,应写明刑期折抵情况和实际执行刑期的起止时间;缓刑的应写明缓刑考验期限;附带民事诉讼案件,应写明附带民事诉讼的处理情况;有赃款赃物的,应写明处理情况。无罪判决要写明认定被告人无罪以及所根据的事实和法律依据;对证据不足,不能认定被告人有罪的应写明证据不足、指控的犯罪不能成立,并宣告无罪。

5. 尾部

这部分写明被告人享有上诉权利、上诉期限、上诉法院、上诉方式和途径;合议庭组成人员或独任审判员和书记员姓名;判决书制作、宣判日期;最后要加盖人民法院印章。

二、裁定

(一)裁定的概念和分类

裁定是人民法院在案件审理过程中和判决执行过程中,对程序性问题和部分实体问题所作的决定。

裁定与判决的法律性质和特点基本相同,但二者也有区别,具体表现如下:

(1)适用对象上不同:判决只解决案件的实体性问题,而裁定除了解决部分实体性问题外,主要是解决程序性问题。

(2)适用范围不同:裁定比判决的适用范围要广泛得多。判决只适用于审判程序终结时,包括第一审、第二审和审判监督程序,而裁定则适用于整个审判程序和执行程序。

(3) 适用的方式不同:判决必须采用书面形式,而裁定则可采用书面和口头两种形式。

(4) 上诉、抗诉的期限不同:不服判决的上诉、抗诉期限为10日,而不服裁定的上诉、抗诉期限为5日。

裁定可根据不同标准进行分类:根据裁定解决的问题划分,裁定可分为程序性裁定和实体性裁定;根据诉讼阶段划分,可分为一审裁定,二审裁定,再审裁定和核准死刑裁定等;根据其适用方式划分,可分为口头裁定和书面裁定。

(二) 裁定适用的范围和裁定书的制作

根据我国《刑事诉讼法》的规定,裁定适用于解决程序性问题,主要是指是否恢复诉讼期限、中止审理、维持原判、撤销原判并发回重审、驳回公诉或自诉、核准死刑等。裁定适用于解决某些实体性问题主要是指减刑、假释、撤销缓刑、减免罚金,以及对犯罪嫌疑人、被告人逃匿、死亡案件违法所得的没收等。

裁定书是与判决书同等重要的法律文书,其制作要求、格式与判决书基本一致,但在内容上较判决书简单一些,因为裁定往往解决的问题比较单一,要么是一个专门的程序性问题,要么是一个较为简单的实体性问题。若使用口头形式作出裁定的,必须记入审判笔录,其效力与书面裁定效力相同。

三、决定

(一) 决定的概念和分类

决定是公安机关、人民检察院、人民法院在诉讼过程中,依法就案件的有关诉讼程序问题和某些实体问题所作的一种处理。决定和判决、裁定不同之处在于是否涉及上诉、抗诉问题。一般情况下,决定一经作出,立即发生效力,不能上诉或者抗诉。某些决定,如不起诉的决定、回避的决定,为保护当事人的合法权益,纠正可能出现的错误,法律允许当事人或有关机关申请复议、复核。但判决、裁定则是在法定期限内可以上诉、抗诉的。

决定以其表现形式不同可分为口头决定和书面决定。书面决定应制作决定书,写明处理结论及理由。口头决定应记入笔录,它与书面决定具有同等效力。

(二) 决定的适用范围

根据我国《刑事诉讼法》的规定,决定主要适用于解决以下一些问题:是否回避的决定;立案或不立案的决定;采取各种强制措施或变更强制措施的决定;实施各种侦查行为的决定;撤销案件的决定;延长侦查中羁押犯罪嫌疑人的期限的决定;起诉或不起诉决定;开庭审判的决定;庭审中解决当事人和辩护人、诉讼代理人申请通知新的证人到庭、调取新的物证、申请重新鉴定或勘验的决定;延期审理的决定;抗诉的决定;提起审判监督程序的决定;未成年人附条件不起诉的决定以及对依法不负刑事责任的精神病人进行强制医疗的决定等。

第二十章 第二审程序

第一节 概 述

一、两审终审制

(一) 两审终审制的概念

我国《刑事诉讼法》第10条规定:"人民法院审判案件,实行两审终审制。"所谓两审终审制,是指一个案件经过相邻的两级人民法院审判,普通审判程序即告终结的制度,对于第二审人民法院作出的终审判决、裁定,当事人等不得再提出上诉,人民检察院不得按照上诉审程序提出抗诉。

我国人民法院的设置分为四级,即最高人民法院、高级人民法院、中级人民法院和基层人民法院。下级人民法院的审判工作要受上级人民法院的监督,二者之间是一种审级监督的关系。

根据两审终审制的要求,地方各级人民法院按照第一审程序对案件审理后所作的判决、裁定,尚不能立即发生法律效力,只有在法定期限内,有上诉权的人没有提起上诉,同级人民检察院也没有提出抗诉,第一审法院所作出的判决、裁定才发生法律效力。在法定的期限内,如果有上诉权的人提出了上诉,或者同级人民检察院提出了抗诉,上一级人民法院应当对该案件再进行审判。上一级人民法院审理第二审案件作出的判决、裁定,都是终审判决、裁定,立即发生法律效力。经过这样两级法院对案件进行审判后,该案的审判即行终结,故又称四级两审终审制。

(二) 两审终审制的特殊和例外情况

两审终审制作为一项基本的审判制度,也存在着特殊和例外情况,分述如下:

1. 特殊情况

由于是否提起上诉是当事人的权利,以及死刑复核程序的设置,因此,在刑事诉讼进行过程中,有些案件实际并不需要经过两审就发生法律效力,而有些案件即使经两审终审后也不能立即发生法律效力,交付执行。特说明如下:

(1) 合法的上诉或抗诉是开始第二审程序必须具备的前提,如果不存在这个前提,即在法定期限内,有上诉权或抗诉权的人或机关没有提出上诉或抗诉,那么地方各级法院审判的第一审案件所作出的一审裁判,也应发生法律效力,交付执行,而不应再两审终审。这与两审终审制原则并无矛盾,只不过是有上诉权或抗诉权的人或机关根据自己的意志,自愿地选择放弃行使该项权利。

（2）两审终审制是就刑事诉讼中的普通程序而言,而死刑案件是特殊的案件,为确保质量,必须依法经过死刑复核的特殊诉讼程序后,始发生法律效力。但它们同样属于两审终审,因为最高人民法院、高级人民法院对这类案件的复核,并不属于一个审级,有上诉权或抗诉权的人和机关不能对这类案件的二审裁判提起上诉或抗诉。此外,根据《刑法》第63条第2款在法定刑以下量刑的,也要经过最高人民法院的复核,核准后方能生效。

2. 例外情况

两审终审制的唯一例外,是最高人民法院审理的案件为一审终审,即两审终审制只适用于地方各级人民法院审判第一审案件,而不适用于最高人民法院审判的案件。因为最高人民法院是我国的最高审判机关,经它审判的一切案件,宣判后均立即生效,不存在按照上诉审程序提出上诉、抗诉的问题。

各国的上诉制度,因审级制度的不同有如下划分:一类是三审终审制,如德国、法国、日本等。在三审终审制国家,通常一审、二审为事实审,三审为法律审。但是,有些国家也不是所有的案件都实行三审终审,如果一审属高等法院,二审就由上一级的最高法院审理,由于最高法院是最高一级的法院,二审即为终审。另一类是两审终审制,如俄罗斯等国,当事人不服第一审法院的判决,只有一次上诉的权利,上诉不分事实审和法律审。美国的情况比较特殊,法院组织实行双轨制,联邦法院系统和州法院系统基本上实行两审制,以上诉一次为原则。事实审只限一审法院,上诉法院只审理适用法律是否有错误的问题。二次上诉是例外。少数案件经过严格的批准手续,涉及联邦法律问题,才能再向联邦最高法院提出上诉。

我国不采三审终审,而实行两审终审制,是充分考虑了我们的国情和司法的实际需要:（1）我国幅员辽阔,人口众多,交通尚不够发达,实行两审终审制,可以防止诉讼拖延,保证准确、及时地打击犯罪,节省司法资源,便利公民诉讼。（2）我国上下级人民法院之间是审级监督关系,二审法院通过审判上诉、抗诉案件,可以使错误的一审判决、裁定,在尚未发生法律效力之前,得到及时的纠正;上级法院可以通过二审经常了解下级法院的审判工作情况,改进审判工作,保证案件审理的公平、公开、公正。（3）我国刑事诉讼中有较完备的级别管辖制度、审查起诉制度,对死刑案件还设有死刑复核程序,能够确保办案的质量。即使极少数刑事案件的判决、裁定可能出现错误,还可以通过审判监督程序予以纠正。因此,我国实行两审终审制。

二、第二审程序的概念和特点

第二审程序又称上诉审程序,是第二审人民法院根据上诉人的上诉或者人民检察院的抗诉,就第一审人民法院尚未发生法律效力的判决或裁定认定的事实和适用的法律进行审理时所应当遵循的步骤和方式、方法。它是刑事诉讼中一个独立的诉讼阶段。

正确理解上述概念,要注意以下三点:(1)不能简单地认为第二审程序就是对同一案件进行第二次审理的程序。因为对同一案件的第二次审理可能是第二审程序,也可能是第一审程序,甚至可能是审判监督程序。比如上一级法院认为下级法院审理、裁判了应该由它作为第一审审理的案件,有权依法撤销原裁判、变更管辖,将该案收归自己作第一审审判。变更管辖后的审理,从审理次数说是第二次,但从审判程序上说仍是第一审程序。(2)第二审程序并不是审理刑事案件的必经程序。一个案件是否经过第二审程序,关键在于上诉人或检察机关是否依法提起了上诉或抗诉。提起上诉或抗诉的,该案就应由上一级人民法院依第二审程序再次审理,否则就不产生第二审程序。(3)除基层人民法院以外的各级人民法院,都可以成为上级人民法院,因此,中级人民法院、高级人民法院和最高人民法院对于它的下一级法院来说,都是第二审人民法院,对于不服下一级法院第一审判决或裁定而提出上诉或抗诉的,都要适用第二审程序审理、裁判。

三、第二审程序的任务和意义

第二审程序的任务是:第二审人民法院对第一审人民法院作出的判决或裁定所认定的事实是否清楚,证据是否确实、充分,适用法律是否正确,诉讼程序是否合法,进行全面审查和审理,重点解决事实法律争议,并依法作出判决或裁定,以维持正确的一审判决和裁定,纠正错误的一审判决和裁定。

第二审程序的意义是多方面的,主要是:

(1)通过第二审程序,维护一审法院的正确裁判。有的被告人存在侥幸心理,对第一审法院正确的裁判提出上诉。第二审人民法院通过第二审审理,进一步揭露和证实犯罪,依法驳回被告人的无理上诉,从而维护第一审正确的判决或裁定。

(2)通过第二审程序,纠正一审法院的错误裁判,准确地惩罚犯罪分子,保护被告人的合法权益。犯罪现象是十分复杂的,要把案件事实彻底查清楚,是一项艰难的任务。有时由于某种客观原因,或者审判人员认识上的片面性,或者工作上粗枝大叶,都可能发生错误。无论是误将有罪判无罪、重罪判轻罪,或者误将无罪判有罪、轻罪判重罪,都违背了"以事实为根据,以法律为准绳"的诉讼原则,都必然损害国家和人民的利益。因此,通过第二审可以及时纠正第一审法院的错误裁判,保证生效判决的正确性。这样做既有利于准确地惩罚犯罪分子,保护被害人的人身权利和其他权益,又能使无罪的人免受刑罚处罚,有效地保护被告人的合法权益。

(3)有利于上级人民法院监督和指导下级人民法院的审判工作,保证办案质量。第二审程序是上级人民法院对下级人民法院审判工作实行监督的有效方法。上级人民法院通过撤销、变更下级法院所作的错误裁判，指出下级法院审判工作中存在的问题和缺点；通过维护下级法院的正确判决，肯定下级人民法院审判工作中的正确方面，这样做有利于下级人民法院总结经验教训，发扬成绩，改进审判工作，提高办案质量，保证人民法院审判权的正确行使。

第二节 第二审程序的提起

一、提起第二审程序的主体

根据我国《刑事诉讼法》第216条的规定，有权提起上诉的人员是：自诉人、被告人或者他们的法定代理人，以及经被告人同意的辩护人、近亲属，还有附带民事诉讼的当事人及其法定代理人。有权提出抗诉的机关是地方各级人民检察院。

上诉权主要是被告人享有的一项诉讼权利。上诉制度是确保人民法院既能及时、正确地惩罚犯罪，又能保护无辜、维护被告人合法权益的重要制度。由于各种上诉人在刑事诉讼中所处的地位不同，《刑事诉讼法》对他们的上诉权限也作了不同的规定。

（1）自诉人、被告人在诉讼活动中，分别处于原告或者被告一方，人民法院审理该案件所作出的判决、裁定对他们都有切身的直接的利害关系，所以法律规定他们有独立的上诉权，只要他们之中有人依法提出上诉，就引起第二审程序。

（2）法定代理人作为无行为能力人或者限制行为能力人这类不能进行正常诉讼活动的自诉人、被告人的合法权益的维护者，法律赋予他们以独立的上诉权，他们的上诉，即使被告人、自诉人不同意，也是有效的。

（3）被告人的辩护人和近亲属不具有独立的上诉权，而是有条件地享有上诉权。即被告人的辩护人和近亲属，只有在征得被告人同意后，才可以提出上诉。被告人对自己是否犯罪以及罪行轻重是最清楚的，法院作出的判决是处理他的犯罪问题，与他有切身的利害关系，而被告人的辩护人和近亲属既不完全了解被告人的犯罪情节，法院判决又不直接涉及他们的人身权利和民主权利，所以法律没有赋予他们独立的上诉权利，而以取得被告人同意作为提起上诉的条件。

（4）附带民事诉讼的当事人和他们的法定代理人享有部分的上诉权，他们可以对判决、裁定中的附带民事诉讼部分提出上诉。附带民事诉讼的当事人及其法定代理人作为附带民事诉讼的原告人，对附带民事诉讼部分提出的上诉，无权涉及判决、裁定中的刑事部分，而且，这种上诉并不影响刑事判决、裁定在上诉期满后发生法律效力和执行。

为了保证被告人行使上诉权，我国《刑事诉讼法》第216条第3款明确规定:"对被告人的上诉权,不得以任何借口加以剥夺。"上诉权是被告人依法享有的重要诉讼权利之一,保护被告人的上诉权,有利于司法机关公正执法,有利于提高办案质量,有利于维护被告人的合法权益,所以法律规定不得以任何借口、方式剥夺、侵犯或限制被告人的上诉权。

根据最高法《解释》的规定,上诉人在上诉期限内要求撤回上诉的,人民法院应当准许。上诉人在上诉期满后要求撤回上诉的,第二审人民法院应当审查。经审查,认为原判认定事实和适用法律正确,量刑适当的,应当裁定准许撤回上诉;认为原判事实不清、证据不足或者将无罪判为有罪、轻罪重判等的,应当不予准许,继续按照上诉案件审理。被判处死刑立即执行的被告人提出上诉,在第二审开庭后宣告裁判前申请撤回上诉的,应当不予准许,继续按照上诉案件审理。

我国《刑事诉讼法》第217条规定:"地方各级人民检察院认为本级人民法院第一审的判决、裁定确有错误的时候,应当向上一级人民法院提出抗诉。"人民检察院是国家法律监督机关,对于人民法院的审判活动是否合法,应当实行监督。对于被告人有利或不利的错误判决、裁定,人民检察院都应当提起抗诉。

二、被害人向人民检察院申请抗诉

公诉案件中的被害人及其法定代理人虽然具有当事人的诉讼地位,但是法律并未赋予其上诉的权利,而是给予其请求抗诉的权利。根据我国《刑事诉讼法》第218条规定,被害人及其法定代理人不服地方各级人民法院第一审的判决的,自收到判决书后5日以内,有权请求人民检察院提出抗诉。对此人民检察院应当立即对请求人的资格、请求的时间和理由进行审查,并自收到请求后5日以内作出是否抗诉的决定,答复请求人。

三、上诉、抗诉的理由

我国《刑事诉讼法》对于提出上诉的理由没有规定任何限制,因此,上诉人在法定期限内提出上诉,不论理由是否充分,均应允许。根据我国《刑事诉讼法》第217条规定,人民检察院只有在有充分的根据认定原判决、裁定"确有错误"时,才能提出抗诉。在实践中,作为上诉或抗诉的理由,归纳起来有以下几点:

(1) 判决、裁定在认定事实上有错误,或者缺乏确实、充分的证据;

(2) 判决、裁定在适用法律、定罪量刑上有错误;

(3) 违反诉讼程序,使当事人依法享有的诉讼权利受到侵犯,可能影响判决、裁定的正确性。

上述三项理由的具体情况很多。上诉人或人民检察院不仅可以在上诉状或抗诉书中提出上诉、抗诉的根据和理由,而且在提出上诉状或抗诉后,甚至在二审法院审理过程中,仍可作补充阐述或提出新的根据和理由,第二审法院不应加以限制。

四、上诉、抗诉的期限

对地方各级人民法院第一审判决、裁定的上诉或者抗诉,应当在法定的上诉或抗诉期间内提出。我国《刑事诉讼法》第 219 条规定:"不服判决的上诉和抗诉的期限为 10 日,不服裁定的上诉和抗诉的期限为 5 日,从接到判决书、裁定书的第 2 日起算。"

法律规定上诉、抗诉期限的目的,一方面是为了让上诉人、检察机关等有一定的期间充分考虑是否提出上诉、抗诉和准备上诉、抗诉的理由,以保障他们行使上诉、抗诉权;同时也是为了保证上级人民法院能够迅速地审判上诉、抗诉案件,使确有错误的判决、裁定能及时得到纠正,以免拖延诉讼。对附带民事判决、裁定的上诉、抗诉期限,应当按照刑事部分的上诉、抗诉期限确定。附带民事部分另行审判的,上诉期限也应当按照刑事诉讼法规定的期限确定。

五、上诉、抗诉的方式和程序

上诉一般应用书状提出,上诉人书写上诉状确有困难的可以口头提出上诉,第一审人民法院应当根据其所陈述的理由和请求制作笔录,由上诉人阅读或者向他宣读后,上诉人应当签名或者盖章。用上诉状提出上诉的,一般应当有上诉状正本及副本。上诉状内容应当包括:第一审判决书、裁定书的文号和上诉人收到的时间;第一审法院的名称;上诉的请求和理由;提出上诉的时间;上诉人签名或者盖章。如果是被告人的辩护人、近亲属经被告人同意提出上诉的,还应当写明提出上诉的人与被告人的关系,并应当以被告人作为上诉人。

根据我国《刑事诉讼法》第 220 条及相关司法解释,上诉人上诉可以通过原审人民法院提出,也可以直接向第二审人民法院提出。通过原审人民法院提出上诉的,第一审人民法院应当审查上诉是否符合法律规定。符合法律规定的,应当在上诉期满后 3 日以内将上诉状连同案卷、证据移送上一级人民法院,同时将上诉状副本送交同级人民检察院和对方当事人。上诉人直接向第二审人民法院提出上诉的,第二审人民法院应当在收到上诉状后 3 日以内将上诉状交第一审人民法院。第一审人民法院应当审查上诉是否符合法律规定。符合法律规定的,应当在接到上诉状后 3 日以内将上诉状连同案卷、证据移送上一级人民法院,同时将上诉状副本送交同级人民检察院和对方当事人。

提出抗诉的方式,我国《刑事诉讼法》第 221 条作了规定,即地方各级人民检察院认为同级人民法院第一审判决、裁定确有错误而决定抗诉时,必须制作抗诉书。抗诉书应通过原审人民法院提交,同时还应抄送上一级人民检察院。原审人民法院接到抗诉书后,应将抗诉书连同案卷、证据移送上一级人民法院,并将抗诉书副本送交当事人。上级人民检察院接到下级人民检察院抄送的抗诉书后,应就抗诉的理由和根据进行认真审核。如果认为抗诉不当,可以直接向同级人民法院撤回下级人民检察院这一抗诉,并且将撤回抗诉的情况通知下级人民检察院。对于人民检察院在抗诉期限内撤回抗诉的,第一审人民法院不再移送案件;如果是在抗诉期满后第二审人民法院宣告裁判前撤回抗诉的,第二审人民法院可以裁定准许,并通知第一审人民法院和当事人。

第三节　第二审程序的审理与裁判

一、对上诉、抗诉案件的审查

第二审人民法院对第一审人民法院移送上诉、抗诉的案卷、证据,应当审查是否包括下列内容:(1)移送上(抗)诉案件函;(2)上诉状或者抗诉书;(3)第一审判决书或者裁定书的份数及其电子文本;(4)全部案卷材料和证据,包括案件审结报告和其他应当移送的材料。如果上述材料齐备,第二审人民法院应当收案;材料不齐备或不符合规定的,应当通知第一审人民法院及时补充。

二、全面审查原则

根据我国《刑事诉讼法》第178条和第223条规定,第二审人民法院审判上诉、抗诉案件一律由合议庭进行,而且合议庭的组成人员都必须为审判员,人数为3人至5人。合议庭由院长或庭长指定审判员一人担任审判长。院长或庭长参加合议庭审判案件的时候,自己担任审判长。合议庭的组织与活动,依据权利平等原则实行民主集中制。

我国《刑事诉讼法》第222条规定:"第二审人民法院应当就第一审判决认定的事实和适用法律进行全面审查,不受上诉或者抗诉范围的限制。共同犯罪的案件只有部分被告人上诉的,应当对全案进行审查,一并处理。"这就是我国第二审人民法院全面审查的法定原则。第二审人民法院对案件全面审查,就是不仅要对上诉或者抗诉所提出的内容进行审理,而且要对上诉或者抗诉没有提出而为第一审判决所认定的事实、适用的法律以及审判活动是否遵守了诉讼程序进行审理;对共同犯罪案件,只有部分被告人提出上诉,或者自诉人只对部分被告人的判决提出上诉,或者人民检察院只对部分被告人的判决提出抗诉的,第二审人民法院应当对全案进行审查,一并处理。不仅要审理提出上诉的被告人的部分,也要审理未提出上诉的被告人的部分;即使上诉人死亡了,其他被告人并没有上诉,也应当对案件进行全面审查,审理后对已死亡的上诉人不构成犯罪的,应当宣告无罪;审理后认为构成犯罪的,应当宣告终止审理,对其他同案被告人仍应当作出判决或裁定;对附带民事诉讼部分提出上诉的,不仅要审理附带民事诉讼部分,也要审理刑事诉讼部分,以正确确定民事责任。

全面审查原则的适用固然有利于司法公正,但并未充分体现上诉人的意愿和检察机关抗诉的重点,也不利于提高诉讼效率。因此,十八届四中全会《决定》中明确提出二审要"重在解决事实法律争议",这就要求二审审理要明确案件争议点,对于有争议的事实认定或者法律适用问题,应当重点审查,着力分析;对于无争议的事实认定或者法律适用问题且不涉及冤假错案的,可以适度简化审理程序。应当注意的是,"重在解决事实法律争议"并未否定全面审查原则,只是对该原则有所调整,即二审法院在重点审查有争议问题,强化说理的同时,不能忽视案件中其他的事实与法律问题,以达到定纷止争的目的。

最高法《解释》第315条规定:"对上诉、抗诉案件,应当着重审查下列内容:(一)第一审判决认定的事实是否清楚,证据是否确实、充分;(二)第一审判决适用法律是否正确,量刑是否适当;(三)在侦查、审查起诉、第一审程序中,有无违反法定诉讼程序的情形;(四)上诉、抗诉是否提出新的事实、证据;(五)被告人供述、辩解的情况;(六)辩护人的辩护意见以及采纳的情况;(七)附带民事部分的判决、裁定是否合法、适当;(八)第一审人民法院合议庭、审判委员会讨论的意见。"以上内容审理后,应当写出审查报告。

第二审人民法院在全面审查的基础上,对案件要作出全面处理,即通盘考虑上诉、抗诉的理由是否充分,第一审判决、裁定是否正确,程序是否合法,从而使上诉状或抗诉书已指出的和未指出的、涉及已上诉或未上诉的被告人的错误判决、裁定都得到纠正。例如第一审判决、裁定对上诉人认定事实和适用法律正确,而对未上诉的人认定事实和适用法律不正确、量刑不当的,应裁定驳回上诉人的上诉,对未上诉而存在错误裁判的人要撤销原审有关的判决或裁定,予以改判。

总之,全面审查的原则,充分体现了我国《刑事诉讼法》以事实为根据、以法律为准绳的基本原则和实事求是的精神。

三、对第二审案件的审判方式和程序

我国《刑事诉讼法》第223条第1款、第2款规定:"第二审人民法院对于下列案件,应当组成合议庭,开庭审理:(一)被告人、自诉人及其法定代理人对第一审判决认定的事实、证据提出异议,可能影响定罪量刑的上诉案件;(二)被告人被判处死刑的上诉案件;(三)人民检察院抗诉的案件;(四)其他应当开庭审理的案件。第二审人民法院决定不开庭审理的,应当讯问被告人,听取其他当事人、辩护人、诉讼代理人的意见。"该条款表明,我国第二审案件的审判方式有开庭审理与不开庭审理两种,即对于部分上诉案件、全部抗诉案件及其他应当开庭的案件应当以开庭审理的方式进行,其他案件可以不开庭审理,但须遵循法定的程序。

（一）开庭审理的方式

开庭审理，是指第二审人民法院在合议庭的主持下，由检察人员和诉讼参与人参加，通过法庭调查和辩论、评议、宣判的方式审理案件。适用开庭审理的案件主要有三类：一是需要开庭审理的上诉案件；二是人民检察院依法提起抗诉的案件；三是其他应当开庭审理的案件。

第二审人民法院开庭审理的程序，由于是在一审程序的基础上进行的，所以《刑事诉讼法》第231条规定，除第二审程序已有专门规定的以外，参照第一审程序的规定进行。但是，第二审程序又不完全等同于第一审程序，还有其自身的一些特点，因而第二审人民法院在开庭审理上诉或者抗诉案件时，除参照第一审程序的规定外，还应当依照下列程序进行：

（1）开庭前的准备，开庭时宣布合议庭组成，告知当事人诉讼权利等。

（2）人民检察院提出抗诉的案件或者第二审人民法院开庭审理的公诉案件，应当在决定开庭审理后及时通知人民检察院查阅案卷。人民检察院应当在1个月以内查阅完毕，作好出庭准备。自通知后的第二日起，人民检察院查阅案卷的时间不计入审理期限。

（3）在第二审程序中，被告人除自行辩护外，还可以委托辩护人辩护。共同犯罪案件，只有部分被告人上诉或者人民检察院只就第一审人民法院对部分被告人的判决提出抗诉的，其他同案被告人也可以委托辩护人辩护。

（4）在法庭调查阶段，审判长或者审判员宣读第一审判决书、裁定书后，上诉案件由上诉人或者辩护人先宣读上诉状或者陈述上诉理由，抗诉案件由检察员先宣读抗诉书；如果是既有上诉又有抗诉的案件，先由检察员宣读抗诉书，再由上诉人或者辩护人宣读上诉状或者陈述上诉理由；法庭调查的重点要针对上诉或者抗诉的理由，全面查清事实、核实证据。

（5）在法庭辩论阶段，对上诉案件，应当先由上诉人、辩护人发言，再由检察员及对方当事人发言；对抗诉案件，应当先由检察员发言，再由被告人、辩护人发言；对于既有上诉又有抗诉的案件，应当先由检察员发言，再由上诉人和他的辩护人发言，然后依次进行辩论。对于共同犯罪案件中没有提出上诉的被告人，或者是没有被抗诉的被告人，也应当让其参加法庭调查、法庭辩论。被害人有权参加法庭审理。

（6）辩论终结后，上诉人（被告人）有权进行最后陈述，然后由合议庭评议，作出裁判。

鉴于开庭审理的方式是在检察员、当事人和其他诉讼参与人的参加下，当庭核实证据，充分听取诉讼双方的意见，便于合议庭全面弄清案件事实真相，通盘考虑定罪量刑，确保审判质量，因此，第二审法院应尽量采用开庭审理的方式。根据《刑事诉讼法》第223条第3款的规定，二审法院开庭审理上诉、抗诉案件，既可以在第二审人民法院所在地进行，也可以到案件发生地或者原审人民法院所在地进行。该规定充分考虑到我国地域辽阔,一些边远地区交通不便,有的一审、二审法院相距甚远等实际情况,从方便诉讼参与人参加诉讼,有利于正确、及时地处理案件的目的出发,作出了这样变通、灵活的规定。

根据最高法《解释》的规定,开庭审理上诉、抗诉案件,可以重点围绕对第一审判决、裁定有争议的问题或者有疑问的部分进行。根据案件情况,可以按照下列方式审理:(1) 宣读第一审判决书,可以只宣读案由、主要事实、证据名称和判决主文等;(2) 法庭调查应当重点围绕对第一审判决提出异议的事实、证据以及提交的新的证据等进行;对没有异议的事实、证据和情节,可以直接确认;(3) 对同案审理案件中未上诉的被告人,未被申请出庭或者人民法院认为没有必要到庭的,可以不再传唤到庭;(4) 被告人犯有数罪的案件,对其中事实清楚且无异议的犯罪,可以不在庭审时审理。同案审理的案件,未提出上诉、人民检察院也未对其判决提出抗诉的被告人要求出庭的,应当准许。出庭的被告人可以参加法庭调查和辩论。

(二) 不开庭审理的方式

不开庭审理的方式,就是指第二审人民法院的合议庭依照法律规定决定不开庭审理,经过阅卷,讯问被告人,听取其他当事人、辩护人、诉讼代理人的意见后,作出判决或裁定的审理方式。采用此种方式,有利于提高二审法院的办案效率、节省司法资源。

采用不开庭审理的案件,应当遵循下列程序:

(1) 根据《刑事诉讼法》第 178 条第 4 款规定,由审判员 3 人至 5 人组成合议庭。

(2) 合议庭成员共同阅卷,并制作阅卷笔录,必要时应当提交书面阅卷意见。阅卷的目的是全面了解案件事实、情节和相关证据,以便查明案件事实是否清楚,证据是否确实、充分,一审适用法律是否正确,定罪量刑是否适当,诉讼程序是否合法。

(3) 讯问被告人。合议庭通过直接讯问和听取被告人对一审判决或裁定的意见,以及对案件事实的供述和辩解,注意分析被告人前后供述、辩解中的矛盾点和疑点,运用事实和证据核查被告人的口供。

(4) 听取诉讼参与人的意见。合议庭要认真听取案中其他当事人、辩护人、诉讼代理人的意见,还要听取检察人员的意见;既包括案件事实和证据方面的意见,也包括一审法院对被告人定罪量刑方面的意见。

(5) 经合议庭评议,依照法律规定决定不开庭审理,可根据案件事实作出相应的处理决定。

四、对第二审案件的处理

(一) 对上诉、抗诉案件的处理

根据我国《刑事诉讼法》第 225 条至第 227 条的规定,第二审法院对不服第一审判决的上诉、抗诉案件进行审理后,应按下列情形分别作出处理:

(1) 原判决认定事实正确,证据确实、充分,适用法律正确,量刑适当的,应当裁定驳回上诉或抗诉,维持原判。

(2) 原判决认定事实没有错误,但适用法律有错误或者量刑不当的,例如混淆了罪与非罪的界限,认定犯罪性质不准、罪名不当,量刑畸轻、畸重,或者重罪轻判,或者轻罪重判等,第二审法院应当撤销原判,重新判决,并在判决中阐明改判的根据和理由。

(3) 原判决事实不清楚或者证据不足的,可由二审法院查清事实后改判,也可以裁定撤销原判,发回原审人民法院重新审判。但需注意的是,原审人民法院对于此种情况发回重新审判的案件作出判决后,被告人提出上诉或者人民检察院提出抗诉,第二审人民法院应当依法作出判决或者裁定,不得再发回原审人民法院重新审判。也就是说,此种情况下的发回重审以一次为限。

(4) 发现一审法院有下列违反法律规定的诉讼程序的情形之一的,应当裁定撤销原判,发回原审人民法院重新审判:第一,违反法律有关公开审判的规定的;第二,违反回避制度的;第三,剥夺或者限制了当事人的法定诉讼权利,可能影响公正审判的;第四,审判组织的组成不合法的;第五,其他违反法律规定的诉讼程序,可能影响公正审判的。

发回原审人民法院重新审判的案件,应当另行组成合议庭,按第一审程序进行审理,对其判决、裁定仍可上诉或抗诉。

第二审人民法院作出的判决或者裁定,除死刑案件外,均是终审的判决和裁定,一经宣告即发生法律效力,上诉权人及其法定代理人等不得再行上诉,人民检察院也不得再按二审程序提起抗诉。第二审人民法院可以自行宣告裁判,也可以委托原审人民法院代为宣告。

(二) 对附带民事诉讼案件的处理

关于第二审人民法院对刑事附带民事案件的处理,应当根据上诉、抗诉的具体情况进行区分:

(1) 第二审人民法院审理附带民事上诉案件,如果发现刑事和附带民事部分均有错误需依法改判的,应当一并审理,一并改判。

(2) 第二审人民法院审理的刑事上诉、抗诉案件,附带民事诉讼部分已经发生法律效力的,如果发现第一审判决或者裁定中的民事部分确有错误,应当对民事部分按照审判监督程序予以纠正。

(3) 第二审人民法院审理附带民事上诉案件,刑事部分已经发生法律效力的,如果发现第一审判决或者裁定中的刑事部分确有错误,应当对刑事部分按照审判监督程序指令再审,并将附带民事诉讼部分发回与刑事部分一并审理。

(三) 对自诉案件的处理

对一审法院判决后当事人不服提出上诉的刑事自诉案件,第二审人民法院也可以在二审程序中对诉讼的双方进行调解,当事人也可以自行和解。调解结案的,二审法院应当制作调解书,原判决、裁定视为自动撤销;当事人自行和解的,由二审人民法院裁定准许撤回自诉,并撤销原判决或者裁定。第二审人民法院对于调解结案或者当事人自行和解的案件,如果被告人已被采取强制措施的,应当立即予以解除。

在第二审程序中,当事人提出反诉的,第二审人民法院应当告知其另行起诉。在第二审附带民事部分审理中,原审民事原告人增加独立的诉讼请求或者原审民事被告人提出反诉的,第二审人民法院可以根据自愿、合法的原则就新增加的诉讼请求或者反诉进行调解,调解不成的,告知当事人另行起诉。

五、第二审案件的审判期限

根据《刑事诉讼法》的规定,第二审人民法院受理上诉、抗诉案件,应当在2个月以内审结。对于可能判处死刑的案件或者附带民事诉讼的案件;交通十分不便的边远地区的重大复杂案件;重大的犯罪集团案件;流窜作案的重大复杂案件;犯罪涉及面广,取证困难的重大复杂案件,经省、自治区、直辖市高级人民法院批准或决定,可以再延长2个月,但是,最高人民法院受理上诉、抗诉案件,案件需要延长审理期限的,由最高人民法院决定。对第二审人民法院发回原审人民法院重新审判的案件,原审人民法院从收到发回的案件之日起,重新计算审理期限。

第四节 上诉不加刑原则

一、上诉不加刑的概念和意义

(一) 上诉不加刑的概念

我国的上诉不加刑原则,是指第二审人民法院审判被告人一方上诉的案件,不得以任何理由加重被告人刑罚的一项审判原则。我国《刑事诉讼法》第226条第1款规定:"第二审人民法院审判被告人或者他的法定代理人、辩护人、近亲属上诉的案件,不得加重被告人的刑罚。第二审人民法院发回原审人民法院重新审判的案件,除有新的犯罪事实,人民检察院补充起诉的以外,原审人民法院也不得加重被告人的刑罚。"这是我国关于上诉不加刑原则在法律上的具体体现。法律规定的这一上诉不加刑原则的具体含义是:

(1) 上诉是被告人的合法权利，不论上诉理由是否得当，都不能以被告人不服判决或态度不好而在二审判决中加重原判刑罚。

(2) 仅有被告人一方上诉的案件，二审法院审理后确认应按《刑事诉讼法》第 225 条第 1 款第 2 项进行改判时，即使原判量刑畸轻，也不得加重被告人的刑罚。同时，二审法院也不能借口事实不清、证据不足而将仅仅是量刑过轻的案件发回重审，指令一审法院加重被告人的刑罚。

(3) 仅有被告人一方上诉的案件，二审法院审理后，确需按《刑事诉讼法》第 225 条第 1 款第 3 项规定直接改判或发回原审法院重审的，改判不得加重被告人的刑罚，发回重审后，除非有新的犯罪事实，人民检察院补充起诉的以外，原审人民法院也不得加重被告人的刑罚。

当然，不是在任何情况下第二审法院都不得加重被告人的刑罚。《刑事诉讼法》第 226 条第 2 款规定："人民检察院提出抗诉或者自诉人提出上诉的，不受前款规定的限制。"这就是说，人民检察院提出抗诉的案件或自诉人提出上诉的案件，如果第一审判决确属过轻，第二审人民法院可以改判加重被告人的刑罚。

(二) 上诉不加刑原则的意义

在刑事诉讼中坚持上诉不加刑原则具有重要意义：

(1) 有利于保障被告人依法行使上诉权。我国《宪法》规定："被告人有权获得辩护。"上诉不加刑原则，正是被告人在审判阶段行使辩护权的重要保障。被告人一方上诉的目的，是为了申明被告人无罪或罪轻，要求上级法院纠正他们认为的原审法院判决的错误，宣告无罪或从轻定罪量刑。如果他们提出上诉后，二审法院不仅没有宣告无罪或减刑反而加重了刑罚，则必然增加被告人一方上诉的思想顾虑，甚至在一审法院判决确有错误的情况下也不敢上诉。这样，在客观上就会限制被告人行使上诉权，也使确有错误的一审判决不能得到及时的纠正。实行上诉不加刑原则，就可以消除被告人的顾虑，使他按照自己的意志依法行使法律赋予他的上诉权利。

(2) 有利于维护上诉制度，保证人民法院正确行使审判权。上诉不加刑原则，可以消除被告人的思想顾虑，使其大胆申述上诉理由，保证上诉制度的切实执行。这样，就有利于二审法院全面审查一审判决是否存在错误，维持正确的判决，纠正错误的判决，保证国家审判权的正确行使。

(3) 有利于促使人民检察院履行审判监督职责。人民检察院是国家的法律监督机关，由于法律确立了被告人一方上诉不加刑的原则，这就要求人民检察院要认真履行审判监督、依法抗诉的职责。

二、上诉不加刑的适用问题

最高法《解释》第 325 条至第 327 条在《刑事诉讼法》的基础之上，对上诉不加刑的适用问题作出了更为明确的规定。

1. 被告人或者其法定代理人、辩护人、近亲属上诉的案件,不得加重被告人的刑罚,并应当执行下列规定:

(1) 同案审理的案件,只有部分被告人上诉的,既不得加重上诉人的刑罚,也不得加重其他同案被告人的刑罚。

(2) 原判事实清楚,证据确实、充分,只是认定的罪名不当的,可以改变罪名,但不得加重刑罚。但是,我们认为,在改变罪名不利于被告人的情况下,第二审法院应当在作出裁判前听取控辩双方就新罪名发表的意见。

(3) 原判对被告人实行数罪并罚的,不得加重决定执行的刑罚,也不得加重数罪中某罪的刑罚。

(4) 原判对被告人宣告缓刑的,不得撤销缓刑或者延长缓刑考验期。

(5) 原判没有宣告禁止令的,不得增加宣告;原判宣告禁止令的,不得增加内容、延长期限。

(6) 原判对被告人判处死刑缓期执行没有限制减刑的,不得限制减刑。

(7) 原判事实清楚,证据确实、充分,但判处的刑罚畸轻、应当适用附加刑而没有适用的,不得直接加重刑罚、适用附加刑。必须依法改判的,应当在第二审判决、裁定生效后,依照审判监督程序重新审判。

2. 人民检察院只对部分被告人的判决提出抗诉,或者自诉人只对部分被告人的判决提出上诉的,第二审人民法院不得对其他同案被告人加重刑罚。

3. 被告人或者其法定代理人、辩护人、近亲属提出上诉的案件,第二审人民法院发回重新审判后,除有新的犯罪事实,人民检察院补充起诉的以外,原审人民法院不得加重被告人的刑罚。

4. 原判事实不清、证据不足,第二审人民法院发回重新审判的案件,原审人民法院重新作出判决后,被告人上诉或者人民检察院抗诉的,第二审人民法院应当依法作出判决、裁定,不得再发回重新审判。

第五节 对涉案财物的处理

根据我国《刑事诉讼法》第 234 条的规定,公安机关、人民检察院和人民法院对查封、扣押、冻结的犯罪嫌疑人、被告人的财物及其孳息,应当妥善保管,以供核查,并制作清单,随案移送。任何单位和个人不得挪用或者自行处理。这些规定有利于公、检、法机关公正执法,准确、及时地打击犯罪,保护被害人的合法权益。

查封、扣押、冻结涉案财物,应当为犯罪嫌疑人、被告人及其所扶养的亲属保留必需的生活费用和物品,减少对涉案单位正常办公、生产、经营等活动的影响。对于权属明确的被害人的合法财产,返还不损害其他被害人或者利害关系人的利益、不影响诉讼正常进行的,查封、扣押、冻结机关应当及时返还。但需经拍照、鉴定、作价,并在案卷中注明返还的理由,将原物照片、清单和被害人的领取手续入卷备查。

对于作为证据使用的实物,包括作为物证的货币、有价证券等,应当依诉讼的进程随案移送。开庭审判时,经向法庭出示、质证后交付法庭。休庭或者闭庭时办理证据交接手续,清点、核对无误的,由经手人在清单上分别签字后予以封存。对因上诉、抗诉引起第二审程序的,第一审人民法院应当将上述证据移送第二审人民法院并办理证据交接手续。第二审人民法院开庭审理的,由第二审人民法院提供给控辩双方出示。

对于不宜移送的实物,如大宗的、不便搬运的物品,或者易腐烂、霉变、不易保管的物品,以及违禁品、危险品等,人民法院受理或者审理案件时,应当审查是否附有或者出示了相关证据材料;需要鉴定、估价的,应当附有或者出示鉴定意见,并应随案移送原物照片、清单或其他证明文件。

人民法院作出的判决,应当对查封、扣押、冻结的财物及其孳息作出处理。人民法院作出的判决生效以后,有关机关应当根据判决对查封、扣押、冻结的财物及其孳息进行处理。对查封、扣押、冻结的赃款赃物及其孳息,除依法返还被害人的以外,一律上缴国库。司法工作人员贪污、挪用或者私自处理查封、扣押、冻结的财物及其孳息的,依法追究刑事责任;不构成犯罪的,给予处分;导致国家赔偿的,应当依法向有关责任人员追偿。

六部门《规定》进一步对涉案财产的处理作出明确规定。对于依照《刑法》规定应当追缴的违法所得及其他涉案财产,除依法返还被害人的财物以及依法销毁的违禁品外,必须一律上缴国库。查封、扣押的涉案财产,依法不移送的,待人民法院作出生效判决、裁定后,由人民法院通知查封、扣押机关上缴国库,查封、扣押机关应当向人民法院送交执行回单;冻结在金融机构的违法所得及其他涉案财产,待人民法院作出生效判决、裁定后,由人民法院通知有关金融机构上缴国库,有关金融机构应当向人民法院送交执行回单。对于被扣押、冻结的债券、股票、基金份额等财产,在扣押、冻结期间权利人申请出售,经扣押、冻结机关审查,不损害国家利益、被害人利益、不影响诉讼正常进行的,以及扣押、冻结的汇票、本票、支票的有效期即将届满的,可以在判决生效前依法出售或者变现,所得价款由扣押、冻结机关保管,并及时告知当事人或者其近亲属。

《刑事诉讼法》第142条第1款规定:"人民检察院、公安机关根据侦查犯罪的需要,可以依照规定查询、冻结犯罪嫌疑人的存款、汇款、债券、股票、基金份额等财产……"根据上述规定,人民检察院、公安机关不能扣划存款、汇款、债券、股票、基金份额等财产。对于犯罪嫌疑人、被告人死亡,依照《刑法》规定应当追缴其违法所得及其他涉案财产的,适用《刑事诉讼法》第五编第三章规定的程序,由人民检察院向人民法院提出没收违法所得的申请。犯罪嫌疑人、被告人死亡,现有证据证明存在违法所得及其他涉案财产应当予以没收的,公安机关、人民检察院可以进行调查。公安机关、人民检察院进行调查,可以依法进行查封、扣押、查询、冻结。人民法院在审理案件过程中,被告人死亡的,应当裁定终止审理;被告人脱逃的,应当裁定中止审理。人民检察院可以依法另行向人民法院提出没收违法所得的申请。对于人民法院依法作出的没收违法所得的裁定,犯罪嫌疑人、被告人的近亲属和其他利害关系人或者人民检察院可以在5日以内提出上诉、抗诉。

第二十一章 死刑复核程序

第一节 死刑复核程序的概念和意义

一、死刑复核程序的概念、特点和任务

死刑复核程序是指人民法院对判处死刑的案件进行复审核准所进行的特别审判程序。死刑是剥夺犯罪分子生命的刑罚，是刑法所规定的诸刑种中最严厉的一种，称为极刑。我国法律一方面把死刑作为打击犯罪、保护人民的有力武器，另一方面又强调严格控制死刑的适用。因此，除在实体法中规定了死刑不适用于未成年人、怀孕妇女和已满75周岁（手段残忍致人死亡的除外）的人等内容外，还在程序法中对判处死刑的案件规定了一项特别审查核准程序——死刑复核程序。

死刑复核程序是我国《刑事诉讼法》规定的一项特殊审判程序，具有很多特点，主要表现在：（1）适用对象具有单一性，即该程序只适用于判处死刑的案件，包括判处死刑立即执行和判处死刑缓期二年执行的案件（简称"死缓"，其不是独立刑种），而不适用于其他案件。（2）对于死刑案件的不可缺失性，即必须经过核准程序。（3）诉讼程序具有特定性，即它是死刑案件的终结程序。死刑案件除了经过一审程序、二审程序之外，还必须经过死刑复核程序（最高人民法院判决的除外），经核准后死刑判决才能生效交付执行。（4）程序启动具有主动性，与其他审判程序必须遵循不告不理原则不同，死刑复核程序不需经告诉而自动启动。如第一审程序非经起诉（公诉或自诉）不得进行审判、第二审程序只有通过上诉或抗诉才能引起，即使是审判监督程序也必须经依法提起才能进行审判。而死刑复核程序是人民法院系统逐级上报复核，无须附加任何条件。因此，一般是中级人民法院根据审判管辖的规定判处死刑的一审案件，即使没有上诉或者抗诉，也要报请高级人民法院复核，高级人民法院同意判处死刑的，报请最高人民法院核准。（5）死刑核准权具有专属性，即最高人民法院对死刑案件、高级人民法院对死缓案件有核准权，而不是所有的人民法院均有核准权。

虽然死刑复核程序具有诸多特殊性，但是，这并不意味着对死刑案件实行三审终审制，而是两审终审制的例外程序，即是一种对死刑案件的特别审核监督程序。它的性质是一种介于正规的审判程序与行政性的核准程序之间既有"审"又有"核"的准司法程序。

根据法律规定和司法实践，死刑复核程序的任务是，享有核准权的人民法院

对下级人民法院报请复核的死刑判决、裁定,在认定事实和适用法律上是否正确进行全面审查,并依法作出是否核准死刑的裁定。因此,对死刑案件进行复核时,必须完成两项任务:一是查明原判认定的犯罪事实是否清楚,据以定罪的证据是否确实、充分,罪名的认定是否准确,量刑(死刑、死缓)是否适当;二是依据事实和法律,作出是否核准的裁定并制作相应的司法文书,以核准正确的判决、裁定,纠正不适当或错误的判决、裁定。

二、死刑复核程序的意义

死刑复核程序既是一项特殊的审判程序,又是一项十分重要的复核程序,同时还是使死刑裁判能够生效的关键程序,因此,正确执行这一程序对于保证办案质量,坚持少杀慎杀,防止错杀,切实保障公民的人身权利、财产权利和其他合法权益、保障社会的长治久安均有重要意义。具体表现在:

1. 死刑复核程序可以保证正确适用死刑,发挥其在维护社会秩序中的积极作用。死刑复核程序是唯一使死刑判决发生法律效力的程序,又是必经程序,只有通过这一程序,依法核准死刑判决、裁定,才能准确有效地制裁那些罪行特别严重、给国家和人民利益造成巨大损失的犯罪分子;也只有通过这一程序,才能使那些人身危险性极大、非杀不足以平民愤的犯罪分子受到应得的惩罚;惩治这些十恶不赦的罪犯,既是对犯罪分子的分化瓦解,也是对那些正在实施犯罪、预备犯罪和图谋不轨的人进行强有力的震慑和警告,从而发挥其制止、预防及减少犯罪和保障社会主义建设事业顺利进行的积极作用。

2. 死刑复核程序既是正确贯彻宽严相济政策、防止死刑滥用的可靠保证,又是以人为本、保障人权的重要措施。严肃谨慎、少杀慎杀是我们党和国家的一贯方针,以人为本、保障人权是我们的立法、司法宗旨,《刑法修正案(九)》废止了九种犯罪的死刑,在刑事诉讼法中特别设立死刑复核程序,正是贯彻这一方针和宗旨的具体体现。通过死刑复核程序,对那些适用死刑不当的判决、裁定,作出不予核准的裁定,并依照法定程序,分别作出不同的处理:对纯属无罪或因证据不足应判无罪的人,纠正冤案、错案予以释放,恢复其人身自由;对虽然有罪,但不应执行死刑的罪犯,可根据不同情况依法改判为有期徒刑、无期徒刑、死刑缓期二年执行,以观后效等。这样做,不仅防止了无辜错杀和死刑滥用,而且还博得了社会同情并收到良好的政治效果。因此,死刑复核程序不仅是坚持少杀、慎杀和防止滥杀的可靠保证,更是对生命权的尊重。

3. 死刑复核程序是统一死刑规格、统一执法尺度的关键程序。死刑复核制度不仅是对死刑案件多设的一项程序,严把质量关口,防止冤杀、错杀,而且死刑(死缓)判决的核准权由最高人民法院和高级人民法院行使,这就从诉讼程序和权力归属上保证统一死刑适用的执法尺度,避免发生地区之间刑罚轻重不一的现象,以体现法律的尊严。

第二节 死刑核准的权限

一、死刑核准权的概念

死刑核准权是指对死刑(含死缓)判决、裁定由哪一审判机关进行复核与批准的权限。死刑核准权是死刑复核程序中最核心的权力,关系到设立这一程序的根本目的能否得以实现和能否使其在严惩非杀不可的罪犯、防止错杀无辜和纠正罚不当罪等方面充分发挥其应有作用的根本问题。因此,国家法律对死刑判决的核准权限作了特别严格的规定——由最高人民法院和高级人民法院行使。

二、死刑核准权的变化

死刑案件核准权限的归属,自新中国成立至今,历时半个多世纪,几经变化。1954年《人民法院组织法》第11条规定:"中级人民法院和高级人民法院对于死刑案件的终审判决和裁定,如果当事人不服,可以申请上一级人民法院复核。基层人民法院对于死刑案件的判决和中级人民法院对于死刑案件的判决和裁定,如果当事人不上诉,不申请复核,应当报请高级人民法院核准后执行。"该规定表明:其一,这一时期基层人民法院具有对死刑案件的判决权,并且,如果当事人既不上诉也不申请复核,就可以直接报请高级人民法院核准;其二,高级人民法院对死刑案件的终审判决和裁定,当事人不服的,有权申请最高人民法院核准;其三,该时期死刑案件的核准权由高级人民法院和最高人民法院共同行使。

1957年7月15日第一届全国人民代表大会第四次会议经讨论决定"今后一切死刑案件,都由最高人民法院判决或者核准"。即这一时期的死刑核准权集中于最高人民法院。到1958年5月29日,最高人民法院对死缓案件的核准权作出决定:凡是由高级人民法院判处或者审核的"死缓"案件,一律不再报最高人民法院复核。这是第一次将死刑立即执行与死刑缓期二年执行案件的核准权区别开来,分别由最高人民法院和高级人民法院行使。

1966年以后的13年中,我国社会主义法制遭到了空前的破坏,各类刑事案件的判处,均报请各级"军事管制委员会"和各级革命委员会批准,其中死刑案件由省级革命委员会批准即可执行,致使冤、假、错案遍于国中,公民的人身权利、民主权利得不到有效保障。

经过拨乱反正,终于在1979年7月1日第五届全国人民代表大会第二次会议上通过了《刑事诉讼法》,对死刑案件的审判管辖及其核准权作了明确规定。该法第144条规定:"死刑由最高人民法院核准。"至此,立法首次以基本法律的形式肯定了死刑核准权的行使主体为最高人民法院。

《刑事诉讼法》实施以来，由于国家政治形势和社会治安状况的变化，对部分死刑案件的核准问题，全国人民代表大会及其常务委员会曾经作过多次决定：

1980年2月12日第五届全国人民代表大会常务委员会第十三次会议上，鉴于全国大中城市不断发生恶性案件，严重危害社会治安的严峻形势，决定在1980年内对现行的杀人、强奸、抢劫、放火等犯有严重罪行应当判处死刑的案件，最高人民法院可以授权省、自治区、直辖市高级人民法院核准；1981年6月第五届全国人民代表大会常务委员会第十九次会议通过了《关于死刑案件核准问题的决定》，规定除反革命和贪污等判处死刑的案件由最高人民法院核准外，在1981—1983年内对杀人、强奸、抢劫、放火、投毒、决水和破坏交通、电力设备等罪行，由高级人民法院判处死刑或者由中级人民法院一审判处死刑，被告人不上诉的，不必报最高人民法院核准；1983年9月2日第六届全国人民代表大会常务委员会第二次会议通过了《关于修改〈中华人民共和国人民法院组织法〉的决定》（以下简称《修改决定》），将该法第13条修改为"死刑案件除由最高人民法院判决的以外，应当报请最高人民法院核准。杀人、强奸、抢劫、爆炸以及其他严重危害公共安全和社会治安判处死刑案件的核准，最高人民法院在必要的时候，得授权省、自治区、直辖市的高级人民法院行使。"据此，最高人民法院于1983年9月7日发布了《关于授权高级人民法院核准部分死刑案件的通知》，将上述几类案件的死刑核准权授予各省、自治区、直辖市高级人民法院和解放军军事法院行使。于是，最高人民法院自1991年至1997年间分别以《通知》的形式授予云南、广东、广西、甘肃、四川和贵州等高级人民法院对毒品犯罪判处死刑案件（本院判决的和涉外、涉港澳、涉台的毒品犯罪死刑案件除外）核准权；1996年3月17日第八届全国人民代表大会第四次会议对1979年《刑事诉讼法》作了较大修改和完善，但对死刑复核程序未作出任何修改，死刑仍由最高人民法院核准，死缓由高级人民法院核准。但是，由于在《修改决定》中并未包括修改后的《人民法院组织法》第13条的内容，即对部分死刑案件的核准权，最高人民法院在必要的时候，得授权高级人民法院和解放军军事法院行使。所以，到了1997年，因形势需要，最高人民法院再次以《通知》的形式授权高级人民法院和解放军军事法院行使部分死刑案件的核准权。当然，对于因人民检察院抗诉而由人民法院按照第二审程序改判为死刑的案件、死缓期间因故意犯罪而改判死刑的案件和依照审判监督程序而改判死刑的案件，无论是否属于授权的部分案件，一律报请最高人民法院核准。

部分死刑案件核准权的下放，为及时打击犯罪、保护人民的根本利益、保障改革开放的顺利进行作出了历史性的贡献。但是，与此同时也产生了一些负面影响。为此，2006年10月31日第十届全国人民代表大会常务委员会第二十四次会议将《人民法院组织法》第13条修改为："死刑除依法由最高人民法院判决的以外，应当报请最高人民法院核准。"明确规定了死刑案件除最高人民法院判决的以外,都应当报请最高人民法院核准,该决定自 2007 年 1 月 1 日起实施。终于结束了对部分死刑案件的核准权下放的历史。

2012 年第 2 次修正后的《刑事诉讼法》不仅保留了"死刑由最高人民法院核准"的规定,而且在第 2 条的任务中增加规定了"尊重和保障人权"。这就从根本上夯实了由最高人民法院行使死刑核准权的基石。因为,在刑事诉讼中的保障人权,包括保障当事人、其他诉讼参与人和广大人民群众的人权。相比之下,由于犯罪嫌疑人、被告人处于被追诉的弱势地位,理应以保障其人权为重;因为在许多权利中,尤以保障其生命权为重中之重,所以,死刑核准权必将坚定地由最高人民法院行使。

三、死刑核准权收由最高人民法院行使的重要意义

最高人民法院统一行使死刑案件核准权,既是社会主义法治的文明体现,也是落实依法治国基本方略、尊重和保障人权、构建和谐社会的重要保障,因此,这一规定具有深远的历史意义和现实意义:

1. 最高人民法院行使死刑核准权,符合社会主义法治的要求。法治有其特定价值和目标,体现为"已成立的法律获得普遍的服从,而大家所服从的法律又应该本身是制定良好的法律"①。按照社会主义法治的要求,良好的法律只能由代表广大民意的立法机关制定,而制定的法律应得到严格的实施。法律一旦生成,任何机关、团体包括司法机关不得违反或擅自解释。全国人大制定的刑事法律已将死刑核准权赋予给最高人民法院。我国《刑法》第 48 条第 2 款规定:"死刑除依法由最高人民法院判决的以外,都应当报请最高人民法院核准。死刑缓期执行的,可以由高级人民法院判决或者核准。"我国《刑事诉讼法》第 235 条规定:"死刑由最高人民法院核准。"这些法律规定,是最高人民法院行使死刑核准权的最具效力的依据。同时,也是社会主义法治的要求。

2. 最高人民法院行使死刑核准权,有利于统一死刑适用的标准和严格控制死刑使命要求。我国地域辽阔,地方各级人民法院法官的素质参差不齐,且各高级人民法院在适用死刑的标准上(证明标准和量刑标准等)存有差异,曾导致了死刑的适用不统一,违背了"对相同的情况予以相同对待"的形式正义原则和法律的权威属性,客观上造成了死刑适用过多甚至出现极少数的错判情况。死刑核准权由最高人民法院行使,既解决了法官业务素质参差不齐的问题,又统一了死刑适用的标准,维护了法律的权威性,有利于严格控制死刑,朝着废除死刑的使命发展。

3. 由最高人民法院统一死刑适用,能够真正发挥对死刑适用的过滤和保障作用,确保司法公正,最大限度地保障公民的生命权。限制死刑适用并逐步废除

---

① 〔古希腊〕亚里士多德:《政治学》,吴寿彭译,商务印书馆 1965 年版,第 199 页。

死刑,已成为世界发展趋势。据 2014 年 12 月 18 日联合国召开第六十九次会议:"暂停使用死刑",秘书长在报告"结论和建议"部分指出:"自大会通过第 67/176 号决议以来在促进普遍废除死刑方面取得了重大进展。在联合国 193 个会员国中,目前已有将近 160 个国家在法律上或实践中废除了死刑或暂停使用死刑。各国应不仅仅停留在停止处决上,而应力求暂停对所有可能或已被判处死刑的人实施极刑。"因此,我国最高人民法院严格行使死刑核准权控制死刑适用,尊重和保障生命权,符合世界发展潮流。

第三节 死刑案件的复核程序

一、死刑案件的报请核准

我国《刑事诉讼法》第 236 条规定:"中级人民法院判处死刑的第一审案件,被告人不上诉的,应当由高级人民法院复核后,报请最高人民法院核准。高级人民法院不同意判处死刑的,可以提审或者发回重新审判。高级人民法院判处死刑的第一审案件被告人不上诉的,和判处死刑的第二审案件,都应当报请最高人民法院核准。"根据这一规定和最高法《解释》第 344 条的规定,对判处死刑立即执行的案件,应当依照下列情形报请:

(1) 中级人民法院判处死刑的第一审案件,被告人不上诉、人民检察院不抗诉的,在上诉、抗诉期满后 10 日内报请高级人民法院复核。高级人民法院经复核同意判处死刑的,应当依法作出裁定后 10 日内报请最高人民法院核准;高级人民法院不同意判处死刑的,应当依照第二审程序提审或者发回重新审判。

(2) 中级人民法院判处死刑的第一审案件,被告人提出上诉或者人民检察院提出抗诉,高级人民法院裁定维持的,应当在作出裁定后 10 日内报请最高人民法院核准。高级人民法院经第二审程序不同意判处死刑而改判为死缓的,即为终审程序,不再报请最高人民法院复核。

(3) 高级人民法院判处死刑的第一审案件,被告人不上诉、人民检察院不抗诉的,应当在上诉、抗诉期满后 10 日内报请最高人民法院核准。

(4) 依法判处死刑缓期二年执行的罪犯,在死刑缓期执行期间,如果故意犯罪,查证属实,应当执行死刑的,由高级人民法院报请最高人民法院核准。

二、死刑缓期二年执行案件的报请核准

死刑缓期二年执行不是一个独立的刑种,而是死刑的一种特殊执行方法,即对于应当判处死刑而又不是必须立即执行的罪犯,采取"判处死刑同时宣告缓期二年执行"的处理方法。死缓这一刑罚方法为我国所独创,其目的在于贯彻惩办与宽大相结合和坚持少杀、慎杀政策,给不属于非杀不可的犯罪分子一个悔

过自新的机会,以体现社会主义国家的人道主义。实践证明,这些罪犯大多在二年缓刑期内因未故意犯罪而被减刑,不再执行死刑。但是,如果在缓刑期内故意犯罪并查证属实的,经最高人民法院核准,仍可以执行死刑。因此,死缓仍是一种很严厉的刑罚,《刑事诉讼法》也对此规定了核准程序,必须报请核准。

我国《刑事诉讼法》第237条规定:"中级人民法院判处死刑缓期二年执行的案件,由高级人民法院核准。"据此及最高法《解释》第345条和第349条的规定,判处死刑缓期二年执行案件的核准权在高级人民法院,对于这类案件应当报请高级人民法院复核、核准,并应当按照下列情形分别办理:

(1)中级人民法院判处死刑缓期二年执行的第一审案件,被告人不上诉,人民检察院不抗诉的,应当报请高级人民法院核准。高级人民法院同意判处死刑缓期二年执行的,应当裁定予以核准;如果认为事实不清、证据不足的,应当裁定发回原审法院重新审判,重新审判所作的判决、裁定,被告人可以提出上诉,人民检察院可以提出抗诉;如果认为原判量刑过重的,高级人民法院应当依法改判。

(2)中级人民法院判处死刑缓期二年执行的案件,被告人提出上诉或者人民检察院提出抗诉的,高级人民法院经过第二审程序,同意判处死刑缓期二年执行的,作出维持原判并核准死刑缓期二年执行的裁定;如果认为原判量刑过重,应当依法改判;如果认为事实不清、证据不足的,应当裁定发回重新审判。

(3)高级人民法院核准死刑缓期二年执行的案件,不得加重被告人的刑罚,也不得以提高审级等方式加重被告人的刑罚。

(4)高级人民法院判处死刑缓期二年执行的一审案件,被告人不上诉、人民检察院不抗诉的,即作出核准死刑缓期二年执行的裁定。

无论是中级人民法院经报请并已核准或是高级人民法院判决并核准的死刑缓期二年执行的案件,还是高级人民法院直接改判的案件,均是发生法律效力的案件,这些裁判一经宣告,立即交付执行。

三、复核的报请、复核内容和复核后的处理

根据我国《刑事诉讼法》和最高人民法院的相关解释,中级人民法院、高级人民法院和最高人民法院在对死刑案件的报请复核、复核内容和对案件复核后的处理上,应当依照下列程序进行:

(一)报请复核

中级人民法院或高级人民法院报请复核死刑(死缓)案件,根据最高法《解释》第346条和第347条的规定,应当一案一报。报送的材料应当包括:报请复核报告,第一、二审裁判文书,死刑(死缓)案件综合报告各五份,以及全部诉讼案卷和证据。案件综合报告,第一、二审裁判文书和审理报告应附送电子文本。同案审理的案件应当报送全案案卷、证据。曾经发回重审的案件,原第一、二审的案卷应当一并报送。具体内容如下:

1. 报请复核报告

应当包括下列内容:(1)案由;(2)简要案情(时间、地点、手段、情节、后果等);(3)审理过程;(4)判决结果。

2. 案件综合报告

包括下列内容:(1)被告人、被害人的基本情况。被告人有前科或者曾受过行政处罚的,应当写明。(2)案件的由来和审理经过。案件曾经发回重新审判的,应当写明发回重新审判的原因、时间、案号等。(3)案件侦破情况。通过技术侦查措施抓获被告人、侦破案件,以及与自首、立功认定有关的情况,应当写明。(4)第一审审理情况。包括控辩双方意见,第一审认定的犯罪事实,合议庭和审判委员会意见。(5)第二审审理或者高级人民法院复核情况。包括上诉理由、检察机关意见,第二审审理或者高级人民法院复核认定的事实,证据采信情况及理由,控辩双方意见及采纳情况。(6)需要说明的问题。包括共同犯罪案件中另案处理的同案犯的定罪量刑情况,案件有无重大社会影响,以及当事人的反应等情况。(7)处理意见。写明合议庭和审判委员会的意见。

此外,根据《刑事诉讼法》第238条的规定,最高人民法院复核死刑案件,高级人民法院复核死刑缓期二年执行的案件,应当由审判员三人组成合议庭进行。

(二)复核的内容和方式

最高人民法院和高级人民法院复核或者核准死刑(死缓)案件,应当对案卷进行全面审查、讯问被告人、听取辩护律师的意见、制作复核审理报告等环节。

1. 对案卷进行全面审查,必要时可以调查

阅卷是重要的复核方式,通过全面审查案卷,可以发现原判认定犯罪事实是否清楚,证据是否确实、充分,定性是否准确,法律手续是否完备,对被告人判处死刑(死缓)是否正确,以便结合讯问被告人等对案件作出正确的处理。审查案卷应当全面进行,根据最高法《解释》第348条的规定,应包括下列内容:(1)被告人的年龄,有无刑事责任能力,是否是正在怀孕的妇女,是否属于未成年及已满75周岁的人;(2)原审判决认定的事实是否清楚,证据是否确实、充分;(3)犯罪情节、后果及危害程度;(4)原审判决适用法律是否正确,是否必须判处死刑,是否必须立即执行;(5)有无法定、酌定从轻或者减轻处罚的情节;(6)诉讼程序是否合法;(7)其他应当审查的情况。四机关《意见》规定:"复核死刑案件,合议庭成员应当阅卷,并提出书面意见存查。对证据有疑问的,应当对证据进行调查核实,必要时到案发现场调查。"

2. 讯问被告人

讯问被告人是死刑复核程序中的重要环节。《刑事诉讼法》第240条和最高法《解释》第345条第2款的规定:最高人民法院复核死刑案件、高级人民法院复核死刑缓期执行案件,应当讯问被告人。这里规定的"应当"是必须之意,讯问被告人既是义务更是职责,否则,即为程序违法。因为被告人经过一审人民

法院、二审人民法院的开庭审理,对原判认定的犯罪事实、适用法律及判处的刑罚——死刑(死缓)是否正确,有了清楚的了解,在此基础上提审被告人,使其得到最后辩解的机会,对于查明案件真实情况,发现和纠正错判,切实保障被告人的辩解权利,均有极其重要的作用。因此,讯问被告人是死刑复核程序中的重要环节。根据最高法《解释》第544条的规定,人民法院讯问被告人……根据案件情况,可以采取视频方式进行。但是,讯问的主体是谁,由几人进行及讯问地点等,法律未明确规定,一般应理解为由最高、高级人民法院的主办该案的法官进行。

3. 听取辩护律师的意见

《刑事诉讼法》第240条第1款规定:"最高人民法院复核死刑案件,应当讯问被告人,辩护律师提出要求的,应当听取辩护律师的意见。"对此,最高法《解释》增加规定了两项内容:(1)第42条第2款规定:"高级人民法院复核死刑案件,被告人没有委托辩护人的,应当通知法律援助机构指派律师为其提供辩护。"(2)第356条规定:"死刑复核期间,辩护律师要求当面反映意见的,最高人民法院有关合议庭应当在办公场所听取其意见,并制作笔录;辩护律师提出书面意见的,应当附卷。"具体程序,应当依照最高法《死刑案件听取律师意见办法》和两院三部《保障律师权利规定》执行。这些规定,无疑是对被告人及其辩护律师行使诉讼权利的保障,以实现司法公正。

由于《刑事诉讼法》第240条只规定了死刑复核案件中被告人可以聘请律师,而并未将其纳入法律援助范围。但鉴于死刑复核程序是涉及剥夺被告人生命权的最后把关程序,理应进行法律援助。因此,两办印发的《完善法律援助制度意见》提出,将法律援助范围扩大至死刑复核程序。

4. 制作复核审理报告

最高人民法院、高级人民法院对报请复核的死刑(死缓)案件进行全面审查后,合议庭应当进行评议并写出复核审理报告。审核报告应当包括下列内容:(1)案件的由来和审理经过;(2)被告人和被害人简况;(3)案件的侦破情况;(4)原审判决要点和控辩双方意见;(5)对事实和证据复核后的分析与认定;(6)合议庭评议意见和审判委员会讨论决定意见;(7)其他需要说明的问题。"复核审理报告"虽在最高法《解释》中予以删除,但它仍属人民法院内部工作事项,并依照执行。

(三)复核后的处理及其程序

《刑事诉讼法》第239条规定:"最高人民法院复核死刑案件,应当作出核准或者不核准死刑的裁定。对于不核准死刑的,最高人民法院可以发回重新审判或者予以改判。"根据这一规定,最高法《解释》第350条至第355条作了具体解释,最高人民法院复核死刑案件,应当按照下列情形分别处理:

(1)原判认定事实和适用法律正确、量刑适当、诉讼程序合法的,应当裁定核准;(2)原判认定的某一具体事实或者引用的法律条款等存在瑕疵,但判处被告人死刑并无不当的,可以在纠正后作出核准的判决、裁定;(3)原判事实不清、证据不足的,应当裁定不予核准,并撤销原判,发回重新审判;(4)复核期间出现新的影响定罪量刑的事实、证据的,应当裁定不予核准,并撤销原判,发回重新审判;(5)原判认定事实正确,但依法不应当判处死刑的,应当裁定不予核准,并撤销原判,发回重新审判;(6)原判违反法定诉讼程序,可能影响公正审判的,应当裁定不予核准,并撤销原判,发回重新审判。

对一人有两罪以上被判处死刑的数罪并罚案件,最高人民法院复核后,认为其中部分犯罪的死刑判决、裁定事实不清、证据不足的,应当对全案裁定不予核准,并撤销原判,发回重新审判;认为其中部分犯罪的死刑判决、裁定认定事实正确,但依法不应当判处死刑的,可以改判,并对其他应当判处死刑的犯罪作出核准死刑的判决。

对有两名以上被告人被判处死刑的案件,最高人民法院复核后,认为其中部分被告人的死刑判决、裁定事实不清、证据不足的,应当对全案裁定不予核准,并撤销原判,发回重新审判;认为其中部分被告人的死刑判决、裁定认定事实正确,但依法不应当判处死刑的,可以改判,并对其他应当判处死刑的被告人作出核准死刑的判决。

最高人民法院裁定不予核准死刑的,根据案件情况,可以发回第二审人民法院或者第一审人民法院重新审判。第一审人民法院重新审判的,应当开庭审理。第二审人民法院重新审判的,可以直接改判;必须通过开庭查清事实、核实证据或者纠正原审程序违法的,应当开庭审理。

高级人民法院对最高人民法院裁定不予核准,发回重新审判的,可以依照第二审程序提审或者发回重新审判。

对于最高人民法院裁定不予核准死刑,发回重新审判的案件,原审人民法院应当另行组成合议庭审理,但是具有上述第(4)种、第(5)种情形的案件除外。

高级人民法院复核死刑缓期执行案件,根据最高法《解释》第 349 条的规定,应当按照下列情形分别处理:

(1)原判认定事实和适用法律正确、量刑适当、诉讼程序合法的,应当裁定核准;

(2)原判认定的某一具体事实或者引用的法律条款等存在瑕疵,但判处被告人死刑缓期执行并无不当的,可以在纠正后作出核准的判决、裁定;

(3)原判认定事实正确,但适用法律有错误,或者量刑过重的,应当改判;

(4)原判事实不清、证据不足的,可以裁定不予核准,并撤销原判,发回重新审判,或者依法改判;

(5)复核期间出现新的影响定罪量刑的事实、证据的,可以裁定不予核准,并撤销原判,发回重新审判,或者依照法定程序审理后依法改判;

(6) 原审违反法定诉讼程序,可能影响公正审判的,应当裁定不予核准,并撤销原判,发回重新审判。

高级人民法院复核死刑缓期执行案件,不得加重被告人的刑罚。

(四) 死刑复核法律监督

为了确保死刑案件的复核质量,《刑事诉讼法》第 240 条第 2 款规定:"在复核死刑案件过程中,最高人民检察院可以向最高人民法院提出意见。最高人民法院应当将死刑复核结果通报最高人民检察院。"此规定表明,最高人民检察院对死刑复核程序应当实行法律监督。

对此,"两高"分别作出了具体的司法解释。最高检《规则》从第 602 条至第 613 条即以 12 个条文的篇幅加以规定,死刑复核法律监督工作由最高人民检察院死刑复核检察厅负责承办,发现案件具有下列情形之一:(1) 认为死刑二审裁判确有错误,依法不应核准死刑的;(2) 发现新情况、新证据,可能影响被告人定罪量刑的;(3) 严重违反法律规定的诉讼程序,可能影响公正审判的;(4) 司法工作人员在办理案件时,有贪污受贿、徇私舞弊、枉法裁判等行为的;(5) 其他需要提出意见的。经审查认为确有必要的,应当在最高人民法院裁判文书下发前经报请检察长或者检察委员会批准或决定,以死刑复核案件意见书的形式向最高人民法院提出意见。

对死刑复核监督案件的审查方式有:(1) 书面审查;(2) 听取原办案检察院意见;(3) 必要时可以阅卷、讯问被告人及复核主要证据。对死刑复核监督案件,应当在 1 个月内作出决定;因案件重大、疑难、复杂,需要延长审查期限的,应当报请检察长批准,适当延长办理期限。

根据《刑事诉讼法》的上述规定,最高人民法院也作出了相应的司法解释。最高法《解释》第 357 条和第 358 条规定:"死刑复核期间,最高人民检察院提出意见的,最高人民法院应当审查,并将采纳情况及理由反馈最高人民检察院。""最高人民法院应当根据有关规定向最高人民检察院通报死刑案件复核结果。"这些规定都体现了国家对办理死刑案件的严格要求和确保死刑复核程序的客观、公正和正确。

第二十二章 审判监督程序

第一节 审判监督程序的概念、特点和意义

一、审判监督程序的概念

审判监督程序是指人民法院、人民检察院对已经发生法律效力的判决和裁定,发现在认定事实或适用法律上确有错误,依法提起并对案件进行重新审判的程序。

审判监督程序与审判监督是两个不同的法律概念。审判监督泛指有关机关、团体和公民对人民法院审判工作实行监督,既包括人民检察院对审判工作实行监督,也包括法院系统内上级法院对下级法院审判工作的监督,如通过第二审程序、死刑复核程序、审判监督程序以及利用司法解释、批复等方式对审判工作实行监督,还包括国家权力机关、人大代表、人民群众及新闻媒体等对审判工作的社会监督;而审判监督程序则是为了纠正错误裁判而提起的诉讼程序,即仅对已经发生法律效力的判决和裁定,经审查发现确有错误的,才依法提起并进行重新审判的程序。因此,审判监督程序只是审判监督的一个方面或一种表现形式,而不是审判监督的全部内容,不能将二者混为一谈。

二、审判监督程序的特点

审判监督程序是刑事诉讼中的特殊审判程序,既不同于第二审程序,也不同于死刑复核程序,而是具有其自身特点的诉讼程序。

审判监督程序与第二审程序相比,虽然两者都是对案件进行重新审判的程序,都是对原判决、裁定所认定的事实和适用法律进行全面审查,使错误裁判得到纠正的程序,但是,它们之间有明显的区别,主要表现在:

(1)审理的对象不同。按照审判监督程序审理的是已经发生法律效力的判决、裁定,包括正在执行和已经执行完毕的判决和裁定;按照第二审程序审理的只限于尚未生效的判决和裁定。

(2)提起的主体不同。审判监督程序应当由最高人民法院、上级人民法院及各级人民法院院长提交审判委员会讨论决定提起,或者由最高人民检察院、上级人民检察院通过抗诉提起;而第二审程序则是由当事人(被害人除外)及其法定代理人或经其同意的辩护人、近亲属的上诉引起,或者因同级人民检察院的抗诉而引起。

（3）提起的条件不同。审判监督程序的提起有极严格的法定条件限制,即必须是经过法定主体认真审查,有充分的根据和理由认为原生效裁判确有错误的才能依法提起审判监督程序;而第二审程序则不同,只要有合法的上诉或者抗诉就能引起,不论其上诉有无理由或抗诉理由是否充分,原审法院的上一级法院必须对案件进行审理。

（4）有无提起的期限要求不同。提起审判监督程序法律没有明确规定期限,只在发现新罪或者需要将无罪改为有罪时,才受追诉时效期限的限制,对有罪改为无罪的,法律未规定任何期限限制;而引起第二审程序的上诉、抗诉,必须在法定的期限内提出,逾期而又无正当理由提出上诉、抗诉的,第二审人民法院不予受理。

（5）审理案件的法院不完全相同。按照审判监督程序审判案件的法院,既可以是原来的一审法院或二审法院,也可以是提审的任何上级法院,还可以是由上级法院依法指令与原审同级的任何法院;而按照第二审程序审理案件的法院,只能是原审法院的上一级人民法院。

（6）适用刑罚有无加刑限制不完全相同。依照审判监督程序重新审理的案件,除人民检察院抗诉的以外,一般不得加重原审被告人(原审上诉人)的刑罚;而按照二审程序审理的案件,则必须严格遵守上诉不加刑原则,即在只有被告人一方提出上诉的情况下,第二审人民法院不得加重被告人的刑罚。

审判监督程序与死刑复核程序相比,尽管两者均属特殊审判程序,但是,它们在适用对象、有权审理的法院、以及审理后所作的裁判效力等方面都有不同。审判监督程序适用的是一切确有错误的生效裁判,对这些案件可以依法由各级人民法院进行审判,所作的判决或裁定取决于原审裁判的程序和审级,即如果原来是第一审案件依照第一审程序进行审判,所作的判决、裁定,可以上诉、抗诉;如果原来是第二审案件或者是由上级人民法院提审的案件,所作的判决、裁定,是终审的判决裁定。而死刑复核程序则只适用于未生效的死刑(含死缓)案件,由最高人民法院或者高级人民法院核准后生效,立即执行死刑的,由最高人民法院院长签发执行死刑命令后才能执行。

审判监督程序除不同于审判监督、区别于二审程序和死刑复核程序之外,其自身还具有如下特点:

首先,从诉讼实质讲,审判监督程序是一种补救性程序,或称救济程序。刑事诉讼的一般法则是,已经发生法律效力的判决、裁定,一经宣告即具有既判力,也即普遍的约束力,未经法定程序,不得擅自更改或撤销。但是,司法实践中,已经确立的裁判并非绝对正确,由于主、客观原因,有的判决或裁定可能是错误的,致使裁判的确定性与案件的真实性之间发生矛盾,为了解决这一矛盾,立法确立了审判监督程序。因此,审判监督程序正是为纠正错判而设立的补救程序。

其次,从诉讼进程讲,审判监督程序不是刑事诉讼的必经程序。审判监督程序不仅只适用于特殊对象,并由法定的主体提起,而且它也不像一审、二审程序那样,只要有诉(如起诉或者上诉、抗诉),就必须进行审判,还不像死刑复核程序那样,凡是判处死刑(含死缓)的案件都必须逐级上报核准,而本程序的提起与否,不取决于当事人等的申诉,有的甚至虽经多次、反复申诉、请求,也未必一定对案件进行重新审判,更不是无条件地逐级上报再审。因此,从这一意义上讲,审判监督程序不可能成为刑事诉讼的必经程序。

三、审判监督程序的意义

审判监督程序既是特殊程序,又是刑事审判程序的重要组成部分,在刑事诉讼中具有十分重要的意义。具体表现在:

(一)审判监督程序是使刑罚权得以正确行使的可靠保障

刑罚权是国家权力的重要组成部分。人民法院是国家审判机关,代表国家行使刑罚权,其判决和裁定以国家强制力保护其严肃性和权威性,一旦发生法律效力,就具有了稳定性,任何机关和个人都不能变更或撤销。但是,生效裁判的稳定性应当建立在认定事实和适用法律正确性和客观真实性的基础之上。然而刑事案件错综复杂,虽然经过侦查、起诉和审判,甚至还经过了二审、死刑复核等程序,仍然可能有错误,尽管这种确有错误的裁判是极少数的,但是也没有理由去维护其稳定性和虚假的权威性,而应当按照司法公正的要求,依据审判监督程序予以纠正。因此,审判监督程序是使国家刑罚权得以正确行使的最后程序保障。

(二)审判监督程序有利于实现上级司法机关对下级人民法院审判工作的监督

按照法律规定,最高人民检察院和上级人民检察院、最高人民法院和上级人民法院在接受申诉及办案过程中,发现下级人民法院的生效裁判确有错误,通过提出抗诉或提审、指令再审等方式,对下级人民法院的审判工作实行监督,纠正错误。而下级人民法院通过接受抗诉、指令再审等对案件进行重新审判,发现本院对案件在认定事实和适用法律上存在的问题及其原因,以便及时纠正错误并且有针对性地总结教训,改进审判工作,提高办案质量。

(三)审判监督程序有利于保障当事人的合法权益

按照法律规定,当事人及其法定代理人、近亲属及案外人(认为受到生效裁判侵害的),不服已生效的判决、裁定有权向司法机关提出申诉,而刑事诉讼当事人既包括被害人、自诉人,也包括犯罪嫌疑人和被告人。这表明法律既支持有利于被告人的再审,也支持不利于被告人的再审。由于刑事判决和裁定是对被告人生命、自由、政治和财产等权利的处分,事关重大,如果处分不当,就会造成对被告人权利的剥夺或侵犯。同时刑事裁判也是对被害人、自诉人的控告、起诉、上诉及其请求等权利的处分，如果处分错误，也会给他们造成损害，因此，我国审判监督程序是保护当事人双方权益的重要程序。但是，基于法的安定性与公正性间的冲突和保护被判刑人与保护被害方利益的对立，审判监督程序应当在它们之间寻求平衡，在不损害被判刑人利益的基础上，更加注重维护生效裁判的既判力。

四、确立禁止双重危险规则，依法纠错[①]

我国对审判监督程序的改革尚未到位，并没有结合中国国情引进禁止双重危险规则。

禁止双重危险规则是指国家不得对任何人就同一行为进行再次追究和惩罚。它是英美法系国家刑事诉讼程序中的一项基本规则，而大陆法系国家则称其为一事不再理原则，且适用于刑事诉讼和民事诉讼，在刑事诉讼中称为"一罪不二审"。此规则已被规定在联合国《两权公约》之中。《两权公约》第14条第7款规定："任何人已依一国的法律及刑事程序被最后定罪或者宣告无罪，不得就同一罪名再予审判或惩罚。"

禁止双重危险规则的基本观念和价值取向，是以制约国家公权力的行使、防止追诉权滥用和保障人权为主，以维护程序的安定性和裁判的既判力为辅。但是，由于各国对控制犯罪与保障人权的价值取向不同，因此对该原则的做法各异，大致可分为两种模式，即不采取例外模式和采取例外模式。前者是指不允许提起对被判刑人不利的再审，如法国、日本等；后者是指在特定情况下才允许提起对被判刑人不利的再审，如英国、美国、德国、俄罗斯等。

我国的审判监督程序以"实事求是，有错必纠"政策为指导方针，既可以为保护被判刑人的利益而改判，也可以作出不利于被判刑人的改判。而司法实践中常常表现出重实体轻程序、重打击轻保护的倾向，例如，对原判指控犯罪不能成立的无罪判决改判为有罪等，与现代司法公正、人权保障和程序安定原则相背离。鉴于世界上存在不允许和允许例外两种模式，考虑到惩罚犯罪与保障人权的平衡以及我国民众的接受能力，应当有条件的引进禁止双重危险规则。为此十八届四中全会《决定》提出了"再审重在解决依法纠错，维护裁判权威"的要求。

[①] 参见陈光中、郑未媚：《论我国刑事审判监督程序之改革》，载《中国法学》2005年第2期，第172—173页。

第二节 提起审判监督程序的材料来源及其审查处理

一、提起审判监督程序的材料来源

提起审判监督程序的材料来源,是指对发生法律效力的判决、裁定发现有错误而提出有关证据及其资料等的渠道、途径。根据我国《刑事诉讼法》及有关的法律、法规和司法解释,这些材料来源主要有:

(一) 当事人及其法定代理人、近亲属和有关的案外人的申诉

审判监督程序中的申诉,是指申诉权人对人民法院的生效裁判不服,以书状或口头形式向人民法院或者人民检察院提出该裁判在认定事实或适用法律上的错误并要求重新审判的行为。

我国《刑事诉讼法》第241条规定:"当事人及其法定代理人、近亲属,对已经发生法律效力的判决、裁定,可以向人民法院或者人民检察院提出申诉,但是不能停止判决、裁定的执行。"对于案外人的申诉,最高法《解释》第371条第2款、第3款作了补充规定:"案外人认为已经发生法律效力的判决、裁定侵害其合法权益,提出申诉的,人民法院应当审查处理。""申诉可以委托律师代为进行。"这些规定表明,当事人等对人民法院的生效裁判认为有错误,可以向司法机关提出申诉,这既是法律赋予他们的权利,也是提起审判监督程序的主要材料来源,还是使确有错误的裁判得以纠正的重要途径。因为,当事人及其法定代理人、近亲属等不仅是这些判决、裁定的直接、间接利害关系人,而且又是最了解案件情况、能够理解法律、最有条件提出申诉的人,因此,人民法院和人民检察院对他们的申诉,应当积极受理并认真对待,做到件件有着落。

(二) 各级人民代表大会代表提出的纠正错案议案

人大代表与人民群众有密切联系,在视察工作和调查访问过程中,能够了解到群众对人民法院判决、裁定正确与否的意见,并在人民代表大会会议期间,有针对性地提出议案,因此,也是审判监督程序提起的重要材料来源。各级人民法院对人大代表提出的议案,应当认真对待,并将处理结果报告权力机关。

(三) 人民群众的来信来访

人民群众来信来访虽然不同于法律规定的当事人等提出的申诉,但是,它不是泛指人民群众对诉讼和非诉讼问题的一般反映,也不同于群众向党政机关反映情况和提出要求,而是他们出于司法应当公正的正义感,对已生效的裁判认为有错误而提出的材料和意见。这些材料和意见,同样是审判监督程序的重要材料来源,也是人民群众监督司法工作的重要方式。所以,人民法院和人民检察院对人民群众的来信来访,也应当重视,并进行认真审查及处理。

(四) 司法机关通过办案或者复查案件对错案的发现

公安司法机关在办案过程中,经常发生"办一案破一片"或"办此案发现彼

案"的情况,它既是发现犯罪案件、抓获犯罪人的重要途径,同时也是纠正错案的重要渠道。特别是公安司法机关为了保证办案质量,在定期或不定期主动自查、互查或依上级批示进行总结检查、复查过程中,发现错案是经常的,因此,公安司法机关通过办案、复查案件发现的错案,也是提起审判监督程序的重要材料来源。

（五）机关、团体、企业、事业单位和新闻媒体、网络等对生效裁判反映的意见

党政领导部门、各级党的纪检组织、国家监察机关和国家经济管理机关(海关、税务、工商)等,在社会调查和履行职责中,发现生效裁判可能有错误,向有关司法机关所作的建议、复查案件的文件及其材料等,都是提起审判监督程序的重要材料来源。律师协会、律师事务所等在履行职务中发现有错误的生效裁判,并以法律意见书等形式向司法机关提出意见,当然也是提起再审的重要材料来源。对以上各种材料、意见等,司法机关都应予充分重视,及时查处。

二、申诉的理由和效力

（一）申诉的理由

申诉必须提出理由。根据我国《刑事诉讼法》第242条和最高法《解释》第375条及最高检《规则》第591条的规定,申诉的理由有以下几种:

（1）有新的证据证明原判决、裁定认定事实确有错误,可能影响定罪量刑的。"新的证据",根据最高法《解释》第376条的规定,是指下列情形:① 原判决、裁定生效后新发现的证据;② 原判决、裁定生效前已经发现,但未予收集的证据;③ 原判决、裁定生效前已经收集,但未经质证的证据;④ 原判决、裁定所依据的鉴定意见、勘验、检查等笔录或者其他证据被改变或者否定的。只要具备其中之一者,均属有"新的证据"。

（2）据以定罪量刑的证据不确实、不充分、依法应当予以排除,或者证明案件事实的主要证据之间存在矛盾的。

（3）原判决、裁定适用法律确有错误的,包括主要事实依据被依法变更或者撤销的、认定罪名错误的、量刑明显不当和违反法律关于溯及力规定的。

（4）违反法律规定的诉讼程序,可能影响公正审判的。违反法定程序,主要指违反《刑事诉讼法》第227条规定的"发回重审"五种法定情形其中之一的。

（5）审判人员在审理该案件的时候,有贪污受贿、徇私舞弊、枉法裁判行为的。这里的审判人员,包括原审合议庭成员及参与本案讨论的庭长、副庭长和所有审判委员会成员,只要有确实证据证明其中之一人有上述行为并造成错误裁判的,即可引起再审。

上述五项申诉理由,只要具备其中之一者,人民法院就应当依照审判监督程序对案件进行重新审判。

(二) 申诉的效力

申诉的效力,是指已经发生法律效力的判决或裁定因申诉权人不服而提出申诉后原裁判应否停止执行的效力。

对申诉的效力,世界大多数国家的法律规定,申诉或请求(申请)虽经提出,但不能立即停止对原裁判的执行。如日本刑事诉讼法规定,请求再审不具有停止执行刑罚的效力(法院作出开始再审裁定的除外)。德国法律规定,判决的执行不得因申请再审而停止,但法院命令延期或暂停执行的除外。我国《刑事诉讼法》第241条明确规定,当事人等提出申诉,不能停止对原裁判的执行。之所以如此规定,一方面是因为要保持生效裁判的稳定性、严肃性,不能轻易改判;另一方面是因为这些案件情况复杂,而且时过境迁(如刑罚正在执行或已执行完毕),审查原判是否正确,很不容易,仅凭一纸申诉就判断出原判确有错误是不可能的,因此,在未作出改判之前,不能停止对生效裁判的执行。

申诉不同于上诉,它们在行为性质、诉讼程序、法律效力及其后果等方面均有严格区别。上诉是上诉人在刑事诉讼过程中,针对一审法院尚未发生法律效力的判决、裁定,在法定的上诉期限内提起诉讼的活动。其效力不论其提出上诉的理由是否充分或有无理由,必然引起第二审程序并使一审裁判不能生效和执行。因此,上诉既有阻止一审判决生效的效力,又有启动第二审程序的效力。而申诉则不同,它是当事人等在案件的诉讼程序已经结束、人民法院的裁判已经生效并正在执行或已执行完毕而提出请求的活动,该请求并不意味着一经提出,审判监督程序即告开始和原生效裁判不再执行。因此,当事人等的申诉只是审判监督程序的材料来源,不具有直接提起再审的法律效力,自然也就不能停止对生效裁判的执行。

但是,根据我国《刑事诉讼法》第246条第2款规定:"人民法院按照审判监督程序审判的案件,可以决定中止原判决、裁定的执行。"这一规定既符合法理,也适用于实践,同时还与国外如日本、德国等国家法律规定相符,更维护了当事人等的诉讼权利和裁判的威严。对此,最高法《解释》第382条作了明确规定:"对决定依照审判监督程序重新审判的案件,除人民检察院抗诉的以外,人民法院应当制作再审决定书。再审期间不停止原判决、裁定的执行,但被告人可能经再审改判无罪,或者可能经再审减轻原判刑罚而致刑期届满的,可以决定中止原判决、裁定的执行,必要时,可以对被告人采取取保候审、监视居住措施。"

三、对申诉的受理和审查处理

对申诉的受理,是指人民法院或者人民检察院经对申诉材料进行初步审查后,认为符合重新审判条件而决定立案复查的活动。申诉案件的受理及审查处理,有以下四个程序问题:

第一,申诉材料的受理。根据最高法《解释》第372条规定,申诉材料包括:

(1) 申诉状。应当写明当事人的基本情况、联系方式以及申诉的事实与理由；(2) 原一、二审判决书、裁定书等法律文书。经过人民法院复查或者再审的，应当附有驳回通知书、再审决定书、再审判决书、裁定书；(3) 其他相关材料。以有新的证据证明原判决、裁定认定的事实确有错误为由申诉的，应当同时附有相关证据材料；申请人民法院调查取证的，应当附有相关线索或者材料。申诉不符合上述规定的，人民法院应当告知申诉人补充材料；申诉人对必要材料拒绝补充且无正当理由的，不予审查。

第二，申诉案件的管辖。对此，我国《刑事诉讼法》在第241条中规定，当事人等对生效裁判不服，"可以向人民法院或者人民检察院提出申诉"，但是申诉人应当先向哪一机关提出，由哪一机关受理，最高法《解释》第373条和第374条规定，申诉由终审人民法院审查处理。但是，第二审人民法院裁定准许撤回上诉的案件，申诉人对第一审判决提出申诉的，可以由第一审人民法院审查处理。上一级人民法院对未经终审人民法院审查处理的申诉，可以告知申诉人向终审人民法院提出申诉，或者直接移交终审人民法院审查处理，并告知申诉人；案件疑难、复杂、重大的，也可以直接审查处理。对未经终审人民法院及其上一级人民法院审查处理，直接向上级人民法院申诉的，上级人民法院可以告知申诉人向下级人民法院提出。对死刑案件的申诉，可以由原核准的人民法院直接审查处理，也可以交由原审人民法院审查。原审人民法院应当写出审查报告，提出处理意见，层报原核准的人民法院审查处理。

第三，受理申诉的期限。根据最高人民法院2002年9月10日《关于规范人民法院再审立案的若干意见（试行）》第10条规定："人民法院对刑事案件的申诉人在刑罚执行完毕后两年内提出的申诉，应当受理；超过两年提出申诉，具有下列情形之一的，应当受理：(1) 可能对原审被告人宣告无罪的；(2) 原审被告人在本条规定的期限内向人民法院提出申诉，人民法院未受理的；(3) 属于疑难、复杂、重大案件的。不符合前款规定的，人民法院不予受理。"该规定具有合理性，但是，刑事案件涉及公民的人身、财产甚至生命等权利，基于尊重和保障人权理念，对有利于被判刑人的再审申诉，如可能对被判刑人由原判重罪改为轻罪的，一般不应作期限限制，尤其是对那些应当改为无罪的案件。

第四，对申诉的审查处理。人民法院对立案审查的申诉案件，应当在3个月以内作出决定，至迟不得超过6个月。人民法院受理申诉后，经审查不具有我国《刑事诉讼法》第242条和最高法《解释》第375条规定的情形之一的，应当说服申诉人撤回申诉；对仍然坚持申诉的，应当书面驳回。申诉人对驳回仍不服的，可以向上一级人民法院申诉。上一级人民法院同样认为申诉不符合法律规定的，应当说服申诉人撤回申诉；对仍然坚持申诉的，应当驳回或者通知不予重新审判。

人民检察院对受理的申诉审查后，认为人民法院已生效的判决、裁定确有错误需要提出抗诉的,由刑事申诉检察部门报请检察长提交检察委员会讨论决定。

对于人民检察院依照审判监督程序提出抗诉的案件,根据最高法《解释》第380条的规定,人民法院应当在收到抗诉书后1个月内立案。但是,有下列情形之一的,应当区别情况予以处理:(1) 对不属于本院管辖的,应当将案件退回人民检察院;(2) 按照抗诉书提供的住址无法向被抗诉的原审被告人送达抗诉书的,应当通知人民检察院在3日内重新提供原审被告人的住址;逾期未提供的,将案件退回人民检察院;(3) 以有新的证据为由提出抗诉,但未附相关证据材料或者有关证据不是指向原起诉事实的,应当通知人民检察院在3日内补送相关材料;逾期未补送的,将案件退回人民检察院。决定退回的抗诉案件,人民检察院经补充相关材料后再次抗诉,经审查符合受理条件的,人民法院应当受理。

第三节 审判监督程序的提起

一、提起审判监督程序的主体

依照审判监督程序重新审理的是已生效甚至已执行的判决、裁定,必须特别慎重。所以,我国法律对提起审判监督程序的主体作了严格的限制。根据我国《刑事诉讼法》和最高法《解释》、最高检《规则》及《人民检察院复查刑事申诉案件规定》(2014年10月27日施行,以下简称《检察院申诉规定》)的规定,有权提起审判监督程序的主体,只能是下列机关、人员和组织:

(一) 各级人民法院院长和审判委员会

《刑事诉讼法》第243条第1款规定:"各级人民法院院长对本院已经发生法律效力的判决和裁定,如果发现在认定事实上或者在适用法律上确有错误,必须提交审判委员会处理。"

(1) 提起审判监督程序的提交讨论权和决定权相分离。各级人民法院院长具有提交权而无决定权,而审判委员会对提交讨论的案件,经讨论后,具有重新审判与否的决定权,因此,对本院生效裁判需要重新审判的,有权提起审判监督程序的主体应当是本院院长和审判委员会。

(2) 各级人民法院院长和审判委员会提起再审的对象,只能是本院的生效裁判。这里的"各级"人民法院是指含最高人民法院在内的四级人民法院。"本院生效裁判"包括本院一审生效、二审终审和核准的裁判。但是,如果原一审属于本院,后来又经过二审终审的案件,发现确有错误,则一审人民法院院长及审判委员会无权提交和决定再审,只能向第二审人民法院提出意见,由二审法院决定是否提起再审。如果是第二审人民法院经依法提交和讨论并决定提起再审的,既可以由本院重新审判也可以发回原审人民法院重新审判。"确有错误"是指在认定事实和适用法律上确有错误,具体是指《刑事诉讼法》第242条和最高法《解释》第 375 条以及最高检《规则》第 591 条和《检察院申诉规定》第 47 条规定的各种情形,只要具备其中之一的,均属于确有错误的裁判。

(3) 各级人民法院提起审判监督程序重新审判案件的次数,《刑事诉讼法》虽然没有作出明确规定,但是为严肃法制,最高人民法院以司法解释的形式规定,上级人民法院对经终审法院的上一级人民法院依照审判监督程序审理后维持原判或者经两级人民法院依照审判监督程序复查均驳回的申请再审或申诉案件,一般不予受理。

对此,最高检《规则》第 594 条规定:"对不服人民法院已经发生法律效力的刑事判决、裁定的申诉,经两级人民检察院办理且省级人民检察院已经复查的,如果没有新的事实和理由,人民检察院不再立案复查,但原审被告人可能被宣告无罪或者判决、裁定有其他重大错误可能的除外。"

(二) 最高人民法院和上级人民法院

《刑事诉讼法》第 243 条第 2 款规定:"最高人民法院对各级人民法院已经发生法律效力的判决和裁定,上级人民法院对下级人民法院已经发生法律效力的判决和裁定,如果发现确有错误,有权提审或者指令下级人民法院再审。"这一规定表明:

(1) 最高人民法院和上级人民法院有权监督和指导地方各级及本级以下的人民法院和专门法院的审判工作,发现它们的生效判决和裁定确有错误,有权依照审判监督程序提审或者指令下级人民法院再审。

(2) 提审和指令下级人民法院再审,既是最高人民法院和其他上级人民法院对下级人民法院生效裁判行使审判监督权,也是提起审判监督程序的两种方式。所谓提审,是最高人民法院或上级人民法院认为确有错误的案件不需要或不宜由下级人民法院重新审判而由自己进行审判的方式;指令再审,是指依法指令原审或者本级人民法院的其他下级人民法院重新审判的方式。《刑事诉讼法》第 244 条规定:"上级人民法院指令下级人民法院再审的,应当指令原审人民法院以外的下级人民法院审理;由原审人民法院审理更为适宜的,也可以指令原审人民法院审理。"该规定表明,上级法院指令下级法院再审的,应当以指令原审以外下级法院再审为原则,以指令原审法院再审为例外。这样,既有利于裁判客观公正性,更有利于增强申诉人对重新裁判的信任感。

(3) 最高人民法院或上级人民法院对生效错案哪些进行提审,哪些指令下级人民法院再审? 根据法律规定和司法实践经验,一般做法是:原审裁判在认定事实上有错误或事实不清、证据不足或发现新事实、新证据的,为了便于就地调查和传唤当事人等出庭核实,由最高人民法院或上级人民法院指令下级人民法院再审。相反,对于那些原判认定事实正确,但在适用法律上有错误,或者属于案件疑难、复杂、重大的,或者有不宜由原审人民法院审理情形的,也可以由最高或上级人民法院依法提审。

但是，根据《刑事诉讼法》第 243 条第 4 款的规定，人民法院对人民检察院依照审判监督程序提出抗诉的案件，应当组成合议庭重新审理，只有对那些原判决事实不清或者证据不足的案件，才可以指令下级人民法院再审。

上述规定，虽然体现了上级法院对下级法院的监督，但是作为审判机关的整体提审或指令再审，仍然与诉审分离原则相悖。

（三）最高人民检察院和上级人民检察院

《刑事诉讼法》第 243 条第 3 款规定："最高人民检察院对各级人民法院已经发生法律效力的判决和裁定，上级人民检察院对下级人民法院已经发生法律效力的判决和裁定，如果发现确有错误，有权按照审判监督程序向同级人民法院提出抗诉。"这一规定表明：

（1）有权通过审判监督程序提出抗诉的机关只能是最高人民检察院或者其他原审人民法院的上级人民检察院。地方各级人民检察院和下级人民检察院发现同级人民法院或上级人民法院的判决、裁定确有错误，无权提出抗诉，只能向其上级人民检察院提出《提请抗诉报告书》，请求上级人民检察院向同级人民法院提出抗诉，是否提出抗诉，由接到请求的人民检察院决定。

（2）最高人民检察院有权对各级人民法院的生效错判案件依照审判监督程序提出抗诉。最高人民法院的判决和裁定，一经宣布立即生效，但是，如果最高人民检察院发现裁判确有错误，有权按照审判监督程序直接向最高人民法院提出抗诉。

（3）人民检察院对于按照审判监督程序提出抗诉的案件，认为人民法院作出的判决、裁定仍然确有错误的，如果案件是依照第一审程序审判的，同级人民检察院应当通过第一审人民法院向上级人民法院提出抗诉；如果案件是依照第二审程序审判的，上一级人民检察院应当向同级人民法院提出抗诉。

值得特别注意的是，审判监督程序的抗诉和第二审程序的抗诉，虽然都是人民检察院对审判的法律监督，但是，两者在抗诉的对象、有权抗诉的机关、抗诉的期限、接受抗诉的人民法院和抗诉的作用及法律后果等方面均有区别。

二、提起审判监督程序的理由

提起审判监督程序的理由或称条件，是指在什么情况下和对什么样的生效裁判才能作出启动决定并进行重新审判的事由。对此，我国《刑事诉讼法》第 243 条明确规定，即"已经发生法律效力的判决和裁定，如果发现在认定事实上和适用法律上确有错误"。对此，应从以下几个方面理解：

（一）原裁判在认定事实上的错误

原裁判在认定事实上的错误包括事实不清和证据不确实、充分两个方面。所谓事实不清，是指原裁判所认定的主要犯罪事实不清或罪与非罪不清、或此罪彼罪不明、或者影响定罪量刑的重大情节不清楚或者一罪数罪不清及共同犯罪中各被告人的罪责相混淆等;所谓证据不确实、充分,是指认定案件事实的证据不客观真实或者证据与案件事实之间无客观联系,或者证据之间有矛盾且矛盾不能得以合理排除,或者所得的结论显然不能排除其他可能等,所有这些,只要具备其中之一者,均属于原裁判在认定事实上确有错误。

(二) 原裁判在适用法律上的错误

适用法律上的错误,首先,是指适用实体法即刑法的错误。由于适用法条有误致使定性不准,混淆了罪与非罪的界限,或者将此罪定为彼罪,轻罪定为重罪,重罪定为轻罪,从而造成量刑畸轻畸重,甚至错判无辜。其次,是适用程序法即《刑事诉讼法》的错误,主要是指原审人民法院严重违反刑事诉讼程序。其法律依据是《刑事诉讼法》第227条规定的,违反公开审判、回避制度、审判组织不合法及剥夺或限制当事人的法定权利可能影响公正审判等情形。对此,该条规定:"第二审人民法院发现第一审人民法院的审理有下列违反法律规定的诉讼程序的情形之一的,应当裁定撤销原判,发回原审人民法院重新审判。"既然第二审人民法院"应当"据此撤销原判,发回原审人民法院重新审判。那么,在裁判生效后发现有上述情形之一的,当然也应当理解为适用法律上确有错误,作为提起审判监督程序的理由或条件。只有这样,才能提高对程序法重要性的认识,改变重实体轻程序的观念,使刑事诉讼目的得以实现。当然,审判监督程序与二审程序毕竟不同,在对因程序违法而引起再审的范围上应从严掌握。

提起审判监督程序的理由,法律上只作了"确有错误"的原则规定,实际工作中应当依照《检察院申诉规定》第47条的规定执行。

第四节 按照审判监督程序对案件进行重新审判

一、重新审判的方式

审判方式是指人民法院审理案件的方法和形式。根据法律规定,审判方式不外有两种:开庭审理和不开庭审理。不开庭审理在学理上又分为:调查讯问式和书面审理。前者一般是指对事实清楚的,经过阅卷、讯问被告人、听取其他当事人、辩护人、诉讼代理人的意见后,不开庭审理;后者指人民法院采用调阅案卷,书面审查核实各种证据和适用法律等情形后作出裁判。

按照审判监督程序重新审判案件,是纠正已生效的错误裁判,应当持特别慎重的态度,既要考虑到原裁判的既判力,又要使纠正错案得以实现,因此,其审理方式应当以开庭审理即直接审理为主,以不开庭审理为辅。因为,凡属重新审判的案件,不仅错综复杂、新旧事实和证据交错,而且各方意见分歧较大,所以只有严格程序,开庭审理,才能从程序上给原审被告人及其辩护人与检察人员面对面地向法庭提出证据、质证并发表意见的机会;使合议庭成员充分听取各方意见、全面了解案情、依法纠正错误,作出正确裁判。

当然,重新审判案件,原则上应当依照第一审、第二审程序开庭进行。但是,毕竟不同于原第一审程序,一律开庭审理,确实难以做到,因此,最高法《解释》第383条规定:"依照审判监督程序重新审判的案件,人民法院应当重点针对申诉、抗诉和决定再审的理由进行审理。必要时,应当对原判决、裁定认定的事实、证据和适用法律进行全面审查。"

同时根据最高人民法院2001年12月26日《关于刑事再审案件开庭审理程序的具体规定》,对下列案件应当开庭审理:(1)依照第一审程序审理的;(2)依照第二审程序需要对事实或证据进行审理的;(3)人民检察院按照审判监督程序提出抗诉的;(4)可能对原审被告人(原审上诉人)加重刑罚的;(5)有其他应当开庭审理情形的。

对于下列案件可以不开庭审理:

(1)原判决、裁定事实清楚,证据确实、充分,但适用法律错误,量刑畸重的;

(2)1979年《刑事诉讼法》实施以前裁判的;

(3)原审被告人(原审上诉人)、原审自诉人已经死亡、或者丧失行为能力的;

(4)原审被告人(原审上诉人)在交通十分不便的边远地区监狱服刑,提押到庭确有困难的,但人民检察院提出抗诉的,人民法院征得人民检察院同意的;

(5)人民法院按照审判监督程序决定再审,经两次通知,人民检察院不派员出庭的。

综上,对存在事实、证据重大分歧、可能作出不利被判刑人改判以及检察院提起抗诉的案件,应当开庭审理;而对只适用法律错误(含程序错误)案件的再审,可以采用不开庭审理方式进行。对那些原审被告人、原审自诉人已经死亡或者丧失行为能力的案件,也可以不开庭审理,必要时可以终止审理。

二、重新审判案件的程序

重新审判的程序主要须明确三项内容:一是应当按照一审程序还是按照二审程序进行;二是检察人员应否出席法庭;三是对被判刑人需要采取强制措施的,由哪一机关决定。

我国《刑事诉讼法》第245条第1款规定:"人民法院按照审判监督程序重新审判的案件,由原审人民法院审理的,应当另行组成合议庭进行。如果原来是第一审案件,应当依照第一审程序进行审判,所作的判决、裁定,可以上诉、抗诉;如果原来是第二审案件,或者是上级人民法院提审的案件,应当依照第二审程序进行审判,所作的判决、裁定,是终审的判决、裁定。"该规定表明,重新审判案件的程序,应当按照第一审还是第二审程序进行,由于再审案件有其特殊的提起主体、诉讼文书、诉讼期限及原审被告人的不同处境等情况,所以对其重新审理的具体程序也不相同,但是,基本上是按原审的程序进行。

人民检察院应当派员出席法庭。我国《刑事诉讼法》第 245 条第 2 款规定:"人民法院开庭审理的再审案件,同级人民检察院应当派员出席法庭。"法律这样规定,既符合控、辩、审诉讼构造,便于法官兼听则明,居中作出正确裁判,也是人民检察院法律监督职责的要求,更是为保障被判刑人的辩解、辩护和对证据质证、辩论等项诉讼权利的实现。

人民法院开庭审理再审案件,除依照上述规定外,还应根据最高法《解释》第 386 条至第 388 条的规定进行:(1)再审决定书或者抗诉书只针对部分原审被告人,其他同案原审被告人不出庭不影响再审的,可以不出庭参加诉讼。(2)审理人民检察院抗诉的再审案件,人民检察院在开庭审理前撤回抗诉的,应当裁定准许;人民检察院接到出庭通知后不派员出庭,且未说明原因的,可以裁定按撤回抗诉处理,并通知诉讼参与人。对于在送达抗诉书后被提出抗诉的原审被告人未到案的,人民法院应当裁定中止审理,原审被告人到案后,恢复审理。(3)审理申诉人申诉的再审案件,申诉人在再审期间撤回申诉的,应当裁定准许;申诉人经依法通知无正当理由拒不到庭,或者未经法庭许可中途退庭的,应当裁定按撤回申诉处理,但申诉人不是原审当事人的除外。(4)开庭审理的再审案件,系人民法院决定再审的,由合议庭组成人员宣读再审决定书;系人民检察院抗诉的,由检察人员宣读抗诉书;系申诉人申诉的,由申诉人或者其辩护人、诉讼代理人陈述申诉理由。

对被判刑人需要采取强制措施的,我国《刑事诉讼法》第 246 条第 1 款规定:"人民法院决定再审的案件,需要对被告人采取强制措施的,由人民法院依法决定;人民检察院提出抗诉的再审案件,需要对被告人采取强制措施的,由人民检察院依法决定。"此规定表明,由哪一机关启动的再审程序并需要对被告人采取强制措施的,即由哪一机关决定。"需要对被告人采取强制措施的"应当包括强制措施的适用和变更。强制措施的适用是对于刑罚已经执行完毕或者原判无罪释放的人;变更是对正在服刑可能改判为无罪的人,将羁押变更为取保候审等强制措施。

三、重新审判案件的审理期限

重新审判案件的审理期限,是指人民法院从确定对生效裁判重新审判开始到审理终结之间所必须遵守的时间限制。它包括期限的起算、截止和具体期日数等。

我国《刑事诉讼法》第 247 条第 1 款规定:"人民法院按照审判监督程序重新审判的案件,应当在作出提审、再审决定之日起 3 个月以内审结,需要延长期限的,不得超过 6 个月。"考虑到必须及时有效地处理案件,故立法作了限制性规定,最长不得超过 6 个月,以防止久拖不决的现象发生。

为了更好地使抗诉案件的接受与审理方式相衔接,《刑事诉讼法》第247条第2款规定:"接受抗诉的人民法院按照审判监督程序审判抗诉的案件,审理期限适用前款规定;对需要指令下级人民法院再审的,应当自接受抗诉之日起1个月以内作出决定,下级人民法院审理案件的期限适用前款规定。"

四、重新审判后的处理

人民法院按照审判监督程序重新审判案件,经过审理以后,根据案件的不同情况和最高法《解释》的规定,应当分别作出如下处理:

(1)原判决、裁定认定事实和适用法律正确、量刑适当的,应当裁定驳回申诉或者抗诉,维持原判决、裁定;

(2)原判决、裁定定罪准确、量刑适当,但在认定事实、适用法律等方面有瑕疵的,应当裁定纠正并维持原判决、裁定;

(3)原判决、裁定认定事实没有错误,但适用法律错误,或者量刑不当的,应当撤销原判决、裁定,依法改判;

(4)依照第二审程序审理的案件,原判决、裁定事实不清或者证据不足的,可以在查清事实后改判,也可以裁定撤销原判,发回原审人民法院重新审判。

另外,原判决、裁定事实不清或者证据不足,经审理事实已经查清的,应当根据查清的事实依法裁判;事实仍无法查清,证据不足,不能认定被告人有罪的,应当撤销原判决、裁定,判决宣告被告人无罪。对于被提出抗诉的原审被告人已经死亡或者在审理过程中死亡的,人民法院应当裁定终止审理,但对能够查清事实,确认原审被告人无罪的,应当予以改判。对再审改判宣告无罪并依法享有申请国家赔偿权利的当事人,人民法院宣判时,应当告知其在判决发生法律效力后可以依法申请国家赔偿。

需要特别指出的,除人民检察院抗诉的以外,再审一般不得加重原审被告人的刑罚。再审决定书或者抗诉书只针对部分原审被告人的,不得加重其他同案原审被告人的刑罚。

第二十三章 执 行

第一节 概 述

一、执行的概念和特点

刑事诉讼中的执行,是指人民法院、人民检察院、公安机关及其他刑罚执行机关将已经发生法律效力的判决、裁定所确定的内容依法付诸实施及解决实施中出现的变更执行等问题而进行的诉讼活动。

执行是刑事诉讼的最后一个程序,也是使刑罚权得以实现的关键程序。但是,并非对判决、裁定执行的整个过程和全部活动都属于刑事诉讼活动的范围。属于刑事诉讼活动的,仅指人民法院的交付执行、监狱及其他执行机关对刑罚的执行和刑罚变更等。而执行机关等对罪犯进行的监管、教育、组织劳动等,则属于司法行政活动,不具有诉讼活动的性质。

执行程序具有如下特点:

(一) 合法性

执行的合法性是指刑罚执行机关所执行的对象必须是已经发生法律效力的判决和裁定(宣告被告人无罪、免除刑事处罚时立即释放在押被告人的除外);执行活动必须依照法律规定的诉讼程序进行。包括交付执行时,必须移送完备的司法文书及办理相应的法律手续;刑罚变更时,应当依据法定条件和遵照有关管辖及程序的规定进行,不可任意变更或停止执行,否则就是违法。

(二) 及时性

执行的及时性是指人民法院的判决和裁定一经发生法律效力,就应当迅速执行,任何机关、团体和个人都无权阻止和拖延。只有及时有效地执行生效的有罪裁判,才能使犯罪分子受到应得的惩罚,使国家利益和公民的人身、财产等权利得到保护,实现国家刑罚权;也只有及时执行无罪或者免除刑事处罚的裁判,才能使无辜或者不应受到刑罚的公民尽快被释放或者恢复人身自由,取得良好的社会效果。反之,无故干扰和拖延生效裁判的执行,就会造成难以挽回的后果:或者使人民法院的判决和裁定失去严肃性和权威性,使法律文书成为一纸空文;或者使生效裁判丧失执行条件,使犯罪分子逍遥法外,继续危害国家和人民;或者使错误追究得不到及时纠正,使无罪的、应当免除刑事处罚的公民的合法权益继续遭受侵犯。所有这些,都说明执行人民法院的生效裁判必须要迅速及时。

(三) 强制性

执行的强制性是指已经发生法律效力的判决和裁定,具有普遍的约束力,任何机关、团体和个人都应当执行。尤其是被判刑人,不论其是否同意裁判所确定的内容,都应当被强制无条件地执行,如果抗拒执行,情节严重的,根据《刑法》第 313 条的规定,以拒不执行判决、裁定罪追究其刑事责任。因为,生效的有罪判决和裁定是人民法院对实施犯罪行为的人,代表国家、依据法律作出的处理决定,并以国家强制力为后盾和保证加以强制实行,任何人不得阻碍生效裁判的执行。

(四) 执行主体的广泛性

执行主体的广泛性是指有权力和义务执行生效裁判的机关、单位和机构在范围上的宽泛性和层次上的多样化。根据《刑事诉讼法》的规定,有权力和义务执行生效判决和裁定的主体,除人民法院、人民检察院和公安机关以外,还有监狱、未成年犯管教所、拘役所、看守所以及社区矫正机构、罪犯所在单位或其居住地的基层组织等。由此可见,执行的行为主体比进行任何一项诉讼程序,如侦查、起诉、审判等的主体都复杂,范围都宽泛。因此,执行主体的广泛性是执行程序的又一特点。但是,这一特点在司法实践中存在不少问题,因此,应当根据十八届四中全会《决定》的精神,完善统一刑罚执行体制,以利于不同刑罚执行之间协调一致、互相衔接,使其更好地发挥教育人、改造人的功能,保障罪犯的合法权益。

二、执行的意义

刑事诉讼由立案、侦查、起诉、审判和执行组成,执行是刑事诉讼的最终程序,与侦查、起诉、审判等程序是互相联系、不可分割的整体。前者是后者的前提和基础,后者是前者的结果和实际体现,只有前者而无后者,生效裁判将成为一纸空文,国家刑罚权则难以实现。因此,执行在整个刑事诉讼中占有举足轻重的地位,正确执行刑罚对实现刑事诉讼目的和完成刑事诉讼任务具有重要意义:

第一,正确执行生效判决和裁定,使犯罪分子受到应得的惩罚和教育,在执行中被改造成为弃恶从善、自食其力、不再危害社会并可以重返社会的新人,以体现惩罚与改造相结合、教育与劳动相结合的原则,起到对犯罪的特殊预防作用。

第二,正确执行生效裁判,能够有效地保护公民的合法权益。一方面将罪犯交付执行刑罚,使被害人的人身等权利得到保护;另一方面通过对财产刑及附带民事诉讼中民事赔偿裁判的执行,使被害人财产权益得到补偿。

第三,正确执行无罪、免除刑事处罚的裁判,使在押被告人及时获得释放,恢复人身自由,以维护社会主义法制,保障公民的人身权利和其他合法权益。

第四,正确执行生效裁判,有利于加强社会主义法制,以实际案例教育公民自觉遵守法律，积极同犯罪作斗争，同时震慑和警告那些正在实施犯罪、预备犯罪及社会不稳定分子，使之不敢以身试法，从而起到减少犯罪、预防犯罪的一般预防作用。

三、执行的依据和机关

（一）执行的依据

刑事执行的依据是发生法律效力的判决和裁定。根据我国《刑事诉讼法》第248条和《刑法》的相关规定，发生法律效力的判决和裁定包括下列几种：

（1）已过法定期限没有上诉、抗诉的判决和裁定；

（2）终审的判决和裁定；

（3）高级人民法院核准的死刑缓期二年执行的判决和裁定；

（4）最高人民法院的判决和核准的死刑和对具有特殊情况的案件在法定刑以外处刑、假释核准的裁判。

（二）执行的机关

按照各种刑罚的不同特点和各执行主体的不同职能，可以把执行的机关分为三种不同的类别，即交付执行机关、执行机关和执行的监督机关。

1. 交付执行机关

交付执行机关是指将生效裁判及罪犯依照法定程序交给有关机关执行刑罚的机关。《宪法》《刑事诉讼法》和《人民法院组织法》规定，人民法院是国家审判机关，亦是将生效裁判交付执行的机关。人民法院根据已生效裁判所确定的内容及其刑罚执行方式不同，交由不同的执行机关执行。根据我国《刑事诉讼法》和最高法《解释》的有关规定，发生法律效力的判决和裁定一般由原第一审人民法院交付执行。

2. 执行机关

执行机关是指将生效裁判所确定的刑罚付诸实施的机关。法律规定，执行机关除包括人民法院、监狱、未成年犯管教所、看守所等以外，还包括公安机关、社区矫正机构、罪犯所在单位及其居住地的基层组织等。

根据生效裁判的不同执行方式和执行机关的不同职权，这些执行机关所执行的刑罚种类分别是：人民法院负责对无罪、免予刑事处罚、罚金、没收财产和附带民事裁判以及死刑立即执行判决的执行；监狱和未成年犯管教所负责对无期徒刑和有期徒刑判决的执行，除此之外监狱还负责对死缓判决的执行；公安机关的看守所虽然不是刑罚执行机关，但是为了减少押解负担、节省资源，对于被判处有期徒刑余刑在3个月以下的罪犯可由其代为执行；公安机关负责对被判处剥夺政治权利、拘役等罪犯的执行。

我国《刑事诉讼法》第258条规定："对于被判处管制、宣告缓刑、假释或者暂予监外执行的罪犯，依法实行社区矫正，由社区矫正机构负责执行。"该规定表明,社区矫正机构负责的对象是被判处管制、宣告缓刑、裁定假释和决定或批准暂予监外执行的罪犯,对他们的监督、管理和教育矫正,依照 2012 年 1 月 10 日最高人民法院、最高人民检察院、公安部、司法部关于《社区矫正实施办法》执行。

社区矫正是指将符合法定条件的罪犯置于社区内,由专门机关在相关社团、民间组织及社会志愿者的协助下,在裁判或决定确定的期限内,矫正其犯罪心理和行为恶习,并促其顺利回归社会的非监禁刑罚的执行活动,也是与监禁刑罚相对应的执行方式。

社区矫正这一刑罚执行方式,是我国刑罚制度的重要组成部分,也是推进社会主义民主、创新社会管理、改善罪犯心理的一项重要内容。社区矫正对罪犯顺利回归并融入社会,促其改恶从善,加强家庭和睦与社会稳定、降低执行成本与提高执行效率等方面均有重要意义。

3. 执行的监督机关

人民检察院是国家法律监督机关,依法对刑事诉讼实行法律监督。执行是刑事诉讼的重要阶段,人民检察院当然也是刑事执行的监督机关。对此,我国《刑事诉讼法》在第四编"执行"中,有多项条款作了明确规定。例如,第 252 条规定,人民法院在交付执行死刑前,应当通知同级人民检察院派员临场监督;第 255 条、第 256 条、第 262 条、第 263 条规定了人民检察院对决定暂予监外执行、减刑、假释以及罪犯在服刑期间又犯罪的等情况实行监督;第 264 条规定,监狱和其他执行机关在执行中,如果认为判决有错误或者罪犯提出申诉的,应当转请人民检察院或者原判人民法院处理;第 265 条还规定,人民检察院对执行机关执行刑罚的活动是否合法实行监督。如果发现有违法的情况,应当通知执行机关纠正等。尤其是最高检《规则》在第八章以 28 个条文(从第 633 条至第 660 条)的篇幅对"刑事判决、裁定执行监督"作了具体规定。

第二节 各种判决、裁定的执行

一、死刑立即执行判决的执行

死刑是剥夺罪犯生命的刑罚,无论是作出判决或者执行死刑,都应当十分慎重。为了从诉讼程序上确保死刑的正确适用,防止错杀,我国《刑事诉讼法》和最高法《解释》及有关规定对死刑立即执行判决的执行程序,作了严格、周密的规定,其内容主要包括:

(一)执行死刑命令的签发

根据《刑事诉讼法》第 250 条的规定,最高人民法院判处和核准的死刑立即执行的判决,应当由最高人民法院院长签发执行死刑的命令。执行死刑命令应当按照统一格式填写,然后由院长签名,并加盖人民法院印章。

(二)执行死刑的机关及期限

最高人民法院的执行死刑命令,应当由高级人民法院交付第一审人民法院执行。第一审人民法院接到执行死刑命令后,应当在7日以内执行。被判处死缓的罪犯,在死刑缓期执行期间故意犯罪,最高人民法院核准执行死刑的,由罪犯服刑地的中级人民法院执行。

(三)死刑执行的监督

人民检察院收到同级人民法院执行死刑临场监督通知后,应当立即派员并做好如下监督工作:(1)查明同级人民法院是否收到最高人民法院核准死刑的判决或者裁定和执行死刑的命令。(2)检查执行死刑的场所、方法和执行死刑的活动是否合法。(3)执行死刑前发现有《刑事诉讼法》规定的"应当停止执行"或"暂停执行"的情形后,应当建议人民法院立即停止执行。(4)执行死刑过程中,根据需要可以进行拍照、录像;执行死刑后,检查罪犯是否确已死亡,并填写死刑临场监督笔录,签名后入卷归档。

(四)执行死刑的指挥人员及其工作

根据《刑事诉讼法》第252条第4款的规定,执行死刑由人民法院的审判人员负责指挥。首先,执行前对罪犯验明正身,核实罪犯姓名、别名、性别、年龄、职业、拘留、逮捕时间等,旨在进一步核实是否确系应当执行的罪犯,防止错杀;其次,讯问罪犯有无遗言、信札,并制作笔录,然后交执行人员执行死刑。

(五)死刑罪犯同近亲属会见

在执行死刑前,罪犯能否同近亲属会见,《刑事诉讼法》没有规定。但是,根据最高法《解释》第423条规定:"……应当告知罪犯有权会见其近亲属。罪犯申请会见并提供具体联系方式的,人民法院应当通知其近亲属。罪犯近亲属申请会见的,人民法院应当准许,并及时安排会见。"这一规定既体现了人道精神,又为罪犯向其家属交代后事提供了方便条件,同时,也符合对所有罪犯在交付执行前允许会见家属的法律规定。当然,在会见时,应当做好警戒等事宜,以防发生意外。

(六)执行死刑的方法和场所

《刑事诉讼法》第252条和最高法《解释》的规定,死刑采用枪决或者注射等方法执行。采用枪决、注射以外的其他方法执行死刑的,应当事先报请最高人民法院批准。死刑可以在刑场或者指定的羁押场所内执行。

采用枪决方法执行死刑,人民法院有条件执行的,交由司法警察执行;没有条件执行的,交由武装警察执行。采用注射方法执行死刑的,由法医进行。

当今世界各国对执行死刑的方法,有逐渐文明化、人道化的发展趋势。现代国家普遍废弃了车裂、砍头、火刑等残酷执行死刑的方法,大多数国家采用枪决、绞刑等方式,采用注射方法执行死刑的,目前只有美国和我国。采用注射方法,不仅具有方便、罪犯痛苦少、死亡迅速等优点，而且节省人力、物力和时间，同时还可以防止对罪犯游街示众等不良现象发生。目前，我国大多都采取注射方法执行死刑，至于采用枪决、注射等方法中的"等"字，一般应理解为，随着现代科技的发展，发现有比前两种方法更为人道和文明方法的，经报请最高人民法院批准，也可以采用。

（七）执行死刑应当公布，不应示众

公布执行死刑，可以震慑犯罪，鼓舞人民群众同犯罪作斗争，但是，张贴布告应当选择适当的场所，防止发生负面效应和不良影响。

对于在刑场执行死刑的罪犯，禁止游街示众以及一切有辱罪犯人格、有伤风化的情况发生。

（八）执行死刑后的处理

执行死刑完毕，由法医验明罪犯确实死亡后，在场书记员制作笔录。负责执行的人民法院应当将执行死刑情况（包括执行死刑前后照片）在15日内逐级上报最高人民法院。

执行死刑后，通知罪犯家属，对罪犯遗物、遗款等应当查点清楚，并列出清单，交其家属领取，并将收条交付执行的人民法院附卷。除此之外，负责执行的人民法院还应当办理以下事项：

（1）对于死刑罪犯的遗书、遗言笔录，应当及时进行审查，涉及财产继承、债务清偿、家事嘱托等内容的，将遗书、遗言笔录交给其家属，同时复制存卷备查，涉及案件线索等问题的，应当抄送有关机关。

（2）通知罪犯家属在限期内领取罪犯骨灰；没有火化条件或者因民族、宗教等原因不宜火化的，通知领取尸体；过期不领取的，由人民法院通知有关单位处理，并要求有关单位出具处理情况的说明；对罪犯骨灰或者尸体的处理情况，应当记录在案。

（3）对外国籍罪犯执行死刑后，通知外国驻华使、领馆的程序和时限，依照有关规定办理。

二、死刑的停止执行

（一）停止执行的条件

为了防止错杀，我国《刑事诉讼法》对已经发生法律效力的死刑判决、裁定在执行程序中规定了"停止执行"和"暂停执行"的内容，即停止执行的条件。这充分体现了我国对适用死刑特别慎重。

对于"停止执行"，我国《刑事诉讼法》第251条第1款规定："下级人民法院接到最高人民法院执行死刑的命令后，应当在7日以内交付执行。但是发现有下列情形之一的，应当停止执行，并且立即报告最高人民法院，由最高人民法院作出裁定：（一）在执行前发现判决可能有错误的；（二）在执行前罪犯揭发重大犯罪事实或者有其他重大立功表现,可能需要改判的;(三)罪犯正在怀孕。"该条第2款还规定"前第一项、第二项停止执行的原因消失后,必须报请最高人民法院院长再签发执行死刑的命令才能执行;由于第三项原因停止执行的,应报请最高人民法院改判"。

对于"暂停执行",我国《刑事诉讼法》第252条第4款规定:"指挥执行的审判人员,对罪犯应当验明正身,讯问有无遗言、信札,然后交付执行人员执行死刑。在执行前,如果发现可能有错误,应当暂停执行,报请最高人民法院裁定。"

上述两条规定中"停止执行"和"暂停执行",都是附条件的停止执行。对于前者,法律规定了三种情形;对于后者,法律只作了原则规定,即"可能有错误"。所以,最高法《解释》第418条第1款对此作了具体规定:"……(一)罪犯可能有其他犯罪的;(二)共同犯罪的其他犯罪嫌疑人到案,可能影响罪犯量刑的;(三)共同犯罪的其他罪犯被暂停或者停止执行死刑,可能影响罪犯量刑的;(四)罪犯揭发重大犯罪事实或者有其他重大立功表现,可能需要改判的;(五)罪犯怀孕的;(六)判决、裁定可能有影响定罪量刑的其他错误的。"此外,根据《刑法》规定,还应当包括发现罪犯属于犯罪时未满18周岁或者审判时已满75周岁(特别残忍手段致人死亡的除外)的人。

《刑事诉讼法》第251条规定的停止执行的条件之一,"在执行前罪犯揭发重大犯罪事实或者有其他重大立功表现可能需要改判的",是指罪犯在被处决前良心未泯,幡然醒悟,或由于求生欲望激发其揭发重大犯罪事实或实施重大立功行为等。对此,法律予以支持,司法机关应予鼓励,只要经查证属实,都应当改判。这些行为,不仅利国、利民,而且说明其主观恶性未达到非杀不可的程度,实属可杀可不杀的不杀。

应当指出,虽然"停止执行"和"暂停执行"都是停止对死刑命令的执行,但是,两者之间还有多方面的区别,主要表现在:(1)停止执行的原因不完全相同。前者停止的原因有三种法定情形,只要有证据证明具备其中之一的,则应当停止执行;后者停止的原因则刑诉法只规定"可能有错误"(对此,最高法《解释》第418条作了6种情形的具体解释)。(2)停止执行的时间和场合不同。前者是在接到执行死刑命令后7日内在羁押场所发现的;后者则是在交付执行后、实施执行前、在刑场或羁押场所(注射方法)发现的。(3)决定停止执行的主体不同。有权决定"停止执行"的是原审人民法院;有权决定"暂停执行"的是临场指挥执行的审判人员(临场监督的检察人员有权建议人民法院立即停止执行)。

(二)停止执行的程序

为确保死刑案件停止执行死刑程序依法进行,根据最高人民法院的相关规定,停止执行的程序是:

(1)下级人民法院在接到最高人民法院执行死刑命令后、执行前,发现该案具有"可能有错误"的法定情形的,应当暂停执行死刑,并立即将请求停止执行死刑的报告及相关材料层报最高人民法院审批。如果是最高人民法院在执行死刑命令签发后、执行前，发现有上述情形的，应当立即裁定下级人民法院停止执行死刑，并将有关材料移交下级人民法院。

（2）下级人民法院接到最高人民法院裁定停止执行死刑后，应当立即会同有关部门调查核实停止执行死刑的事由，并及时将调查结果和意见层报最高人民法院审核。

（3）最高人民法院经审查，认为不影响罪犯定罪量刑的，应当裁定下级人民法院继续执行死刑；认为可能影响定罪量刑的，应当裁定下级人民法院停止执行死刑。

最高人民法院对下级人民法院报送请求停止执行死刑的调查结果和相关材料，由作出核准死刑裁判的原合议庭负责审查，必要时，依法另行组成合议庭进行审查。

（4）最高人民法院对于依法已停止执行死刑的案件，应当依照下列情形分别作出处理：

第一，确认罪犯正在怀孕或属犯罪时未满18周岁的及审判时已满75周岁（特别残忍手段致人死亡的除外）的，应当依法改判；

第二，确认罪犯有其他犯罪，依法应当追诉的，应当裁定不予核准死刑，撤销原判，发回重新审判；

第三，确认原判决、裁定有错误或者罪犯有重大立功表现，需要改判的，应当裁定不予核准死刑，撤销原判，发回重新审判；

第四，确认原判决、裁定没有错误，罪犯没有重大立功表现，或者重大立功表现不影响原判决、裁定执行的，应当裁定继续执行死刑，并由院长重新签发执行死刑的命令。

三、死刑缓期二年执行、无期徒刑、有期徒刑和拘役判决的执行

根据我国《刑事诉讼法》第253条第1款和《监狱法》及最高法《解释》的有关规定，罪犯被交付执行刑罚的时间，应当由第一审人民法院在判决生效后10日以内将有关的法律文书送达公安机关、监狱或者其他执行机关。对于一案有几名罪犯的，交付执行的人民法院应当按照他们的人数送达法律文书。这些法律文书包括：(1) 人民检察院起诉书副本、自诉状复印件；(2) 人民法院的判决书、裁定书；(3) 人民法院的执行通知书；(4) 人民法院的结案登记表。以上四种法律文书必须同时具备，缺一不可。送达这些法律文书，有利于执行机关了解罪犯的犯罪性质、诉讼过程、罪犯的认罪态度等，以便有针对性地对其进行卓有成效的教育和改造，充分发挥刑罚执行的作用。

交付执行的期限。我国《刑事诉讼法》明确规定"在判决生效后10日以内"。此规定体现了交付期限的及时性和有效性。这样既可以使判决所确定的内容尽快得以实施;又可以减轻羁押场所的压力;同时也有利于罪犯早日安下心来老实服刑、接受改造;对于那些适用非监禁刑的罪犯,可以早日到社区报到,回归社会接受矫正。

交付执行的场所。根据我国《刑事诉讼法》第253条第2款、第3款规定,对于被判处死刑缓期二年执行、无期徒刑、有期徒刑的罪犯,由公安机关依法将该罪犯送交监狱执行刑罚;对于被判处有期徒刑的罪犯,在被交付执行刑罚前,剩余刑期在3个月以下的,由看守所代为执行;对于被判处拘役的罪犯,由公安机关执行;对未成年犯应当在未成年犯管教所执行刑罚。对那些不需要在有关监所关押执行的罪犯,将判决、裁定、决定文书送交社区矫正机构执行。这些不同的执行场所和方式,是根据刑罚的不同种类、刑期长短以及罪犯的不同情况而定的。实践证明,这些规定是科学的、正确的。

法律规定交付执行前余刑在3个月以下的,由看守所代为执行,旨在减少手续、节省时间和利于改造。因为,对这些罪犯,监狱收押后,往往改造工作刚刚开始,刑期已满,不利于对罪犯的教育和改造;同时这些人一般犯罪情节较轻,社会危害性不大,由看守所代为执行更为方便。当然,在看守所执行,应当同未决犯罪嫌疑人、被告人分别关押,区别对待。

法律规定对于已满14周岁不满18周岁的未成年犯,应当在未成年犯管教所执行刑罚。法律将未成年犯与成年犯区别对待,主要是基于以下原因:(1) 未成年犯管教所比监狱在监管上相对宽松,更能适应未成年犯在生理上、心理上的承受能力;(2) 将未成年罪犯与成年罪犯实行分押分管,可以防止成年罪犯对未成年犯进行传授、教唆活动,造成不良后果;(3) 将未成年犯集中在特定场所执行,便于对他们进行有针对性的教育改造,能够更好地进行文化知识、生产技能教育;(4) 对未成年犯在"管教所"执行,可以避免给他们造成监狱烙印和心理伤害等。实践证明,这种做法效果良好。

对于需要收押执行刑罚,而判决、裁定生效前未被羁押的,根据最高法《解释》第429条和第430条的规定,人民法院应当根据生效的判决书、裁定书将罪犯送交看守所羁押,并依法办理执行手续。

同案审理的案件中,部分被告人被判处死刑,对未被判处死刑的同案被告人需要羁押执行刑罚的,应当在其判决、裁定生效后10日内交付执行。但是,该同案被告人参与实施有关死刑之罪的,应当在最高人民法院复核讯问被判处死刑的被告人后交付执行。

执行机关收押罪犯,应当对罪犯进行身体检查,对于不适合在监狱或其他执行场所执行的,可以暂不收监,但是如果对其暂予监外执行有社会危害性的,应当收监。对罪犯收监时,应当严格检查其人身和所携带的物品,属非生活必需品的,由执行机关代为保管或者征得罪犯同意后退回其家属,对违禁品一律予以没收。

执行机关对罪犯收押后,应当将罪犯罪名、刑期、执行地址等自收监之日起5日以内通知罪犯家属。对于罪犯在服刑中死亡、调动、脱逃满2个月未捕回或捕回后有变动的,执行机关应当书面报告交付执行的人民法院及对其实行监督的人民检察院。

被判处有期徒刑、拘役罪犯的刑期,从判决执行之日起计算,判决前被拘留和逮捕的,羁押1日折抵刑期1日;被指定居所监视居住的,2日折抵刑期1日。服刑期满,执行机关立即释放并发给释放证明。对被判处死缓罪犯的减刑,必须在2年期满后及时进行,执行机关不得任意拖延或者提前;但是,罪犯在缓刑期间故意犯罪并经查证属实后由最高人民法院核准死刑的,即可执行死刑,不受2年期限的限制。如果罪犯在2年期满被减为无期徒刑或者有期徒刑后故意犯罪的,不能执行死刑,只能依法对所犯新罪作出判决,把前罪没有执行的刑罚和后罪所判处的刑罚,依照数罪并罚原则,决定应执行的刑罚。

四、有期徒刑缓刑、拘役缓刑的执行

缓刑是指对具备法定条件、被判处3年以下有期徒刑、拘役刑罚的罪犯,在一定期间内暂缓执行刑罚,若其在暂缓执行期间未犯新罪,则原判刑罚不再执行的一种制度。缓刑不是一项独立的刑种,而是刑罚运用的一种特殊执行方式。

根据我国《刑法》第72条的规定,缓刑包括拘役缓刑和有期徒刑缓刑。

第一审人民法院判处拘役或者有期徒刑宣告缓刑的,判决尚未生效不能将被告人交付执行,但是,如果被宣告缓刑人在押,第一审人民法院应当先行变更强制措施为取保候审或监视居住,并通知公安机关。对于被判处有期徒刑、拘役宣告缓刑的罪犯,在宣告缓刑时,应当同时宣告缓刑考验期。根据《刑法》第73条的规定,拘役的缓刑考验期限为原判刑期以上1年以下,但是不能少于2个月。有期徒刑的缓刑考验期限为原判刑期以上5年以下,但是不能少于1年。缓刑考验期限,从判决确定之日起计算。

宣告缓刑时,应当书面告知罪犯到居住地县级司法行政机关报到的期限和不按期报到的后果。判决、裁定生效后10日内,应当将判决书、裁定书、执行通知书等法律文书送达罪犯居住地的县级司法行政机关,同时抄送罪犯居住地的县级人民检察院。

被宣告缓刑的罪犯,应当遵守下列规定:(1)遵守法律、行政法规,服从监督;(2)按照考察机关的规定报告自己的活动情况;(3)遵守考察机关关于会客的规定;(4)离开所居住的市、县或者迁居,应当报告考察机关批准;(5)不得在缓刑考验期限内从事特定活动,进入特定区域、场所、接触特定的人。被宣告缓刑的罪犯,没有附加剥夺政治权利的,缓刑期间不应限制其政治权利,参加劳动的,实行同工同酬。罪犯如果在考验期内没有违反上述规定的,缓刑考验期满,原判刑罚不再执行,并向群众公开宣告;如果罪犯在考验期内犯新罪或者发现判决宣告以前还有其他没有判决的罪行,应当撤销缓刑,对新罪或漏罪作出判决,然后把前罪和后罪所处的刑罚,依照数罪并罚原则,决定执行的刑罚,收监执行。

被宣告缓刑的罪犯,在缓刑考验期内违反法律、行政法规以及有关缓刑监督管理规定,如《社区矫正实施办法》等,情节严重的,应当撤销缓刑,执行原判刑罚。已执行的缓刑考验期不能折抵刑期,但判决执行前先行羁押日期,应予折抵。

我国对缓刑的适用和执行,与世界各国的情况大体相同。由于缓刑比较符合人们所推崇的教育刑、经济刑和缓和刑等文明刑罚的精神,所以,缓刑大有被广泛适用的趋势,这也是刑罚执行中的新课题。

五、管制、剥夺政治权利判决的执行

管制是指对轻微犯罪人不予关押,在社区矫正机构的管理和监督下实行矫正的一种刑罚。管制是独立的刑种,为我国所独创。这种刑种的适用,对于减少监狱压力,促使罪犯自食其力,防止其在监内交叉感染等方面均有重要意义。

第一审人民法院判决被告人管制,宣判时如果被告人在押的,应当通知公安机关变更强制措施,待判决生效后,将有关的法律文书送达社区矫正机构执行。

数罪中有判处有期徒刑和管制,或者拘役和管制的,有期徒刑、拘役执行完毕后,管制仍须执行。

管制的期限为3个月以上2年以下。管制在执行期间,罪犯应遵守下列规定:(1)遵守法律、行政法规,服从监督;(2)未经执行机关批准,不得行使言论、出版、集会、结社、游行、示威自由的权利;(3)按执行机关规定报告活动情况;(4)遵守关于会客的规定;(5)离开所居住的市、县或迁居,应经批准。此外,不得从事特定活动,进入特定区域、场所和接触特定的人,违者,由公安机关依照《治安管理处罚法》处罚。罪犯在被管制期间,有权参加劳动并得到同工同酬待遇。

执行和解除管制,应当向公众宣布。管制期满,执行机关应当及时解除,附加剥夺政治权利的,应同时宣布恢复其政治权利。管制的刑期,从判决执行之日起计算;判决执行以前先行羁押的,羁押一日折抵刑期二日,判决执行前被指定居所监视居住的,一日折抵刑期一日。

剥夺政治权利是我国《刑法》规定的一种附加刑,也可以单独适用。对单处剥夺政治权利的罪犯,人民法院应当在判决、裁定生效后10日内,将判决书、裁定书、执行通知书等法律文书送达罪犯居住地的县级公安机关,并抄送罪犯居住地的县级人民检察院。但是,无论是单处还是附加刑剥夺政治权利的,都应当根据我国《刑法》第54条的规定,对罪犯剥夺政治权利,主要是指剥夺其选举权和被选举权;言论、出版、集会、结社、游行、示威自由权;担任国家机关职务权;担任

国有公司、企事业单位和人民团体领导职务等权利。在执行期间,罪犯应当遵守法律、行政法规和社区矫正以及公安部门有关监督管理的规定,服从监督。

剥夺政治权利的刑期,从徒刑、拘役执行完毕之日或者从假释之日起计算,其效力当然适用于主刑执行期间。剥夺政治权利由公安机关执行,执行期满,应当由执行机关通知本人,并向有关群众公开宣布恢复罪犯的政治权利。

六、罚金、没收财产判决的执行

财产刑包括判处罚金、没收财产和附带民事诉讼中的财产部分等。

罚金是指人民法院依法判决犯罪公民或犯罪单位向国家缴纳一定数额金钱的刑罚方法。根据法律规定,罚金判决由第一审人民法院负责裁判执行的机构执行。被判处罚金的罪犯或犯罪单位,在判决确定的期限内一次或者分期缴纳。期满不缴纳的或者未足额缴纳的,人民法院应当强制缴纳。对于不能全部缴纳的,人民法院在任何时候,包括在判处的主刑执行完毕后,发现被执行人有可以执行的财产的,应当随时追缴。如果由于遭遇不能抗拒的灾祸等原因缴纳罚金确有困难的,罪犯可以向人民法院申请减少或者免除,人民法院经查证属实后,可以酌情裁定对原判决确定的罚金数额予以减少或者免除。

对于罚金刑的执行程序依照最高法《刑事财产执行规定》。对于罪犯缴纳的罚金,应当按照规定及时上缴国库,任何机关、单位和个人都不得挪用或者私分。

没收财产是指将罪犯个人所有财产的一部或全部依法无偿地收归国有的一种刑罚。根据我国《刑事诉讼法》第261条的规定,没收财产的判决,无论附加适用还是独立适用,都由人民法院执行;在必要的时候,可以会同公安机关执行。为了防止没收财产判决在执行前罪犯或其他人转移财产影响执行,第一审人民法院可以先行查封、扣押和冻结被告人财产。没收财产的范围,只限于罪犯个人所有财产的一部或全部。没收全部财产的,应对罪犯个人及其抚养的家属保留必要的费用,不得没收属于其家属所有或者应得的财产。对于没收财产以前罪犯所负的正当债务,需要以没收的财产偿还的,经债权人请求,应当偿还。没收财产的具体程序,依照最高法《刑事财产执行规定》执行。对于没收的财产,人民法院应当按照有关规定及时上缴国库或财政部门,任何机关、单位和个人都不得私用、调换及压价拍卖或变相私分。

对附带民事诉讼中财产部分的执行,应当依照我国《民事诉讼法》和最高人民法院有关规定执行。

对判处财产刑的罪犯或者附带民事诉讼裁判中有执行财产内容的被告人,在本地无财产可供执行的,原审人民法院可以委托财产所在地的人民法院代为执行。代为执行的人民法院执行后或者无法执行的,应当将情况及时通知委托的人民法院。代为执行的人民法院可以将执行财产刑的财产直接上缴国库;需要退赔的财产,应当由执行的人民法院移交委托的人民法院依法退赔。

根据最高法《解释》第440条至第444条和最高法《刑事财产执行规定》的规定,还应当明确如下五点:

(1) 执行财产刑和附带民事裁判过程中,案外人对被执行财产提出权属异议的,人民法院应当参照民事诉讼法有关执行异议的规定进行审查并作出处理。

(2) 被判处财产刑,同时又承担附带民事赔偿责任的被执行人,应当先履行民事赔偿责任。

(3) 执行财产刑过程中,具有下列情形之一的,人民法院应当裁定中止执行:执行标的物系人民法院或者仲裁机构正在审理案件的争议标的物,需等待该案件审理完毕确定权属的;案外人对执行标的物提出异议的;应当中止执行的其他情形。中止执行的原因消除后,应当恢复执行。

(4) 执行财产刑过程中,具有下列情形之一的,人民法院应当裁定终结执行:据以执行的判决、裁定被撤销的;被执行人死亡或者被执行死刑,且无财产可供执行的;被判处罚金的单位终止,且无财产可供执行的;依照《刑法》第53条规定免除罚金的;应当终结执行的其他情形。裁定终结执行后,发现被执行人的财产有被隐匿、转移等情形的,应当追缴。

(5) 财产刑全部或者部分被撤销的,已经执行的财产应当全部或者部分返还被执行人;无法返还的,应当依法赔偿。

七、无罪判决和免除刑罚判决的执行

无罪判决是指人民法院依法确认被告人的行为不构成犯罪或者依法不追究和不能追究其刑事责任的一种决定。它包括被告人行为不构成犯罪、具有法定不应追究刑事责任的和证据不足、指控的犯罪不能成立的无罪判决。免除刑事处罚判决是指人民法院依法作出的确认被告人有罪但因具有法定免除刑罚情形而免予刑事处罚的决定。

我国《刑事诉讼法》第249条规定:"第一审人民法院判决被告人无罪、免除刑事处罚的,如果被告人在押,在宣判后应当立即释放。"该规定表明,如果人民法院作出无罪和免除刑罚判决,在其未发生法律效力以前,就应当立即释放已被羁押的被告人,即使在判决宣告后当事人提出上诉或者人民检察院提出抗诉,人民法院也应当将判决书立即送达公安机关,由公安机关通知看守所填写《释放证明》并立即发给被告人,决不能对其继续关押。

法律这样规定,是对无罪和免除刑事处罚判决的特殊处理方法,其目的在于,使无罪公民及时恢复人身自由,恢复公民名誉和人格尊严,确实保障无罪公民的人权;使虽然有罪但应当免除刑事处罚的人避免继续遭受被剥夺人身自由之苦,及时得到法律保护。但是,立即释放在押被告人,究其性质,并非属于刑事执行。因为,它不符合我国《刑事诉讼法》第248条关于"判决和裁定在发生法律效力后执行"的规定;同时,如果第二审人民法院根据上诉或抗诉对案件进行开庭审理,还需被告人出庭受审,我国不实行缺席审判;经审理甚至可能作出改判,如改判为拘役、有期徒刑的,还可以将原审被告人予以收监执行。因此,一审宣告无罪、免刑判决后立即释放在押被告人,是刑事诉讼法一项特殊规定,而不是对未生效裁判的执行。据此,我们认为,我国《刑事诉讼法》将该条规定的内容规定在第一审程序或者强制措施的变更之中更为适宜。对上述规定,究其效力,将被宣判无罪、免刑的在押被告人"立即释放",具有撤销原逮捕决定的作用,而对原采用取保候审或监视居住措施的,不具有撤销效力。因此,司法实践中,为了保障第二审程序顺利进行,第一审人民法院对在押被告人通知公安机关立即释放以后,往往同时又让被告人或其家属填写取保候审保证书,变更强制措施。这些做法,并不违背法律规定,待第一审人民法院的判决生效或者第二审人民法院作出维持原判终审裁定后,对原审被告人适用的取保候审或者监视居住措施,同时予以撤销。

第三节 执行的变更与其他处理

执行的变更是指人民法院、监狱及其他执行机关对生效裁判在交付执行或执行过程中出现法定需要改变刑罚种类或执行方法的情形后,依照法定程序予以改变的活动。

刑事执行的变更,与按照审判监督程序对案件进行改判虽有相似之处,但是,二者在性质上截然不同。执行的变更,是根据罪犯在服刑中出现了新的法定情形所进行的减刑、假释、暂予监外执行等,与原判是否正确无关;而依照审判监督程序对案件进行改判的前提,是原裁判确有错误,所以,不得将二者相混淆。

一、死刑缓期二年执行的变更

死刑缓期二年执行是我国刑罚中死刑的一种特殊执行方法,是对罪该判处死刑但具有不必立即执行的法定条件而在判处死刑的同时宣告缓期二年执行,实行监督改造以观后效的制度。死刑缓期二年执行必然产生减刑或者执行死刑两种结果中的一种,无论出现哪一种结果,都涉及执行的变更。

根据我国《刑事诉讼法》第250条第2款的规定:"被判处死刑缓期二年执行的罪犯,在死刑缓期执行期间,如果没有故意犯罪,死刑缓期执行期满,应当予以减刑,由执行机关提出书面意见,报请高级人民法院裁定;如果故意犯罪,查证属实,应当执行死刑,由高级人民法院报请最高人民法院核准。"该规定明确了死缓判决交付执行后对罪犯减刑或执行死刑的条件和程序。

就条件而言,被判处死缓的罪犯在缓期执行期间,有无故意犯罪,是对其予以减刑或者执行死刑的唯一条件。根据我国《刑法》第50条规定:"判处死刑缓期执行的,在死刑缓期执行期间,如果没有故意犯罪,二年期满后,减为无期徒刑;如果确有重大立功表现,二年期满后,减为25年有期徒刑;如果故意犯罪,情节恶劣的,报请最高人民法院核准后执行死刑;对于故意犯罪未执行死刑的,死刑缓期执行的期间重新计算,并报最高人民法院备案。对判处死刑缓期执行的累犯及因故意杀人、强奸、抢劫、绑架、放火、爆炸、投放危险物质或者有组织的暴力性犯罪被判处死刑缓期执行的犯罪分子,人民法院根据犯罪情节等情况可以同时决定对其限制减刑。"又根据《刑法》第78条第2款第3项的规定:"对上述犯罪分子缓期执行期满后依法减为无期徒刑的,不能少于25年,缓期执行期满后依法减为25年有期徒刑的,不少于20年。"

对死缓罪犯报请减刑的程序,法律规定,罪犯在死刑缓期执行期间没有故意犯罪,2年期满,由执行机关提出减刑书面建议,报经省、自治区、直辖市司法厅(局)监狱管理部门审核后,将减刑建议书提交当地高级人民法院依法裁定。减刑裁定书应当发给罪犯及交付执行机关,并将副本送达原审人民法院和对执行机关实行监督的人民检察院。

变更执行的期限,死刑缓期执行的考验期限,自判决或者裁定核准死刑缓期执行的法律文书宣告或者送达之日起计算,判决前羁押的日期,不能折抵考验期,因此,减刑必须待2年考验期满以后进行。死刑缓期执行期满,依法应当减刑的,人民法院应当及时减刑。死刑缓期执行期满减为无期徒刑、有期徒刑的,刑期自死刑缓期执行期满之日起计算。人民法院收到执行机关的减刑建议书之日起1个月内审理裁定,案情复杂或有特殊情况的,可以延长1个月。但是,如果罪犯故意犯罪,可在考验期内的任何时间进行追究,只要经查证属实,经依法核准的,都应当执行死刑。如果罪犯在缓期二年执行期满后尚未裁定减刑前故意犯罪的,则不应当被视为缓刑期间犯罪。对这种情况,应当按新罪依法另行起诉,经人民法院审理,依照我国《刑法》第69条的规定,数罪并罚决定执行的刑罚。新罪应判死刑的,才能依照法定程序执行死刑。

对死缓罪犯需要执行死刑的程序,法律规定,罪犯在死刑缓期执行期间故意犯罪的,由罪犯服刑的监狱进行侦查,侦查终结后移送罪犯服刑地的省、州、市人民检察院审查起诉并向服刑地的中级人民法院提起公诉,人民法院经审理所作的判决,可以上诉、抗诉;待裁判生效后,应当执行死刑的,由高级人民法院报请最高人民法院核准。最高人民法院核准死刑后,由院长签发执行死刑命令,交罪犯服刑地的中级人民法院依照法定程序和方式执行死刑。

二、暂予监外执行

暂予监外执行是指对被判处有期徒刑、拘役以及无期徒刑的女性罪犯因具备或出现某种法定特殊情形不宜在监内执行的,暂时将其放在监外交由社区矫正机构执行的一种变通方法。

(一) 暂予监外执行的适用对象及条件

1. 暂予监外执行的适用对象

根据我国《刑事诉讼法》第254条和两院三部委《暂予监外执行规定》第5条的规定,对被判处有期徒刑、拘役或者已经减为有期徒刑的罪犯,以及对被判处无期徒刑的部分女犯,具备法定情形之一的,可以暂予监外执行。

2. 暂予监外执行的适用条件

根据《刑事诉讼法》第254条和两院三部委《暂予监外执行规定》第5条至第9条的规定,对上述属于法定对象的罪犯,适用暂予监外执行的条件是:

(1) 患有严重疾病需要保外就医的。它是指罪犯患有属于两院三部委《暂予监外执行规定》所附《保外就医严重疾病范围》的严重疾病,不宜在监狱或其他执行机关监内执行的。

(2) 怀孕或者正在哺乳自己婴儿的妇女。哺乳婴儿一般自分娩之日起,到婴儿一周岁以前。只要该罪犯不致危害社会,原则上都可以对其决定暂予监外执行。对于被判处无期徒刑的罪犯如果是怀孕或者正在哺乳自己婴儿的妇女,也可以暂予监外执行,以体现法律对胎儿、婴儿的保护。

(3) 生活不能自理,适用暂予监外执行不致危害社会的。它是指罪犯由于老、弱、病、残等原因需要他人照顾才能生活的。对这些罪犯决定暂予监外执行,体现了人道主义精神,既有利于罪犯矫正,也不致给执行机关带来麻烦。

只要具备以上三种情形之一的,对罪犯就可以决定暂予监外执行。

但是,为了正确适用法律和防止危害社会的情形发生,以及更好地保障罪犯的各项权益,两院三部委《暂予监外执行规定》第6条、第7条对此作了具体规定:对需要保外就医或者属于生活不能自理,但适用暂予监外执行可能有社会危险性,或者自伤自残,或者不配合治疗的罪犯,不得暂予监外执行;对于职务犯罪、破坏金额管理秩序和金融诈骗犯罪、组织(领导、参加、包庇、纵容)黑社会性质组织犯罪的罪犯适用保外就医应从严审批;对患有高血压、糖尿病、心脏病等严重疾病,但经诊断短期内没有生命危险的不得暂予监外执行;对在暂予监外执行期间因违法违规被收监执行或者因重新犯罪被判刑的罪犯,需要再次适用暂予监外执行的,应当从严审批;对于需要保外就医或者生活不能自理的累犯以及故意杀人、强奸、抢劫、绑架、放火、爆炸、投放危险物质或者有组织的暴力性犯罪的罪犯,原被判处死刑缓期二年执行或者无期徒刑的,应当在减为有期徒刑后执行有期徒刑7年以上方可适用暂予监外执行;原判处10年以上有期徒刑的,应当执行原判刑期1/3以上方可适用暂予监外执行。但是,对未成年罪犯、65岁以上的罪犯、残疾人罪犯适用上述规定可以适度从宽;对于患有严重疾病短期内有生命危险的罪犯可以不受上述执行刑期的限制。

对在监狱、看守所服刑的罪犯需要暂予监外执行的,由该机关组织对其进行病情诊断、妊娠检查、生活自理的鉴别,其具体程序依照两院三部委《暂予监外执行规定》第8条、第9条的规定执行。

（二）暂予监外执行决定、批准的机关及其程序

1. 决定或批准暂予监外执行的机关

我国《刑事诉讼法》第254条第5款规定："在交付执行前，暂予监外执行由交付执行的人民法院决定；在交付执行后，暂予监外执行由监狱或者看守所提出书面意见，报省级以上监狱管理机关或者设区的市一级以上公安机关批准。"该规定表明，暂予监外执行决定的作出有两种情况：一种是在交付执行前，罪犯具有上述法定条件的，由人民法院在宣告判决的同时，作出暂予监外执行决定；另一种是在交付执行后，监狱或看守所对服刑罪犯出现上述情况的，依照法定程序报请批准后对其暂予监外执行。因此，有权作出暂予监外执行决定或批准的是人民法院、省级以上监狱管理机关和市级以上公安机关。但是，对于职务犯罪罪犯适用暂予监外执行，还应当依照有关规定逐案报请备案审查。①

2. 暂予监外执行的程序

执行的程序。根据两院三部委《暂予监外执行规定》的有关规定，在交付执行前"被告人可能被判处徒刑而符合暂予监外执行条件的，被告人及其辩护人有权提起暂予监外执行的申请，看守所可以将有关情况通报人民法院。人民法院应当进行审查，并在交付执行前作出是否暂予监外执行的决定"。决定对罪犯暂予监外执行的，由人民法院制作暂予监外执行决定书，载明罪犯基本情况、判决确定的罪名和所判刑罚、决定暂予监外执行的原因、依据等，送达看守所或者执行取保候审、监视居住的公安机关和罪犯居住地的社区矫正机构，并抄送同级人民检察院；对于罪犯在服刑过程中发现需要暂予监外执行的，执行机关应当提出书面意见，报省、自治区、直辖市的监狱管理机关或者设区的市一级以上公安机关批准。批准的，由执行机关派员持相关文书与社区矫正机构办理交接手续，并通报人民检察院。在看守所、拘役所服刑的罪犯，出现暂予监外执行情形的，依上述规定办理。

社区矫正机构收到暂予监外执行的罪犯后，应当立即掌握他们的身体状况以及疾病治疗等情况，并及时向相关单位反馈。

人民检察院认为对罪犯暂予监外执行不当的，应当自接到通知之日起1个月内经检察长批准，向决定或者批准暂予监外执行的机关提出书面纠正意见。该机关接到人民检察院书面意见后，应当立即对决定进行重新核查。

对于暂予监外执行罪犯的监督管理、教育帮助和届满解除以及罪犯死亡发生等，具体程序应依照《社区矫正实施办法》的相关规定执行。

对暂予监外执行罪犯的收监处理，根据《刑事诉讼法》第257条的规定，对

---

① 最高人民检察院《关于对职务犯罪罪犯减刑、假释、暂予监外执行案件实行备案审查的规定》（2014年6月23日印发）。

此,最高法《解释》第433条至第435条作了具体解释:(1)不符合暂予监外执行条件的;(2)未经批准离开所居住的市、县,经警告拒不改正,或者拒不报告行踪,脱离监管的;(3)因违反监督管理规定受到治安管理处罚,仍不改正的;(4)受到执行机关两次警告,仍不改正的;(5)保外就医期间不按规定提交病情复查情况,经警告拒不改正的;(6)暂予监外执行的情形消失后,刑期未满的;(7)保证人丧失保证条件或者因不履行义务被取消保证人资格,不能在规定期限内提出新的保证人的;(8)违反法律、行政法规和监督管理规定,情节严重的其他情形。

对于人民法院决定暂予监外执行的罪犯应当收监的,由人民法院作出决定,收监执行决定书一经作出,立即生效,并将决定书及有关的法律文书送达公安机关、监狱及罪犯居住地的司法行政机关,同时抄送人民检察院。

对于不符合暂予监外执行条件的罪犯通过贿赂等非法手段被暂予监外执行的,在监外执行的期间不计入执行刑期。罪犯在监外执行期间脱逃的,脱逃的期间不计入执行刑期。

对被暂予监外执行罪犯的收监处理,是对监外执行方式的终止,使其失去了更多的人身自由的机会;对其监外执行或脱逃的期间不计入执行刑期,实则是一种惩罚。

三、减刑和假释

减刑和假释是我国刑罚执行中的重要制度,充分体现了惩罚与教育改造相结合和"给出路"的刑事政策。正确适用减刑和假释,对于鼓励犯罪分子积极改造、悔罪自新、稳定监所秩序、实现刑罚目的都有重要意义。

(一) 减刑

减刑是指被判处管制、拘役、有期徒刑或者无期徒刑的罪犯在执行期间认真遵守监规,接受教育改造,确有悔改或立功表现的,可以依法减轻其刑罚的一种制度。减刑既可以减少原判刑期,也可以将原判较重的刑种改为较轻的刑种。但是,减刑以后实际执行的刑期,判处管制、拘役及有期徒刑的,不得少于原判刑期的1/2;判处无期徒刑的,不能少于13年。无期徒刑减为有期徒刑后的刑期,从裁定减刑之日起计算,已执行的刑期,不计入减刑后的刑期之内,而其他刑罚的刑期,原判刑期已执行部分,则应计入减刑后的刑期。死缓减为无期徒刑或有期徒刑,也是一种广义上的减刑,但是,它是一种特殊形式的减刑,与其他刑罚的减刑,在适用对象、减刑条件及适用时间的限制等方面均有不同(此内容在本章第三节第一部分"死刑缓期二年执行的变更"已述)。

我国《刑事诉讼法》第262条第2款规定:"被判处管制、拘役、有期徒刑或者无期徒刑的罪犯,在执行期间确有悔改或者立功表现,应当依法予以减刑、假释的时候,由执行机关提出建议书,报请人民法院审核裁定,并将建议书副本抄送人民检察院。人民检察院可以向人民法院提出书面意见。"这一规定,不仅明确了适用减刑、假释的条件,也明确了提出建议、审核和监督的机关,及案件的管辖等。

1. 减刑的条件

减刑的条件有二,即罪犯在服刑期间有悔改表现或者立功表现,只要具备其中之一的,即具备了减刑条件。

"确有悔改表现"是指同时具备以下四个方面情形:认罪悔罪;认真遵守法律法规及监规,接受教育改造;积极参加思想、文化、职业技术教育;积极参加劳动,努力完成劳动任务。罪犯积极执行财产刑和履行附带民事赔偿义务的,可视为有认罪悔罪表现,在减刑、假释时可以从宽掌握。但是,对确有履行能力而不履行的,在减刑时从严掌握。

对罪犯在刑罚执行期间提出申诉的,要依法保护其申诉权利;对罪犯申诉不应不加分析地认为是不认罪悔罪表现。

具有下列情形之一的,应当认定为有"立功表现":(1)阻止他人实施犯罪活动的;(2)检举、揭发监狱内外犯罪活动,或者提供重要的破案线索,经查证属实的;(3)协助司法机关抓捕其他犯罪嫌疑人(包括同案犯)的;(4)在生产、科研中进行技术革新,成绩突出的;(5)在抢险救灾或者排除重大事故中表现突出的;(6)对国家和社会有其他贡献的,以及罪犯被评为省级劳改积极分子的等。

具有下列情形之一的,应当认定为有"重大立功表现":(1)阻止他人实施重大犯罪活动的;(2)检举监狱内外重大犯罪活动,经查证属实的;(3)协助司法机关抓捕其他重大犯罪嫌疑人(包括同案犯)的;(4)有发明创造或者重大技术革新的;(5)在日常生产、生活中舍己救人的;(6)在抗御自然灾害或者排除重大事故中,有特别突出表现的;(7)对国家和社会有其他重大贡献的。

2. 减刑案件的管辖

针对原判刑罚的不同,确定不同的提出减刑建议及对案件进行审核的机关,它们是:(1)对被判处死刑缓期执行、无期徒刑罪犯的减刑,由监狱或未成年犯管教所提出书面意见,经省、自治区、直辖市司法厅(局)监狱管理部门审核同意后,报当地高级人民法院审核裁定;(2)对原判为有期徒刑和被减为有期徒刑的罪犯的减刑,由监狱或未成年犯管教所提出书面意见,报请当地中级人民法院审核裁定;(3)对原判1年以下有期徒刑且余刑在3个月以下交付看守所代为执行罪犯的减刑,由看守所提出书面意见,经公安机关审核同意后,报请中级人民法院审核裁定;(4)对原判拘役、管制罪犯的减刑,分别由拘役所和执行监督的派出所提出书面意见,经公安机关或司法行政机关审查同意后,报请当地中级人民法院进行裁定;(5)对原判宣告缓刑罪犯的减刑,由社区矫正机构会同协助考察的单位或组织认为确有立功表现需要在减轻刑罚基础上,相应缩短缓刑考验期的,提出意见,报请当地中级人民法院审核裁定。

（二）假释

假释是指对被判处有期和无期徒刑的罪犯在执行一定刑罚以后，确有悔改表现且不致再危害社会的，将其附条件地予以提前释放的制度。

1. 假释的对象

根据我国《刑法》第 81 条的规定，假释的对象只能是被判处有期徒刑和无期徒刑的罪犯，不包括被判处拘役的罪犯。因为拘役的期限较短，不需要适用假释。但是，对累犯以及因故意杀人、强奸、抢劫、绑架、放火、爆炸、投放危险物质或者有组织的暴力性犯罪被判处 10 年以上有期徒刑、无期徒刑的犯罪分子，不得假释。因为这些案件犯罪性质严重，其人身危险性大，放在社会上不易防止其再危害社会，所以对他们不能假释。

2. 假释的条件

根据我国《刑法》第 81 条的规定，假释的条件是：

（1）执行期限的要求：被判处有期徒刑的罪犯，应当执行原判刑期 1/2 以上，被判处无期徒刑的罪犯应当已执行 13 年以上。对于具有"特殊情况"的案件，经最高人民法院核准，可以不受上述执行刑期的限制。

（2）"特殊情况"是指与国家、社会利益有重要关系的情况。

（3）判断"没有再犯罪的危险"，除符合《刑法》第 81 条规定的情形外，还应根据犯罪的具体情节、原判刑罚情况，在刑罚执行中的一贯表现，罪犯的年龄、身体状况、性格特征，假释后生活来源以及监管条件等因素综合考虑。

3. 假释案件的管辖

法律规定，对假释案件的管辖，除死刑缓期执行的案件无假释以外，其他与减刑案件基本相同，即对被判处无期徒刑罪犯的假释，由罪犯服刑地的高级人民法院根据省、自治区、直辖市监狱管理机关审核同意的监狱假释建议书作出裁定；对于被判处有期徒刑（包括死缓、无期徒刑减为有期徒刑）的罪犯的假释，由罪犯服刑地的中级人民法院根据当地执行机关提出的假释建议书作出裁定。

（三）对减刑、假释的审理及其期限

1. 对减刑、假释案件的审查

人民法院受理减刑、假释案件，应当审查下列内容：

（1）减刑、假释建议书；（2）终审法院的判决书、裁定书、执行通知书、历次减刑裁定书的复制件；（3）证明罪犯确有悔改、立功或者重大立功表现的具体事实的书面证明材料；（4）罪犯评审鉴定表、奖惩审批表等；（5）社区矫正机构或者基层组织关于罪犯被假释后，对所居住社区影响的调查评估报告；（6）根据案件情况需要移送的其他材料。经审查，上述材料齐备的，应当收案；材料不齐备的，应当通知提请减刑、假释的执行机关在 3 日内补送，逾期未补送的，不予立案。

2. 对减刑、假释案件的审理

根据最高法《解释》第452条和最高法《减刑、假释程序规定》的规定,应当对以下内容予以公示:(1)罪犯的姓名、年龄等个人基本情况;(2)原判认定的罪名和刑期;(3)罪犯历次减刑情况;(4)执行机关的减刑、假释建议和依据。公示应当写明公示期限和提出意见的方式。公示地点为罪犯服刑场所的公共区域;有条件的地方,可以面向社会公示。公示期限为5日。

3. 对减刑、假释案件的审理方式及程序

根据最高法《解释》第453条至第456条及最高法《减刑、假释程序规定》第6条的规定,审理减刑、假释案件,应当组成合议庭,可以采用书面审理的方式,但下列案件应当开庭审理:(1)因罪犯有重大立功表现报请减刑的;(2)报请减刑的起始时间、间隔时间或者减刑幅度不符合一般规定的;(3)公示期间收到投诉意见的;(4)人民检察院有异议的;(5)被报请减刑、假释罪犯系职务犯罪罪犯,组织(领导、参加、包庇、纵容)黑社会性质组织犯罪罪犯,破坏金融管理秩序和金融诈骗犯罪罪犯及其他在社会上有重大影响或社会关注度高的;(6)人民法院认为其他应当开庭审理的。

人民法院开庭审理减刑、假释案件的具体程序,依照最高法《减刑、假释程序规定》第7条至第13条的规定执行。书面审理的,依照最高法《减刑、假释程序规定》第14条、第15条的规定执行。

人民法院作出减刑、假释裁定后,应当在7日内送达提请减刑、假释的执行机关、同级人民检察院以及罪犯本人。人民检察院认为减刑、假释裁定不当,在法定期限内提出书面纠正意见的,人民法院应当在收到意见后另行组成合议庭审理,并在1个月内作出裁定。

减刑、假释裁定作出前,执行机关书面提请撤回减刑、假释建议的,是否准许,由人民法院决定。

人民法院发现本院已经生效的减刑、假释裁定确有错误的,应当另行组成合议庭审理;发现下级人民法院已经生效的减刑、假释裁定确有错误的,可以指令下级人民法院另行组成合议庭审理,也可以依法组成合议庭进行审理并作出裁定。

4. 对减刑、假释案件的审理期限

人民法院对减刑、假释的审理期限,应当自收到减刑、假释建议书之日起1个月内依法作出裁定,案情复杂或者情况特殊的,可以延长1个月。但是,对于被判处拘役、宣告缓刑罪犯的减刑、假释,人民法院自收到减刑、假释建议书之日起,必须在1个月以内作出裁定。

(四)适用特殊情况假释案件的特别处理程序

根据我国《刑法》第81条的规定,报请最高人民法院核准因罪犯具有"特殊情况"不受执行刑期限制可以假释的案件,最高法《解释》第341条至第343条

在诉讼程序上规定了下列内容：

首先，根据不同情形分别处理：(1) 中级人民法院依法作出假释裁定后，应当报请高级人民法院复核，高级人民法院同意的，应当书面报请最高人民法院核准；不同意的，应当裁定撤销中级人民法院的假释裁定；(2) 高级人民法院依法作出假释裁定的，应当报请最高人民法院核准。

其次，报请复核或核准的假释案件，应当报送报请核准的报告、罪犯具有特殊情况的报告、假释裁定书各5份，以及全部案卷。

第三，该案经最高人民法院核准的，应当作出核准裁定书，不予核准的，应当作出不核准裁定书，并撤销原裁定。

（五）对假释裁定的执行及处理

根据我国《刑法》第85条和《刑事诉讼法》第258条的规定，对被假释的罪犯，依法实行社区矫正。

对于被宣告假释的犯罪分子，在考验期内，依照刑法规定，没有犯新罪和发现有遗漏罪行的，考验期满，则认为原判刑罚执行完毕，并公开宣布，无需办理释放手续。如果罪犯在假释考验期内犯新罪的，应当撤销假释，实行数罪并罚，对决定执行的刑罚，收监执行；如果在考验期内，发现被假释的犯罪分子在判决宣告以前还有其他罪行没有判决的，应当撤销假释，实行数罪并罚，对决定执行的刑罚，收监执行。罪犯在假释考验期内，有违反法律、行政法规或者国务院有关部门关于假释的监督管理规定的行为，尚未构成犯罪的，应当依法定程序撤销假释，收监执行未执行完毕的刑罚。

（六）缓刑、假释的撤销

根据最高法《解释》第457条、第458条的规定，罪犯在缓刑、假释考验期限内犯新罪或者被发现在判决宣告前还有其他罪没有判决，应当撤销缓刑、假释的，由审判新罪的人民法院撤销原判决、裁定宣告的缓刑、假释，并书面通知原审人民法院和执行机关。

罪犯在缓刑、假释考验期限内，有下列情形之一的，原作出缓刑、假释判决、裁定的人民法院应当在收到执行机关的撤销缓刑、假释建议书后1个月内，作出撤销缓刑、假释的裁定：(1) 违反禁止令，情节严重的；(2) 无正当理由不按规定时间报到或者接受社区矫正期间脱离监管，超过1个月的；(3) 因违反监督管理规定受到治安管理处罚，仍不改正的；(4) 受到执行机关三次警告仍不改正的；(5) 违反有关法律、行政法规和监督管理规定，情节严重的其他情形；(6) 因利用职业便利实施犯罪，或者实施违背职业要求的特定义务的犯罪被判处刑罚的，人民法院可以根据犯罪情况和预防再犯罪的需要，禁止其自刑罚执行完毕之日或者假释之日起从事相关职业，期限为3—5年。

人民法院撤销缓刑、假释的裁定，一经作出，立即生效。并将裁定书送交罪犯居住地的县级司法行政机关，由其根据有关规定将罪犯交付执行。同时该裁定书抄送罪犯居住地的同级人民检察院和公安机关。

党的十八届三中、四中、五中全会决定全面深化司法改革以后,在执行中完善了减刑、假释、暂予监外执行的适用条件和办案程序,同时建立了立案公示、庭审公告、文书公布的统一信息网,确保相关案件公开、公正处理。

四、对新罪、漏罪的追究程序

新罪是指罪犯在服刑期间实施了触犯刑律并应当追究刑事责任的行为。漏罪是指罪犯在服刑过程中发现其在判决宣告以前实施的尚未被判决的罪行。对于罪犯在服刑过程中,无论是又犯新罪还是发现有漏罪,都应当依法予以追究。

根据我国《刑事诉讼法》第262条、第290条和《监狱法》的有关规定,对服刑罪犯犯新罪或者发现漏罪的,应当分别不同的情况,予以追究:

(1) 对于在监狱、未成年犯管教所服刑的罪犯,发现犯新罪或有漏罪的,由执行机关进行侦查,侦查终结后,移送人民检察院审查决定,向有管辖权的人民法院提起公诉。

(2) 对在看守所、拘役所服刑的罪犯和被宣告缓刑、假释、暂予监外执行的罪犯,以及被判处管制的罪犯,在服刑或者考验期间发现有漏罪或又犯新罪的,由犯罪地的公安机关立案侦查,侦查终结后移送当地人民检察院,根据管辖的规定,向人民法院提起公诉。

(3) 对服刑罪犯脱逃后又犯罪的,如果其新罪是监狱捕获罪犯后发现的,由监狱侦查终结后移送审查起诉;如果其新罪是公安机关捕获罪犯后发现的,由公安机关侦查终结后移送审查起诉。

人民法院对人民检察院提起公诉的新罪、漏罪审理后,作出的生效判决,判决书除送达罪犯外,还应将副本送达原审人民法院、人民检察院和执行机关。

五、对错判和申诉的处理

我国《刑事诉讼法》第264条规定:"监狱和其他执行机关在刑罚执行中,如果认为判决有错误或者罪犯提出申诉,应当转请人民检察院或者原判人民法院处理。"根据这一规定,监狱和其他执行机关,如果发现原判有错误的,应当全面收集证据,整理好材料,提出意见,报请主管机关审查,或者直接转送原办理的人民检察院、人民法院审查处理。如果认为案情重大,需要由上级司法机关处理,也可经主管机关审查同意后,转送相应的上级人民检察院或人民法院处理。

根据我国《监狱法》的有关规定,罪犯对生效的判决和裁定不服,有权提出申诉。对于罪犯的申诉及其撤销、变更刑罚的请求,监狱和其他执行机关应当及时转递,不得扣押。但是,在罪犯申诉期间,在人民法院尚未撤销原判和改判之前,不能停止对原生效裁判的执行。

人民检察院、人民法院接到执行机关转送的认为有错误的材料和意见,或者罪犯的申诉后,应当及时进行审查,对属于原判在认定事实或适用法律上确有错误,即符合启动审判监督程序条件的,应当提出抗诉或者提审、指令下级人民法院再审;如果经审查不符合重新审判条件的,可以不予受理。根据我国《监狱法》的规定,人民检察院或者人民法院自收到监狱及其他执行机关提请处理意见书之日起6个月内将处理结果通知监狱等机关。

六、对部分服刑罪犯的特赦

2015年8月29日,第十二届全国人大常委会第十六次会议通过《关于特赦部分服刑罪犯的决定》,对依据2015年1月1日前人民法院作出的生效判决正在服刑,释放后不具有现实社会危险性的四类罪犯实行特赦:一是参加过中国人民抗日战争、中国人民解放战争的;二是中华人民共和国成立以后,参加过保卫国家主权、安全和领土完整对外作战的,但犯贪污受贿犯罪、故意杀人、强奸、抢劫、绑架、放火、爆炸、投放危险物质或者有组织的暴力性犯罪,黑社会性质的组织犯罪,危害国家安全犯罪,恐怖活动犯罪的,有组织犯罪的主犯以及累犯除外;三是年满75周岁、身体严重残疾且生活不能自理的;四是犯罪的时候不满18周岁,被判处3年以下有期徒刑或者剩余刑期在1年以下的,但犯故意杀人、强奸等严重暴力性犯罪、恐怖活动犯罪、贩卖毒品犯罪的除外。对符合上述条件的服刑罪犯,经人民法院依法作出裁定后,予以释放。我国从1959年至1975年共实施了七次特赦,此次是第八次。

第四节 人民检察院对执行的监督

一、对执行死刑的监督

根据我国《刑事诉讼法》第252条第1款和最高法《解释》、最高检《规则》的规定,人民法院在交付执行死刑3日以前,应当通知同级人民检察院派员临场监督。检察人员执行临场监督的主要内容包括:查明同级人民法院是否收到最高人民法院核准死刑的裁定,或者作出的死刑裁判和有无执行死刑命令;有无《刑事诉讼法》第251条和第252条及最高法《解释》、最高检《规则》关于"停止执行"和"暂停执行"的情形发生及应当采取的相应措施;执行死刑的指挥人员、执行人员及其执行死刑的场所、方法和程序是否合法;执行死刑的刑场秩序,有无足以造成他人伤亡的情况;执行死刑活动中有无侵犯被执行死刑罪犯的人身权、财产权、或者其近亲属、继承人合法权利等情形。经检察监督,只要发现以上情形其中之一者,应当及时提出纠正意见。临场监督的检察人员根据需要,可以进行拍照、录像;执行死刑后应当检查罪犯是否确已死亡,并制作笔录入卷归档。

对判处死缓、无期徒刑、有期徒刑、管制、拘役及宣告缓刑裁判的执行,依照最高检《规则》第 639 条至第 642 条的规定执行。

二、对暂予监外执行的监督

我国《刑事诉讼法》第 255 条规定："监狱、看守所提出暂予监外执行的书面意见的,应当将书面意见的副本抄送人民检察院。人民检察院可以向决定或者批准机关提出书面意见。"第 256 条规定："决定或者批准暂予监外执行的机关应当将暂予监外执行决定抄送人民检察院。人民检察院认为暂予监外执行不当的,应当自接到通知之日起 1 个月以内将书面意见送交决定或者批准暂予监外执行的机关,决定或者批准暂予监外执行的机关接到人民检察院的书面意见后,应当立即对该决定进行重新核查。"对此,最高检《规则》以 6 个条文(自第 643 条至第 648 条)的篇幅对审查的内容(第 645 条),向审查及批准提出书面纠正意见的机关、程序(第 646 条至第 648 条)等均作出了具体规定。

人民检察院经审查认为暂予监外执行不当的,应当自接到通知之日起 1 个月内报请检察长批准后将书面意见送交决定或者批准暂予监外执行的机关,该机关接到人民检察院的书面意见后,应当立即对原决定进行重新核实,并将核查结果报请人民检察院。

三、对减刑、假释的监督

我国《刑事诉讼法》第 263 条规定："人民检察院认为人民法院减刑、假释的裁定不当,应当在收到裁定书副本后 20 日以内,向人民法院提出书面纠正意见。人民法院应当在收到纠正意见后 1 个月以内重新组成合议庭进行审理,作出最终裁定。"这一规定表明:(1) 人民检察院对人民法院作出的减刑、假释决定实行监督,检察该裁定是否正确,罪犯有无减刑、假释的法定条件,以及有无确实证据予以证明等;(2) 人民检察院对减刑、假释实行监督的期限是,自收到减刑、假释裁定书副本以后的 20 日以内,不得拖延,否则,不具有法律效力;(3) 人民法院应当认真接受人民检察院的监督,在收到纠正意见书后的 1 个月内对案件进行重新审理。为使错误裁定得到纠正,审理时依法另行组成合议庭,作出终审裁定。裁定一经宣告,立即生效,交付有关机关执行。对此,最高检《规则》从第 649 条至第 656 条和《人民检察院办理减刑、假释案件规定》(自 2014 年 8 月 27 日起施行)对人民法院开庭审理减、假案件派员出席法庭,审查裁定书的内容及其处理程序等的监督均作了具体规定。

四、对执行刑罚活动的监督

人民检察院对执行刑罚的监督,根据我国《刑事诉讼法》第 265 条、最高检《规则》和《人民检察院办理减刑、假释案件规定》以及《最高人民检察院关于职务犯罪减刑、假释、暂予监外执行备案审查的规定》的规定等,主要包括如下内容：

（1）对交付执行的裁判进行监督。审查这些判决和裁定是否已经发生法律效力，即是一审生效的判决还是二审终审的判决或裁定，还是核准的裁定；对于一审宣告被告人无罪或者免除刑罚的判决，虽然尚未生效，但是，对在押的被告人是否已经释放等也要进行审查。

（2）对执行机关的收押、执行和监督考察等实行监督。检查监狱对罪犯是否依照法定条件和手续收押，对于不予收监的，是否有书面说明；监狱、未成年犯管教所、拘役所、社区矫正机构等对罪犯执行刑罚、监督管理是否合法；对交付执行的死缓罪犯是否按时提出减刑意见；对刑满罪犯是否及时释放；对服刑确有悔改及立功表现的罪犯是否及时提出减刑、假释建议；执行机关对拘役、剥夺政治权利、缓刑、监外执行等罪犯的监督考察是否合法、负责；人民法院对罚金、没收财产等刑罚的执行是否合法，罚没的财产是否依法处理。特别是在执行刑罚中是否确实保障了罪犯的合法权益，实行以改造教育为主，惩罚为辅的原则等等，所有这些均是法律监督的重要内容。

人民检察院对执行活动实行监督的方式，通常是通过定期或不定期的检察活动，单独进行和与人民法院联合进行相结合。其方法主要有：听取执行机关的执行情况汇报；调阅典型档案或材料；召开座谈会、调查会；个别谈话及讯问罪犯；视察警戒；检查生产、生活条件等。通过这些方式、方法发现问题，及时解决和纠正。

监督中，发现有违法、违纪情况的及时予以纠正；对情节较轻的违纪行为，以口头方式向违纪人提出纠正意见；对情节严重的违法行为，或者口头提出意见后在7日内未予纠正的经检察长批准以书面方式向执行机关发出《纠正违法通知书》；对违法行为造成严重后果并构成犯罪的，提请有关机关追究责任人员的刑事责任。

对于人民检察院的《纠正违法通知书》，执行机关应当回复对监督的落实情况，没有回复的，及时报告上一级人民检察院，并抄报执行机关的上级主管机关。上级检察机关认为下级人民检察院的纠正违法意见有错误的，应当通知下级人民检察院撤销已发的《纠正违法通知书》，并通知同级执行机关。

第二十四章 未成年人刑事案件诉讼程序

第一节 概 述

一、未成年人犯罪的概念与特点

在我国,法律意义上的未成年人是指已满14周岁不满18周岁者。处在这个年龄阶段上的人实施了危害社会、应受刑罚处罚的行为,即属未成年人犯罪。

未成年人犯罪与成年人犯罪虽然同属危害社会、应受刑罚处罚的行为,但是由于犯罪人尚未成年,在心理、生理等方面与成年人相比有很大的不同,而这些因素必然会对未成年人犯罪的方法、动机、行为方式等产生直接的影响。与成年人相比,未成年人的心理和生理有以下特征:

(1) 生理变化明显。未成年人正值青春发育期,身体各组织、各器官发育很快,智力也迅速发育,第二性征也日见明显,新陈代谢加剧,显得精力旺盛。

(2) 心理上进入了由幼稚转向成熟的过渡时期,具有半儿童、半成年人的特点。这种过渡主要是由生理变化引起的,表现为较强的模仿欲和好奇心,对外界反应敏感,独立意识使他们不再事事依赖别人,自尊心较强。但由于身体和智力还处在发展的过程中,思想比较幼稚,辨别是非的能力较弱,情绪不稳定,易受外界环境的不良影响。

随着我国未成年人犯罪的增多,教育保护未成年人已经成为突出的社会问题,处理未成年人刑事案件,不但要在定罪量刑上与成年人犯罪案件有所不同,更重要的是应当适应未成年人的特点,适用不同于普通刑事诉讼程序的特殊程序。世界上绝大多数国家都对未成年人犯罪现象进行了系统深入的研究。1899年,美国伊利诺斯州制定了世界上第一部《少年法庭法》,同时在芝加哥市建立了世界上第一个少年法庭,开创了人类司法制度史上的新篇章。

嗣后百年间,各国竞相效仿设立少年法庭,颁布少年法律、法规,形成了从立法思想、组织结构、司法制度到表现形式都与成人司法不同的少年司法体系。1984年底,在我国上海市长宁区人民法院出现了第一个专门审理未成年人刑事案件的少年法庭,在探索教育、改造、挽救未成年犯罪人方面取得了显著的成绩,得到最高人民法院的鼓励和推广。此后的近三十年间,少年法庭和未成年人检察机构在我国各省市花开遍地,并在法律法规的建立、机构人员的建设、诉讼程序的设置等多方面日趋丰富和完善,这些都标志着我国的未成年人刑事诉讼程序已初具规模,中国的少年司法制度已经确立。

二、未成年人案件诉讼程序设立的必要性及法律依据

我国《刑事诉讼法》第五编特别程序中以专章的形式规定了未成年人刑事案件诉讼程序。其中对办案人员的资格、强制辩护、社会调查、严格限制逮捕措施、法定代理人或者有关人员到场、分案处理、附条件不起诉、不公开审理、犯罪记录封存等进行了明确规定。对走上犯罪道路的未成年人，处罚只是手段，教育保护才是目的，而对不同性质的案件适用专门的诉讼程序，则是教育保护未成年人的有效方法。未成年人刑事案件诉讼程序建立的正是一整套不同于成年人刑事案件的立案、侦查、起诉、审判和执行的诉讼程序。

我国于1991年9月4日通过，1992年1月1日起施行的《未成年人保护法》（2012年10月26日修订，2013年1月1日起实施），其中第五章"司法保护"中对未成年人刑事案件的处理也作了专门规定。

最高人民法院还于1991年1月26日通过了《关于办理少年刑事案件的若干规定》，其中对审理少年刑事案件的审判组织、开庭前的准备工作、法庭审判、执行等问题都作了比较详尽的规定。

我国公安部在1995年10月23日通过了《公安机关办理未成年人违法犯罪案件的规定》，该规定对办理未成年人刑事案件的立案调查、强制措施、处理等问题都作了较为详尽的规定，并成为公安机关办理未成年人刑事案件的主要依据。

1999年6月28日通过，同年11月1日实施的《预防未成年人犯罪法》，也使我国保护未成年人合法权益、预防未成年人犯罪的工作步入法制化的轨道。

最高人民法院于2001年4月2日通过的《关于审理未成年人刑事案件的若干规定》，对审理未成年人刑事案件应遵循的特有原则、审判组织、少年法庭的受案范围、开庭前的准备工作、审判和执行中一些不同于成年人刑事案件的地方都作了比较详细的特别规定，有力地推动了我国保护未成年人权益司法体系的完善。

2006年1月23日起施行的最高人民法院《关于审理未成年人刑事案件具体应用法律若干问题的解释》，贯彻"教育为主，惩罚为辅"的原则，对未成年的量刑、缓刑、假释等都作出了明确规定，统一了司法尺度，同时对盗窃和强奸等犯罪行为的认定更为细化，明确了罪与非罪的界限，便于审判操作。

最高人民检察院2006年12月28日通过了《人民检察院办理未成年人刑事案件的规定》（2013年12月27日修订），对未成年人刑事案件的审查批准逮捕、审查起诉、出庭支持公诉、法律监督及刑事申诉检察等都作出了相应规定。

2010年8月28日中央综治委预防青少年违法犯罪工作领导小组、最高人民法院、最高人民检察院、公安部、司法部、共青团中央联合下发的《关于进一步建立和完善办理未成年人刑事案件配套工作体系的若干意见》，对于建立、完善

办理未成年人刑事案件专门机构,加强对涉案未成年人合法权益的保护,加强公安机关、人民检察院、人民法院、司法行政机关的协调与配合,建立健全办理未成年人刑事案件配套工作的协调和监督机制都进行了较详尽的规定,推动建立了各部门办理未成年人刑事案件相互配套的工作体系。

2012年我国《刑事诉讼法》的修改和颁布,以及最高法《解释》、最高检《规则》等一系列司法解释、法规、制度的修改,都进一步完善了未成年人刑事案件诉讼程序。

在建立和完善我国保护未成年人权益的法律制度、司法体系的同时,我们也努力把我国的法律、政策与贯彻保护未成年人的国际公约结合统一起来。联合国《少年司法最低限度标准规则》(即《北京规则》)、《预防少年犯罪准则》(即《利雅得准则》)、《儿童权利公约》、《保护被剥夺自由少年规则》等国际公约所确立的基本原则、标准和规范,在我国法律中都通过相应的条款予以充分体现和切实贯彻,成为我们设置未成年人刑事诉讼程序的法律依据。

第二节 未成年人刑事案件诉讼程序的方针、原则和重要制度

一、教育、感化、挽救方针

教育、感化、挽救方针,是指公安司法机关应当在未成年人刑事诉讼程序中,对未成年犯罪嫌疑人、被告人进行教育、感化和挽救工作。

我国《刑事诉讼法》第266条第1款对该项方针进行了专门规定。对于犯罪的未成年人进行教育、感化和挽救,既是诉讼的主要目的,也是全社会的共同职责。在当前未成年人犯罪日趋上升的形势下,对其进行教育、感化和挽救,是十分必要的。另外,由于未成年人智力、身心发育尚未成熟,对外界事物重新认识和对内心世界的自我评价具有较大的可塑性,因而对其教育、感化和挽救是可能的。

在具体的教育、感化、挽救工作中,司法工作人员要像父母对待子女、老师对待学生、医生对待病人那样,帮助未成年人分清是非,促使其同犯罪行为划清界限,并在诉讼中依法保障其享有的诉讼权利。同时,还要正确处理好打击、惩罚犯罪与教育、感化、挽救的关系,感化、挽救并不意味着对其所犯罪行可以不处罚,相反为保护公共利益,维护社会法制,对未成年人犯罪行为要依法处罚。要认识到:惩罚和教育并不是矛盾的,惩罚的目的之一,是为了教育和改造犯罪人。

二、教育为主、惩罚为辅原则

"教育为主、惩罚为辅"是指在未成年人刑事诉讼中,对于未成年犯罪嫌疑人、被告人,要坚持以教育和矫治为主,使其早日健康复归社会,只有在必要的时候才可采用相称的手段对其惩罚。

我国《刑事诉讼法》第266条第1款对该原则进行了专门规定。"教育为主、惩罚为辅"要求对涉嫌犯罪的未成年人应以矫治、康复回归为主,尽可能地将未成年人犯罪以非刑罚的方式处置,避免给其贴上罪犯标签。"教育为主、惩罚为辅"原则体现了保护社会和保护未成年人的有机结合,同时也强调了优先保护未成年人的思想。

三、分案处理制度

分案处理制度,是指公安机关、人民检察院和人民法院在刑事诉讼过程中将未成年人案件与成年人案件分开处理,对未成年人与成年人分别关押。未成年人由于身心发育尚不成熟健全,易受外界环境和他人的影响,当其作为犯罪嫌疑人被羁押,作为刑事被告人被讯问、审判时,其所能承受的心理压力是有限的。初入监所的未成年人多数是涉世未深的初犯、偶犯,往往在经过一段时间的混合关押之后,不仅学会了多种作案技巧,亦学会了应付审讯的手法,其严重性不容忽视。

我国《刑事诉讼法》第269条第2款规定:"对被拘留、逮捕和执行刑罚的未成年人与成年人应当分别关押、分别管理、分别教育。"确立分案处理制度的目的,正是为了充分保护进入诉讼阶段的未成年人,使其免受来自成年犯罪人的不良影响。

从该制度的内容上看,大致包括三个方面:一是在刑事诉讼中运用拘留、逮捕等强制措施关押未成年犯罪嫌疑人时,必须与成年犯罪嫌疑人分开看管;二是在处理未成年人与成年人共同犯罪或者牵连的案件时,尽量适用不同的诉讼程序,在不妨碍审理的前提下,坚持分案处理;三是在未成年人案件处理完毕交付执行阶段,不得与成年犯人同处一个监所。

四、审理不公开制度

审理不公开制度,是指人民法院在开庭审理未成年人刑事案件时,不允许群众旁听,不允许记者采访,报纸等印刷品不得刊登未成年被告人的姓名、年龄、职业、住址及照片等。

审判时被告人不满18周岁的案件,不公开审理。但经未成年被告人及其法定代理人同意,未成年被告人所在学校和未成年人保护组织可以派员到场。对于不公开审理的案件,宣告判决仍公开进行。根据我国《预防未成年人犯罪法》第45条第3款的规定,对未成年人犯罪案件,新闻报道、影视节目、公开出版物不得披露该未成年人的姓名、住所、照片及可能推断出该未成年人的资料。不公开审理的未成年人刑事案件不得以任何方式公开被告人的形象。

法律及有关司法解释对未成年人刑事案件规定了不公开审理制度,是为了加强对未成年被告人身心的特殊保护,保证刑事诉讼活动的顺利进行。那种当众"曝光"或者伤害自尊心的做法不利于对他们的教育和挽救。从未成年人今后发展的长远利益考虑，法律作出了对未成年人刑事案件的审理不公开进行的规定，也是诉讼文明的体现。

五、社会调查制度

社会调查制度，是指公安机关、人民检察院和人民法院在办理未成年人案件时，除对案件事实和证据进行调查、审查外，还应就未成年人的成长经历、监护教育情况、导致犯罪之主客观因素及其形成、发展、演变过程以及对未成年人特殊性格的形成产生过重要影响的人和事件的详细情况进行全面、彻底的调查，必要时还可以进行医学、心理学及精神病学等方面的鉴定。确立该制度之目的，是为了找出诱发未成年人犯罪的主客观根源，并予以拆除，确保未成年人得到彻底的矫治，不再犯罪。我国《刑事诉讼法》第268条对该制度上作出了专门规定，即"公安机关、人民检察院、人民法院办理未成年人刑事案件，根据情况可以对未成年犯罪嫌疑人、被告人的成长经历、犯罪原因、监护教育等情况进行调查。"

社会调查的内容包括以下几个方面：第一，能够证明未成年人犯罪原因的一切事实情况，犯罪未成年人个人情况及犯罪后的表现等，其中查清未成年人的犯罪动机、目的至为重要；第二，对未成年人的生活环境及与之相联系的各种社会关系予以调查，如家庭情况、父母管教方式、在校学习情况、社交往来等等；第三，着重查清在未成年人成长过程中对其步入犯罪泥潭产生过重要影响的人和事件的详细情况，主要指案件事实以外的其他相关因素及社会关系；第四，着重查清未成年人的兴趣爱好、智力能力、身心发育成熟程度、情感类型等个性特征；第五，注意未成年人生理心理上有无畸形变态等情况，并注意区别是属于医学上的病态还是思想认识上的偏激、反常。由上可见，实行社会调查制度也意味着未成年人案件证明对象的范围有所扩大。

贯彻社会调查制度，有利于因人施教，因案讲法，特别是对那种犯罪结果相同、犯罪缘由相异的案件，在处理过程中选择不同的感化点和突破口，并在具体适用刑罚上体现出区别对待的原则，以达到彻底矫治未成年犯罪人的目的。

六、隐私特别保护制度

隐私特别保护制度强调在未成年人司法中应当对未成年人的隐私给予特殊的保护，尽量避免给其贴上罪犯的标签，从而有助于其顺利康复回归社会。我国《刑事诉讼法》第275条规定："犯罪的时候不满18周岁，被判处5年有期徒刑以下刑罚的，应当对相关犯罪记录予以封存。犯罪记录被封存的，不得向任何单位和个人提供，但司法机关为办案需要或者有关单位根据国家规定进行查询的除外。依法进行查询的单位，应当对被封存的犯罪记录的情况予以保密。"根据最高法《解释》第490条第2款的规定，2012年12月31日以前审结的案件符合前款规定的,相关犯罪记录也应当封存。这里规定的"未成年人犯罪记录封存制度"是指对于被判处轻刑的未成年人的犯罪记录应当予以密封保存,除法律特别规定外,任何单位和个人不得查询。该制度有利于弱化未成年人的犯罪标签心理,使其能够更快、更好地回归社会。被封存犯罪记录的未成年人,如果发现漏罪,且漏罪与封存记录之罪数罪并罚后被决定执行 5 年有期徒刑以上刑罚的,应当对其犯罪记录解除封存。另外,根据最高检《规则》第 507 条的规定,人民检察院对未成年犯罪嫌疑人作出不起诉决定后,应当对相关记录予以封存。

我国《未成年人保护法》第 58 条规定:"对未成年人犯罪案件,新闻报道、影视节目、公开出版物、网络等不得披露该未成年人的姓名、住所、照片、图像以及可能推断出该未成年人的资料。"相关司法解释也要求公安机关、人民检察院在对未成年人违法犯罪案件进行侦查、起诉时,应当保护未成年人的名誉,不得公开或者传播涉案未成年人的姓名、住所、照片、图像及可能推断出该未成年人的资料。审理未成年人刑事案件时,审判人员不得向外界披露该未成年人的姓名、住所、照片及可能推断出该未成年人的资料。查阅、摘抄、复制的未成年人刑事案件的案卷材料,不得公开和传播。

第三节 未成年人刑事案件诉讼程序的特点

一、未成年人刑事案件诉讼程序的特点

未成年人案件刑事诉讼程序的特点,是由未成年人心理和生理特点决定的。因此,办理未成年人刑事案件的诉讼程序应同成年人的有所区别。现行未成年人刑事案件诉讼程序的特点主要有:

第一,刑事诉讼各个阶段均应当贯彻教育、感化、挽救的工作方针;

第二,法律及相关司法解释不仅赋予未成年犯罪嫌疑人、被告人更多的诉讼权利,而且还有更多保证权利落实的具体措施;

第三,侦查、起诉、审判到执行均采取适合未成年人特点的诉讼制度和程序,诉讼程序的设计表现得更为灵活多样、缓和宽松。

二、未成年人刑事案件的诉讼程序

(一) 立案程序

未成年人刑事案件的立案与成年人刑事案件的立案是有区别的:第一,在进行立案审查时,除需要查明是否具备立案条件外,还应当查明犯罪嫌疑人确切的出生时间,进一步调查其走上犯罪道路的原因、犯罪前的生活居住环境以及犯罪嫌疑人的心理、性格特征,还要查明有无教唆犯罪的人;第二,立案报告应写明立案材料的来源、发案的时间、地点、犯罪事实、现有的证据材料、立案的法律依据

和初步的意见外,还应当着重写明犯罪嫌疑人的确切出生时间、生活居住环境、心理性格特征、走上犯罪道路的原因等有关情况。

(二)侦查程序

依据《刑事诉讼法》及相关司法解释的规定,我国对未成年人刑事案件的侦查,除了遵循普通刑事案件关于侦查程序的规定外,尚需注意贯彻以下要求:

(1)办理未成年人刑事案件,必须以事实为根据,以法律为准绳,贯彻教育、感化、挽救的方针,应当照顾未成年人的身心特点,尊重其人格尊严,保障其合法权益。

(2)办理未成年人刑事案件,应当保护未成年人的名誉,不得公开披露涉案未成年人的姓名、住所、照片、图像以及可能推断出该未成年人的资料。

(3)对未成年人的讯问要有别于成年人,具体体现在:

第一,讯问前,除掌握案件情况和证据材料外,还应当了解其生活、学习环境、成长经历、性格特点、心理状态及社会交往等情况,有针对性地制作讯问提纲。

第二,讯问未成年人时,应通知其法定代理人到场。无法通知、法定代理人不能到场或者法定代理人是共犯的,也可以通知其他成年亲属,所在学校、单位或者居住地的村民委员会、居民委员会、未成年人保护组织的代表到场,并将有关情况在讯问笔录中注明。到场的法定代理人或者其他人员认为办案人员在讯问中侵犯未成年人合法权益的,可以提出意见。

第三,讯问未成年人时,应当耐心细致地听取其陈述或者辩解,认真审核、查证与案件有关的证据和线索,并针对其思想顾虑、畏惧心理、抵触情绪进行疏导和教育。

第四,办理未成年人刑事案件,对未成年在校学生的调查讯问不得影响其正常学习。

第五,讯问女性未成年人,应当有女工作人员在场。

(4)办理未成年人刑事案件,应当严格限制和尽量减少使用逮捕措施。在逮捕的适用上要注意以下要求:

第一,人民检察院审查批准逮捕未成年犯罪嫌疑人时,应当根据未成年犯罪嫌疑人涉嫌犯罪的事实、主观恶性、有无监护与社会帮教条件等,综合衡量其社会危险性,确定是否有逮捕必要,慎用逮捕措施,可捕可不捕的不捕。

第二,对于符合《刑事诉讼法》第15条规定的情形之一或者犯罪事实并非未成年犯罪嫌疑人所为的,应当不批准逮捕。

第三,对犯罪嫌疑人实际年龄难以判断,影响对该犯罪嫌疑人是否应当负刑事责任认定的,应当作出不批准逮捕决定。

第四,对于罪行较轻,具备有效监护条件或者社会帮教措施,没有社会危险性或者社会危险性较小,不逮捕不会妨害诉讼正常进行的未成年犯罪嫌疑人,应当不予批准逮捕。对于罪行比较严重,但主观恶性不大,有悔罪表现,具备有效监护条件或者社会帮教措施,具有以下七种情形之一,不逮捕不会妨害诉讼正常进行的未成年犯罪嫌疑人,可以不批准逮捕:初次犯罪、过失犯罪的;犯罪预备、中止、未遂的;有自首或者立功表现的;犯罪后能够如实交代罪行,认识自己行为的危害性、违法性,积极退赃,尽力减少和赔偿损失,得到被害人谅解的;不是共同犯罪的主犯或者集团犯罪中的首要分子的;属于已满14周岁不满16周岁的未成年人或者系在校学生的;其他可以不批准逮捕的情形。人民检察院审查批准逮捕,应当讯问未成年犯罪嫌疑人,听取辩护律师的意见。

第五,执行逮捕时,原则上不得对未成年人使用械具。对确有行凶、逃跑、自杀、自伤、自残等现实危险,必须使用械具的,应当以避免和防止危害结果的发生为限度,现实危险消除后,应当立即停止使用。

(5)公安机关、人民检察院办理未成年人刑事案件,根据情况可以对未成年犯罪嫌疑人的成长经历、犯罪原因、监护教育等情况进行调查。

(6)对未成年人刑事案件,应当及时办理。对已采取刑事强制措施的未成年人,应尽量缩短羁押时间和办案时间,超过法定羁押期限不能结案的,对被羁押的被告人应当立即变更或者解除强制措施。

(7)对于被羁押的未成年人应当与成年人犯分别关押、管理,并根据其生理和心理特点在生活和学习等方面给予照顾。人民检察院发现没有对未成年被告人与成年被告人分管、分押的,应当依法提出纠正意见。

(三)起诉程序

依据《刑事诉讼法》及相关司法解释的规定,我国未成年人起诉程序除了遵循普通刑事案件程序规定外,还有以下一些特殊规定,体现了对未成年人的特殊保护:

(1)人民检察院办理未成年人刑事案件,应当依法保护涉案未成年人的名誉,尊重其人格尊严,不得公开或者传播涉案未成年人的姓名、住所、照片、图像及可能推断出该未成年人的资料。

(2)人民检察院审查起诉未成年犯罪嫌疑人,应当听取其父母或者其他法定代理人、辩护人、未成年被害人及其法定代理人的意见。可以结合社会调查,通过学校、社区、家庭等有关组织和人员,了解未成年犯罪嫌疑人的成长经历、家庭环境、个性特点、社会活动等情况,为办案提供参考。

(3)人民检察院办理未成年人刑事案件,可以应犯罪嫌疑人家属、被害人及其家属的要求,告知其审查逮捕、审查起诉的进展情况,并对有关情况予以说明和解释。

(4)对于犯罪情节轻微,并具有下列情形之一,依照《刑法》规定不需要判处刑罚或者免除刑罚的未成年犯罪嫌疑人,一般应当依法作出不起诉决定:被胁迫参与犯罪的;犯罪预备、中止、未遂的;在共同犯罪中起次要或者辅助作用的;

是又聋又哑的人或者盲人的;因防卫过当或者紧急避险过当构成犯罪的;有自首或者重大立功表现的;其他依照《刑法》规定不需要判处刑罚或者免除刑罚的情形。

(5) 对于未成年人实施的轻伤害案件、初次犯罪、过失犯罪、犯罪未遂的案件以及被诱骗或者被教唆实施的犯罪案件等,情节轻微,犯罪嫌疑人确有悔罪表现,当事人双方自愿就民事赔偿达成协议并切实履行或者经被害人同意并提供有效担保,符合《刑法》第37条规定的,人民检察院可以依照《刑事诉讼法》第173条第2款的规定作出不起诉的决定,并可以根据案件的不同情况,予以训诫或者责令具结悔过、赔礼道歉、赔偿损失,或者由主管部门予以行政处罚。

(6) 对于未成年人涉嫌《刑法》分则第四章、第五章、第六章规定的犯罪,可能判处1年有期徒刑以下刑罚,符合起诉条件,但有悔罪表现的,人民检察院可以作出附条件不起诉的决定。人民检察院在作出附条件不起诉的决定以前,应当听取公安机关、被害人的意见。但未成年犯罪嫌疑人及其法定代理人对人民检察院决定附条件不起诉有异议的,人民检察院应当作出起诉的决定。

人民检察院作出附条件不起诉决定的,应当确定考验期。考验期为6个月以上1年以下,从人民检察院作出附条件不起诉的决定之日起计算。考验期不计入审查起诉期限。在考验期内,由人民检察院对被附条件不起诉的犯罪嫌疑人进行监督考察。犯罪嫌疑人的监护人,应当对犯罪嫌疑人加强管教,配合人民检察院做好监督考察工作。

附条件不起诉的考验期为6个月以上1年以下,从人民检察院作出附条件不起诉的决定之日起计算。被附条件不起诉的犯罪嫌疑人,应当遵守下列规定:遵守法律法规,服从监督;按照考察机关的规定报告自己的活动情况;离开所居住的市、县或者迁居,应当报经考察机关批准;按照考察机关的要求接受矫治和教育。人民检察院可以要求被附条件不起诉的未成年犯罪嫌疑人接受下列矫治和教育:完成戒瘾治疗、心理辅导或者其他适当的处遇措施;向社区或者公益团体提供公益劳动;不得进入特定场所,与特定的人员会见或者通信,从事特定的活动;向被害人赔偿损失、赔礼道歉等;接受相关教育;遵守其他保护被害人安全以及预防再犯的禁止性规定。

被附条件不起诉的犯罪嫌疑人,在考验期内发现有下列情形之一的,人民检察院应当撤销附条件不起诉的决定,提起公诉:实施新的犯罪或者发现决定附条件不起诉以前还有其他罪需要追诉的;违反治安管理规定或者考察机关有关附条件不起诉的监督管理规定,造成严重后果,或者多次违反治安管理规定或者考察机关有关附条件不起诉的监督管理规定的。

被附条件不起诉的犯罪嫌疑人,在考验期内没有上述情形,考验期满的,人民检察院应当作出不起诉的决定。需要注意的是,被害人对人民检察院作出的附条件不起诉的决定以及考验期满后作出的不起诉的决定,可以向上一级人民检察院申诉,但不得向法院起诉。

这里的"附条件不起诉",又称为暂缓起诉、缓予起诉、暂缓不起诉等,是指检察机关在审查起诉时,根据犯罪嫌疑人的年龄、性格、情况、犯罪性质和情节、犯罪原因以及犯罪后的悔过表现等,对犯较轻罪行的犯罪嫌疑人设定一定的条件,如果在法定的期限内,犯罪嫌疑人履行了相关的义务,检察机关就应作出不起诉的决定。附条件不起诉是以起诉便宜主义为基础的,体现了检察机关的自由裁量权,属于不起诉的一种形式。未成年人附条件不起诉有助于未成年犯罪嫌疑人的人格矫正,促使其尽快、顺利地回归社会,有助于维护家庭和睦与社会稳定,同时也符合诉讼经济、程序分流的目的。

(7) 人民检察院审查未成年人与成年人共同犯罪案件,一般应当将未成年人与成年人分案起诉。但是具有下列情形之一的,可以不分案起诉:第一,未成年人系犯罪集团的组织者或者其他共同犯罪中的主犯的;第二,案件重大、疑难、复杂,分案起诉可能妨碍案件审理的;第三,涉及刑事附带民事诉讼,分案起诉妨碍附带民事诉讼部分审理的;第四,具有其他不宜分案起诉情形的。

对于分案起诉的未成年人与成年人共同犯罪案件,一般应当同时移送人民法院。对于需要补充侦查的,如果补充侦查事项不涉及未成年犯罪嫌疑人所参与的犯罪事实,不影响对未成年犯罪嫌疑人提起公诉的,应当对未成年犯罪嫌疑人先予提起公诉。对于分案起诉的未成年人与成年人共同犯罪案件,在审查起诉过程中可以根据全案情况制作一个审结报告,起诉书以及出庭预案等应当分别制作。对未成年人与成年人共同犯罪案件分别提起公诉后,在诉讼过程中出现不宜分案起诉情形的,可以及时建议人民法院并案审理。

(四) 审判程序

1. 审判机构

未成年人刑事案件通常由专门的未成年人法庭进行审理,除审判人员资质外,《刑事诉讼法》对于未成年人法庭的设置、受案范围等问题未作规定,最高法《解释》作了较明确的界定,具体如下:

(1) 少年法庭的设置

审判第一审未成年人刑事案件的合议庭,可以由审判员或者由审判员与人民陪审员组成,但依照法律规定适用简易程序的案件除外。中级人民法院和基层人民法院可以建立未成年人案件刑事审判庭,条件尚不具备的地方,应当在刑事审判庭内设立未成年人刑事案件合议庭或者由专人负责办理未成年人刑事案件。高级人民法院应当在刑事审判庭内设立未成年人刑事案件合议庭,具备条件的,可以设立未成年人案件审判庭。未成年人刑事审判庭和未成年人刑事案件合议庭统称"少年法庭"。

(2) 审判人员资质

审理未成年人刑事案件,应当由熟悉未成年人身心特点、善于做未成年人思想教育工作的审判人员担任,并且应当保持有关审判人员工作的相对稳定性。审判未成年人刑事案件的人民陪审员,一般由熟悉未成年人身心特点、热心于教育、挽救失足未成年人工作,并经过必要培训的共青团、妇联、工会、学校的干部、教师或者离退休人员、未成年人保护组织的工作人员等担任。

人民法院应当加强同政府有关部门以及共青团、妇联、工会、未成年人保护组织等团体的联系,推动未成年人刑事案件人民陪审、情况调查、安置帮教等工作的开展,充分保障未成年人的合法权益,积极参与社会管理综合治理。

(3) 受案范围

少年法庭主要受理下列两种类型的案件:一是被告人在实施被指控的犯罪时不满18周岁、人民法院立案时不满20周岁的案件;二是被告人在实施被指控的犯罪时不满18周岁、人民法院立案时不满20周岁,并被指控为首要分子或者主犯的共同犯罪案件。如果其他共同犯罪案件有未成年被告人的,或者其他涉及未成年人的刑事案件是否由少年法庭审理,由人民法院院长根据少年法庭工作的实际情况决定。

根据最高法《解释》的规定,对分案起诉至同一人民法院的未成年人与成年人共同犯罪案件,可以由同一个审判组织审理;不宜由同一个审判组织审理的,可以分别由少年法庭、刑事审判庭审理。未成年人与成年人共同犯罪案件,由不同人民法院或者不同审判组织分别审理的,有关人民法院或者审判组织应当互相了解共同犯罪被告人的审判情况,注意全案的量刑平衡。对未成年人刑事案件,必要时,上级人民法院可以根据《刑事诉讼法》第26条的规定,指定下级人民法院将案件移送其他人民法院审判。

2. 审判程序

未成年人的法庭审理除了遵循普通刑事案件审理程序的规定外,还需注意以下特殊规定:

(1) 庭前准备

① 对于人民检察院提起公诉的未成年人刑事案件,人民法院应当查明是否附有被告人年龄的有效证明材料。对于没有附送被告人年龄的有效证明材料的,应当通知人民检察院在3日以内补送。

② 开庭审理前,应当通知未成年被告人的法定代理人出庭。无法通知、法定代理人不能到场或者法定代理人是共犯的,也可以通知犯罪嫌疑人、被告人的其他成年亲属,所在学校、单位或者居住地的村民委员会、居民委员会、未成年人保护组织的代表到场,人民法院应当将有关情况记录在卷。

③ 开庭审理前,审判未成年人刑事案件的审判长认为有必要的,可以安排法定代理人或者其他成年亲属、教师等人员与未成年被告人会见。

④ 开庭审理前,人民法院可以根据情况就未成年被告人的成长经历、犯罪原因、监护教育等情况进行调查。

(2) 法庭审理

① 人民法院应当在辩护席靠近旁听区一侧为未成年被告人的法定代理人设置席位。

② 在法庭上不得对未成年被告人使用械具。未成年被告人在法庭上可以坐着接受法庭调查、询问，但在回答审判人员的提问、宣判时应当起立。

③ 法庭审理时，审判人员应当注意未成年被告人的智力发育程度和心理状态，要态度严肃、和蔼，用语准确、通俗易懂。发现有对未成年被告人诱供、训斥、讽刺或者威胁的情形时，应当及时制止。确有必要通知未成年被害人、证人出庭作证的，人民法院应当根据案件情况采取相应的保护措施。有条件的，可以采取视频等方式对其陈述、证言进行质证。

④ 法庭调查时，审判人员应当核实未成年被告人在实施被指控行为时的年龄。同时还应当查明未成年被告人实施被指控行为时的主观和客观原因。

⑤ 法庭审理时，控辩双方向法庭提出从轻判处未成年被告人管制、拘役宣告缓刑或者有期徒刑宣告缓刑、免于刑事处罚等适用刑罚建议的，应当提供有关未成年被告人能够获得监护、帮教的书面材料。

⑥ 被告人最后陈述后，其法定代理人可以进行补充陈述。补充陈述后，审判长应当宣布休庭，合议庭进行评议。对于可以当庭宣告判决的案件，合议庭应当在宣布有罪判决结果后，当庭对未成年被告人进行法庭教育。对于定期宣告判决的案件，如果经合议庭评议，确定未成年被告人有罪，被告人及其辩护人又未作无罪辩护的，应当在宣告判决时对未成年被告人进行法庭教育。

具有下列情形之一的，不应当进行法庭教育：

第一，经过合议，合议庭确定被告人无罪的；

第二，宣判后，未成年被告人及其法定代理人、辩护人当庭明确表示对有罪判决持有异议的。

⑦ 对未成年人刑事案件宣告判决应当公开进行，但不得采取召开大会等形式。人民法院判决未成年被告人有罪的，宣判后，由合议庭组织到庭的诉讼参与人对未成年被告人进行教育。如果未成年被告人的法定代理人以外的其他成年亲属或者教师、公诉人等参加有利于教育、感化未成年被告人的，合议庭可以邀请其参加宣判后的教育。对未成年被告人的教育可以围绕下列内容进行：犯罪行为对社会的危害和应当受刑罚处罚的必要性；导致犯罪行为发生的主观、客观原因及应当吸取的教训；正确对待人民法院的裁判。

⑧ 宣告判决时，应当明确告知被告人的上诉权利，并且讲明上诉不加刑的法律规定。不满18周岁的被告人及其法定代理人依法均享有上诉权；被告人已满18周岁的，其辩护人或者其他近亲属要求上诉的，必须征得被告人的同意。决定开庭审判的上诉和抗诉案件，参照上述少年法庭审理未成年人刑事案件的程序规定进行。

⑨ 第二审程序应一律采用直接审理的方式,严格禁止书面审理。对维持或改变原判决、裁定的,二审法院应当向上诉人讲明维持或改判的理由和根据。对经二审判决、裁定确定有罪的,可以在宣判后组织法庭教育,继续做好未成年罪犯的教育工作。

⑩ 对未成年被告人不能适用死刑。未成年人犯罪只有罪行极其严重的,才可以适用无期徒刑。对已满14周岁不满16周岁的人犯罪,一般不判处无期徒刑。对于被判处拘役、3年以下有期徒刑的未成年罪犯,同时符合下列条件的,应当宣告缓刑:第一,犯罪情节较轻;第二,有悔罪表现;第三,没有再犯罪的危险;第四,宣告缓刑对所居住社区没有重大不良影响。

(3) 审判程序中的未成年人权利保障

① 对在开庭审理时不满18周岁的未成年人刑事案件,一律不公开审理。但是,经未成年被告人及其法定代理人同意,未成年被告人所在学校和未成人保护组织可以派员到场。对依法公开审理,但可能需要封存犯罪记录的案件,不得组织人员旁听。

② 审理未成年人刑事案件,审判人员不得向外界披露该未成年人的姓名、住所、照片及可能推断出该未成年人的资料。查阅、摘抄、复制的未成年人刑事案件的案卷材料,不得公开和传播。

③ 未成年被告人没有委托辩护人的,法院应当通知法律援助机构指派律师为其提供辩护。

(4) 简易程序

少年法庭对于符合《刑事诉讼法》第208条规定的未成年人刑事案件,可以适用简易程序。决定适用简易程序审理案件时,应当通知被告人的法定代理人、辩护人出庭。适用简易程序审理未成年人刑事案件,少年法庭应当在宣告判决以后,对判决有罪的未成年犯罪人进行认罪、悔过自新的教育。

(五) 执行程序

我国目前关于未成年罪犯的执行除了遵循普通刑事案件程序的规定外,尚需注意贯彻以下要求:

(1) 对于判决、裁定已经发生法律效力并应当收监服刑的未成年罪犯,少年法庭应当填写结案登记表并附送有关未成年罪犯的调查材料及其在案件审理中的表现材料,连同起诉书副本、判决书或者裁定书副本、执行通知书,一并送达执行机关。

(2) 少年法庭要承担相应的帮教责任,主要体现在:

第一,少年法庭可以通过多种形式与未成年犯管教所等未成年罪犯服刑场所建立联系,了解未成年罪犯的改造情况,协助做好帮教、改造工作;并可以对正在服刑的未成年罪犯进行回访考察。

第二,管制、宣告缓刑、免予刑事处罚、裁定假释、决定暂予监外执行等的未成年罪犯及其家庭,了解对未成年罪犯的管理和教育情况,以引导未成年罪犯的家庭正确地承担管教责任,为未成年罪犯改过自新创造良好的环境。

第三,对被判处管制、宣告缓刑、裁定假释、决定暂予监外执行的未成年罪犯,人民法院可以协助社区矫正机构制定帮教措施。

第四,对被判处管制、宣告缓刑、免予刑事处罚、裁定假释、决定暂予监外执行等的未成年罪犯具备就学就业条件的,人民法院可以就其安置问题向有关部门提出司法建议,并且附送必要的材料。

(3) 对被判处管制、宣告缓刑、裁定假释、决定暂予监外执行的未成年罪犯,司法行政机关应当及时组成由社区矫正工作部门、被执行人所在学校、单位、居民委员会、村民委员会、监护人、社会工作者等参加的教育帮助小组,对其依法监督、帮教、考察、文明管理,并将其表现告知原裁判或者决定机关。对表现好的,应当及时提出减刑的意见。司法行政机关应当针对未成年罪犯的特点和犯罪性质制定监督管理措施,建立监督管理档案,并定期与原裁判、决定机关及其所在学校或者单位联系,研究落实对其监督、帮教、考察的具体措施。

(4) 对因不满16周岁而不予刑事处罚、免予刑事处罚的未成年人,或者被判处管制、被宣告缓刑、被裁定假释的未成年人,未成年人的父母或者其他监护人和学校、居民委员会、村民委员会,应当采取有效的帮教措施,协助司法机关做好对未成年人的教育、挽救工作。居民委员会、村民委员会可以聘请思想品德优秀,作风正派,热心未成年人教育工作的离退休人员或者其他人员协助做好对前款规定的未成年人的教育、挽救工作。

(5) 依法被判处管制、宣告缓刑、免于刑事处罚、裁定假释或者刑罚执行完毕的未成年人,在复学、升学、就业等方面与其他未成年人享有同等权利,任何单位和个人不得歧视。对于执行期满,具备就学或者就业条件的未成年人,司法行政机关应当就其就学、就业等问题向有关部门介绍情况,提供资料,提出建议。

(6) 对未成年罪犯的减刑、假释,在掌握标准上可以比照成年罪犯依法适度放宽。未成年罪犯能遵守监规,积极参加学习、劳动的,即可视为"确有悔改表现"予以减刑,其减刑的幅度可以适当放宽,间隔的时间可以相应缩短。

(7) 犯罪的时候不满18岁,被判处5年有期徒刑以下刑罚的,应当对相关犯罪记录予以封存。犯罪记录被封存的,不得向任何单位和个人提供,但司法机关为办案需要或者有关单位根据国家规定进行查询的除外。依法进行查询的单位,应当对被封存的犯罪记录的情况予以保密。

(8) 人民检察院承担刑罚执行的监督责任,主要体现在:

第一,人民检察院对未成年犯管教所实行驻所检察,发现关押成年罪犯的监狱收押未成年罪犯的,未成年犯管教所违法收押成年罪犯的,或者对年满18周岁时余刑在2年以上的罪犯留在未成年犯管教所执行剩余刑期的,应当依法提出纠正意见。

第二,人民检察院依法对未成年人的社区矫正实施监督,发现没有将未成年人的社区矫正与成年人分开进行、实行社区矫正的未成年人脱管、漏管或者没有落实帮教措施、没有熟悉青少年成长特点的人员参加社区矫正等情形的,应当依法提出纠正意见。

第二十五章 当事人和解的公诉案件诉讼程序

第一节 概　　述

一、当事人和解的公诉案件程序的概念与意义

当事人和解的公诉案件程序是我国2012年《刑事诉讼法》修改中新创建的四个特别程序之一。根据我国《刑事诉讼法》第五编第二章的规定，该项特别程序是指公安机关、人民检察院、人民法院在法定范围的公诉案件中，犯罪嫌疑人、被告人真诚悔罪，通过向被害人赔偿损失、赔礼道歉等方式获得被害人谅解、双方当事人自愿达成协议的，可以对犯罪嫌疑人、被告人作出不同方式的从宽处理的程序。

创建当事人和解程序的现实意义在于：

（一）有助于贯彻宽严相济刑事政策

宽严相济刑事政策是我国的基本刑事政策。它要求，对不同的犯罪和犯罪分子区别对待，做到严中有宽、宽以济严；宽中有严、严以济宽。而当事人和解通过犯罪嫌疑人、被告人与被害人的自主协商，有利于犯罪嫌疑人、被告人真诚悔罪，并获得从轻处理，这为贯彻宽严相济刑事政策提供了重要的路径。

（二）有助于促进社会秩序的和谐安定

当事人和解作为一种新型的解决纠纷方式，具有传统刑事处罚方式所不具有的优点和功能。只有在当事人双方的意愿都得到最低程度的满足时，和解才可能达成，其中的协商谈判、心理博弈显然取决于双方当事人的自由意志，和解与否、如何和解在合法前提下完全由他们决定。这种充分尊重双方当事人主体地位的案件处理方式不仅能补偿被害人的物质损害和心理创伤，增加被害人的满意感，还由于犯罪嫌疑人、被告人可能得到从宽处理，而有利于其回归社会，进而恢复因犯罪而受到损害的社会关系，促进社会的和谐安定。

（三）有助于提高诉讼效率和有效解决纠纷

在和解程序中，通过当事人双方的协商达成和解使得办案机关能够快速处理一些罪行较轻的案件，可以节约大量司法资源。而且当事人和解是由双方当事人自愿协商达成协议解决纠纷的，通常可以避免上访和缠讼的发生。

二、当事人和解的公诉案件程序创建的背景

（一）源于深厚的法律传统底蕴

中国古代早已存在体现和解思想的传统文化。孔子云："礼之用，和为贵"①，他一直憧憬"必也使无讼乎"②的社会。我国古代刑律有刑事当事人和解的规定，如元朝《大元通制》规定"诸戏伤人命，自愿休和者听"③，当事人和解的传统也为新民主主义革命时期革命根据地所继承和发扬。抗战时期陕甘宁边区公布的《陕甘宁边区民刑事件调解条例》就有关于刑事当事人和解的相关内容。④ 由此可见，刑事当事人和解是对我国固有法律文化在新的历史条件下的传承与创新。

（二）是对域外刑事和解制度的借鉴、吸收

在当代域外刑事诉讼中盛行着不同形式的当事人和解制度。英美法系国家大多数案件以辩诉交易的形式结案。如美国《联邦刑事诉讼规则》在"答辩协议"条文中规定，"检察官与辩护律师之间，或者与被告之间（当被告自行辩护时）可以进行讨论以达成协议"⑤，检察官可以撤销、降格指控或建议较轻刑罚。大陆法系各国也创立不同形式的刑事和解制度。日本2000年通过的《刑事程序中保护被害人等附带措施的法律案》规定：要在刑事诉讼程序中导入民事和解制度。⑥ 我国台湾地区的"刑事诉讼法"也正式确立了认罪协商制度，根据该法第455-2条的规定，对于地方法院管辖的判处3年以下有期徒刑的案件，检察官征求被害人的意见后与被告方达成合意且被告人认罪者，检察官向法院申请依协商程序进行判决。⑦ 海外许多国家和地区关于刑事和解制度的实践表明，该制度有旺盛的生命力和重要的存在价值。

---

① 《论语·学而第一》。
② 《论语·颜渊》。
③ 《元史·刑法志》所载《大元通制》。
④ 《陕甘宁边区民刑事件调解条例》第2条明确规定："……刑事则除下列各罪不许调解外，其他各罪均得调解：内乱罪、外患罪、汉奸罪、故意杀人罪、盗匪罪、掳人勒赎罪、违反政府法令罪、破坏社会秩序罪、贪污渎职罪、妨害公务罪、妨害选举罪、逃脱罪……其他有习惯性之犯罪。"后来由于社会上出现了对《条例》中调解范围的宽泛规定有纵容情节恶劣的犯罪的不满情绪，因此，1946年下半年对《条例》作了修改：即民事案件可以调解；刑事案件，如属一时气愤，或过失引起的轻微伤害，群众不反对者方可调解。这个规定直到边区政府撤销以前，始终是确定刑事调解范围的依据。
⑤ 《美国联邦刑事诉讼规则和证据规则》，卞建林译，中国政法大学出版社1996年版，第44页。
⑥ 《刑事程序保护被害人等附带措施的法律》，宋英辉译，载陈光中、江伟主编：《诉讼法学研究》（第7卷），法律出版社2002年版，第446—452页。
⑦ 我国台湾地区"刑事诉讼法"第455-2条规定："除所犯为死刑、无期徒刑、最轻本刑3年以上有期徒刑之罪或高等法院管辖第一审案件者外，案件经检察官提起公诉或声请简易判决处刑，于第一审言词辩论终结前或简易判决处刑前，检察官得于征询被害人之意见后，径行或依被告或其代理人、辩护人之请求，经法院同意，就下列事项于审判外进行协商，经当事人双方合意且被告认罪者，由检察官声请法院改依协商程序而为判决：一、被告愿受科刑之范围或愿意接受缓刑之宣告。二、被告向被害人道歉。三、被告支付相当数额之赔偿金。四、被告向公库或指定之公益团体、地方自治团体支付一定之金额。检察官就前项第2款、第3款事项与被告协商，应得被害人之同意。第一项之协商期间不得逾30日。"

(三) 是对各地试点成功经验的总结和法律化

近年来,我国在构建和谐社会和贯彻宽严相济刑事政策的背景下,司法实务部门积极尝试运用当事人和解的方式解决轻微刑事案件,取得了良好的社会效果。在开展试点的基础上,2010 年最高人民法院发布的《关于贯彻宽严相济刑事政策的若干意见》第 23 条规定:"被告人案发后对被害人积极进行赔偿,并认罪、悔罪的,依法可以作为酌定量刑情节予以考虑。"2011 年最高人民检察院发布的《关于办理当事人达成和解的轻微刑事案件的若干意见》则对刑事和解的指导思想和基本原则、适用范围和条件、和解的内容、对当事人和解的审查以及对当事人达成和解案件的处理等问题进行了专门系统的规定。当事人和解程序正是试点经验和有关司法文件的进一步提高和法律化。

三、当事人和解程序与相关概念的区别

(一) 当事人和解与调解

调解制度是我国的一项传统制度,普遍适用于民事纠纷的解决过程中,在刑事诉讼中则只适用于自诉案件和刑事附带民事诉讼。① "当事人和解"与"调解"明显的区别在于,"调解"一开始就在第三方的主持和促进下双方达成解决纠纷的协议;而"和解"强调双方当事人在没有第三方介入的情况下自主达成和解协议。但公诉案件涉及被害人、加害人和国家三方利益,公、检、法机关是代表国家办理刑事案件的机关,虽然一开始不适宜主动介入当事人和解,但是当双方当事人达成和解后,公、检、法必须依职权对和解进行审查并对案件作出处理。

(二) 当事人和解与"私了"

"私了"是与"公了"相对而言的,是指纠纷双方不经过国家专门机关自行协商解决纠纷的统称,也就是诉讼外的双方当事人和解。脱离了公权力的监督和审查的"私了"情况比较复杂,民事纠纷中当事人对诉权依法可以自由处分,因此,一般民事纠纷都可以"私了"。在刑事案件中,自诉案件的诉权属于被害人,当事人之间自然也可以"私了",而公诉案件的追诉权由国家的专门机关来行使,因此"私了"是不合法的。但因刑事案件"私了"能够给被害人和加害人带来实惠,此种解决方式在我国民间颇具市场。有学者根据有关资料统计宣称,社会上发生的刑事案件,有 30% 左右是"私了"的。② 正因为如此,建立公诉案件中的当事人和解程序将"私了"纳入到刑事诉讼程序之中,在一定程度上能够消除公诉案件"私了"的这种不合法的现象。

(三) 当事人和解与辩诉交易

《布莱克法律辞典》对辩诉交易的定义为:"辩诉交易是指在刑事被告人就

---

① 我国《刑事诉讼法》第 206 条规定:"人民法院对自诉案件,可以进行调解;自诉人在宣告判决前,可以同被告人自行和解或者撤回自诉……"此规定在司法实践中也适用于刑事附带民事诉讼中。

② 陈玉范、屈广臣:《"私了"问题的法律思考》,载《当代法学》1995 年第 1 期。

较轻的罪名或者数项指控中的一项或几项作出有罪答辩,以换取检察官的某种让步,通常是获得较轻的判决或者撤销其他指控的情况下,检察官和被告人之间经过协商达成的协议。"① 这种交易协议得到法庭认可后才具有法律上的效力。实践中,绝大多数辩诉交易都能得到法官的认可。② 根据以上辩诉交易的定义,它与我国的当事人和解之区别主要在于:第一,辩诉交易的主体为检察官和被告人(主要是通过其辩护律师进行交易),被害人不参加辩诉交易,检察官最多只是征求被害人的意见,交易的结果很有可能违背被害人的意愿;而当事人和解的主体是被害人和犯罪嫌疑人、被告人(加害人)。第二,辩诉交易只以被告人认罪为条件,而不要求以赔偿、道歉等方式取得被害人的谅解;而当事人和解必须通过加害人向被害人赔礼、道歉、赔偿等方式取得被害人的谅解,并使之同意自愿和解为条件。第三,辩诉交易主要在审判阶段进行,由法官作出处理;而当事人和解在侦查、审查起诉和审判阶段都可以进行,并由公、检、法作出不同的处理。第四,辩诉交易的重要动因是控辩双方为应对对抗制诉讼模式下判决的不确定性而选择对自己来说风险更小、损失更小的案件解决方式;而当事人和解由于刑事案件结果的确定性很高,对于被害人和加害人来说,选择和解是为了获得对自己更有利的结果,也就是说被害人能尽快获得赔偿和抚慰,加害人能获得谅解和从轻处理。

(四) 当事人和解与恢复性司法

恢复性司法作为国外一项刑事司法改革运动,起源于20世纪60年代的北美洲,现已风行于全球。根据联合国经济及社会理事会《关于在刑事事项中使用恢复性司法方案的基本原则》对恢复性司法的定义,该制度是指犯罪人、受害人或犯罪案件的其他当事人共同参与解决由该犯罪所引发的事项,常常是在代理人的协助下进行。其目的主要是满足个人和集体的需要,重新调整受害人与犯罪人之间的关系。

恢复性司法与当事人和解有其相通之处,但又有明显的区别。首先,二者目的不同。恢复性司法强调一种交流、沟通、对话,达到心灵的回归,主张加害人回归社会;而当事人和解重在和解,侧重于解决社会纠纷。第二,适用范围不同。恢复性司法的适用没有法定刑的限制,既可以适用于轻罪,也可以适用于比较严重的犯罪;而当事人和解仅能适用于一些法定刑比较轻的轻罪案件当中。第三,适用阶段不同。恢复性司法不仅适用于刑事诉讼的各个阶段,而且也适用于刑事诉讼结束后的执行阶段,特别是社区矫正的执行;而当事人和解只适用于刑事诉讼的侦查、起诉和审判阶段,而不包括执行阶段。

---

① Black's Law Dictionary(7th ed), West Group, 2000, p.1173.
② Federal Rules of Criminal Procedure 11(e);Wayne R. Lafave, and Jerold H. Israel, Criminal Procedure, West Publishing, 2nd ed., 1992.

第二节　公诉案件当事人和解的适用范围与诉讼程序

一、公诉案件当事人和解的适用范围

我国《刑事诉讼法》第 277 条采取明确列举和禁止的方式规定了公诉案件当事人和解程序的适用范围：

（1）因民间纠纷引起，涉嫌《刑法》分则第四章、第五章规定的犯罪案件，可能判处 3 年有期徒刑以下刑罚的。这类案件必须符合以下三个条件：一是"因民间纠纷引起"。民间纠纷一般是指公民之间有关人身、财产权益和其他日常生活中发生的纠纷。二是"涉嫌《刑法》分则第四章、第五章规定的犯罪案件"。《刑法》分则第四章规定的是"侵犯公民人身权利、民主权利罪"，第五章规定的是"侵犯财产罪"。但是，这两章中的检察机关自侦案件除外。因此，即使是因民间纠纷引起的，但不属于《刑法》分则第四、五章规定的犯罪案件，也不适用于和解。三是"可能判处 3 年有期徒刑以下刑罚"。主流刑法理论认为，3 年有期徒刑以下刑罚属于轻罪。将当事人和解的适用限于轻罪是为了充分发挥其积极作用，尽可能减少其负面影响。以上三个条件必须同时具备，缺一不可。

（2）除渎职犯罪以外的可能判处 7 年有期徒刑以下刑罚的过失犯罪案件。这类案件也必须同时符合以下三个条件：一是"过失犯罪"。所谓"过失犯罪"是指应当预见自己的行为可能发生危害社会的结果，因为疏忽大意而没有预见，或者已经预见而轻信能够避免，以致发生这种结果的犯罪。过失犯罪，法律有规定的才负刑事责任。《刑法》分则明确规定了过失犯罪的罪名。[①] 二是"可能判处 7 年有期徒刑以下刑罚"。"7 年有期徒刑"是多数过失犯罪的最高刑罚，这与过失犯罪的刑罚是相对应的。三是渎职犯罪除外。渎职犯罪是指《刑法》分则第九章规定的犯罪类型。渎职犯罪违背了公务职责的公正性、廉洁性、勤勉性，妨害国家机关正常的职能活动，是严重损害国家和人民利益的行为，因而不属于当事人和解的范围。

（3）犯罪嫌疑人、被告人在 5 年以内曾经故意犯罪的案件不得适用当事人和解程序。换言之，即使属于上述两种案件的范围，但如果该犯罪嫌疑人、被告人在 5 年内曾经故意犯罪，不论其是否被追究刑事责任，禁止适用当事人和解。在此类案中，犯罪嫌疑人、被告人的社会危害性、人身危险性以及主观恶性较大，属于从重处罚的情节。因此，此类案件不得适用对犯罪嫌疑人、被告人从轻处罚的当事人和解制度。

[①] 关于我国《刑法》中哪些罪名属于过失犯罪，除《刑法》明确规定为过失犯罪的罪名，有些罪名是否为过失犯罪在司法实务中和理论界仍存在一定争议。

二、公诉案件当事人和解诉讼程序

根据我国《刑事诉讼法》第277条、第278条和第279条的规定以及最高法《解释》、最高检《规则》、公安部《规定》的有关规定，公诉案件当事人和解诉讼程序的基本内容如下：

(一) 当事人和解的主体

我国刑事诉讼中当事人和解的主体是犯罪嫌疑人、被告人与被害人。他们之间自行协商、达成和解，这是我国当事人和解制度与海外辩诉交易以及认罪协商制度之间的重要区别。

最高检《规则》第511条进一步规定："被害人死亡的，其法定代理人、近亲属可以与犯罪嫌疑人和解。被害人系无行为能力或者限制行为能力人的，其法定代理人可以代为和解。"第512条进一步规定："犯罪嫌疑人系限制行为能力人的，其法定代理人可以代为和解。犯罪嫌疑人在押的，经犯罪嫌疑人同意，其法定代理人、近亲属可以代为和解。"

在刑事和解程序中，犯罪嫌疑人、被告人和被害人及双方的法定代理人、近亲属可以委托律师为他们的辩护人或者诉讼代理人。两办《完善法律援助制度意见》提出要"建立法律援助参与刑事和解、死刑复核案件工作机制"，这对于保证刑事和解的质量具有重要意义。

(二) 当事人和解的条件

主要有两个：首先，犯罪嫌疑人、被告人自愿真诚悔罪，这是当事人和解的前提条件。悔罪是指犯罪分子犯罪后，法院裁判前认罪并悔悟的情况。认罪是承认犯罪并如实交代犯罪事实，悔悟是指有悔悟之心、并有悔悟的实际表现。其次，必须是犯罪事实清楚，证据确实、充分。否则，表面上犯罪嫌疑人、被告人认罪，实际上可能是错案。

(三) 当事人和解的方式

首先，犯罪嫌疑人、被告人应当通过赔偿损失和赔礼道歉等方式取得被害人谅解。赔偿损失包括赔偿物质损失和精神损失，这与附带民事诉讼只赔偿物质损失有所不同，因为在有的案件中（如强奸犯罪）被害人往往物质损失不大而精神遭受到严重打击。赔偿损失的方式主要是指经济赔偿。赔礼道歉既可以通过书面的方式，也可以通过口头的方式进行。这两种方式是司法实务中最常见的方式，但不限于这两种方式，还包括提供劳务等。其次，被害人必须是自愿和解。这里强调了被害人对犯罪嫌疑人、被告人谅解的基础上自愿和解，防止出现强迫被害人和解的现象。即便犯罪嫌疑人、被告人愿意和解，但被害人不愿意和解的，就不得和解。最后，只有在双方当事人和解的前提下，公安司法机关才能介入对和解进行审查。为了提高和解的可能性，最高法《解释》第496条第1款规定："……当事人提出申请的，人民法院可以主持双方当事人协商以达成和解。"

(四) 审查的主体

审查的主体是公安机关、人民检察院和人民法院。公安机关、人民检察院和人民法院有职责对当事人的和解进行审查,以确定其是否有效。由于刑事诉讼是分阶段展开的,因此,双方当事人自行和解的,在侦查阶段,由公安机关负责审查;在审查起诉阶段,由人民检察院负责审查;在审判阶段,则由人民法院负责审查。当事人和解首先需要双方自行和解,但这并不意味着和解就生效了,还需经过公安司法机关的审查和确认。唯有如此,才能保证当事人和解活动的正当性并可能实现其预期的价值目标。

(五) 审查的程序和内容

公安司法机关"必须听取当事人和其他有关人员的意见",这是强制性规定,否则公安司法机关就不能主持制作当事人和解协议书。这里的"当事人"指的是犯罪嫌疑人、被告人与被害人。"其他有关人员",可以是除当事人之外的其他诉讼参与人,也可以是非诉讼参与人。换言之,只要参与双方当事人和解的相关人员都需要听取其意见,但主要指参与和解活动的双方当事人的法定代理人、近亲属(夫、妻、父、母、子、女、同胞兄弟姊妹)及其辩护人、诉讼代理人。公安司法机关认真听取当事人和其他相关人员的意见是深入了解、正确判断和解的达成是否真正符合双方当事人意愿的程序保障。

审查的内容是"和解的自愿性、合法性"。"自愿性"是指当事人和解的内容反映了双方当事人的真实意愿,而非出于对方当事人或第三方的各种强迫方法所致。"合法性"是指和解必须符合法律规定,包括实体上的合法性和程序上的合法性。前者是指和解不得违反《刑法》及相关实体法律的规定,如双方关于量刑的和解就不得超出《刑法》规定的法定幅度;后者是指不得违反《刑事诉讼法》及相关程序法的规定,如和解的案件范围不得违反《刑事诉讼法》第 277 条的规定。自愿性和合法性是当事人和解的核心要求和基本原则,一切违反自愿性或合法性的当事人和解都是无效的。

(六) 审查的结果

公安司法机关审查后,认为和解符合自愿性和合法性的,就主持制作和解协议书。"和解协议书"是公安机关、人民检察院和人民法院主持制作的记载双方当事人和解内容的诉讼文书。和解协议书是具有法律效力的诉讼文书,对双方当事人均具有法律拘束力。根据最高法《解释》第 499 条、最高检《规则》第 516 条、公安部《规定》第 326 条的规定,和解协议书应当包括以下主要内容:(1) 案件的基本事实和主要证据;(2) 犯罪嫌疑人、被告人承认自己所犯罪行,对指控的犯罪事实没有异议,真诚悔罪;(3) 犯罪嫌疑人、被告人通过向被害人赔礼道歉、赔偿损失等方式获得被害人谅解;涉及赔偿损失的,应当写明赔偿的数额、方式等;提起附带民事诉讼的,由附带民事诉讼原告人撤回附带民事诉讼;(4) 被害人自愿和解,请求或同意对犯罪嫌疑人、被告人依法从宽处罚。和解协议书应当由双方当事人和办案主持人签名。

(七) 各个诉讼阶段达成和解协议后的处理方式

1. 侦查阶段

我国《刑事诉讼法》第 160 条规定:"公安机关侦查终结的案件,应当做到犯罪事实清楚,证据确实、充分,并且写出起诉意见书,连同案卷材料、证据一并移送同级人民检察院审查决定……"据此,对于公诉案件,如果犯罪嫌疑人在事实和法律上构成犯罪应当追究刑事责任的,公安机关在侦查阶段无权作出撤销案件的决定。我国《刑事诉讼法》第 279 条规定:"对于达成和解协议的案件,公安机关可以向人民检察院提出从宽处理的建议……"因此,公安机关对于当事人和解的案件不得作出撤销案件或者其他的直接处理方式,只能向人民检察院移送起诉,并在起诉意见书中提出从宽处理的建议。

2. 审查起诉阶段

由于人民检察院办理的自侦案件不属于当事人和解案件的范围,人民检察院在审查起诉阶段才面临如何处理当事人和解案件的问题。对此人民检察院有两种从宽处理的方式:第一,对一般的当事人和解案件,人民检察院提起公诉时可以在公诉书中载明当事人已达成和解,建议人民法院对被告人从宽处罚,并附卷移送当事人和解协议书。第二,对犯罪嫌疑人犯罪情节轻微、不需要判处刑罚的和解案件,人民检察院可以根据我国《刑事诉讼法》第 173 条第 2 款的规定作出不起诉决定,即酌定不起诉(相对不起诉)决定。《刑事诉讼法》第 173 条第 2 款规定:"对于犯罪情节轻微,依照刑法规定不需要判处刑罚或者免除刑罚的,人民检察院可以作出不起诉决定。"根据我国《刑法》的规定,以下情形可以适用此种不起诉:犯罪嫌疑人在我国领域外犯罪,依照我国《刑法》应当负刑事责任,但在外国已经受过刑事处罚的;犯罪嫌疑人又聋又哑,或者是盲人的;犯罪嫌疑人因正当防卫或者紧急避险过当而犯罪的;为犯罪准备工具,制造条件的;在犯罪过程中自动中止犯罪或者自动有效防止犯罪结果发生,没有造成损害的;在共同犯罪中,起次要或者辅助作用的;被胁迫参加犯罪的;犯罪嫌疑人自首或者有重大立功表现或者自首后又有重大立功表现的。因此,在上述情形中,犯罪嫌疑人与被害人达成和解的,人民检察院可以作出不起诉决定。

3. 审判阶段

对于在侦查阶段、审查起诉阶段以及审判阶段中犯罪嫌疑人、被告人与被害人进行和解的,人民法院可以对被告人从宽处罚。"从宽"主要是指对于情节较轻、社会危害性较小的犯罪,或者罪行虽然严重,但具有法定、酌定从宽处罚情节,以及主观恶性相对较小、人身危险性不大的被告人,可以依法从轻、减轻或者免除处罚;对于具有一定社会危害性,但情节显著轻微危害不大的行为,不作为犯罪处理；对于依法可不监禁的，尽量适用缓刑或者判处管制、单处罚金等非监禁刑。

还须指出，我国《刑事诉讼法》第279条对当事人和解案件的从宽处理或者处罚虽然都是使用"可以"之词，但是在司法实务中，公安机关、人民检察院和人民法院原则上都应当作出从宽的处理或者处罚，否则必然影响到当事人和解程序的有效贯彻。最高法《解释》第505条规定："对达成和解协议的案件，人民法院应当对被告人从轻处罚……"

第二十六章 犯罪嫌疑人、被告人逃匿、死亡案件违法所得的没收程序

第一节 概 述

一、创建犯罪嫌疑人、被告人逃匿、死亡案件违法所得的没收程序的背景

在司法实践中,一些案件的犯罪嫌疑人、被告人长期潜逃或者死亡,如果按照普通案件所适用的诉讼原则和程序就无法进行审判,也无法及时挽回国家、集体或者被害人的经济损失。这种情形在贪污腐败案件中尤为突出。一些腐败案件的犯罪嫌疑人在实施犯罪行为后,往往将贪腐所得转移境外或通过其他方式隐瞒。由于犯罪嫌疑人的长期潜逃或死亡,如果不建立有效的财产追回机制,那么不仅无法对贪腐等行为进行相应的制裁,而且也无法挽回相应的损失。在其他一些严重的犯罪案件中,也存在类似的问题。如在恐怖犯罪案件中,如果不及时没收与犯罪相关的财物,不仅不能惩治犯罪行为,而且由于不能采取有力措施切断其经济来源,也不能有效防止有关犯罪行为继续发生。

为了加大对贪污腐败犯罪行为和其他严重犯罪的打击力度,联合国有关国际公约规定了与被告人定罪可以分离的没收程序。联合国《反腐败公约》第54条第1款第3项规定:"各缔约国应根据本国法律,采取必要的措施,以便在因为犯罪人死亡、潜逃或者缺席而无法对其进行起诉的情形或其他有关情形下,能够不经过刑事定罪而没收因腐败犯罪所获得的财产。"联合国《打击跨国犯罪公约》第12条也规定:"一、缔约国应在本国法律制度的范围内尽最大可能采取必要措施,以便能够没收:(一)来自本公约所涵盖的犯罪的犯罪所得或价值与其相当的财产;(二)用于或拟用于本公约所涵盖的犯罪的财产、设备或其他工具。二、缔约国采取必要措施,辨认、追查、冻结或扣押本条第一款所述任何物品,以便最终予以没收……"这种将"人""物"分离的处理方法也有一些国家相关的经验支持,如美国。

为了严厉打击贪污贿赂犯罪、恐怖活动犯罪等严重犯罪活动,及时追缴犯罪活动违法所得及其他涉案财物,并与我国已加入的反腐败国际公约及有关反恐怖问题的决议的相关要求衔接,我国2012年修订的《刑事诉讼法》在"特别程序编"中增加了"犯罪嫌疑人、被告人逃匿、死亡案件违法所得的没收程序"章。

二、犯罪嫌疑人、被告人逃匿、死亡案件违法所得的没收程序的概念、特点

犯罪嫌疑人、被告人逃匿、死亡案件违法所得的没收程序，是指在特定案件中，在犯罪嫌疑人、被告人逃匿或者死亡的情形下，对违法所得及其他涉案财物进行处理的特别诉讼程序。该程序具有以下特点：

第一，犯罪嫌疑人、被告人逃匿、死亡案件违法所得的没收程序适用的案件范围特定。在犯罪嫌疑人、被告人逃匿的情况下，对于普通刑事案件，其诉讼程序应当保障当事人的参与权，尤其是犯罪嫌疑人、被告人的辩护权。但是，为了加大对某些特定的严重犯罪的打击力度，法律可以适度克减当事人或者相关人的诉讼权利，即这些案件可以遵循特别程序进行。不过，这些特别程序适用的案件范围不能扩大，否则就有侵犯人权之虞。在我国，犯罪嫌疑人、被告人逃匿案件违法所得的没收程序只能针对贪污贿赂犯罪、恐怖活动等重大的犯罪案件以及犯罪嫌疑人、被告人死亡的情况。

第二，犯罪嫌疑人、被告人逃匿、死亡案件违法所得的没收程序适用的对象仅针对财物。我国的没收程序不同于一些国家的缺席审判程序。一些国家规定了在特殊情形下，如被追诉人逃跑或者轻微刑事案件中，在被告人不到庭的情形下，可以对被告人涉嫌的犯罪活动进行审判，其审理的对象不仅可能包括涉案财物，而且还包括对被告人的刑罚问题。我国的没收程序仅仅针对"财物"，而不涉及对被告人的定罪量刑。据此，我国并没有建立针对"人"的缺席审判制度。

第三，犯罪嫌疑人、被告人逃匿、死亡案件违法所得的没收程序保障利害关系人的诉讼权利。犯罪嫌疑人、被告人逃匿、死亡案件违法所得的没收程序虽然不同于普通诉讼程序，但是该程序涉及利害关系人的财产权的处分，而财产权是公民的基本、重要的权利，因此，在程序中应当保障利害关系人诉讼权利的有效行使，包括其参与权、救济权等。

第二节 违法所得案件的没收程序适用条件

犯罪嫌疑人、被告人逃匿、死亡案件违法所得的没收程序作为特别程序，其适用应当有严格的条件限制。按照《刑事诉讼法》的相关规定，此程序适用应具备四个方面的条件。

一、适用的案件范围

《刑事诉讼法》第 280 条第 1 款规定："对于贪污贿赂犯罪、恐怖活动犯罪等重大犯罪案件，犯罪嫌疑人、被告人逃匿，在通缉 1 年后不能到案，或者犯罪嫌疑人、被告人死亡，依照刑法规定应当追缴其违法所得及其他涉案财产的，人民检察院可以向人民法院提出没收违法所得的申请。"最高法《解释》第 507 条将上

述条款解释为:"依照刑法规定应当追缴违法所得及其他涉案财产,且符合下列情形之一的,人民检察院可以向人民法院提出没收违法所得的申请:(一)犯罪嫌疑人、被告人实施了贪污贿赂犯罪、恐怖活动犯罪等重大犯罪后逃匿,在通缉1年后不能到案的;(二)犯罪嫌疑人、被告人死亡的。"六部门《规定》第37条、第38条第2款也作了基本相同的规定。

就第一类案件而言,"贪污犯罪",应从广义理解,即不仅包括贪污罪,还包括挪用公款罪、私分国有资产罪、私分罚没财物罪、巨额财产来源不明罪、隐瞒境外存款罪。"贿赂犯罪"包括受贿罪、行贿罪、介绍贿赂罪等。"恐怖活动犯罪"包括组织、领导、参加恐怖组织罪,资助恐怖活动罪,劫持航空器罪,劫持船只、汽车罪、暴力危及飞行安全罪。

需要注意的是,法条对于没收程序适用案件范围采取的是非完全列举的方式,即除了明确列举"贪污贿赂犯罪、恐怖活动犯罪"这两类外,还包括这两类罪名之外的一些犯罪案件,这些案件属于法条中"等"的范畴。在理解法律增设该特别程序的精神基础上,对照贪污贿赂犯罪和恐怖活动犯罪,其他案件可以适用没收程序的案件应符合两个条件:其一,涉及追缴违法所得及其他涉案财产。如果案件不涉及追缴违法所得或者其他涉案财产,就不存在"没收"的必要。其二,属于重大犯罪案件。"重大犯罪案件"应具有下列情形之一:(1)犯罪嫌疑人、被告人可能被判处无期徒刑以上刑罚的;(2)案件在本省、自治区、直辖市或者全国范围内有较大影响的;(3)其他重大犯罪案件。根据立法要求和精神,此类案件的性质要与贪污贿赂犯罪和恐怖活动犯罪严重程度相当。也正因为其犯罪性质或程度的严重性,即使在犯罪嫌疑人、被告人逃匿的情形下,为了加强对这些犯罪活动的打击力度,也要对其适用特别程序,没收非法所得或涉案财产。

就第二类案件而言,适用范围是犯罪嫌疑人、被告人死亡的,依法应当追缴财产的一般刑事案件。正如上文所分析,一旦犯罪嫌疑人、被告人死亡,刑事追诉程序即终止。但是,在一些案件中,即使被追诉人死亡,也存在依照刑法规定应当追缴违法所得及其他涉案财产的情形。如果不启动没收程序,就可能致使国家利益和被害人利益无法受到补偿。因此这类案件只要符合追缴财产条件,也可以适用违法所得没收程序;

二、被追诉人不能到案

按照《刑事诉讼法》第280条规定,犯罪嫌疑人、被告人逃匿、死亡案件违法所得的没收程序的适用条件,只有对于贪污贿赂犯罪、恐怖活动犯罪等重大犯罪案件,犯罪嫌疑人、被告人潜逃,在通缉1年后不能到案,或者犯罪嫌疑人、被告人死亡的情形下才能适用。据此,被追诉人不能到案有两种情形:一种情形是因为主观原因不能到案,即"犯罪嫌疑人、被告人潜逃"。在此种情形下,还必须符合时间条件,即"在通缉1年后不能到案"。这也意味在一般情况下,相关机关应当采取有关措施保证犯罪嫌疑人、被告人到案,只有在长时间通缉后(1年),仍然不能将其缉拿归案,才能适用没收程序。这也说明了立法本意是尽量保证被追诉人的参与权和辩护权。另一种情形是因为客观原因犯罪嫌疑人、被告人不能到案,即"死亡"。在此情形下,由于被追诉人死亡,没有必要也不可能追究其刑事责任,但是相关的涉案财物并没有处理,因此有必要专门针对财物适用没收程序。

三、有追缴财产的需要

对于贪污贿赂犯罪、恐怖活动犯罪等重大案件,如果犯罪嫌疑人、被告人潜逃或者死亡,也只有在依照《刑法》规定应当追缴其违法所得及其他涉案财产的,如需要追缴贪污财产、没收涉及恐怖活动资金等,才能启动此没收程序。违法所得及其他涉案财产是指犯罪嫌疑人实施犯罪行为所取得的财物及其孳息,以及被告人非法持有的违禁品、供犯罪所用的本人财物。如果犯罪嫌疑人、被告人逃匿、死亡,但是案件并不涉及财物,就不需要启动没收程序。

对于普通刑事案件,如果犯罪嫌疑人、被告人死亡,现有证据能够证明其存在违法所得及其他涉案财产应当予以没收的,公安机关、人民检察院可以进行调查。另外,需要注意的是,有些被追诉人死亡的案件,即使涉及非法所得或相关财物,但这些财物金额并不大,检察机关从诉讼效益的角度考虑,也可以不启动没收程序。也正因为如此,法律规定人民检察院"可以"而不是"应当"向法院提出没收违法所得的申请。

四、程序启动要件

犯罪嫌疑人、被告人逃匿、死亡案件违法所得的没收程序的启动,需要由检察机关向人民法院提出没收违法所得的申请。我国没收程序是比照普通程序设计的,即同样要经过相关机关侦查、检察机关起诉和法院审理等阶段。这种设计一方面可以在很大程度上防止没收程序被滥用,保证公民的合法财产权不被非法侵犯,另一方面也可以使得没收程序的庭审合理化。因此,公安机关不能直接向法院提出没收申请,而是应当向检察机关提出没收违法所得意见书,由检察机关决定是否向人民法院提出没收违法所得的申请。

(一)没收违法所得意见书的提出

如果是公安机关侦查的案件,对于符合没收违法所得条件的,经县级以上公安机关负责人批准,可以提出没收违法所得意见书,连同相关证据材料一并移送同级人民检察院。没收违法所得意见书应当包括:(1)犯罪嫌疑人的基本情况;(2)犯罪事实和相关的证据材料;(3)犯罪嫌疑人逃匿、被通缉或者死亡的情况;(4)犯罪嫌疑人的违法所得及其他涉案财产的种类、数量、所在地;(5)查封、扣押、冻结的情况等。在犯罪嫌疑人死亡的情况下,如果现有证据证明其存在违法所得及其他涉案财产应当予以没收的,公安机关可以进行调查。公安机关进行调查,可以依法进行查封、扣押、查询、冻结。

如果是人民检察院直接受理立案侦查的案件,犯罪嫌疑人逃匿或者犯罪嫌疑人死亡而撤销案件,符合《刑事诉讼法》第280条第1款规定的条件的,侦查部门应当启动违法所得没收程序进行调查,调查内容包括:查明犯罪嫌疑人涉嫌的犯罪事实;犯罪嫌疑人逃匿、被通缉或者死亡的情况;犯罪嫌疑人的违法所得及其他涉案财产的情况。侦查机关可以对违法所得及其他涉案财产依法进行查封、扣押、查询、冻结。经调查认为符合条件的,侦查部门应当写出没收违法所得意见书,连同案卷材料一并移送有管辖权的人民检察院侦查部门,并由有管辖权的人民检察院的侦查部门移送本院公诉部门。

人民检察院发现公安机关应当启动违法所得没收程序而不启动的,可以要求公安机关在7日以内书面说明不启动的理由。经审查,认为公安机关不启动理由不能成立的,应当通知公安机关启动程序。

公安机关将没收违法所得意见书移送人民检察院后,在逃的犯罪嫌疑人自动投案或者被抓获的,公安机关应当及时通知同级人民检察院。

人民检察院在收到公安机关或其侦查部门提出的没收违法所得意见书后,应当由公诉部门对其进行审查。具体审查内容包括:(1)是否属于本院管辖;(2)是否符合《刑事诉讼法》第280条第1款规定的条件;(3)犯罪嫌疑人身份状况,包括姓名、性别、国籍、出生年月日、职业和单位等;(4)犯罪嫌疑人涉嫌犯罪的情况;(5)犯罪嫌疑人逃匿、被通缉或者死亡的情况;(6)违法所得及其他涉案财产的种类、数量,所在地,以及查封、扣押、冻结的情况;(7)与犯罪事实、违法所得相关的证据材料是否随案移送,不宜移送的证据的清单、复制件、照片或者其他证明文件是否随案移送;(8)证据是否确实、充分;(9)相关利害关系人的情况。

人民检察院应当在接到公安机关或侦查部门移送的没收违法所得意见书后30日以内作出是否提出没收违法所得申请的决定。30日以内不能作出决定的,经检察长批准,可以延长15日。经人民检察院审查后,认为不符合适用违法所得没收程序的条件的,应当作出不提出没收违法所得申请的决定,并向公安机关或人民检察院侦查部门书面说明理由;认为需要补充证据的,应当书面要求公安机关或人民检察院侦查部门补充证据,必要时也可以自行调查。公安机关或人民检察院侦查部门补充证据的时间不计入人民检察院办案期限。人民检察院发现公安机关在违法所得没收程序的调查活动中有违法情形的,应当向公安机关提出纠正意见。

在审查公安机关移送的没收违法所得意见书的过程中,在逃的犯罪嫌疑人、被告人自动投案或者被抓获的,人民检察院应当中止审查,并将案卷退回公安机关处理。

(二) 没收违法所得申请的提出

除受理审查公安机关和检察机关侦查部门提出的没收违法所得意见书,并决定是否提出没收违法所得申请以外,检察机关也可自行启动违法所得没收程序,直接向法院提出没收违法所得的申请。在人民检察院审查起诉过程中,犯罪嫌疑人死亡,或者贪污贿赂犯罪、恐怖活动犯罪等重大犯罪案件的犯罪嫌疑人逃匿,在通缉一年后不能到案,依照刑法规定应当追缴其违法所得及其他涉案财产的,人民检察院可以直接提出没收违法所得的申请。人民法院在审理案件过程中,被告人死亡而裁定终止审理,或者被告人脱逃而裁定中止审理,人民检察院可以依法另行向人民法院提出没收违法所得的申请。

另外,检察机关向法院提出没收违法所得的申请,还应当提供相关证据材料,并列明财产的种类、数量、所在地及查封、扣押、冻结的情况,并附有相关证据材料。没收违法所得申请书主要内容包括:犯罪嫌疑人、被告人的基本情况,包括姓名、性别、出生年月日、出生地、户籍地、身份证号码、民族、文化程度、职业、工作单位及职务、住址等;案由及案件来源;犯罪嫌疑人、被告人的犯罪事实;犯罪嫌疑人、被告人逃匿、被通缉或者死亡的情况;犯罪嫌疑人、被告人的违法所得及其他涉案财产的种类、数量、所在地及查封、扣押、冻结的情况;犯罪嫌疑人、被告人近亲属和其他利害关系人的姓名、住址、联系方式及其要求等情况;提出没收违法所得申请的理由和法律依据。

没收违法所得的申请,应当由与有管辖权的中级人民法院相对应的人民检察院提出,法院应在7日内审查完毕并作出处理:对于不属于本院管辖的,应当退回人民检察院;对于材料不全的,也应当通知人民检察院在3日内补送;对于属于违法所得没收程序受案范围和本院管辖,且材料齐全的,应当受理。若人民检察院尚未查封、扣押、冻结申请没收的财产,或者查封、扣押、冻结期限即将届满,涉案财产有被隐匿、转移或者毁损、灭失危险,人民法院可以查封、扣押、冻结申请没收的财产。

第三节 违法所得案件的审理

一、违法所得案件的审判管辖

《刑事诉讼法》第281条第1款规定:"没收违法所得的申请,由犯罪地或者犯罪嫌疑人、被告人居住地的中级人民法院组成合议庭进行审理。"该款规定了没收案件的审判管辖,包括地域管辖和级别管辖。

按照此规定,没收案件应当由犯罪地或者犯罪嫌疑人、被告人居住地法院管辖。由此可见,没收案件与一般刑事案件的地域管辖基本一致。"犯罪地"按照最高法《解释》第2条规定,包括犯罪行为发生地和犯罪结果发生地。针对或者利用计算机网络实施的犯罪,犯罪地包括犯罪行为发生地的网站服务器所在地、网络接入地,网站建立者、管理者所在地,被侵害的计算机信息系统及其管理者所在地,被告人、被害人使用的计算机信息系统所在地,以及被害人财产遭受损失地。按照该精神,《刑事诉讼法》第281条中"犯罪地"包括犯罪行为发生地以及被告人实际取得财产的结果发生地。此类案件由犯罪地法院管辖的理由主要是,一方面犯罪地一般是案件证据集中存在的地方。案件由犯罪地法院管辖,与之对应的侦查程序或者审查起诉程序由犯罪地的侦查机关或检察机关进行,便于及时、全面收集证据和审查核实证据,有利于迅速查明案情;另一方面,犯罪地一般是当事人或其他诉讼参与人所在地方,由该地法院进行审判,便于他们参加诉讼,有利于审判工作顺利进行。另外,由犯罪地法院审判可以对相关民众起到教育作用,也便于民众对相关审判活动进行监督。

另一个有管辖权的法院是被告人的居住地。被告人居住地包括被告人的户籍所在地、居所地。有时犯罪地有多个或者犯罪地境界不明确,致使管辖法院难以确定或者出现管辖争议;有的案件在被告人居住地民愤较大或者影响较大,由当地法院审判更能起到教育意义,等等,则可以由被告人的居住地法院管辖。需要注意的是,此类案件"犯罪地法院"和"被告人居住地法院"是并列关系,并无优先选择的次序。

此条款还规定了没收违法所得及其他涉案财产案件的级别管辖,即由中级人民法院审理。《刑事诉讼法》划分级别管辖的主要依据是案件的性质、罪行的轻重程度和可能判处的刑罚;案件的涉及面和社会影响的大小,以及各级法院在审判体系中的地位和职责等。由于我国没收程序审理的案件范围是贪污贿赂犯罪以及恐怖活动犯罪等重大犯罪案件,其案件性质严重,罪行重大,案件的涉及面或者社会影响也较为广泛,此类案件由中级人民法院审理是合理的。与之对应,此类案件的审判组织应当为合议庭,而不能适用简易程序审理。

二、违法所得案件的公告程序

《刑事诉讼法》第281条第2款规定:"人民法院受理没收违法所得的申请后,应当发出公告。公告期间为6个月……"法院在受理此类案件的申请后,应当在15日内发出公告通知当事人或其他利害关系人,以便于其知晓案件并行使自己相关权利。具体而言,公告应当在全国公开发行的报纸或者人民法院的官方网站刊登,并在人民法院公告栏张贴、发布;必要时,可以在犯罪地、犯罪嫌疑人、被告人居住地、申请没收的不动产所在地张贴、发布。人民法院已经掌握犯罪嫌疑人、被告人的近亲属和其他利害关系人的联系方式的,应当采取电话、传真、邮件等方式直接告知其公告内容,并记录在案。

公告应当写明以下内容:(1)案由;(2)犯罪嫌疑人、被告人通缉在逃或者死亡等基本情况;(3)申请没收财产的种类、数量、所在地;(4)犯罪嫌疑人、被告人的近亲属和其他利害关系人申请参加诉讼的期限、方式;(5)应当公告的其他情况。

公告期为6个月,公告的期间设置不宜太长或太短。公告设置时间太长可能使得案件得不到及时处理,不能及时没收或处置非法所得或涉案财产;公告设置时间太短则可能使得当事人或其他利害关系人无法知晓案件,从而不能有效行使其合法权利。

三、利害关系人的参与

《刑事诉讼法》第281条第2款规定:"……犯罪嫌疑人、被告人的近亲属和其他利害关系人有权申请参加诉讼,也可以委托诉讼代理人参加诉讼。"利害关系人包括两类:一类是犯罪嫌疑人、被告人的近亲属;另一类是其他利害关系人。由于涉及对犯罪嫌疑人、被告人相关财产的没收或处分,而犯罪嫌疑人、被告人由于不在案或者死亡,法律赋予其近亲属参与诉讼的机会以维护其合法权利无疑是合理也是必要的。同样,在一些案件中,当事人以外的人认为自己对涉案财产有合法的占有权或其他权益,而没收程序的结果很可能影响其权益,在此种情形下,其他利害关系人也应当有权参加诉讼。对申请没收的财产主张所有权的人,应当认定为此处的"其他利害关系人"。另外,由于受法律知识有限或其他相关条件的限制,犯罪嫌疑人、被告人的近亲属和其他利害关系人不仅自己有权参加诉讼,而且还可以委托律师或其他人作为诉讼代理人参加诉讼。

犯罪嫌疑人、被告人的近亲属和其他利害关系人申请参加诉讼的,应当在公告期间提出。犯罪嫌疑人、被告人的近亲属和其他利害关系人在公告期满后申请参加诉讼,能够合理说明原因,并提供证明申请没收的财产系其所有的证据材料的,人民法院应当准许。犯罪嫌疑人、被告人的近亲属应当提供其与犯罪嫌疑人、被告人关系的证明材料,其他利害关系人应当提供申请没收的财产系其所有的证据材料。

四、违法所得案件的审理方式

《刑事诉讼法》第281条第1款规定:"没收违法所得的申请,由犯罪地或者犯罪嫌疑人、被告人居住地的中级人民法院组成合议庭进行审理。"第3款规定:"人民法院在公告期满后对没收违法所得的申请进行审理。利害关系人参加诉讼的,人民法院应当开庭审理。"

据此,没收案件的审判组织为合议庭,并有两种审理方式。第一种是开庭审理,即人民法院于确定的日期按照法定的程序和形式,在法庭上对涉案财物进行审理。犯罪嫌疑人、被告人近亲属或者其他利害关系人申请参加诉讼的,法院必须开庭审理。通过开庭的方式,利害关系人提出关于涉案财物有利于己方权益的证据材料或意见。另外,当没有利害关系人申请参加诉讼时,法院也可以开庭审理。法院对没收违法所得的申请开庭审理的,人民检察院应当派员出席法庭。另一种审理方式是不开庭审理。在没有利害关系人参与的情形下,此程序其实只有两方参与,即申请方检察机关和裁判方法院。由于没有利害关系人的参与,此类案件没有必要必须开庭审理,因此法律规定此情形下可以不开庭审理。在开庭审理的过程中,若利害关系人接到通知后无正当理由拒不到庭,或者未经法庭许可中途退庭,则可以转为不开庭审理,但还有其他利害关系人参加诉讼的除外。

法院审理没收违法所得的申请,检察机关应当承担举证责任。

开庭审理申请没收违法所得的案件,应按下列程序进行:

(1)审判长宣布法庭调查开始后,先由检察员宣读申请书,后由利害关系人、诉讼代理人发表意见。

(2)法庭应当依次就犯罪嫌疑人、被告人是否实施了贪污贿赂犯罪、恐怖活动犯罪等重大犯罪并已经通缉一年不能到案,或者是否已经死亡,以及申请没收的财产是否依法应当追缴进行调查;调查时,先由检察员出示有关证据,后由利害关系人发表意见、出示有关证据,并进行质证。

(3)法庭辩论阶段,先由检察员发言,后由利害关系人及其诉讼代理人发言,并进行辩论。

检察机关发现法院或者审判人员审理没收违法所得案件违反法律规定的诉讼程序,应当向法院提出纠正意见。

五、违法所得案件的审理结果

《刑事诉讼法》第282条第1款规定:"人民法院经审理,对经查证属于违法所得及其他涉案财产,除依法返还被害人的以外,应当裁定予以没收;对不属于应当追缴的财产的,应当裁定驳回申请,解除查封、扣押、冻结措施。"因此,对于涉案的违法所得及其他涉案财产,人民法院经过审理之后,有三种裁定结果:

第一种是,对于有充分证据证明涉案财产属于违法所得的财产,并且有充分证据证明该财产为被害人所有,法院应当裁定将其返还被害人。

第二种是,如果不能认定是违法所得,法院应当裁定解除查封、扣押、冻结等措施,将财产返还原所有人或其他人。需要注意的是,由于财产权属于公民基本的、重大的权利,因此,此类案件的证明标准认定应当与普通刑事案件定罪相同,即"事实清楚,证据充分"。基于此,"不能认定是违法所得"包括两种情形:一种情形是有证据证明该财产为犯罪嫌疑人、被告人合法财产;另一种情形是在证明违法所得的证据不足时,按照疑案应作出有利于被告人解释的原则,法院应当作出有利于被追诉人的推定,即推定该财产为其合法财产。在这两种情形下,法院都应当裁定解除查封、扣押、冻结等措施,将财产返还原所有人或其他人。

第三种是,如果有充分的证据证明涉案财产属于违法所得,而且不属于其他人合法所有,法院应当作出没收的裁决。

申请没收违法所得案件的审理期限,参照公诉案件第一审普通程序和第二审程序的审理期限执行。但公告期间和请求刑事司法协助的时间不计入审理期限。

六、对裁决结果的上诉、抗诉

《刑事诉讼法》第 282 条第 2 款规定,对于人民法院对没收案件作出的裁定,犯罪嫌疑人、被告人的近亲属和其他利害关系人或者人民检察院可以提出上诉、抗诉。我国没收程序的设计比照普通刑事案件,同样实行二审终审制。

由于没收程序涉及公民的财产权,在利害关系人不服没收裁决结果情形下,赋予其上诉权是必要的。如果犯罪嫌疑人、被告人死亡,其财产继承人为了保护其合法的财产权益,有权上诉;如果犯罪嫌疑人、被告人逃匿,为了保护其合法权利,其近亲属也有上诉权。如果没收程序中有被害人,而且被害人认为涉案财产属于其合法所有,但是法院裁决予以没收,由于与案件有直接的利害关系,也应当有上诉权。这与普通公诉案件中,如果被害人对一审判决不服,法律仅赋予其请求抗诉权不同。在公诉案件中,按照主流诉讼理念,犯罪行为不仅侵害了被害人个人利益,同时侵害了国家和社会的公共利益,求刑权由检察机关行使。同时为了防止被害人出于报复情感,滥用诉权,法律仅赋予其请求抗诉权。但是,在没收程序中仅处理财产问题,并不涉及对被告人定罪量刑问题,所以,当被害人认为法院裁定没收的财产全部或者部分属于其个人,为了保护其合法权益,法律应当赋予其上诉权。同理,如果在公告期间,有其他利害关系人参加诉讼并主张涉案财产为其合法所有,而法院裁决没收该财产,此利害关系人也应当有权上诉至上级人民法院,由法院再次审理该案件,并作出最终的裁定。

没收程序中的检察机关与普通程序中的地位相同,同样行使法律监督职能。如果检察机关认为法院作出的裁定确有错误,应当行使法律监督权,向上级人民法院提出抗诉。

具体而言,犯罪嫌疑人、被告人的近亲属和其他利害关系人不服第一审没收违法所得或者驳回申请裁定的,可以 5 日以内提出上诉。检察机关认为同级法院所作的第一审裁定确有错误,应在 5 日以内向上一级人民法院提出抗诉。

对不服第一审没收违法所得或者驳回申请裁定的上诉、抗诉案件,第二审人民法院经过审理之后,有三种裁定结果:

(1) 认为原裁定正确的,应当驳回上诉或者抗诉,维持原裁定;

(2) 认为原裁定确有错误的,既可以在查清事实后改变原裁定,也可以撤销原裁定,发回重新审判;

(3) 认为原审违反法定诉讼程序,可能影响公正审判的,应当撤销原裁定,发回重新审判。

在没收违法所得裁定生效后,若犯罪嫌疑人、被告人到案并对没收裁定提出

异议,人民检察院向原作出裁定的人民法院提起公诉的,可以由同一审判组织审理,按照下列情形分别处理:

(1)认为原裁定正确的,予以维持,不再对涉案财产作出判决;

(2)认为原裁定确有错误的,应当撤销原裁定,并在判决中对有关涉案财产一并作出处理。

除上述情形外,若法院生效的没收违法所得裁定确有错误,则应按照审判监督程序予以纠正。如最高人民检察、省级人民检察院认为下级法院作出的已经发生法律效力的裁定确有错误的,应按照审判监督程序向同级法院提出抗诉。

七、没收案件的终止审理

在没收案件法庭审理过程中,潜逃的犯罪嫌疑人、被告人到案有两种可能:一是犯罪嫌疑人、被告人自动投案;另一种是犯罪嫌疑人、被告人被抓获。在犯罪嫌疑人、被告人到案后,没收财产程序审理终止,而与之有关的普通刑事程序得以恢复。如果犯罪嫌疑人在侦查阶段潜逃,在其被抓获后,侦查程序继续进行,相关财物的处理也随对"人"的处理程序一并进行。在侦查终结后,公安机关将案件移送检察机关审查起诉,或者作出其他处理决定。如果犯罪嫌疑人在审查起诉阶段潜逃,在其被抓获后,检察机关恢复审查起诉程序,相关财物也应一并处理,与此同时,没收案件审理程序终止。如果在审判阶段被告人潜逃并被抓获,法庭应当对整个案件恢复审理,对被告人和相关财物一并作出相应的裁决,而没收案件审理程序终止。对此,《刑事诉讼法》第283条第1款规定,在法庭审理过程中,在逃的犯罪嫌疑人、被告人自动投案或者被抓获的,人民法院应当终止审理。

八、没收案件的国家赔偿

《国家赔偿法》规定,国家机关和国家机关工作人员行使职权,有法律规定的侵犯公民、法人和其他组织合法权益的情形,造成损害的,受害人有取得国家赔偿的权利。因此,对于在没收案件中,行使侦查、检察、审判职能的机关及其工作人员在履行职权时,侵犯个人、法人和其他组织合法财产权益并造成损害的,国家应当为此承担责任并予以赔偿。由于没收案件程序属于刑事诉讼中的特别程序,因此,没收案件的国家赔偿属于刑事赔偿范畴。

《国家赔偿法》第18条规定:"行使侦查、检察、审判职权的机关以及看守所、监狱管理机关及其工作人员在行使职权时有下列侵犯财产权情形之一的,受害人有取得赔偿的权利:(一)违法对财产采取查封、扣押、冻结、追缴等措施的;(二)依照审判监督程序再审改判无罪,原判罚金、没收财产已经执行的。"第36条规定:"侵犯公民、法人和其他组织的财产权造成损害的,按照下列规定处理:(一)处罚款、罚金、追缴、没收财产或者违法征收、征用财产的,返还财产;

(二)查封、扣押、冻结财产的,解除对财产的查封、扣押、冻结,造成财产损坏或者灭失的,依照本条第三项、第四项的规定赔偿;(三)应当返还的财产损坏的,能够恢复原状的恢复原状,不能恢复原状的,按照损害程度给付相应的赔偿金;(四)应当返还的财产灭失的,给付相应的赔偿金;(五)财产已经拍卖或者变卖的,给付拍卖或者变卖所得的价款;变卖的价款明显低于财产价值的,应当支付相应的赔偿金……(七)返还执行的罚款或者罚金、追缴或者没收的金钱,解除冻结的存款或者汇款的,应当支付银行同期存款利息;(八)对财产权造成其他损害的,按照直接损失给予赔偿。"

《刑事诉讼法》第283条第2款规定:"没收犯罪嫌疑人、被告人财产确有错误的,应当予以返还、赔偿。"该条规定了对于没收犯罪嫌疑人、被告人财产确有错误的处理方式,即应当予以返还或者赔偿。已经没收的财产应当及时返还,财产已经上缴国库的,由原没收机关从财政机关申请退库,予以返还,原物已经出卖、拍卖的,应当退还价款;如果因为没收程序的错误对犯罪嫌疑人、被告人以及利害关系人的财产造成损失,则国家应当予以赔偿。这与《国家赔偿法》的上述规定基本一致。没收案件的具体赔偿程序也应当参照《国家赔偿法》相关规定进行。

第二十七章　依法不负刑事责任的精神病人的强制医疗程序

第一节　概　　述

依法不负刑事责任的精神病人的强制医疗程序(以下简称"强制医疗程序"),是指公安司法机关对不负刑事责任且有社会危险性的精神病人采取强制治疗措施的特别诉讼程序。由于精神疾病患者失去辨别能力和控制能力,因此在不具备刑事责任能力的情形下对其实施的危害行为并不负刑事责任。但是,为了维护社会秩序,防止其行为继续危害他人人身、财产安全,并从充分保障精神病患者的健康角度考虑,国家对其人身自由进行一定限制并对其采取强制医疗措施是必要的。因此,强制医疗的目的不是为了对行为人进行惩罚和教育,而是一种特殊的社会防卫措施。与之对应,对依法不负刑事责任的精神病人的强制医疗程序的目的也不是解决犯罪嫌疑人、被告人的刑事责任问题,而是为了审查决定是否对其采取强制医疗措施。作为一种保安处分措施,各国的强制医疗的实体问题一般由刑法加以规定。强制医疗实体上对刑法的依附性决定了其程序上对刑事诉讼法的依附性。许多国家刑事诉讼法中规定了强制医疗的程序。如《德国刑事诉讼法典》在"特别种类程序"中专章规定了"保安处分程序";《俄罗斯联邦刑事诉讼法典》专章规定了"适用医疗性强制方法的诉讼程序"。

我国《刑法》以及《人民警察法》对于强制医疗的问题作了一些相关规定。《刑法》第18条第1款规定:"精神病人在不能辨认或者不能控制自己行为的时候造成危害结果,经法定程序鉴定确认的,不负刑事责任,但是应当责令他的家属或者监护人严加看管和医疗;在必要的时候,由政府强制医疗。"《人民警察法》第14条规定:"公安机关的人民警察对严重危害公共安全或者他人人身安全的精神病人,可以采取保护性约束措施。需要送往指定的单位、场所加以监护的,应当报请县级以上人民政府公安机关批准,并及时通知其监护人。"但是,从总的看来,这些规定过于原则化,适用条件不明确、缺乏规范性导致操作性并不强,实践中多依赖政策来运作。这种立法状况不仅不能有效维护社会秩序,也给公民人身自由带来很大的威胁,存在强制医疗适用任意化的危险。就此而言,需要相关的法律将强制医疗程序细化、规范化。另外,强制医疗行政性太强,司法化不足。在决定过程中,既没有一个中立的第三方对于强制医疗的申请合法性和合理性进行审查,相关当事人以及其他利害关系人(被强制医疗的人及其法定代理人或者监护人、被害人及其近亲属等)也没有有效的渠道参与到该程序以维护自己的合法利益。这就导致了司法实践中出现一些公安机关将上访者、轻微违法者但并不符合强制医疗条件的公民进行强制医疗的情况。这种"被精神病"现象凸显了公权力的滥用以及立法的缺陷。

《刑事诉讼法》"特别程序编"第四章规定了"依法不负刑事责任的精神病人的强制医疗程序",内容包括强制医疗程序的适用对象、审理程序、法律援助、救济程序以及法律监督等。

第二节　强制医疗的适用对象

《刑事诉讼法》第284条规定:"实施暴力行为,危害公共安全或者严重危害公民人身安全,经法定程序鉴定依法不负刑事责任的精神病人,有继续危害社会可能的,可以予以强制医疗。"按照此规定,在我国采取强制医疗的对象应当同时具备前提条件、医学条件和社会危险性条件。

一、前提条件

我国强制医疗只有在行为人"实施暴力行为,危害公共安全或者严重危害公民人身安全"的情形下才有可能适用。首先,必须是精神病人实施了暴力行为。因此,对于一般的精神病人,如果没有实施暴力行为,则不能被采取强制医疗。其次,精神病人实施的暴力行为应当达到严重程度,即"危害公共安全或者严重危害公民人身安全"。按照此要求,即使一些精神病人实施了暴力行为,但是情节并没有达到危害公共安全或者严重危害公民人身安全的程度,也不能对其采取《刑事诉讼法》规定的强制医疗。对于何为"危害公共安全或者严重危害公民人身安全",应当理解为精神病人的行为在客观上达到了犯罪程度。换而言之,如果精神正常的公民实施了这些行为,则应当被追究刑事责任,而由于精神病人是在不能辨认或者不能控制自己行为的时候造成危害结果,不负刑事责任。这种理解与《刑法》第18条第1款规定"精神病人在不能辨认或者不能控制自己行为的时候造成危害结果,经法定程序鉴定确认的,不负刑事责任"精神相一致。对于没有实施危害公安安全或者严重危害公民人身安全的精神病患者,只能由其近亲属或者监护人妥善看管、照顾,防止其伤害自身、危害他人或者社会。

二、医学条件

强制医疗只能对经过鉴定程序确定为精神病人的行为人才有可能适用。确定犯罪嫌疑人、被告人是否适用强制医疗程序的关键,是查明其在实施暴力行为时是否患有精神病或者严重精神障碍而丧失辨别能力、控制能力,而这其中的关键手段是进行司法精神病学鉴定。《刑事诉讼法》也对鉴定作了专节规定。一且经过确定犯罪嫌疑人、被告人系精神病人而且不负刑事责任,应当及时终止普通诉讼程序,并根据其社会危害性的大小决定是否启动强制医疗程序。

应当说,司法精神病学鉴定为强制医疗程序的必经环节,是各国的通例。如《德国刑事诉讼法典》规定,对行为人适用保安处分程序,在侦查程序中就应当为鉴定人提供准备在审判程序中作鉴定的机会。英国要求,至少有两名执业医师以书面或者口头方式证明被告人正患精神变态、精神失常或者严重失常,而且应使法官确信其精神失常的性质和严重程度及对该人施以强制医疗是正当的。俄罗斯、日本等国刑事诉讼法对精神病鉴定场所、期限等也作了比较详细的规定。

三、社会危险性条件

在我国对行为人采取强制医疗,行为人除了满足上述前提条件和医学条件外,还应具有继续危害社会的可能性。所谓社会危险性是指由于精神病人已实施的行为性质及其精神、生理状态等,使法律保护的社会关系处于危险状态。从总的看来,"社会危险性"往往需要由法院结合具体情形来认定。如《德国刑法典》第63条规定:"当行为人在无刑事责任能力或限制刑事责任能力的状态下实施不法行为时,如果对行为人及其所犯罪行的评估表明,在目前状态下,行为人可能实施更严重的不法行为而对公众造成威胁,法院应当判令将其收容于精神病院。"综合精神病人实施的行为以及事后的状态分析,如果有继续危害社会的可能性,则应对其采取强制医疗;否则,就没有必要采取此措施。据此,如果行为人在实施暴力行为时没有刑事责任能力,但诉讼时恢复正常,或者没有继续危害社会的可能性,则不需要对其进行强制医疗。

第三节 强制医疗程序

我国依法不负刑事责任的精神病人的强制医疗程序的基本流程与普通案件诉讼程序类似,即分别由公安机关、检察机关、人民法院主持不同的诉讼阶段,最后由法院决定是否对行为人采取强制医疗措施。在普通诉讼程序过程中,有关机关发现犯罪嫌疑人、被告人是精神病人且符合强制医疗条件的,应当将普通程序转化为强制医疗程序。但是,由于强制医疗程序具有特殊性,在很多方面有别于普通程序。

一、强制医疗程序的启动

在司法实践中,由于暴力性犯罪一般由公安机关管辖,因此往往由公安机关首先发现犯罪嫌疑人可能是精神病人并且符合强制医疗的条件。在此情形下,公安机关并不能直接向人民法院提出对犯罪嫌疑人强制医疗的申请。强制医疗不仅关系到对行为人自由的限制和剥夺，而且还涉及行为人的行为是否达到犯罪程度以及行为人有无刑事责任的认定问题，所以一般按照诉讼程序进行。如果公安机关发现精神病人符合强制医疗的条件，应当在7日以内写出强制医疗意见书，经县级以上公安机关负责人批准，连同相关证据材料和鉴定意见一并移送人民检察院。人民检察院应当在接到公安机关移送的强制医疗意见书后30日以内作出是否提出强制医疗申请的决定。经审查认为不符合《刑事诉讼法》第284条规定条件的，应当作出不提出强制医疗申请的决定，并向公安机关书面说明理由；认为需要补充证据的，应当书面要求公安机关补充证据，必要时也可以自行调查。公安机关补充证据的时间不计入人民检察院办案期限。人民检察院发现公安机关应当启动强制医疗程序而不启动的，可以要求公安机关在7日以内书面说明不启动的理由。经审查，认为公安机关不启动理由不能成立的，应当通知公安机关启动程序。对于公安机关移送的或者在审查起诉过程中发现的精神病人符合强制医疗条件的，人民检察院应当在作出不起诉决定后向人民法院提出强制医疗的申请。强制医疗的申请由被申请人实施暴力行为所在地的基层人民检察院提出，由被申请人实施暴力行为所在地的基层人民法院管辖。但如果由被申请人居住地的人民检察院提出更为适宜的，可以由被申请人居住地的基层人民检察院提出，由被申请人居住地的基层人民法院管辖。

需要注意的是，法院在特殊情形下，也可以直接决定启动强制医疗程序。在一些普通刑事案件中，检察机关提起公诉追究被告人刑事责任，但是，法院在审理案件过程中，虽然认定被告人"实施暴力行为，危害公共安全或者严重危害公民人身安全"，但经过鉴定，被告人是不负刑事责任的精神病人，那么，法院就应当作出被告人不负刑事责任的判决。根据有关司法解释，被告人是精神病人，在不能辨认或者不能控制自己行为的时候造成危害结果，不予刑事处罚的，应当判决宣告被告人不负刑事责任。如果法院认为该被告人还符合"有继续危害社会可能"的条件，那么，法院可以直接决定对被告人采取强制医疗的措施。这种做法符合诉讼经济原则，也有利于维护社会秩序和公共安全。但是，在由法院直接作出强制医疗的情况下，也应当充分保障被告人的辩护权，即被告人、法定代理人、监护人及其辩护人除了对被告人有无实施犯罪行为以及有无刑事责任能力等问题进行辩护外，还应当有权对"有无继续危害社会可能"进行申辩。因为强制医疗不仅仅是对精神病人的医疗，还涉及对被告人的人身自由的剥夺问题。在法院对行为人作出强制医疗的决定之前，对实施暴力行为的精神病人，为了防止其危害公共安全或者其他人的人身安全，经县级以上公安机关负责人批准，公安机关可以对其采取临时的保护性约束措施，如将其送往精神病院或者专门机构看管、治疗等。对于精神病人已没有继续危害社会可能，解除约束后不致发生社会危险性的，公安机关应当及时解除保护性约束措施。公安机关应当采取临时保护性约束措施而尚未采取的，人民检察院应当建议公安机关采取临时保护性约束措施。

二、有权采取强制医疗措施的决定机关

强制医疗程序虽然不同于普通刑事程序,其目的不是解决被告人的刑事责任问题,而是解决实施暴力行为的精神病人的强制看管和医疗的问题,但是,仍然关乎相关人员人身自由的限制和剥夺。因此,为了防止公民的人身自由受到非法侵犯,将强制医疗程序纳入刑事诉讼范畴,并在绝大多数情形下,适用诉讼原则和制度,由中立的第三方——人民法院作出决定是必要的。另外,如前所述,适用强制医疗措施的前提条件是认定有关人员"实施了暴力行为,危害公共安全或者严重危害公民人身安全",即在客观方面达到"犯罪程度",并且由于无辨认能力和控制能力导致"不负刑事责任"。对这两个关键、重要的事实也应当由中立的第三方按照诉讼程序,在充分保障相关当事人参与权的情形下作出最终的认定,而不能由公安机关或者其他行政机关以行政方式单独作出决定。从其他国家立法例考察,如法国、德国、俄罗斯、意大利等国家均由法院按照诉讼程序决定对相关人员是否采取强制医疗措施。具体而言,在我国,对人民检察院提出的强制医疗申请,人民法院应当在7日内审查完毕并作出处理:对于不属于本院管辖的,应当退回人民检察院;对于材料不全的,应当通知人民检察院在3日内补送;对于属于强制医疗程序受案范围和本院管辖,且材料齐全的,应当受理。人民法院决定强制医疗的,应当在作出决定后5日内,向公安机关送达强制医疗决定书和强制医疗执行通知书,由公安机关将被决定强制医疗的人送交强制医疗。

人民检察院认为人民法院作出的强制医疗决定或者驳回强制医疗申请的决定不当,应当在收到决定书副本后20日以内向人民法院提出书面纠正意见。

三、强制医疗案件的审理

(一)审判组织

我国的审判组织形式有两种:合议制和独任制。按照《刑事诉讼法》的规定,对于一些事实清楚、证据充分,控辩双方争议不大的案件可以适用简易程序,法院在审理时可以由独任法官审判。但是,强制医疗案件除了要查明行为人是否实施了暴力行为,还要查明行为人实施暴力行为时是否患有精神病、是否因精神病而无刑事责任能力、是否现在仍因精神病而具有社会危险性必须予以强制医疗。这些情况的判断往往比较疑难、复杂,由法官一人独任审理显然不合适。因此,法律规定对于强制医疗案件,法院"应当"组成合议庭进行审理。

(二)告知程序

《刑事诉讼法》第286条第2款规定:"人民法院审理强制医疗案件,应当通知被申请人或者被告人的法定代理人到场……"如果是由检察机关提出强制医

疗的申请,此类案件中的行为人称为"被申请人";如果是检察机关提起公诉,要求追究行为人的刑事责任,而法院可能对其决定适用强制医疗措施,此类案件中的行为人称为"被告人"。只要可能对被申请人或者被告人适用强制医疗措施,法院就应当通知其法定代理人。这是因为被申请人或者被告人很可能是精神病人,不具有诉讼行为能力,自己不能有效行使有关的诉讼权利。而法定代理人,包括被代理人的父母、养父母、监护人或者负有保护职责的机关、团体的代表,由于和被代理人存在保护和被保护的特殊关系,应当有权利也有义务参加诉讼,以维护被代理人的合法权益。法定代理人是根据法律规定而不是基于委托关系参与案件审理。因此,法定代理人在案件审理过程中具有独立的法律地位,不受被代理人的意志约束。同时,也正是由于法定代理人对被代理人负有保护职责,法定代理人享有广泛的诉讼权利,包括申请回避权、对被代理人讯问时的在场权、对一审裁判不服的上诉权以及裁判生效后的申诉权。当然,对于一些具有人身性质的行为,法定代理人并不能代替被代理人行使,如不能代替被代理人供述、辩解或者陈述等。另外,最高人民法院规定,法院审理人民检察院申请强制医疗的案件,还应当会见被申请人。

(三) 法律援助

诉讼活动涉及很多法律方面的专业知识,当事人进行诉讼往往需要专业人士帮助。另外,在诉讼中,一些当事人的人身自由受到限制甚至剥夺,而且有些诉讼行为依法只有辩护人或者诉讼代理人才有权行使,如调查收集证据的权利。因此,诉讼代理人或者辩护人对于当事人有效维护其合法权利十分重要。强制医疗案件,涉及法律和精神病学两方面的专业知识,加之行为人无行为能力或者行为能力受限,在诉讼中他们更需要专业人士的帮助。为了保护特殊对象的合法权利,《刑事诉讼法》要求被申请人或者被告人没有委托诉讼代理人的,法院应当通知法律援助机构指派律师为其提供法律帮助。这种"强制代理"制度规定很有必要。许多国家也都规定了强制代理制度。如日本《刑事诉讼法》第37条规定,如果被告人疑似是心神丧失的人或心神耗弱的人且没有辩护人时,法院可以依职权为其选任辩护人。《俄罗斯联邦刑事诉讼法典》第438条规定:"辩护人如果没有更早参加刑事案件,则自作出关于指定司法精神病学鉴定之时起,辩护人必须参加适用医疗性强制措施的诉讼。"

(四) 审理方式

我国《刑事诉讼法》并未规定强制医疗案件的审理方式。根据最高人民法院的相关规定,我国强制医疗案件以开庭审理为原则,以不开庭审理为例外。具体来说,审理强制医疗案件应当组成合议庭,开庭审理。但是,被申请人、被告人的法定代理人请求不开庭审理的,人民法院审查后可以同意不开庭审理。法院对强制医疗案件开庭审理的,人民检察院应当派员出席法庭。

(五) 审理程序

开庭审理申请强制医疗的案件,按照下列程序进行:

(1) 审判长宣布法庭调查开始后,先由检察员宣读申请书,后由被申请人的法定代理人、诉讼代理人发表意见;

(2) 法庭依次就被申请人是否实施了危害公共安全或者严重危害公民人身安全的暴力行为、是否属于依法不负刑事责任的精神病人、是否有继续危害社会的可能进行调查;调查时,先由检察员出示有关证据,后由被申请人的法定代理人、诉讼代理人发表意见、出示有关证据,并进行质证;

(3) 法庭辩论阶段,先由检察员发言,后由被申请人的法定代理人、诉讼代理人发言,并进行辩论。

在审理过程中,如果被申请人要求出庭,人民法院经审查其身体和精神状态,认为可以出庭的,应当准许。出庭的被申请人,在法庭调查、辩论阶段,可以发表意见。

另外,检察员宣读申请书后,被申请人的法定代理人、诉讼代理人无异议的,法庭调查可以简化。

经过审理,认为符合《刑事诉讼法》第284条规定的强制医疗条件的,应当作出对被申请人强制医疗的决定;认为被申请人属于依法不负刑事责任的精神病人,但不符合强制医疗条件的,应当作出驳回强制医疗申请的决定;被申请人已经造成危害结果的,应当同时责令其家属或者监护人严加看管和医疗;认为被申请人具有完全或者部分刑事责任能力,依法应当追究刑事责任的,应当作出驳回强制医疗申请的决定,并退回人民检察院依法处理。

除受理审查检察机关提出的强制医疗申请以外,法院也可以在审理案件过程中直接决定启动强制医疗程序并进行审理。人民法院在审理案件过程中发现被告人符合强制医疗条件,在作出被告人不负刑事责任的判决后,拟作出强制医疗决定的,人民检察院应当在庭审中发表意见。

第一审人民法院在审理案件过程中,如果发现被告人符合强制医疗条件的,则应当适用用强制医疗程序,对案件进行审理。如果对该案件开庭审理,应当先由合议庭组成人员宣读对被告人的法医精神病鉴定意见,说明被告人可能符合强制医疗的条件,后依次由公诉人和被告人的法定代理人、诉讼代理人发表意见。经审判长许可,公诉人和被告人的法定代理人、诉讼代理人可以进行辩论。

经过审理,认为被告人符合强制医疗条件的,应当判决宣告被告人不负刑事责任,同时作出对被告人强制医疗的决定;认为被告人属于依法不负刑事责任的精神病人,但不符合强制医疗条件的,应当判决宣告被告人无罪或者不负刑事责任;如果被告人已经造成危害结果,则应当同时责令其家属或者监护人严加看管和医疗;认为被告人具有完全或者部分刑事责任能力,依法应当追究刑事责任的,应当依照普通程序继续审理。

第二审人民法院在审理案件过程中,如果发现被告人可能符合强制医疗条件的,可以依照强制医疗程序对案件作出处理,也可以裁定发回原审人民法院重新审判。

(六) 审理期限

强制医疗案件设计一个合理的审限,对于及时查明案件相关事实,督促法院及时处理案件,保障被申请人或者被告人的权利,均有重要意义。按照《刑事诉讼法》第 287 条规定,法院对于被申请人或者被告人符合强制医疗条件的,应当在 1 个月内作出强制医疗的决定。此处"1 个月"的理解应当按照普通程序审判期限的方式计算。根据相关司法解释,人民法院对于按照普通程序审理的公诉案件,决定是否受理,应当在 7 日内审查完毕。人民法院对提起公诉的案件进行审查的期限,计入人民法院的审理期限。按照此解释精神,强制医疗案件的审理期限,应当自收到检察机关的强制医疗的申请书起算。由于不可抗拒的原因致使案件审理程序中止的,或者由于被申请人、被告人更换诉讼代理人延期审判的,此期限不应计算在审限以内。

(七) 对强制医疗决定的复议

强制医疗程序不仅应赋予当事人及其利害关系人充分的程序参与权,而且还应当赋予他们程序上的救济权,即对于法院强制医疗的决定不服,当事人及其法定代理人或者其近亲属有权要求有关机关对此决定进行再次审查,可自收到决定书之日起 5 日内向上一级人民法院申请复议,但复议期间不停止执行强制医疗的决定。比照刑事诉讼中的上诉程序,强制医疗程序也应实行两审终审制,由上级法院受理不服下级法院的决定而提起的复议,对强制医疗的决定进行救济和监督。在强制医疗案件中,当事人包括被申请人、被害人。如果被申请人认为自己不符合强制医疗的条件,有权要求上一级法院复议。同样,被申请人的法定代理人或者近亲属从保护被申请人的角度考虑,认为强制医疗的决定错误,也有权申请复议。另外,由于受被申请人暴力行为的侵害,被害人及其法定代理人、近亲属认为强制医疗错误,而应当追究被申请人的刑事责任,也有权申请上一级人民法院复议。

对不服强制医疗决定的复议申请,上一级人民法院应当组成合议庭审理,并在 1 个月内作出复议决定;认为被决定强制医疗的人符合强制医疗条件的,应当驳回复议申请,维持原决定;认为被决定强制医疗的人不符合强制医疗条件的,应当撤销原决定;认为原审违反法定诉讼程序,可能影响公正审判的,应当撤销原决定,发回原审人民法院重新审判。

如果对第一审人民法院在审理案件过程中发现被告人符合强制医疗条件,从而适用强制医疗程序并对案件进行审理得出的判决、决定,人民检察院提出抗诉,同时被决定强制医疗的人、被害人及其法定代理人、近亲属申请复议的,上一级人民法院应当依照第二审程序一并处理。

第四节　强制医疗的复查和监督

一、定期复查制度

强制医疗是对具有社会危害性的精神病人采取的强制治疗措施,其目的是为了维护社会秩序和公共安全。由于该措施完全限制人身自由,所以在适用时应当严格遵循法定性和必要性原则。如果精神病人精神已经恢复正常或者不具有社会危害性,就失去了强制医疗的前提和必要性。为了保障公民人身自由不受非法侵犯,强制医疗机构应当定期对被强制医疗人的精神状况进行重新审查。如果发现该人没有社会危险性,就应当对其解除强制医疗措施,使其恢复人身自由,回归社会。因此,《刑事诉讼法》第288条规定,强制医疗机构应当定期对被强制医疗的人进行诊断评估。按照最高法《解释》,被强制医疗的人及其近亲属可于解除强制医疗申请被人民法院驳回的6个月后再次申请,因此复查周期最长不应超过6个月。

二、解除强制医疗的决定机构

在我国有权决定对行为人采取强制医疗措施的机构是人民法院;与此对应,为了防止该措施被滥用,避免不符合解除强制医疗的人被提前释放,同时使得不具有社会危害性的人及时恢复人身自由,决定强制医疗的人民法院有权对解除意见进行审查。另外,由于对下级人民法院采取强制医疗措施不服的决定,相关当事人及其法定代理人、近亲属有权申请复议,在此种情形下,最终有权决定采取强制医疗措施的法院应为其上一级人民法院。与此对应,在相关当事人及其法定代理人、近亲属申请复议的情形下,有权决定解除强制医疗措施的主体为复议的上一级人民法院。人民法院对于强制医疗机构解除强制医疗措施的诊断意见进行审查。为了查清被强制医疗的人是否具有社会危险性,除了审查该意见外,还可以采取其他方式,如要求其他医疗机构重新评估。

三、申请解除强制医疗权

强制医疗的主要目的是为了防止实施暴力行为的人继续危害社会,同时该措施限制了被强制医疗人的人身自由,因此,当被强制医疗的人认为自己的病情痊愈或者不具有社会危害性时,可以申请解除强制医疗措施。而被强制医疗的人的近亲属从保护其家人合法利益的角度出发,也有权申请解除该措施。按照最高法《解释》,被强制医疗的人及其近亲属应当向作出强制医疗决定的人民法院提出申请。被强制医疗的人及其近亲属提出的解除强制医疗申请被人民法院驳回,6个月后再次提出申请的,人民法院应当受理。

四、对解除强制医疗意见和解除强制医疗申请的处理

强制医疗机构提出解除强制医疗意见,或者被强制医疗的人及其近亲属申请解除强制医疗的,应当附有对被强制医疗的人的诊断评估报告。如果强制医疗机构提出解除强制医疗意见,未附诊断评估报告,人民法院应当要求其提供;如果被强制医疗的人及其近亲属向人民法院申请解除强制医疗,强制医疗机构未提供诊断评估报告,申请人可以申请人民法院调取。必要时,人民法院可以委托鉴定机构对被强制医疗的人进行鉴定。

强制医疗机构提出解除强制医疗意见,或者被强制医疗的人及其近亲属申请解除强制医疗申请的,人民法院应当组成合议庭进行审查,并在1个月内,按照下列情形分别处理:

(1) 被强制医疗的人已不具有人身危险性,不需要继续强制医疗的,应当作出解除强制医疗的决定,并可责令被强制医疗人的家属严加看管和医疗;

(2) 被强制医疗的人仍具有人身危险性,需要继续强制医疗的,应当作出继续强制医疗的决定。

人民法院应当在作出决定后5日内,将决定书送达强制医疗机构、申请解除强制医疗的人、被决定强制医疗的人和人民检察院。如果决定解除强制医疗,还应当通知强制医疗机构在收到决定书的当日解除强制医疗。人民检察院认为强制医疗决定或者解除强制医疗决定不当的,应在收到决定书后20日内提出书面纠正意见。人民法院应另行组成合议庭审理,并在1个月内作出决定。

五、检察机关对强制医疗的监督

《刑事诉讼法》第289条规定:"人民检察院对强制医疗的决定和执行实行监督。"《宪法》规定人民检察院是国家的法律监督机关。据此,检察机关不仅有权对普通程序进行监督,也有权对特别程序,包括强制医疗程序进行监督。人民检察院既有权监督人民法院是否依法作出强制医疗的决定,还包括在执行期间,监督被强制医疗的人合法权利是否受到侵犯等。例如,如果人民检察院发现公安机关对涉案精神病人进行鉴定的程序违反法律,采取临时保护性约束措施不当,或者对涉案精神病人采取临时保护性约束措施时有体罚、虐待等违法情形,应当提出纠正意见;如果人民检察院发现人民法院或者审判人员审理强制医疗案件违反法律规定的诉讼程序,应当向人民法院提出纠正意见等。

第二十八章 涉外刑事诉讼程序与司法协助制度

第一节 概　述

一、涉外刑事诉讼程序的概念

涉外刑事诉讼程序,是指公安司法机关在办理具有涉外因素的刑事案件时所适用的诉讼程序。所谓"涉外因素"主要是指诉讼当事人全部或部分为外国人(包括无国籍人、外国法人或组织,下同),或者刑事案件发生在国外。根据最高法《解释》第392条的规定,具有涉外因素的刑事案件有以下四类:第一,在中华人民共和国领域内,外国人犯罪的或者我国公民侵犯外国人合法权利的刑事案件;第二,符合《刑法》第7条、第10条规定情形的我国公民在中华人民共和国领域外犯罪的案件;第三,符合《刑法》第8条、第10条规定情形的外国人对中华人民共和国国家或者公民犯罪的案件;第四,符合《刑法》第9条规定情形的中华人民共和国在所承担国际条约义务范围内行使管辖权的案件。

由于公安司法机关办理上述涉外刑事案件,既涉及国家主权,又涉及国家的对外关系;既要以我国国内立法为依据,又要承担我国缔结或者参加的国际条约所规定的义务,具有特殊性,必须慎重妥善地加以处理,因而法律对如何办理涉外刑事案件作了一些特别的规定,由此便构成了我国的涉外刑事诉讼程序。很显然,这是一种特殊的诉讼程序。

二、涉外刑事诉讼程序的立法

由于涉外刑事诉讼的特殊性,各国对涉外刑事诉讼程序都有专门或特别的规定。概括起来,各国的立法有以下三种体例:第一,制定单行的涉外刑事诉讼程序法。早期的涉外刑事诉讼立法多采用这种体例,所制定的单行法与国内的刑事诉讼法典相并列。但由于两个程序法在内容上大体相同,因此制定单行的涉外刑事诉讼程序法既显得多余,也不利于司法机关掌握和适用。目前各国立法已基本上不采用这种体例。第二,在刑事诉讼法典中设专门的篇章规定涉外刑事诉讼程序。这种体例既把涉外刑事诉讼纳入统一的刑事诉讼法典,又把涉外刑事诉讼的一些特殊问题加以集中规定,便于司法机关适用和诉讼参与人理解。目前多数国家的刑事诉讼立法采用这种体例,我国《民事诉讼法》也设单独一编对涉外民事诉讼程序作出特别规定。第三,在刑事诉讼法典及有关的专门法规中均有涉外刑事诉讼程序的规定。这种分散性规定的体例也有不少国家采用，我国《刑事诉讼法》亦采用该体例。

我国不存在相对独立、系统的涉外刑事诉讼程序法，但是我国《刑事诉讼法》包含了关于涉外刑事诉讼的原则性规定。同时，为了适应司法实践中办理涉外刑事案件的需要，我国还先后对涉外刑事诉讼程序作了一系列规定，从而使涉外刑事诉讼程序逐步规范化、制度化。归纳起来，这些规定包括：

（1）《刑法》第6条至第11条和《刑事诉讼法》第16条、第17条对涉外刑事案件的管辖以及法律适用原则等作了规定。

（2）1981年6月19日公安部、外交部、最高人民法院、最高人民检察院联合发布《关于处理会见在押外国籍案犯以及外国籍案犯与外界通讯问题的通知》，对会见的原则、会见的范围、会见的规则以及通讯的规则等问题作了具体规定。

（3）1986年9月5日第六届全国人民代表大会常务委员会第十七次会议通过《中华人民共和国外交特权与豁免条例》，明确规定外交代表和使馆其他人员享有刑事管辖的豁免权。

（4）1987年6月23日第六届全国人民代表大会常务委员会第二十一次会议通过《关于对中华人民共和国缔结或者参加的国际条约所规定的罪行行使刑事管辖权的决定》，决定对于中华人民共和国缔结或者参加的国际条约所规定的罪行，中华人民共和国在所承担条约义务的范围内，行使刑事管辖权。这些国际条约主要有：《关于防止和惩处侵害应受国际保护人员包括外交代表的罪行的公约》《关于在航空器内的犯罪和其他某些行为的公约》《关于制止非法劫持航空器的公约》《关于制止危害民用航空安全的非法行为的公约》《核材料实体保护公约》《反对劫持人质国际公约》《禁止非法贩运麻醉药品和精神药物公约》、联合国《打击跨国犯罪公约》、联合国《反腐败公约》等。

（5）1987年8月27日外交部、最高人民法院、最高人民检察院、公安部、国家安全部、司法部联合发布《关于处理涉外案件若干问题的规定》，对办理涉外案件的原则、涉外案件通知外国驻华使、领馆以及通知的时限、驻华使、领馆要求探视被拘留、逮捕的本国公民等问题作了具体规定。

（6）2000年12月28日第九届全国人民代表大会常务委员会第十九次会议通过的《中华人民共和国引渡法》对外国向我国请求引渡的条件和程序、我国向外国请求引渡的条件和程序作了具体的规定。

（7）最高法《解释》、最高检《规则》和公安部《规定》对办理涉外刑事案件的原则和程序作了具体规定。

第二节 涉外刑事诉讼程序的特有原则

涉外刑事诉讼的特有原则，既是公安司法机关办理涉外刑事案件的基本准则,也是涉外刑事案件诉讼参与人进行诉讼活动的基本依据。公安司法机关和诉讼参与人在涉外刑事诉讼中除了必须遵循我国《刑事诉讼法》规定的基本原则外,还必须遵循以下五项特有的原则:

一、国家主权原则

国家主权原则,是指公安司法机关办理涉外刑事案件适用中国法律的原则。对此,《刑法》第6—10条规定,凡在中华人民共和国领域内犯罪和在中华人民共和国领域外犯罪,需要依照中国刑法追究刑事责任的,都适用中国刑法定罪量刑。《刑事诉讼法》第16条规定:"对于外国人犯罪应当追究刑事责任的,适用本法的规定。对于享有外交特权和豁免权的外国人犯罪应当追究刑事责任的,通过外交途径解决。"

国家主权是一个国家处理对内对外事务的最高权力,司法权是国家主权的重要组成部分。国家主权的独立,当然包括司法权的独立。我国是一个主权独立的国家,因此,我国公安司法机关办理涉外刑事案件时,除法律有特别规定的以外,一律适用我国法律;我国公安司法机关独立行使侦查权、检察权和审判权,不受任何外国势力的干涉和影响,也不接受任何不平等的歧视或限制,更不允许在我国境内存在治外法权或领事裁判权。

涉外刑事诉讼中的国家主权原则,主要表现在以下两个方面:第一,外国人在我国境内进行刑事诉讼,一律适用我国法律,依照我国法律规定的诉讼程序进行。但享有外交特权和豁免权的外国人的刑事责任问题,通过外交途径解决。第二,依法应由我国公安司法机关管辖的涉外刑事案件,一律由我国公安司法机关受理,外国的警察机关和司法机关无管辖权。

二、诉讼权利和义务平等原则

诉讼权利和义务平等原则,是指外国人在我国参加刑事诉讼,与我国公民一样,享有我国法律规定的诉讼权利并承担诉讼义务。我国《刑事诉讼法》虽然没有明确规定这项原则,但该法第16条关于追究外国人刑事责任适用本法的规定以及第14条关于"人民法院、人民检察院和公安机关应当保障犯罪嫌疑人、被告人和其他诉讼参与人依法享有的辩护权和其他诉讼权利"的规定,无疑包含和体现了这一原则的基本含义。同时,公安部《规定》和最高法《解释》均规定,在刑事诉讼中,外国籍当事人享有我国法律规定的诉讼权利,并承担相应的义务。

我国是社会主义国家,在国际关系中一贯坚持独立自主的外交方针,坚持在"和平共处"五项基本原则基础上发展与其他国家的友好关系。这表现在涉外刑事诉讼中,就是外国籍当事人和其他诉讼参与人依照我国法律享有与我国公民平等的诉讼权利,承担与我国公民同样的诉讼义务,既不享有任何特权,也不存在任何歧视或不平等待遇;公安司法机关在具体办理涉外刑事案件时,既不能卑躬屈膝、崇洋媚外,给予外国人特权或特殊待遇,也不能盲目排外,搞民族沙文主义,任意侵犯或限制外国籍当事人和其他诉讼参与人依法享有的诉讼权利,或使其承担额外的诉讼义务。

三、信守国际条约原则

信守国际条约原则,是指公安司法机关办理涉外刑事案件,凡是我国缔结或者参加的国际条约有规定的,除声明保留的条款外,都必须严格遵守。信守国际条约,是我国在涉外刑事诉讼中所应承担的国际义务。

国际条约是主权国家之间订立的多边或双边协议。按照订立的方式,有缔结和参加两种;按照条约的名称,一般包括条约、公约、宪章、盟约、协定、宣言等;按照订立者的数目,通常分为双边条约和多边条约。在国际法上,有所谓"条约必须遵守"的原则,它是指条约生效以后,各方必须按照条约规定的条款,履行自己的义务,不得违反。我国对于自己缔结或者参加的国际条约,历来是认真信守的。我国《刑事诉讼法》虽然没有明确规定这项原则,但公安司法机关在涉外刑事诉讼中一贯坚持这一原则。外交部、最高人民法院、最高人民检察院、公安部、国家安全部、司法部于1987年8月27日联合发布的《关于处理涉外案件若干问题的规定》指出:"涉外案件应依照我国法律规定办理,以维护我国主权。同时亦应恪守我国参加和签订的多边或双边条约的有关规定。当国内法及其某些内部规定同我国所承担的条约义务发生冲突时,应适用国际条约的有关规定。"

在涉外刑事诉讼立法中,世界各国对于贯彻信守国际条约原则,一般采用两种方式:一是承认有关国际条约,即在国内立法中制定专门法律来实施国际条约的内容;二是在国内法中,规定承认国际条约的原则,将该国际条约的内容变通为国内法,在本国领域内实施。在我国,《民事诉讼法》对此作了明确规定,但《刑事诉讼法》还没有加以规定。为了使信守国际条约原则成为公安司法机关和诉讼参与人进行涉外刑事诉讼必须遵循的基本原则,《刑事诉讼法》亦应参照《民事诉讼法》,规定如下:中华人民共和国缔结或者参加的国际条约同本法有不同规定的,适用该国际条约的规定,但中华人民共和国声明保留的条款除外。

在涉外刑事诉讼实践中,公安司法机关和诉讼参与人在遵守这一原则时,应注意以下两个问题:第一,我国刑事诉讼法律条文和我国缔结或者参加的国际条约中有关刑事诉讼的条款,都是我国的法律规定,均必须严格遵守,而不能以国内法规定为由拒绝执行有关国际条约中的刑事诉讼条款;第二,我国声明保留的国际条约中的条款,不能适用于涉外刑事诉讼,公安司法机关和诉讼参与人均无遵守的义务。

四、使用中国通用的语言文字进行诉讼原则

使用中国通用的语言文字进行诉讼原则,是指公安司法机关在办理涉外刑事案件过程中,应当使用中国通用的语言、文字进行诉讼活动,对于外国籍诉讼参与人,应当为他们提供翻译。使用本国通用的语言文字进行涉外刑事诉讼,这是国家司法主权独立和尊严的象征,是各国涉外刑事诉讼立法普遍采用的一项原则。因此公安司法机关在涉外刑事诉讼中必须遵守这一原则。

根据最高法《解释》、公安部《规定》和涉外刑事诉讼实践,使用中国通用的语言文字进行诉讼原则具体包括以下内容:(1)公安司法机关办理涉外刑事案件,使用中华人民共和国通用的语言、文字,应当为外国籍当事人提供翻译。(2)公安司法机关的诉讼文书为中文本;外国籍当事人不通晓中文的,应当附有外文译本,译本不加盖公安司法机关印章,以中文本为准。(3)外国籍当事人通晓中国语言、文字,拒绝他人翻译,或者不需要诉讼文书外文译本的,应当由其本人出具书面声明。

公安司法机关在贯彻执行使用中国通用的语言文字进行诉讼原则时,应当注意以下三个问题:第一,不能以使用中国通用的语言文字进行诉讼为理由,强迫外国籍诉讼参与人尤其是通晓中国通用的语言文字的外国籍当事人使用中国通用的语言文字来回答公安司法人员的讯问、询问、书写诉讼文书和发表辩护意见等,而应当允许他们使用其所在国通用的或者他们通晓的语言文字。第二,不能在使用中国通用的语言文字方面无原则地迁就外国籍当事人,如外国籍当事人以不懂中国通用的语言文字为由拒收诉讼文书或者拒绝签名,送达人在有见证人在场的情况下,把诉讼文书留在他的住处或者羁押场所,并记录在卷,即视为已经送达。第三,翻译费用由外国籍当事人承担。如果外国籍当事人无力承担翻译费用,不能因此而拒绝其要求提供翻译的请求。联合国《两权公约》第14条第3款第6项规定:"如他不懂或不会说法庭上所用的语言,能免费获得译员的帮助。"在外国籍当事人无力支付翻译费用的情况下为其免费提供译员翻译,既有利于查明案件真实情况,保护外国籍当事人的合法权益,保障诉讼活动的顺利进行,也有利于在国际上维护我国司法公正的形象。

五、指定或委托中国律师参加诉讼原则

指定或委托中国律师参加诉讼原则,是指公安司法机关依法为没有委托辩护人的外国籍犯罪嫌疑人、被告人指定辩护人,或者外国籍当事人委托辩护人或诉讼代理人只能指定或委托中国律师,外国律师不得在中国参加刑事诉讼活动。

律师制度是国家司法制度的重要组成部分,通常一国的司法制度只能在其主权范围内适用,因此各国一般都不允许外国律师在本国执行律师职务和出庭参加诉讼活动。但也有少数例外,如英国允许外国律师就其本国的有关法律知

识、欧共体及国际法知识在英国提供咨询；意大利则允许具有 8 年以上执业经历且在本国获准在最高法院或高等法院出庭的外国律师在意大利的最高法院或高等法院参加诉讼活动。

我国不允许外国律师在我国从事诉讼业务。《行政诉讼法》和《民事诉讼法》规定，外国人、无国籍人、外国企业和组织在我国进行诉讼，需要委托律师代理诉讼的，必须委托中国律师。同时，在刑事诉讼中，公安部《规定》第 359 条规定："外国籍犯罪嫌疑人委托辩护人的，应当委托在中华人民共和国的律师事务所执业的律师。"最高法《解释》第 402 条第 1、3 款规定："外国籍被告人委托律师辩护，或者外国籍附带民事诉讼原告人、自诉人委托律师代理诉讼的，应当委托具有中华人民共和国律师资格并依法取得执业证书的律师。""外国籍当事人委托其监护人、近亲属担任辩护人、诉讼代理人的，被委托人应当提供与当事人关系的有效证明。经审查，符合刑事诉讼法、有关司法解释规定的，人民法院应当准许。"据此，在我国，外国籍当事人委托律师辩护或代理诉讼的，应当委托或者聘请中国律师，而不允许委托或者聘请外国律师。

为了保证外国籍当事人委托中国律师辩护或代理诉讼的合法性和有效性，最高法《解释》第 403 条规定，外国籍当事人从中华人民共和国领域外寄交或者托交给中国律师或者中国公民的委托书，以及外国籍当事人的监护人、近亲属提供的与当事人关系的证明，必须经所在国公证机关证明，所在国中央外交主管机关或者其授权机关认证，并经我国驻该国使、领馆认证，但我国与该国之间有互免认证协定的除外。

第三节　涉外刑事诉讼程序的特别规定

涉外刑事诉讼的特殊性，决定了公安司法机关办理涉外刑事案件除适用《刑事诉讼法》规定的原则和程序外，还必须遵守涉外刑事诉讼的特别规定。我国《刑事诉讼法》对此没有作出系统规定，但我国缔结和参加的有关国际条约、公安部《规定》和最高法《解释》等作了一些具体的规定。其主要内容是：

一、犯罪嫌疑人、被告人、被害人外国国籍的确认

在犯罪嫌疑人、被告人或者被害人是外国人的涉外刑事案件中，公安司法机关首先必须确认其国籍，以确定诉讼程序的采用和法律的适用。根据公安部《规定》和最高法《解释》的规定，外国籍犯罪嫌疑人、被告人的国籍，以其在入境时持用的有效证件予以确认；国籍不明的，由出入境管理部门协助予以查明，或者根据有关国家驻华使、领馆出具的证明确认；国籍确实无法查明的，以无国籍人对待，适用涉外刑事案件审理程序的有关规定，并在裁判文书中写明"国籍不明"。

在司法实践中,犯罪嫌疑人、被告人、被害人的国籍确认以前,公安司法机关可以适用《刑事诉讼法》规定的一般程序;确认以后,则要遵守涉外刑事诉讼的特别规定,及时将案件转为涉外刑事诉讼程序。

二、涉外刑事诉讼管辖

(一)侦查管辖

根据公安部《规定》第351—355条的规定,外国人犯罪案件的立案侦查,按以下情形办理:(1)外国人犯中华人民共和国缔结或者参加的国际条约规定的罪行后进入我国领域内的,由该外国人被抓获地的设区的市一级以上公安机关立案侦查。(2)外国人在中华人民共和国领域外的中国船舶或者航空器内犯罪的,由犯罪发生后该船舶或者航空器最初停泊或者降落地、目的地的中国港口的县级以上交通或民航公安机关或者该外国人居住地的县级以上公安机关立案侦查;未设交通或者民航公安机关的,由地方公安机关管辖。(3)外国人在国际列车上犯罪的,由犯罪发生后列车最初停靠的中国车站所在地、目的地的县级以上铁路公安机关或者该外国人居住地的县级以上公安机关立案侦查。(4)外国人在中华人民共和国领域外对中华人民共和国国家或者公民犯罪,应当受刑罚处罚的,由该外国人入境地或者入境后居住地的县级以上公安机关立案侦查;该外国人未入境的,由被害人居住地的县级以上公安机关立案侦查;没有被害人或者是对中华人民共和国国家犯罪的,由公安部指定管辖。

(二)审判管辖

1996年《刑事诉讼法》第20条规定,外国人犯罪的第一审刑事案件由中级人民法院管辖。该规定违背了法律面前人人平等的原则,在立法上造成了中国人与外国人之间享有诉讼权利的不平等,而且近年来外国人在我国犯罪的案件明显增多,规定由中级人民法院进行第一审审判将使其难以承担,因此,2012年修正的《刑事诉讼法》取消了"外国人犯罪的第一审刑事案件由中级人民法院管辖"的规定,而将外国人犯罪的刑事案件的一审管辖权下放给基层人民法院,由此,涉外刑事案件除了依照《刑事诉讼法》由上级人民法院管辖的以外,一律由基层人民法院管辖,进行第一审审判。

根据《刑事诉讼法》第20—22条的规定,外国人、无国籍人犯危害国家安全罪、恐怖活动犯罪的第一审刑事案件以及外国人、无国籍人犯其他罪可能判处无期徒刑、死刑的第一审刑事案件,由中级人民法院管辖;对于重大或特别重大的涉外刑事案件,如情节特别严重、案情疑难复杂、在全省或全国范围内有重大影响或者可能引起外交交涉的案件,也可以由高级人民法院或者最高人民法院进行第一审审判。

三、涉外刑事诉讼强制性措施的适用

公安司法机关在办理涉外刑事案件过程中,为保障诉讼活动的顺利进行,可以依法对外国籍犯罪嫌疑人、被告人、证人等采取有关的强制性措施。根据公安部《规定》和最高法《解释》的规定,公安司法机关在采取强制性措施时应当遵守以下特别规定:

(1) 对外国籍犯罪嫌疑人依法作出取保候审、监视居住决定或者执行拘留、逮捕后,应当在48小时以内层报省级公安机关,同时通报同级人民政府外事办公室;重大涉外案件应当在48小时以内层报公安部,同时通报同级人民政府外事办公室。

(2) 对外国籍犯罪嫌疑人依法作出取保候审、监视居住决定或者执行拘留、逮捕后,由省级公安机关根据有关规定,将其姓名、性别、入境时间、护照或者证件号码、案件发生的时间、地点、涉嫌犯罪的主要事实、已采取的强制措施及其法律依据等,通知该外国人所属国家的驻华使馆、领事馆,同时报告公安部。

(3) 在侦查羁押期间,经公安机关批准,外国籍犯罪嫌疑人可以与其近亲属、监护人会见、与外界通信。侦查终结前,外国驻华外交、领事官员要求探视被监视居住、拘留、逮捕或者正在看守所服刑的本国公民的,应当及时安排有关探视事宜。犯罪嫌疑人拒绝其国籍国驻华外交、领事官员探视的,可以不予安排,但应当由其本人提出书面声明。

(4) 涉外刑事案件审判期间,人民法院决定对外国籍被告人采取强制措施的,应当将采取强制措施的情况,包括外国籍当事人的姓名(包括译名)、性别、入境时间、护照或者证件号码、采取的强制措施及法律依据、羁押地点等,及时通报同级人民政府外事主管部门,并通知有关国家驻华使、领馆。

(5) 对涉外刑事案件的被告人,人民法院可以决定限制出境;对开庭审理案件时必须到庭的证人,可以要求暂缓出境。作出限制出境的决定,应当通报同级公安机关或者国家安全机关;限制外国人出境的,应当同时通报同级人民政府外事主管部门和当事人国籍国驻华使、领馆。人民法院决定限制外国人和中国公民出境的,应当书面通知被限制出境的人在案件审理终结前不得离境,并可以采取扣留护照或者其他出入境证件的办法限制其出境;扣留证件的,应当履行必要手续,并发给本人扣留证件的证明。

(6) 对需要在边防检查站阻止外国人和中国公民出境的,受理案件的人民法院应当层报高级人民法院,由高级人民法院填写口岸阻止人员出境通知书,向同级公安机关办理交控手续。控制口岸不在本省、自治区、直辖市的,应当通过有关省、自治区、直辖市公安机关办理交控手续。紧急情况下,确有必要的,也可以先向边防检查站交控,再补办交控手续。

四、涉外刑事诉讼文书的送达

根据最高法《解释》第412条的规定,人民法院向在中华人民共和国领域外居住的当事人送达刑事诉讼文书,可以采用下列方式:(1)根据受送达人所在国与中华人民共和国缔结或者共同参加的国际条约规定的方式送达;(2)通过外交途径送达;(3)对中国籍当事人,可以委托我国驻受送达人所在国的使、领馆代为送达;(4)当事人是自诉案件的自诉人或者附带民事诉讼原告人的,可以向有权代其接受送达的诉讼代理人送达;(5)当事人是外国单位的,可以向其在中华人民共和国领域内设立的代表机构或者有权接受送达的分支机构、业务代办人送达;(6)受送达人所在国法律允许的,可以邮寄送达;自邮寄之日起满3个月,送达回证未退回,但根据各种情况足以认定已经送达的,视为送达;(7)受送达人所在国法律允许的,可以采用传真、电子邮件等能够确认受送达人收悉的方式送达。

人民法院与同我国建交国家的法院通过外交途径相互请求送达法律文书的,除该国同我国已有司法协助协定的依协定外,依据互惠原则办理。

五、涉外刑事案件的侦查、起诉、审判和执行

公安部和最高人民法院对涉外刑事案件的侦查、审判和执行作了以下一些特殊的规定,各级公安司法机关在办理涉外刑事案件时应当严格遵守:

(1)外国人在公安机关侦查或者执行刑罚期间死亡的,有关省级公安机关应当通知该外国人国籍国的驻华使馆、领事馆,同时报告公安部;未在华设立使馆、领事馆的国家,可以通知其代管国家的驻华使馆、领事馆;无代管国家或者代管国家不明的,可以不予通知。

(2)人民法院受理涉外刑事案件后,应当告知在押的外国籍被告人享有与其国籍国驻华使、领馆联系,与其监护人、近亲属会见、通信,以及请求人民法院提供翻译的权利。外国籍被告人在押,其国籍国驻华使、领馆官员要求探视的,可以向受理案件的人民法院所在地的高级人民法院提出。人民法院应当根据我国与被告人国籍国签订的双边领事条约规定的时限予以安排;没有条约规定的,应当尽快安排。外国籍被告人在押,其监护人、近亲属申请会见的,可以向受理案件的人民法院所在地的高级人民法院提出,并提供经过公证与认证的与被告人关系的证明。人民法院经审查认为不妨碍案件审判的,可以批准。被告人拒绝接受探视、会见的,可以不予安排,但应当由其本人出具书面声明。

(3)涉外刑事案件审判期间,人民法院应当将开庭的时间、地点、是否公开审理等事项,以及宣判的时间、地点及时通报同级人民政府外事主管部门,并通知有关国家驻华使、领馆。外国籍当事人国籍国驻华使、领馆官员要求旁听的,可以向受理案件的人民法院所在地的高级人民法院提出申请,人民法院应当安

排。外国籍当事人国籍国驻华使、领馆要求提供裁判文书的，可以向受理案件的人民法院所在地的高级人民法院提出，人民法院可以提供。

（4）涉外刑事案件宣判后，人民法院应当及时将处理结果通报同级人民政府外事主管部门；对外国籍被告人执行死刑的，死刑裁决下达后执行前，应当通知其国籍国驻华使、领馆。外国籍被告人在案件审理中死亡的，应当及时通报同级人民政府外事主管部门，并通知有关国家驻华使、领馆。

（5）对判处独立适用驱逐出境刑罚的外国人，省级公安机关在收到人民法院的刑事判决书、执行通知书的副本后，应当指定该外国人所在地的设区的市一级公安机关执行。被判处徒刑的外国人，主刑执行期满后应当执行驱逐出境附加刑的，省级公安机关在收到执行监狱的上级主管部门转交的刑事判决书、执行通知书副本或者复印件后，应当指定该外国人所在地的设区的市一级公安机关执行。

第四节 刑事司法协助制度

一、刑事司法协助的概念和意义

《刑事诉讼法》第17条规定："根据中华人民共和国缔结或者参加的国际条约，或者按照互惠原则，我国司法机关和外国司法机关可以相互请求刑事司法协助。"据此，所谓刑事司法协助，是指我国司法机关和外国司法机关之间，根据本国缔结或者参加的国际条约，或者按照互惠原则，相互请求，代为进行某些刑事诉讼行为的一项制度。

建立和实行刑事司法协助制度，具有十分重要的意义：

首先，有利于维护国家主权和利益。司法协助是不同国家的司法机关之间的一种互助性行为，对一国司法机关来说，它意味着既有对外国司法机关的请求进行协助的义务，也有请求外国司法机关予以协助的权利。因此，在我国刑事诉讼中实行这项制度，一旦发生对我国和我国公民的犯罪而又需要外国司法机关予以协助时，就可以通过这一途径证实犯罪和惩罚犯罪，有效地维护国家主权，保护国家和公民的利益。

其次，有利于在打击某些严重犯罪中，加强我国与外国的刑事司法合作。暴力恐怖、海盗、贩毒、腐败等严重犯罪往往涉及跨国作案，同时危害数国乃至众多国家的利益，这必然使得任何一个国家仅靠自身的司法力量都不足以进行有效的打击。实行刑事司法协助制度，我国司法机关就可以和其他国家的司法机关进行合作，共同采取有力措施预防和惩治这类犯罪，从而保护人类的共同利益，为世界的和平和发展作出应有的贡献。

二、刑事司法协助的主体

根据《刑事诉讼法》第17条的规定,刑事司法协助的主体是我国司法机关与外国司法机关。通常地说,我国的司法机关是指人民法院和人民检察院,外国的司法机关仅指法院。但根据司法协助的相互性特点和我国开展刑事司法协助的实际情况,刑事司法协助的主体应当包括:

(1) 我国人民法院和外国法院。毫无疑问,我国人民法院和外国法院均是各国公认的国家司法机关,因此它们理所当然地是刑事司法协助的主体。

(2) 我国人民检察院和外国检察机关。在我国,人民检察院也是国家司法机关,按照司法协助的相互性要求,我国人民检察院只能与外国检察机关相互请求刑事司法协助。因此,我国人民检察院和外国检察机关也应是刑事司法协助的主体。

(3) 我国公安机关和外国警察机关。一般认为,我国公安机关不是司法机关,但长期以来,我国公安机关与外国警察机关进行了大量的刑事司法协助和警务合作,而且双方相互请求刑事司法协助也确实有其必要性。有人认为,我国公安机关和外国警察机关之间的相互协助,可以通过国际刑警组织进行,但实际上通过国际刑警组织进行的主要是缉捕逃往外国的犯罪嫌疑人或被告人,而司法协助工作则是由双方直接进行的。因此,我国公安机关和外国警察机关亦应是刑事司法协助的主体。对此,我国公安部《规定》作了明确规定。因此,对《刑事诉讼法》第17条规定中的"我国司法机关和外国司法机关"宜作广义的解释,即包括我国的公安机关和外国的警察机关在内。

为保证刑事司法协助的统一性和严肃性,维护国家司法主权,我国司法机关和外国司法机关相互请求司法协助应由两国的最高司法机关相互联系。例如,《中华人民共和国和乌克兰关于民事和刑事司法协助的条约》对等地指定各自的司法部、最高审判机关、最高检察机关进行相互联系。应当明确,司法行政机关不具有刑事诉讼职能,从而也不能具体执行刑事司法协助事宜,但由于政府机关对外联系的便利性,因而许多国家将其司法部作为司法协助的联系机构,规定由它负责统一转递国内外的司法协助请求和执行结果。

三、刑事司法协助的依据

我国司法机关和外国司法机关相互请求刑事司法协助,必须有明确的依据,否则不得进行。根据《刑事诉讼法》第17条的规定,其依据有以下两类:

(一) 我国缔结或者参加的国际条约

自1987年以来,我国已同波兰、蒙古、罗马尼亚、保加利亚、俄罗斯、希腊、西班牙、加拿大、土耳其、泰国、越南、韩国、美国、日本、南非、巴西、委内瑞拉等50多个国家签订了关于民事和刑事司法协助或关于刑事司法协助的条约,同泰国、俄罗斯、白俄罗斯、罗马尼亚、保加利亚、哈萨克斯坦、蒙古、乌克兰、柬埔寨、乌兹别克斯坦、立陶宛、韩国、老挝、菲律宾、秘鲁、突尼斯、南非、西班牙、法国、安哥拉、纳米比亚等40多个国家签订了引渡条约，同俄罗斯、乌克兰、西班牙、葡萄牙、澳大利亚、韩国、哈萨克斯坦、蒙古等10多个国家签订了移管被判刑人条约。同时，我国还先后参加了载有司法协助条款的《麻醉品单一公约》《海牙公约》《蒙特利尔公约》《精神药物公约》《禁止非法贩运麻醉药品和精神药物公约》、联合国《打击跨国犯罪公约》和联合国《反腐败公约》等。这些公约均规定，对于国际犯罪，缔约国对罪犯提起刑事诉讼时，应相互给予最大限度的司法协助，包括提供证据等。我国已缔结和参加的国际条约，均是司法机关进行司法协助的法律依据。

（二）互惠原则

平等互利是现代国际法的一项基本原则，同样适用于司法活动领域。因此，在我国与某一国家没有缔结司法协助条约，两国也没有共同参加载有司法协助条款的国际公约的情况下，如果该国司法机关根据我国司法机关的请求提供司法协助，则我国司法机关也应当根据该国司法机关的请求提供司法协助。这样做，有利于在平等的基础上发展我国和外国的友好合作关系，也有利于我国涉外刑事诉讼活动的顺利进行和涉外刑事案件的正确处理。因此，互惠原则也是我国司法机关进行刑事司法协助的重要依据。

四、刑事司法协助的内容

刑事司法协助，可以分为我国司法机关请求外国司法机关提供刑事司法协助和外国司法机关请求我国司法机关提供刑事司法协助两个方面。但无论是哪个方面，其内容都是相同的。根据我国缔结和参加的国际条约的规定，刑事司法协助主要有以下七项内容：

（1）调查取证。包括代为听取诉讼当事人的陈述，询问证人、被害人和鉴定人，进行鉴定、勘验、检查、搜查、查封、扣押、辨认等。

（2）送达文书。包括代为送达诉讼文书和诉讼外文书。其中，诉讼文书是司法机关在刑事诉讼过程中制作的各种法律文件和文书，如判决书、裁定书、决定书、传票、出庭通知等。诉讼外文书是诉讼文书以外的，与刑事诉讼程序相关的文书或者文字材料，如身份证、来往信函等。

（3）移交证据。包括移交物证、书证、视听资料、电子数据等证据材料以及赃款、赃物。

（4）通报诉讼结果。包括通报立案、侦查、采取强制措施、起诉或不起诉、判决或裁定的内容等。

（5）引渡。即一国把当时在其境内而被他国指控犯有罪行或判处刑罚的人，根据他国的请求，移交给该国审判或执行的一项制度。考虑到引渡具有不同于其他司法协助形式的特殊性,所以很多国家都专门立法规定引渡事项,并且通过签订引渡条约来解决这一问题。我国《引渡法》对我国与外国之间的引渡事宜作了具体明确的规定。

(6)移管被判刑人。即一国将触犯本国法律而判处自由刑的外国公民移送给其国籍国或惯常住所地国(居留国),以使其在熟悉的环境中服刑改造。

(7)犯罪情报信息的交流与合作。

五、刑事司法协助的程序

(一)我国司法机关请求外国司法机关提供司法协助的程序

我国司法机关需要向外国司法机关请求司法协助的,应当按照有关国际条约的规定提出司法协助请求书及所附文件和相应的译文,经省级司法机关审核后,报送最高司法机关。参照联合国大会1990年通过的《刑事案件互助示范条约》第5条的规定,司法协助请求书应当包含下列内容:(1)请求机构的名称和进行该请求所涉侦查或诉讼的主管当局的名称;(2)该项请求的目的和所需协助的简要说明;(3)除要求递送文件的情况外,应叙述据称构成犯罪的事实以及有关法律的陈述或文本;(4)必要的收件人的姓名和地址;(5)请求国希望遵守的任何特定程序或要求的理由和细节,包括说明是否要求得到宣誓的或经查实的证据或证词;(6)对希望在某一期限内执行有关请求的说明;(7)妥善执行请求所必须的其他材料。根据《刑事案件互助示范条约》和有关国际条约的规定,我国司法机关在请求外国司法机关进行司法协助时,请求书及所附文件应当使用我国文字,并附有被请求国语文的译文或被请求国可接受的任何另一语文的译文。

最高司法机关收到地方各级司法机关请求外国司法机关提供司法协助的请求书及材料后,应当依照有关条约进行审查。对符合条约有关规定、所附材料齐全的,应当连同上述材料一并转递缔约的外国的中央机关,或者交由我国其他中央机关(如司法部、外交部)办理。对不符合条约规定或者材料不齐全的,应当退回提出请求的司法机关补充或者修正。外国司法机关执行协助并将执行结果转递我国最高司法机关后,最高司法机关应当立即转递提出协助请求的司法机关。

根据公安部《规定》第371条的规定,需要通过国际刑事警察组织缉捕犯罪嫌疑人、被告人或者罪犯、查询资料、调查取证的,应当提出申请层报国际刑事警察组织中国国家中心局。

我国司法机关请求外国司法机关提供司法协助,根据条约规定应当支付费用的,最高司法机关收到被请求方开具的收费账单后,应当立即转交有关司法机关支付。

(二) 外国司法机关请求我国司法机关提供司法协助的程序

我国最高司法机关应通过有关国际条约规定的联系途径或外交途径,接收外国司法机关或外交机关提出的司法协助请求。该请求书(内容同上)及所附文件应当附有中文译本或者国际条约规定的其他文字文本。

最高司法机关收到外国一方提出的司法协助请求后,应当依据我国法律和有关司法协助条约进行审查。为了维护国家主权,国与国之间签订的刑事司法协助条约都对提供协助的条件或拒绝提供协助的情形作了规定,我国也不例外。例如,我国与波兰签订的《关于民事和刑事司法协助的协定》规定,有下列情形之一的,任何一方均可拒绝提供刑事司法协助:(1) 如果被请求的缔约一方认为该项请求涉及的犯罪具有政治性质和军事性质;(2) 按照被请求的缔约一方的法律,该项请求涉及的行为并不构成犯罪;(3) 该项请求涉及的犯罪嫌疑人或罪犯是被请求的缔约一方国民,且不在提出请求的缔约一方境内。此外,按照有关国际条约,如果被请求一方认为执行协助可能损害其主权、安全或公共秩序的,也可以拒绝提供司法协助。经过审查,对符合条约规定并且所附材料齐全的,最高司法机关应交有关省级司法机关办理或者指定有关司法机关办理,或者交由其他有关中央主管机关指定有关机关办理。对不符合条约或者有关法律规定的,应当通过接收请求的途径退回请求方不予执行;对所附材料不齐全的,应当要求请求方予以补充。

有关省级司法机关收到最高司法机关转交的司法协助请求书及所附材料后,可以直接办理,也可以指定有关的司法机关办理。负责执行的司法机关收到司法协助请求书及所附材料后,应当及时执行,并按条约规定的格式和语言文字将执行结果及有关材料通过省级司法机关报送最高司法机关;对于不能执行的(如犯罪嫌疑人死亡等),应当将司法协助请求书及所附材料,连同不能执行的理由通过省级司法机关报送最高司法机关。负责执行的司法机关因请求书提供的地址不详、信息不准确或材料不齐全而难以执行该项请求的,应当立即通过最高司法机关要求请求方补充材料。

最高司法机关应当对执行结果进行审查。凡符合请求方要求和有关规定的,由最高司法机关转递请求方。我国司法机关提供司法协助,请求书中附有办理期限的,应当按期完成;未附办理期限的,调查取证一般应当在3个月内完成。送达刑事诉讼文书,公安部规定应在10日以内完成,最高人民检察院规定一般应在20日以内完成。不能按期完成的,应当说明情况和理由,层报最高司法机关,以便转告请求方。

我国司法机关提供刑事司法协助,根据有关国际条约规定需要向请求方收取费用的,应当将费用和账单连同执行司法协助的结果一并报送最高司法机关转递请求方。最高司法机关收到上述费用后应当立即转交有关司法机关。

(三) 我国《引渡法》规定的引渡程序

1. 外国向我国请求引渡的条件和程序

根据《引渡法》的规定,外国向我国提出的引渡请求必须同时符合下列两个条件,才能准予引渡:(1) 引渡请求所指的行为,依照我国法律和请求国法律均构成犯罪;(2) 为了提起刑事诉讼而请求引渡的,根据我国法律和请求国法律,对于引渡请求所指的犯罪均可判处1年以上有期徒刑或者其他更重的刑罚;为了执行刑罚而请求引渡的,在提出引渡请求时,被请求引渡人尚未服完的刑期至少为6个月。

外国向我国提出的引渡请求,有下列情形之一的,应当拒绝引渡:(1) 根据我国法律,被请求引渡人具有中华人民共和国国籍的;(2) 在收到引渡请求时,我国司法机关对于引渡请求所指的犯罪已经作出生效判决,或者已经终止刑事诉讼程序的;(3) 因政治犯罪而请求引渡的,或者我国已经给予被请求引渡人受庇护权利的;(4) 被请求引渡人可能因其种族、宗教、国籍、性别、政治见解或者身份等方面的原因而被提起刑事诉讼或者执行刑罚,或者被请求引渡人在司法程序中可能由于上述原因受到不公正待遇的;(5) 根据我国或者请求国法律,引渡请求所指的犯罪纯属军事犯罪的;(6) 根据我国或者请求国法律,在收到引渡请求时,由于犯罪已过追诉时效期限或者被请求引渡人已被赦免等原因,不应当追究被请求引渡人的刑事责任的;(7) 被请求引渡人在请求国曾经遭受或者可能遭受酷刑或者其他残忍、不人道或者有辱人格的待遇或者处罚的;(8) 请求国根据缺席判决提出引渡请求的,但请求国承诺在引渡后对被请求引渡人给予在其出庭的情况下进行重新审判机会的除外。

外国向我国提出的引渡请求,有下列情形之一的,可以拒绝引渡:(1) 我国对于引渡请求所指的犯罪具有刑事管辖权,并且对被请求引渡人正在进行刑事诉讼或者准备提起刑事诉讼的;(2) 由于被请求引渡人的年龄、健康等原因,根据人道主义原则不宜引渡的。

请求国应当向我国外交部提出引渡请求,并出具《引渡请求书》。《引渡请求书》应当载明以下事项:(1) 请求机关的名称;(2) 被请求引渡人的姓名、性别、年龄、国籍、身份证件的种类及号码、职业、外表特征、住所地和居住地以及其他有助于辨别其身份和查找该人的情况;(3) 犯罪事实,包括犯罪的时间、地点、行为、结果等;(4) 对犯罪的定罪量刑以及追诉时效方面的法律规定。

请求国请求引渡,应当在出具《引渡请求书》的同时,提供以下材料:(1) 为了提起刑事诉讼而请求引渡的,应当附有逮捕证或者其他具有同等效力的文件的副本;为了执行刑罚而请求引渡的,应当附有发生法律效力的判决书或者裁定书的副本,对于已经执行部分刑罚的,还应当附有已经执行刑期的证明;(2) 必要的犯罪证据或者证据材料。此外,请求国掌握被请求引渡人照片、指纹以及其他可供确认被请求引渡人的材料的,也应当提供。请求国提交的引渡请求书或者其他有关文件,应当由请求国的主管机关正式签署或者盖章,并应当附有中文译本或者经我国外交部同意使用的其他文字的译本。

请求国请求引渡,应当作出如下保证:(1)请求国不对被引渡人在引渡前实施的其他未准予引渡的犯罪追究刑事责任,也不将该人再引渡给第三国。但经我国同意,或者被引渡人在其引渡罪行诉讼终结、服刑期满或者提前释放之日起30日内没有离开请求国,或者离开后又自愿返回的除外。(2)请求国提出请求后撤销、放弃引渡请求,或者提出引渡请求错误的,由请求国承担因请求引渡对被请求引渡人造成损害的责任。在没有引渡条约的情况下,请求国应当作出互惠的承诺。

我国外交部收到请求国提出的引渡请求后,应当对《引渡请求书》及其所附文件、材料是否符合《引渡法》和引渡条约的规定进行审查。经审查,认为不符合《引渡法》和引渡条约的规定的,可以要求请求国在30日内提供补充材料。经请求国请求,上述期限可以延长15日。请求国未在上述期限内提供补充材料的,外交部应当终止该引渡案件,请求国可以对同一犯罪再次提出引渡该人的请求;认为符合《引渡法》和引渡条约的规定的,应当将《引渡请求书》及其所附文件和材料转交最高人民法院、最高人民检察院。

外国提出正式引渡请求前被请求引渡人已经被引渡拘留的,最高人民法院接到《引渡请求书》及其所附文件和材料后,应当将《引渡请求书》及其所附文件和材料及时转交有关高级人民法院进行审查;外国提出正式引渡请求前被请求引渡人未被引渡拘留的,最高人民法院接到《引渡请求书》及其所附文件和材料后,应当通知公安部查找被请求引渡人。公安机关查找到被请求引渡人后,应当根据情况对被请求引渡人予以引渡拘留或者引渡监视居住,并由公安部通知最高人民法院。最高人民法院接到公安部的通知后,应当及时将《引渡请求书》及其所附文件和材料转交有关高级人民法院进行审查。公安机关经查找后,确认被请求引渡人不在我国境内或者查找不到被请求引渡人的,公安部应当及时通知最高人民法院。最高人民法院接到公安部的通知后,应当及时将查找情况通知外交部,由外交部通知请求国。

最高人民检察院经审查,认为对引渡请求所指的犯罪或者被请求引渡人的其他犯罪,应当由我国司法机关追诉,但尚未提起刑事诉讼的,应当自收到引渡请求书及其所附文件和材料之日起1个月内,将准备提起刑事诉讼的意见分别告知最高人民法院和外交部。

高级人民法院根据《引渡法》和引渡条约关于引渡条件等的规定,对请求国的引渡请求进行审查,应当由审判员3人组成合议庭进行。高级人民法院审查引渡案件,应当听取被请求引渡人的陈述及其委托的中国律师的意见,并应当在收到最高人民法院转来的引渡请求书之日起10日内将引渡请求书副本发送被请求引渡人。被请求引渡人应当在收到之日起30日内提出意见。

高级人民法院经审查后,应当分别作出以下裁定:(1)认为请求国的引渡请求符合《引渡法》和引渡条约规定的,应当作出符合引渡条件的裁定。如果被请求引渡人具有《引渡法》规定的暂缓引渡情形的,裁定中应当予以说明。根据请求国的请求,在不影响我国领域内正在进行的其他诉讼,不侵害我国领域内任何第三人的合法权益的情况下,可以在作出符合引渡条件的裁定的同时,作出移交与案件有关财物的裁定。(2)认为请求国的引渡请求不符合《引渡法》和引渡条约规定的,应当作出不引渡的裁定。

高级人民法院作出符合引渡条件或者不引渡的裁定后,应当向被请求引渡人宣读,并在作出裁定之日起7日内将裁定书连同有关材料报请最高人民法院复核。被请求引渡人对高级人民法院作出符合引渡条件的裁定不服的,被请求引渡人及其委托的中国律师可以在人民法院向被请求引渡人宣读裁定之日起10日内,向最高人民法院提出意见。

最高人民法院复核高级人民法院的裁定,应当根据下列情形分别处理:(1)认为高级人民法院作出的裁定符合《引渡法》和引渡条约规定的,应当对高级人民法院的裁定予以核准;(2)认为高级人民法院作出的裁定不符合《引渡法》和引渡条约规定的,可以裁定撤销,发回原审人民法院重新审查,也可以直接作出变更的裁定。最高人民法院作出核准或者变更的裁定后,应当在作出裁定之日起7日内将裁定书送交外交部,并同时送达被请求引渡人。最高人民法院核准或者作出不引渡裁定的,应当立即通知公安机关解除对被请求引渡人采取的强制措施。

外交部接到最高人民法院不引渡的裁定后,应当及时通知请求国;接到最高人民法院符合引渡条件的裁定后,应当报送国务院决定是否引渡。国务院决定不引渡的,外交部应当及时通知请求国,人民法院应当立即通知公安机关解除对被请求引渡人采取的强制措施。

引渡由公安机关执行。对于国务院决定准予引渡的,外交部应当及时通知公安部,并通知请求国与公安部约定移交被请求引渡人的时间、地点、方式以及与执行引渡有关的其他事宜。公安机关执行引渡应当根据人民法院的裁定,向请求国移交与案件有关的财物。因被请求引渡人死亡、逃脱或者其他原因而无法执行引渡时,也可以向请求国移交上述财物。

2. 我国向外国请求引渡的程序

我国请求外国准予引渡或者引渡过境的,应当由负责办理有关案件的省、自治区、直辖市的审判、检察、公安、国家安全或者监狱管理机关分别向最高人民法院、最高人民检察院、公安部、国家安全部、司法部提出意见书,并附有关文件和材料及其经证明无误的译文。最高人民法院、最高人民检察院、公安部、国家安全部、司法部分别会同外交部审核同意后,通过外交部向外国提出请求。在紧急情况下,可以在向外国正式提出引渡请求前,通过外交途径或者被请求国同意的其他途径,请求外国对有关人员先行采取强制措施。

引渡、引渡过境或者采取强制措施的请求所需的文书、文件和材料,应当依照引渡条约的规定提出;没有引渡条约或者引渡条约没有规定的,可以参照《引渡法》的有关规定提出;被请求国有特殊要求的,在不违反我国法律的基本原则的情况下,可以按照被请求国的特殊要求提出。

被请求国就准予引渡附加条件的,对于不损害我国主权、国家利益、公共利益的,可以由外交部代表我国政府向被请求国作出承诺。对于限制追诉的承诺,由最高人民检察院决定;对于量刑的承诺,由最高人民法院决定。在对被引渡人追究刑事责任时,司法机关应当受所作出的承诺的约束。

公安机关负责接收外国准予引渡的人以及与案件有关的财物。对于其他部门提出引渡请求的,公安机关在接收被引渡人以及与案件有关的财物后,应当及时转交提出引渡请求的部门;也可以会同有关部门共同接收被引渡人以及与案件有关的财物。

第二十九章 刑事赔偿制度

第一节 概 述

一、刑事赔偿的概念和意义

刑事赔偿,是指行使侦查、检察、审判、监狱管理职权的机关及其工作人员在行使职权时,侵犯个人、法人和其他组织合法权益并造成损害,国家为此承担责任而加以赔偿的行为。为确定国家刑事赔偿责任而设定的程序,为刑事赔偿程序。这里的"刑事赔偿"一词与"冤狱赔偿"的含义相近,但刑事赔偿范围比"冤狱"赔偿要宽。[①]

对于刑事赔偿制度,可以从以下几个方面来理解:

第一,刑事赔偿制度是当今许多国家都实行的一种国家赔偿制度。国家赔偿是国家机关及其工作人员在行使职权的过程中,侵犯公民、法人或者其他组织的合法权益并造成损害,由国家承担赔偿责任的法律制度。国家赔偿不同于国家补偿。国家补偿是国家机关及其工作人员合法行使职权给公民、法人或者其他组织造成损失的,由国家对后者给予弥补的制度。[②]

第二,刑事赔偿是司法赔偿的一种。司法赔偿是相对于行政赔偿而言的,包括刑事司法赔偿(即刑事赔偿)、民事司法赔偿、行政司法赔偿[③]三种。行政赔偿是指行政主体(行政机关及其工作人员)实施行政行为,侵犯公民、法人或其他组织合法权益造成损害,由国家对受害者的损害进行的赔偿。刑事赔偿和行政赔偿都属于国家赔偿,但赔偿针对的国家权力行使的领域有所不同。刑事赔偿针对的是刑事诉讼领域,是针对公安机关、国家安全机关、检察机关、审判机关、

---

① 我国台湾地区实行冤狱赔偿制度,"对于无故蒙受缧绁之狱而失自由者,于平反后给予物质与精神之补偿。故冤狱赔偿之目的,在确定法院为侦查及审判人员犯罪与否之合法机关,以免人身自由遭受非法之侵害,予以赔偿"(刁荣华:《刑事诉讼法释论》(上册),台湾汉苑出版社1977年版,第26页)

② 国家补偿与国家赔偿的区别为:(1)国家赔偿由国家机关及其工作人员的违法行为引起,国家补偿由国家的合法行为引起。(2)国家赔偿责任的前提条件是有损害实际发生,国家补偿既可以在损害发生前进行也可以在损害发生后进行。(3)国家赔偿责任主要以金钱赔偿方式,可辅以恢复原状,返还财产等方式;国家补偿责任多为支付一定数额的金钱。(4)国家赔偿制度中有追偿制度,即国家赔偿受害人的损失后要向存在故意或重大过失作出违法行为的国家机关工作人员追偿;国家补偿制度中没有追偿制度。

③ 民事、行政司法赔偿是人民法院在审理民事、行政案件的过程中违法采取强制措施、保全措施或者对判决、裁定及其他生效法律文书执行错误给当事人等造成损害,由国家承担赔偿责任。行政司法赔偿不同于行政赔偿。

监狱管理机关及其工作人员在刑事诉讼(包括刑事执行)中的违法滥权行为造成损害的赔偿,包括错误拘留、错误逮捕、无罪错判有罪、刑讯逼供、违法使用武器、违法使用警械、殴打或者以其他暴力行为造成公民身体伤害,以及违法采取查封、扣押、冻结、追缴等措施造成财产损害等进行的赔偿。行政赔偿针对的是行政领域,是针对行政机关及其人员违法行使行政权力给公民、法人或其他组织造成的损害而进行的赔偿。

第三,从性质上看,刑事赔偿是国家对于刑事诉讼中国家专门机关及其工作人员的行为承担的一种赔偿责任,是国家权力运作对个人、法人和其他组织造成损害的救济手段。有学者指出:"盖国家有赔偿冤狱之责任,政府机关及公务员不得枉法乱为,以侵害人民自由与权利,苟人民遭受政府机关及公务员无端侵害,即可向国家要求赔偿。"[1]

我国《国家赔偿法》第 2 条第 1 款规定:"国家机关和国家机关工作人员行使职权,有本法规定的侵犯公民、法人和其他组织合法权益的情形,造成损害的,受害人有依照本法取得国家赔偿的权利。"这一条明确规定了国家为国家机关及其工作人员行使职权的行为承担赔偿责任。国家为什么应为行使侦查、检察、审判、监狱管理职权的机关及其工作人员的行为承担赔偿责任呢?这是因为,按照人民主权原则,国家权力来自人民,但全体人民不可能共同行使国家权力,需要由国家来行使,但国家是抽象的,作为一个抽象的整体的国家要实现其意志,必须由各种机关代为行使权力,行使具体权力的是这些机关的工作人员。也就是说,国家权力需要由国家机关代为行使,最终是委托给国家机关的工作人员去具体行使的。国家机关行使权力和国家机关工作人员行使权力,实际上都具有"代理"性质,即代理国家行使来自人民的权力。由此看来,国家将来源于人民的权力委托给个人行使,受委托的个人由此进行的一切行为,实际上是国家行为。国家机关及其工作人员代表国家进行的行为,其责任当然由国家负担。当国家机关工作人员"代理"国家行使权力的行为造成个人、法人和其他组织合法权益受到损害,理应由被代理的国家承担赔偿责任,因此此种赔偿为"国家赔偿"。当然,实际履行赔偿职责的,仍然是具体的国家机关,不可能是抽象的国家。也就是说,国家虽然是刑事损害的最终责任者,但仍然由特定机关进行赔偿,实际上赔偿款项是从各级政府财政列支的。

第四,刑事赔偿制度是一项救济制度,是随着诉讼发展的文明进程而出现的制度,体现了对正义的修复。这项制度具有如下意义:

(1)对无辜受冤屈者提供赔偿,对其精神加以抚慰,对其物质损失加以弥补;

(2)对国家专门机关及其工作人员加以约束,促使其对公民、法人或者其他

---

[1] 刁荣华:《刑事诉讼法释论》(上册),台湾汉苑出版社 1977 年版,第 27 页。

组织的合法权利保持敬畏,促使其谨慎行使权力,避免给公民、法人或者其他组织乃至国家造成不必要的经济损失;

(3) 化解因司法或行使侦查、检察、审判、监狱管理职权的机关及其工作人员的行为引起和激化的矛盾,平复被冤屈者及其亲友以及同情者的不满和怨气,树立民众对司法的信赖和法制的信心。

显而易见,在刑事诉讼中,应当极力避免国家权力的运作出现违法行为和发生错误,但司法错误难以避免。尽管有一整套原则、制度、程序规范刑事诉讼活动,但国家专门机关及其人员的行为仍然不能杜绝发生错误。一旦发生错误,对当事人权益造成损害,受损害的主要是个人,不但其经济方面遭受损失,精神方面往往也深受折磨,而且其中不少人的人身自由受到剥夺,甚至有人因错误裁判而失去生命。当这些司法错误得到纠正,损害当事人权益行为被发现,则国家权力造成权益受到损害的受害人理应有权利得到国家的赔偿。这种得到赔偿的权利,已经成为人权保障的重要组成部分。

二、国外刑事赔偿制度简介

刑事赔偿制度是一项重要的人权保障制度。对于精神和物质遭受损失的被害人来说,国家赔偿制度是为权利遭受损害者提供的重要救济机制。获得国家赔偿,也成为他们的一项重要权利。这项权利如此重要,以致一些国家将这一制度规定在宪法当中,如德国《宪法》第 19 条第 4 款规定:"任何权利如遭受有关当局损害,可通过司法途径申诉。"又如日本《宪法》第 17 条规定:"任何人在由于公务员的不法行为而受到损害时,均得根据法律规定,向国家或地方政府提出赔偿的要求。"

除宪法规定外,日本、德国、奥地利等国专门制定了刑事赔偿法,法国在《刑事诉讼法典》中规定了刑事赔偿制度,瑞士、捷克等国在《民法》中规定了刑事赔偿制度。在英美法系国家,根据判例进行刑事赔偿。无论以什么形式和依托什么法律类型,这些国家都建立了刑事赔偿制度。

在各国赔偿制度中,采纳的责任原则不尽相同,有的实行过错责任原则,有的实行违法责任原则,有的实行结果归责原则。

国家赔偿责任理论最初是从民事侵权责任理论演绎而来的,直至今日,在有的国家,将公务人员违反职务上的义务视为一种民事责任,有关赔偿的规定可以视为民法的特别法。这正是瑞士、捷克等国在民法中规定刑事赔偿制度的原因。不仅瑞士、捷克等国如此,《德国民法典》第 839 条也规定了公务员造成第三人损害的民事责任:"(1)公务员故意或有过失地违反其对第三人所负的职务上的义务的,必须向该第三人赔偿因此而发生的损害。公务员只有过失的,仅在受害人不能以其他方式获得赔偿时,才能向该公务员请求赔偿。(2)公务员在判决诉讼事件时违反其职务上的义务的,仅在义务违反属犯罪行为时,才就因此而发生的损害负责任。上述规定,不适用于以违反义务的方式拒绝或拖延执行职务的情形。"值得注意的是,这里规定的赔偿主体是公务员而不是国家,采纳的是过错责任原则。

土耳其、瑞士、西班牙、乌克兰、斯洛文尼亚等国家以违法责任原则建立起国家赔偿制度,只要公务人员违反了法定义务,国家就必须承担赔偿责任。例如,1958年3月14日颁行的瑞士《关于联邦及其机构成员和公务员的责任的瑞士联邦法》第3条中规定:"对于公务员在执行其公职的活动中对第三人因违法所造成的损害,不论该公务员是否有过错,均由联邦承担责任。"韩国采用了违法加过错原则来确定国家赔偿,如1967年韩国《国家赔偿法》第2条规定:公务员执行职务,因故意或过失违反法令致使他人受损害或依损害赔偿保障法之规定,发生损害赔偿之责任时,国家或地方自治团体应赔偿其损害。

目前,世界上较多国家或地区在刑事赔偿上采用结果归责原则,只要国家机关及其工作人员在行使职权过程中造成了损害结果,且这种损害结果不是受害人应当承担的,国家就应当承担赔偿责任,不问行为人是否存在过错或者行为是否违法。如《俄罗斯联邦刑事诉讼法典》第18章第133条(平反权产生的根据)规定:"平反权包括赔偿财产损失、消除精神损害后果和恢复劳动权、领取赡养金的权利、住房权和其他权利。因刑事追究而对公民造成的损害,国家应全额赔偿,而不论调查机关、调查人员、侦查员、检察长和法院是否有过错。"同样,日本《刑事补偿法》第1条(补偿要件)规定:(1) 在《刑事诉讼法》(昭和二十三年法律第131号)的普通程序、再审程序或者特别上告程序中,获得无罪判决者曾遭受根据《刑事诉讼法》《少年法》(昭和二十三年法律第168号)或者《经济调查厅法》(昭和二十三年第206号)而实施的判决前羁押或拘禁,可以因该羁押或拘禁向国家请求补偿。(2) 在基于上诉权恢复而进行的上诉、再审或者特别上告程序中,获得无罪判决者受到了原判决已执行的刑罚或者基于《刑法》(昭和四十年法律第45号)第11条第2项规定而实施的拘押,可以因该刑罚或者拘押向国家请求补偿。(3) 依《刑事诉讼法》第484条至第486条(包括同法第505条准用情形)的收监证而实施的羁押、依同法第481条第2项(包括同法第505条准用情形)的规定而实施的留置以及依《犯罪者预防更生法》(昭和二十四年法律第142号)第41条、《缓期执行者保护观察法》(昭和二十九年法律第58号)第10条的引致状而实施的羁押和留置,在适用前项的规定时视为刑罚的执行或拘押。①

在赔偿范围上,各国一般都将赔偿范围限定在以下几个方面:(1) 非法逮捕和拘禁的;(2) 作出不起诉决定前进行拘捕、羁押的;(3) 确定无罪或有罪免刑判决之前进行拘捕、羁押的。有些国家还规定了不予赔偿的情形,如日本《刑事

---

① 陈光中、赵琳琳:《国家刑事赔偿制度改革若干问题探讨》,载《中国社会科学》2008年第2期。

补偿法》规定:本人以使侦查或审判产生错误为目的,进行虚伪陈述,制造其他有罪证据,因而受到起诉、未决的拘留或拘禁或有罪判决等情况,法院不予赔偿。

在赔偿方式上,一般都以经济赔偿为基本方式。有的国家规定,除金钱赔偿外,还有恢复资历和将错押期间计入工龄等辅助方式。

在刑事赔偿程序方面,对于有权提出赔偿请求的人员范围和受理机关,各国都有明确规定。一般地说,有权提出赔偿请求的,是受到国家机关不法或不当拘捕、拘禁和判刑的无辜受害人。不过,受害人由于疾病、伤害等原因不能正确表达或者无力表述自己的意思的,也可由代理人代为行使赔偿请求权。受害人死亡的,可由其继承人请求赔偿。至于具体的赔偿程序,大致有三种模式:一是按照民事诉讼程序处理刑事赔偿问题;二是由刑事审判庭直接作出决定,随同刑事案件一并解决;三是先向有关机关提出,未实现赔偿意图时,再向法院提出民事诉讼。

关于刑事赔偿的标准,各国规定一般都以该国工资水平作为基本参数。

不少国家对刑事赔偿的请求时效也作出了规定。如日本《刑事补偿法》规定:"补偿请求必须在无罪判决确定日开始3年之内提出。"

另外,除立法和实践外,对于国家赔偿,法学研究者针对国家赔偿的实质,提出不同学说,主要包括:

(1) 法律义务说。认为刑事赔偿的根据是司法官在处理刑事案件时客观上不合法,国家有义务赔偿;

(2) 公平说。认为刑事赔偿是国家为了维护公益对公民个人造成损害而给予调节补偿;

(3) 危险责任说。认为刑事赔偿责任产生的前提不是因为不合法,而是在定罪科刑上不真实,在认定嫌疑人、被告人确实没有犯罪时,必须给予救济。[①]

到目前为止,刑事赔偿制度在许多国家都建立起来。不仅各国纷纷建立国家赔偿制度,国际社会也将它列为一项国际司法准则。联合国《两权公约》第9条规定:"任何遭受逮捕和拘禁的受害者,有得到赔偿的权利。"得到国家赔偿,已经成为国际上一项基本的人权要求,对于加入联合国《两权公约》的国家,具有国际法上的约束力;对于没有加入联合国《两权公约》的国家,也有重要的参考意义。

三、我国刑事赔偿制度的建立

自1949年以来我国刑事司法走过的历程可谓充满坎坷。本来在日常刑事司法工作中,当事人蒙受冤屈,其人身权利和财产权利受到侵犯,甚至出现冤假错案,并不是绝对可以避免的事,更何况长期法制不健全和受到"左"的影响,政

[①] 王以真主编:《外国刑事诉讼法学》,北京大学出版社1990年版,第49页。

治原因造成的冤错案件一度数量极多。1978年春开始纠正这些案件的时候,人们面对"如山冤案",包括胡风冤案、"反右派"斗争中的冤假错案、张志新冤案、"第二次握手"冤案等,不胜枚举。在长期的司法工作中,发现冤错案件随时纠正的情况并不鲜见,集中平反冤假错案更是"文化大革命"结束后值得载入史册的历史事件。平反冤假错案,纠正司法错误,必然牵涉到被害人物质与精神损失的赔偿问题,但当时我国并未建立国家赔偿法律制度,进行经济补偿和妥善安置,是依照有关文件进行的。

我国在制定并实施《国家赔偿法》之前,对冤错案件中被错误逮捕、监禁的人有着给予经济补偿的做法,包括补发工资、安排工作和离、退休,以及安排子女就业等,但在20世纪80年代以前,这种补偿不是依据法律而是依据政策进行的,人们习惯称之为"落实政策"。

到了20世纪80年代,我国法制建设逐渐展开,一些重要的法律陆续制定出来,国家赔偿的法制化也成为人们关注的对象。我国1982年制定的《宪法》和1986制定的《民法通则》开始含有国家赔偿的原则规定,如1982年《宪法》第41条第3款明确规定:"由于国家机关和国家工作人员侵犯公民权利而受到损失的人,有依照法律规定,取得赔偿的权利。"《民法通则》第121条也规定:"国家机关或者国家工作人员在执行职务中,侵犯公民、法人的合法权益造成损害的,应承担民事责任。"这些规定虽然简单,但开创了国家赔偿的法制化先河,为《国家赔偿法》的制定吹响了号角。

我国刑事赔偿制度的正式建立,以1994年5月12日第八届全国人民代表大会常务委员会第七次会议正式通过的《国家赔偿法》作为标志。该法于1995年1月1日起正式施行。第三章专章规定了刑事赔偿,包括刑事赔偿的范围、赔偿请求人和赔偿义务机关、赔偿程序等。第四章中还规定了赔偿方式和计算标准。刑事赔偿获得了明确的法律依据,赔偿程序和方式、数额也得以规范化。这些规定为刑事司法错误的受害者和国家专门机关人员刑事诉讼违法行为的受害者获得赔偿提供了法律制度上的保障。从当时的历史条件看,这部法律的制定顺应了时代需要,确定了我国刑事赔偿亟须确立的一系列制度,对保障公民、法人和其他组织的合法权益,促进依法行政、公正司法,缓解社会矛盾、维护社会稳定起到了重要作用。

随着中国社会和经济的发展,新情况和新问题不断涌现,《国家赔偿法》已经不能完全适应实践的需要,修改的呼声越来越高。2008年10月24日,第十一届全国人大常委会第五次会议对国家赔偿法修正案草案进行了首次审议,随后该法律草案在中国人大网上公布,向社会公开征求意见。在征求意见和进一步修改完善后,新的法律修正案草案提交全国人民代表大会审议并获得通过。2010年4月29日全国人民代表大会常务委员会《关于修改〈中华人民共和国国家赔偿法〉的决定》由第十一届全国人民代表大会常务委员会第十四次会议通过,2010年12月1日起实行。修订的《国家赔偿法》主要针对国家赔偿法律制度实施中最突出、最迫切需要修改的内容进行了修改,通过完善赔偿程序、畅通赔偿渠道,为公民、法人和其他组织享有依法取得国家赔偿的权利提供进一步保障,有利于促进国家机关依法行使职权,实现依法治国的前景。为贯彻实施《国家赔偿法》,最高人民法院出台了《关于适用〈中华人民共和国国家赔偿法〉若干问题的解释(一)》,该解释于2011年2月14日由最高人民法院审判委员会第1511次会议通过,自2011年3月18日施行。此外,最高人民法院还发布了《关于人民法院赔偿委员会审理国家赔偿案件程序的规定》,该规定于2011年2月28日由最高人民法院审判委员会第1513次会议通过,自2011年3月22日施行。2012年10月26日第十一届全国人民代表大会常务委员会第二十九次会议第二次修正《国家赔偿法》,新修正的国家赔偿法自2013年1月1日起施行。总的看来,我国《国家赔偿法》和相关司法解释,更好地体现了《宪法》确定的尊重和保障人权的原则,体现了以人为本、执政为民、司法为民的理念,其立法目标在于既要保障公民、法人和其他组织依法获得国家赔偿的权利,也要保障国家机关及其工作人员依法行使职权。人们期望这一法律能够得到完善,更好地保障公民、法人和其他组织依法取得国家赔偿的权利,促进国家机关及其工作人员依法行使职权,在化解矛盾纠纷和维护社会和谐稳定方面发挥更为积极、更为重要的作用。

第二节　刑事赔偿的条件和范围

一、刑事赔偿的条件

刑事赔偿是基于国家专门机关及其工作人员在行使刑事诉讼领域的权力时发生司法错误或者侵权行为而进行的赔偿。这些司法错误或者侵权行为主要包括国家专门机关错捕、错拘和错判等行为以及侵犯个人、法人和其他组织权益的行为,它们构成了国家赔偿的原因。

我国国家赔偿以损害结果确定赔偿责任。国家机关及其工作人员的职权行为侵犯公民、法人或者其他组织的合法权益,国家应当依何种根据来确认和承担赔偿责任?这个问题属于归责原则问题。从世界各国赔偿归责原则看,主要有过错责任原则、违法责任原则和结果责任原则三种。我国《国家赔偿法》第2条确立的归责原则是结果责任原则,国家机关和国家机关工作人员违法行使职权侵犯公民、法人和其他组织的合法权益造成损害固然应当赔偿,合法行使职权使公民、法人和其他组织的合法权益受侵犯并造成损害的,也应当予以赔偿。在实践中,存在大量案例表明国家机关和国家机关工作人员行使职权并没有违法,但公民、法人和其他组织的合法权益受到了实际损害,对于这一种情况,受害人若不能依照《国家赔偿法》取得赔偿,显然不合理。我国《宪法》第41条第3款规定:"由于国家机关和国家工作人员侵犯公民权利而受到损失的人,有依照法律规定取得赔偿的权利。"这一规定并没有将赔偿设定为以国家机关和国家工作人员违法为前提。因此,我国《国家赔偿法》采取结果责任原则,即根据公民、法人和其他组织的合法权益受到侵犯的实际损害结果确定国家赔偿。

国家要承担刑事赔偿责任,需要具备以下条件:

(1) 加害主体必须是行使侦查、检察、审判职权的机关及其工作人员,以及看守所、监狱管理机关及其工作人员,其他机关或者人员不能引起刑事赔偿责任。我国《国家赔偿法》第17条规定的主体范围是"行使侦查、检察、审判职权的机关以及看守所、监狱管理机关及其工作人员"。这个主体范围有别于行政赔偿,我国《国家赔偿法》第3条规定的行政赔偿主体范围为"行政机关及其工作人员"。刑事赔偿中的公安机关、看守所、监狱管理机关及其工作人员也属于行政机关及其工作人员,但他们在刑事诉讼中行使权力引起的是刑事赔偿而不是行政赔偿。

(2) 上述机关及其工作人员的行为应是行使职权的行为。国家机关和国家机关工作人员行使职权侵犯公民、法人和其他组织合法权益并造成损害的行为不限于作为,也包含不作为。所谓"不作为"是指负有实施某种特定法律职责的国家机关和国家机关工作人员能够履行其职责而消极地不去履行的行为。近年来,我国出现多起引起社会广泛关注的不作为事件,这些事件提醒人们,国家机关及其工作人员不作为行为造成危害的严重程度有时比作为更有过之,我国《国家赔偿法》不能仅限于对作为进行赔偿,对侵犯公民、法人和其他组织合法权益并造成损害的不作为行为也应加以赔偿。国家对国家机关及其工作人员的行为承担赔偿责任,前提是这些行为在性质上属于"代理"国家行使职权的行为。与职权无关的行为给他人造成损害的,不能引起国家赔偿责任,只能由违法行为人自己承担责任,这种责任要么是民事责任,要么是刑事责任,或者两种兼而有之,但不是国家赔偿责任。我国《国家赔偿法》第5条第1款第(一)项明确规定,对于"行政机关工作人员与行使职权无关的个人行为",国家不承担赔偿责任。

(3) 上述机关及其工作人员的行为造成司法错误,即错误进行了拘留、逮捕、监禁等。如果上述机关及其工作人员的行为是正确的,没有错误地进行了拘留、逮捕、监禁等,也就是说,没有产生侵权结果,国家不必承担赔偿责任。

(4) 上述机关及其工作人员的行为给行为的相对人造成了损害。该损害既可能是人身损害,如人身自由被剥夺或者健康受到损害等;也可能是财产损害,如财物的毁损等。如果没有发生损害事实,虽然存在错误追诉,也不会引起刑事赔偿责任。

(5) 受害人本身没有过错。如果损害是由被害人的过错引起的,如受害人故意作虚伪陈述,造成错误逮捕、起诉和审判,或者自伤、自残,那么国家不承担刑事赔偿。我国《国家赔偿法》第19条第1款第(一)项规定"因公民自己故意作虚伪供述,或者伪造其他有罪证据被羁押或者被判处刑罚的",第(五)项规定"因公民自伤、自残等故意行为致使损害发生的",国家不承担赔偿责任。

上述五项条件必须同时具备,国家才承担赔偿责任。

二、刑事赔偿的范围

(一)国家承担赔偿责任的情形

我国《国家赔偿法》第17条和第18条规定了我国的刑事赔偿范围,包括两个方面:

1. 应予赔偿的侵犯人身权的情形

行使侦查、检察、审判职权的机关以及看守所、监狱管理机关及其工作人员在行使职权时有下列侵犯人身权情形之一的,受害人有取得赔偿的权利:

其一,违反《刑事诉讼法》的规定对公民采取拘留措施的,或者依照《刑事诉讼法》规定的条件和程序对公民采取拘留措施,但是拘留时间超过《刑事诉讼法》规定的时限,其后决定撤销案件、不起诉或者判决宣告无罪终止追究刑事责任的。拘留的限制本应属于"紧急情况下的逮捕",对于拘留有着明确的法定期限,超过《刑事诉讼法》规定的时限,是国家赔偿的条件之一,这一条件要与后面的条件共同具备,才能发生国家赔偿的法律效果,后面的条件是决定撤销案件、不起诉或者判决宣告无罪终止追究刑事责任,符合三种情形的任何一种,国家都要承担赔偿责任。值得注意的是,超期羁押是我国刑事司法中除刑讯逼供外又一大痼疾,对被违法羁押的个人的权益损害很大,但由于绝大多数被超期羁押的人确实是有罪的,对于超期羁押部分却不能得到国家赔偿。鉴于我国超期羁押问题十分严重,对于超期羁押的人被判处的刑期短于已被羁押的时间,或者被判处缓刑、单处罚金刑的,先前的超期羁押的部分应当给予赔偿。《国家赔偿法》将超期羁押纳入国家赔偿的范围,有利于保障公民的合法权益,对司法实践中的超期羁押现象也能够起到遏制作用。

其二,对公民采取逮捕措施后,决定撤销案件、不起诉或者判决宣告无罪终止追究刑事责任的。逮捕是最严厉的强制措施,在我国,逮捕包括抓捕和羁押两项内容,剥夺人身自由的羁押时间往往长达数月之久,远远长于拘留。《刑事诉讼法》第79条第1款规定了逮捕条件,其中之一是"有证据证明有犯罪事实",这是实施逮捕的首要条件。如果没有犯罪而实施逮捕,对于被逮捕的人损害很大,公安司法机关一旦发现捕错,应当立即释放被错误逮捕的人,并依法给予赔偿。按照《国家赔偿法》的规定,对公民采取逮捕措施后,只要决定撤销案件、不起诉或者判决宣告无罪终止追究刑事责任的,国家就应当承担赔偿责任。这表明,错误拘留和错误逮捕以实际损害结果确定赔偿。错误拘留和错误逮捕的发生率比错误定罪更高,对于错误拘留、错误逮捕,过去实务部门在具体处理案件时存在较大分歧。人民法院通常坚持结果责任论,主张不再追究被告人的刑事责任的,就应当认定为错误拘留、错误逮捕,应当予以赔偿;公安和检察机关则主张违法责任论,认为进行拘留和逮捕没有违反法律规定的不应赔偿。从《国家赔偿法》看,对于错误逮捕、错误拘留,从实际结果来判定是否应予赔偿而不以违法责任为前提,只要不再追究被告人的刑事责任,就应当认定为错误拘留、错误逮捕而予以赔偿。也就是说,对犯罪嫌疑人、被告人进行拘留、逮捕后撤销案件、作出不起诉决定或者判决宣告无罪,终止追究刑事责任的,无论当初拘留、逮捕是否合法,都以实际造成损害加以赔偿,实行彻底的结果责任论,以保障个人在实际受到损害后能够切实获得赔偿,维护其合法权利。

其三,依照审判监督程序再审改判无罪,原判刑罚已经执行的。司法裁判的错误很难杜绝,诉讼中各种因素会干扰法官的判断,使之误认事实、误采证据或者错误适用法律。发生错误的裁判生效后,即交付执行,发现裁判错误的时候,有的刑罚已经执行完毕,有的正在执行中。对于生效的错误裁判,发现后应当依法按照审判监督程序加以改判,并根据刑罚执行情况,对错误裁判的受害者给予赔偿。

其四,刑讯逼供或者以殴打、虐待等行为或者唆使、放纵他人以殴打、虐待等行为造成公民身体伤害或者死亡的。刑讯逼供等暴力行为是严重侵害个人权益的行为,对于受害者的健康和生命都造成严重威胁,因此不但为我国法律所禁止,也是联合国有关反对酷刑的公约所禁止的行为。对于暴力行为造成受害者身体伤害或者死亡的,不但要追究责任人的刑事责任,而且应当给被害者以赔偿。实施刑讯逼供或者殴打等暴力行为,分为两种情况:一是行使侦查、检察、审判、监狱管理职权的机关工作人员直接实施这些行为,二是唆使他人——如联防队员、协警员甚至在押人员——实施刑讯逼供或者殴打等暴力行为。这两种情况都应当给予被害人以赔偿。联防队员、协警员甚至于在押人员在唆使之下进行刑讯逼供或者殴打等暴力行为,以及联防队员、协警员被安排参与讯问、看管和押解等活动,都具有"代理"国家专门机关及其人员的性质。在这种情况下造成损害的,国家视同国家机关及其工作人员的亲力亲为而承担赔偿责任。

其五,违法使用武器、警械造成公民身体伤害或者死亡的。这里提到的"武器",是指人民警察按照规定装备的枪支、弹药等致命性警用武器;"警械",是指人民警察按照规定装备的警棍、催泪弹、高压水枪、特种防暴枪、手铐、脚镣、警绳等警用器械。人民警察制止违法犯罪行为,可以采取强制手段;根据需要,可以使用警械;使用警械不能制止,或者不使用武器制止,可能发生严重危害后果的,可以依照规定适用武器。使用警械、武器得当的,有利于制止违法犯罪,震慑违法犯罪人员,保护国家、社会和个人合法权益不受侵犯;使用不当的,容易侵犯个人合法权益。由于武器具有一定的杀伤性,还可能造成无辜者受伤甚至死亡的严重后果,因此警械、武器的使用必须符合相关规定。1996年1月8日中华人民共和国国务院令第191号发布了《中华人民共和国人民警察使用警械和武器条例》,这一条例制定的目的在于"保障人民警察依法履行职责,正确使用警械和武器,及时有效地制止违法犯罪行为,维护公共安全和社会秩序,保护公民的人身安全和合法财产,保护公共财产"。该《条例》确立了人民警察使用警械和武器应当尽量减少人员伤亡、财产损失的原则,对警械和武器使用的情形和要求都作出了具体规定。一旦违反这些规定,造成公民身体伤害或者死亡的,国家应承担赔偿责任。

2. 应予赔偿的侵犯财产权的情形

行使侦查、检察、审判职权的机关以及看守所、监狱管理机关及其工作人员在行使职权时有下列侵犯财产权情形之一的,受害人有取得赔偿的权利:

其一,违法对财产采取查封、扣押、冻结、追缴等措施的。在我国刑事诉讼中,公安司法机关对于涉案财产,为办案需要,可以采取一定的强制性措施。对财产采取的强制性措施主要有查封、扣押、冻结、追缴等,这些措施采取得当,可以保全证据或者为将来予以罚没提供条件;如果实施不当,容易造成财产损失,侵犯个人或者单位的合法财产权利。行使侦查、检察、审判、监狱管理职权的机关及其工作人员在采取上述措施时侵犯财产权的,国家应当承担赔偿责任。

其二,依照审判监督程序再审改判无罪,原判罚金、没收财产已经执行的。法院以生效裁判对财产进行实体处理,包括罚金和没收财产两种。对于有关财产的判决已经执行后发现被判决有罪的人应当改判无罪的,法院应当以审判监督程序加以改判,并就财产刑部分作出改判。国家还应为此承担相应的赔偿责任,原判罚金、没收财产已经执行的,受害人有取得赔偿的权利。

(二) 国家不承担赔偿责任的情形

在符合法律规定的情形时,国家不承担赔偿责任。我国《国家赔偿法》第19条明确规定了国家不承担赔偿责任的情形,包括:

1. 因公民自己故意作虚伪供述,或者伪造其他有罪证据被羁押或者被判处刑罚的

在刑事司法过程中,有出于各种动机故意进行虚伪供述者,或者伪造其他有罪证据者,如有的人为了引起人们对他的关注而自首自己没有犯过的罪,或者代人顶罪、主动承担刑事责任,欺骗公安司法机关因而造成被逮捕、起诉和审判等结果,遭受到刑事损害,但这种损害不是由公安司法人员的过错造成的,而是由犯罪嫌疑人、被告人本人的过错造成的,属于咎由自取,国家不应对其损害承担赔偿责任,应由其本人自负其责。不过,上述国家不予赔偿的情形限于错误羁押或者被错判刑罚,不包括刑讯逼供或者以殴打等暴力行为或者唆使他人以殴打等暴力行为造成公民身体伤害或者死亡等情形,即使一个人有罪,也不能对他实施刑讯或者殴打等暴力行为,公民故意作虚伪供述,或者伪造其他有罪证据,不能成为公安司法人员实施或者唆使刑讯或者殴打等暴力行为的辩护理由,国家

应对这类行为承担赔偿责任。

2. 依照《刑法》第 17 条、第 18 条规定不负刑事责任的人被羁押的

《刑法》第 17 条规定:"已满 16 周岁的人犯罪,应当负刑事责任。已满 14 周岁不满 16 周岁的人,犯故意杀人、故意伤害致人重伤或者死亡、强奸、抢劫、贩卖毒品、放火、爆炸、投毒罪的,应当负刑事责任。已满 14 周岁不满 18 周岁的人犯罪,应当从轻或者减轻处罚。因不满 16 周岁不予刑事处罚的,责令他的家长或者监护人加以管教;在必要的时候,也可以由政府收容教养。"该法第 18 条又规定:"精神病人在不能辨认或者不能控制自己行为的时候造成危害结果,经法定程序鉴定确认的,不负刑事责任,但是应当责令他的家属或者监护人严加看管和医疗;在必要的时候,由政府强制医疗。间歇性的精神病人在精神正常的时候犯罪,应当负刑事责任。尚未完全丧失辨认或者控制自己行为能力的精神病人犯罪,应当负刑事责任,但是可以从轻或者减轻处罚。醉酒的人犯罪,应当负刑事责任。"这些不负刑事责任的人被羁押的,不予刑事赔偿,因为这些人本身有危害社会的行为,只是由于他们没有达到刑事责任年龄或者精神有缺陷、不具备刑事责任能力才不追究刑事责任;公安司法机关在确认其没有达到刑事责任年龄或者不具备刑事责任能力以前,往往需要对他们进行逮捕或者采取其他剥夺人身自由的措施,因为确认他们是否达到刑事责任年龄或者是否具备刑事责任能力都需要一定时间,行使侦查、检察、审判、监狱管理职权的机关及其工作人员在行使职权时没有错误。

3. 依照《刑事诉讼法》第 15 条、第 173 条第 2 款规定的不追究刑事责任的人被羁押的

我国刑事赔偿适用的对象是无辜者。《刑事诉讼法》第 15 条规定的各种情形,表明被追究者并非无辜,因此不符合国家赔偿的条件;另外,不追究刑事责任,对于某些情形的被告人来说已经含有宽大之意,在这个基础之上再要求国家赔偿,难说合情合理;还有一些情形,如犯罪嫌疑人、被告人死亡的,是在诉讼过程中发生的,可能发生在侦查阶段,可能发生在起诉阶段,也可能发生在审判阶段,不能仅因突发这一状况而认定此前采取的侦查措施、追诉行为或者审判活动是违法或者错误的。《刑事诉讼法》第 173 条第 2 款规定:"对于犯罪情节轻微,依照刑法规定不需要判处刑罚或者免除刑罚的,人民检察院可以作出不起诉决定。"对于这种情形,人民检察院拥有起诉权,为了更好地发挥检察裁量权的功能,实现法律预取的价值,才主动放弃起诉权,这种不起诉对于确有犯罪行为的犯罪嫌疑人来说,无疑具有一种宽大处理的意味。因此,对于上述情形,国家均不予赔偿。

4. 行使侦查、检察、审判职权的机关以及看守所、监狱管理机关的工作人员与行使职权无关的个人行为

国家专门机关的工作人员行使职权的行为是为国家进行的"代理"行为,其

行为的后果应由国家承担;然而国家专门机关的工作人员实施的与行使职权无关的个人行为,不具有为国家进行"代理"活动的性质,国家当然不必为属于私人的行为承担赔偿责任。

5. 因公民自伤、自残等故意行为致使损害发生的

在刑事诉讼中,犯罪嫌疑人、被告人自伤、自残试图逃避法律追究的情形十分常见,有的在作案前(如吞下刀片)或者被发觉抓捕前后进行自伤、自残(如割伤、刺伤自己);还有的,属于犯罪嫌疑人、被告人以外的诉讼参与人,对于办案人员或者诉讼活动不满,以自伤、自残发泄不满或者进行胁迫。在此种情形中,公民人身权的损害是由其自己的故意行为造成的,国家专门机关及其工作人员没有过错,国家当然不应承担赔偿责任。

6. 法律规定的其他情形

《国家赔偿法》对于不予赔偿列举了六种明确情形,除此之外还做了灵活性的规定,对于其他类似而法律没有明确规定的情形或者由其他法律明确规定的情形,国家也不承担赔偿责任。哪些情形国家不承担赔偿责任,要根据合理性加以考虑并应当予以明确。

第三节 刑事赔偿的程序

一、刑事赔偿请求的提起

(一) 刑事赔偿请求权人

刑事赔偿请求权人,是指有权提出刑事赔偿申请,要求国家承担刑事赔偿责任的人。

我国《国家赔偿法》第 6 条规定:"受害的公民、法人和其他组织有权要求赔偿。受害的公民死亡,其继承人和其他有扶养关系的亲属有权要求赔偿。受害的法人或者其他组织终止的,其权利承受人有权要求赔偿。"按照这一规定,刑事赔偿请求权人包括:

1. 受害的公民、法人和其他组织

赔偿请求权原则上应由受害者行使,被害者有能力提出国家赔偿请求却不提出的,意味着他放弃自己的赔偿请求权。这里的受害者既包括自然人,也包括法人和其他组织。在我国刑法中,单位已经成为犯罪主体,在被刑事追究的过程中,有可能因司法错误或者行使侦查、检察、审判职权的机关以及看守所、监狱管理机关及其工作人员的行为而遭受经济损失,因此应有权利请求国家赔偿。

在实践中,有时受害者确实由于疾病、伤害等原因不能正确表达自己或无力表述自己的意思时,应当允许其委托代理人行使请求权,从而实现国家赔偿制度的功能,维护受害者的合法权益,弥补其损失,代理制度在这种情形下具有重要

和积极的作用。

2. 继承人和其他有扶养关系的亲属

受害人死亡的，包括在提出赔偿请求之前死亡，也包括在刑事赔偿程序运作过程中死亡，都不会导致其赔偿请求权消灭。受害者死亡后，应当由其继承人优先行使请求权，然后才由其他对受害者具有扶养义务的亲属行使请求权。在这种情形下，国家应当给予的赔偿可视为受害者的遗产，任何一位继承人提出赔偿请求的，应视为全体继承人提出请求。受理机关受理继承人提出的赔偿请求，应查证有无其他继承人，并尽快将已有的赔偿请求意图通知其他继承人。

3. 权利承受人

受害的法人或者其他组织终止的，其权利承受人有权要求赔偿。权利承受人指法人或者其他组织终止，该法人或者其他组织不复存在，但权利并未消灭而是将移转给该人，由其承受权利人的地位，享受权利。因此，该权利承受人承受要求赔偿和得到赔偿的权利。

(二) 刑事赔偿请求的方式

刑事赔偿请求，不应采取提起诉讼的方式。这是因为，因刑事赔偿而提起诉讼，将导致公安机关、检察机关甚至法院成为被告，特别是若将法院列为被告，有损司法尊严，也会引起回避之类难题，不如选择更为简洁、明快的做法。许多国家采取申请刑事赔偿的做法，我国国家赔偿制度也采取这一做法。

提出赔偿请求一般采取书面形式，即提交刑事赔偿申请书。赔偿请求人书写申请书确有困难的，可以委托他人代书；也可以口头申请，由赔偿义务机关记入笔录。

刑事赔偿申请书中应当载明的事项有：

(1) 受害人的姓名、性别、年龄、工作单位和住所，法人的名称、住所和法定代表人或者主要负责人的姓名、职务；

(2) 具体的要求、事实根据和理由；

(3) 申请的年、月、日。

(三) 刑事赔偿请求的时效

赔偿请求人请求国家赔偿的时效为2年，自其知道或者应当知道国家机关及其工作人员行使职权时的行为侵犯其人身权、财产权之日起计算，但被羁押等限制人身自由期间不计算在内。在申请行政复议或者提起行政诉讼时一并提出赔偿请求的，适用《行政复议法》《行政诉讼法》有关时效的规定。

赔偿请求人在赔偿请求时效的最后6个月内，因不可抗力或者其他障碍不能行使请求权的，时效中止。从中止时效的原因消除之日起，赔偿请求时效期间继续计算。

二、刑事赔偿义务机关

行使侦查、检察、审判职权的机关以及看守所、监狱管理机关及其工作人员在行使职权时侵犯公民、法人和其他组织的合法权益造成损害的,该机关为赔偿义务机关。亦即:

(1) 对公民采取拘留措施,依照《国家赔偿法》的规定应当给予国家赔偿的,作出拘留决定的机关为赔偿义务机关。

(2) 对公民采取逮捕措施后决定撤销案件、不起诉或者判决宣告无罪的,作出逮捕决定的机关为赔偿义务机关。

(3) 再审改判无罪的,作出原生效判决的人民法院为赔偿义务机关。二审改判无罪,以及二审发回重审后作无罪处理的,作出一审有罪判决的人民法院为赔偿义务机关。

我国"共同赔偿机关"意味着在各自的责任范围内进行赔偿,而不是受害者有权向共同赔偿机关中的任何一个机关请求全额赔偿。也就是说,现有的赔偿制度下,共同赔偿机关并不承担连带责任,实行的实际上是分段赔偿的做法。这种做法使一个赔偿变成几个部分,受害者需要分别向几个机关提出赔偿请求,不利于尽快实现其权利。实际上,既为国家赔偿,以最后一个处理案件的机关统一赔偿,对受害者来说最为便利,也可以减少共同赔偿机关之间的推诿、扯皮。

三、赔偿请求的受理和处理

我国《国家赔偿法》第 22 条至第 31 条规定了对赔偿请求的受理和处理,内容如下:

(1) 赔偿请求人应首先向具有赔偿义务的机关提出赔偿请求;

(2) 受理赔偿请求的是具有赔偿义务的机关,其中人民法院受理赔偿请求分两种情况,一是作为赔偿义务机关的本级人民法院,二是中级以上的人民法院专门设立的赔偿委员会。赔偿委员会由人民法院 3 名至 7 名审判员组成。人民法院的赔偿委员会在决定赔偿事宜时实行少数服从多数的原则。

(3) 赔偿义务机关应当自收到申请之日起两个月内,作出是否赔偿的决定。赔偿义务机关决定赔偿的,应当制作赔偿决定书,并自作出决定之日起 10 日内送达赔偿请求人。赔偿义务机关决定不予赔偿的,应当自作出决定之日起 10 日内书面通知赔偿请求人,并说明不予赔偿的理由。

(4) 赔偿义务机关作出赔偿决定,应当充分听取赔偿请求人的意见,并可以与赔偿请求人就赔偿方式、赔偿项目和赔偿数额依照《国家赔偿法》的规定进行协商。我国国家赔偿程序引入协商制度,即赔偿义务机关作出赔偿决定,应当充分听取赔偿请求人的意见,并可以与赔偿请求人就赔偿方式、赔偿项目和赔偿数额进行协商,使赔偿请求人对于赔偿程序和赔偿方案有更多的参与机会,充分表达自己的意愿。

(5) 赔偿义务机关逾期不予赔偿或者赔偿请求人对赔偿数额有异议的,赔偿请求人可以自期间届满之日起30日内向其上一级机关申请复议。赔偿请求人对赔偿的方式、项目、数额有异议的,或者赔偿义务机关作出不予赔偿决定的,赔偿请求人可以自赔偿义务机关作出赔偿或者不予赔偿决定之日起30日内,向赔偿义务机关的上一级机关申请复议。赔偿义务机关是人民法院的,赔偿请求人可以向其上一级人民法院赔偿委员会申请作出赔偿决定。复议机关应当自收到申请之日起两个月内作出决定。

(6) 复议机关应当自收到申请之日起两个月内作出决定。赔偿请求人不服复议决定的,可以在收到复议决定之日起30日内向复议机关所在地的同级人民法院赔偿委员会申请作出赔偿决定;复议机关逾期不作决定的,赔偿请求人可以自期限届满之日起30日内向复议机关所在地的同级人民法院赔偿委员会申请作出赔偿决定。

(7) 中级以上的人民法院设立赔偿委员会,由人民法院3名以上审判员组成,组成人员的人数应当为单数。赔偿委员会作赔偿决定,实行少数服从多数的原则。赔偿委员会作出的赔偿决定,是发生法律效力的决定,必须执行。

(8) 我国《国家赔偿法》明确规定了举证制度:人民法院赔偿委员会处理赔偿请求,赔偿请求人和赔偿义务机关对自己提出的主张,应当提供证据。被羁押人在羁押期间死亡或者丧失行为能力的,赔偿义务机关的行为与被羁押人的死亡或者丧失行为能力是否存在因果关系,赔偿义务机关应当提供证据。

(9) 人民法院赔偿委员会处理赔偿请求,采取书面审查的办法。必要时,可以向有关单位和人员调查情况、收集证据。赔偿请求人与赔偿义务机关对损害事实及因果关系有争议的,赔偿委员会可以听取赔偿请求人和赔偿义务机关的陈述和申辩,并可以进行质证。

(10) 人民法院赔偿委员会应当自收到赔偿申请之日起3个月内作出决定;属于疑难、复杂、重大案件的,经本院院长批准,可以延长3个月。

(11) 赔偿请求人或者赔偿义务机关对赔偿委员会作出的决定,认为确有错误的,可以向上一级人民法院赔偿委员会提出申诉。

(12) 赔偿委员会作出的赔偿决定生效后,如发现赔偿决定违反本法规定的,经本院院长决定或者上级人民法院指令,赔偿委员会应当在两个月内重新审查并依法作出决定,上一级人民法院赔偿委员会也可以直接审查并作出决定。

(13) 最高人民检察院对各级人民法院赔偿委员会作出的决定,上级人民检察院对下级人民法院赔偿委员会作出的决定,发现违反本法规定的,应当向同级人民法院赔偿委员会提出意见,同级人民法院赔偿委员会应当在两个月内重新审查并依法作出决定。

(14) 赔偿义务机关赔偿损失后,应当向具有下列情形之一的工作人员追偿部分或全部赔偿费用:第一,刑讯逼供或者以殴打、虐待等行为或者唆使、放纵他人以殴打、虐待等行为造成公民身体伤害或者死亡的;第二,违法使用武器、警械造成公民身体伤害或者死亡的;第三,在处理案件中有贪污受贿,徇私舞弊,枉法裁判行为的。

需要指出的是,我国《国家赔偿法》没有具体规定赔偿的审理程序,最高人民法院2011年3月21日发布的《关于人民法院赔偿委员会审理国家赔偿案件程序的规定》就此作出了较为具体的规定。这些规定,使国家赔偿制度更加丰满,使受害者的权利有所加强,也明确了赔偿案件的程序,便于赔偿委员会在双方举证基础上顺利作出赔偿决定。

四、赔偿方式和计算标准

(一) 赔偿方式

我国《国家赔偿法》第32条、第35条和第36条规定了赔偿方式,主要内容是:

1. 支付赔偿金

国家赔偿,以支付赔偿金为主要方式。包括:侵犯人身权造成损害的;侵犯财产权造成损害不能恢复原状的,按照损害程度给付相当的赔偿金;应当返还的财产灭失的,给付相应的赔偿金;吊销许可证和执照、责令停产停业的,赔偿停产停业期间必要的经常性开支;对财产权造成其他损害的,按照直接损失予以赔偿。上述赔偿费用,均列入各级财政预算。

2. 返还财产或者恢复原状

侵犯公民、法人和其他组织的财产权造成损害的,能够返还财产或者恢复原状的,应当返还财产或者恢复原状。包括:处以罚款、罚金、追缴、没收财产或者违反国家规定征收财物、摊派费用的,应当返还财产;查封、扣押、冻结财产的,应当解除查封、扣押、冻结;造成财产损坏的,能够恢复原状的,应当恢复原状;财产已经拍卖的,给付拍卖所得的价款。

3. 消除影响,恢复名誉,赔礼道歉,支付精神损害抚慰金

国家机关及其工作人员违法侵犯公民的人身自由及生命健康权,同样会对受害人造成精神损害,有必要对精神损害加以赔偿。我国现行《国家赔偿法》第35条明确规定精神损害赔偿,对于下述情形,致人精神损害的,应当在侵权行为影响的范围内,为受害人消除影响,恢复名誉,赔礼道歉;造成严重后果的,应当支付相应的精神损害抚慰金:(1) 违法拘留或者违法采取限制公民人身自由的行政强制措施的;(2) 非法拘禁或者以其他方法非法剥夺公民人身自由的;(3) 以殴打、虐待等行为或者唆使、放纵他人以殴打、虐待等行为造成公民身体伤害或者死亡的;(4) 违法使用武器、警械造成公民身体伤害或者死亡的;(5) 行政机关及其工作人员在行使行政职权时造成公民身体伤害或者死亡的其他违法行

为;(6)违反《刑事诉讼法》的规定对公民采取拘留措施的,或者依照《刑事诉讼法》规定的条件和程序对公民采取拘留措施,但是拘留时间超过《刑事诉讼法》规定的时限,其后决定撤销案件、不起诉或者判决宣告无罪终止追究刑事责任的;(7)对公民采取逮捕措施后,决定撤销案件、不起诉或者判决宣告无罪终止追究刑事责任的;(8)依照审判监督程序再审改判无罪,原判刑罚已经执行的;(9)刑讯逼供或者以殴打、虐待等行为或者唆使、放纵他人以殴打、虐待等行为造成公民身体伤害或者死亡的;(10)违法使用武器、警械造成公民身体伤害或者死亡的。

(二)公民人身自由、生命健康权的刑事赔偿计算标准

我国《国家赔偿法》对侵犯公民人身自由、生命健康权的刑事赔偿规定了具体而便于操作的计算标准:

(1)侵犯公民人身自由的,每日赔偿金按照国家上年度①职工日平均工资计算。

(2)造成身体伤害的,应当支付医疗费、护理费,以及赔偿因误工减少的收入;减少的收入每日的赔偿金按照国家上年度职工日平均工资计算,最高额为国家上年度职工年平均工资的五倍。

(3)造成部分或者全部丧失劳动能力的,应当支付医疗费、护理费、残疾生活辅助具费、康复费等因残疾而增加的必要支出和继续治疗所必需的费用以及残疾赔偿金。残疾赔偿金根据丧失劳动能力的程度,按照国家规定的伤残等级确定,最高不超过国家上年度职工年平均工资的20倍。造成全部丧失劳动能力的,对其扶养的无劳动能力的人,还应当支付生活费。生活费的发放标准,参照当地最低生活保障标准执行。被扶养的人是未成年人的,生活费给付至18周岁止;其他无劳动能力的人,生活费给付至死亡时止。

(4)造成死亡的,应当支付死亡赔偿金、丧葬费,总额为国家上年度职工年平均工资的20倍。对死者生前扶养的无劳动能力的人,还应当支付生活费。生活费的发放标准,参照当地最低生活保障标准执行。被扶养的人是未成年人的,生活费给付至18周岁止;其他无劳动能力的人,生活费给付至死亡时止。

我国制定上述标准,主要考虑三个方面:一是受害者的损失能够得到恰当弥补,落实《国家赔偿法》的立法意图;二是国家经济和财力能够具有相应的承受能力,超过国家的承受能力是不可能使这一制度得以顺利推行的;三是便于计算,简便易行。

(三)侵犯公民、法人和其他组织的财产权造成损害的处理办法

(1)处罚款、罚金、追缴、没收财产或者违法征收、征用财产的,返还财产;

(2)查封、扣押、冻结财产的,解除对财产的查封、扣押、冻结,造成财产损坏

---

① 应为赔偿义务机关、复议机关或者人民法院赔偿委员会作出赔偿决定时的上年度。

或者灭失的,依照第(3)项、第(4)项的规定赔偿;

(3) 应当返还的财产损坏的,能够恢复原状的恢复原状,不能恢复原状的,按照损害程度给付相应的赔偿金;

(4) 应当返还的财产灭失的,给付相应的赔偿金;

(5) 财产已经拍卖或者变卖的,给付拍卖或者变卖所得的价款;变卖的价款明显低于财产价值的,应当支付相应的赔偿金;

(6) 吊销许可证和执照、责令停产停业的,赔偿停产停业期间必要的经常性费用开支;

(7) 返还执行的罚款或者罚金、追缴或者没收的金钱,解除冻结的存款或者汇款的,应当支付银行同期存款利息;

(8) 对财产权造成其他损害的,按照直接损失给予赔偿。

(四) 刑事赔偿金由当地财政部门支付

我国《国家赔偿法》第 37 条规定:赔偿费用列入各级财政预算。赔偿请求人凭生效的判决书、复议决定书、赔偿决定书或者调解书,向赔偿义务机关申请支付赔偿金。赔偿义务机关应当自收到支付赔偿金申请之日起 7 日内,依照预算管理权限向有关的财政部门提出支付申请。财政部门应当自收到支付申请之日起 15 日内支付赔偿金。按照这一规定,刑事赔偿金由当地财政部门直接支付。

过去的做法是,国家赔偿金统一由国库支付,每年由各级政府财政部门将该年国家赔偿费用列入本年度政府财政预算,但在支付给被害者时先由赔偿义务机关从本单位预算经费和留归本单位使用的资金中支付,再向同级财政申请核拨。需要指出的是,这种做法不但手续烦琐,而且容易产生国家赔偿就是侵权机关赔偿的错觉,引发侵权机关抵触心理,一些机关为了逃避或者掩盖责任,设置重重障碍,拒绝赔偿,为受害人顺利获得赔偿增设障碍。另外,一些县、市由于财政困难,多年来一直没有设置国家赔偿费用预算,用于国家赔偿的费用难以保障。近年来推进财政预算体制改革和细化部门预算,一些地方国家机关已经没有先行垫付的资金,失去了先行垫付的条件。有的赔偿义务机关为了遮掩侵权事实,甚至采用"私了"的办法支付赔偿金,不到财政部门申请核销。有的地方要求赔偿义务机关必须先处理责任人并追偿以后,才能向财政申请核拨,财政部门仅核拨追偿后的差额部分。为了避免将国家赔偿混淆于侵权机关赔偿,更为了使被害者获得国家赔偿的权利顺利得到实现,我国现行《国家赔偿法》将各家侵权机关先行赔付的做法改为由当地财政部门统一、直接赔付的做法,使国家赔偿制度更有利于被害者权利的实现。

第三编 附 论

第三十章 国际公约与我国刑事诉讼

第一节 概 述

一、国际公约与刑事诉讼

国际公约是国际关系发展到一定阶段的必然产物。当人类社会出现了国家,并且国家之间发生了经济、政治、外交、军事和文化等关系,就会在实践中产生一些调整这些关系的有拘束力的原则、规则和制度。

在奴隶社会时期,国际法处于萌芽阶段;在封建社会,国际法处于雏形阶段,此时国家之间的条约主要涉及战争或边界方面的内容,基本上没有涉及刑事诉讼的内容。从17世纪中叶到20世纪初,是近代国际法的形成和发展阶段。资产阶级革命,尤其是1789年法国大革命,对于国际法的发展有着很大的影响。洛克、卢梭、孟德斯鸠等伟大思想家提出的"天赋人权""人民主权""三权分立"等理论,不仅成为西方政治法律的理论基础,而且对后来的一系列与人权保障相关的国际公约也产生深刻的影响。意大利的著名学者贝卡利亚在1764年出版了《论犯罪与刑罚》一书,系统提出了现代刑事法律的基本原则,即罪刑法定原则、罪刑相适应原则、刑罚人道主义原则、无罪推定原则,并主张废除刑讯等。这些原则不仅被各国资产阶级革命胜利后所颁布的法律吸收,如英国的《人身保护法》(1676年)、《权利法案》(1689年)、美国的《美利坚合众国宪法》(1787年)、法国的《人权宣言》(1789年),而且也成为当代人权保护国际公约的刑事法律的基石。在19世纪后期,由于资本主义发展到帝国主义阶段,资本主义列强对外实行侵略和战争政策,原来资产阶级革命中提出的一些民主原则也被抛弃或歪曲使用,例如,在此时期,列强与殖民地的条约中普遍出现了"领事裁判权"制度。

第一次世界大战使国际法遭到了严重的破坏,导致人们对国际法的存在或作用表示怀疑。但是,国家之间必定有交往,战后的国际关系仍然需要国际法的原则、规则和制度调整,国际法也仍然随着国际关系的发展而发展。第一次世界大战之后,《国际联盟盟约》得以签订,建立了历史上第一个世界性的国际政治组织——国际联盟;通过了《国际常设法院规约》,设立了历史上第一个国际司法组织。在国际联盟的主持下,建立了许多国际法原则,进行了有计划的国际法编纂,为以后更大规模的国际法编纂活动奠定了基础和积累了经验。但是,此时期的国际法编纂仍然着重于国家与国家关系的处理,与人权保障或刑事诉讼直接相关的公约并不多见。

国际人权法是第二次世界大战以后发展起来的一个较新的国际法分支,它的产生和发展可归因于第二次世界大战期间法西斯主义对人权的肆意侵犯与荼毒。对第二次世界大战这场惨不堪言的战祸,尤其是对德、意、日法西斯暴行的深刻反省,成为战后人权问题受到国际社会普遍关注的起因。倡导人道主义,增强人权意识,在世界范围内建立有效的国际人权保障机制成为第二次世界大战后国际社会的普遍共识。1945年,在英、美、中、苏等战胜国的倡议下成立了联合国,并于1945年6月签署了《联合国宪章》。《联合国宪章》"欲免后世再遭今代人类两度身历惨不堪言之战祸","重申基本人权,人格尊严与价值",第一次将"人权"规定在一个普遍性的国际组织文件中,成为会员国应遵守的最基本的国际准则。1948年12月,联合国大会通过了人权委员会起草的《世界人权宣言》。《世界人权宣言》在序言中表达了要"努力通过教诲和教育促进对权利和自由的尊重"的信念,而此信念则是"鉴于对人类家庭所有成员的固有尊严及其平等和不移的权利的承认,乃是世界自由、正义与和平的基础,鉴于对人权的无视和侮蔑已发展为野蛮暴行,这些暴行玷污了人类的良心……鉴于各会员国业已誓愿同联合国合作以促进对人权和基本自由的普遍尊重和遵行,鉴于对这些权利和自由的普遍了解对于这个誓愿的充分实现具有很大的重要性"的。该宣言虽然不是一项国际条约,但它提供了一份不容剥夺的人权一览表,使《世界人权宣言》公约化。1966年12月,第二十一届联大通过了包括《经济、社会、文化权利国际公约》《两权公约》以及《公民权利和政治权利国际公约任择议定书》等国际人权公约。《联合国宪章》中的人权条款、《世界人权宣言》、国际人权两公约以及《公民权利和政治权利国际公约任择议定书》被称为"国际人权宪章"。我国于1997年签署并于2001年正式批准了《经济、社会、文化权利国际公约》,并于1998年签署了《两权公约》,但尚未批准。

此外,国际人权公约的体系还包括:《消除一切形式种族歧视国际公约》《消除对妇女一切形式歧视公约》、联合国《禁止酷刑公约》《儿童权利公约》《防止及惩办灭绝种族罪公约》和《禁止并惩治种族隔离罪行国际公约》和《罗马规约》等。我国先后签署了《消除一切形式种族歧视国际公约》《消除对妇女一切形式歧视公约》、联合国《禁止酷刑公约》《儿童权利公约》。在这些国际人权公约或国际习惯法中,与刑事诉讼人权保障直接相关的文件包括《世界人权宣言》《两权公约》、联合国《禁止酷刑公约》等。

需要注意的是,联合国刑事诉讼国际准则所涉及的问题非常广泛。除了人权保障的内容外,还有一些属于预防和控制犯罪以及刑事诉讼中司法协助的内容。其中关于预防和控制犯罪的有:《加拉加斯宣言》《米兰行动计划》《发展和国际经济新秩序环境中预防犯罪和刑事司法的指导原则》《关于发展角度进行预防犯罪和刑事司法国际合作的建议》《反腐败的实际措施》《综合性预防犯罪措施汇编》《预防和控制有组织犯罪准则》《打击国际恐怖主义的措施》《防止侵犯各民族动产形式文化遗产罪行示范条约》、联合国《打击跨国犯罪公约》《反腐败公约》等。这些法律文书指出,对预防犯罪和刑事审判问题的探讨,必须联系经济发展、政治制度、社会文化价值、社会变动以及新的国际经济秩序等情况;应当把预防犯罪和改革刑法、程序法结合起来,包括实行非犯罪化、非刑罚化和移送观护等;预防犯罪要采取综合性措施,包括社会措施和预防犯罪的直接措施;预防犯罪应注意特别有害的行为,例如,经济罪、危害环境罪、非法贩运药品、恐怖主义、种族隔离和特别危害和平和国内治安的相当严重的罪行。此外,还制定了反腐败的实际措施(如公布财产、举证责任倒置等),预防和控制有组织犯罪的实际措施(如允许截获电信和使用电子监视等),打击国际恐怖主义的实际措施(如开展国际合作,有效和统一地预防和控制恐怖主义、有效管制武器、弹药和炸药)。在刑事国际协助方面有:《引渡示范条约》《刑事事件互助示范条约》《关于犯罪收益的刑事事件互助示范条约的任择议定书》《刑事事件转移诉讼示范条约》等。这些法律文书确认,各国为预防犯罪、打击犯罪而需要提供最广泛的合作,包括引渡、收集证据、递传司法文件、执行搜查和查封、追查犯罪收益(非法所得财物)、合作打击盗窃文物出口行为等。另外,联合国及其有关机构还制定了有关刑罚适用和执行的基本规范,有实现司法公正、提供刑事司法及警务人员专业素质和廉政水平的制度和原则,还有刑事政策和社会政策改革的基本规范等。总的来看,联合国刑事司法体系和准则所追求的目标有两个:第一,实现司法公正,保障基本人权;第二,控制犯罪增长,维护法治秩序。但前一个方面是其核心要求和侧重点。

除了由联合国制定的人权保护公约外,一些区域性国际组织也制定了人权保护公约,如《欧洲人权公约》(1950年11月4日)、《美洲人权公约》(1969年11月22日)、《非洲人权和民族权宪章》(1981年6月27日)。这些公约涉及刑事诉讼的内容基本与联合国《两权公约》相同。

二、国际人权公约与国内法的关系

国际公约是国际法的最主要渊源。当事国应当善意履行其参加或缔结的条约,是"条约必须遵守"这一古老国际习惯和忠实履行国际义务原则的要求,也是国际法律秩序得以维护的基本条件之一。1969年维也纳《条约法公约》序言称:"自由同意与善意之原则以及条约必须遵守规则乃举世所承认。"第26条则明确规定:"凡有效之条约对其各当事国有约束力,必须由各该国善意履行。"所谓"善意履行",是指"诚实地和正直地履行条约,从而不仅要求按照条约的文字,而且也按照条约的精神履行,要求不得以任何行为破坏条约的宗旨和目的,而且予以不折不扣地履行"。①《联合国宪章》在序言中也强调,"创造适当环境,俾克维持正义,尊重由条约与国际法其他渊源而起之义务,久而弗懈"。1970年《关于各国依联合国宪章建立友好关系和合作的国际法原则宣言》详尽阐明了忠实履行国际义务原则的含义。它是指国家忠实履行《联合国宪章》提出的各项义务,忠实履行由公认的国际法原则和规定产生的义务,忠实履行其作为缔约国参加的任何多边或双边国际条约所承担的义务。

  国际公约一旦对当事国生效,便涉及国际法与国内法关系问题,即二者在整个法律体系中所处的地位和效力范围问题。国际上关于国际法与国内法的关系,在理论上有分歧,各国学者对这个问题提出的主张主要有两个派别:一是一元论,主张国际法与国内法属于同一个法律体系;二是二元论,认为国际法和国内法是两个不同的法律体系。就国际法与国内法的相互关系来说,则有三种理论,即国内法优先说,国际法优先说,国际法与国内法各自独立说。现在有较多的学者主张国际法优先于国内法,国际性司法机关或行政机构也一再强调国际法的优先性,一些国家的立法也体现了此种要求,如现行《俄罗斯联邦刑事诉讼法典》第1条第3项以新《宪法》第15条第4项的规定为根据,明确规定:"公认的国际法原则和准则及俄罗斯联邦签署的国际条约是俄罗斯联邦调整刑事诉讼的立法的组成部分。如果俄罗斯联邦签署的国际条约规定了与本法典不同的规则,则适用国际条约的规则。"②

  关于国际法如何实施于国内,各国的做法并不一致,归纳起来,分为两种模式:一种是转化适用(transformation),即为了在国内实施条约的内容,原则上必须制定相应的法律,这就使得国际条约向国内法"转化"。英国、英联邦诸国以及意大利属于这一模式。立法权由国会行使,为了阻止行政权力在没有得到国会同意的情况下通过缔结条约代替国会立法,英国判例要求国际条约只有在"转化"为国内立法后,才能由英国法院予以适用。国际条约的缔结权属于英王的特权,对于影响个人权利的条约、与英国习惯法不符的条约及需要制定或修改普通法才能履行的条约,须经过议会通过授权法予以同意或制定为国内法后,方能在英国生效。意大利也采用转化适用模式,已经发生法律效力的国际条约必须在经议会命令执行才能被接受为法院适用的法律。另一种是直接适用,也称为接受(reception)或者并入(incorporation),即不需要国内进行相应的立法而直接将条约适用于国内。葡萄牙、瑞士、荷兰、西班牙和日本等国有直接适用或者

---

① 李浩培:《条约法概论》,法律出版社1997年版,第329页。
② 《俄罗斯联邦刑事诉讼法典》,黄道秀译,中国政法大学出版社2003年版,第3页。

体现此精神的宪法规定。1976年生效的《葡萄牙共和国宪法》第8条第2项规定:"经正式批准或通过至国际协约所载之规范,一经正式公布,只要在国际上对葡萄牙国家有约束力,即在国内秩序中生效。"《瑞士宪法》第85条也作了类似规定,条约不需经过立法行为,而只要在联邦政府的法令公报上颁布之后,即具有联邦法律的效力,约束本国人民和法院。1946年《日本宪法》第98条规定:"凡日本国家所缔结的条约及已经确定的国际法应诚实遵守。"这条规定既确立了国际习惯,也确立了国际条约的国内效力。

国际法与国内法的冲突是不可避免的,解决冲突最好的办法是在制定国内法时顾及国际法的需要,而在签署、加入国际法时考虑国内法的规定,后者便涉及国家在签署、批准或加入国际公约时的保留问题。一个国家在签署、批准或加入条约时提出保留,旨在排除或者改变条约的某些规定适用于该国的法律效果。对于提出保留的条款,对该国并不发生国际法上的约束力。

国际人权公约的国内效力,还涉及这样一个问题:在刑事诉讼中,能否直接援引本国已经签署、批准的国际公约中的有关刑事条款作为判决的依据?国际法院和一些国家的国内法院是直接援引国际法作为判决依据的,国际法院和一些国家甚至将人们通常认为没有法律约束力的《世界人权宣言》作为国际习惯法援引为判决的依据。正如加拿大学者约翰·汉弗莱所指出的:"《宣言》不仅反映在许多国家的宪法(有些宪法逐字逐句地照抄了《宣言》的条文)和其他国家的立法之中,并且还反映在国家和国际法院的判决之中。"①

我国《宪法》没有对国际法(包括条约和国际习惯法)在我国的法律地位作出明文规定。1986年的《民法通则》第142条第2、3款规定:"中华人民共和国缔结或者参加的国际条约同中华人民共和国的民事法律有不同规定的,适用国际条约的规定,但中华人民共和国声明保留的条款除外。中华人民共和国法律和中华人民共和国缔结或者参加的国际条约没有规定的,可以适用国际惯例。"《民事诉讼法》第260条规定:"中华人民共和国缔结或者参加的国际条约同本法有不同规定的,适用该国际条约的规定,但中华人民共和国声明保留的条款除外。"我国的《行政诉讼法》《海商法》等也作了类似的规定。从这些规定来看,我国缔结或者参加的条约在国内有直接的效力;同时,如果它们的规定与国内法律不同时,应优先适用国际条约的规定,即国际法与国内法冲突时,应适用"国际法优先"的原则。当然,适用的国际条约不包括我国在批准、加入时的保留条款。我们认为,我国《刑事诉讼法》应确立国际法优先原则。司法实践中,由于不少司法工作人员对国际条约的有关内容知之甚少,在办案适用法律时,通常只引用国内法,而不注意与我国已经批准的国际公约相符合,这是有待纠正的偏向。

---

① 〔加拿大〕约翰·汉弗莱:《国际人权法》,庞森、王民、项佳谷译,世界知识出版社1992年版,第153页。

第二节 《公民权利和政治权利国际公约》①与我国刑事诉讼

国际人权公约所确认的权利既包括实体权利,也包括程序权利,程序权利涉及刑事诉讼的内容占有很大的比重,构成了刑事诉讼的基本国际准则。在国际人权公约体系当中,联合国《两权公约》是迄今为止最集中、最全面地规定国际公认的刑事司法准则的联合国文件。我国于1998年10月5日签署了该公约。随着我国近年来法制建设的发展,对人权保护也逐步完善,在这种历史条件下批准和实施联合国《两权公约》,尽管有一定的距离,或者说还需要一定的准备工作,但从总体来说,时机已经趋于成熟。联合国《两权公约》确立的刑事诉讼准则主要有以下一些方面:

一、权利平等原则

《两权公约》第2条规定:"本公约每一缔约国承担尊重和保证在其领土内和受其管辖的一切个人享有本公约所承认的权利,不分种族、肤色、性别、语言、宗教、政治或其他见解、国籍或社会出身、财产、出生或其他身份等任何区别。"第14条第1款进一步规定:"所有的人在法庭和裁判所前一律平等。"

平等是一项重要的法律价值,该原则意味着法律平等地施于每一个人,从而使他们能够得到公平对待,包括平等对待诉讼当事人。我国《宪法》第33条第2款规定:"中华人民共和国公民在法律面前一律平等。"《刑事诉讼法》第6条也规定:"……对于一切公民,在适用法律上一律平等,在法律面前,不允许有任何特权。"不难发现,我国宪法和法律在平等原则方面的规定与联合国《两权公约》的精神是一致的。

二、司法补救

《两权公约》第2条第3款要求每一个缔约国承担下列义务:(1)保证任何一个公约所承认的权利或自由被侵犯的人,能得到有效的救济;(2)保证由合格的司法、行政或立法当局或由国家法律制度规定的任何其他合格当局断定其在这方面的权利,并发展司法补救的可能性;(3)保证这种补救确能付诸实施。

司法补救是指由国家承担给予为国际公约所承认的权利或自由受到侵犯的人以有效的补救的义务。《世界人权宣言》第8条规定:"任何人当宪法或法律所赋予他的基本权利遭受侵害时,有权由合格的国家法庭对这种侵害行为作有效的补救。"权利的保障既包含实现对可能产生的侵害活动的预防,也包括对已经造成侵害后果的事实状态的补救,只有这样,才能够使权利保障系统具有完整

---

① 本节所引用的联合国《两权公约》条文内容采用的是联合国官方网站上的中文文本。

性,使权利或者自由受到侵害的受害者的损失得到适当弥补。据上可见,国际公约规定的司法补救在刑事诉讼中包括对被追诉人和被害人补救两个方面。我国不仅《刑事诉讼法》规定了对错误定罪量刑的被追诉人的补救程序——审判监督程序,《国家赔偿法》还规定了对于错拘、错捕、错判的国家赔偿制度。另外,《刑事诉讼法》还规定了被害人的救济程序,如被害人对不起诉决定不服,可以向上级检察机关提出申诉,也可以直接向人民法院起诉。

三、生命权的程序保障

《两权公约》第6条规定:"人人有固有的生命权。这个权利应受法律的保护。不得任意剥夺任何人的生命","这种刑罚,非经合格法庭最后判决,不得执行","任何被判处死刑的人应有权要求赦免或减刑,对一切判处死刑的案件均得给予大赦、特赦或减刑"。联合国相关文件对生命权的保障作了进一步的规定。《关于保护死刑犯的权利的保障措施》第4条规定:"只有在对被告的罪行根据明确和令人信服的证据而对事实没有其他解释余地的情况下,才能判处死刑。"第5条规定:"只有在经过法律程序提供确保审判公正的各种可能的保障,至少相当于《两权公约》第14条所载的各项措施,包括任何被怀疑或被控告犯了可判死刑罪的人有权在诉讼过程的每一阶段取得适当法律协助后,才可根据主管法庭的终审执行死刑。"第6条规定:"任何被判处死刑的人有权向较高级的法院上诉,并应采取步骤确保必须提出这种上诉。"

生命权是生存权的最基本的条件,是一个人活在世上而不受非法剥夺生命的权利,它无疑是一个人最重要的权利,是其他权利的基础。因此,法律对于生命权应当给予切实有效的程序保障。我国《刑事诉讼法》规定,死刑除依法应由最高人民法院判决的以外,都应当报请最高人民法院核准,死刑缓期两年执行的案件由高级人民法院核准。但是,由于社会治安形势严峻,恶性刑事案件呈上升趋势,1997年9月最高人民法院以通知的形式授权高级人民法院行使部分死刑案件的核准权。鉴于死刑案件关系人的生命权,为了保证死刑在全国范围内的统一、正确适用,我国已将死刑立即执行案件的核准权全部收归最高人民法院行使。另外,根据《两权公约》的规定,对一切被判处死刑的人都有得到大赦、特赦或减刑的机会。我国存在特赦制度,死缓制度可以看成是一种特殊的减刑机制,但我国目前并不存在大赦制度。根据《两权公约》的要求,在可能的条件下,我国在修改《宪法》时应增加此项制度。

四、禁止酷刑或施以残忍的、不人道的或侮辱性的待遇或刑罚

《两权公约》第7条规定:"任何人均不得加以酷刑或施以残忍的、不人道的或侮辱性的待遇或刑罚。"根据联合国1984年12月通过的《禁止酷刑公约》第1条规定:"酷刑"是指为了向某人或第三者取得情报或供状,为了他或第三者所

作或涉嫌的行为对他加以处罚,或为了恐吓或威胁他或第三者,或为了基于任何一种歧视的任何理由,蓄意使某人在肉体或精神上遭受剧烈疼痛或痛苦的任何行为,而这种疼痛或痛苦是由公职人员或以官方身份行使职权的其他人所造成或在其唆使、同意或默许下造成的。纯因法律制裁而引起或法律制裁所固有或附带的疼痛或痛苦不包括在内。

我国已于1998年批准《禁止酷刑公约》。对于酷刑,我国法律一向持严厉禁止的态度。我国《刑事诉讼法》第50条明确规定:"……严禁刑讯逼供和以威胁、引诱、欺骗以及其他非法方法收集证据,不得强迫任何人证实自己有罪……"第54条第1款规定:"采用刑讯逼供等非法方法收集的犯罪嫌疑人、被告人供述和采用暴力、威胁等非法方法收集的证人证言、被害人陈述,应当予以排除。收集物证、书证不符合法定程序,可能严重影响司法公正的,应当予以补正或者作出合理解释;不能补正或者作出合理解释的,对该证据应当予以排除。"最高法《解释》第95条对"刑讯逼供等方法"以及"可能严重影响司法公正"作了界定:"使用肉刑或者变相肉刑,或者采用其他使被告人在肉体上或者精神上遭受剧烈疼痛或者痛苦的方法,迫使被告人违背意愿供述的,应当认定为刑事诉讼法第54条规定的'刑讯逼供等非法方法'。认定刑事诉讼法第54条规定的'可能严重影响司法公正',应当综合考虑收集物证、书证违反法定程序以及所造成后果的严重程度等情况。"此外,刑事诉讼法和司法解释相关条款还规定了非法证据排除的程序。

我国《刑法》第247条规定:"司法工作人员对犯罪嫌疑人、被告人实行刑讯逼供或者使用暴力逼取证人证言的,处3年以下有期徒刑或者拘役……"导致伤残或死亡的,按照故意伤害或故意杀人罪从重处罚。《国家赔偿法》第3条、第17条规定:以殴打等暴力行为或者唆使他人以殴打等暴力行为造成公民身体伤害或者死亡的,以及刑讯逼供或者以殴打等暴力行为或者唆使他人以殴打等暴力行为造成公民身体伤害或者死亡的,被害人有取得赔偿的权利。十八届三中全会《决定》要求"健全错案防止、纠正、责任追究机制,严禁刑讯逼供、体罚虐待,严格实行非法证据排除规则。"十八届四中全会《决定》也要求"加强人权司法保障","加强对刑讯逼供和非法取证的源头预防,健全冤假错案有效防范、及时纠正机制"。可见,我国法律和刑事政策对酷刑是严厉禁止的。毋庸讳言,由于相关制度、规则不健全等原因,我国司法实践中还存在刑讯逼供等非法取证现象,刑讯逼供等非法取证行为导致了一些冤假错案的发生,今后应着重加强监督和制约措施的建设,着力防患于未然。

五、人身自由和安全程序的保障

《两权公约》第9条规定了个人的人身自由和安全权。该条规定:"对任何人不得加以任意逮捕、拘禁,除非依照法律所规定的根据和程序,任何人不得被剥夺自由。"具体包括:(1) 任何被逮捕的人,在被逮捕时应被告知逮捕他的理由,并应被迅速告知对他提出的任何指控;(2) 任何被逮捕或拘禁的人,应被迅速带去见审判官或其他经法律授权行使司法权力的官员,并有权在合理的时间内受审判或被释放;(3) 任何因逮捕或拘禁被剥夺自由的人有资格向法庭提起诉讼,以便法庭能不拖延地决定拘禁他是否合法以及拘禁不合法时命令予以释放;(4) 任何遭受非法逮捕或拘禁的受害者,有得到赔偿的权利。

人身自由即居住行动自由。人身自由和安全的保障是行使其他权利的前提,其重要性仅次于生命权。逮捕是在一定期间内暂时剥夺个人人身自由的最严厉的强制措施。国家固然拥有为制止和追究犯罪而实施逮捕的权力,但是这种权力的行使必须依照法律所确定的根据和程序进行,不能具有随意性,而且一旦发生错误应及时予以补救。我国《宪法》第 37 条明确规定:"中华人民共和国公民的人身自由不受侵犯。任何公民,非经人民检察院批准或者决定或者人民法院决定,并由公安机关执行,不受逮捕。禁止非法拘禁和以其他方法非法剥夺或者限制公民的人身自由,禁止非法搜查公民的身体。"我国《刑事诉讼法》根据《宪法》作了具体的规定并建立了对拘留和逮捕的审查机制。关于对遭受非法逮捕或拘禁的受害者进行赔偿的问题,我国《国家赔偿法》对此作了专门的规定。但是对于《两权公约》规定的司法审查权问题,我国的规定与此要求还有一定的距离。十八届四中全会《决定》要求"完善对限制人身自由司法措施和侦查手段的司法监督。为了全面履行《两权公约》义务并更好地保障被逮捕或拘禁的人的合法权利,我国应逐步完善对拘留或逮捕的司法审查制度。

六、对所有被剥夺自由的人应给予人道或尊重人格尊严的待遇

《两权公约》第 10 条规定:"所有被剥夺自由的人应给予人道及尊重其固有的人格尊严的待遇。除特殊情况外,被控告的人应与被判罪的人隔离开,并应给予适合于未判罪者身份的分别待遇;被控告的少年应与成年人分隔开,并应尽速予以判决。"

给予被剥夺自由的人以人道或尊重人格尊严的待遇,体现了国际人权宪章对人的固有尊严予以尊重的基本精神,也是国际社会对历史上经常发生的蔑视和践踏被剥夺自由的人的人格尊严的野蛮暴行的理性反思,其基本要求是在诉讼活动中保持人道主义的精神,尊重被剥夺自由的人的人格尊严,其中包括将被指控者与被判刑者、被控告的少年与成年人相隔离。我国有关立法符合上述《两权公约》规定。但在司法实践中,看守所和监狱的管理人员不尊重被剥夺自由的人的人格尊严的事时有发生,这种现象有待消除。

七、审判独立、公正、公开

《两权公约》第 14 条第 1 款规定:"在判定对任何人提出的任何刑事指控或

确定他在一件诉讼案中的权利和义务时,人人有资格由一个依法设立的合格的、独立的和无偏倚的法庭进行公正的和公开的审讯。"①

司法独立包括两项具体的含义:一是司法权独立,即司法权在国家诸权力的关系中保持独立,不受其他权力的干涉;二是司法官独立,即司法官独立处理自己承办的案件,不受法院以外的国家机关、社会组织和个人的干涉,也不受所在法院领导和其他法官或者上级法院的干涉。我国《宪法》第126条、《刑事诉讼法》第5条、《人民法院组织法》第4条明确规定:人民法院依照法律规定独立行使审判权,不受行政机关、社会团体和个人的干涉。需要指出的是,虽然我国立法中有关审判独立原则的规定是明确的,但与《两权公约》的规定还有一定的距离。首先,就审判独立的内涵而言,当前在我国是指各级法院的独立,而不是《两权公约》中所指的法官个人的独立;其次,在我国的审判实践中,由于行政机关以及个别领导的干涉,法院还不能完全做到审判独立,存在的问题较多,有待于进一步纠正。因而十八届三中全会《决定》要求"确保依法独立公正行使审判权检察权";十八届四中全会《决定》要求"完善确保依法独立公正行使审判权和检察权的制度"。

审判公正体现为程序公正和实体公正的统一,两者同等重要,不可偏废。但《两权公约》中的审判公正,仅指审判程序的公正,主要包括无罪推定,审判独立、公开,被告人有充分辩护权,有询问不利于自己的证人的权利等。我国在立法上基本上体现了审判程序公正,但存在差距和不足。

审判公开是一项原则,但也有例外。审判公开的含义包括两个方面:一是向一般公众和新闻媒体公开,即允许与诉讼没有任何关系的公众自由到庭旁听,允许新闻媒介对法庭审判予以公开报道;二是向诉讼当事人公开。审判公开是一项重要的诉讼原则,也是受刑事追诉的人有权获得的一项基本权利。由于审判公开有时具有一定的消极作用,《两权公约》和各国法律对此也作了一定的限制。《两权公约》第14条第1款规定:"由于民主社会中的道德的、公共秩序的或国家安全的理由,或当诉讼当事人的私生活的利益有此需要时,或在特殊情况下法庭认为公开审判会损害司法利益因而严格需要的限度下,可不使记者和公众出席全部或部分审判;但对刑事案件或法律诉讼的任何判决应公开宣布,除非少年的利益另有要求或者诉讼系有关儿童监护权的婚姻争端。"审判公开原则在我国立法中一贯有明确规定。我国《宪法》第125条、《刑事诉讼法》第11条、《人民法院组织法》第7条等都规定了审判公开为其原则或基本原则。同时,《刑事诉讼法》第183条明确规定了"有关国家秘密或者个人隐私的案件,不公

---

① 本条款的英文文本为"In the determination of any criminal charge against him, or of his rights and obligations in a suit at law, everyone shall be entitled to a fair and public hearing by a competent, independent and impartial tribunal established by law",中文文本中的"审讯"指我们一般理解意义上的"审判"。本书尊重联合国官方中文文本的用语,仍使用"审讯"一词,但实为"审判"之意。

开审理;涉及商业秘密的案件,当事人申请不公开审理的,可以不公开审理。"另外,第274条还规定了"审判的时候被告人不满18周岁的案件,不公开审理。"

八、无罪推定

《两权公约》第14条第2款规定:"凡受刑事控告者,在未依法证实有罪之前,应有权被视为无罪。"联合国人权事务委员会对无罪推定原则所作的解释是:(1)控方承担举证责任;(2)证明标准为排除合理怀疑;(3)疑案应作出有利于被控告人的结论;(4)被控告人享有一系列体现无罪推定精神的诉讼权利;(5)公共机构不能预断案件结果。

无罪推定作为一项原则,具有两方面的作用:一是程序方面的作用,即在经法院依法最终作出判决确定有罪之前解决如何确定犯罪嫌疑人或被告人的诉讼地位问题。它要求法官进行审理时不带有罪的偏见,而是先把被告人作为无罪的人看待,以保证被追诉人的诉讼权利,特别是辩护权能够得到切实保障。二是实体方面的作用,即在面对疑罪案件时可基于这一原则作出有利于被告人的判决。是否确定无罪推定原则是衡量刑事诉讼是否民主的重要指标。我国《刑事诉讼法》第12条规定:"未经人民法院依法判决,对任何人不得确定有罪。"对于这一条是否确定了无罪推定原则,在理论界观点不一。我们认为,该条与《刑事诉讼法》中的其他相关规定基本体现了无罪推定的精神,具体体现为:区分了犯罪嫌疑人与被告人的称谓;举证责任主要由控诉方承担;明确了疑罪从无原则;取消了免予起诉,统一了定罪权等。这说明我国立法与《两权公约》精神基本一致。但是,我国上述规定与《两权公约》关于无罪推定的表述不相一致,未明确被告人"被视为无罪"或"被推定为无罪"。这种表述的不一致,实质上反映了对被追诉人的权利保障程度的差异。另外,在被追诉人的诉讼权利方面,我国的相关规定与《两权公约》也有一定的差距。

九、辩护权、获得法律援助权

《两权公约》第14条第3款规定,受刑事指控者"有相当的时间和便利准备他的辩护并与他自己选择的律师联络"(乙目);"出席受审并亲自替自己辩护或经由他自己所选择的法律援助进行辩护;如果他没有法律援助,要通知他享有这种权利;在司法利益有此需要的案件中,为他指定法律援助,而在他没有足够能力偿付法律援助的案件中,不要他自己付费"(丁目)。这条规定了被刑事指控者享有亲自为自己辩护以及获得法律援助为其辩护的权利。

被指控者享有辩护权以及获得法律援助权是实现公正司法的前提和保障之一。我国《宪法》第125条、《刑事诉讼法》第11条对被告人获得辩护权作了原则性的规定,《刑事诉讼法》还专设一章规定了刑事诉讼中的辩护与代理问题。国务院2003年发布、施行的《法律援助条例》进一步扩大了刑事法律援助的范围;《律师法》专章规定了刑事法律援助制度。《刑事诉讼法》不仅明确了侦查阶段犯罪嫌疑人有权委托辩护律师,而且还改革了辩护人的会见权、阅卷权和调查取证权等,使之更加明确化、合理化。与此同时,法律还扩大了法律援助的案件范围、提前了法律援助的时间等(详见"辩护与代理"章)。这些规定都使得我国法律援助制度与《两权公约》的要求和精神更进一步接近。

十、反对强迫自证其罪

《两权公约》第14条第3款(庚)规定:"(任何人)不被强迫做不利于他自己的证言或强迫承认犯罪。"反对强迫自证其罪原则有两层含义:一是不得以暴力、威胁、利诱和其他方法迫使犯罪嫌疑人及证人等自证有罪;二是被追诉人享有沉默权,即拒绝陈述权。前者是最低标准,后者是进一步要求。

反对强迫自证其罪的权利体现了诉讼的民主性和文明性。我国《刑事诉讼法》第50条明确规定:"……严禁刑讯逼供和以威胁、引诱、欺骗以及其他非法方法收集证据,不得强迫任何人证实自己有罪……"此外《刑事诉讼法》相关条款还规定了非法证据排除的范围和程序。但是,不容否认,我国《刑事诉讼法》第118条有关犯罪嫌疑人对于与本案有关的提问应当如实回答的规定与《两权公约》的规定相抵触。供述义务不仅违背了无罪推定原则和举证责任规则,也无助于取证行为的合法化、文明化,且助长了诉讼活动中对犯罪嫌疑人、被告人供述的过分依赖心理,而这种过分依赖正是刑讯逼供屡禁不止的重要原因。因此,供述义务应该取消。

十一、复审权

《两权公约》第14条第5款规定:"凡被判定有罪者,应有权由一个较高级法庭对其定罪及刑罚依法进行复审。"这一条款对请求复审权的主体、对象以及内容都作了明确规定。

审级制度是保证裁决的正确性,及时纠正错误裁判的诉讼机制。复审权是被判定有罪者获得这一纠错机制保障的权利。被判定有罪者对已作出判决中的定罪或者量刑不服,表明该判决可能存在不公正或者对作出该裁决的司法机关失去信任。因此,建立审级制度,赋予被判决有罪人复审权,有利于通过上级法院对下级法院作出判决的审查,切实纠正错误判决,维护其合法权利,并增强司法裁判的说服力。我国现行刑事诉讼制度关于被判定有罪者请求复审权的保障是充分的,包括对于未生效判决、生效判决的复审请求权,完全符合《两权公约》设定的标准。

十二、对未成年人的特别保障

《两权公约》第14条第4款规定:"对少年的案件,在程序上应考虑到他们的年龄和帮助他们重新做人的需要。"联合国及其所属组织还专门就未成年人的保护制定了公约、规则和准则,主要包括:《儿童权利公约》、联合国《少年司法最低限度标准规则》(《北京规则》)、联合国《预防少年犯罪准则》(《利雅得准则》)、联合国《保护被剥夺自由少年规则》。

未成年人处于成长发育阶段,身体和心智发育尚未成熟,可塑性强。对于未成年人犯罪,应根据其特点与成年人区别对待,以保证其有效悔罪自新,纠正其在成长过程中发生的失足行为,并保证其身心得到健康发展。因此,国际人权公约对未成年人给予特别关注。我国《刑事诉讼法》对于未成年人的权利也给予了特别关注与保障,并专章规定了"未成年人刑事案件诉讼程序"。我国《未成年人保护法》等也有关于未成年被追诉人的权利保障的规定。这主要体现在讯问、审判形式、辩护与羁押等方面。但我国未成年人在刑事诉讼中的权利保障仍存在不足,如羁押率偏高等,有待改进。

十三、刑事赔偿

《两权公约》第 9 条第 5 款规定:"任何遭受非法逮捕或拘禁的受害者,有得到赔偿的权利。"第 14 条第 6 款规定:"在一人按照最后决定已被判定犯刑事罪而其后根据新的或新发现的事实确实表明发生误审,他的定罪被推翻或被赦免的情况下,因这种定罪而受刑罚的人应依法得到赔偿,除非经证明当时不知道的事实的未被及时揭露完全是或部分是由于他自己的缘故。"

刑事赔偿是由国家对因为发生错误裁判而受到刑罚处罚的人给予赔偿的司法救济形式,它是人权保障体系的重要组成部分。被错误处罚的人因此种处罚而受到剥夺或者限制某些人身权利或者财产权利的不公正的处罚,身心、财产遭受相当的损失,国家承担赔偿义务,对于弥补这些损失,维护其合法利益,具有必要性和合理性。我国 1994 年通过、2010 年修改的《国家赔偿法》第三章系统地规定了刑事赔偿的范围(包括侵犯人身权的赔偿范围、侵犯财产权的赔偿范围、国家不承担刑事赔偿责任的情形)、刑事赔偿的内容、刑事赔偿的方式和数额以及刑事赔偿的程序。此种规定与《两权公约》的要求和精神基本是一致的。

十四、一事不再审

《两权公约》第 14 条第 7 款规定:"任何人已依一国的法律及刑事程序被最后定罪或宣告无罪者,不得就同一罪名再予审判或惩罚。"这在大陆法系称为一事不再理(non bis in idem),英美法系称为"禁止双重危险"(rule against double jeopardy)。

该原则的意义首先有利于维护判决的稳定性、严肃性和法律的权威性,其次也符合诉讼经济原则,但其根本意义还在于保障被追诉人的权利。我国现行《刑事诉讼法》的立法精神是"有错必纠"原则,它不仅包括纠正无罪判有罪或轻罪重判的情形,而且还包括,对于被生效裁判确定为无罪的被告人或者重罪轻判的人,如果发现有罪的证据或者罪重的证据,或者其他错判情形,人民法院或上级检察院可以启动审判监督程序,进行再审。显然,这与《两权公约》所要求的"一事不再审"的要求是相悖的。我国应当在刑事诉讼中确立一事不再审原则,同时可以参考联合国有关法律文件及某些外国的经验,结合我国的国情,对该原则应当允许有例外情形。

第三节 《打击跨国有组织犯罪公约》 《反腐败公约》[①]与我国刑事诉讼

自20世纪50、60年代以来,随着政治、经济、文化的发展,尤其是随着全球范围内交通、信息和高新技术的发展以及全球化趋势的不断加强,全球犯罪形势呈不断恶化趋势:一方面,犯罪的总量在不断地增加,另一方面,犯罪的形态和结构也在不断发生一些新的变化。一些新型的犯罪,如有组织犯罪、洗钱犯罪、腐败犯罪和计算机犯罪等各种跨国犯罪,呈愈演愈烈之势。[②] 对这些新型犯罪的控制,仅依靠一国国内的力量显然不够,而各国之间在立法和司法上的合作显得尤为迫切。正是在这种背景下,联合国在预防犯罪和刑事司法领域通过了两个重要的国际法律文件:一个是2000年11月15日通过的联合国《打击跨国犯罪公约》,另一个是2003年10月31日通过的《反腐败公约》。我国不仅积极参加起草了这两个公约,为这两个公约的制定、通过发挥了较大的积极作用,而且还分别于2000年12月12日和2003年12月10日签署了两公约。2003年8月27日,在联合国《打击跨国犯罪公约》生效[③]前,我国全国人大常委会通过了关于批准该公约的决定。2005年10月27日,全国人大常委会通过了关于批准《反腐败公约》的决定。十八届四中全会《决定》中也提出,要"加强反腐败国际合作,加大海外追赃追逃、遣返引渡力度"。

联合国《打击跨国犯罪公约》是联合国通过的第一个打击跨国有组织犯罪的综合性国际条约。它确立了一套统一的刑事定罪标准以及预防、侦查和起诉跨国有组织犯罪的法律机制模式,对协调缔约国的有关立法和司法活动,促进国际合作,有效打击跨国有组织犯罪,有深远的意义。该公约的主要内容包括:参加有组织犯罪集团行为的刑事定罪;洗钱行为的刑事定罪以及打击洗钱活动的措施;腐败行为的刑事定罪以及反腐败的措施;妨碍司法的刑事定罪;法人责任;

[①] 本节所引用的联合国《打击跨国犯罪公约》《反腐败公约》条文内容采用的是联合国官方网站上的中文文本。

[②] 陈光中主编:《21世纪域外刑事诉讼立法最新发展》,中国政法大学出版社2004年版,第60、61页。

[③] 该公约已于2003年9月29日生效。

没收、扣押以及没收事宜的国际合作；对犯罪行为的管辖；引渡；被判刑人的移交；司法协助（狭义）；联合调查和特殊侦查手段的运用；刑事诉讼的移交；对证人、犯罪被害人的保护；执法合作；培训和技术援助；对跨国有组织犯罪的预防，等等。

《反腐败公约》是联合国通过的第一部关于指导和协调国际反腐败斗争的法律文书，倡导了预防和惩治腐败的科学理念和策略，确立了全球打击腐败犯罪共同接受的若干准则，对打击腐败行为，促进反腐败领域的合作，具有重要的意义。该公约的主要内容是建立了五项关于反腐败的法律机制，包括预防机制、刑事定罪机制、国际合作机制、资产追回机制以及履约监督机制。

由于我国已经签署并批准了这两个公约，如何使我国《刑事诉讼法》与这两个公约相衔接，是当前我国立法和司法部门所要解决的重要问题。这两个公约对许多问题的规定是一致的，涉及刑事诉讼有关具体制度的主要有以下几个方面：

一、特殊案件的举证责任倒置

联合国《打击跨国犯罪公约》第12条第7款规定："缔约国可考虑要求由犯罪的人证明应予没收的涉嫌犯罪所得或其他财产的合法来源。但此种要求应符合其本国法律原则和司法及其他程序的性质。"《反腐败公约》第31条第8款也作了类似的规定："缔约国可以考虑要求由罪犯证明这类所指称的犯罪所得或者其他应当予以没收的财产的合法来源，但是此种要求应当符合其本国法律的基本原则以及司法程序和其他程序的性质。"按照刑事诉讼的证明原理，一般应当由控诉方承担证明被追诉人有罪的责任，但是为了加大打击某些犯罪的力度，以及基于举证便利的角度考虑，立法有时要求被告人承担一定举证责任，即为举证责任的倒置。该两公约涉嫌的犯罪范围比较广泛，包括参加有组织犯罪集团罪、洗钱犯罪、妨碍司法犯罪、贿赂犯罪、贪污犯罪、挪用犯罪、影响力交易犯罪、滥用职权犯罪、资产非法增加犯罪和窝赃犯罪等等。根据上述规定，在这些案件中，都应当由被追诉人承担证明所得或其他财产合法来源的责任。显然，相对在一般刑事案件中由控诉方承担证明责任而言，这种规定对于追诉犯罪是有利的，加大了打击上述犯罪的力度。

我国《刑法》中也规定了举证责任倒置的情形。《刑法》第395条第1款规定的"巨额财产来源不明罪"以及第282条第2款规定的"非法持有国家绝密、机密文件、资料、物品罪"就属于这种情形。显然，我国《刑法》规定的范围相对于两公约为窄。需要注意的是，两公约关于举证责任倒置的规定均属于任择性和保护性的弹性条款，对我国刑事诉讼制度的改革并不必然构成即时的压力。[①]

---

① 陈光中主编：《21世纪域外刑事诉讼立法最新发展》，中国政法大学出版社2004年版，第66页。

但是公约规定所体现出加大打击这些种类犯罪力度的精神,无疑对我国刑事改革具有启示意义。

二、对证人和被害人等的保护

联合国《打击跨国犯罪公约》第24条规定了对证人的保护:"1. 各缔约国均应在其力所能及的范围内采取适当的措施,为刑事诉讼中就本公约所涵盖的犯罪作证的证人并酌情为其亲属及其他与其关系密切者提供有效保护,使其免遭可能的报复或恐吓。2. 在不影响被告人权利包括正当程序权的情况下,本条第1款所述措施可包括:(1)制定向此种人提供人身保护的程序,例如,在必要和可行的情况下将其转移,并在适当情况下允许不披露或限制有关其身份和下落的情况;(2)规定可允许以确保证人安全的方式作证的证据规则,例如,允许借助于诸如视像连接之类的通信技术或其他适当手段提供证言。3. 缔约国应考虑与其他国家订立有关转移本条第1款所述人员的安排。4. 本条的规定也应适用于作为证人的被害人。"该公约第25条规定了对被害人的保护:"1. 各缔约国均应在其力所能及的范围内采取适当的措施,以便向本公约所涵盖的犯罪的被害人提供帮助和保护,尤其是在其受到报复威胁或恐吓的情况下。2. 各缔约国均应制定适当的程序,使本公约所涵盖的犯罪的被害人有机会获得赔偿和补偿。3. 各缔约国均在符合其本国法律的情况下,在对犯罪的人提起的刑事诉讼的适当阶段,以不损害被告人权利的方式使被害人的意见和关切得到表达和考虑。"《反腐败公约》第32条规定了"保护证人、鉴定人和被害人",第33条规定了"保护举报人",相对于前一个公约,扩大了保护范围,将鉴定人、举报人也纳入了保护之列。

我国《刑事诉讼法》也有与两公约类似的相关规定。如《刑事诉讼法》第62条规定:"对于危害国家安全犯罪、恐怖活动犯罪、黑社会性质的组织犯罪、毒品犯罪等案件,证人、鉴定人、被害人因在诉讼中作证,本人或者其近亲属的人身安全面临危险的,人民法院、人民检察院和公安机关应当采取以下一项或者多项保护措施:(一)不公开真实姓名、住址和工作单位等个人信息;(二)采取不暴露外貌、真实声音等出庭作证措施;(三)禁止特定的人员接触证人、鉴定人、被害人及其近亲属;(四)对人身和住宅采取专门性保护措施;(五)其他必要的保护措施。证人、鉴定人、被害人认为因在诉讼中作证,本人或者其近亲属的人身安全面临危险的,可以向人民法院、人民检察院、公安机关请求予以保护。人民法院、人民检察院、公安机关依法采取保护措施,有关单位和个人应当配合。"这些规定无疑加强了对证人和被害人等的保护。

三、高科技手段在刑事诉讼中的运用

联合国《打击跨国犯罪公约》第18条第18款规定:"当在某一缔约国境内

的某人需作为证人或鉴定人接受另一缔约国司法当局询问,且该人不可能或不宜到请求国出庭,则前一个缔约国可应该另一缔约国的请求,在可能且符合本国法律基本原则的情况下,允许以电视会议方式进行询问,缔约国可商定由请求缔约国司法当局进行询问且询问时应有被请求国司法当局在场。"《反腐败公约》第46条第18款作出了与此相同的规定。采用视像技术不仅是保护证人的一种有效方式,而且为跨国犯罪案件中证人作证提供了相当便利的条件。在科学技术日益发展的今天,此种作证方式不仅经济,而且解决了在一些情形下证人不可能或不宜到庭作证的难题,对于打击跨国犯罪具有重要意义。

我国《刑事诉讼法》对于电视会议询问或其他高科技作证手段并没有具体规定。但是,最高法《解释》第206规定:"证人具有下列情形之一,无法出庭作证的,人民法院可以准许其不出庭:(一)在庭审期间身患严重疾病或者行动极为不便的;(二)居所远离开庭地点且交通极为不便的;(三)身处国外短期无法回国的;(四)有其他客观原因,确实无法出庭的。具有前款规定情形的,可以通过视频等方式作证。"这在一定程度上体现了公约的要求与精神。

四、特殊侦查措施的运用

联合国《打击跨国犯罪公约》第20条第1款规定:"各缔约国均应在其本国法律基本原则许可的情况下,视可能并根据本国法律所规定的条件采取必要措施,允许其主管当局在其境内适当使用控制下交付①并在其认为适当的情况下使用其他特殊侦查手段,如电子或其他形式的监视和特工行动,以有效地打击有组织犯罪。"《反腐败公约》第50条第1款作出了与此基本相同的规定,但进一步明确了"并允许法庭采信由这些手段产生的证据"。采用控制下交付以及其他秘密侦查手段,被认为是打击毒品犯罪、有组织犯罪等的有效手段。

我国《刑事诉讼法》在"侦查"章中专节规定了"技术侦查措施"。《刑事诉讼法》第148条规定:"公安机关在立案后,对于危害国家安全犯罪、恐怖活动犯罪、黑社会性质的组织犯罪、重大毒品犯罪或者其他严重危害社会的犯罪案件,根据侦查犯罪的需要,经过严格的批准手续,可以采取技术侦查措施。人民检察院在立案后,对于重大的贪污、贿赂犯罪案件以及利用职权实施的严重侵犯公民人身权利的重大犯罪案件,根据侦查犯罪的需要,经过严格的批准手续,可以采取技术侦查措施,按照规定交有关机关执行。追捕被通缉或者批准、决定逮捕的在逃的犯罪嫌疑人、被告人,经过批准,可以采取追捕所必需的技术侦查措施。"另外,法律还规定了为了查明案情,在必要的时候,经公安机关负责人决定,可以由有关人员隐匿其身份实施侦查。对涉及给付毒品等违禁品或者财物的犯罪活动,公安机关根据侦查犯罪的需要,可以依照规定实施控制下交付。这些规定加

---

① 根据联合国《打击跨国犯罪公约》第2条第1项和《反腐败公约》第2条第9项所作的解释,所谓控制下交付,是指在有关国家主管当局知情并由其进行监测的情况下,允许非法或可疑货物运出、通过或运入一国或多国领土的一种做法,其目的在于侦查某项犯罪并辨认参与该项犯罪的人员。

大了打击有组织犯罪、腐败犯罪等的力度,并使得公安机关、检察机关等运用特殊侦查手段侦查案件有法可依。

五、特殊案件证明标准的降低

《反腐败公约》第 28 条对"作为犯罪要素的明知、故意或者目的"规定:"根据本公约确立的犯罪所需具备的明知、故意或者目的等要素,可以根据客观实际情况予以推定。"联合国《打击跨国犯罪公约》第 5 条作了与上述基本相同的规定:本条第 1 款所指的明知、故意、目标、目的或约定可以从客观实际情况推定。按照这两个公约的规定,对于腐败犯罪、跨国有组织犯罪的主观方面可根据实际情况予以"推定"。显然,这降低了定罪的证明标准,此种规定对加强打击腐败犯罪、跨国有组织犯罪无疑是有利的。

我国《刑事诉讼法》并没有区别不同种类的犯罪案件适用不同的证明标准,而是要求对所有案件的被告人定罪要达到"案件事实清楚,证据确实、充分"。这种证明标准不仅适用于犯罪构成要件的客观方面,而且也适用于主观方面。相比较公约的规定而言,我国《刑事诉讼法》对于有关腐败犯罪、跨国有组织犯罪的证明标准要求更为严格。为了保证公职人员职务的廉洁性,同时加大打击跨国有组织犯罪的力度,我国《刑事诉讼法》也可以吸收《反腐败公约》《打击跨国犯罪公约》的相关规定。

六、特殊情形下对腐败犯罪所得资产直接没收

《反腐败公约》第 54 条"通过没收事宜的国际合作追回资产的机制"规定:"一、为依照本公约第 55 条就通过或者涉及实施根据本公约确立的犯罪所获得的财产提供司法协助,各缔约国均应根据本国法律……(三) 考虑采取必要的措施,以便在因为犯罪人死亡、潜逃或者缺席而无法对其起诉或者其他有关情形下,能够不经过刑事定罪而没收这类财产。"根据此款规定,缔约国在犯罪人死亡、潜逃或者因其他原因而无法对其起诉或定罪的情形下,仍然可以没收其非法所得。

为了严厉打击贪污贿赂犯罪、恐怖活动犯罪等严重犯罪活动,对犯罪活动违法所得及其他涉案财物的及时追缴,并与我国已加入的《反腐败公约》及有关反恐怖问题的决议的相关要求衔接,我国《刑事诉讼法》在"特别程序编"中增加了"犯罪嫌疑人、被告人逃匿、死亡案件违法所得的没收程序"章。《刑事诉讼法》第 280 条第 1 款规定:"对于贪污贿赂犯罪、恐怖活动犯罪等重大犯罪案件,犯罪嫌疑人、被告人逃匿,在通缉 1 年后不能到案,或者犯罪嫌疑人、被告人死亡,依照刑法规定应当追缴其违法所得及其他涉案财产的,人民检察院可以向人民法院提出没收违法所得的申请。"法律还规定了没收案件的提起程序、审理程序和救济程序等。显然,这些规定与《反腐败公约》的要求和精神相吻合。

第六版后记

本书原为教育部高教司组织编写的全国高等学校法学专业核心课程教材之一,依照教育部颁布的《全国高等学校法学专业核心课程教学基本要求》中的"刑事诉讼法教学基本要求"编写而成。后经申请批准,改为普通高等教育"十一五"国家级规划教材。本教材由陈光中担任主编。作者(以姓氏笔画为序)分工如下:

左卫民,第十六章、第十八章、第十九章;

刘玫,第十章、第十一章;

刘根菊,第二十一章、第二十二章、第二十三章;

汪建成,第八章、第十二章、第十三章;

汪海燕,第十四章、第二十六章、第二十七章、第三十章;

张建伟,第二章、第七章、第二十九章;

陈光中,第一章、第九章、第二十五章;

陈瑞华,第三章、第四章、第五章;

甄贞,第六章、第二十章、第二十四章;

谭世贵,第十五章、第十七章、第二十八章。

全书由陈光中审定,张建伟、陈永生、汪海燕、卫跃宁参加了审稿、编辑工作。

全国高等学校法学专业核心课程教材

法理学(第四版)	沈宗灵主编
中国法制史(第四版)	曾宪义主编
宪法(第二版)	张千帆主编
行政法与行政诉讼法(第七版)	姜明安主编
民法(第七版)	魏振瀛主编
经济法(第五版)	杨紫烜主编
民事诉讼法学(第三版)	江 伟主编
刑法学(第九版)	高铭暄、马克昌主编
刑事诉讼法(第六版)	陈光中主编
国际法(第五版)	邵 津主编
国际私法(第五版)	李双元、欧福永主编
国际经济法(第四版)	余劲松、吴志攀主编
知识产权法(第五版)	吴汉东主编
商法(第二版)	王保树主编
环境法学(第四版)	汪 劲著